Helmut Kohl
Erinnerungen
1990 – 1994

Helmut Kohl
Erinnerungen
1990 – 1994

Droemer

Besuchen Sie uns im Internet:
www.droemer.de

Die Folie des Schutzumschlags sowie die Einschweißfolie sind
PE-Folien und biologisch abbaubar.
Dieses Buch wurde auf chlor- und säurefreiem Papier gedruckt.

Copyright © 2007 bei Droemer Verlag.
Ein Unternehmen der Droemerschen Verlagsanstalt
Th. Knaur Nachf. GmbH & Co. KG, München
Alle Rechte vorbehalten. Das Werk darf – auch teilweise – nur mit
Genehmigung des Verlages wiedergegeben werden.
Umschlaggestaltung: ZERO Werbeagentur, München
Umschlagabbildung: Konrad R. Mueller / Agentur Focus
Reproduktion: Vornehm, München
Satz: Adobe InDesign im Verlag
Druck und Bindung: Ebner & Spiegel, Ulm
Printed in Germany
ISBN 978-3-426-27408-8

2 4 5 3 1

Erinnerungen
1990 – 1994

Inhalt

Vorwort 11

Teil I
Chancen und Risiken
(1990)

1. Zeitdruck 19
2. Aufatmen 27
3. Absichern 34
4. Bündnis 37
5. März-Wahl 47
6. Inselansicht 58
7. Angebot 68
8. Gefahren 91
9. Hoffnungen 98
10. Rückschlag 108
11. Partnerschaft 113
12. Prioritäten 129
13. Unsicherheiten 143
14. Gipfeldiplomatie 152
15. Durchbruch 162
16. Einigungsvertrag 186
17. Gratwanderung 209
18. Hilfeersuchen 218
19. Gelassenheit 227
20. Neuanfang 232
21. Vollendung 244

22. Nachwirkungen 249
23. Neue Partnerschaft....................... 258
24. Dezember-Wahl 267
25. Rom-Gipfel 282
26. Ausklang 287

Teil II
Dritte Regierung
(1990 – 1994)

1. Neuauflage............................. 293
2. Golfkrieg 298
3. Verantwortung.......................... 313
4. Parteireform............................ 323
5. Auszeichnung........................... 330
6. Netzwerke 336
7. Siege.................................. 353
8. Putsch 363
9. Zuversicht 373
10. Arbeitsbesuch........................... 378
11. Maastricht 385
12. Dresden 391
13. Rücktritt 398
14. Anerkennung 405
15. Unberechenbar.......................... 414
16. Abstimmung 423
17. Partnerschaft und Protest................. 435
18. Staatsakt 443
19. Rio de Janeiro 447
20. Initiativen.............................. 451
21. Vorstöße 460
22. Asyl 468
23. Rückblick.............................. 472
24. Respekt 483
25. Düsseldorf 491

26. Ehrenbürger … 497
27. Anschläge … 501
28. Zustimmung … 505
29. Abkommen … 511
30. Ansporn … 516
31. Wechsel und Kontinuität … 522
32. Gedenken und Erinnerung … 529
33. Eine folgenreiche Reise … 541
34. Solidarpakt … 551
35. Bill Clinton … 557
36. Auslandseinsatz … 564
37. Demoskopie … 571
38. Gewalt und Freiheit … 576
39. Veränderungen … 583
40. Bad Kleinen … 590
41. Diplomatie … 599
42. Standort Deutschland … 606
43. Verfassungskonform … 613
44. Chinabesuch … 619
45. Kandidatenkür … 628
46. Gegenwind … 634
47. Unteilbare Sicherheit … 642
48. Grundsatzprogramm … 658
49. Letzte Hürden … 665
50. Offizieller Besuch … 669
51. Wahlen … 673
52. Spatenstich … 683
53. Eröffnung … 687
54. Gipfeltreffen … 694
55. Fünfzigster Jahrestag … 704
56. Trauer … 711
57. Verabschiedung … 717
58. Endspurt … 727

Anhang

Zeittafel 743
Literaturauswahl 763
Bildnachweis 765
Register 767

Vorwort

Der dritte Band meiner Erinnerungen beginnt mit der Beschreibung der politisch äußerst schwierigen Phase zwischen dem Fall der Mauer in Berlin im November 1989 und den ersten freien Wahlen in der DDR vom März 1990. Ausführlich gehe ich auf die Gipfeltreffen mit dem amerikanischen Präsidenten George Bush und auf die Verhandlungen in Moskau und im Kaukasus mit dem sowjetischen Präsidenten Michail Gorbatschow ein. Im Mittelpunkt dieser heiklen Gespräche stand die Frage, wie die volle Souveränität des geeinten Deutschlands bei gleichzeitiger Mitgliedschaft im westlichen Verteidigungsbündnis zu erreichen ist.

Ein weiterer Schwerpunkt gilt der Bedeutung des Staatsvertrags über die Wirtschafts-, Währungs- und Sozialunion; detailliert erläutere ich die Hintergründe der Entscheidung, zum 1. Juli 1990 die D-Mark zum Kurs von 1:1 für Löhne, Gehälter, Mieten, Stipendien und Renten in der DDR einzuführen – eine Entscheidung, die viel kritisiert worden ist und aus politischen Gründen doch unumgänglich war (genaugenommen belief sich der gesamtwirtschaftliche Umtauschkurs übrigens auf 1:1,81).

Auch der Vertrag zwischen der Bundesrepublik und der DDR über die Herstellung der Einheit Deutschlands vom 31. August 1990 wird gebührend gewürdigt.

Dass François Mitterrand und ich in den achtziger Jahren ein elementares Vertrauensverhältnis zueinander aufgebaut hatten, entwickelte sich zu einer Schlüsselfunktion in den deutsch-französischen Beziehungen. Das zeigt sich beim Wiedervereinigungsprozess und in den Folgejahren in besonders positiver Weise.

Ein weiteres Thema dieses Bandes ist der schwierige Prozess der Vereinigung der CDU im Westen mit den CDU-Landesverbänden aus den neuen Bundesländern. Darüber hinaus beschreibe ich meine Verantwortung als CDU-Bundesvorsitzender nach dem misslungenen »Putsch« auf dem Bremer Bundesparteitag im September 1989 bis zu den so entscheidenden Bundestagswahlen im Dezember 1990 und im Oktober 1994. Dazu zählen auch die innerparteilichen Reformbemühungen und die Verabschiedung eines neuen CDU-Grundsatzprogramms im Februar 1994.

In der Außenpolitik gilt mein besonderes Augenmerk der Europapolitik, die mit dem Maastricht-Vertrag einen Höhepunkt erfährt. Breiten Raum nimmt die Schilderung der Beziehungen zwischen der Bundesrepublik und den Vereinigten Staaten ein. Ohne das tatkräftige Zupacken des amerikanischen Präsidenten George Bush wäre die deutsche Wiedervereinigung niemals so schnell zustande gekommen. Wie ich auf internationaler Ebene die Hilfe für die Sowjetunion und für Michail Gorbatschow zu organisieren vermochte, der durch seine Offenheit und Reformfreudigkeit wesentlich zum Gelingen der deutschen Einheit beigetragen hat, ist ein in der Öffentlichkeit bislang wenig bekanntes Kapitel der Geschichte.

Nach dem Zerfall der Sowjetunion und dem Rücktritt Gorbatschows im Dezember 1991 setzte ich stark auf den ersten frei gewählten Präsidenten Russlands, Boris Jelzin. Dem guten persönlichen Verhältnis zwischen uns beiden war es zu verdanken, dass russische Soldaten schließlich schon Ende August 1994 endgültig Deutschland verließen. Dass dieser Abzug gerade angesichts der angespannten Situation in Russland nur gegen einen hohen materiellen Preis zu haben war, erschließt sich in der Schilderung der dramatischen Hintergründe dieser Zeit.

Auch der Nachfolger von George Bush im Amt des Präsidenten der Vereinigten Staaten, Bill Clinton, erwies sich für unser Land als Glücksfall. Der politische Schulterschluss zwischen Deutschland und den USA und unser sehr gutes persönliches Verhältnis begründeten eine enge gedeihliche Zusammenarbeit.

Die Finanz-, Wirtschafts- und Sozialpolitik der Jahre 1990 bis 1994 kreist um Themen, die uns bis heute beschäftigen: die Bekämpfung der Arbeitslosigkeit, die Sicherung des Sozialsystems, die Wettbewerbsfähigkeit des Standorts Deutschland. Die Zukunft und das Wohlergehen unseres Landes und seiner Menschen machten Reformen in diesen Bereichen unumgänglich.

Im Mittelpunkt unseres politischen Handelns der neunziger Jahre stehen die Bemühungen, für die Menschen in den neuen Bundesländern gleiche Lebensbedingungen wie im Westen zu schaffen. Höhen und Tiefen, Enttäuschungen und Erfolge wechselten sich in schneller Folge ab. Wir alle mussten bitter erfahren, dass die Vollendung der deutschen Einheit trotz aller Anstrengungen noch viele Jahre in Anspruch nehmen würde. Vieles ist uns gelungen, aber es steht außer Frage, dass wir unausweichlich auch Fehler machten und dass vieles, was wir auf den Weg brachten, unzulänglich war. Es gibt nun mal kein Handbuch für die Zusammenführung zweier Staaten – zumal zweier so unterschiedlicher Wirtschafts- und Gesellschaftssysteme wie der beiden deutschen. Nach und nach die Wahrheit über die tatsächliche wirtschaftliche und finanzielle Lage der DDR zu erfahren hat uns alle zutiefst erschüttert. Dem Ost-Berliner Regime war es über Jahrzehnte gelungen, die Welt über die wahre Wirtschaftskraft des DDR-Sozialismus hinwegzutäuschen, eine Propagandalüge, auf die viele Menschen hereingefallen sind. Ich auch.

Mit der glücklich gewonnenen Bundestagswahl im Oktober 1994 und meiner fünften Vereidigung als Bundeskanzler schließt dieser dritte Band meiner Erinnerungen.

Für die Arbeit an dem vorliegenden Band habe ich unter anderem zahlreiche Quellen der Jahre 1990 bis 1994 herangezogen, die der Wissenschaft wie der Forschung noch für längere Zeit nicht zugänglich sein werden. Dazu zählen insbesondere die Gesprächsprotokolle der Staats- und Regierungschefs der vier Siegermächte des Zweiten Weltkriegs sowie die Ergebnisprotokolle der Kabinettssitzungen vom Januar 1990 bis Oktober 1994. Berücksichtigt sind ferner die Protokolle des CDU-Präsidiums und des CDU-Bundesvorstands sowie der CDU/CSU-Bundestagsfraktion. Diese vorzügliche Aktengrundlage hat es mir ermöglicht, mich in die Lage von damals zu versetzen und auf dieser Basis zu beschreiben, wie es tatsächlich war. Andere mögen beurteilen, ob es mir auf diese Weise gelungen ist, der Versuchung zu entgehen, die Dinge rückblickend so zu schildern, wie ich sie heute vielleicht gerne sehen würde.

Es war die Absicht, nicht mit großem Abstand aus der Perspektive eines mit klugen neuen Einsichten ausgestatteten Memoirenschreibers von jener Zeit zu berichten, sondern so unmittelbar wie möglich aus der Sicht des handelnden Bundeskanzlers zu erzählen, mit allen Unwägbarkeiten und dem entsetzlichen Zeitdruck, den die Umstände mit sich brachten. Wer aus heutiger Sicht die damals handelnden Politiker für mangelnde Weitsicht und Fehleinschätzungen kritisiert, erhebt sich über die Zeitumstände und macht es sich allzu leicht.

In meinen Erinnerungen geht es mir wesentlich darum, zu erklären, was wir damals warum und wie entschieden haben. Nur wer sich unvoreingenommen in die Verhältnisse der hier beschriebenen Jahre hineinversetzt, ist in der Lage zu beurteilen, warum wir so und nicht anders gehandelt haben. Originalquellen unterstreichen den dokumentarischen Charakter auch des dritten Bandes meiner Erinnerungen. Damit erhalten die Leserinnen und Leser einen unverstellten Einblick in jene schicksalhaften Jahre unserer Republik und in die komplizierten politischen Zusammenhänge dieser Zeit.

Auf Anekdotisches habe ich weitgehend verzichtet und mich statt dessen auf die wichtigsten Ereignisse konzentriert, ohne dabei das eigene, ganz persönliche Empfinden aus dem Auge zu verlieren. Das Ziel war, einen Beitrag zur jüngsten Geschichte zu leisten, der auch als faktenreiches Nachschlagewerk über die politischen Zusammenhänge der ersten Hälfte der neunziger Jahre dienen mag. Ohne die Kenntnis einer Vielzahl bislang öffentlich nicht bekannter Details und politischer Hintergründe sind manche meiner Handlungsweisen nicht in vollem Umfang zu verstehen.

Zu danken habe ich wieder einmal den Mitarbeitern des Archivs für Christlich-Demokratische Politik der Konrad-Adenauer-Stiftung, die mich unter anderem mit Agentur- und Pressematerial aus den besagten Jahren versorgten. Die wichtigsten Werke der berücksichtigten Literatur sind am Ende dieses Bandes verzeichnet. Auch diesmal greife ich bei der Darstellung der historischen Begebenheiten auf mein 1996 erschienenes Buch *Ich wollte Deutschlands Einheit* zurück; eine wichtige weitere Grundlage ist Horst Teltschiks Werk *329 Tage. Innenansichten der Einigung.*

Danken möchte ich auch einigen Wissenschaftlern und Publizisten, die meine Arbeit kritisch begleiteten.

Zudem halfen mir Weggefährten und Freunde mit manchem nützlichen Hinweis.

Mein größter Dank geht wieder an Hannelore, die mir als eines ihrer Vermächtnisse hinterließ, meine Memoiren unbedingt zu schreiben und zu vollenden.

*Ludwigshafen,
im Oktober 2007*

Teil I
Chancen und Risiken
(1990)

1.
Zeitdruck

1989 war das Jahr eines großen Umbruchs in der Geschichte Europas: Die Menschen in der DDR und in anderen Staaten Mittel-, Ost- und Südosteuropas erkämpften sich nach über fünfzig Jahren die Freiheit.

Für uns Deutsche, aber auch für alle unsere Freunde in West und Ost war die Öffnung der Berliner Mauer und des Brandenburger Tores ein zutiefst ersehntes Ereignis. Achtundzwanzig Jahre lang war die Mauer das Symbol der unmenschlichen Teilung Deutschlands und Europas. Jetzt kamen die bewegendsten Bilder des Jahres 1989 von der Grenze, die sich endlich für alle öffnete. Wer könnte die Freude und das Glück in den Gesichtern der Menschen, die wieder zueinanderfanden, je vergessen!

Mich hat der herzliche Empfang tief bewegt, den mir die Menschen in Dresden bereiteten. Wir dürfen stolz sein auf unsere Landsleute, die so mutig für Freiheit, Menschenrechte und Selbstbestimmung eingetreten sind. Ihre Umsicht, ihre Beharrlichkeit und ihr politisches Augenmaß waren beispielhaft.

In diesen Tagen zur Jahreswende 1989/90 spürten wir alle unsere besondere Verantwortung für Deutschland und für eine friedliche Ordnung in Europa. Auch die Gespräche und Verhandlungen, die ich Ende Dezember 1989 mit DDR-Ministerpräsident Hans Modrow in Dresden führte, waren davon geprägt, und wir bemühten uns, dieser Verantwortung gerecht zu werden.

Beim Thema deutsche Einheit war uns oft vorgehalten worden, wir würden Sonntagsreden halten, doch spätestens jetzt erwies es sich, wie lebendig das Bewusstsein für die Einheit unserer Nation in all den Jahrzehnten der Teilung geblieben war. Das galt auch für den Westen des Landes; ich hatte allen Grund, unseren Mitbürgerinnen und Mitbürgern in der Bundesrepublik für die Unterstützung zu danken, die sie unseren Landsleuten aus der DDR erwiesen. Besonders glücklich war ich darüber, dass die politischen Häftlinge in der DDR noch vor dem Weihnachtsfest 1989 endlich in die ersehnte Freiheit entlassen wurden.

Das Jahr 1989 hatte uns die Einheit unseres Vaterlandes ein gutes Stück näher gebracht. Aber ohne die grundlegenden Veränderungen in der Sowjetunion, in Ungarn und in Polen wäre die friedliche Revolution in der DDR nicht möglich gewesen. So gehören zu den unvergesslichen Bildern des Jahres 1989 auch jene, die zeigen, wie Ungarn auf dem Weg zur Demokratie den Eisernen Vorhang zerschnitten und beseitigt hat. Dadurch wurde Zehntausenden unserer Landsleute der Weg in die Freiheit geöffnet und damit der erste Stein aus der Mauer geschlagen. Und in Polen war mit Tadeusz Mazowiecki ein engagierter Christ zum Ministerpräsidenten gewählt worden, der sich zur Aussöhnung zwischen dem deutschen und dem polnischen Volk bekannte.

All diese Entwicklungen waren auch ein Ergebnis unserer Politik. Unser beharrliches Eintreten für die Selbstbestimmung aller Deutschen und aller Europäer hatte dazu beigetragen, das Bewusstsein der Völker zu verändern.

Im »Zehn-Punkte-Programm zur deutschen Einheit« hatte ich den Weg aufgezeigt, wie das deutsche Volk in freier Selbstbestimmung seine Einheit wiedererlangen könne. Die Zulassung unabhängiger Parteien und freie Wahlen in der DDR waren wichtige Schritte auf diesem Weg. Einstweilen taten wir alles, was in unseren Kräften stand, um die wirtschaftliche Lage für die Menschen in der DDR rasch und spürbar zu verbessern. Sie sollten sich in ihrer Heimat wohlfühlen können.

Ohne die europäische Einigung war die deutsche Einheit jedoch nicht denkbar, beide mussten zusammen erstrebt werden. Die Europäische Gemeinschaft durfte nicht an der Elbe enden.

Anfang 1990 hatten wir endlich allen Grund zur Hoffnung auf ein Ende des Ost-West-Konflikts. Die Chancen für zügige Fortschritte bei der Abrüstung und Rüstungskontrolle waren günstiger denn je. Konkret erwartete ich die Ächtung der chemischen Waffen und einen ersten Vertrag über die Reduzierung der konventionellen Waffen.

Aber das Jahr 1989 war nicht nur außenpolitisch, sondern auch im Inneren überaus erfolgreich. Wir in der Bundesrepublik Deutschland genossen wirtschaftliches Wohlergehen wie nie zuvor. Die wirtschaftlichen Aussichten für die Zukunft waren günstig. Die Zahl der Beschäftigten stieg, aber wir hatten bei der Überwindung der Arbeitslosigkeit noch viel zu tun.

Das vor uns liegende Jahrzehnt konnte für unser Volk das glücklichste dieses Jahrhunderts werden: Es bot die Chance auf ein freies und geeintes Deutschland in einem freien und geeinten Europa. Unser Beitrag dazu war mit entscheidend.

*

In bezug auf die wirtschaftliche Lage in der Bundesrepublik waren sich die nationalen und internationalen Kommentatoren zu Beginn des Jahres 1990 in ihrem positiven, teilweise fast schon euphorischen Urteil einig wie selten zuvor. Auch zu Beginn des achten Jahres unserer Regierung hielt der Aufschwung an und war die Wachstumsdynamik der deutschen Wirtschaft ungebrochen. Mehr noch: Mit einer Wachstumsrate von 4 Prozent für 1989 hatten wir das beste Ergebnis der achtziger Jahre erreicht, und im internationalen Vergleich lagen wir damit inzwischen mit an der Spitze. Das führte auch auf dem Arbeitsmarkt zu handfesten positiven Veränderungen: Die Zahl der Arbeitslosen ging 1989 um über 200 000 zurück. Gleichzeitig stieg die Zahl der Arbeitsplätze um rund 350 000 – und das angesichts von über 700 000 neuen Mitbürgern, die 1989 als Aus- und Übersiedler zu uns gekommen waren.

Die Menschen in der DDR erwarteten rasche und grundlegende Veränderungen. Sie wollten spürbare Verbesserungen in allen Lebensbereichen. Mit ihrer friedlichen Revolution hatten sie das Tor zu Freiheit und Demokratie aufgestoßen, und nun warteten sie ungeduldig darauf, dass dieser Prozess weiterging.

Täglich kehrten über tausend Menschen der DDR den Rücken.

Das war ein Aderlass, der die Gesundung der Wirtschaft in der DDR mit jedem Tag weiter erschwerte. Wer nicht wollte, dass immer mehr Menschen die DDR verließen, der musste jetzt dazu beitragen, ihnen eine überzeugende Perspektive für ihre politische und wirtschaftliche Zukunft zu geben.

Es konnte und durfte nicht das Ziel unserer Politik sein, dass möglichst viele Menschen aus der DDR zu uns in die Bundesrepublik kamen. Mir ging es darum, dass sie dort, in ihrer Heimat, eine Perspektive für ihr künftiges Leben gewinnen konnten. Ein wirtschaftlicher Neuanfang in der DDR konnte nur Erfolg haben, wenn die Modrow-Regierung das Land rasch für westliche Investitionen öffnete, wenn sie marktwirtschaftliche Bedingungen schuf und privatwirtschaftliche Betätigung ermöglichte. Wer wie die SED im Januar 1990 die Priorität darin sah, einen Staatssicherheitsdienst in neuem Gewande zu bilden, setzte sich über die Interessen und Hoffnungen der Menschen hinweg. Der Prozess der Demokratisierung mit dem Ziel freier Wahlen musste jetzt ohne durchsichtige taktische Manöver und ohne Behinderungen fortgeführt werden. Dazu gehörte auch, dass das neue Wahlrecht die Zustimmung der Opposition fand. Es kam entscheidend darauf an, dass alle politischen Parteien gleiche Chancen bei ihrer Betätigung für den Wahlkampf erhielten, und dazu gehörte unter anderem eine uneingeschränkte Präsenz der Opposition im Fernsehen, im Rundfunk und in den Zeitungen der DDR.

Ich stand zu Gesprächen bereit – auch, um einen Vertrag über Zusammenarbeit und gute Nachbarschaft auszuhandeln, der die Grundlage einer »Vertragsgemeinschaft« zwischen Bundesrepublik und DDR bilden könnte, wie sie Hans Modrow in seiner Regierungserklärung vom 17. November 1989 vorgeschlagen hatte. Aber eine solche Vertragsgemeinschaft musste in der DDR die Zustimmung aller politischen Kräfte, einschließlich der Opposition, finden.

Von zentraler Bedeutung bei all diesen Prozessen war unser Verhältnis zur Sowjetunion, die sich damals in einer entscheidenden Phase der Umsetzung der Reformen befand. Ich setzte mich persönlich dafür ein, die von Generalsekretär Michail Gorbatschow und mir am 13. Juni 1989 unterzeichnete Gemeinsame Erklärung und alle anderen Verabredungen voll in die Tat umzusetzen und insbesondere die wirtschaftlichen Beziehungen weiter auszubauen. Mir lag zudem sehr daran, die guten politischen und persönlichen Beziehungen zu vertiefen, für die Gorbatschow und ich im Oktober 1988 in Moskau und im Juni 1989 in Bonn den Grund gelegt hatten.

*

Unser alter Kontinent Europa war wieder da – mit neuer Kraft und neuem Selbstbewusstsein! Die düsteren Prognosen aus den siebziger und frühen achtziger Jahren über eine drohende Eurosklerose hatten wir widerlegt. Jetzt stand Europa im Zentrum des weltpolitischen Geschehens – Subjekt und nicht Objekt der Weltpolitik.

Zweihundert Jahre nach der Französischen Revolution ereignete sich in Europa eine geschichtliche Wende: Die Völker nahmen ihr Schicksal wieder selbst in die Hand, und wie 1789 in der Erklärung der Menschen- und Bürgerrechte vorgezeichnet, standen dabei die Forderungen nach Achtung von Menschenrechten und Menschenwürde, nach Freiheit und freier Selbstbestimmung im Mittelpunkt. Und in einem bewundernswerten Gegensatz zu 1789 geschah dies in machtvollen, aber gewaltlosen und friedlichen Bürgerrechtsbewegungen und Demonstrationen.

Zum Jahreswechsel 1989/90 überschlugen sich die Ereignisse:

- Menschenströme überwanden Mauer und Stacheldraht,
- der rumänische Diktator Nicolae Ceauşescu wurde gestürzt,
- ein jahrzehntelang politisch verfolgter Schriftsteller, Václav Havel, wurde tschechoslowakischer Staatspräsident,
- und eine begeisterte Menge in Berlin feierte die Öffnung des Brandenburger Tores; Weihnachten und Silvester war die Teilung unserer alten Hauptstadt für Stunden völlig überwunden.

Kurzum: Die von Stalin den Völkern Europas aufgezwungene Nachkriegsordnung zerfiel. Etwas Neues trat hervor. Die Europäer standen in historischer Verantwortung, die Entwicklung zum Guten zu wenden. Wer an dieser wahrhaft geschichtlichen Wende dem Status quo nachtrauerte oder ihn sogar mit Stabilität gleichsetzte, verkannte die Lehre des Jahres 1989: Nichts destabilisierte mehr als verweigerte Reformen.

Einheit und Freiheit Deutschlands in freier Selbstbestimmung, das war unser Ziel, so wie es bereits 1949 unser Grundgesetz verkündet hatte. Schon damals wurde der Weg zur deutschen Einheit verknüpft mit dem Bekenntnis zur europäischen Einigung und mit der Verpflichtung, dem Frieden in der Welt zu dienen. An dieser Zielsetzung hatte sich nicht ein Jota geändert. Sie entsprach den Wünschen und Hoffnungen der überwältigenden Mehrheit aller Deutschen.

Auch DDR-Ministerpräsident Hans Modrow bekannte sich mittlerweile eindeutig zu dem Ziel, die staatliche Einheit Deutschlands auf der Grundlage freier Selbstbestimmung herzustellen. Darüber, welche Schritte auf dem Weg zur Einheit im einzelnen einzuschlagen waren, konnten wir uns dann nach dem 18. März 1990 mit einer aus freien Wahlen hervorgegangenen Regierung in der DDR verständigen. Wir waren darauf vorbereitet, unverzüglich nach der Wahl die Gespräche aufzunehmen.

Entscheidend war die freie Selbstbestimmung: Wir Deutschen in der Bundesrepublik Deutschland würden jede Entscheidung der Deutschen in der DDR – wie immer sie ausfiele – respektieren. Ich hatte aber keinen Zweifel, wie sie lauten würde.

Wir wollten keine deutschen Alleingänge oder nationalistischen Sonderwege. Das Konzept einer Neutralität Deutschlands lehnte ich deshalb strikt ab. Zudem widersprach ein solcher Vorschlag der Logik des gesamteuropäischen Einigungsprozesses. Ein vereintes Deutschland im Herzen Europas durfte keine Sonderstellung einnehmen und damit isoliert werden. Das war die Lehre aus der Geschichte.

Eine Lösung konnte nur im Rahmen des KSZE-Prozesses und durch konsequente Fortführung von Abrüstungs- und Rüstungskontrollverhandlungen erreicht werden. Damit berücksichtigten wir auch am besten die Sicherheitsinteressen aller Beteiligten in West und Ost, nicht zuletzt die der Sowjetunion. Im Gegenzug setzten wir darauf, dass auch sie das Recht des deutschen Volkes auf freie Selbstbestimmung achteten und den Prozess der Vereinigung erleichterten. Deshalb begrüßte ich es sehr, dass sich Michail Gorbatschow zu einer verantwortlichen Regelung der deutschen Frage bekannte.

Ich kann es nicht oft genug wiederholen: Der Weg zur deutschen Einheit vollzog sich nicht mechanisch nach Fahrplan und Stoppuhr. Diesen Ablauf einem geplanten Konzept zu unterwerfen oder ihn gar zu forcieren wäre ein in höchstem Grade unhistorischer und unverantwortlicher Versuch gewesen, der nur scheitern konnte. Allerdings galt auch: Uns allen standen die Bilder von Demonstrationen vieler Zehntausender, ja Hunderttausender unserer Landsleute in der DDR vor Augen. Die Rufe »Wir sind das Volk!« und »Wir sind ein Volk!« waren ihr Programm. Sie verfochten es mit immer größerer Ungeduld. Der Zeitdruck war unglaublich. Deshalb wäre es genauso unhistorisch gewesen zu versuchen, sich ihren Interessen und Wünschen zu widersetzen.

Notwendig war vielmehr, das ständige Gespräch mit der Bevölkerung, mit den Oppositionsgruppen und mit den neuen Parteien zu führen. Gefragt waren zukunftsweisende Signale, die von Vernunft und Reformbereitschaft zeugten, und dazu zählten die Einleitung freier Wahlen ebenso wie greifbare Verbesserungen im wirtschaftlichen und sozialen Bereich. Wir waren bereit, hierzu Hilfen in neuen Größenordnungen zu leisten.

Die Alternative zu unserem Kurs der Vernunft, des Dialogs und der spürbaren Veränderung war mit warnenden Lettern an die Wand geschrieben: Krisen konnten die erste friedliche Revolution auf deutschem Boden überschatten, und der fortgesetzte Massenexodus würde, je länger er andauerte, die Chancen wirtschaftlicher Erholung schwinden lassen. Einzige Garantie der Stabilität war deshalb eine energische, vorwärtsgerichtete Reformpolitik.

Im Januar 1990 richtete ich auch an unsere westlichen Partner die herzliche Bitte, bei dieser Stabilisierung zu helfen. Dazu gehörten vor allem die Einbeziehung der DDR in Hilfsmaßnahmen der Europäischen Union und der Ausbau des besonderen Status, den die DDR bereits seit den Römischen Verträgen im Verhältnis zur Europäischen Gemeinschaft genoss. Jacques Delors, der Präsident der EG-Kommission, engagierte sich hier ganz besonders, und ich bin ihm sehr dankbar dafür.

Wir Deutschen waren uns zu diesem Zeitpunkt sehr wohl bewusst: Selbst im Rahmen eines sich enger zusammenschließenden Europas weckte ein wieder zusammenwachsendes Deutschland bei einigen in Ost und West Bedenken, ja Befürchtungen. Historische Belastungen mischten sich mit der Sorge um die eigene künftige Position. Jeder verantwortliche deutsche Politiker war gut beraten, diese Motive sehr ernst zu nehmen und sie nach bestem Vermögen zu entkräften.

Die Bundesrepublik Deutschland hatte sich über vierzig Jahre lang nicht nur als stabiler freiheitlich-demokratischer Rechtsstaat erwiesen, sie hatte sich auch als berechenbarer und verlässlicher Freund und Verbündeter bewährt und von Anfang an ihr nationales Anliegen – die Freiheit und die Einheit aller Deutschen – in den größeren europäischen Rahmen gestellt. Sie hatte sich außerdem als entschiedener Vorkämpfer der europäischen Einigung sowie des KSZE-Prozesses erwiesen, und nicht zuletzt war und blieb sie Anwalt von Abrüstung und Rüstungskontrolle. Bereits in meiner ersten Regierungserklärung 1982 hatte ich das Ziel einer Welt mit weniger Waffen beschworen. 1990 kamen wir diesem Ziel wesentlich näher.

Diese Bundesrepublik war ein vertrauenswürdiger Partner beim Bau einer europäischen Friedensordnung. In dieser Friedensordnung musste für alle Europäer, und darin eingeschlossen für alle Deutschen, die große Vision Wahrheit werden, die die amerikanische Unabhängigkeitserklärung vor über zweihundert Jahren entworfen hatte: »Leben, Freiheit und Streben nach Glück«. Dieses Europa war und ist die Zukunft aller Deutschen.

2.
Aufatmen

Nach meinem Treffen mit dem sowjetischen Generalsekretär am 10. und 11. Februar 1990 in Moskau konnte ich dem Deutschen Bundestag berichten: Noch nie, seit unser Land geteilt, noch nie, seit unser Grundgesetz geschrieben wurde, waren wir unserem Ziel, die Einheit und Freiheit Deutschlands in freier Selbstbestimmung zu vollenden, so nahe gekommen wie jetzt. In dem Gespräch mit Gorbatschow wurden die Weichen gestellt. Das Ergebnis dieser entscheidenden Begegnung lautete:

> »M. S. Gorbatschow stellte fest – und der Kanzler stimmte ihm zu –, dass es jetzt zwischen der UdSSR, der BRD und der DDR keine Meinungsverschiedenheiten darüber gibt, dass die Deutschen selbst die Frage der Einheit der deutschen Nation lösen und selbst ihre Wahl treffen müssen, in welchen staatlichen Formen, in welchen Fristen, mit welchem Tempo und unter welchen Bedingungen sie diese Einheit verwirklichen werden.«

Wer fühlte sich durch diese Worte in seinen Gedanken und Gefühlen nicht unmittelbar angesprochen? Dieses großartige Ergebnis machte deutlich, was wir immer gesagt hatten: Wir sind ein Volk. Nun war es an uns, die zum Greifen nahe Chance umsichtig und entschlossen wahrzunehmen. Wir wussten, dass jetzt nicht Überschwang der Gefühle, sondern Einigkeit und Augenmaß geboten waren, und wir waren uns bewusst, dass viele zu dieser geschichtlichen Wende beigetragen hatten, in erster Linie unsere Freunde und Verbündeten im Westen. Sie hatten zu uns gehalten in den gefahrvollen Zeiten, als Blockade, Mauer und Stacheldraht die Teilung unseres Landes und seiner alten Hauptstadt verewigen sollten. Sie hatten zu uns gehalten in Zeiten des Kleinmuts, als selbst hierzulande mancher das Grundgesetz ändern wollte, weil es angeblich eine »Lebenslüge dieser Republik« festschrieb, wie Willy Brandt noch Mitte der achtziger Jahre meinte. Sie hielten zu uns in konfliktträchtigen Zeiten, als Raketenrüstung im Osten und die Antwort des Westens darauf auch auf die deutschen Dinge zurückzuwirken drohten. Sie hatten sich im Deutschland-Vertrag zum Ziel der deutschen Einheit in freiheitlich-demokratischer Form bekannt. Und sie hatten beim Eintreten in die europäische Integration – in jenem Zusatzprotokoll zu den Römischen Verträgen – unseren Beziehungen zur DDR eine Sonderstellung eingeräumt. Jetzt konnten wir darauf aufbauen. Dafür waren und bleiben wir dankbar.

Generalsekretär Gorbatschow hatte nicht nur eine tiefgreifende Umgestaltung seines Landes in die Wege geleitet, sondern auch der sowjetischen Außenpolitik eine neue Richtung, neue Dynamik und neues Denken vorgegeben – bis hin zu der Überlegung eines Beitritts der Sowjetunion zur Nato. Jetzt veränderte dieses »Neue Denken« auch die sowjetische Deutschlandpolitik und erlaubte eine konstruktive und zukunftsträchtige Lösung der deutschen Frage.

Ich war zutiefst davon überzeugt, dass diese Lösung den wohlverstandenen Interessen Moskaus entsprach, auch den sowjetischen Sicherheitsinteressen. In unserer Chance zur Einheit lag für die Sowjetunion die Chance zur langfristigen Partnerschaft mit einem politisch stabilen und wirtschaftlich leistungsfähigen Land in der Mitte Europas sowie – und ich meine das mit Bedacht – auch die Chance, dass das deutsche Volk und die Völker der Sowjetunion endgültig die Schatten der Vergangenheit hinter sich ließen und einander die Hand reichten. Es gab so viele Menschen in der Sowjetunion, deren Bild von Deutschland und den Deutschen durch persönlich erlebtes Leid in der Vergangenheit geprägt war. Gerade ihnen galt mein Wort: »Von deutschem Boden soll künftig nur Frieden ausgehen!«

Die Polen und Ungarn, die Tschechen und Slowaken waren mit revolutionären Reformen in Politik, Wirtschaft und Gesellschaft vorangegangen. Ohne ihr Beispiel wären die Entwicklungen in der DDR nicht möglich gewesen.

Ich war mir dessen sehr bewusst, und ich war dankbar dafür. Auch deshalb hatte ich bei meinem Besuch in der Republik Polen im November 1989 betont: »1980, auf der Danziger Lenin-Werft, ging es um Ziele, die auch die Deutschen in der DDR betreffen: um Freiheit, um Menschenwürde, um Menschenrechte, um Selbstbestimmung.« Und im Dezember 1989 in Ungarn stellte ich dankbar fest: »Ungarn hat den ersten Stein aus der Mauer geschlagen.«

Um so wichtiger war mir eine Zusage, die ich jetzt erneuerte: Bei aller Freude über die Chance der deutschen Einheit, bei aller akuten Sorge um die Entwicklung der Lage in der DDR würden wir unsere Nachbarn nicht vergessen – ihnen galt unsere unverminderte Solidarität.

Vor allem aber hatten natürlich unsere Landsleute in der DDR, die Menschen in Berlin, in Leipzig, in Dresden, in Halle, in Chemnitz und in Plauen, mit ihren Parolen »Wir sind das Volk!« und »Wir sind ein Volk!« mehr als alle anderen getan, um diese Chance für Deutschland zu erringen. Gerade das Geschehen der letzten sechs Monate in der DDR hatte bei der sowjetischen Führung die Einsicht reifen lassen, dass Richtung und Tempo der Entwicklung weder in der DDR noch in anderen Reformstaaten Mittel- und Osteuropas am Grünen Tisch bestimmt werden konnten. Vielmehr hatten die Menschen ihr Schicksal in die eigenen Hände genommen.

Michail Gorbatschow und ich waren uns einig, dass den am 18. März 1990 anstehenden Volkskammerwahlen eine Schlüsselbedeutung zukam. Die Wahlprogramme der Mehrheit aller Parteien und Gruppierungen in der DDR ließen nur einen Schluss zu: dass es als Ergebnis dieser Wahl nicht nur eine demokratisch legitimierte und handlungsfähige Regierung geben würde, sondern eine Regierung mit dem klaren Ziel: »Einheit sobald wie möglich!« Davon war ich fest überzeugt, und der Generalsekretär widersprach mir nicht.

Von Anfang an hatte ich darauf gesetzt, die Trennung des eigenen Landes zusammen mit der Teilung Europas insgesamt zu überwinden. Die Architektur des künftigen Deutschlands musste in die Architektur des künftigen Europas passen. Wir mussten neue, übergreifende Sicherheitsstrukturen aufbauen. Das hieß für uns Deutsche: Wir achten die berechtigten Sicherheitsinteressen aller europäischen Länder, gerade auch der Sowjetunion, und wir respektieren die Sicherheitsbedürfnisse und die Gefühle aller Europäer, insonderheit unserer Nachbarn.

Das war der Rahmen, den wir uns selbst gesetzt hatten. Die wohl schwierigste Frage aber, über die Generalsekretär Gorbatschow und ich sowie Bundesaußenminister Hans-Dietrich Genscher und sein Amtskollege Eduard Schewardnadse zu sprechen hatten, war die Zukunft der Bündnisse. Ich hielt mit meiner Überzeugung nicht hinter dem Berg, dass auch bei vernünftiger Würdigung der Sicherheitsinteressen der Sowjetunion ein künftiges geeintes Deutschland nicht neutralisiert oder demilitarisiert werden dürfe, sondern ins westliche Bündnis eingebunden bleiben sollte. Die Geschichte gerade des zwanzigsten Jahrhunderts zeigte: Nichts war der Stabilität Europas abträglicher als ein zwischen zwei Welten, zwischen West und Ost, schwankendes Deutschland. Umgekehrt galt: Deutschland im festen Bündnis mit freiheitlichen Demokratien und in zunehmender politischer und wirtschaftlicher Integration in der Europäischen Gemeinschaft war der unerlässliche Stabilitätsfaktor, den Europa in seiner Mitte brauchte. Ich stellte in Moskau klar, dass unser Bündnis sich entsprechend seiner Zielsetzung verstärkt auf seine politische Rolle konzentrieren müsse und dass keine Einheiten und Einrichtungen des westlichen Bündnisses auf das Gebiet der DDR vorgeschoben würden. In dieser Zielsetzung wusste ich mich mit dem amerikanischen Präsidenten im Einklang.

Michail Gorbatschow und ich waren uns einig, dass jeder Anschein vermieden werden musste, als würden Deutsche und Sowjets für andere Europäer sprechen – und schon gar nicht hinter deren Rücken oder über deren Köpfe hinweg. Tragfähige Lösungen waren im Gespräch mit allen Beteiligten zu finden.

Zu den berechtigten Interessen, die wir Deutschen achten wollten, gehörten selbstverständlich auch die besonderen Rechte und Verpflichtungen der Sowjetunion, der USA, Großbritanniens und Frankreichs für Berlin und Deutschland als Ganzes. Nach den Beratungen der Außenminister der vier Siegermächte in Ottawa zeichnete sich Mitte Februar 1990 folgender Weg ab:

Nach den Wahlen am 18. März würden die Bundesregierung und eine demokratisch legitimierte Regierung der DDR über den Weg der Deutschen zu ihrer Einheit sprechen. Wir Deutschen würden uns dann mit den Amerikanern, den Briten, den Franzosen und den Sowjets über die äußeren Aspekte der Schaffung der deutschen Einheit verständigen, einschließlich der Sicherheitsfragen der Nachbarstaaten.

Vertrauen war eine wichtige Voraussetzung für den Erfolg dieser sensiblen Gespräche, auch in Moskau. Da war es gut, dass Gorbatschow und ich an das vertraute persönliche Verhältnis anknüpfen konnten, das wir bei unseren Begegnungen im Oktober 1988 und im Juni 1989 aufgebaut hatten, an deren Ende die Gemeinsame Erklärung stand, die ausdrücklich klarmachte, jeder Staat – also auch die DDR und ein vereinigtes Deutschland – habe das Recht, das eigene politische und soziale System frei zu wählen.

*

Vor dem Treffen mit Ministerpräsident Hans Modrow und seiner großen Delegation am 13. Februar 1990 hatten die politischen Parteien und Gruppierungen in der DDR – vertreten durch den sogenannten Runden Tisch – der Bundesregierung ein Positionspapier übermittelt, in dem es hieß, »die Lage« sei »durch rasche Destabilisierung gekennzeichnet«. Einen »Solidaritätsbeitrag« der Bundesregierung in Höhe von 15 Milliarden D-Mark wünschte sich der Runde Tisch noch vor den März-Wahlen. Das stieß bei mir auf scharfe Ablehnung.

Ich hatte eine ganz andere, sehr viel grundsätzlichere Idee. Mit Geld allein war den Problemen nicht beizukommen, die sich insbesondere durch den anhaltend großen Zustrom von Übersiedlern manifestierten. Seit Jahresbeginn waren es nochmals rund 85 000 mehr geworden. Zwar erklärte ich auch in den Gesprächen mit Hans Modrow und seiner Delegation wieder unsere Bereitschaft, kurzfristig dort zu helfen, wo dies insbesondere aus humanitären Gründen dringlich und notwendig war, und im Nachtragshaushalt 1990 waren auch bereits Mittel für entsprechende Unterstützungsmaßnahmen eingestellt: unter anderem für den Reisedevisenfonds, das ERP-Kreditprogramm vor allem für kleine und mittlere Unternehmen, für Schulung und Technologietransfer sowie Umweltschutz und Verbesserung der Verkehrswege. Allein für medizinische Geräte und Ausrüstung stellten wir rund 400 Millionen DM bereit. Alles in allem ging es um einen Betrag von über 5 Milliarden DM für die DDR. Eingeleitet wurde ferner ein umfassendes Programm technischer Zusammenarbeit und konkreter Hilfe durch die Post. Die Postpauschale wurde auf 300 Millionen DM erhöht und voll und ganz für den Ausbau des Telefonnetzes der DDR verwendet.

All dies ließ klar erkennen: Wir waren bereit, uns für die Menschen in der DDR zu engagieren, damit sie in ihrer Heimat bleiben und den wirtschaftlichen Neubeginn dort mitgestalten konnten. Aber wir gingen noch einen entscheidenden Schritt weiter: Ich unterbreitete Ministerpräsident Hans Modrow das Angebot, sofortige Verhandlungen zur Schaffung einer Währungsunion und Wirtschaftsgemeinschaft aufzunehmen.

Dieses Angebot bestand im Kern aus zwei Teilen:

- *Erstens:* Zu einem festzusetzenden Stichtag wird die Mark der DDR als Währungseinheit und gesetzliches Zahlungsmittel durch die D-Mark abgelöst.
- *Zweitens:* Zeitgleich müssen von der DDR die notwendigen rechtlichen Voraussetzungen für die Einführung einer sozialen Marktwirtschaft geschaffen werden.

Beide Elemente standen für die Bundesregierung in einem unauflösbaren Zusammenhang. Politisch und ökonomisch bedeutete dieses Angebot, dass wir bereit waren, auf ungewöhnliche Ereignisse und Herausforderungen in der DDR unsererseits eine ungewöhnliche Antwort zu geben. In einer politisch und wirtschaftlich normalen Situation, die uns Zeit für schrittweise Reformen gelassen hätte, wäre der Weg sicher ein anderer gewesen – die gemeinsame Währung wäre dann erst zu einem späteren Zeitpunkt eingeführt worden. Kritische Stimmen von Wirtschaftsexperten und aus dem Sachverständigenrat zur Begutachtung der gesamtwirtschaftlichen Entwicklung mahnten uns, die Dinge nicht zu überstürzen, und ihre Argumente wurden von der Bundesregierung sehr ernst genommen. Doch die politischen und gesellschaftlichen Umwälzungen hatten zu einer dramatischen Verkürzung des politischen Zeithorizonts geführt, so dass die Voraussetzungen für wie auch immer definierte Stufenpläne entfallen waren.

In einer solchen Situation ging es um mehr als Ökonomie. Es galt, ein klares, unmissverständliches Signal der Hoffnung und der Ermutigung für die Menschen in der DDR zu setzen. Deswegen, und nur deswegen, trafen wir die in der Tat historisch zu nennende Entscheidung, der DDR *jetzt* das Angebot einer Währungsunion und Wirtschaftsgemeinschaft zu machen – ein Angebot, für das wohl keine historische Parallele existiert.

Wichtig war, politisch und wirtschaftlich Kurs zu halten. Das bedeutete in diesem Februar 1990 unter anderem ganz konkret, dass wir eine umfassende Bestandsaufnahme finanzieller Daten und Fakten vornehmen mussten, damit die bewährte Stabilitätspolitik der Deutschen Bundesbank auch für das gemeinsame Währungsgebiet gesichert werden konnte. Auch die Orientierung an der sozialen Marktwirtschaft war nicht nur für die Bundesrepublik, sondern für Deutschland insgesamt von zentraler Bedeutung. Wenn wir in diesen Zeiten an den Grundprinzipien festhielten, die die Bundesrepublik Deutschland vom ökonomischen Nullpunkt nach dem Zweiten Weltkrieg in die Spitzengruppe der Industrieländer der Welt gebracht hatten, dann konnten wir auch die Herausforderungen der neunziger Jahre bestehen.

3.
Absichern

Am 15. Februar 1990 flog ich nach Paris, um Präsident François Mitterrand von meinem Treffen mit Michail Gorbatschow zu berichten. Die französische Seite charakterisierte diesen Besuch später als »Stunde der Wahrheit«.

Es war eine sehr ernste Unterredung. Mitterrand wollte nicht den Eindruck erwecken, ein schlechter Freund zu sein, aber er wies noch einmal auf die Befürchtungen hin, die die Wiedervereinigung Deutschlands in Frankreich wachrufe. Trotz solcher Vorbehalte bezog er sich bei dem Mitspracherecht der Vier Mächte nur auf die internationalen Konsequenzen der Einheit, nicht auf die inneren Angelegenheiten. Hauptproblem zwischen uns beiden war und blieb die Frage, ob die endgültige Anerkennung der Oder-Neiße-Linie noch vor der Einheit erfolgen sollte oder danach. Ich reagierte spürbar verärgert, weil Mitterrand bei seinem altbekannten Standpunkt blieb, und unterstrich erneut, dass die Bestätigung der Grenze mit der Wiedervereinigung einhergehen müsse und keine Vorleistung sein dürfe. Mitterrand hingegen betonte, dass es politisch nützlich sei, die Grenze vor der Wiedervereinigung zu bestätigen. Der Dissens in dieser Frage blieb.

*

Am 24. und 25. Februar 1990 reiste ich zu einem Treffen mit Präsident George Bush auf dessen Landsitz Camp David bei Washington. Die deutsch-amerikanischen Beziehungen, die enge Freundschaft und vertrauensvolle Partnerschaft mit den Vereinten Staaten von Amerika waren eine entscheidende Vorbedingung

Ein informelles Treffen mit George Bush und Außenminister Baker (re.) in Camp David (Februar 1990)

dafür, dass der Tag der Einheit für uns Deutsche jetzt unmittelbar bevorstand, und natürlich standen die Zukunft der transatlantischen Beziehungen und – darin eingebettet – der Weg der Deutschen zur staatlichen Einheit im Mittelpunkt unserer Gespräche. Dabei bekräftigten wir beide, dass ein wiedervereintes Deutschland in vollem Umfang Mitglied der Nato bleiben müsse und amerikanische Soldaten weiterhin in Deutschland stationiert sein sollten. Für das Gebiet der DDR sollte ein Sonderstatus gelten, wonach sowjetische Truppen sich dort vorerst aufhalten könnten, bis in Verhandlungen über ihren weiteren Verbleib entschieden worden wäre. Klar war: Auch in einem geeinten Deutschland war der Sicherheitsverbund zwischen Nordamerika und Europa für uns Deutsche von existentieller Bedeutung.

Zum Abschluss meines Amerikabesuchs unterstrich ich noch einmal, dass wir den Weg zur deutschen Einheit mit Vernunft und Augenmaß beschreiten wollten. Einerseits führten wir intensive Gespräche mit der DDR, besonders über die Währungsunion und eine Wirtschafts- und Sozialgemeinschaft; andererseits achteten wir auf die unauflösliche Verbindung mit der transatlantischen

Partnerschaft, der europäischen Einigung und der umfassenden Zusammenarbeit zwischen West und Ost. Wieder einmal ging ich auch auf die Ängste einiger unserer europäischen Nachbarn ein, von deutscher Seite könnte die Frage der Einheit der Nation mit dem Wunsch verbunden werden, bestehende Grenzen zu verschieben. Im Hintergrund solcher Befürchtungen stand natürlich insbesondere die Sorge um die territoriale Integrität Polens, und fast schon gebetsmühlenartig wiederholte ich, was ich damals bei jeder Gelegenheit – sei es auf internationalem Parkett oder im Deutschen Bundestag, sei es in Radio und Fernsehen oder in Zeitungsinterviews – beinahe täglich annähernd wortgleich versicherte: Wir wollten die Westgrenze Polens nicht in Frage stellen. Allerdings rückte ich auch keinen Millimeter von meinem Standpunkt ab, dass die Grenzfrage endgültig erst durch eine frei gewählte gesamtdeutsche Regierung und ein frei gewähltes gesamtdeutsches Parlament geregelt werden könne.

Neuen Zündstoff erhielt die Diskussion dadurch, dass der polnische Ministerpräsident Tadeusz Mazowiecki gegenüber den Vier Mächten sowohl die endgültige Anerkennung der Oder-Neiße-Linie noch vor der Wiedervereinigung als auch eine Teilnahme an den Zwei-plus-Vier-Verhandlungen forderte. Am 23. Februar hatte ich deshalb mit ihm telefoniert und seine Sorgen über die Grenzfrage zu zerstreuen versucht. Doch es schien mir nicht zu gelingen. Zugleich nahm die innenpolitische Debatte hinsichtlich der polnischen Westgrenze an Härte derart zu, dass man den Eindruck gewinnen konnte, sie wäre wichtiger als die deutsche Einheit.

Eine weitere, sehr heftig geführte Diskussion entwickelte sich darüber, wie der Beitritt der DDR zur Bundesrepublik erfolgen könnte, ohne den Eindruck eines Anschlusses entstehen zu lassen. Ich trat von Anfang an für die Lösung nach Artikel 23 des Grundgesetzes ein. Hans-Dietrich Genscher dagegen plädierte für eine Vereinbarung der beiden frei gewählten Regierungen nach der Volkskammerwahl am 18. März. Auch Bundespräsident Richard von Weizsäcker hatte Bedenken, den Weg über Artikel 23 des Grundgesetzes als den allein möglichen anzusehen, während die Unionsparteien meiner Linie folgten.

4.
Bündnis

Die so kurzfristig für den 18. März 1990 angesetzten Wahlen in der DDR brachten uns alle unter großen Zeitdruck. Die Frage, wer der künftige Partner der CDU in der DDR sein würde, plagte mich schon, seit die Wahlen in Aussicht standen. Ein schlichtes Zusammengehen mit der Blockpartei CDU hielt ich für außerordentlich problematisch. Die Ost-CDU hatte über Jahrzehnte die SED-Diktatur willig mitgetragen und war folglich mitverantwortlich sowohl für die verheerenden wirtschafts-, finanz- und sozialpolitischen Entscheidungen der DDR-Regierung als auch für die massiven Menschenrechtsverletzungen und Einschränkungen der Meinungs- und Reisefreiheit in der DDR. Abgesehen davon hatten Vertreter der Ost-CDU jahrelang jegliche Kontakte zu uns abgelehnt, so wie umgekehrt auch mir jegliches Interesse an politischen Beziehungen zu ihnen fehlte. Sollten wir nun gemeinsame Sache machen, wie es Wolfgang Schäuble und Walter Wallmann forderten?

Deren Hauptargument war, dass die Mitgliedschaft im Osten strukturell jener der West-CDU ähnele und dass die stärkere Verankerung der Ost-CDU in der evangelischen Kirche insgesamt zu einem ausgewogenen Verhältnis der Konfessionen führen würde. Ich war da eher skeptisch. Zwar gab es eine Menge sehr vernünftiger Leute in der Ost-CDU, aber auch viele schwer belastete Mitglieder. Ohne deutliche personelle und programmatische Veränderungen war die Partei, wie sie sich jetzt darstellte, ein sicherer Garant für eine schwere Niederlage.

Ich wusste sehr wohl, dass sich die Basis der Ost-CDU gewaltig verändert hatte. Bei den Hauptamtlichen aber, insbesondere auf

Bezirksebene, hatte sich vielfach noch nichts geändert. Andererseits führte die Ost-CDU nun einmal den gleichen Namen, den ihr niemand streitig machen konnte, wir hatten ein Stück gemeinsamer Geschichte, und natürlich gab es in der Ost-CDU eine Menge guter Leute, die ihre politische Heimat auch in der westdeutschen CDU finden konnten. Es blieb dennoch ein Problem, weil die SPD im Wahlkampf mit aller Kraft versuchen würde, die Ost-CDU als alte Blockpartei zu attackieren.

Ich konnte der Ost-CDU aber auch nicht den Vorwurf ersparen, aktuelle Chancen seit November 1989 nicht genutzt zu haben. Beispielsweise hielt ich die Beteiligung an der Regierung von Hans Modrow für einen schweren Fehler. Auch die Entscheidung über einen reformierten Staatssicherheitsdienst hatte die Ost-CDU mitgetragen.

Trotz dieser Bedenken stand außer Frage, dass sich die Union auf einen Partner für die Wahlen am 18. März festlegen musste. Wir mussten Farbe bekennen und gleichzeitig die besten Voraussetzungen dafür schaffen, unsere Ziele bei den Wahlen zu erreichen. Das wichtigste Ziel war, dass die SED abgewählt würde. Das zweite Ziel musste sein, dass die Partner der CDU eine Position erreichten, an der niemand vorbeikam.

*

Das bürgerliche Lager musste zusammengeführt werden. Daran arbeitete ich mit unermüdlichem Einsatz, denn das war die einzige Chance, Mehrheiten zu gewinnen und so den Weg zur Wiedervereinigung zu ebnen.

Von vielen Seiten ermutigt, entschied ich mich entgegen der Position des CDU-Generalsekretärs Volker Rühe, mit der Ost-CDU zu sprechen. In der zweiten Januarhälfte 1990 kam es zu einem ersten, geheimgehaltenen Treffen mit Lothar de Maizière, bei dem es mir vor allem darum ging, den Mann kennenzulernen, der im November 1989 zum neuen Vorsitzenden der Ost-CDU gewählt und in Modrows Allparteienregierung stellvertretender Ministerpräsident geworden war. Ausführlich unterhielten wir uns zunächst über familiäre Hintergründe und weltanschauliche Prägungen. Zwar kamen wir uns nicht besonders nahe, erörterten aber trotzdem mögliche Formen einer Zusammenarbeit mit Blick auf den Volkskammerwahlkampf. Lothar de Maizière präsentierte die Ost-CDU dabei als eine Partei, die sich vollends vom Sozialismus abgewandt habe.

Nach diesem Treffen unterhielt ich mich in einem Vieraugengespräch auch mit dem DSU-Vorsitzenden Hans-Wilhelm Ebeling. Dabei ging es unter anderem auch um die Stasi-Vergangenheit von bekannten Politikern der DDR, doch trotz aller Verdächtigungen hielt ich zunächst an den Spitzenleuten der Ost-CDU und des Demokratischen Aufbruchs (DA) fest.

Zum Demokratischen Aufbruch und der Deutschen Forumspartei (nicht zu verwechseln mit dem Neuen Forum) unterhielt die CDU zu jener Zeit gute Kontakte. Nun unternahm ich den Versuch, diese beiden Gruppierungen sowie Ost-CDU und DSU zu einem Wahlbündnis zusammenzufassen. Der Demokratische Aufbruch war neben der Ost-CDU organisatorisch am weitesten vorangeschritten. Es hatte schon einige Zeit Überlegungen gegeben, diese Gruppen unter dem Namen »Demokratische Union Deutschlands« zu verbinden, ohne dass sie dabei ihre Selbständigkeit aufgaben. Ich hielt es für richtig, beide Säulen, die »Demokratische Union Deutschlands« und die Ost-CDU, zusammenzubringen. Hierzu mussten wir ein Gesamtkonzept aus dem Boden stampfen, an dem im Konrad-Adenauer-Haus in Bonn Tag und Nacht gearbeitet wurde.

Schon Anfang Januar hatten die SPD (West) und die SDP (Ost), die sich bald in SPD umbenennen sollte, eine enge Kooperation aufgenommen, und auch wir mussten dringend zu einer Entscheidung kommen, welche Partner wir bei den Wahlen unterstützen wollten. Die CSU hatte sich bereits entschieden, die DSU, die Deutsche Soziale Union unter Vorsitz von Pfarrer Ebeling, zu unterstützen. Ich hielt den evangelischen Pfarrer für einen ausgezeichneten Mann. Er betrachtete CDU und CSU gleichermaßen als seine Partner. Die zahlenmäßige Bedeutung der DSU konnte im Moment allerdings noch niemand absehen.

Zusammen mit Volker Rühe bereitete ich ein Bündnis mit den kleineren Gruppierungen sorgfältig vor. Ein erstes Treffen mit den führenden Männern von DA, DSU, Deutscher Forumspartei und Ost-CDU kam am 1. Februar 1990 im Gästehaus der Bundesregierung, einer alten Gründerzeitvilla in Berlin, zustande. Bewusst wählte ich das Berliner Domizil des Bundeskanzlers als Ort für unsere Gespräche, weil ich hoffte, sie unter Ausschluss der Öffentlichkeit führen zu können, doch als ich mit Kanzleramtschef Rudolf Seiters, Volker Rühe, Eduard Ackermann und Juliane Weber am frühen Abend dort ankam, warteten vor dem Tor schon einige Dutzend Journalisten.

Für die Ost-CDU waren Lothar de Maizière und Martin Kirchner gekommen, für die DSU Hans-Wilhelm Ebeling und Peter-Michael Diestel und für den Demokratischen Aufbruch (DA) Wolfgang Schnur und Rainer Eppelmann. Daneben gab es noch eine kleine liberale Gruppe, die aber später dem Zusammenschluss nicht beitrat.

Schon nach kurzer Zeit brach ein veritabler Krach aus, weil Martin Kirchner im Falle eines Wahlsieges der CDU den Posten des Ministerpräsidenten für Lothar de Maizière beanspruchte. Peter-Michael Diestel widersetzte sich diesem Ansinnen energisch, er wolle mit den »roten Socken« – ein Ausdruck, den ich bei dieser Gelegenheit zum ersten Mal hörte – nichts zu tun haben. Wolfgang Schnur wiederum meinte, das Amt des Ministerpräsidenten stehe ihm zu. De Maizière und Kirchner hielten dagegen. Keiner traute dem anderen, jeder glaubte, selbst der Größte zu sein, und ich musste immer wieder dazwischengehen und zu schlichten versuchen.

Ich hatte alle Mühe, die widerstrebenden Gesprächspartner von der Notwendigkeit eines Bündnisses zu überzeugen. Doch schließlich gelang es: Trotz mancher Unstimmigkeiten einigte ich mich mit Lothar de Maizière, Wolfgang Schnur und Hans-Wilhelm Ebeling am 5. Februar 1990 auf die Gründung eines Wahlbündnisses; die Deutsche Forumspartei war unterdessen ausgestiegen.

Die Vereinbarung beruhte auf sieben Punkten:

»Aus nationaler Verantwortung –
eine Allianz für Deutschland
1. Die Vorstände der Parteien Christlich-Demokratische Union (Ost), ›Demokratischer Aufbruch sozial und ökologisch‹, ›Deutsche Soziale Union‹ und das Präsidium der Christlich-Demokratischen Union Deutschlands verständigen sich für die Volkskammerwahl auf eine ›Allianz für Deutschland‹.
2. Die Parteien verfolgen den politischen Zweck, durch einen hohen Wahlerfolg die Bildung einer Regierung der Allianz zu ermöglichen.
3. Die Identität jeder Partei hat in der Allianz Priorität. Die Parteien sind politisch unabhängig und eigenständig.
4. Jede Partei verwendet unter dem Begriff ›Allianz für Deutschland‹ ihren eigenen Parteinamen.
5. Jede Partei nominiert ihre Kandidatinnen und Kandidaten für jeden Wahlkreis eigenständig; Listenverbindungen sind mit Zustimmung der Parteien möglich.
6. Die Parteien erklären ihre Bereitschaft, sich auf regionaler und zentraler Ebene zu unterstützen. Einzelheiten legen die Parteivorstände in eigener Verantwortung fest.
7. Die an der Allianz Beteiligten erklären ihre Bereitschaft, für weitere demokratische Parteien offen zu sein, deren Aufnahme nur durch einstimmigen Beschluss möglich ist.«

Wir hatten einen sinnvollen Kompromiss gefunden. Gerade weil sich die Ost-CDU trotz der personellen Erneuerung in der Parteispitze mit Vorwürfen konfrontiert sah, Blockpartei gewesen zu sein, war es so ungeheuer wichtig, die verschiedenen politischen Gruppen zusammenzubinden, denen genau dieser Vorwurf nicht gemacht werden konnte.

Mit logistischer Unterstützung der Unionsparteien begann unmittelbar darauf der Wahlkampf der Allianz für Deutschland. Beispiellos war die Bereitschaft unzähliger einfacher CDU-Mitglieder aus dem Westen, sich persönlich zu engagieren. Viele von ihnen nahmen Urlaub, um als ehrenamtliche Helfer vor Ort, oft rund um die Uhr, die neuen Partner in der Allianz für Deutschland zu unterstützen. Für die CDU erwies sich dieser Wahlkampf als ein wahrer Jungbrunnen. Während im Westen viele Strukturen, leider auch in der CDU, festgefügt, wenn nicht verkrustet waren, konnte man jetzt all seine Phantasie und Improvisationskunst in die Waagschale werfen. Selten machte Politik so viel Freude. Ich war stolz auf meine Parteifreunde.

Der Weg zur Wiedervereinigung sollte nach Auffassung der Allianz über den Beitritt der noch zu gründenden DDR-Länder zur Bundesrepublik nach Artikel 23 des Grundgesetzes erfolgen. Zur Programmatik der Allianz gehörte auch ein Sofortprogramm, das die Vorsitzenden der Allianzparteien gemeinsam mit mir am 1. März der Öffentlichkeit vorstellten. Schwerpunkte waren die Schaffung der politischen Rahmenbedingungen für den Aufbau der sozialen Marktwirtschaft in der DDR und der Schutz vor negativen sozialen Folgen des schwierigen Anpassungsprozesses für die Bevölkerung in der DDR. So wurde die sofortige Einführung der D-Mark und eine unabhängige Notenbank verlangt, aber auch die Sicherung der Spareinlagen im Verhältnis 1:1.

Bei Wahlkampfauftritten in Erfurt, Berlin, Magdeburg, Rostock, Cottbus, Chemnitz (damals noch Karl-Marx-Stadt) und Leipzig sprach ich vor insgesamt rund einer Million Menschen. Schon der Auftakt in Erfurt wurde ein riesiger Erfolg. Zu Zehntausenden waren die Menschen gekommen und zeigten anrührende Transparente. Auf einem stand: »Gott schütze unseren Kanzler.« Es war eine bewegende Stunde auf dem Domplatz, dort, wo der heilige Bonifatius, der Apostel der Deutschen, das Bistum begründet und Martin Luther einst gelehrt hatte.

Überall bereiteten die Menschen mir begeisterte Empfänge: Im sächsischen Chemnitz, wo sich mehr als 200 000 einfanden, in Magdeburg am 6. März, in Rostock drei Tage später. Als ich in der Hansestadt aus dem Wagen stieg, gelang es mir kaum, durch die mit Tauen abgesperrte Gasse zum Rednerpodest zu gelangen, das inmitten der begeisterten Menschenmassen auf der Fischerbastion aufgebaut worden war. Noch nie hatte ich bei einem Wahlkampf so viele Menschen persönlich angesprochen, er gestaltete sich geradezu als ein Triumphzug durch die DDR.

*Wahlkundgebung in Erfurt
(Februar 1990)*

Der Endspurt des Wahlkampfs wurde leider durch eine unappetitliche Geheimdienstaffäre überschattet, der noch viele folgen sollten. Ich erhielt die Nachricht, dass Wolfgang Schnur, der Vorsitzende des Demokratischen Aufbruchs, seit vielen Jahren für den Staatssicherheitsdienst der DDR gearbeitet haben sollte. War er ein Spitzel gewesen oder war er es nicht? Viele seiner Weggefährten versuchten Wolfgang Schnur zu verteidigen. Auch ich war mir nicht ganz sicher, ob die Vorwürfe zutrafen oder ob es nur um die Diffamierung des politischen Gegners ging. Vor allem die SPD, in der später Ibrahim Böhme, der Vorsitzende der DDR-SPD, ebenfalls mit dem Spionagevorwurf zu kämpfen hatte, schoss sich auf mich ein. Hans-Jochen Vogel, der Vorsitzende der Sozialdemokraten, unterstellte mir »Vertuschungsversuche« und sprach von einem »Schaden für die Demokratie«.

Kurz vor meinem letzten Wahlkampfauftritt in Leipzig konnte ich der Presse mitteilen, dass Wolfgang Schnur auf eigenen Wunsch vom Vorsitz des DA sowie von seinen in der Allianz für Deutschland übernommenen Verpflichtungen entbunden worden sei.

Aber auch die Auseinandersetzung um die polnische Westgrenze begleitete mich durch den Wahlkampf. Eigentlich hatte ich geglaubt, das Thema wäre vom Tisch, nachdem sich nach mehrstündiger Koalitionsrunde die Fraktionen von CDU/CSU und FDP am 6. März auf einen Entschließungsantrag geeinigt hatten, der zwei Tage darauf den Bundestag passierte und in dem es hieß, dass möglichst bald nach den Wahlen in der DDR beide frei gewählten Parlamente und Regierungen eine gleichlautende Erklärung abgeben würden, mit der sie die Unverletzlichkeit der polnischen Westgrenze garantierten, wie es der Deutsche Bundestag bereits mit seiner Entschließung vom 8. November 1989 getan hatte. Bestandteil der Erklärung war darüber hinaus die Forderung nach einem Verzicht Polens auf Reparationsleistungen sowie nach einer Festschreibung der Rechte der deutschen Minderheit in Polen.

In der stürmischen Bundestagsdebatte vom 8. März erklärte ich unmissverständlich: »Ich habe seit der Regierungsübernahme 1982 nie einen Zweifel daran gelassen, dass wir an Buchstaben und Geist des Warschauer Vertrages in all seinen Teilen festhalten.« Aber auch diese Erklärung im Bundestag räumte die Zweifel an meiner Haltung nicht überall aus. Zwar zeigten sich George Bush und Michail Gorbatschow zufrieden, und selbst die britische Premierministerin Margaret Thatcher sprach von einem »höchst staatsmännischen Schritt«, doch mein französischer Freund François Mitterrand irritierte mich erneut. Beim Staatsbesuch von General Wojciech Jaruzelski und Ministerpräsident Tadeusz Mazowiecki in Paris wurde beklagt, dass die Bundestagsresolution nicht klarmache, welche Grenze gemeint sei. Außerdem forderte Jaruzelski, Zwei-plus-Vier-Gespräche auch in Warschau stattfinden zu lassen. Die Diskussion spitzte sich ein letztes Mal zu, und ich konnte nur noch den Kopf darüber schütteln.

Wenige Stunden vor meiner Abreise nach Leipzig, wo am 15. März die Schlusskundgebung des Wahlkampfs stattfinden sollte, rief mich Mitterrand an und berichtete, in zwei Punkten stimme er mit Mazowiecki und Jaruzelski überein. Obwohl wir in der Bundestagsentschließung doch Klarheit in der Frage der Oder-Neiße-Grenze geschaffen hatten, sagte Mitterrand nun, es sei notwendig, sie anzuerkennen, und äußerte den Wunsch, dass die Verhandlungen zwischen Deutschen und Polen unverzüglich aufgenommen würden, noch bevor die Einheit vollzogen sei. Außerdem vertrat er die Position, dass Warschau während der Zwei-plus-Vier-Verhandlungen bei allen Fragen dabei sein sollte, die die polnische Westgrenze betrafen.

Verärgert schilderte ich Mitterrand den Inhalt des Entschließungsantrags und machte klar, dass ich es seltsam fände, dass Erklärungen von Parlament und Regierung keine Bedeutung beigemessen und auch an meinem Wort gezweifelt wurde. Die Art und Weise, wie mit diesem Thema umgegangen werde, mache mich betroffen, erklärte ich. So werde in der Grenzfrage der psychologische Eindruck erweckt, alles sei unklar. Dabei stimme das gar nicht. Die Sache werde nach meinem Eindruck bewusst so gespielt, dass die Position der CDU geschwächt werde. Von den Polen komme keine positive Geste, aber dennoch wolle ich die Aussöhnung mit diesem Volk, sagte ich und berief mich auf die Aussöhnung zwischen Deutschen und Franzosen.

Im Rückblick glaube ich, dass François Mitterrand die Situation wohl falsch einschätzte. Unser Telefonat war wie ein reinigendes Gewitter, durch das sich an unserer Freundschaft nichts änderte. Dazu hatten wir in der Vergangenheit viel zu sehr Anteil genommen am persönlichen Schicksal des anderen. Auch später blieb das so.

*

Es sollen 300 000 Menschen gewesen sein, die sich zur Abschlusskundgebung in Leipzig auf dem alten Augustusplatz eingefunden hatten, dort, wo Monate zuvor die mutigen Bürger der alten Messe- und Handelsstadt gegen das Honecker-Regime demonstriert hatten. Wie schon bei den Veranstaltungen zuvor schritt ich zu Marschmusik durch ein enges Spalier und schüttelte unzählige Hände. Dann trat ich ans Podest, legte meine Uhr ab, zog einen mit Filzstift beschriebenen Zettel aus der Tasche und begann zu reden. Doch die Menschen hörten nichts. Saboteure hatten die Hauptleitung zu den Lautsprechern durchgeschnitten. Ich wurde unruhig, aber die Menschen auf dem Augustusplatz ließen sich ihre gute Laune nicht verderben und stimmten das Deutschlandlied an. Rasch war der Schaden behoben, und ich begann meine Rede von neuem, immer wieder von tosendem Beifall unterbrochen:

»Wir wollen, dass die Menschen hier glücklich werden, in Sachsen und überall in der DDR, dass niemand seine Heimat verlässt, weil er an der Zukunft zweifelt. Jeder muss wissen: Wir haben gemeinsam eine gute Zukunft. Das ist die Botschaft, die ich Ihnen an diesem Abend für die Zukunft zurufen möchte: Wir sind stolz auf unsere Heimat. Sie auf Ihre Heimatstadt Leipzig, auf das hoffentlich bald wieder erstehende Land Sachsen, auf unser deutsches Vaterland und auf eine gemeinsame europäische Zukunft. Das wird unser Weg sein, den wir gemeinsam gehen wollen. Helfen wir uns gegenseitig, und helfen Sie auch mir auf diesem Weg. Gott segne unser Vaterland!«

Das waren schon bewegende Momente, das waren Erlebnisse, die nie mehr wiederkommen. Wie allein schon bei der Erwähnung von Deutschland gejubelt und geklatscht wurde! In diese Abenddämmerung hinein, mitten in Leipzig, die deutsche Nationalhymne von Hunderttausenden gesungen – das war für mich nicht irgendein Augenblick. Und hier wie auch auf all den anderen Plätzen zuvor, auf denen ich während des Wahlkampfs gesprochen hatte, war klar: Die Menschen wollten auf die Einheit nicht länger warten.

5.
März-Wahl

Die Wahlen in der DDR fanden auf der Grundlage eines am 20. Februar 1990 von der Volkskammer verabschiedeten Wahlgesetzes statt. Vierundzwanzig Parteien wetteiferten am 18. März um die Gunst der rund 12,2 Millionen Bürger, die in fünfzehn Wahlbezirken in freier, allgemeiner, gleicher, direkter und geheimer Wahl die 400 Volkskammerabgeordneten für die nächste Legislaturperiode bestimmen würden.

Es war eine Schicksalswahl für ganz Deutschland. Die Bürger in der DDR waren aufgerufen, mitzubauen an einer besseren Zukunft in ihrer Heimat, mitzubauen an einem freien und geeinten Deutschland in einem freien und geeinten Europa. Nur Vertreter der älteren Generation konnten voll und ganz ermessen, was die Volkskammerwahl historisch betrachtet bedeutete. Man musste schon um die achtzig Jahre alt sein, um sich persönlich an die letzten freien Wahlen auf dem Gebiet der DDR erinnern zu können: Die letzte wirklich freie Reichstagswahl hatte im Herbst 1932 stattgefunden, seitdem hatte das Land zwischen Elbe und Oder keine demokratische Regierung mehr gekannt – zunächst herrschte die braune, dann die rote Diktatur. Ich fragte mich oft, welche Gefühle wohl jene Menschen bewegen mochten, die zum ersten Mal seit achtundfünfzig Jahren wieder an einer freien Wahl teilnehmen konnten.

Obwohl die Wahlforscher bis zuletzt einen hohen Sieg der SPD prophezeit hatten, gewann die Allianz für Deutschland mit insgesamt 48 Prozent der Stimmen die Volkskammerwahl. Mit einem Stimmenanteil von 40,59 Prozent ging die CDU als starke Siegerin aus der Wahl hervor und wurde mit 163 Mandaten stärkste Fraktion in der neugewählten Volkskammer. Die DDR-CDU hatte in 171 von 191 Landkreisen und in 21 von 27 Stadtkreisen gewonnen. Ihre Hochburgen hatte sie in Thüringen, Sachsen sowie im südlichen Sachsen-Anhalt, während die Ergebnisse im Norden der DDR weitaus schwächer waren. Die katholisch geprägten Kreise Heiligenstadt und Worbis bescherten der CDU mit 74,7 beziehungsweise 72,99 Prozent ihre größten Wahlerfolge. Bedeutend schwächer schnitten die Partner in der Allianz ab: Der Demokratische Aufbruch erhielt 0,9 Prozent der Stimmen, die Deutsche Soziale Union 6,3 Prozent.

Damit war die Sensation perfekt: Das Wahlbündnis hatte die SPD, die lediglich auf enttäuschende 21,76 Prozent und 88 Mandate kam, geschlagen. Die SED-Nachfolgepartei PDS erzielte als drittstärkste Kraft 16,32 Prozent und 66 Mandate. Die Wahlbeteiligung war mit 93,39 Prozent außerordentlich hoch.

Dass die Allianz insgesamt die absolute Mehrheit um acht Mandate verpasst hatte, war für mich ein Gottesgeschenk, denn die materiellen und immateriellen Probleme der DDR waren so riesig, dass sie keine Partei allein hätte bewältigen können. Entschieden plädierte ich deshalb für eine Koalition unter Einbeziehung der SPD.

Offenkundig war die in der Union verbreitete Befürchtung, die bürgerlichen Parteien seien in der DDR strukturell nicht mehrheitsfähig, unbegründet gewesen. Nun kam es darauf an, die Erwartungen der Wähler nicht zu enttäuschen. Sobald die Regierungsbildung in der DDR abgeschlossen war, mussten sich beide deutschen Regierungen umgehend über die noch offenen Fragen der Währungsunion einigen, damit man bald einen Termin zur Einführung der D-Mark festlegen konnte. Parallel dazu musste in der Volkskammer die Rahmengesetzgebung für eine Wirtschafts- und Sozialunion erarbeitet werden.

Den Wahlabend hatte ich zusammen mit meinen engsten Mitarbeitern am Fernsehgerät in meinem Arbeitszimmer im Kanzleramt verfolgt. Voller Zufriedenheit blickte ich auf die zurückliegenden Wochen, die wie im Flug vergangen waren, wenn sie auch oft bis an die Grenzen der Belastbarkeit gingen. Innerhalb von nur sechs Wochen hatte ich ein Bündnis zwischen untereinander zerstrittenen Partnern geschmiedet, und nach einem anstrengenden Spurt hatten die Allianzparteien die Wahlen gewonnen. Auch wenn ich gespürt hatte, wie sich in den letzten vierzehn Tagen die Stimmung zugunsten der Allianz gewendet hatte – diesen Wahlsieg hatte ich nicht vorhergesehen.

Dass trotz allem, was geschehen war, die PDS noch 16 Prozent der Stimmen erhalten konnte, war bemerkenswert. Es hatte sich für diese Leute offenbar ausgezahlt, dass sie sich in der Öffentlichkeit sogleich zu politischen Saubermännern aufgeschwungen hatten, obwohl sie doch die Hauptverantwortung für den Unrechtsstaat und für den wirtschaftlichen Niedergang der DDR trugen.

Uns gab das Wahlergebnis allen Grund, mit Zuversicht den gesamtdeutschen Wahlen entgegenzusehen. Zumal für unsere Wähler aus den bürgerlichen Schichten im Westen war es wichtig, da man dort Befürchtungen hegte, dass ein vereintes Deutschland automatisch auf unabsehbare Zeit »rot« sein würde. Ich hatte etliche Briefe wohlmeinender Zeitgenossen erhalten, die mich fragten, ob man nicht besser auf die Einheit verzichten solle, damit die Bundesrepublik nicht in sozialistisches Fahrwasser gerate.

Sowohl der Wahlkampf als auch das Wahlergebnis waren für die Unionsparteien ungeheuer motivierend. Während der zurückliegenden Wochen hatte ich hochachtbare Persönlichkeiten aus dem Bundestag, aus den Landtagen, aus Bundesregierung und Landesregierungen, Bürgermeister und Landräte erlebt, die im Gespräch mit den Wählern regelrecht aufgeblüht waren. Wenn die CDU in diesen Wochen etwas beweisen konnte, dann, dass sie über ein Maß an Vitalität und Jugendfrische verfügte, wie man es ihr schon gar nicht mehr zugetraut hatte.

Um so größer war die Enttäuschung der Sozialdemokraten. Wie es um die SPD stand, das war an diesem Wahlabend dem Partei- und Fraktionsvorsitzenden Hans-Jochen Vogel deutlich ins Gesicht geschrieben. Aber es war auch zu sehen, wie wenige Journalisten der Union den Sieg gönnten: Ich habe selten in so viele sauertöpfische Gesichter geblickt wie an diesem Abend. Den Bock des Abends schossen aber die Grünen, die sich nicht schämten,

*Am Abend der Volkskammerwahl:
Mit den Vorsitzenden von CSU und SPD, Theo Waigel und
Hans-Jochen Vogel (18. März 1990)*

von einer »Dampfwalzenpolitik« zu sprechen und den Deutschen in der DDR vorzuwerfen, sie hätten sich für die D-Mark verkauft. Völlig taub für die Gefühle der Ostdeutschen war der Ex-Grüne Otto Schily: Der Neu-Sozialdemokrat machte nicht viele Worte, sondern zückte vor laufender Fernsehkamera eine Banane als Erklärung für den Wahlausgang. Ein böser Hohn für all jene, die vierzig Jahre Sozialismus erlitten hatten.

Dabei hatten unsere Landsleute bei der ersten freien Wahl seit gut sechzig Jahren nichts weiter getan, als ihre Hoffnung auf ein Leben in Freiheit, sozialer Sicherheit und Wohlstand zum Ausdruck zu bringen. Ihre Entscheidung war zugleich ein Mandat für die Herstellung der Einheit Deutschlands. Sie bekannten sich dazu, zusammen mit den Menschen in der Bundesrepublik in einem einigen Vaterland leben zu wollen, in dem eine Verfassungsordnung gilt, die Freiheit und Menschenwürde schützt, die Menschenrechte garantiert und den sozialen Rechtsstaat verwirklicht. Unüberhörbar machten sie deutlich, was sie außerdem wollten: die soziale Marktwirtschaft – und zwar bald.

In dieser historischen Stunde appellierte ich an die Menschen in der DDR: »Bleiben Sie zu Hause, helfen Sie mit, gemeinsam mit uns dieses schöne Land aufzubauen! Niemals waren die Chancen für jeden einzelnen größer als jetzt. Nutzen Sie sie! Jetzt ist die Zeit für Zuversicht, Initiative und Tatkraft.«

Die Ergebnisse der Volkskammerwahl entfalteten schon in den nächsten Tagen unmittelbare praktische und politische Wirkung. Beispielsweise befasste sich die CDU-Präsidiumssitzung am 19. März wieder einmal mit dem Übersiedlungsstrom, und weil es dabei auch um das Aufnahmeverfahren in der Bundesrepublik ging, nahm auch Bundesinnenminister Wolfgang Schäuble an der Sitzung teil. Seine Position, das teure Aufnahmeverfahren erst dann abzuschaffen, wenn die Ursachen für die Übersiedlungsströme behoben wären, stieß bei den anwesenden Ministerpräsidenten auf strikte Ablehnung. Nach ihrer Meinung gab es nach der ersten freien Wahl in der DDR keinen Grund mehr, an der bisherigen Praxis festzuhalten.

Schließlich einigten wir uns in der Koalitionsrunde am Tag danach über den weiteren Umgang mit den Übersiedlern und verständigten uns mit der FDP auf einen Fahrplan zur deutschen Einheit. Da wir hofften, dass die Übersiedlerzahlen nunmehr zurückgehen würden, was dann auch schnell geschah, sollte das Aufnahmeverfahren ab dem 1. Juli 1990 abgeschafft werden. Am selben Tag wollten wir die Wirtschafts- und Währungsunion Wirklichkeit werden lassen.

Für diesen Termin hatte ich ein entscheidendes Motiv: Am 1. Juli begannen in der DDR die Sommerferien, und ich wollte, dass DDR-Bürger D-Mark in der Hand hatten, wenn sie erstmals Urlaub im Schwarzwald, in Bayern oder Italien machten. Die Verhandlungen darüber mussten daher sofort vorangebracht werden, und parallel dazu mussten wir uns gemeinsam um die ebenfalls angestrebte Sozialunion kümmern.

*

Drei Tage nach der erfolgreichen März-Wahl reiste Lothar de Maizière, begleitet von den Pfarrern Ebeling und Eppelmann, nach Bonn. Beim ersten Treffen der Allianzpartner im Kanzleramt musste zunächst einmal die Frage geklärt werden, wer Ministerpräsident der DDR werden sollte. De Maizière, der seit dem Wahlsonntag nichts von sich hatte hören lassen, hatte sich noch nicht offiziell zu dieser Frage geäußert und zeigte wenig Begeisterung für die neue Aufgabe. Damals konnte ich mir auf ein solches Verhalten keinen Reim machen, heute wäre zu vermuten, dass ihn die aufkommende Diskussion um seine Verbindung zum DDR-Geheimdienst innerlich weit mehr beschäftigt haben mag, als wir alle annehmen konnten.

Rainer Eppelmann vom Demokratischen Aufbruch meinte spontan, er könne sich auch einen anderen Ministerpräsidenten vorstellen, wenn de Maizière nicht wolle. Alle schauten ihn erwartungsvoll an. Als Eppelmann Manfred Stolpe vorschlug, machte ich aus meiner Ablehnung keinen Hehl. Damit war der Vorschlag vom Tisch.

Ansonsten hatte ich wenig Einfluss auf die Regierungsbildung in Ost-Berlin. Beispielsweise hätte ich gerne den DSU-Vorsitzenden Hans-Wilhelm Ebeling als Innenminister gesehen, aber de Maizière zeigte so gut wie kein Interesse an meinen Vorschlägen und Empfehlungen. Der designierte Ministerpräsident hätte eher auf die DSU verzichten wollen als auf die SPD, die massiv darauf drängte, sich von Ebeling und seinem Generalsekretär Peter-Michael Diestel zu trennen, und dies zur Vorbedingung für eine Regierungsbeteiligung machte. Zumindest dies wusste ich aus Gründen der Fairness gegenüber den Mitstreitern im Wahlkampf zu verhindern.

*

Außenpolitisch bedeutete das Ergebnis der Volkskammerwahl eine Stärkung unserer Position. Mein Weg in Richtung deutsche Einheit hatte nunmehr vor aller Welt seine Bestätigung durch die Menschen in der DDR selbst erfahren. Außerdem war unser gemeinsam mit den westlichen Verbündeten artikulierter Wille bekräftigt worden, dass ein vereintes Deutschland in der Nato bleiben musste. Ich sagte das George Bush, als er mich am frühen

Nachmittag des 20. März anrief, um mir zum Wahlausgang zu gratulieren, und bedankte mich bei dieser Gelegenheit für seine tatkräftige Unterstützung.

Dann kam der Präsident auf den bevorstehenden Besuch des polnischen Ministerpräsidenten Mazowiecki in Washington zu sprechen. Er sagte, er wolle sich mit mir genau absprechen, um sicher zu sein, dass er auf der gleichen Wellenlänge mit mir bleibe, wenn die Polen auf eine größere Rolle bei den Zwei-plus-Vier-Verhandlungen drängten. Die amerikanische Seite werde die deutsche Position nicht unterminieren. Er werde in einem solchen Fall darauf hinweisen, dass er die Gespräche als Forum über die Rechte und Verantwortlichkeiten der Vier Mächte ansehe, und klarstellen, dass die USA nicht dafür seien, Warschau als Gesprächspartner vorzusehen. Er werde den Polen umfassende Gespräche anbieten, aber keine Erweiterung des Zwei-plus-Vier-Rahmens. So war der Geist unserer Zusammenarbeit.

Ich kündigte George Bush an, dass bald die gleichlautenden Erklärungen von Bundestag und Volkskammer zur polnischen Westgrenze abgegeben werden könnten. Beide Regierungen würden dann Briefe an Tadeusz Mazowiecki richten, mit denen der Beschluss der Parlamente übermittelt würde. Bis Anfang Juli könne Mazowiecki im Besitz dieser Schreiben sein. Im übrigen sei ich bereit, den Text dieser Schreiben vertraulich mit Mazowiecki abzustimmen.

Der amerikanische Präsident meinte daraufhin, je schneller dies geschehe, desto besser sei es. Es sehe so aus, als ob die Sowjetunion versuchen würde, Unruhe zu stiften. Bush bezog sich damit auf jene an Einfluss gewinnenden Männer um Gorbatschow, die nichts unversucht ließen, Hindernisse auf dem Weg zur deutschen Einheit zu errichten. Beinahe beschwörend unterstrich ich noch einmal, dass Mazowiecki wissen müsse, dass ich fest entschlossen sei, die Oder-Neiße-Grenze zu akzeptieren. Hier gebe es bei mir keine Hintergedanken. Es sei dies eine bittere Last der Geschichte, aber es sei an der Zeit, diese Frage jetzt zu regeln. Eine gesamtdeutsche Regierung und ein gesamtdeutsches Parlament müssten auf alle Fälle völkerrechtlich den letzten Akt setzen.

Zum Schluss des dreißig Minuten dauernden Telefonats betonte Präsident Bush nochmals, die Nato-Mitgliedschaft eines vereinten Deutschlands sei unerlässlich für die europäische Stabilität und Sicherheit, selbst in Osteuropa setze sich dieser Standpunkt allmählich durch. Auch in dieser Frage wusste er sich mit mir einig.

*

Wie genau die Mächtigen in Moskau den Erfolg bei der März-Wahl registrierten, das spürte ich deutlich bei meinem Treffen mit dem sowjetischen Botschafter Julij Kwizinskij im Kanzleramt am 22. März 1990. Ich bat den Botschafter, dieses Gespräch direkt an Präsident Gorbatschow zu übermitteln und nicht den Dienstweg über die »Betonköpfe« zu wählen. Es war mir wichtig, dem Generalsekretär meine Beurteilung der Lage unmittelbar zukommen zu lassen, denn mein Ziel war es, dass am Ende des Prozesses der deutschen Einigung die deutsch-sowjetischen Beziehungen nicht schlechter, sondern besser sein sollten. Weder wollte ich die Probleme für Präsident Gorbatschow vergrößern, noch die Beziehungen belasten – eine Position, die auch der amerikanische Präsident teilte.

Ich machte Kwizinskij deutlich, dass ich nicht die Absicht hätte, Hektik auszulösen. Im Augenblick sehe es so aus, als ob es im Gefolge des Wahltags zu einer Erleichterung der angespannten Situation kommen werde, und die Zahl der Übersiedler sinke auch bereits. Trotzdem entwickelten sich die Dinge schneller als gedacht. In meinem ursprünglichen Zeitplan vom November 1989, als ich die Zehn Punkte vorgetragen hatte, sei ich noch davon ausgegangen, dass in diesem Jahr die Vertragsgemeinschaft vereinbart werde, 1991 die konföderativen Strukturen entwickelt und 1992/93 eine Föderation errichtet werden könne. Die tatsächliche Entwicklung habe diese Vorstellung jedoch sachlich überholt, denn die DDR-Wirtschaft befinde sich in einem katastrophalen Zustand, das Auslandsdefizit betrage rund 40 Milliarden D-Mark. Eine Lösung dieser Probleme müsse auch im Interesse der Sowjetunion liegen, zumal die deutsche Einigung genausowenig aufzuhalten sei wie das Wasser im Rhein, das in jedem Fall ins Meer gelangt. Wer seinen Lauf stoppen wolle, müsse mit einer Überflutung rechnen. Der Fluss könne zwar umgeleitet werden, so dass es zu Verzögerungen komme, doch letztlich erreiche er sein Ziel.

Ausführlich erläuterte ich meine Position in der Grenzfrage mit Polen. Schließlich kam ich auf den künftigen Status Deutschlands zu sprechen und wiederholte, dass das Problem bestehender Wirtschaftsabkommen der DDR mit der Sowjetunion sicher gelöst werden könne. Auch eine zeitlich begrenzte Präsenz sowjetischer Truppen auf dem DDR-Territorium sei für mich vorstellbar, und die komplexen finanziellen Probleme, die für die Sowjetunion damit verbunden waren, seien ebenfalls lösbar.

Botschafter Kwizinskij machte deutlich, dass die Sowjetunion es innenpolitisch nicht verkrafte, wenn Deutschland Mitglied der Nato bleibe. Dies liege jedoch durchaus im Interesse der Sowjetunion, wandte ich ein, denn ein neutrales Deutschland wäre für alle eine größere Belastung. Ob nicht ein Deutschland vorstellbar sei, das in gleicher Weise im Westen wie im Osten verankert wäre, fragte der Botschafter. Der Warschauer Pakt sei militärisch unbedeutend geworden, er sei nur noch politisch in Kraft. Dagegen sei die Nato auch militärisch noch intakt. Um diesen Bedenken zu begegnen, wies ich darauf hin, dass Deutschland einen Vertrag mit der Sowjetunion schließen und eine sowjetische Präsenz für etwa fünf Jahre akzeptieren könne. Danach werde sich dieses Problem nicht mehr stellen.

Kwizinskij bekräftigte, dass diese Frage für die Sowjetunion im Moment sehr problematisch sei, Gorbatschow habe dies wiederholt gesagt. Er wolle eine persönliche Frage an mich richten: Müsse sich eine Entmilitarisierung allein auf das DDR-Territorium beziehen oder könnte nicht auch ein Teil der Bundesrepublik einbezogen werden, etwa in der Form, dass ein Streifen von hundertfünfzig Kilometern Breite erfasst werde? Es könnten auch hundert Kilometer sein. Ich verwies auf die Tatsache, dass die engste Stelle der Bundesrepublik gerade mal hundertfünfzig Kilometer breit sei, und im übrigen müsse man ja in Rechnung stellen, dass Truppenreduzierungen bevorstünden. Das gelte sowohl für die amerikanischen als auch für die alliierten und deutschen Truppen.

Botschafter Kwizinskij erwiderte, dass es eine ganz einfache Lösung geben könnte: Die Sowjetunion ziehe ihre Truppen ab, wenn auch die anderen drei Westmächte Deutschland verlassen würden. Ich wies daraufhin auf die unterschiedliche Ausgangsposition hin: Die Sowjetunion würde sich nur rund sechshundert Kilometer zurückziehen, die USA dagegen sechstausend Kilometer. Man müsse eine gemeinsame Antwort erreichen.

Gegen Ende unseres harten und offenen Meinungsaustauschs kamen wir noch einmal auf die wirtschaftlichen Aspekte der deutschen Einheit zu sprechen. Kwizinskij schlug vor, in das Dokument der Zwei-plus-Vier-Gespräche die Erklärung aufzunehmen, dass Deutschland die vertraglichen Verpflichtungen der DDR mit der Sowjetunion übernehme. Dies sollte generell gelten und nicht erst im Rahmen von Gesprächen zwischen den beiden deutschen Staaten und der Sowjetunion geregelt werden. Die Sowjetunion habe mit der DDR dreitausendsechshundert Verträge und Abkommen abgeschlossen. Ich erwiderte, dass ich keine Katze im Sack kaufen könne. Die Bundesregierung müsse die Verträge kennen, und gegebenenfalls solle die Sowjetunion mit der Bundesregierung in vertrauliche Gespräche darüber eintreten. Deutschland sei kein Dukatenesel, aber die Sowjetunion könne von dem guten Willen der Bundesregierung ausgehen, diese Frage konstruktiv zu lösen.

Es bestand kein Zweifel: Für die Sowjetunion waren die sicherheitspolitischen Aspekte die Schlüsselfrage des deutschen Einigungsprozesses. Von einer für Moskau zufriedenstellenden Lösung dürfte das Gesamtverhalten der Sowjetunion bei den Zwei-plus-Vier-Gesprächen über die außenpolitische Absicherung der deutschen Einheit abhängen. Bislang hatte die Führung der Sowjetunion ihre Ablehnung einer Mitgliedschaft Gesamtdeutschlands in der Nato sehr deutlich artikuliert. Noch Anfang März 1990 hatte Präsident Gorbatschow in einem Fernsehinterview gesagt: »Nein, da werden wir nicht zustimmen. Das ist absolut ausgeschlossen.« Außenminister Eduard Schewardnadse sagte in einem Zeitungsinterview: »Die Prognose über eine Mitgliedschaft des vereinten Deutschlands in der Nato entspricht nicht unseren Vorstellungen von den eigenen nationalen Interessen ...« Und schließlich äußerte Regierungssprecher Gennadi Gerassimow einen Tag nach der März-Wahl: »Ein vereintes Deutschland soll nicht Mitglied der Nato sein.«

Doch so massiv solche Vorbehalte auch vertreten wurden, es gab keine Alternative zu dem bereits eingeschlagenen Weg: Ich musste die Sowjetunion davon überzeugen, dass die Nato-Mitgliedschaft eines vereinten Deutschlands letztlich auch mit ihren Interessen vereinbar war. Meiner Einschätzung nach bestanden durchaus realistische Aussichten, dass das gelingen könnte.

6.
Inselansicht

Am 29. März 1990 reiste ich ins britische Cambridge, wo im altehrwürdigen St. Catherine's College die Königswinter-Konferenz tagte, ein Forum hochrangiger Repräsentanten aus beiden Ländern, das in diesem Jahr sein 40. Jubiläum beging.

Den Veranstaltern waren die Spannungen zwischen mir und Premierministerin Margaret Thatcher natürlich wohlbekannt. Ich vermied es schon am Flughafen, im selben Wagen wie die Premierministerin zum College zu fahren. Nachdem man sich im Speisesaal niedergelassen hatte, kündigte der »Toastmaster«, eine Art Zeremonienmeister, mit einem Gongschlag meinen Toast an. Ich erhob mein Glas und trank auf das Wohl von Königin Elisabeth II. Anschließend erhob sich Margaret Thatcher und brachte ihrerseits einen Toast auf das deutsche Staatsoberhaupt, den Bundespräsidenten, aus. Als die britische Premierministerin beim Essen scherzte, sie finde es verwunderlich, dass ich meine weiße Serviette immer quer über die Taille breite, antwortete ich, das sei doch eine weiße Fahne – ein Symbol meiner Kapitulation vor der Eisernen Lady.

Margaret Thatcher begrüßte mich in ihrer Ansprache mit einer Liebenswürdigkeit, mit der ich damals weiß Gott nicht gerechnet hatte. Der Umgang mit ihr glich nämlich einem Wechselbad: Sie konnte hinreißend freundlich sein, wenn man etwa auf ihren Landsitz eingeladen war. Von einer Sekunde zur anderen war sie dann plötzlich wieder ganz Premierministerin und ging auf Distanz. Kühlte die Atmosphäre zu sehr ab, griff sie zur Teekanne und goss eigenhändig nach.

Ich hatte eine Weile gebraucht, bis ich verstand, dass sie Kompromissbereitschaft als Schwäche auslegte. Mehr als einmal haben wir furchtbar miteinander gestritten. Das spielte sich in aller Regel so ab: Sie redete mit einer unglaublichen Geschwindigkeit und ließ mich kaum zu Wort kommen. Nahm ich mir dennoch das Wort, fuhr sie regelmäßig dazwischen: »Unterbrechen Sie mich nicht! Sie reden dauernd!« Allerdings kämpfte diese hochbegabte, respektable Frau, die so entschieden auftrat und stets konsequent ihre Meinung vertrat, immer mit offenem Visier, und sie war nie nachtragend, was ich ihr hoch anrechnete.

Im Rückblick jedoch verfinstert sich mein Bild von ihr gewaltig, denn Margaret Thatcher setzte alles daran, die deutsche Einheit, wenn nicht zu verhindern, so doch hinauszuzögern. Diese Politik nahm fast schon hysterisch anmutende Formen an. Aber sie war nicht nur grundsätzlich gegen die deutsche Wiedervereinigung, sondern sie schätzte auch die Grundhaltung von Gorbatschow und Mitterrand wie auch von Bush zur deutschen Frage völlig falsch ein. Aus ihren Gesprächen mit Mitterrand und Gorbatschow hörte sie immer das heraus, was sie hören wollte. Darum traf es sie tief, dass Michail Gorbatschow während unseres Treffens im Februar 1990 die Einheit generell akzeptierte. In ihren Memoiren warf Margaret Thatcher Gorbatschow vor, die Wiedervereinigung zum Preis einer bescheidenen Finanzspritze für die marode russische Wirtschaft verkauft zu haben.

Auch Mitterrand verweigerte sich der Bildung einer »Entente« gegen die deutsche Einheit. Die Europafrage war aus französischer Sicht der Schlüssel zur »Bewältigung« der deutschen Einheit. Beim Gespräch zwischen ihm und Margaret Thatcher im Januar 1990 in Paris erklärte er zwar, er werde es nicht akzeptieren, wenn die deutsche Einheit jetzt Vorrang vor allem anderen haben sollte, aber praktisch sei sie nicht zu verhindern. Mitterrands Ansatz, die deutsche Wiedervereinigung mit dem Aufbau Europas zu verbinden, nahm Margaret Thatcher alle Illusionen.

Beim amerikanischen Präsidenten fand Thatcher mit ihrer Deutschlandpolitik ebenfalls kein Interesse, da George Bush eine »Partnerschaft in der Führung« zwischen Deutschland und Amerika wollte – und das galt auch für ein vereinigtes Deutschland.

Ersatzweise suchte die britische Premierministerin im Rahmen der KSZE und der EG kleinere Partner für ihre Politik gegen die deutsche Wiedervereinigung. Ihr Vorstoß, den fünfunddreißig Staaten der KSZE beziehungsweise den Mitgliedern der EG ein Mitspracherecht über die deutsche Einheit zu übertragen, war ein verzweifelter Versuch, die Dynamik des Prozesses zu bremsen. Aber standfeste Verbündete fand sie hier nicht, obwohl die Niederlande, an ihrer Spitze Ruud Lubbers, und Italien mit Giulio Andreotti – erfolglos – eine Beteiligung ihrer Länder reklamierten.

Sicherlich haben jene recht, die Thatchers Anti-Germanismus als eine Mischung aus Instinkt und Interessenkalkül beschreiben. Ihre persönlichen Erfahrungen und Prägungen, die auf der britischen Kriegspropaganda, aber auch darauf gründen, dass sie selbst erlebte, wie Deutsche Großbritannien bombardierten, verbanden sich mit einer stark von britischer Tradition bestimmten Interessenpolitik: Erstens sollte Deutschland nicht wieder zur stärksten Kontinentalmacht werden. Es galt, den deutschen Riesen zu bändigen. Zweitens trieb Margaret Thatcher die Sorge um, dass die Wiedervereinigung die Stabilität der Europäischen Gemeinschaft und des Atlantischen Verteidigungsbündnisses beeinträchtigen würde. Und drittens fürchtete sie, die Wiedervereinigung würde den Reformkräften in der Sowjetunion – namentlich Michail Gorbatschow – in den Rücken fallen und in Moskau wieder die Hardliner an die Macht bringen.

Genau betrachtet, zeigen sich in der Umbruchzeit drei Phasen in Margaret Thatchers Deutschlandpolitik: Vom Mauerfall im November 1989 bis Februar 1990 betrieb sie eine Politik zur Verhinderung der Einheit; bis Frühsommer 1990 versuchte sie den Einheitsprozess zu verzögern; schließlich nahm sie später eine notgedrungen konstruktive Haltung ein, die aber lediglich Ausdruck ihres Scheiterns und ihrer völligen Einflusslosigkeit auf die Ereignisse war.

Margaret Thatchers Haltung war keineswegs repräsentativ für die britische Regierung. Wie wir heute wissen, gab es im britischen Außenministerium wie auch im Kabinett eine klare Unterstützung für die Einheit Deutschlands. Ich nenne nur den damaligen Schatzkanzler John Major, Außenminister Douglas Hurd, Umweltstaatssekretär Chris Patten und den früheren Verteidigungsminister Michael Heseltine.

Das Verhältnis zwischen Margaret Thatcher und mir war immer angespannt. Wir verstanden uns nicht. Nicht, dass wir einander nicht leiden konnten oder uns gar unsympathisch gewesen wären, wir hatten einfach nicht dieselbe Wellenlänge. Beide taten wir uns schwer damit, uns in die Rolle des anderen hineinzuversetzen. Margaret Thatchers Haltung mir gegenüber war geprägt von ihrer emotionalen Feindseligkeit gegenüber Deutschland. Allerdings zeigte sicherlich auch ich manchmal zu wenig Gespür für britische Interessenlagen. Nicht genug damit, dass wir unterschiedliche politische Auffassungen hatten, unsere Biographien und unsere Temperamente waren geradezu konträr: Als Methodistentochter eines Kaufmanns aus Mittelengland und studierte Chemikerin kam Margaret Thatcher immer schnell zur Sache, während ich, der katholische Pfälzer, politische Gesten und die Reflexion über die großen Zusammenhänge der Politik bevorzugte. Verbissene Detailversessenheit war mir eher lästig.

Sicherlich habe ich Margaret Thatcher lange Zeit auch falsch eingeschätzt. Ich empfand sie als zu dominierend und herrisch, und darüber ärgerte ich mich oft. Sie ihrerseits hielt mich (ihren Memoiren zufolge) für keinen »richtigen«, keinen »Überzeugungspolitiker«, und sie hat mich wohl häufig als starrköpfig erlebt. Umgekehrt stieß mich Thatchers eiskalte Politik ab, mit der sie den britischen Sozialstaat umkrempelte. Häufig habe ich von ihr nur als »diese Frau« gesprochen.

Schon bei einem unserer ersten Treffen 1984 ging alles schief. Zufällig machten wir zur selben Zeit Urlaub in Österreich, und Margaret Thatcher besuchte mich in St. Gilgen zu einem zwanglosen politischen Gedankenaustausch. Nach einer Stunde hatte ich die Lust verloren, schützte Termine vor und begab mich in ein Café. Das verzieh sie mir nie.

Im Frühjahr 1989 kam es zu einem heftigen Streit über die Modernisierung der atomaren Kurzstreckenwaffen (»Short Range Nuclear Forces« – SNF). Margaret Thatcher wollte unsere Unterstützung für den Vorschlag der USA, bis 1995 neue »Short Range«-Raketen zu stationieren. Auf dem EG-Gipfel in Rhodos Ende 1988 hatte ich das zunächst zwar zugesagt, aber im Frühjahr 1989 trat ich angesichts der sowjetischen Reformpolitik (und auch aus Rücksicht auf den Koalitionspartner FDP) für eine Verschiebung der Entscheidung bis 1992 ein. Das führte zwischen Margaret Thatcher und mir zu harten Zusammenstößen. Auch beim Treffen im pfälzischen Deidesheim Ende April 1989 waren die nuklearen Kurzstreckenwaffen und die Abschreckungspolitik Thema, und wieder ging es recht hitzig zu, so dass selbst das gemütliche Mittagessen und die Besichtigung des Domes in Speyer, bei der ich eigens für Thatcher, die Kirchenmusik liebte, einen glänzenden Organisten engagiert hatte, die Atmosphäre nicht zu bessern vermochten.

Über meinen Zehn-Punkte-Plan vom November 1989 war sie zutiefst verärgert, weil ich die Verbündeten nicht im vorhinein informiert hatte. Wie wir heute wissen, äußerte sie ihren Kabinettskollegen gegenüber, ein deutscher Wiedervereinigungsprozess werde zehn bis fünfzehn Jahre dauern; zur gleichen Zeit erklärte sie mir in einem Telefonat, für sie stehe die Wiedervereinigung überhaupt nicht zur Debatte. Im engen Kreis sprach sie von der »deutschen Gefahr«.

Auf dem EG-Gipfel in Straßburg am 8. und 9. Dezember 1989 kam es zu hitzigen Wortgefechten. Gleich in der ersten gemeinsamen Arbeitssitzung griff mich Margaret Thatcher heftig an, indem sie insbesondere die Grenzfrage aufwarf. Ich reagierte einigermaßen gereizt, zumal ich den Eindruck hatte, dass es ihr nicht um die Oder-Neiße-Grenze ging, sondern um die Grenze zwischen der Bundesrepublik und der DDR.

Noch während des gemeinsamen Abendessens in der Straßburger Präfektur wurde die ganze Zeit um den Text einer Stellungnahme zur deutschen Frage gefeilscht. Nur der spanische Ministerpräsident Felipe González und der irische Regierungschef Charles Haughey waren ohne Wenn und Aber für die Wiedervereinigung. Margaret Thatcher drohte gar mit dem britischen Veto, sollte nicht ein Passus über die Unverletzlichkeit der Grenzen aufgenommen werden. Verärgert wies ich darauf hin, dass die zwölf

Mitgliedsstaaten in den europäischen Verträgen der vergangenen Jahre längst unterschrieben hatten, was jetzt in Frage gestellt werde. Ich musste mich sehr zurückhalten, um nicht noch deutlicher zu werden.

In der heiklen Frage von Polens Westgrenze war Thatchers Haltung besonders kompromisslos. Sie unterstützte uneingeschränkt die polnische Politik und verlangte einen formalen Vertrag zwischen den beiden deutschen Staaten und Polen, der die Oder-Neiße-Grenze als endgültige Ostgrenze eines wiedervereinigten Deutschlands festschreiben und den Verzicht Deutschlands auf die ehemaligen deutschen Ostgebiete besiegeln sollte. Dabei gab es de facto keinen verantwortungsbewussten Politiker in der Bundesrepublik, der die polnische Westgrenze ernsthaft in Frage gestellt hätte.

In bezug auf die Europäische Gemeinschaft sah Margaret Thatcher die deutsche Einheit vor allem als Kostenfrage: Großbritannien als einer der größten Nettozahler der EG sollte auf keinen Fall auf dem Umweg über das europäische Budget für die Einheit aufkommen. Sie machte sich hier zur Wortführerin ähnlicher Bedenken der kleineren europäischen Staaten, um ihrer Forderung nach einer Übergangsperiode für den Eintritt der DDR in die Gemeinschaft Nachdruck zu verleihen.

Auch im Verhältnis zu den USA verstand sich Margaret Thatcher als meine Konkurrentin, weil die Bush-Administration – neben der traditionellen »special relationship« zu Großbritannien – sich seit Frühjahr 1989 die Integration der Sowjetunion in das internationale System zum Hauptziel gesetzt hatte und damit auch der Bundesrepublik und der deutschen Frage einen größeren Stellenwert einräumte. In einem Memorandum von Sicherheitsberater Brent Scowcroft hieß es: »Heute sollte die oberste Priorität der amerikanischen Europapolitik das Schicksal der Bundesrepublik Deutschland sein.« Das fand seinen Ausdruck unter anderem darin, dass George Bush, als er im Mai 1989 anlässlich der 40-Jahr-Feierlichkeiten der Nato nach Europa kam, demonstrativ zuerst die Bundesrepublik besuchte und wir uns in Mainz trafen.

War schon das für Margaret Thatcher ärgerlich, so brachte sie Bushs Plan, auf der bisherigen deutsch-amerikanischen Freundschaft aufbauend eine »Partnerschaft in der Führung« zwischen den USA und Deutschland zu begründen, vollends in Rage. Widerwillig registrierte sie, wie sich die neudefinierte deutsch-amerikanische Partnerschaft im Umbruch 1989/90 bewährte. Schließlich verfolgte Margaret Thatcher voller Misstrauen meine Gespräche mit Bush am 3. Dezember 1989 in der Residenz des US-Botschafters in Laeken bei Brüssel, als ich den amerikanischen Präsidenten umfassend über das Geschehen in Deutschland informierte – wie es später in amerikanischen Sicherheitskreisen hieß, markierte das Treffen einen »Wendepunkt« in der Haltung der USA gegenüber der Wiedervereinigung.

Am 4. Dezember 1989 formulierte Außenminister James Baker beim Nato-Gipfeltreffen Prämissen, die zur Richtschnur der amerikanischen Politik wurden. Wesentliche Elemente dabei waren die Unterstützung der Wiedervereinigung und die Einbettung der deutschen Einheit in den Prozess der europäischen Integration. Das lag alles völlig quer zur Politik von Margaret Thatcher. Aus ihrer Sicht hatten wir sie bei Bush ausgestochen.

Auch im Verhältnis zu Gorbatschow zog Margaret Thatcher den kürzeren. Das war nicht immer so. Schon nach ihrem ersten Treffen mit Gorbatschow im Dezember 1984, wenige Monate bevor er die Führung in Moskau übernahm, hatte sie vor der Presse verkündet: »Ich mag Gorbatschow.« Und obwohl ihre Reise in die Sowjetunion im Frühjahr 1987 von heftigen Auseinandersetzungen über die Möglichkeiten der Entspannungspolitik geprägt war, beschreibt sie sie als den faszinierendsten und belebendsten Besuch, den sie als Premierministerin gemacht hatte. Als die Mauer fiel, war es mit diesem guten Verhältnis jedoch vorbei. Margaret Thatcher verweigerte sich der sowjetischen Einsicht, dass die Beendigung des Kalten Krieges nur mit der Wiedervereinigung Deutschlands gelingen konnte. Schon zuvor, nach meinem Besuch in Moskau 1988, hatte sie feststellen müssen, dass die Bundesrepublik für Gorbatschow eine immer wichtigere Rolle spielte.

Noch deutlicher wurde diese Verschiebung der Kräfte bei Gorbatschows Gegenbesuch in Deutschland im Juni 1989. Die begeisterte Aufnahme des Gastes in der Bundesrepublik qualifizierte

Thatcher später abschätzig als »Gorbi-Manie«. An der Tatsache, dass die deutsch-sowjetischen Beziehungen immer stärker in den Mittelpunkt der internationalen Politik rückten, während Großbritannien zunehmend außen vor blieb, änderte das nichts. All das verstärkte das angespannte Verhältnis zwischen Margaret Thatcher und mir.

Und nun, auf der Königswinter-Konferenz in Cambridge, nutzte ich die Gelegenheit, um eine schnelle Verwirklichung der Europäischen Union als bestes Mittel gegen die Angst vor der Wiedervereinigung zu propagieren. Im donnernden Beifall blickte die britische Premierministerin, die meine Logik nie akzeptiert hatte, wie versteinert vor sich hin. In ihrer eigenen Rede bedachte Margaret Thatcher, die in der Europafrage im völligen Gegensatz zu meiner Politik stand, die EG mit kaum einem Wort.

*

Am 13. April 1990 traf George Bush auf den Bermudas mit der britischen Premierministerin zusammen, und einige Tage darauf sprach er in Key Largo (Florida) mit François Mitterrand, um sich mit beiden über die weitere Vorgehensweise in der deutschen Frage zu verständigen. Bush erläuterte ihnen die dramatische Entwicklung in der DDR und begründete in meinem Sinne und entsprechend der Verabredung, die wir Ende Februar in Camp David getroffen hatten, die Notwendigkeit einer deutschen Währungsunion. Hinsichtlich der polnischen Grenze erläuterte Bush seinen Gesprächspartnern, dass die Festlegung erst in einem von einem gesamtdeutschen Parlament ratifizierten Vertrag erfolgen sollte.

Befriedigt vermerkte ich, dass in einer Presseerklärung nach den Gesprächen nunmehr mit einer Stimme bekräftigt wurde, dass ein wiedervereintes Deutschland die uneingeschränkte Souveränität habe und Vollmitglied der Nato bleiben müsse.

Insgesamt gesehen hatte sich die politische Großwetterlage um die Osterzeit 1990 für unsere Sache nicht schlecht entwickelt. Dankbar war ich vor allem meinem Freund George Bush: Niemand vertrat unsere Positionen, Wünsche und Anliegen so überzeugend wie er. Dass die drei Westmächte die volle Souveränität des wiedervereinten Deutschlands so nachdrücklich herausstellten, war vor allem das persönliche Verdienst von George Bush. Es war schon eine glückliche Fügung, in dieser schwierigen Zeit einen solchen Partner an meiner Seite zu haben.

Gerade in der Politik gehört immer ein Quentchen Fortüne oder Gnade dazu. Natürlich neigen wir alle dazu, Erfolge zunächst einmal als unser eigenes Verdienst zu betrachten. Das ist ganz normal, aber man sollte immer auch fähig bleiben, die Verdienste anderer zu sehen und zu würdigen. Gegen Selbstüberschätzung gibt es ein wunderbares Mittel, das Papst Johannes XXIII. uns gelehrt hat. Wenn er in den Spiegel schaute, pflegte er sich zu ermahnen: »Giovanni, nimm dich nicht so wichtig!« Wer sich selbst nicht für das Maß aller Dinge hält, ist auch fähig zur Dankbarkeit für alles Gute, das ihm geschenkt wird.

Ein anderer Merksatz stammt von Konrad Adenauer. Der hatte einmal gesagt, wer so früh mit der Politik anfange, müsse aufpassen, dass er kein Zyniker wird. Ich hoffe, mir ist beides gelungen.

Über solche sehr persönlichen Dinge, über den Glauben wie über die Politik, sprach ich an meinem 60. Geburtstag, zu dem Partei und Fraktion am 3. April 1990 einen Empfang in der Bonner Beethovenhalle gaben. Ich hatte gerade jetzt noch ein wichtiges Stück Weg vor mir, denn die Vollendung der deutschen Einheit, aber auch die Vertiefung der europäischen Integration waren mein großes Anliegen. In der dramatischen Situation, in der sich Deutschland und Europa befanden, fühlte ich mich in die Pflicht genommen. Das war mitunter anstrengend, denn es gab allerlei Rückschläge und Probleme auf diesem Weg, aber Pflichterfüllung kann auch Freude bedeuten und Glück. Vor allem aber hat es auch sehr viel mit der Sinngebung des Lebens zu tun. Denn schließlich: Durfte man als Christ in einer solchen Situation abseits stehen, wenn man die Chance hatte, gestaltend einzugreifen, und wenn so viele Menschen – gerade unsere Landsleute in der DDR – einem so viel Vertrauen entgegenbrachten?

Obwohl ich eigentlich eine Feier in solchem Ausmaß gar nicht wollte, waren mehr als zweitausend Personen in die Beethovenhalle gekommen – alles, was Rang und Namen auf der Bonner Bühne hatte. Unter den Rednern war Außenminister Hans-Dietrich Genscher, der die fruchtbare Zusammenarbeit in der gemeinsamen Bundesregierung hervorhob und meinte, seit der Wende im Jahr 1982 sei aus der anfänglichen »Bekanntschaft« schließlich »Freundschaft« geworden: »Lieber Helmut, in der gemeinsamen Arbeit haben wir schwere und glückliche Stunden erlebt … Es hat zwischen uns gelegentlich kräftig gekracht im Gebälk, was der Freundschaft keinen Abbruch tat.«

Neben Genscher sprachen auch andere – einer davon stand nicht im Programm. Es war Bundespräsident Richard von Weizsäcker, über den man am Tag vor meinem Geburtstag in den Zeitungen lesen konnte, dass er im Schloss Bellevue, seinem Berliner Amtssitz, zu einem »Geheimtreffen« mit dem soeben abgewählten DDR-Ministerpräsidenten Modrow zusammengetroffen sei. In der Beethovenhalle meldete sich der Bundespräsident nunmehr zu Wort, um »ganz herzlich zu Deinem Geburtstag zu gratulieren« und seiner Hoffnung Ausdruck zu geben, dass »unser Bundeskanzler« die große Verantwortung der deutschen Einheit »mit uns allen zusammen« tragen werde.

Den vielen Gratulanten hatte ich nahegelegt, statt der üblichen Geschenke eine Spende für den Wiederaufbau der Frauenkirche in Dresden zu geben. 1989 hatten sich in Dresden eine Bürgerinitiative und später ein Förderverein mit dem Ziel gegründet, das 1945 im Krieg zerstörte Gotteshaus wiederaufzubauen, und zwar überwiegend aus Spendenmitteln. Ich begeisterte mich von Anfang an für die Idee. Meinem Spendenaufruf zum Geburtstag schlossen sich auch viele Bürger an. So kam erfreulicherweise fast 1 Million D-Mark an Startkapital zusammen.

Kurz nach meinem Geburtstag fuhr ich wie jedes Jahr für zwei Wochen nach Bad Hofgastein zur Fastenkur. Fasten bedeutet für mich mehr, als nur Pfunde zu verlieren, es hält auch den Geist fit. Diesmal hatte ich allerdings kaum Gelegenheit, Abstand von der Hektik des politischen Geschäfts zu gewinnen, denn ich musste mehrmals am Tag mit Bonn und öfters auch mit Ost-Berlin telefonieren.

7.
Angebot

Nach der März-Wahl dauerte es einige Zeit, bis in Ost-Berlin die Weichen neu gestellt werden konnten. Gerüchte über Stasi-Verstrickungen von Abgeordneten machten die Runde, und manche Verdächtigungen erhärteten sich bald zur Gewissheit. Dass besonders die Sozialdemokraten in der DDR darunter zu leiden hatten, verzögerte die Regierungsbildung. Am 2. April 1990 trat sogar der SPD-Vorsitzende Ibrahim Böhme von seinen Ämtern zurück, nachdem Dokumente des Mielke-Ministeriums Böhmes jahrelangen Verrat als Inoffizieller Mitarbeiter (IM) zu belegen schienen. Böhme selbst bestritt zwar jede Tätigkeit als IM, musste aber unter dem Druck der öffentlichen Meinung auch sein Amt als SPD-Fraktionsvorsitzender niederlegen.

Böhmes Nachfolger als Fraktionsvorsitzender wurde der Theologe Richard Schröder. Seine Wahl erwies sich für die künftige Koalitionsregierung als außerordentlich hilfreich, wie er überhaupt bis zum heutigen Tag zu den wichtigsten Zeitzeugen und Analytikern des deutsch-deutschen Vereinigungsprozesses zählt. Für mich steht dieser großartige Mann unbedingt mit in der Reihe jener großen deutschen Patrioten, die ich erlebt habe.

Die neugewählte Volkskammer der DDR trat am 5. April 1990 zu ihrer konstituierenden Sitzung in Ost-Berlin zusammen. Zur Parlamentspräsidentin wurde die CDU-Politikerin Sabine Bergmann-Pohl gewählt. Auf der ersten Sitzung beschlossen die Abgeordneten die Abschaffung des Staatsrats, und damit war Bergmann-Pohl zugleich neues Staatsoberhaupt der DDR.

Lothar de Maizière, der erst wenige Tage nach der März-Wahl seinen Anspruch auf das Amt des Ministerpräsidenten angemeldet hatte, erhielt den Auftrag zur Regierungsbildung. Die Koalitionsverhandlungen zwischen der Allianz für Deutschland, der SPD und den Liberalen zur Bildung einer neuen Regierung verliefen recht zügig und konnten am 11. April 1990 abgeschlossen werden. In der Präambel des Koalitionsvertrags wurde der Anschluss der DDR an die Bundesrepublik festgeschrieben.

Einen Tag später löste Lothar de Maizière Hans Modrow im Amt des Ministerpräsidenten ab. Er konnte eine breite Mehrheit von 265 Abgeordnetenstimmen auf sich vereinigen. Sein Wahlsieg galt auch als Signal für die schnelle Wiedervereinigung der beiden deutschen Staaten.

Am 19. April 1990 gab de Maizière seine Regierungserklärung ab, in der er sich unter anderem für eine sozial und ökologisch geprägte Marktwirtschaft und für einen Umstellungskurs von 1:1 bei Einführung der D-Mark aussprach. Die deutsche Einheit »muss so schnell wie möglich kommen, aber ihre Rahmenbedingungen müssen so gut, so vernünftig und so zukunftsfähig sein wie nötig«, sagte er und plädierte für die Anwendung des Artikels 23 des Grundgesetzes beim Einigungsprozess. Er kündigte an, die 1952 abgeschafften Länder wieder einführen zu wollen, und erklärte, die Grundlagen der Wirtschafts-, Währungs- und Sozialunion sollten in den folgenden acht Wochen geschaffen werden, damit dieser Schritt noch rechtzeitig vor der Sommerpause gemacht werden könne. Außerdem versprach er die Beseitigung der Mauer: »Noch in den nächsten Monaten wird dieses menschenunwürdige Schandmal abgerissen.«

Im außenpolitischen Teil seiner Regierungserklärung richtete de Maizière besonderen Dank an Gorbatschow für dessen Rolle »in dem historischen Prozess unserer Befreiung« und bat die Sowjetunion, Deutschlands Streben nach Einigung nicht als Bedrohung anzusehen. Er sicherte Moskau freundschaftliche Zusammenarbeit, Loyalität gegenüber dem Warschauer Pakt, Achtung der sowjetischen Sicherheitsinteressen und eine strikte Einhaltung aller Außenhandelsverpflichtungen zu. Wovon er nicht sprach, war die Nato-Zugehörigkeit des vereinten Deutschlands, obwohl das in der Koalitionsvereinbarung als Übergangslösung bis zur

Schaffung eines gesamteuropäischen Sicherheitssystems ins Auge gefasst worden war. So konnte uns zwar nicht alles gefallen, was der neue Mann in Ost-Berlin in seiner Regierungserklärung sagte, aber für mich war damals vor allem eines wichtig, das sich wie ein roter Faden durch seine Rede zog: Die Einheit Deutschlands sollte nach Artikel 23 des Grundgesetzes herbeigeführt werden – und zwar nicht irgendwann, sondern so bald wie möglich.

*

Am 24. April 1990 traf ich zum ersten Mal mit dem frischgebakkenen Ministerpräsidenten einer DDR-Regierung zusammen, deren Ziel es war, sich selbst und den Staat, dem sie diente, abzuschaffen. Wir waren zusammengekommen, um über die Einführung der Wirtschafts-, Währungs- und Sozialunion zum Stichtag 1. Juli zu sprechen. Am Tag zuvor hatten wir uns nach wochenlanger harter Arbeit in den Kommissionen auch innerhalb der Bonner Koalition über den Umtauschkurs geeinigt: Löhne und Gehälter sollten 1:1 umgetauscht werden, und derselbe Kurs sollte auch für Sparguthaben bis zu einer Höhe von 4000 DDR-Mark gelten. Alle weiteren Geld- und Kreditbestände wie auch die Schulden der Betriebe beabsichtigten wir, im Verhältnis 2:1 umzutauschen. Außerdem hatten wir vereinbart, das DDR-Rentensystem Schritt für Schritt dem der Bundesrepublik anzupassen. All dies hatte die Deutsche Bundesbank voll und ganz akzeptiert.

De Maizière setzte sich für eine komplette Streichung der Inlandsschulden der privaten und genossenschaftlichen Betriebe ein. Außerdem wollte er Sparguthaben und sonstiges Geld in unbegrenzter Höhe im Verhältnis 1:1 umgetauscht wissen. Das musste ich zurückweisen, denn es hätte unsere wirtschaftlichen Möglichkeiten bei weitem überstiegen.

*

Vom ersten Angebot einer Wirtschafts-, Währungs- und Sozialunion bis zu ihrer Konkretisierung in Form eines Staatsvertrags bedurfte es eines geduldigen und schwierigen Verhandlungsmarathons. Am Ende stand ein einmaliges Vertragswerk – und eine der wichtigsten Grundlagen auf dem steinigen Weg zur Vereinigung der beiden deutschen Staaten.

Am 6. Februar 1990, also noch vor meinem Besuch in Moskau am 10. Februar, hatte ich nach reiflicher Überlegung beschlossen, mich öffentlich festzulegen und der DDR Verhandlungen über eine Wirtschafts-, Währungs- und Sozialunion anzubieten. Natürlich war ich mir des Risikos bewusst, dass Gorbatschow ein solches Angebot an die DDR unter Umständen nicht akzeptieren würde, weil es nichts Geringeres bedeutete als eine klare Vorfestlegung auf die staatliche Einheit Deutschlands. Um so wichtiger war es, dass ich das Angebot noch vor meinem Moskau-Besuch unterbreitete und damit alle Karten auf den Tisch legte, anstatt die sowjetische Führung womöglich im nachhinein zu brüskieren. Das hätte den sensiblen Prozess zur Überwindung der Teilung Deutschlands und Europas empfindlich stören können.

Aber auch angesichts der sich überschlagenden Ereignisse in der DDR und bei Abwägung der ökonomischen Risiken für die DDR wie für die Bundesrepublik war ich überzeugt, dass jetzt der richtige Zeitpunkt für dieses Angebot war. Die Dramatik der Entwicklung war unübersehbar, die Menschen hatten das Vertrauen in die SED-Führung verloren und brauchten schnell verlässliche Signale über die Einführung der D-Mark, zumal der Verdrängungsprozess der DDR-Mark durch die D-Mark de facto längst begonnen hatte. Betriebe lieferten Ware vorzugsweise gegen D-Mark, Handwerker erbrachten Leistungen um so schneller, wenn diese in D-Mark entgolten wurden. Hinzu kam, dass den Betrieben in der DDR durch die massive Abwanderung zunehmend die Arbeitskräfte fehlten. Die bereits zuvor von Mangel gekennzeichnete Versorgung mit Produktions- und Nahrungsmitteln wurde noch schwieriger und lückenhafter. Und die Menschen in der DDR ließen keinen Zweifel daran, was sie wollten. Auf Plakaten bei den friedlichen Demonstrationen und Kundgebungen stand ihre Botschaft deutlich zu lesen: »Kommt die DM, bleiben wir, kommt sie nicht, gehn wir zu ihr!«

Doch nicht nur in der DDR, auch in der alten Bundesrepublik mussten Signale gesetzt werden. Die Aufnahmelager waren überfüllt. Wir hatten bereits damit begonnen, Schulen zu schließen, um Übersiedler in Unterrichtsräumen und Turnhallen unterzubringen. Unter den Westdeutschen wuchs die Sorge vor den Folgen des Übersiedlerstroms, vor einer Überschwemmung des Arbeitsmarkts, auch des Wohnungsmarkts. Zunehmend spielten in der Diskussion zudem die Belastungen der sozialen Sicherungssysteme und der öffentlichen Haushalte eine Rolle, denn neben dem Begrüßungsgeld von 100 DM bis Ende 1990 (danach konnten sie über Devisenfonds bis zu 200 DM umtauschen) hatten die Übersiedler aus der DDR auch Anspruch auf volle Sozialleistungen der Bundesrepublik. Diese Solidaritätsleistungen waren schon kurz nach der Öffnung der Grenzen zum Aufhänger für eine infame Angst- und Neidkampagne geworden, mit der die Bundesbürger gegen ihre Landsleute in der DDR aufgehetzt werden sollten.

Es tat sich eine unheilige Allianz der Parteilinken in der SPD und der deutschen Linksintellektuellen gegen die Wiedervereinigung auf. Der Schriftsteller Günter Grass sprach sich für eine »Konföderation und gegen das Einheitsgeschrei« aus. Oskar Lafontaine, saarländischer Ministerpräsident und seit der März-Wahl 1990 designierter Kanzlerkandidat der SPD, forderte unter anderem, den Übersiedlern aus der DDR den Zugriff auf die sozialen Sicherungssysteme der Bundesrepublik zu verwehren. Er stellte sogar in Frage, ob unsere Landsleute in der DDR überhaupt die Staatsbürgerschaft nach unserem Grundgesetz erhalten sollten.

Was sich für Lafontaine bei der saarländischen Landtagswahl Ende Januar 1990 als wählerwirksam erwiesen hatte, empfand ich mit Blick auf die Annäherung von Ost und West in Deutschland und Europa als ausgesprochen schäbig und schädlich. Entgegen ihren Beteuerungen ging es den Linken keineswegs um die Menschen in Ost und West oder um wirtschaftliche Fragen. Sie wollten in Wahrheit nur die deutsche Einheit verhindern. Die einen wollten die DDR als gelungenes Experiment eines praktizierten Sozialismus erhalten, die anderen sahen den »Verzicht auf einen deutschen Nationalstaat als Sühneopfer für Auschwitz« an. Um so dringlicher erschien mir eine zügig in Kraft tretende Wirtschafts- und Währungsunion mit der DDR, wenn wir die Lage stabilisieren und die Chance auf die Wiedervereinigung nicht vertun wollten. Anders als große Teile der Opposition glaubten, war es dabei mit rein finanziellen Hilfen an die DDR nicht getan.

Beispielhaft sei hier nur eine Aussage der SPD-Bundestagsabgeordneten Ingrid Matthäus-Maier vom 7. Februar 1990 angeführt: »Täglich kommen über 2000 Übersiedler. Verantwortlich ist aber auch unsere Bundesregierung, die sich bis heute weigert, den Menschen in der DDR mit wirksamen Sofortmaßnahmen konkret, rasch und unbürokratisch unter die Arme zu greifen. Geld für wirksame Sofortmaßnahmen wäre da, wenn die Bundesregierung endlich bei den Militärausgaben streichen würde.« Diese durchaus nicht vereinzelte Aussage aus den Reihen der SPD zeigt, wie die Sozialdemokraten ihre politischen Prioritäten setzten: Soforthilfe ohne weitere Verpflichtung auf Gegenleistung und militärische Abrüstung im Westen, um das Ganze zu finanzieren. Ein solcher Leichtsinn ließ sich kaum noch überbieten.

Für meine Unnachgiebigkeit in diesem Punkt hatte ich gute Gründe. Ich glaubte nicht daran, dass die unter anderem von Hans Modrow immer wieder geforderte Milliardenspritze die instabile Situation in der DDR kurzfristig wesentlich entspannen und den Übersiedlerstrom eindämmen könnte, ganz zu schweigen davon, dass sich damit der Weg für grundlegende Reformen von der sozialistischen Kommandowirtschaft in Richtung Marktwirtschaft, Demokratie und Rechtsstaat bereiten ließe. Im Gegenteil, ich hatte immer den Eindruck, als ob Hans Modrow die DDR in Wahrheit noch nicht abgeschrieben hatte und als ob es ihm vor allem darum ging, Zeit zu gewinnen, um die Lage doch noch zu konsolidieren und die DDR zu erhalten.

Eine Milliardenhilfe hätte das System stabilisiert, ohne für die Menschen in der DDR dauerhaft Besserung zu bringen. Das war mit mir nicht zu machen. Meine Position hatte ich, ebenso wie die meisten Mitglieder und Vertreter der Bundesregierung, in verschiedenen Gesprächen mit der Modrow-Regierung immer wieder sehr deutlich gemacht. Aus denselben Erwägungen heraus ergab sich, dass das Angebot für eine innerdeutsche Währungsunion zwingend mit einer Wirtschaftsgemeinschaft verbunden werden musste. Nur so konnte sichergestellt werden, dass in der DDR die notwendigen Reformen in Richtung soziale Marktwirtschaft auch umgesetzt würden. Ohne dieses Junktim hätten wir zudem in unverantwortlicher Weise die Stabilität der D-Mark gefährdet.

Natürlich war allen bewusst, dass eine solch umfassende Wirtschafts- und Währungsunion zwangsläufig auf die Wiedervereinigung hinauslief, was fast ebenso zwangsläufig die linken Einheitsgegner provozieren musste. Die befürworteten statt dessen zunächst wirtschaftliche Reformen und einen im Gleichklang mit den wirtschaftlichen Verbesserungen allmählich erfolgenden, wie auch immer zu gestaltenden Währungsverbund. Das wäre jedoch einem Spiel auf Zeit gleichgekommen, denn den Übersiedlerstrom hätte man damit sicher nicht gestoppt. Im Gegenteil, dieser Weg hätte vorausgesetzt, dass man die innerdeutsche Grenze durch administrative Bestimmungen wieder schließt und so de facto eine neue Mauer errichtet, ähnlich jener, die Millionen von Menschen gerade erst im friedlichen Widerstand gegen das System der DDR niedergerissen hatten.

Auch damit hätten wir also nur das System der DDR stabilisiert und die Trennung der Welt in Ost und West aufs neue zementiert. Aus Sicht der Linken war es konsequent, diese Position zu vertreten, weil sie darin ihre Chance sahen, die DDR mit allenfalls kosmetischen Reformen doch noch zu erhalten. Was für ein absurder Gedanke! Das wäre ein klarer Verstoß gegen die Verfassung, die Menschlichkeit und die nationale Solidarität gewesen. Dieser Vorschlag war geradezu anachronistisch, ein solches Vorgehen bot keine realistische Alternative.

*

Unmittelbar bevor ich am 6. Februar nachmittags mit unserem Angebot einer mit wirtschaftlichen Reformen verknüpften Währungsunion vor die Presse trat, hatte ich mich mit den Parteivorsitzenden der Koalition, Bundesfinanzminister Theo Waigel für die CSU und Otto Graf Lambsdorff für die FDP, beraten und Einigkeit erzielt. Waigel, in dessen für Geld- und Währungsfragen zuständigem Ressort bereits seit Ende 1989 das politische und ökonomische Für und Wider einer Währungsunion oder eines Währungsverbunds gründlich analysiert worden war, plädierte für eine baldige Währungsunion und bestärkte mich damit nur noch in meiner Auffassung. Graf Lambsdorff dagegen zeigte sich zunächst zögerlich und verwies auf die mit einem solchen Schritt verbundenen ökonomischen Risiken. Schließlich lenkte er jedoch ein, da auch er keine politische Alternative sah.

In der CDU/CSU-Bundestagsfraktion, wo ich gemeinsam mit dem Bundesfinanzminister unseren Plan anschließend erläuterte, fanden meine Ausführungen breite Zustimmung. Während die Sitzung noch andauerte, trat ich vor die Presse, die, wie bei Fraktionssitzungen üblich, vor dem Sitzungssaal wartete, um zu erklären, dass ich dem Bundeskabinett am nächsten Tag den Vorschlag machen würde, es möge beschließen, dass die Bundesregierung sich bereit erkläre, mit der DDR unverzüglich in Verhandlungen über eine Währungsunion mit Wirtschaftsreform einzutreten. Das Kabinett folgte diesem Vorschlag anderntags dann ebenfalls in großer Einmütigkeit.

Auch Bundesbankpräsident Karl Otto Pöhl, der an der Kabinettssitzung teilnahm, erkannte an, dass es politisch keinen anderen Weg gab. So richteten wir unter meinem Vorsitz einen Kabinettsausschuss Deutsche Einheit ein und begannen mit den Vorbereitungen für die Wirtschafts- und Währungsunion und für die deutsche Einheit.

Das war sicher eine meiner risikoreichsten und auch persönlich schwierigsten Entscheidungen. Was im Rückblick so einfach und folgerichtig erscheint, löste in Deutschland und Europa eine höchst komplexe und schwierige Diskussion aus. Zwar hatte die öffentliche Debatte um einen Währungsverbund oder eine Währungsunion schon frühzeitig nach dem Fall der Mauer in beiden Teilen Deutschlands begonnen. Aber über den Zeitpunkt, das

Ausmaß und die Umstellungsmodalitäten einer Währungsunion gingen die Meinungen doch erheblich auseinander.

Nun hatte ich mit meinem Angebot Fakten geschaffen. Der Überraschungseffekt war groß, die öffentliche Reaktion heftig, Aufgeregtheit und Unsicherheiten kennzeichneten die Stimmung, und auf allen Seiten gab es große Bedenken – teils weil wirtschaftliche und politische Aspekte anders gewichtet wurden, teils aber auch aus ideologischen Gründen.

Ich hatte Erfahrungen genug gesammelt mit dem gegnerischen Lager – man denke nur an den heftigen Streit um den Nato-Doppelbeschluss oder an das unsägliche SPD/SED-Papier –, um zu wissen, dass die Linken in Deutschland den Wunsch nach einer linken Republik und einem Austritt der Bundesrepublik aus dem westlichen Bündnis noch längst nicht aufgegeben hatten. Was mich aber überraschte, war die Heftigkeit, mit der zumal führende Köpfe der deutschen Sozialdemokratie diese vielleicht einmalige Chance auf die deutsche Wiedervereinigung, die zugleich das Ende der Teilung Europas und der Welt bedeutete, zunichte machen wollten – selbst um den Preis, dass unsere Landsleute im Osten weiter unter einem diktatorischen Regime leben müssten.

Die deutsche Sozialdemokratie bot in dieser für unser Land so bedeutsamen Stunde ein enttäuschendes Bild. Innerparteilich war die SPD so zerstritten, dass sie keine klare deutschlandpolitische Position vertreten konnte. Wichtige Persönlichkeiten an ihrer Spitze, allen voran Oskar Lafontaine und Gerhard Schröder, der im Mai 1990 niedersächsischer Ministerpräsident und 1998 Bundeskanzler werden sollte, machten gezielt Stimmung gegen die deutsche Einheit und unser Angebot einer schnellen Währungsunion. Ihre zum Teil ideologisch, zum Teil wahltaktisch motivierte Obstruktionspolitik gegen den Staatsvertrag als Vorstufe zur deutschen Einheit behielten sie während der gesamten Verhandlungen bis zur Einführung der D-Mark in der DDR zum 1. Juli 1990 bei.

Am 18. Mai wurde der Staatsvertrag zwischen der Bundesrepublik und der DDR feierlich unterzeichnet. Noch in den parlamentarischen Beratungen zum Staatsvertrag im Mai 1990 bezeichnete

Lafontaine die Einführung der D-Mark zum 1. Juli als »einen schweren Fehler« und »eine eminente Fehlentscheidung«. Er bedrängte die SPD, Nachbesserungen zu verlangen, und setzte sie mehrfach mit der Drohung unter Druck, von seiner Kanzlerkandidatur zurückzutreten. Gerhard Schröder sprang ihm mit der Prognose bei, die Bundesregierung werde mit ihrer zu frühen Einführung der D-Mark in der DDR Massenarbeitslosigkeit und soziale Probleme heraufbeschwören. Mit dieser destruktiven, parteitaktisch durchsichtigen Haltung verhinderten Lafontaine und Schröder den in dieser Stunde wünschenswerten parteiübergreifenden Schulterschluss auf dem Weg zur deutschen Einheit.

Nach langem, vom Ergebnis her ersichtlich unnötigem Gezerre wurde der Staatsvertrag schließlich am 21. Juni 1990 von der DDR-Volkskammer und dem Deutschen Bundestag mit großer Mehrheit angenommen. Auch die SPD-Bundestagsfraktion stimmte mehrheitlich zu. Unter den fünfundzwanzig SPD-Bundestagsabgeordneten, die gegen den Vertrag stimmten, waren Peter Glotz, Heidemarie Wieczorek-Zeul, Edelgard Bulmahn und Günter Verheugen.

Im Bundesrat, in dem die SPD-Länder die Mehrheit hatten, bekamen wir am nächsten Tag ebenfalls die notwendige Zustimmung. Als einzige Länder stimmten das Saarland unter Ministerpräsident Lafontaine und Niedersachsen unter Ministerpräsident Schröder gegen den Staatsvertrag. Wie sollte man die Ablehnung des Staatsvertrags verstehen, wenn nicht als wohlkalkuliertes Votum auch gegen die Wiedervereinigung unseres Landes?

*

Eine ausführlich recherchierte, lesenswerte Studie von Daniel Friedrich Sturm, die sich neben Protokollen, Dokumentationen und Memoiren vor allem auf Befragungen von Zeitzeugen stützt, dokumentiert das Versagen der SPD und ihrer Führungsfiguren in den Umbruchzeiten 1989/90 und belegt, dass die Sozialdemokraten von der Chance zur Wiedervereinigung »auf dem falschen Fuß« erwischt wurden. Viele von ihnen weigerten sich, die Entwicklungen in Osteuropa und in der DDR überhaupt zur Kenntnis zu nehmen, verharrten statt dessen in ihrer Status-quo-Haltung und blieben auf ihre Anfang der achtziger Jahre begonnene Politik des Dialogs mit der SED fixiert. Zu den rühmlichen Ausnahmen zählen neben Willy Brandt etwa Karsten Voigt, Wolfgang Roth, Norbert Gansel und Klaus von Dohnanyi. Die sogenannten Enkel Brandts dagegen, namentlich Oskar Lafontaine, Heidemarie Wieczorek-Zeul, Walter Momper, aber auch Gerhard Schröder, betrachteten in einem »eigenartigen Wertrelativismus« das bundesrepublikanische Gesellschaftssystem teilweise kritischer als das der DDR. Ein anderer Fall war Egon Bahr, der als »Ideologe der Zweistaatlichkeit« seiner am Schreibtisch konstruierten Konzeption einer Politik der Sicherheit und Stabilität in Europa verhaftet blieb.

Bei den meisten Sozialdemokraten erzeugte der Fall der Mauer ein Gefühl der Unsicherheit. Der Gründung einer sozialdemokratischen Partei in der DDR, der SDP in Schwante am 7. Oktober 1989, begegnete die SPD mit äußerster Zurückhaltung. Man setzte zunächst lieber weiter auf die Staatspartei SED als Partner. Die Vorstellung eines »Wandels durch Abstand«, wie sie Norbert Gansel, Vorsitzender des SPD-Parteirats, in Abwandlung des die Ostpolitik der siebziger Jahre prägenden Mottos »Wandel durch Annäherung« formulierte, blieb ohne Echo. Auf dem Weg zur Einheit verpasste die SPD den »Kairos«, die günstige Gelegenheit und den rechten Augenblick. Wie seinerzeit gegen Adenauers Westpolitik, so war sie jetzt auch gegen die Politik der Währungsunion, des Einigungsvertrags und der Nato-Mitgliedschaft des geeinten Deutschlands.

Aber es gab nicht nur ideologisch motivierten Widerstand gegen die zügige Umsetzung einer von entsprechenden Wirtschaftsreformen begleiteten Währungsunion; auch von seiten des ökonomischen Sachverstands ernteten wir zunächst vor allem Kritik. Die ganz überwiegende Mehrheit der volkswirtschaftlichen Experten warnte eindringlich vor einer übereilten Währungsunion und malte in düsteren Szenarien aus, welche schädlichen Folgen und Kosten das nach sich ziehen würde. Nicht wenige prophezeiten zweistellige Inflationsraten. Für sie, die nach der reinen Lehre argumentierten, war die Wiedervereinigung noch auf längere Sicht nicht möglich, weil die wirtschaftliche Lage in der DDR einem Währungsverbund oder einer Währungsunion entgegenstehe. Vorbedingung sei eine erhebliche Verbesserung der wirtschaftlichen Wettbewerbsfähigkeit der DDR, und deshalb müssten wirtschaftliche Reformen Vorrang vor einer Währungsreform haben.

Ein Beispiel für die damals vorherrschende Meinung unter den wirtschaftswissenschaftlichen Beratern ist der Brief, den mir der Sachverständigenrat zur Begutachtung der gesamtwirtschaftlichen Entwicklung am 9. Februar 1990, also unmittelbar nach unserem Angebot an die DDR, schrieb. Die mahnenden Worte der Sachverständigen zu den wirtschaftlichen Risiken waren deutlich, und die Schlagzeile in einer großen überregionalen Tageszeitung am 15. Februar lautete denn auch bezeichnenderweise: »Sachverständige gegen baldige Währungsunion«.

Auch Wirtschaft und Gewerkschaften argumentierten zunächst in die gleiche Richtung wie die Wissenschaft und beurteilten unser primär politisch begründetes Angebot äußerst skeptisch. Die kritische Haltung im westdeutschen Unternehmerlager spiegelt beispielhaft eine Umfrage unter 500 Führungskräften bundesdeutscher Unternehmen wider: Eine zügige Währungsunion wurde demzufolge einhellig als günstig für die DDR, aber nicht als günstig für die Bundesrepublik eingeschätzt. Die Mehrheit der befragten Führungskräfte erwartete höhere Inflationsraten, eine Schwächung der D-Mark, Steuererhöhungen und steigende Zinsen.

Was mir in dieser ganzen Diskussion um das Für und Wider einer zügigen Währungsunion Sorgen bereitete, war nicht die in erster Linie wirtschaftlich oder wirtschaftswissenschaftlich begründete Kritik. Nein, mit wachsender Sorge beobachtete ich, wie sehr es an Gespür für die historische, politische und letztlich auch wirtschaftliche Dimension unserer Entscheidung fehlte und wie sehr statt dessen in der öffentlichen Wahrnehmung eine einseitige Fixierung auf die Kosten und auf mögliche schädliche Folgen für die Bundesrepublik an Gewicht gewann. Offenbar war vor allem unter den Meinungsmachern im Westen die deutsche Einheit für viele schon längst kein Herzensanliegen mehr.

Die Schlagzeilen in der Presse gaben beredtes Zeugnis davon. Hier war vor allem von den Kosten zu lesen: »Kosten der deutsch-deutschen Währungsunion«, »Vereinigung kostet die Bundesbürger den Zehnten«, »Kosten oder Ertrag?« oder »Kosten der deutschen Einheit kaum zu fassen« lauteten die Schlagzeilen. Denjenigen, die die Einheit verhindern wollten, konnte das nur recht sein. Ebenso jenen Gewerkschaften, die vor allem um die Besitzstände ihrer Arbeitsplatzbesitzer im Westen fürchteten, oder jenen Unternehmern, die neue, zusätzliche Konkurrenz aus dem Osten scheuten. All jene aber, die wie ich die Einheit untrennbar zum nationalen Selbstverständnis zählten, mussten vor dieser Diskussion erschrecken, denn wie leicht könnte die Tür zur Einheit wieder zufallen.

Es war schon eigenartig, dass nun, da die Einheit und die Überwindung der Teilung Europas greifbar nahe waren, so viele Deutsche offenbar vor allem eines hatten: Angst. Im CDU-Bundesvorstand fand ich deutliche Worte dafür: Wenn wir zuließen, dass unser Land in dieser Schicksalsstunde aus finanziellen Gründen vor der Einheit zurückweicht, dann habe die Bundesrepublik vor der Geschichte abgedankt.

Die um sich greifenden Unsicherheiten und Ängste waren um so gefährlicher, als die ideologischen Bremser der Einheit keine Hemmungen hatten, sie politisch auszunutzen. Die Erfolge von Lafontaine und Schröder bei den Landtagswahlen im Saarland und in Niedersachsen im ersten Halbjahr 1990 waren unter anderem auch darauf zurückzuführen.

Glücklicherweise ebbte der Sturm der Entrüstung bald ab, und das Bild wandelte sich, als die meisten Kritiker in den folgenden Wochen die politische Unvermeidbarkeit unseres Schrittes erkannten und akzeptierten. Nicht wenige, gerade auch Ökonomen, kamen damals auf mich zu und erklärten, sie könnten zwar ihre Stirn in Falten legen, aber in der Tat habe die Politik im Prinzip keinen anderen Ausweg, als auf diese Weise schnell zu handeln. So erhielten wir aus der Wirtschaftswissenschaft, von Wirtschaft und

Gewerkschaften zwar nicht die echte und breite Unterstützung, die ich mir angesichts der historischen Bedeutung dieser Phase erhofft und gewünscht hätte, doch war ich schon froh, dass uns von dieser Seite zumindest weitere Störfeuer erspart blieben und wir uns auf die konkreten Verhandlungsfragen mit der DDR konzentrieren konnten.

*

Politisch verbesserte sich die Situation für uns, als wir ab dem 18. März 1990, nach den ersten freien Wahlen zur Volkskammer, einen demokratisch legitimierten Verhandlungspartner auf DDR-Seite wussten. Die Verhandlungen wurden noch erheblich erleichtert durch das eindeutige Votum der DDR-Bürger gegen das alte Regime und für einen grundlegenden Wechsel.

Inhaltlich erweiterten die Volkskammerwahlen die Verhandlungsthematik insofern, als sich die Ost-CDU und die mit ihr verbündeten Parteien schon im Wahlkampf und dann auch in der Koalitionsvereinbarung vom 12. April 1990 zusätzlich auf eine mit der Wirtschafts- und Währungsunion zu verbindende Sozialunion festgelegt hatten. Von westdeutscher Seite neigten wir dagegen dazu, den bundesrepublikanischen Sozialstaat, vor allem im Bereich des komplexen Arbeits- und Tarifvertragsrechts, erst allmählich auf die DDR zu übertragen. Ich bin auch heute noch davon überzeugt, dass dies der bessere Weg gewesen wäre. Mit mehr Flexibilität, wie sie der Umbruchsituation in der DDR angemessen gewesen wäre, hätten die wirtschaftlichen Schockwirkungen bei der Einführung der D-Mark besser abgefedert werden können. Durch die Festlegung des Regierungsbündnisses in der DDR waren uns aber die Hände gebunden. Ein Nein von uns zur Sozialunion hätte die ostdeutsche Seite nicht akzeptiert.

Eine ganz entscheidende Frage waren die Umstellungsmodalitäten von Mark der DDR zur D-Mark. Auch hier kam es zu lebhaften Diskussionen, und auch hier drängte ich darauf, schnellstmöglich ein Angebot für den Umstellungskurs vorzulegen. Bereits Anfang Mai 1990 wollte ich unsere Vorstellungen bekanntgeben. Nur so konnten wir der bei Bevölkerung und Unternehmen gleichermaßen verbreiteten Unsicherheit und dem Misstrauen entgegenwirken.

Zu der Unruhe unter West- wie Ostdeutschen trugen die breite öffentliche Diskussion über Kosten und schädliche Folgen einer zügigen Währungsunion sowie über den nicht wettbewerbsfähigen Zustand der Wirtschaft in der DDR und den »richtigen« Umtauschkurs ebenso bei wie die verschiedenen Kurse, zu denen die DDR-Mark gehandelt wurde. Die Mark der DDR war nicht konvertierbar, sie war eine reine Binnenwährung. Aus diesem Grund gab es statt eines einheitlichen Wechselkurses eine Vielfalt von Wechselkursen: Im Handel mit der Bundesrepublik musste die DDR 4,40 Mark der DDR aufwenden, um 1 D-Mark zu erwirtschaften. Im innerdeutschen Reiseverkehr tauschten Bundesbürger im November 1989 offiziell 1:1, dann 1:3. DDR-Bürger konnten ab Januar 1990 über den neugeschaffenen Devisenfonds in begrenztem Umfang D-Mark für die nicht konvertible Mark der DDR eintauschen, und zwar bis zu 100 DM zum Kurs von 1:1 und bis zu weiteren 100 DM zum Kurs von 1:5. Dieser Devisenfonds war auf unsere Initiative hin zustande gekommen, um die Reisebedingungen für West- und Ostdeutsche zu erleichtern. Auf dem freien Markt bildete sich ein Kurs von durchschnittlich 1:8 bis 1:9 heraus; zeitweise, insbesondere an Wochenenden, wenn viele DDR-Bürger für einen Kurzbesuch in der Bundesrepublik D-Mark nachfragten, fiel er bis auf 1:20, das heißt, für 20 DDR-Mark gab es 1 DM.

Die Nervosität der DDR-Bürger zeigte sich unter anderem in den Geldbewegungen, die bei den Geldinstituten in der DDR in jenen Tagen um ein Vielfaches anstiegen. Aus Furcht vor einer Entwertung ihrer Sparkonten im Zuge der Währungsunion versuchten viele Menschen, ihr Erspartes zu retten, indem sie ihre Konsumausgaben erhöhten oder ihre Guthaben auf Familienangehörige und auf mehrere Konten verteilten, weil sie damit rechneten, dass Sparguthaben bis zu einer gewissen Summe 1:1 umgetauscht würden. Schließlich gab es in den ersten Monaten 1990 quasi vorbeugend teilweise kräftige Anhebungen bei den Löhnen und Gehältern, mit denen ein ungünstigerer Umtauschkurs als 1:1 kompensiert werden sollte.

Zu einer wahren Protestwelle der Menschen in der DDR kam es Ende März 1990. Durch eine Indiskretion war eine vertrauliche Stellungnahme in die Medien gelangt, die der Zentralbankrat der Bundesbank für die Bundesregierung verfasst hatte und in der er sich für eine generelle Umstellung von 1:2 aussprach. Nur bei Sparguthaben von natürlichen Personen bis zu einer Höhe von 2000 DDR-Mark hielt er eine Umstellung von 1:1 für vertretbar.

Aufgebracht demonstrierten die Bürger in der DDR für einen generellen Umtauschkurs von 1:1. Das war verständlich, denn schließlich hatten westdeutsche Politiker im Wahlkampf zu den Volkskammerwahlen mit leichtfertigen Versprechungen über eine Umstellung 1:1 entsprechende Erwartungen genährt. Ich hatte das nicht getan, sondern meine Worte auch im Wahlkampf stets mit Bedacht gewählt und nichts versprochen, was nicht zu halten gewesen wäre. Zwar wurde die Opposition – wie Oskar Lafontaine, der mir »dreisten Wählerbetrug« vorwarf – nicht müde, lautstark das Gegenteil zu behaupten, aber diese Angriffe machten mir weniger Sorgen als die Tatsache, dass auch jetzt wieder insbesondere einige westdeutsche SPD-Politiker keine Skrupel kannten und die Ängste und Unsicherheiten der Menschen noch weiter schürten. Denn die Bürger in der DDR befürchteten natürlich, nachdem sie schon Jahrzehnte der Unterdrückung und Misswirtschaft erduldet hatten, nun auch noch um die Früchte ihrer Lebensleistung gebracht zu werden. Sie hatten ja in all den Jahren nicht weniger gearbeitet als ihre Mitbürger im Westen, sondern in einem System gelebt, in dem ihre Arbeit unproduktiv eingesetzt wurde.

Die Menschen in der DDR mussten also fair behandelt werden, und gleichzeitig durften wir bei der Wahl der Umstellungsmodalitäten die Risiken nicht aus dem Auge verlieren. Wenn für uns im Frühjahr 1990 auch noch nicht richtig zu erkennen war, wie groß der wirtschaftliche Rückstand der DDR tatsächlich war, so wurde uns nach der Öffnung der Mauer doch immer stärker bewusst, dass die uns vorliegenden Zahlen über die wirtschaftliche Leistungsfähigkeit der DDR stark übertrieben sein mussten. Die zen trale Planung der Wirtschaft hatte zu einem völlig überalterten Kapitalstock geführt, die Qualität der Produktionsanlagen und der Infrastruktur lag weit unter dem Niveau eines modernen, international wettbewerbsfähigen Industriestaats. Ein genereller Umtauschkurs von 1:1 würde somit die ohnehin gefährdete Wettbewerbsfähigkeit der DDR und die Arbeitsplätze noch stärker unter Druck setzen. Zugleich mussten wir die Rückwirkungen auf die Bundesrepublik beachten und vor allem die Stabilität der D-Mark im Blick behalten – immerhin eine der stabilsten Währungen der Welt und das Fundament unseres Wohlstands.

Meine Überlegungen waren bereits frühzeitig dahin gegangen, einen begrenzten Umtausch von 1:1 zu ermöglichen. Für den normalen Arbeitnehmer, den kleinen Sparer und den Rentner wollte ich die Umstellung von 1:1. Dabei setzte ich auch auf die enorme politisch-psychologische Bedeutung dieser Formel, mit der wir den Menschen in der DDR signalisieren würden, dass es um Solidarität unter Gleichberechtigten ging, nicht um die herablassende Geste eines reichen Vetters gegenüber seinem armen Verwandten. Auch mit Blick auf die soziale Stabilität in der DDR fand ich ein solches Angebot richtig und gerechtfertigt.

In diesem Geiste führten wir die Verhandlungen mit der DDR, und in diesem Geiste fiel auch das Verhandlungsergebnis aus. Bereits am 2. Mai konnten wir öffentlich verkünden, dass die Wirtschafts-, Währungs- und Sozialunion am 1. Juli 1990 in Kraft treten werde. Löhne und Gehälter, Renten und Mieten würden 1:1 umgestellt. Auch für die Ersparnisse der DDR-Bürger galt bis zu einem bestimmten, nach dem Lebensalter differenzierten Betrag ein Kurs von 1:1, für darüber hinausgehende Beträge 1:2. So konnten Kinder bis zum vollendeten 14. Lebensjahr bis zu 2000 Mark, Personen vom 15. bis zum vollendeten 59. Lebensjahr bis zu 4000 Mark und Personen ab dem 60. Lebensjahr bis zu 6000 Mark 1:1 in D-Mark umtauschen. Da der Großteil der Bevölkerung nur über einen geringen Anteil am Geldvermögen der DDR verfügte, erlitten die meisten Menschen beim Umtausch ihres Ersparten auch keinen Verlust.

Die Umstellung der kleinen Sparguthaben mit 1:1 machte insgesamt nur ein Volumen von 35 Milliarden DM aus. Bei Löhnen, Gehältern und Renten, die in der Fachsprache »Stromgrößen« genannt werden, war eine Umstellung von 1:1 schon deswegen richtig, weil diese im Vergleich zum Westen ohnehin nur ein Drittel ausmachten. (Zur Erinnerung: Auch bei der Währungsreform 1948 wurden Löhne, Gehälter und Renten mit 1:1 umgestellt.) Für sonstige Forderungen und Verbindlichkeiten, wie zum Beispiel Schulden der Betriebe in der DDR, wurde jedoch ein Umtauschkurs von 1:2 festgelegt. So ergab sich, auf die gesamte Wirtschaft der DDR bezogen, ein durchschnittlicher Umtauschkurs von 1:1,81.

Ein günstigerer Umtauschkurs oder gar eine weitgehende Streichung der betrieblichen Schulden, wie sie unter anderem von DDR-Seite, aber auch von Teilen der SPD lange gefordert wurde, war nicht möglich, denn das hätte hohe Ausgleichszahlungen zur Folge gehabt, die früher oder später zu Lasten des Bundes und damit der Steuerzahler gegangen wären.

Als wichtiger und loyaler Partner bei der Einführung der D-Mark erwies sich die Deutsche Bundesbank, obwohl man auch hier zunächst skeptisch war. Noch am 6. Februar 1990 – am selben Tag also, an dem ich nachmittags mit dem Angebot einer Währungsunion vor die Presse trat – hatte Bundesbankpräsident Karl Otto Pöhl, oberster Hüter der D-Mark, unmittelbar nach einem Gespräch mit dem DDR-Notenbankchef Horst Kaminsky in Ost-Berlin erklärt, eine Währungsunion könne nur stufenweise erfolgen und es werde sicherlich noch eine Weile dauern, bis es soweit sei. Er machte deutlich, dass er es für eine Illusion hielt zu glauben, dass die sofortige Einführung der D-Mark in der DDR auch nur ein einziges Problem lösen könne. Statt solche Ideen zu verfolgen, die ihm »doch sehr phantastisch« erschienen, sollte die DDR lieber dafür sorgen, »dass ihre Mark schrittweise konvertibel gemacht« werde.

Dass Pöhl und ich am selben Tag mit so gegensätzlichen Erklärungen an die Öffentlichkeit traten, verdeutlicht nur die Turbulenzen dieser Tage, in denen sich die Ereignisse überstürzten. Noch am gleichen Abend bemühte sich Pöhl in einem Fernsehinterview, den Widerspruch aufzuheben, indem er auf das Primat der Politik in einer für die Zukunft Deutschlands so entscheidenden Frage verwies.

Auch wenn der Bundesbankpräsident irritiert war, nicht vorab informiert worden zu sein, verlief die weitere Zusammenarbeit ausgesprochen loyal. Dass Pöhl selbst ebenso wie andere führende Vertreter der Bundesbank in der Öffentlichkeit weiter auf die Risiken einer frühen Währungsunion hinwies, tat dem keinen Abbruch. Für den Erfolg der Währungsunion zählte letztlich, dass nach dem Angebot vom 6. Februar 1990 alle weiteren Schritte in engem Kontakt und vollem Einvernehmen zwischen Bundesregierung und Bundesbank erfolgten.

Es ist das Verdienst vieler einzelner, dass das komplexe Vertragswerk ein Erfolg wurde. Auf ostdeutscher Seite erwies sich insbesondere der Leiter der DDR-Expertendelegation, Günther Krause, als Glücksfall. Anders als mancher seiner DDR-Kollegen sah er die politische Wiedervereinigung Deutschlands als herausragendes politisches Ziel. In diesem Geiste erwies er sich als geschickter Verhandlungspartner mit dem notwendigen Fingerspitzengefühl sowohl für ostdeutsche Befindlichkeiten wie für das seitens der Bundesrepublik Machbare.

Auf westdeutscher Seite hatten wir mit Hans Tietmeyer einen in Währungsfragen und ministeriell erfahrenen Verhandlungsleiter. Tietmeyer war erst Anfang 1990 vom Posten des Staatssekretärs im Bundesfinanzministerium in das Direktorium der Bundesbank gewechselt und wurde für diese Aufgabe von der Bundesbank freigestellt. Daneben konnten wir auf einen Stab hervorragend qualifizierter und hochmotivierter Mitarbeiter im Bundeskanzleramt und in den Ministerien zurückgreifen. Sie arbeiteten teilweise Tag und Nacht und auch an den Wochenenden mit nie ermüdender Einsatzbereitschaft. Stellvertretend für viele steht Johannes Ludewig, mein damaliger wirtschaftspolitischer Berater im Bundeskanzleramt.

*

Das Inkrafttreten der Wirtschafts-, Währungs- und Sozialunion am 1. Juli 1990 war für die Wirtschaft in der DDR ein tiefgreifender Einbruch. Abrupt offenbarte sich der Rückstand der bis dahin abgeschotteten Betriebe gegenüber solchen aus Westdeutschland und anderen Industriestaaten. Schon mit der Öffnung der Mauer im November 1989 hatte sich abgezeichnet, dass die Lage der DDR-Wirtschaft schwierig war. Gerade in der DDR hoch besteuerte und zum Teil erst nach langen Wartezeiten verfügbare Konsumgüter wie Pkw, Fernseher oder Kühlschränke erlebten bereits im Herbst 1989 einen wahren Nachfrageeinbruch, so dass beispielsweise die Wartezeit für einen Pkw der Marke »Trabant« von fünfzehn auf null Jahre zurückging.

Dass das westdeutsche Angebot ostdeutsche Produkte in diesem Ausmaß vom Markt verdrängte, lag zum Teil, aber keineswegs durchgängig, an einer minderen Qualität der ostdeutschen Produkte. Aus einem Nachholbedarf der Ostdeutschen in bezug auf Westwaren heraus spielten anfangs psychologisch motivierte Kaufentscheidungen eine große Rolle: Westwaren galten generell als höherwertig und wurden vorrangig konsumiert. Das änderte sich erst viel später, als eine Welle der »Ostalgie« einsetzte.

Wie falsch selbst unsere pessimistischen Schätzungen über das reale Produktionskapital und den Wert des volkseigenen Vermögens der DDR lagen, merkten wir erst im Lauf der nächsten Jahre. Im nachhinein ist man immer klüger und fragt sich, wie es möglich war, nicht zu sehen, was heute doch auf der Hand zu liegen scheint. Damals jedoch überschätzten wir mehrheitlich das Potential der DDR-Wirtschaft. Dass die DDR es über Jahrzehnte geschafft hat, den wahren Zustand ihrer wirtschaftlichen Leistungsfähigkeit zu verdecken, kann man nur als eines der größten Täuschungsmanöver des zwanzigsten Jahrhunderts bezeichnen.

Bis zum Fall der Mauer war die westdeutsche Einschätzung der Lage der DDR-Wirtschaft weitgehend von den Ausarbeitungen des Deutschen Instituts für Wirtschaftsforschung in Berlin (DIW) geprägt gewesen. Auch die Bundesregierung stützte sich beispielsweise im Rahmen ihrer »Berichte zur Lage der Nation im geteilten Deutschland« auf die Analysen der Berliner Wirtschaftsforscher.

Noch 1987 ging das DIW von einem Produktivitätsrückstand der DDR gegenüber Westdeutschland von nur rund 50 Prozent aus. Das DIW wies zwar schon damals auf erhebliche quantitative Mängel des Konsumgüterangebots und auf größere Ausstattungsdefizite im Bereich langlebiger Konsumgüter wie Telefone, Gefriergeräte oder Geschirrspülmaschinen hin – unter Hinweis auf die wirtschaftliche Spitzenposition der Bundesrepublik und darauf, dass der Abstand der DDR-Wirtschaft zu anderen westlichen Industriestaaten wie Italien oder Großbritannien nicht so groß sei, wurde die Rückständigkeit der DDR zugleich aber auch wieder relativiert. Erst nach der Maueröffnung setzte sich allmählich die Einschätzung durch, dass die Produktivität gegenüber Westdeutschland nur ein Drittel betrage. Das wahre Ausmaß der mangelhaften Wettbewerbsfähigkeit aber erkannten wir damals nicht.

Der Wert des volkseigenen Vermögens der DDR wurde in der gesamten Debatte entsprechend überschätzt – und zwar von allen Seiten. So erklärte die SPD im März 1990, dass sie bei einem Sieg bei den Volkskammerwahlen an jeden Bürger der DDR Anteilscheine an Investmentgesellschaften im Wert von 40 000 Mark der DDR ausgeben wolle. Damit reagierte sie auf Schlagworte wie jene vom »Ausverkauf der DDR« oder vom »Raub am Volkseigentum«, die seit der Gründung der Treuhandanstalt und dem damit verbundenen Beschluss, die Kombinate und Betriebe in Kapitalgesellschaften umzuwandeln, die Diskussion beherrschten. Nur die Präambel des Treuhandgesetzes ließ noch etwas von der ursprünglichen Idee des Runden Tisches erkennen, Teile des DDR-Volksvermögens durch die Vergabe von Anteilscheinen an die Bevölkerung zu privatisieren.

Auch bei den Verhandlungen über den Staatsvertrag ging man davon aus, dass der Bevölkerung zu einem späteren Zeitpunkt möglicherweise ein verbrieftes Anteilsrecht am volkseigenen Vermögen eingeräumt werden könnte, um sie damit gegebenenfalls für Verluste zu entschädigen, zu denen es bei der Umstellung von Ersparnissen im Verhältnis 2:1 gekommen war. Voraussetzung dafür war allerdings ein Überblick, wieviel das DDR-eigene Vermögen nach Abzug notwendiger Maßnahmen zur Strukturanpassung volkseigener Unternehmen sowie zur Sanierung des Staatshaushalts überhaupt ausmachte.

In der Schlussdebatte zum Staatsvertrag erklärte der SPD-Fraktionsvorsitzende Hans-Jochen Vogel am 21. Juni 1990 im Bundestag, für die Schulden überlebensfähiger Betriebe wäre eine umfassende Regelung besser gewesen, etwa durch Übertragung weiterer Teile der Schulden auf das Treuhandvermögen. Ähnliche Forderungen nach vollständiger Entschuldung der Betriebe erhob seine Kollegin Ingrid Matthäus-Maier. Auch Detlev Karsten Rohwedder, der erste und von mir hoch geschätzte Präsident der Treuhandanstalt, ging zu Beginn seiner Amtszeit Mitte 1990 noch von einem Netto-Industrievermögen der DDR in Höhe von 600 Milliarden D-Mark aus. Tatsächlich jedoch beendete die Treuhandanstalt 1994 ihre Arbeit mit einem Defizit von 250 Milliarden D-Mark.

Heute müssen die meisten von uns, auch ich, einräumen, dass wir die Wettbewerbsfähigkeit der DDR-Wirtschaft und damit auch den Wert des DDR-Vermögens deutlich überschätzt haben. Aber selbst wenn ich die wahre Lage im Frühjahr 1990 gekannt hätte, hätte ich in allen wesentlichen Punkten nicht anders gehandelt. Aus politischen Gründen gab es keine Alternative. Der Preis einer Verzögerung der deutschen Einheit hätte politisch wie auch wirtschaftlich mit Sicherheit viel schwerer gewogen als die finanziellen Bürden, die wir mit der zügigen Währungsunion, den getroffenen Umstellungsmodalitäten und der schnellen Wiedervereinigung auf uns genommen haben.

Bis heute ist es eine schwere Hypothek, dass die deutsche Einheit keineswegs von allen als nationale Aufgabe begriffen wurde. Vor allem die innerparteiliche Zerstrittenheit der SPD in dieser Frage und die von der SPD wesentlich ausgelöste Kostendiskussion haben einen gemeinsamen Schulterschluss für eine zügige Währungsunion und damit für die deutsche Einheit und die Überwindung der Teilung Europas von Anfang an verhindert. Ich bin überzeugt, dass das aus meiner Sicht mangelhafte Engagement von westdeutschen Arbeitgebern und Wirtschaftsverbänden, Arbeitnehmern und Gewerkschaften für den Aufbau Ost ganz anders ausgefallen wäre, hätte die SPD nicht mit ihrer Haltung Besitzstandswahrern, Bedenkenträgern und Kritikern den Weg geebnet.

Eine parteiübergreifende Politik für die deutsche Einheit hätte die Chance ganz wesentlich erhöht, den Aufbau Ost zu einer einmaligen nationalen Solidaritätsbekundung zu machen. Einer klaren parteiübergreifenden Position der Politik hätte sich die Mehrheit in Deutschland nicht verschlossen. Das hätte nicht zuletzt auch positive Auswirkungen auf die Investitionsbereitschaft und die Lohnentwicklung in der DDR gehabt.

Ich will nur ein Beispiel dafür anführen, wie westdeutsche Interessen zu einem negativen Ergebnis für die Entwicklungschancen in der DDR führten: Zuletzt lehnten die ostdeutschen Verhandlungspartner Überlegungen ab, im Rahmen der Sozialunion zumindest übergangsweise Ausnahmen im Arbeits- und Sozialbereich zuzulassen. Aus unserer Sicht wäre es für die Schaffung und den Erhalt von Arbeitsplätzen sinnvoll gewesen, vorübergehend neben den Tarifverträgen beispielsweise auch betriebliche Vereinbarungen zur Lohnfestsetzung zu ermöglichen. Das strikte Nein auf DDR-Seite beruhte ganz wesentlich auf westdeutscher Einflussnahme. Vordergründig argumentierten die SPD-Opposition im Bund und die westdeutsche Gewerkschaftsführung mit dem Schutz ostdeutscher Arbeitnehmerinteressen, doch dahinter verbarg sich nichts anderes als die Absicht, der DDR nur ja keinen Standortvorteil und investitionswilligen Unternehmen bloß keinen Anreiz für ein Engagement im Osten einzuräumen. Sozialer für unsere Landsleute in der DDR wäre es sicher gewesen, wenn sie über einen Lohnvorteil die Chance auf Investitionen in großem Stil und damit einen sicheren Arbeitsplatz gehabt hätten.

8.
Gefahren

Zu einer echten Gefahr für die außenpolitischen Bedingungen des Einigungsprozesses wurde unterdessen der Litauen-Konflikt. Moskau hatte Mitte April 1990 ein Wirtschaftsembargo gegen das baltische Land verhängt, das sich vom Kreml lossagen wollte. Am 21. April appellierten die Außenminister der Europäischen Gemeinschaft an Moskau, die Blockade aufzuheben. In Washington trat am folgenden Tag der Nationale Sicherheitsrat zusammen. Obwohl er dem amerikanischen Präsidenten Zurückhaltung empfahl, beschloss Bush, im Falle einer andauernden Krise den bereits ratifizierten Vertrag über die amerikanisch-sowjetischen Handelsbeziehungen nicht in Kraft zu setzen.

Ich befürchtete, dass sich die Zuspitzung der Krise um Litauen auf unsere deutsche Sache negativ auswirken würde. Am 19. April hatte die sowjetische Regierung dem Kanzleramt eine Note überreicht, in der vor deutschen Eigenmächtigkeiten nachdrücklich gewarnt und auf einen bereits vorliegenden Staatsvertrag zwischen der Bundesrepublik und der DDR Bezug genommen wurde, mit dem die deutsche Wiedervereinigung angeblich geregelt worden sei. Daraufhin beschloss ich, nunmehr wirklich alles zu tun, um den Einigungsprozess zu beschleunigen.

Nach meinem Eindruck war für die sowjetische Seite gar nicht so sehr die Frage der Nato-Zugehörigkeit des vereinten Deutschlands entscheidend, sondern eine befriedigende Regelung der Wirtschaftsbeziehungen auf Grundlage der zwischen ihr und der DDR abgeschlossenen Verträge. Nun sah ich meine Chance darin, diesem sowjetischen Anliegen besonderes Augenmerk zu widmen. Mit Lothar de Maizière war ich mir einig, dass erst einmal das gesamte Material über die bilateralen Verträge zwischen Moskau und Ost-Berlin zusammengestellt werden müsste, was sich als ziemlich schwierig erwies. Darüber hinaus machte ich mir Gedanken über eine weit in die Zukunft reichende wirtschaftliche Zusammenarbeit des vereinten Deutschlands mit der Sowjetunion. Nach meiner Vorstellung sollte dieses Deutschland, fest im Westen verankert, eine Art »Brücke nach Osten« werden.

Am Nachmittag des 23. April 1990 ließ ich Moskaus Botschafter Julij Kwizinskij ins Kanzleramt rufen, um über ihn meine Vorstellungen an Michail Gorbatschow weiterzuleiten. Ich zerstreute zunächst sowjetische Befürchtungen wegen eines deutschen Alleingangs und sagte ihm, dass ich jetzt den Zeitpunkt für gekommen hielte, gemeinsam die wirtschaftlichen Verpflichtungen der DDR gegenüber der Sowjetunion aufzuarbeiten. Außerdem wolle ich mit ihm erörtern, ob nicht schon jetzt die Vorbereitungen für einen gesamtdeutsch-sowjetischen Vertrag getroffen werden könnten, mit dem das Verhältnis zwischen beiden Ländern auf eine völlig neue Ebene gehoben werden sollte. Schon im Juni 1989 hatte ich im Garten des Kanzleramts mit Gorbatschow über ein solches Vorhaben – über einen »Großen Vertrag«, wie wir es genannt hatten – gesprochen.

Dann kam ich auf die Zwei-plus-Vier-Problematik zu sprechen. Kwizinskij schlug vor, innere und äußere Aspekte der Wiedervereinigung zu entkoppeln, also zunächst die staatliche Einheit zu vollziehen und dann erst Aspekte wie etwa die Bündnisfrage zu regeln. Für mich war das völlig inakzeptabel, denn damit wäre dem wiedervereinten Deutschland die volle Souveränität auf unbestimmte Zeit vorenthalten worden. Ebenso inakzeptabel war Kwizinskijs Annahme, dass die sowjetischen Streitkräfte so lange auf dem Gebiet der DDR stationiert bleiben müssten wie die der Westalliierten auf dem Gebiet der Bundesrepublik. Er sprach dann noch von einer Reduzierung der Bundeswehr, die wir aber nicht weiter diskutierten. Abschließend erklärte der Botschafter, in Moskau sei nicht verborgen geblieben, dass die Regierungschefs der europäischen Staaten »in ausgewogener Weise« an das Litauen-Problem herangingen. Die Sowjetunion wisse diese Haltung zu schätzen.

Wer mir vorwirft, in den Jahren 1989 und 1990 innen- wie außenpolitisch übereilt gehandelt oder mich gar in Aktionismus verloren zu haben, vergisst, wie sehr die Zeit drängte und wie kurz die Phase war, um die Vereinigung abzusichern und zu vollenden. Dazu gab es keinerlei Alternativen. Jede Verzögerung hätte den Einigungsprozess erheblich gestört und möglicherweise sogar unmöglich gemacht.

*

Zwei Tage nach dem Gespräch mit dem sowjetischen Botschafter erhielt ich von Eduard Ackermann die Nachricht vom Messerattentat auf den saarländischen Ministerpräsidenten Oskar Lafontaine. Der Vorfall löste in Bonn großes Entsetzen aus. Wir mussten erkennen, wie leicht es trotz aller Sicherheitsmaßnahmen war, einen Politiker bei einer Wahlveranstaltung anzugreifen, ihn schwer zu verletzen oder gar zu töten. Ich war schockiert. In meiner Erklärung verurteilte ich die Tat scharf und sprach Oskar Lafontaine die besten Genesungswünsche aus. Solche Formulierungen klingen oft zu Unrecht nach politischer Routine. Ich war damals äußerst bestürzt, und das nicht nur, weil mir anlässlich dieses ersten spektakulären Attentats auf einen bundesdeutschen Politiker vor Augen geführt wurde, in welcher Gefahr jeder von uns in diesem Beruf stand. Dass es sich bei der Attentäterin um eine geistesgestörte Frau handelte, die eigentlich Johannes Rau angreifen wollte, aber den Tag der Veranstaltung verwechselt hatte, war damals noch nicht bekannt, aber es machte die Sache um keinen Deut besser.

Oskar Lafontaine war einer von uns, ungeachtet aller politischen Gegnerschaft. Auch wenn er bei der Bundestagswahl mein Herausforderer werden sollte, schätzte ich ihn als Vollblutpolitiker außerordentlich. Bei den wenigen Begegnungen mit ihm hatte ich stets ein gutes Gefühl, und auf der persönlichen Ebene kamen wir miteinander durchaus zurecht.

Gott sei Dank überlebte der Saarländer und konnte schon nach wenigen Wochen wieder als Kanzlerkandidat der Sozialdemokraten auftreten. Schade nur, dass wir politisch so weit auseinanderlagen – vor allem auf dem Weg zur deutschen Einheit. Lafontaines Festhalten an der Zweistaatlichkeit machte jegliche Zusammenarbeit unmöglich. Dass die große Volkspartei SPD sich dermaßen von ihm gängeln ließ und damit in der wichtigen Frage der deutschen Einheit 1989/90 versagte, bleibt als außerordentlicher Makel an der Partei haften.

*

Am 25. und 26. April fanden in Paris die 55. deutsch-französischen Konsultationen statt, in deren Mittelpunkt neben den Ost-West-Beziehungen und der Entwicklung in der Sowjetunion vor allem Fragen um die Vereinigung Deutschlands und die europäische Integration standen. Ich machte darauf aufmerksam, dass die Haltung der Parteien bei uns eindeutig sei: Außer den Grünen seien alle für die Mitgliedschaft in der Nato, auch die Sozialdemokraten. Wenn es zu einer vertraglichen Vereinbarung käme, so könnte dieser Vertrag 1991 voraussichtlich mit dem Inhalt abgeschlossen werden, dass sowjetische Truppen drei bis fünf Jahre lang weiterhin auf dem Gebiet der jetzigen DDR bleiben könnten. Innenpolitisch stelle dies kein Problem dar, merkte ich an. Ich glaubte eher, dass es ein Problem für die Sowjetunion werde, wenn ihre Truppen in einem prosperierenden Deutschland stationiert seien und Vergleichsmöglichkeiten mit der Situation zu Hause hätten.

Mit alldem traf ich auf einen völlig hinter unserer deutschen Sache stehenden François Mitterrand, der sehr herzliche Worte für mich fand. In noch nie dagewesener Weise stimmten wir bei unserer Tour d'horizon durch die politische Landschaft überein. Kein Zweifel, nachdem der Bundestag am 8. März 1990 einen Antrag zur Unverletzlichkeit der deutsch-polnischen Grenze verabschiedet hatte, drohte aus Paris keinerlei Gefahr mehr; die außergewöhnliche Intensität und Freundschaft in den Beziehungen zwischen Mitterrand und mir war wieder zurückgekehrt. Deutliches Zeichen für den wiedergefundenen Gleichklang in der deutsch-französischen Politik war die gemeinsame Initiative vom 14. April 1990, mit der wir die Partnerstaaten dazu aufgerufen hatten, neben der bereits beschlossenen Regierungskonferenz zur Vorbereitung der europäischen Wirtschafts- und Währungsunion (WWU) auch eine zweite über die Politische Union einzuberufen. In der Frage der Politischen Union verhielt sich Mitterrand jedoch reservierter als ich, weil er weit weniger bereit war, auf Souveränitätsrechte zu verzichten.

Trotz solcher Vorbehalte ging das Sondergipfeltreffen der Staats- und Regierungschefs der Europäischen Gemeinschaft am 29. April in Dublin mit einem ersten Schritt auf dem Weg zur Politischen Union zu Ende. Der Europäische Rat begrüßte darüber hinaus die bevorstehende Vereinigung Deutschlands und freute sich auf den positiven und fruchtbaren Beitrag, den das ganze deutsche Volk im Anschluss an die Eingliederung der DDR in die Gemeinschaft leisten könne. Jacques Delors, der Präsident der Europäischen Kommission, legte außerdem das beim Straßburger Gipfel in Auftrag gegebene Papier »Die Gemeinschaft und die deutsche Vereinigung« vor, einen Drei-Phasen-Plan zur endgültigen Integration des Gebiets der DDR in die EG. Dieser Plan begann mit der Einführung der Währungsunion am 1. Juli 1990. Schritt für Schritt sollten die wirtschaftlichen Bedingungen in der DDR mit denen der Gemeinschaft kompatibel gemacht werden.

Im ebenfalls von Delors erläuterten Schlussdokument hieß es, die Gipfelteilnehmer erwarteten, »dass die Vereinigung ein positiver Faktor in der Entwicklung Europas im allgemeinen und der Gemeinschaft im besonderen sein wird«. Die EG ging dabei von einem Beitritt der DDR zur Bundesrepublik nach Artikel 23 des Grundgesetzes aus, denn dies würde auch eine reibungslose Eingliederung der DDR in die EG ermöglichen, ohne zuvor die Verträge ändern zu müssen. Außerdem öffnete die EG der DDR den Zugang zu Krediten und Finanzhilfen. Die Bundesregierung verzichtete jedoch ausdrücklich auf die vom Präsidenten der Kommission vorgeschlagene Soforthilfe, die außerhalb der üblichen Regeln hätte gewährt werden müssen.

In meinem Diskussionsbeitrag wies ich auf den dringenden

Wunsch der Deutschen hin, jedermann in Europa möge begreifen, dass sie sehr glücklich seien über die Parallelität von deutscher Einheit und europäischer Integration. Als Bundeskanzler, erklärte ich, würde ich besonderen Wert darauf legen, dass bei den Verhandlungen zwischen der Bundesregierung und der Regierung der DDR eine umfassende Information der Regierungen innerhalb der Europäischen Gemeinschaft erfolge und die Kommission uns mit ihrem Rat zur Seite stehe.

In all den Jahren meiner Amtsführung habe ich keinen EG-Gipfel erlebt, auf dem die Kolleginnen und Kollegen in Sachen deutsche Einheit eine so eindeutige Position ohne jedes Wenn und Aber bezogen haben. Sicherlich gab es Unterschiede im Ton der Herzlichkeit, aber jetzt zahlte sich aus, dass die Kommission unter Führung meines Freundes Jacques Delors ganz eindeutig die deutsche Position unterstützte und dass einige unserer Partner bereits seit Monaten in diese Richtung gingen und andere sich in diese Richtung bewegt hatten. Wir fanden in Dublin beachtliche Unterstützung, was nicht zuletzt Charles Haughey als Gastgeber sowie Felipe González, immerhin Vizevorsitzender der Sozialistischen Internationale, zu verdanken war.

Politische Beobachter haben vermerkt, dass der Erfolg von Dublin ganz entscheidend an meinen persönlichen Beziehungen zu den beteiligten Staats- und Regierungschefs hing. Es ist natürlich ein Irrtum zu glauben, dass persönliche Freundschaften politische Probleme beseitigen könnten. Schließlich geht es in der internationalen Politik um die Interessen des eigenen Landes. Wahr ist aber auch: Wenn man sich auf Anhieb gut versteht, wenn man einen gemeinsamen Weg gegangen ist und sich freundschaftliche Beziehungen entwickelt haben, ist alles viel einfacher. Im Prinzip gilt: Was im privaten Umgang miteinander richtig ist, ist auch in der Politik richtig. Dazu gehört auch, dass ich anrufe, wenn ich sehe, dass jemand Schwierigkeiten hat. Meine Mutter hat uns als Kinder gelehrt: »Wenn es den Leuten gutgeht, musst du nicht hingehen, denn dann kommen alle zu ihnen. Aber wenn es den Leuten schlechtgeht, dann musst du da sein.«

Wesentlich für stabile Beziehungen im privaten wie im politischen Bereich ist das Vertrauen in die Verlässlichkeit des Partners. Dass es uns Deutschen in den vergangenen Jahrzehnten und sogar in der Dramatik der vergangenen Wochen und Monate gelungen war, Misstrauen abzubauen, erwies sich nun als unser wertvollstes Kapital. Vergleicht man den Gipfel von Straßburg im Dezember 1989 mit dem Gipfel von Dublin im April 1990, der Kontrast könnte größer nicht sein. Die Europäische Gemeinschaft und das Nordatlantische Bündnis standen mittlerweile solidarisch hinter uns. Und auch zwischen der von mir geführten Bundesregierung und der demokratisch gewählten Regierung in Ost-Berlin bestand Übereinstimmung in den Zielen, die jetzt noch zu erreichen waren.

Was neben unzähligen Fragen und Problemen, an denen wir mit unseren ostdeutschen Partnern arbeiteten, der Erfüllung unseres deutschen Traumes noch im Wege stand, war indes nach wie vor die Haltung Moskaus in der Frage der Bündniszugehörigkeit.

9.
Hoffnungen

Er ist nur fünfundzwanzig Tage jünger als ich und kann auf eine beachtliche politische Karriere zurückblicken: der amerikanische Außenminister James A. Baker, der von 1989 bis 1992 als enger Vertrauter von Präsident George Bush den Prozess der deutschen Vereinigung mit viel Geschick und großem Engagement befördert hat. Wie George Bush trat auch Baker uns Deutschen mit vorbehaltloser Sympathie gegenüber. Am 4. Mai 1990 traf ich mit ihm und dem Bonner US-Botschafter Vernon A. Walters im Bundeskanzleramt zusammen.

Baker kam aus Brüssel, wo am Vortag die Außenminister der Nato-Staaten zu einer Sondersitzung zusammengekommen waren und für Deutschland wichtige Entscheidungen getroffen hatten: Sie waren übereingekommen, Strategie und Streitkräfte der neuen Situation in Europa anzupassen; außerdem war der Verzicht des amerikanischen Präsidenten auf die Produktion einer neuen Generation von Kurzstreckenraketen und der Verzicht auf eine atomare Bewaffnung Deutschlands formell gebilligt worden.

Bakers Verhandlungsführung war brillant. Seine schnelle Auffassungsgabe und sein Witz halfen ihm dabei sehr. Der Mann, der einer angesehenen Anwaltsfamilie aus Texas entstammt, hatte das Zeug dazu, selbst amerikanischer Präsident zu werden.

Bei unserem achtzig Minuten dauernden Gespräch im Kanzleramt ging es darum, das weitere gemeinsame Vorgehen abzustimmen. Auch über den weiter eskalierenden Konflikt zwischen Litauen und der Moskauer Zentralmacht sprachen wir. Baker schilderte mir, dass sich die Situation rasch zu einem Punkt hin entwickeln könnte, an dem die Vereinigten Staaten mit konkreten

Maßnahmen Partei für die Unabhängigkeitsbestrebungen der Litauer ergreifen müssten. Nachdem sich schon der Senat für ein Einfrieren der Handelsvergünstigungen für Moskau ausgesprochen habe, bis das sowjetische Embargo gegen Litauen aufgehoben sei und Verhandlungen zwischen Wilna und Moskau begonnen hätten, wachse nun auch der Druck im Kongress. Die US-Regierung habe das gegenüber Gorbatschow und seinem Außenminister Eduard Schewardnadse offen angesprochen.

Ich brauchte Jim Baker nicht zu erläutern, wo meine Sympathien lagen: Wir Deutschen wünschten auch den baltischen Staaten die Rückgewinnung ihrer Unabhängigkeit. Allerdings durfte der Litauen-Konflikt nicht zum Stolperstein für Michail Gorbatschow und seine Reformpolitik werden, denn Litauen war nicht sein einziges Problem. Wenn der Generalsekretär morgen den Litauern nachgebe, stelle sich übermorgen auch für andere Sowjetrepubliken die Frage der Unabhängigkeit, gab ich zu bedenken. Spätestens dann käme die Stunde derer, die sagten, Gorbatschow verspiele das Imperium. Niemand könne jedoch ein Interesse daran haben, dass dann in der Sowjetunion möglicherweise ein Militärregime an die Macht gelange, denn dies würde nicht zuletzt das abrupte Ende der Reformpolitik in Mittel- und Osteuropa bedeuten.

Um Gorbatschows Reformkurs nicht zu gefährden, plädierte ich für viele kleine Schritte. Man müsse den Litauern sagen, dass sie mit ihrer Politik des Alles oder Nichts ihre Chance, unabhängig zu werden, aufs Spiel setzten. Ich war überzeugt, dass sie innerhalb der nächsten fünf Jahre mit Klugheit, Geduld und psychologischem Geschick ihr Ziel erreichen könnten. James Baker teilte diese Auffassung. Auch bei den übrigen Nato-Partnern war man sich des Problems voll und ganz bewusst und folgte dem übergeordneten Gesichtspunkt, dass die Sowjetunion sich auf dem Reformweg vorwärts bewegen müsse.

Ausgiebig sprachen Baker und ich darüber, wie der Westen Gorbatschow wirtschaftlich unterstützen könnte. Nach meiner Ansicht lag das Hauptproblem darin, dass der Generalsekretär sich nicht entschließen konnte, den entscheidenden Schritt zur

Marktwirtschaft zu tun. Halbherzige Reformmaßnahmen führten indes nicht weiter. Baker erklärte, dass Gorbatschows Lage paradox sei: Einerseits habe er mit dem Präsidentenamt mehr Vollmachten denn je, andererseits könne er wegen zunehmender innerer Schwierigkeiten keine energischen Schritte in die richtige Richtung tun. Wie eingeschränkt seine Handlungsfähigkeit faktisch sei, zeige, dass er vor Werktätigen in Swerdlowsk erklärt habe, dass es in der Sowjetunion Reformen wie etwa in Polen nicht geben werde.

Mit Blick auf die bevorstehenden Zwei-plus-Vier-Verhandlungen fragte Baker, wie ich die Haltung der Regierung de Maizière, und dabei vor allem die von Außenminister Markus Meckel, zur Nato-Mitgliedschaft eines vereinten Deutschlands einschätze. Ich berichtete ihm daraufhin von den vielfältigen Problemen in der Ost-Berliner Koalition; ich dächte, die Regierung de Maizière werde sich vor diesem Hintergrund zwar nicht in die erste Reihe der Befürworter stellen, am Ende aber die Bonner Haltung unterstützen.

Was die Position der Sowjetunion anging, so stimmten wir – wie bereits in Camp David – überein, dass der Kreml pokere, um möglichst viele Vorteile herauszuschlagen. Dabei gehe es ihm wohl in erster Linie um die Wirtschaftsbeziehungen mit dem vereinten Deutschland; aber auch die künftige Entwicklung der Nato und ihre Strategie seien für die Sowjets entscheidende Fragen.

Baker und Walters hatten das Kanzleramt gerade verlassen, als auch schon der nächste Besucher eintraf: der sowjetische Außenminister Eduard Schewardnadse, begleitet von Botschafter Kwizinskij. Ich wusste, dass Schewardnadse ein besonders gutes Vertrauensverhältnis zu Gorbatschow hatte, so dass ich mit ihm die Dinge freimütig besprechen konnte. Thema war auch hier zunächst das Problem Litauen. Ich erklärte, wir wollten alles tun, um eine Eskalation zu verhindern. Dass wir keine Scharfmacher seien, zeige schon, dass François Mitterrand und ich in einem gemeinsamen Brief den litauischen Präsidenten Vytautas Landsbergis aufgefordert hätten, die Unabhängigkeitserklärung Litauens vorerst auszusetzen und Verhandlungen mit Moskau aufzunehmen. Wenn Schewardnadse den Eindruck habe, dass ich in aller Diskretion etwas Hilfreiches tun könnte, möge er mir das sagen.

Schewardnadse erwiderte darauf, er zweifle nicht daran, dass wir sowohl dem litauischen als auch dem sowjetischen Volk helfen wollten, und begründete dann die harte Haltung Moskaus: Jeder müsse sich an die Verfassung halten. Die Sowjetunion sei ein multinationaler Staat mit fünfzehn Republiken. Deshalb könne Moskau die Litauen-Frage nicht auf die leichte Schulter nehmen – schon gar nicht angesichts der momentanen Lage. Man könne nicht zulassen, dass die Union der Sowjetrepubliken, an der jahrzehntelang gebaut worden sei, zerfalle. Gewalt werde die sowjetische Führung gleichwohl nicht anwenden, zum Dialog sei sie jederzeit bereit.

Dann sprach Schewardnadse die enormen Probleme bei der Perestroika an. Viele begrüßten die Reformen, viele meinten aber auch, sie zerstörten den Sozialismus und verrieten die Interessen der Arbeiterklasse. Dies mache die Lage für Gorbatschow extrem schwierig. Man könne ohne Übertreibung sagen: Wenn die Perestroika keinen Erfolg habe, werde es entweder zu Anarchie oder zu einer neuen Diktatur kommen.

Mir war bewusst, dass Schewardnadse nicht übertrieb, wenn er solche Worte gebrauchte. Es war ihm bitter ernst damit. Ein dramatischer Kurswechsel oder gar ein Umsturz in Moskau würde nicht zuletzt das Ende der Hoffnung auf die deutsche Einheit bedeuten, zumindest jedoch eine friedliche Wiedervereinigung in weite Ferne rücken. Wir wanderten auf einem schmalen Grat, und mehr noch als für uns in der Bundesrepublik galt das für die sowjetische Führung.

Ich wiederhole nun das Angebot zu einer großangelegten wirtschaftlichen Zusammenarbeit mit der Sowjetunion, das ich schon Botschafter Kwizinskij gemacht hatte. Schewardnadse bestätigte, man sei auf sowjetischer Seite sehr daran interessiert, die Beziehungen zu einem vereinten Deutschland auf eine neue Grundlage zu stellen. Das Gegeneinander sei beide Völker in der Vergangenheit sehr teuer zu stehen gekommen. Man könne nicht ernsthaft über die Lösung der europäischen und globalen Probleme reden, wenn man nicht auch zu einer dauerhaften Verständigung zwischen Russland und Deutschland komme. Die Führung in Moskau bejahe die Entwicklung hin zur deutschen Einheit gerade auch unter diesem Gesichtspunkt; aber in Moskau bewegten sich die Dinge langsamer, weil es noch viele gebe, die Gorbatschow den Vorwurf machten, eine »Aufgabe der DDR« laufe den strategischen Interessen der Sowjetunion zuwider.

Unmissverständlich machte Schewardnadse dann deutlich, dass der Kreml die Mitgliedschaft eines vereinten Deutschlands in der Nato nicht hinnehmen werde. Interessant war für mich dann aber eine Anmerkung, die das sowjetische »Njet« zu relativieren schien: Er schließe nicht aus, fügte Schewardnadse hinzu, dass man einen Kompromiss suchen und finden werde. Das bestärkte mich in der Überzeugung, dass wir eine gute Chance hatten, uns in dieser entscheidenden Frage doch noch durchzusetzen. Ich war zuversichtlich, dass sich unsere Festigkeit am Ende bezahlt machen und die Pessimisten einmal mehr widerlegen würde.

Abschließend verabredeten wir, »in den kommenden Wochen und Monaten« ein Treffen zwischen Gorbatschow und mir in Aussicht zu nehmen, das, so Schewardnadse, aller Voraussicht nach außerhalb Moskaus stattfinden würde.

*

Am späten Vormittag des folgenden Tages begann im sogenannten Weltsaal des Bonner Auswärtigen Amts die erste Zwei-plus-Vier-Runde der Außenminister. Unser Ziel musste es sein, die Zwei-plus-Vier-Verhandlungen über die äußeren Aspekte der deutschen Einheit so rasch wie möglich abzuschließen, damit niemand in Versuchung geriet, das Thema im Rahmen der Konferenz für Sicherheit und Zusammenarbeit in Europa (KSZE) zu behandeln. Angesichts der zahlreichen KSZE-Mitgliedsstaaten wäre eine deutschlandpolitische Debatte in diesem Rahmen höchstwahrscheinlich ins Uferlose ausgeartet. Dazu durfte es nicht kommen. Statt dessen stellte ich mir vor, dass die KSZE lediglich das Ergebnis der Zwei-plus-Vier-Verhandlungen zur Kenntnis nehmen und billigen sollte.

Als Hans-Dietrich Genscher die Zwei-plus-Vier-Delegationen an diesem 5. Mai 1990 begrüßte, erinnerte er daran, dass der Zweite Weltkrieg in Europa vor fast genau fünfundvierzig Jahren zu Ende gegangen war. Genscher verneinte jegliche deutschen Gebietsansprüche, betonte aber, dass die Vereinigung der beiden deutschen Staaten dem Willen der Deutschen entspreche und als Beitrag für ein neues Europa verstanden werden müsse: »Wir wollen die Einheit Deutschlands nicht zum Schaden oder Nachteil anderer Staaten schaffen. Wir sind überzeugt, dass ein vereintes Deutschland die Möglichkeiten intensiver, gegenseitig vorteilhafter Zusammenarbeit nicht schwächen, sondern wesentlich verbessern würde.«

Während die Außenminister der Vereinigten Staaten, Großbritanniens und Frankreichs ohne Wenn und Aber die Position der Bundesregierung unterstützten, endete die Zustimmung der sowjetischen Seite bei der Frage der Bündniszugehörigkeit. Schewardnadse wiederholte die Position Moskaus: Die Bevölkerung seines Landes und der Oberste Sowjet stünden der Nato-Mitgliedschaft eines vereinten Deutschlands eindeutig ablehnend gegenüber. Er warnte vor dem Trugschluss, die Sowjetunion würde hier spielen oder bluffen. Für sein Land bleibe die Nato, was sie immer gewesen sei: ein gegnerisches Militärbündnis, dessen Strategie den Ersteinsatz von Nuklearwaffen umfasse.

Eine Mitgliedschaft des vereinigten Deutschlands in der Nato würde das Kräfteverhältnis in Europa stören und für die Sowjetunion eine »gefährliche militär-strategische Situation« herbeiführen, sagte Schewardnadse. Wer Deutschland in die Nato einbeziehe, wolle die Existenz dieses Militärblocks verewigen. Wenn aber das Vertrauen in den neuen deutschen Staat aus diesem Grund nicht vollständig sein könne, markiere man von Anfang an einen »gefährlichen Riss« in Deutschland und betrete den Weg zu einer neuen Spaltung Europas, zu neuer Konfrontation. Es sei unvorstellbar, dass »wir über die militärpolitischen Aspekte der deutschen Regelung entscheiden können, ohne eine Vereinbarung über die Reduzierung von Truppen und Rüstung in Europa erzielt zu haben«.

Schewardnadse sprach von einem Junktim zwischen der deutschen Einheit und der Schaffung gesamteuropäischer Sicherheitsstrukturen und verlangte die Institutionalisierung des KSZE-Prozesses. So sollten sich die fünfunddreißig KSZE-Außenminister regelmäßig mindestens einmal im Jahr treffen, und es sollte ein europäisches Krisenzentrum mit Sitz in Deutschland und ein Koordinationsbüro der Minister eingerichtet werden.

Als mich Hans-Dietrich Genscher in einer Konferenzpause anrief, sprach er einen brisanten Punkt an: Schewardnadse hatte im Verlauf der Verhandlungen erneut vorgeschlagen, die inneren und äußeren Aspekte der deutschen Einheit zeitlich zu entkoppeln. Das hätte praktisch bedeutet, dass zwar die staatliche Einheit Deutschlands schon bald möglich geworden wäre, nämlich durch einen Beitritt der DDR zur Bundesrepublik. Diese auf den ersten Blick elegant erscheinende Übergangslösung hätte aber den entscheidenden Nachteil, dass uns – und das war ja auch erkennbar der Hintergedanke der sowjetischen Seite – auf unbestimmte Zeit das Recht vorenthalten bliebe, über unsere Bündniszugehörigkeit frei zu entscheiden. Gerade bei der deutschen Linken gab es eine starke national-neutralistische Tradition, und so lag die Vermutung nahe, dass Moskau Zeit gewinnen wollte, um mit Hilfe dieser Strömung schließlich doch noch eine Neutralisierung der Bundesrepublik Deutschland zu erreichen.

Da gab es nichts zu überlegen: Schewardnadses Vorschlag war für die Bundesregierung inakzeptabel. Entsprechend lautete meine Anweisung, in diesem Punkt keinen Millimeter nachzugeben; denn innere und äußere Aspekte der deutschen Einheit gehörten zusammen.

Ob es ein Wendemanöver Moskaus war oder ob der Druck der Gorbatschow-Gegner immer stärker wurde: Nichts war entschieden, alles war offen, und die Zeit drängte enorm. Die erste Zwei-plus-Vier-Runde ging am Abend des 5. Mai 1990 ohne greifbare Ergebnisse zu Ende. Abgesehen von der Bekräftigung, dass den Deutschen das Recht zuerkannt wurde, gemeinsam in einem Staat zu leben, kam wenig heraus. Man verabredete jedoch, sich im Juni in Berlin zu treffen, um politische und militärische Themen zu behandeln. Im Juli sollte es dann in Paris unter Einbeziehung des polnischen Außenministers um die Oder-Neiße-Grenze gehen. Ein weiteres Treffen wurde für September 1990 in Moskau ins Auge gefasst.

Vor der Bonner Presse blieb für mich nur festzuhalten, dass der Verwirklichung des Selbstbestimmungsrechtes aller Deutschen keine Hindernisse mehr im Wege stünden. Ziel meiner Politik bleibe es, die Sicherheit eines künftigen vereinten Deutschlands mit der Sicherheit der Partner in einem sich wandelnden westlichen Bündnis zu verklammern. Zugleich gelte es – und hier knüpfte ich an den neunten Punkt meines Zehn-Punkte-Programms vom November 1989 an –, zügig an die Schaffung bündnisübergreifender Sicherheitsstrukturen in Europa heranzugehen. Wir brauchten eine verlässliche Grundlage für die sicherheitspolitische Zusammenarbeit in ganz Europa, die das Vertrauen der europäischen Völker in ihre gemeinsame Zukunft stärke und das Blockdenken nach und nach zu überwinden helfe.

Was mich drei Tage später irritierte, war eine Schlagzeile in der *Frankfurter Allgemeinen Zeitung*: »Genscher begrüßt Moskaus Bereitschaft zur Trennung der inneren und äußeren Aspekte der Vereinigung«. Der Bericht sorgte für Verwirrung. Hans-Dietrich Genscher dementierte, und ich bekräftigte, dass ich diese Überlegung strikt ablehnte. Ansonsten reagierte die Presse enttäuscht auf die erste Zwei-plus-Vier-Runde. Die Frage wurde aufgeworfen, ob die Verhandlungen platzen könnten, weil keine greifbaren Ergebnisse dabei herausgekommen seien.

*

Nachdem der Auftritt des sowjetischen Außenministers in Bonn bekanntgeworden war, ging es einmal mehr darum, Sorgen und Vorbehalte meiner Parteifreunde in der Fraktion zu zerstreuen.

Offenbar hatten nicht wenige ernsthaft geglaubt, der sowjetische Außenminister sei nach Bonn gekommen, um gleich zu Beginn der Verhandlungen zu erklären, dass sein Land keinen innigeren Wunsch habe, als der deutschen Einheit ohne jede Bedingung zuzustimmen. Das war natürlich illusorisch. Entscheidend war, dass die Verhandlungen überhaupt erst einmal in Gang gekommen waren und jede Seite ihre Ausgangsposition präsentieren konnte. Jetzt musste ein Kompromiss gefunden werden; und trotz allen Zeitdrucks und obwohl wir so oft Getriebene der innerdeutschen wie der außenpolitischen Entwicklungen waren, hatten wir wirklich keinen Grund, nervös zu werden. Klug zu reagieren war nicht selten der einzige Weg, um vorwärts zu kommen.

Mein Optimismus beruhte darauf, dass wir in der Frage der Nato-Mitgliedschaft in einer guten Position waren. Außerhalb der Sowjetunion gab es damals praktisch niemanden mehr, der nicht die Mitgliedschaft Gesamtdeutschlands in der Nato bejaht hätte. Auf der Außenministerkonferenz des Warschauer Pakts hatten sich auch die ČSFR, wie sich die Tschechoslowakei seit dem 20. April nannte, Polen, Ungarn und noch andere Staaten in diesem Sinne erklärt. Der eine oder andere Nachbar mochte dabei natürlich gedacht haben, es gehe hierbei nicht nur um Sicherheit *für* Deutschland, sondern auch um Sicherheit *vor* Deutschland. Aber die Motive waren mir letztlich gleichgültig, wenn wir im Ergebnis in der Nato bleiben konnten.

In beiden Teilen Deutschlands, vor allem aber im Westen, war die Wiedervereinigungseuphorie des Winters 1989/90 unterdessen merklich abgekühlt. Der Weg zur Einheit war steiler und steiniger, als die meisten es sich vorgestellt hatten. Die vielfach geäußerte Enttäuschung über den Ausgang der ersten Runde der Zwei-plus-Vier-Verhandlungen war auch Ausdruck dieser Ernüchterung. Dennoch setzten die Menschen in der DDR auf den baldigen Beitritt zur Bundesrepublik. Garant dieser Politik war in ihren Augen nach wie vor der deutsche Bundeskanzler.

Die Propaganda der unter dem Kürzel »PDS« firmierenden SED von der »Kolonialisierung der DDR durch den Westen« stieß ebenso ins Leere wie die der Ost-SPD, wonach die Bundesrepublik zu wenig für die Menschen im Osten tue. Das zeigte sich nicht zuletzt am Ausgang der ersten freien Kommunalwahlen in der DDR vom 6. Mai 1990, die weitgehend die politischen Kräfteverhältnisse der Volkskammerwahlen vom 18. März bestätigten.

Zwar konnte die CDU bei einer auf 75 Prozent gesunkenen Wahlbeteiligung die meisten Wählerstimmen für sich verbuchen, dennoch verlor sie im Vergleich zur Volkskammerwahl und erreichte einen Stimmenanteil von 34,4 Prozent. Mit 21,3 Prozent hielt die SPD ihr Ergebnis von der Volkskammerwahl, während die PDS mit 14,6 Prozent der Stimmen leichte Einbußen zu verzeichnen hatte. Der Bund Freier Demokraten erhielt 6,7 und Bündnis 90 2,4 Prozent. Mit diesem Wahlausgang konnten wir recht zufrieden sein.

Während die Ostdeutschen in diesen Tagen mit steigenden Erwartungen der Einführung der D-Mark entgegensahen, hatte der Alltag die Westdeutschen wieder fest im Griff. Das spürte ich bei meinen Auftritten in den Landtagswahlkämpfen in Niedersachsen und Nordrhein-Westfalen. Immer wieder feuerte ich deshalb meine Parteifreunde an, alles zu geben und für unsere großen Ziele zu kämpfen. Schon Konrad Adenauer hatte uns Jüngeren beigebracht, es heiße nicht ohne Grund »Wahlkampf« – mit Betonung auf »Kampf«. Wenn man von einer Sache überzeugt ist, muss man auch bereit sein, dafür zu werben, offensiv dafür einzutreten. Das bedeutet natürlich auch Streit und manchmal sogar harte Auseinandersetzungen mit dem politischen Gegner. Die freiheitliche Demokratie lebt von diesem Streit. Zugleich braucht sie aber auch den Konsens über bestimmte Grundwerte und Spielregeln. Politische Gegnerschaft, Wettbewerb um Macht in der Demokratie dürfen niemals zu Feindschaft und Fanatismus verkommen. Bei allem Streit in der Sache schulden wir einander Respekt.

10.
Rückschlag

Das Jahr 1990 war ein Jahr der permanenten Wahlkämpfe: Gleich im Januar hatte das Saarland den Auftakt gemacht, wo meine Partei eine herbe Niederlage erfuhr. Es folgten die Volkskammerwahlen im März und die Kommunalwahlen in der DDR Anfang Mai. Kurz darauf, am 13. Mai, fanden in Nordrhein-Westfalen und in Niedersachen Landtagswahlen statt, die für meine Partei zum Desaster wurden und die ich auch ganz persönlich als herben Rückschlag empfand. Besonders die Niedersachsenwahl war eine bittere Enttäuschung, weil die CDU nach beinahe fünfzehnjähriger herausragender Arbeit der Landesregierung unter Ministerpräsident Ernst Albrecht die Regierungsverantwortung verlor.

Am Beispiel der Niedersachsenwahlen lässt sich gut beschreiben, welche politische Stimmung im Westen der Republik damals herrschte: Es gab eine zunehmende Aversion gegen Übersiedler, Aussiedler und Asylanten; ganz egal, woher jemand kam und aus welchen Gründen, sie wurden alle in einen Topf geworfen. Die Regierung Albrecht hatte versucht, auf diese Probleme unter anderem dadurch zu reagieren, dass sie das Wohnungsbauprogramm gegenüber der ursprünglichen Planung für 1989 verdreifachte und für 1990 sogar verzwölffachte. Das war das größte Wohnungsbauprogramm, das es in der Geschichte des Landes je gegeben hatte. Die Wohnungen wurden aber größtenteils erst im Herbst 1990 bezugsfertig, die Probleme ließen sich also nicht sofort lösen. Gleichzeitig nahmen die Bedenken zu, welche Folgen sich aus der deutschen Einheit ergeben könnten, und die SPD unter ihrem Spitzenkandidaten Gerhard Schröder war sich nicht zu schade, diese Sorgen noch bewusst zu schüren. Umfragen zufolge waren etwa 60 Prozent der Bevölkerung in Niedersachsen nicht bereit, Einbußen an Besitzständen oder eine Verringerung der eigenen Zukunftsperspektiven für die Einheit in Kauf zu nehmen. Selbst das sogenannte Zonenrandgebiet machte dabei keine Ausnahme. Geschickt leitete die SPD diese Ängste auf ihre eigenen Mühlen und schaffte es mit dieser Stimmungsmache, die Wahlen für sich zu entscheiden.

Auch bei der Landtagswahl in Nordrhein-Westfalen hatten sich viele Bürger die bange Frage gestellt: Was kostet uns die Wiedervereinigung, und wer muss sie bezahlen? Die SPD musste zwar geringe Verluste hinnehmen, blieb aber klarer Wahlsieger. Norbert Blüm, der Spitzenkandidat der CDU, konnte gegenüber Johannes Rau nur wenig punkten. Wirklich fatal für unsere Partei war die Wirkung der Medien, vor allem des Westdeutschen Rundfunks. Dieser, eigentlich eine öffentlich-rechtliche Anstalt, wies in seinen Fernseh- und Radioprogrammen ständig auf die Kosten und Risiken der deutschen Einheit hin. So zeigte sich auch in Nordrhein-Westfalen wie bei der großen Mehrheit der Bundesbürger insgesamt: Alle wollten wohl die deutsche Einheit haben, aber am liebsten als milde Gabe des Himmels.

In diesem Zusammenhang ist auch meine Kritik am Deutschen Gewerkschaftsbund zu verstehen, der das Wort »Solidarität« aus seinem Sprachgebrauch gestrichen zu haben schien. Selbst das Engagement der beiden großen Kirchen zur Förderung des Einheitsstrebens hielt sich spürbar in Grenzen. Auch wenn es also an der wünschenswerten Unterstützung des Einheitsprozesses fehlte, wollte ich meine Position nicht ändern. Diese Stimmungsschwankungen mussten durchgestanden werden. Es wäre völlig falsch gewesen, gegenüber der Demagogie der Sozialdemokraten den Kopf einzuziehen, im Gegenteil: Die Union musste härter dagegen vorgehen.

Unser Problem war jedoch, dass wir immer noch nicht die wirklichen Zahlen über die Finanz- und Wirtschaftssituation der DDR kannten. Sie waren einfach noch nicht vorhanden. Das Argument, die Bundesregierung habe Zeitdruck und Hektik in die Verhandlungen mit der DDR hineingebracht, lasse ich nicht gelten. In meinem Zehn-Punkte-Plan ging ich noch von einem ganz anderen Zeitplan aus. Die Versäumnisse der Regierung Modrow führten aber schließlich zu der dramatischen Entwicklung bei den Übersiedlern. Da musste gehandelt werden, denn je länger der Einigungsprozess dauerte, desto teurer wurde er. Wer – wie die SPD – auf fallende Kurse bei den Einigungsgesprächen setzte, spielte ein unsauberes Spiel und suchte als potentieller Krisengewinnler die Krise zunächst noch zu verstärken, um dann die wirtschaftlichen Schwierigkeiten der Übergangszeit für sich auszunutzen. Das Kalkül konnte jedoch nicht aufgehen: Würde man, wie es diskutiert wurde, die ersten gesamtdeutschen Wahlen hinausschieben, würden im selben Moment die Übersiedlerzahlen wieder nach oben schnellen.

Unser Machtverlust in Niedersachsen führte auch zum Machtverlust im Bundesrat. Es war abzusehen, dass die SPD versuchen würde, ihre neugewonnene Bundesratsmehrheit zu nutzen, um den Prozess der deutschen Vereinigung zu verzögern. Doch das schreckte mich nicht. Schließlich hatte die Union über die längste Zeit der Regierung Adenauer keine Mehrheit im Bundesrat gehabt. Ich wollte jetzt alles daransetzen, um die eventuellen Blockadeversuche der SPD zu unterlaufen, und war fest entschlossen, die SPD mit in die Verantwortung für den Einigungsprozess zu nehmen.

Dringlich war jetzt die Festsetzung eines gesamtdeutschen Wahltermins. Das konnte nur in Übereinstimmung mit den Partnern in der DDR geschehen, von denen der Wunsch nach Wahlen ausgehen musste. Die internationale Lage sprach für einen raschen Termin. Ich zeichnete damals oft ein anschauliches Bild von der Situation: Der Zug der deutschen Einheit fuhr langsam durch den Bahnhof der deutschen Geschichte. Wenn man jetzt nicht aufsprang, würde er eine längere Zeit nicht wiederkommen.

Mit Blick auf die gesamtdeutschen Wahlen war es unerlässlich, auch im Hinblick auf die Bildung einer einheitlichen CDU Deutschlands einen entscheidenden Schritt weiterzukommen. Das konnte bereits Auswirkungen auf den für Herbst 1990 geplanten Bundesparteitag in Hamburg haben.

Der Rückschlag, den die Wahlen in Niedersachsen und Nordrhein-Westfalen für unsere Partei bedeuteten, musste aufgefangen werden, und das konnte nur gelingen, indem wir die anstehenden Probleme im Hinblick auf die Bundestagswahlen in dynamischer Weise angingen. Alle seriösen Untersuchungen zeigten, dass wir bei gesamtdeutschen Wahlen eine reelle Chance hatten. Die Prognosen waren um so besser, je eher gewählt wurde. Wenn die Union wollte, würde sie die ersten gesamtdeutschen Wahlen gewinnen.

Vor diesem Hintergrund waren die teilweise auch von Parteimitgliedern angezettelten öffentlichen Diskussionen über Steuererhöhungen mehr als ärgerlich. In einer Zeit, da wir auf eine Investitionswelle in der DDR angewiesen waren, war das Gerede über Steuererhöhungen absolut destruktiv. Natürlich wurde solidarische Hilfe für die DDR benötigt, und ein Fonds für die deutsche Einheit könnte diese Mittel aufbringen. Ich empfand es als höchst beschämend, wie allenthalben gejammert wurde. Mit unserer Politik der stetigen Steuersenkungen seit 1986 hatten wir ein höheres Wirtschaftswachstum und damit auch höhere Steuereinnahmen erzielt, als von Kritikern erwartet. Deshalb hoffte ich, dass sich die Einheit ohne Steuererhöhungen finanzieren lassen würde. Steuererhöhungen waren kein Weg, um die deutsche Einheit zu finanzieren. Natürlich war von den Bürgern Solidarität für den Einigungsprozess einzufordern, und das bedeutete, dass nun andere Prioritäten gesetzt werden mussten. Der Bevölkerung musste klar gesagt werden, dass für die CDU die Einheit absoluten Vorrang hatte. Die Union musste diesen Kurs auch dann durchhalten, wenn ihr phasenweise einmal der Wind ins Gesicht blies.

Sorge machte mir allerdings, dass die SPD Erfolg zu haben schien mit ihrer Strategie, Angst zu schüren, Angst vor den wirtschaftlichen Folgen der Einheit. Landauf, landab erklärten SPD-Politiker, dass die Bundesbürger im Zuge der deutschen Einheit nicht überfordert werden dürften. Willy Brandt war einer der wenigen Sozialdemokraten, die zu den Befürwortern eines vernünftigen demokratischen Konsenses über die Grundfrage der Nation gehörten. Dass die Opposition diesen Konsens um kurzfristiger parteitaktischer Vorteile willen verweigerte, empfand ich schlicht als Schande.

Mein Eindruck war, dass die Lage im Blick auf die Einheit immer schwieriger wurde. Wenn wir auch hoffen konnten, dass beide Teile unseres Vaterlandes bald durch eine gemeinsame Währung verbunden sein würden, so bedeutete das doch noch lange nicht, dass unsere Herzen ebenfalls im gleichen Takt schlugen. Auch aus innenpolitischer Sicht konnte sich die Vorstellung, dass wir beliebig viel Zeit für den Wiedervereinigungsprozess hätten, als gefährliche Illusion erweisen.

11.
Partnerschaft

In der DDR machten SED/PDS, SPD und Gewerkschaften mit Warnstreiks und Protestversammlungen, an denen Tausende um ihre soziale Sicherheit besorgte Menschen teilnahmen, Stimmung gegen den »wirtschaftlichen Ausverkauf der DDR an die BRD«. Am 10. Mai, nur eine Woche nachdem die Modalitäten des Umtauschs von Mark der DDR zu D-Mark vereinbart worden waren, sprach Ministerpräsident de Maizière in der Volkskammer über die schwerste wirtschaftliche Krise der DDR, in der das Land je gewesen sei. Er stand unter dem Druck des Koalitionspartners SPD, der drohte, das Regierungsbündnis mit der Allianz für Deutschland aufzukündigen.

In dieser Situation traf Lothar de Maizière am 14. Mai mit mir zusammen. Das war ein überaus schwieriges Gespräch, bei dem es um einige noch ungelöste, aber keinesfalls unlösbare Fragen ging. So trat die DDR-Regierung zwar für den freien Handel mit Grund und Boden ein; sie wollte aber – um Spekulation zu verhindern – für eine Übergangszeit von zehn Jahren Personen, die an einem bestimmten Stichtag ihren Wohnsitz nicht in der DDR hatten, nur ein Erbpachtrecht mit Vorkaufsrecht zu den dann marktüblichen Preisen einräumen. Das hätte jegliche Investitionsbereitschaft im Keime erstickt, deshalb musste ich dem DDR-Ministerpräsidenten diese Idee ausreden. Schließlich gelang es mir, meinen schwierigen Gesprächspartner umzustimmen.

Über den Umstellungskurs der Renten im Verhältnis von 1:1 und die Anpassung des DDR-Rentensystems an das der Bundesrepublik waren wir uns bald einig. Es war mir ein besonderes Anliegen, jener Generation tätige Solidarität zuteil werden zu lassen, die die volle Last des Krieges, der Niederlage und von mehr als vierzig Jahren SED-Regime getragen hatte. Das führte dazu, dass die finanzielle Absicherung der Rentner in den neuen Bundesländern wesentlich schneller verbessert wurde, als es bei ausschließlich ökonomischer Betrachtung zu rechtfertigen gewesen wäre: Während die Durchschnittsrente im Osten Mitte 1990 bei 600 Mark (Ost) lag, betrug sie ab dem 1. Januar 1994 1400 D-Mark.

Grundlegende Meinungsverschiedenheiten gab es in der Frage, ob enteignete Immobilien zurückzugeben seien oder als Ausgleich eine Entschädigung zu zahlen sei. Was die von der sowjetischen Besatzungsmacht zwischen 1945 und 1949 verfügten Enteignungen anging, gab es ohnehin ein klares »Njet« des Kreml: Moskau hatte am 28. April in einem Memorandum davor gewarnt, die »Gesetzlichkeiten der Maßnahmen und Verordnungen in Frage zu stellen, die die Vier Mächte in Fragen der Entnazifizierung, der Demilitarisierung und der Demokratisierung gemeinsam oder jede in ihrer ehemaligen Besatzungszone ergriffen haben. Die Rechtmäßigkeit dieser Beschlüsse, vor allem in Besitz- und Bodenfragen, unterliegt keiner neuerlichen Prüfung oder Revision durch deutsche Gerichte oder andere deutsche Staatsorgane.« Das war eine sowjetische Vorbedingung für die Einheit, und das Bundesverfassungsgericht hat diese Vorgabe später bestätigt. Bezüglich der Enteignungen nach 1949 konnten wir vorerst keine Einigung erzielen, so dass dieses Thema aus dem Vertrag über die Wirtschafts-, Währungs- und Sozialunion ausgeklammert wurde.

Am 16. Mai einigten sich Bund und Länder schließlich über die Finanzierung der deutschen Einheit. Bisher hatte sich die Mehrzahl der Länder geweigert, das vorgesehene Drittel der Kosten zu tragen. Auf Empfehlung der Finanzminister von Bund und Ländern hatte ich mich nun mit den Ministerpräsidenten auf die Einrichtung eines Fonds »Deutsche Einheit« in Höhe von 115 Milliarden DM verständigt, der im Staatsvertrag verankert wurde und bis Ende 1994 als Zuschuss zur DDR-Haushaltsfinanzierung dienen sollte. 95 Milliarden DM sollten durch eine langfristige Anleihe am Kapitalmarkt, 20 Milliarden DM durch Einsparungen im Bundeshaushalt finanziert werden. In diese 20 Milliarden sollten die Gelder für die Zonenrandförderung und die nun schrittweise abzubauenden Berlinhilfen einfließen.

*

Während in Bonn fieberhaft an der Fertigstellung des Vertrags über die Wirtschafts-, Währungs- und Sozialunion gearbeitet wurde, flog ich zusammen mit Außenminister Hans-Dietrich Genscher und Verteidigungsminister Gerhard Stoltenberg nach Amerika. Mein Besuch in Washington war dringend notwendig geworden, weil die amerikanische Regierung wegen der Krise um Litauen wirtschaftliche Sanktionen gegen Moskau erwog. Das war das Gegenteil dessen, was ich – wenn auch aus anderen Erwägungen heraus – jetzt für notwendig und wünschenswert hielt. Mir ging es bei dem Gespräch mit dem amerikanischen Präsidenten vor allem um eine großzügige wirtschaftliche Unterstützung Gorbatschows, um ihm die Zustimmung zu einem Verbleib Deutschlands in der Nato abzuringen.

Ich schilderte meinem Freund George Bush, wie bereits einige Tage zuvor Außenminister Baker in Bonn, dass Gorbatschow enorme Probleme habe und der gesamte Reformkurs in Gefahr gerate, wenn der Generalsekretär nicht bald Erfolge vorweisen könne. Die Fortsetzung des Reformkurses liege im gemeinsamen Interesse der gesamten westlichen Welt. George Bush gab mir recht, wandte aber ein, dass es ihm angesichts der Ereignisse in Litauen, das seine Loslösung von Moskau anstrebte, schwerfalle, Moskau wirtschaftlich zu unterstützen.

Auch in Deutschland habe man viel Sympathien für Litauen, erwiderte ich, wir müssten uns aber davor hüten, dass allein dieses Thema die Politik des Westens gegenüber Moskau bestimme. Der Präsident bekräftigte daraufhin, dass die Perestroika nicht scheitern dürfe. Das habe er auch der litauischen Premierministerin Kazimiera Prunskiene erläutert. Allerdings müsse er auch in Rechnung stellen, dass diese Zusammenhänge nicht überall in Senat und Kongress so gesehen würden. Trotz der Gefahr eines Rückschlages bei der sowjetischen Reformpolitik verlangten dort einige sogar von ihm, wegen der sowjetischen Boykottmaßnahmen den für Ende Mai / Anfang Juni vorgesehenen Washingtoner Gipfel mit Gorbatschow zu verschieben und Sanktionen gegen Moskau zu verhängen.

Im weiteren Verlauf des Gesprächs machte ich deutlich, dass der amerikanisch-sowjetische Gipfel unbedingt auch für Gorbatschow ein Erfolg werden müsse. Im Gegensatz zu den Zeiten Stalins, Chruschtschows und Breschnews habe es die Führung der Sowjetunion heute auch daheim mit einer öffentlichen Meinung zu tun. Gerade angesichts der Probleme, mit denen er zu kämpfen habe, dürfe Gorbatschow weder in den Augen der eigenen noch der Weltöffentlichkeit als Verlierer dastehen, sondern müsse sich als selbstbewusster Vertreter einer Weltmacht präsentieren können. Ich bedrängte Bush geradezu mit derlei Argumenten, weil er davon überzeugt war, dass es im Umgang mit Gorbatschow sehr stark auf die Psychologie ankam. Der amerikanische Präsident versprach, Gorbatschow mit dem erforderlichen Respekt zu behandeln – mit allem Respekt, den er nicht nur als Individuum verdient habe, sondern der ihm als Oberhaupt der Sowjetunion zustehe.

Bezüglich der Lage in Deutschland informierte ich den Präsidenten über den Stand der Dinge: Dass der Staatsvertrag jetzt unmittelbar vor der Unterzeichnung stehe, hatten wir noch vor vier Wochen selbst nicht für möglich gehalten; zum 1. Juli werde die D-Mark in der DDR eingeführt. Die Hauptschwierigkeiten bei der deutschen Vereinigung lägen jedoch nicht in Wirtschafts- und Finanzfragen, sondern bei der Verwundung der Seelen durch vierzig Jahre Stalinismus. Dazu gab ich einen kurzen Exkurs über die Hinterlassenschaft des DDR-Geheimdiensts. Abschließend verglich ich meine Situation mit der eines Bauern, der vorsorglich, weil möglicherweise ein Gewitter droht, die Heuernte einbringen möchte.

Präsident Bush stellte fest, in all diesen Fragen mit mir auf derselben Wellenlänge zu liegen. Dann kam er auf die US-Truppen in Europa zu sprechen. Er sorgte sich darum, dass der Abzug der sowjetischen Truppen mit der Forderung nach dem Abzug der amerikanischen verknüpft werden könnte. Auch deshalb sei es entscheidend, dass man bei der gemeinsamen Ansicht über die Unerlässlichkeit der Nato bleibe und nicht etwa den Sowjets erlaube, über den Zwei-plus-Vier-Prozess in einen KSZE-Prozess überzugehen und damit das Bündnis zu überspielen. Das schließe eine Modernisierung der KSZE nicht aus, aber wichtig sei eine erweiterte Rolle der Nato, denn für die US-Präsenz in Europa sei mit ihr eine Institution gegeben, in der die USA eine angemessene Rolle spielten. Ich pflichtete ihm bei. Wir Deutschen wollten den vorgesehenen Weg in enger Abstimmung mit den Vereinigten Staaten gehen.

George Bush war ein Glücksfall für Europa und die Deutschen. Im zwanzigsten Jahrhundert regierten im Weißen Haus viele Präsidenten, die weit weniger von Europa und Deutschland wussten als dieser Mann. Das war in der jetzigen dramatischen Übergangszeit mit all ihren Gefahren und Chancen wichtiger denn je.

*

Für den Vormittag des 18. Mai war die Unterzeichnung des Vertrags über die Schaffung einer Wirtschafts-, Währungs- und Sozialunion mit der DDR angesetzt. Nach einer kurzen Nacht im Flugzeug ging ich am Morgen vom Kanzleramt hinüber zum Palais Schaumburg. Hier im alten Kabinettssaal, wo einst meine Vorgänger Adenauer, Erhard, Kiesinger, Brandt und Schmidt regierten, hatten sich die beiden Delegationen versammelt, und die in Leder gebundenen Exemplare des Vertrages lagen zur Unterzeichnung vor.

Man kann sich heute kaum noch vorstellen, mit welchem Hochdruck an diesem Vertragswerk gearbeitet worden war. So etwas hatte es noch nie gegeben: ein Vertrag, mit dem sich ein Land dazu verpflichtete, seine Wirtschaftsordnung völlig zu verändern und gleichsam über Nacht den Schritt von einer zentralisierten Kommandowirtschaft zur sozialen Marktwirtschaft zu tun. Viele hatten in den vergangenen Tagen und Wochen daran mitgewirkt, oft bis an den Rand der Erschöpfung. Hans Tietmeyer als Leiter der westdeutschen Delegation trug maßgeblich dazu bei, dass dieser Vertrag, der für mich zu den größten Leistungen der modernen deutschen Wirtschaftsgeschichte gehört, ein Erfolg wurde. Besonders dankbar bin ich Theo Waigel, der sich mit unermüdlichem persönlichem Einsatz auch in dieser entscheidenden Frage bleibende Verdienste um die Einheit unseres Vaterlandes erworben hat.

Es war ein ergreifender Augenblick, als Theo Waigel und der von der SPD gestellte DDR-Finanzminister Walter Romberg ihre Unterschriften unter das Papier setzten. Für die Menschen in Deutschland wurde damit in wichtigen Bereichen ihres täglichen Lebens der Weg zur Einheit erlebbare Wirklichkeit. Eine gemeinsame Währung ist nicht nur schlichtes Zahlungsmittel, sondern mit enormer politischer Symbolik aufgeladen: Die Stabilität der D-Mark stand auch für die Stabilität der freiheitlichen Demokratie auf dem Fundament unseres Grundgesetzes. Dass die Reichsmark auf Grund der Hyperinflation nach dem Ersten Weltkrieg an der Destabilisierung der Weimarer Republik wesentlichen Anteil hatte, war eine traumatische Erfahrung aller Deutschen. So gesehen verband sich mit der Unterzeichnung des Staatsvertrages noch eine weitere Botschaft: Die Geschicke der Deutschen in der Bundesrepublik und in der DDR wurden dadurch unauflösbar miteinander verbunden.

Mit dem Übergang von der sozialistischen Kommandowirtschaft zur sozialen Marktwirtschaft betraten wir in vielerlei Hinsicht Neuland und mussten nach Lösungen für eine Fülle nie dagewesener Probleme suchen. So spielten die »volkseigenen Betriebe« zwar innerhalb des kommunistischen Machtbereichs qualitativ eine führende Rolle, aber auf dem Weltmarkt waren ihre Produkte nur schwer absetzbar. Es wäre um vieles leichter gewesen, wenn der osteuropäische und der sowjetische Markt intakt geblieben wären. Leider war das nicht der Fall. Vor allem das unerwartete Ende der Sowjetunion und, damit verbunden, der rasche Zusammenbruch des Wirtschaftssystems im gesamten kommunistischen Machtbereich führten zu einem dramatischen Einbruch der DDR-Wirtschaft.

Der Vertrag über die Wirtschafts-, Währungs- und Sozialunion ist unterzeichnet: mit DDR-Ministerpräsident Lothar de Maizière, DDR-Finanzminister Walter Romberg und Bundesfinanzminister Theo Waigel (18. Mai 1990)

Mir ist später oft vorgehalten worden, ich hätte den Menschen in den neuen Bundesländern Sand in die Augen gestreut, als ich ihnen »blühende Landschaften« in Aussicht stellte. Viele, die mich deshalb kritisierten, müssen heute zugeben, dass ich so falsch nicht lag. Es stimmt zwar, dass ich mich im Zeitmaß irrte, aber in der Hauptsache irrte ich nicht: Wer mit offenen Augen durch die neuen Bundesländer fährt und das heutige Erscheinungsbild mit dem von 1990 vergleicht, der wird nicht bestreiten, dass wir – ungeachtet aller alten und neuen Probleme – mit dem Aufbau Ost weit vorangekommen sind.

*

Manche mögen sich fragen, was aus der DDR geworden wäre, wenn es in der Sowjetunion keine Perestroika und kein Glasnost gegeben hätte und Generalsekretär Erich Honecker von Moskau weiter gestützt worden wäre. Die Antwort ist nicht spekulativ, im Gegenteil. Heute zugängliche Dokumente aus der DDR zeigen deutlich das Versagen des Planungssystems, die Illusionen der Parteiführung und die Ausweglosigkeit der wirtschaftlichen Lage. Damit belegen diese Quellen eindeutig, was uns von den Spitzenpolitikern der DDR selbst noch 1990 nach den ersten freien Wahlen im Osten vorenthalten wurde: Spätestens seit 1988 zeichnete sich der wirtschaftliche Zusammenbruch der DDR ab. Besonders aufschlussreich ist, was Gerhard Schürer, von 1965 bis 1989 Vorsitzender der Staatlichen Plankommission, seinerzeit in Analysen dazu feststellte und später bekräftigte.

Angesichts der hohen politischen Priorität, die der »Verbesserung des Lebensstandards« in der DDR eingeräumt wurde, warnte er bereits 1978 und danach immer wieder vor der gefährlich steigenden Verschuldung bei westlichen Banken und scheute sich nicht, die Ursachen der Misere zu benennen: Vernachlässigen der Investitionen, steigende Subventionen, zu hoher Kaufkraftüberhang, Konsum auf Pump, Versorgung auf Kosten der Substanz. Folgerichtig, aber vergeblich forderte Schürer etwa 1988, die Kosten und Gewinne jedes Projekts (beispielsweise in der Pkw-Produktion oder bei der Chipfertigung) an den harten ökonomischen Bedingungen des Weltmarkts zu messen.

Um Mittel für dringend notwendige Investitionen freizusetzen, schlug er Maßnahmen zur Kürzung des Konsums und zum Abbau des Kaufkraftüberhangs vor – etwa durch Kürzungen im Wohnungsbau, Mieterhöhungen, Zuwachsverringerung bei Sozialausgaben und Löhnen, Preiserhöhungen bei Konsumgütern wie Videogeräten und so weiter. Am 16. Mai 1989 erklärte Schürer, die Verschuldung nehme monatlich um eine halbe Milliarde DDR-Mark zu, und wenn dieser Kurs fortgesetzt werde, wäre die DDR 1991 zahlungsunfähig. Doch Honecker lehnte Kürzungen beim privaten Konsum strikt ab. Das Dilemma der Führungsspitze beschrieb Finanzminister Ernst Höfner treffend: »Wir leben eben über unsere Verhältnisse! Sonst müssten wir unsere Politik ändern, und das können wir nicht.«

Mit dem ständigen Versuch jedoch, den materiellen Rückstand gegenüber dem Westen zu verringern, ruinierte die SED-Führung letztlich die Grundlagen der Produktion und der Lebensqualität, den Kapitalstock und die Umwelt. Wie wenig die DDR noch zu stabilisieren war, zeigt eine Analyse, die Schürer und Höfner gemeinsam mit Außenhandelsminister Gerhard Beil und dessen Staatssekretär Alexander Schalck-Golodkowski sowie mit dem Leiter der Zentralverwaltung für Statistik Arno Donda verfassten und am 30. Oktober 1989 Egon Krenz als dem neuen Generalsekretär und dem Politbüro übergaben. Darin heißt es: »Allein das Stoppen der Verschuldung würde im Jahre 1990 eine Senkung des Lebensstandards um 25 bis 30 Prozent erfordern und die DDR unregierbar machen. Selbst wenn das der Bevölkerung zugemutet würde, ist das erforderliche exportfähige Endprodukt nicht aufzubringen.« In ihrer Not empfahlen sie, durch ein »konstruktives Konzept« Hilfe im Westen zu suchen; neben einer Prüfung »aller Formen der Zusammenarbeit mit westlichen Unternehmen« und »Verhandlungen mit der Regierung der BRD über Finanzkredite in Höhe von 2 bis 3 Milliarden DM über bisherige Kreditlinien hinaus« sollte dazu vor allem die Fortsetzung der alten Strategie des Technologieimports gehören.

An eine Korrektur des zentral geleiteten Wirtschaftssystems wagten sich die Funktionäre in ihrer in Ost-Berlin als »streng vertraulich« klassifizierten Analyse jedoch nicht heran. Sie befürworteten lediglich Reformen im Rahmen des sozialistischen Systems, dessen Grundlagen – Staatseigentum, staatliche Rahmenplanung und möglichst geringe Einkommensdifferenzierung – unangetastet bleiben sollten.

Die Menschen in der DDR jedoch verglichen sich in ihren materiellen Ansprüchen weniger mit den deutlich schlechteren Verhältnissen im sozialistischen Bruderland Sowjetunion, sondern mit dem wesentlich höheren Lebensstandard in der Bundesrepublik. Der stand der Bevölkerung in der DDR durch den »Genex-Geschenkdienst«, durch die »Intershops«, »Exquisit«- und »Delikat«-Läden ständig vor Augen, in denen Devisenbesitzer und Bezieher höherer Einkommen auch hochwertige Westprodukte kaufen konnten.

Ohne Zweifel spielten bei der Unzufriedenheit der Bevölkerung auch die fehlenden politischen Freiheiten eine große Rolle, und das um so mehr, je mehr die Zahl der »Westkontakte« stieg.

Welches Motiv letztlich überwog – wirtschaftliche Probleme oder fehlende politische Freiheiten –, ist kaum zu klären. Richtig ist in jedem Fall: Ohne die offenkundigen Funktionsmängel des sozialistischen Wirtschaftssystems hätte es weder die mutigen Bürgerrechtsbewegungen in Polen und Ungarn noch Perestroika und Glasnost in der Sowjetunion, noch den dramatischen Zusammenbruch in der DDR im Jahr 1989 gegeben.

*

Unter diesen Vorzeichen kam mit der deutschen Einheit in ökonomischer Hinsicht eine größere Aufgabe auf uns zu, als damals abzusehen war. Um so wichtiger sollte es sein, dass wir in der Bundesrepublik dank des von Ludwig Erhard und seinen Mitstreitern, insbesondere Professor Alfred Müller-Armack, entwickelten Konzepts der sozialen Marktwirtschaft ein solides wirtschaftliches Fundament hatten. Der rasante wirtschaftliche Wiederaufstieg (West-)Deutschlands in der Regierungszeit Konrad Adenauers, der fälschlicherweise als »Wirtschaftswunder« bezeichnet wird und weltweit Anerkennung fand, beruhte auf der einzigartigen Kraftanstrengung von Millionen von Menschen. Sie nutzten den an freiheitliche Prinzipien gebundenen Spielraum ebenso für sich selbst wie »für alle anderen«, so dass Investitionen rasch rentabel wurden, Arbeitsplätze entstehen konnten und sozialer Fortschritt möglich wurde – kurzum, Erhards »Wohlstand für alle« schrittweise realisiert werden konnte.

Das zentrale Anliegen war stets, das Prinzip der »Freiheit auf dem Markte« mit einer Politik des »sozialen Ausgleichs« zu verbinden. Durch eine entsprechende Wettbewerbsordnung sollten die freie Initiative des einzelnen und das kreative Potential der Gesellschaft in den Dienst der gesamtwirtschaftlichen Entwicklung des Landes wie des sozialen Fortschritts gestellt werden. Ganz im Gegensatz zu anderweitig propagierten (sozialistischen) Ansätzen kommt »Wohlstand für alle« gerade nicht dadurch zustande, dass möglichst viel Einkommen und Vermögen umverteilt wird, sondern dadurch, dass sich möglichst viele Mitglieder der

Gesellschaft aktiv am Prozess der Leistungserstellung beteiligen und entsprechend ihrem Beitrag am Ergebnis teilhaben. Nur wer aus Gründen, die er nicht selbst zu vertreten hat, kein ausreichendes Einkommen erzielen kann, hat Anspruch auf Unterstützung der Gesellschaft, des Staates.

Diese Politik des sozialen Ausgleichs impliziert zwei weitere Grundsätze. Zum einen das Subsidiaritätsprinzip: Der hilfsbedürftige Mensch soll nicht staatlich versorgt und somit entmündigt werden, sondern durch Hilfe zur Selbsthilfe die Chance erhalten, möglichst selbstbestimmt und eigenverantwortlich zu handeln. Zum anderen soll das Prinzip der »Marktkonformität« die Politik des sozialen Ausgleichs so absichern, dass der Wettbewerb offen bleibt, verbraucherfeindliche Monopolbildungen und »teure« staatliche Interventionsspiralen (wie sie später zum Beispiel die gemeinsame EU-Agrarpolitik kennzeichneten) also möglichst verhindert werden. Dies ist keine liberale Dogmatik, sondern ein Gebot praktisch-politischer Vernunft. Denn je später verkrustete Märkte bekämpft werden, um so kostspieliger wird es für die Gesellschaft und um so weniger Mittel stehen mangels Wachstum letztlich auch für sozialen Fortschritt und sozialen Ausgleich zur Verfügung.

Nun ist das Konzept der sozialen Marktwirtschaft alles andere als statisch. Sein »ordnungspolitischer Rahmen«, also die Spielregeln für das wirtschafts- und sozialpolitische Handeln der Individuen wie des Staates, muss immer wieder an die sich wandelnden Herausforderungen angepasst und fortentwickelt werden. Die Auswirkungen neuer Entwicklungen – von der Bewahrung der Schöpfung (Umwelt), dem Aufkommen neuer Techniken (Informations-, Biotechnologie) und den Veränderungen im Altersaufbau der Bevölkerung (Demographie) über steigende Migrationsbewegungen (Ausländer- und Asylproblematik), sich beschleunigende EU-Erweiterungsprozesse und zunehmende weltwirtschaftliche Arbeitsteilung und Verflechtung der internationalen Waren- und Dienstleistungsmärkte (Globalisierung) bis hin zu den Herausforderungen des internationalem Terrorismus – müssen von der Politik frühzeitig konzeptionell aufgegriffen und dem Bürger vermittelt werden. Am Leitbild der sozialen Marktwirtschaft, also an Chancengleichheit durch Freiheit des Wettbewerbs und sozialem Ausgleich, wird dabei festgehalten. Es ändern sich lediglich die Instrumente, mit denen aber erhebliche Kursänderungen herbeigeführt werden können – zum Negativen wie zum Positiven.

Nach 1982 lösten wir die nachfrageorientierte, zu hoher Staatsverschuldung, Inflation, Rezession und Arbeitslosigkeit führende Politik der SPD durch unsere Politik der marktwirtschaftlichen Angebotsorientierung ab. Es war ein Paradigmenwechsel im Sinne der von mir geforderten geistig-moralischen Wende: Das Schwergewicht der Wirtschaftspolitik, wie sie sich insbesondere in der Finanz-, Arbeitsmarkt- und Beschäftigungspolitik manifestierte, verlagerte sich von der überzogenen Staatstätigkeit und Staatsgläubigkeit zu mehr Selbsthilfe und Eigenverantwortung, vom starren Rahmen staatlicher Planung zu investitions- und beschäftigungsfreundlichen dezentralen Planungsspielräumen des einzelnen, das heißt der Unternehmer und Verbraucher.

1989/90 zahlte sich unsere Politik der marktwirtschaftlichen Erneuerung seit 1982 zunehmend aus. Die Wirtschaftsdaten waren günstig, das Wirtschaftswachstum war hoch, die Inflation niedrig, die Arbeitslosigkeit sank, die Beschäftigung stieg, und die Konsolidierung der staatlichen Haushalte eröffnete wieder mehr Handlungsspielraum.

Gleichzeitig war jedoch unverkennbar, dass in der Bundesrepublik dringender Handlungsbedarf in bezug auf den strukturellen Umbau der Renten- und Krankenversicherung oder hinsichtlich der Flexibilisierung des Arbeitsmarkts bestand. Im Widerstreit zwischen den auf Bewahrung der überkommenen Strukturen gepolten politischen Machtverhältnissen im Lande und den sich zunehmend beschleunigenden globalen Herausforderungen waren wichtige Reformansätze zu lange liegengeblieben. Dies galt auch für den Abbau von Subventionen, sei es in Form von offenen Finanzhilfen oder von Steuervergünstigungen. Gerade hier offenbarte sich ein immer wiederkehrendes Dilemma: Die nicht direkt betroffene Mehrheit billigt die Kürzungen, aber den Nachteil haben die direkt Betroffenen. Da die großen Volksparteien aber um die gleichen Wählerschichten konkurrieren, können fast alle Eingriffe in die Privilegien einer Minderheit ein politisch abzuwägendes Risiko sein.

Gleichwohl, einstweilen überdeckten die guten allgemeinen Finanz- und Wirtschaftsdaten noch, welche Hypothek die Vernachlässigung dieser strukturellen Hausaufgaben gerade im Hinblick auf die deutsche Einheit bilden sollte.

Wir hatten keinen Masterplan für die deutsche Einheit. Deshalb mussten wir kurzfristig auf Entwicklungen reagieren, die nicht gleich absehbar waren. Nicht selten sprangen wir auf bereits fahrende Züge auf und mussten dafür sorgen, dass sie in die richtige Richtung fuhren. Ein Beispiel ist die sozialpolitische Absicherung der deutschen Einheit. In meinem Vorschlag zur Wirtschafts- und Währungsunion Anfang Februar 1990 war die Sozialunion zunächst nicht enthalten. Die schwierigen Verhandlungen, die sich zur Sozialunion ergaben, sind nur ein weiteres Beispiel dafür, dass die Entwicklung nach dem Fall der Mauer kaum planbar war.

Heute ist unstrittig, dass die Rolle der Sozialpolitik ab Ende 1989 bis Mitte der neunziger Jahre von entscheidender Bedeutung für den Einigungsprozess war. Für die Hauptakteure Norbert Blüm und seine Mitstreiter aus dem Bundesministerium für Arbeit und Sozialordnung sowie die DDR-Sozialministerin Regine Hildebrandt war es eine Herkulesarbeit, an deren Ende die vollständige Übertragung des westdeutschen Sozialsystems auf den Osten stand. Auch ich glaubte, nur so könne der Einheitsprozess sozial abgefedert, einer Verarmung der ostdeutschen Bevölkerung entgegengewirkt und die Akzeptanz der neuen Ordnung gesichert werden. Der Preis dafür allerdings wurde mit hohen wirtschaftlichen Kosten und einer zu starken Belastung des Sozialsystems sehr teuer bezahlt.

Dennoch, politisch realisierbare Alternativen dazu gab es nicht; eine Verschmelzung des so ganz anders strukturierten DDR-Systems mit dem unseren schien völlig aussichtslos, zumal schlicht und einfach die Zeit dazu fehlte, und ein Nebeneinander unterschiedlicher Ordnungen für längere Zeit wäre nicht praktikabel gewesen. Noch viel weniger war in diesem Augenblick und unter diesen Umständen – angesichts der internationalen Konstellation, des Drucks der DDR-Bevölkerung und der Stimmung unter den Westdeutschen sowie der Mehrheitsverhältnisse in Bundestag und Bundesrat – an eine Reform des bundesdeutschen Sozialstaats zu denken.

Dass die Übertragung des Sozialsystems auf den Osten Deutschlands gelang, ist ein überzeugender Beweis für die Problembewältigungskraft und die Lernfähigkeit unserer sozialstaatlichen Strukturen. Die Gründung der Sozialunion, die Reform der Rentenversicherung 1989/1992, die Strukturreform im System der gesetzlichen Krankenversicherung und die Einführung der Pflegeversicherung zeigen zwar, welch weitgehende Reformen im Rahmen des bestehenden Systems möglich waren. Aber wahr ist auch, dass die vor 1990 begonnene Reformdiskussion, wie der deutsche Sozialstaat den strukturellen Problemen von Gesellschaft und Wirtschaft begegnen könne – der Alterung der Bevölkerung, dem Kindermangel, der Explosion der Kosten im Gesundheitswesen, dem Globalisierungswettbewerb, der Erosion der versicherungspflichtigen Vollzeitarbeitsverhältnisse –, durch die Verwirklichung der Sozialunion von der politischen Agenda verdrängt wurde. So wurden die notwendigen Reformen in dieser Zeit verpasst.

Die Auseinandersetzung über Art und Umfang der erforderlichen Reformen führte in der Folge zu einer Konfrontation von Regierung und Opposition, von Gewerkschaften und Wirtschaftsverbänden, die sich in der Legislaturperiode von 1994 bis 1998 in der fast vollständigen Blockade aller größeren Reformbestrebungen durch den Bundesrat niederschlug. Das sollten all jene endlich zur Kenntnis nehmen, die in den neunziger Jahren das Wort vom »Reformstau« großmäulig im Munde führten. Bei genauerem Hinsehen waren es jene SPD-geführten Bundesländer wie Niedersachsen und das Saarland, die im Bundesrat eine Blockadehaltung praktizierten, die in der Geschichte der Bundesrepublik ohnegleichen ist.

*

Unsere Sozialpolitik trug wesentlich dazu bei, den Transformationsprozess von der Plan- zur Marktwirtschaft sozialverträglich zu gestalten. Damit wurde das Gesamtpaket der Wirtschafts-, Währungs- und Sozialunion von den Bürgern in der ehemaligen DDR angenommen.

Es war immer mein Ziel, gleichwertige Lebensverhältnisse für die Menschen in ganz Deutschland herbeizuführen. In der Diskussion um den Umtauschkurs der DDR-Mark machte sich besonders Norbert Blüm für eine Umstellung der Löhne und Gehälter im Verhältnis von 1:1 stark. So unter anderem in einem an mich gerichteten Brief vom März 1990, in dem er für die Vorstellung des Bundesministeriums für Arbeit von einer Verbindung von Wirtschafts-, Währungs- und Sozialgemeinschaft warb, bei der weder Arbeitnehmer noch Rentner ins soziale Abseits geraten durften.

Dieses Konzept entsprach den Erwartungen der Menschen in der DDR, und für diesen politischen Kurs gewann Norbert Blüm meine volle Unterstützung. Auch bei der Anhebung des Niveaus der DDR-Renten entschied ich zugunsten des Arbeitsministeriums und damit gegen Bundesfinanzminister Theo Waigel. Die DDR-Rentner sollten an den Vorteilen des westdeutschen Systems teilhaben, und das hieß, dass das Nettorentenniveau auf 70 Prozent des durchschnittlichen Arbeitsverdiensts bei 45 Versicherungsjahren angehoben werden würde und dass die Fortzahlung der bestehenden Renten nach der Umrechnung in D-Mark garantiert wurde.

Auch bei der Überleitung des Bundesversorgungsgesetzes auf die neuen Bundesländer – wenn auch mit abgesenktem Niveau – unterstützte ich die Position des Bundesarbeitsministeriums, das für eine Überleitung zum 1. Januar 1991 eintrat, während das Bundesfinanzministerium sich eine stufenweise Überleitung ab 1992 vorstellte.

Wir mochten bei all diesen komplexen Veränderungen manche ökonomischen Probleme unterschätzt haben, aber es war – in den Worten des Historikers Gerhard A. Ritter – gewissermaßen eine Operation am offenen Herzen des Sozialstaats. Dass sie gelungen ist, ist ganz gewiss eine Meisterleistung der damaligen Akteure aus Ost und West. Allerdings bekenne ich in der Rückschau, dass meine damaligen Einschätzungen in der Sozialpolitik nicht immer richtig waren und mir dabei gravierende Fehler unterlaufen sind.

12.
Prioritäten

Das nach wie vor größte Problem, das der Einheit entgegenstand, war die Frage der Bündniszugehörigkeit des vereinten Deutschlands. Was ich aus West und Ost dazu erfuhr, war alles andere als beruhigend. Deshalb schrieb ich am 22. Mai 1990 einen sehr persönlich gehaltenen Brief an Michail Gorbatschow, in dem ich um die Fortsetzung des offenen und vertrauensvollen Dialogs bat, der uns zur guten Gewohnheit geworden war. Erst am 14. Mai hatte mein Beauftragter Horst Teltschik in Moskau mit Ministerpräsident Nikolai Ryschkow, Außenminister Schewardnadse und Michail Gorbatschow über die wirtschaftlichen und finanziellen Probleme der Sowjetunion und konkrete Unterstützungsmöglichkeiten seitens der Bundesrepublik gesprochen. Ich hatte Teltschiks ausführlichen Bericht über dieses Treffen genauestens studiert und spürte, wie sehr jetzt konkrete Maßnahmen gefragt waren. Auf dem Weg zur deutschen Einheit durfte es zwischen Moskau und Bonn keine Irritationen geben.

In dem Schreiben versicherte ich Gorbatschow, dass die von mir geführte Bundesregierung bereit sei, der Sowjetunion bei der Bewältigung der bevorstehenden schwierigen Phase der wirtschaftlichen Anpassung und der Neuordnung der internationalen Finanzbeziehungen zur Seite zu stehen. Allerdings waren dabei die Verpflichtungen zu berücksichtigen, die die Bundesrepublik zur Unterstützung von Polen und Ungarn sowie natürlich für die DDR eingegangen war. Dennoch war die Bundesregierung grundsätzlich bereit, für einen im privaten Bankensystem aufgenommenen Kredit bis zur Höhe von 5 Milliarden DM zu bürgen. Das bedeutete für uns eine erhebliche politische Anstrengung, mit der ich die

Erwartung verband, dass die Moskauer Regierung im Rahmen des Zwei-plus-Vier-Prozesses ebenfalls alles unternahm, um eine konstruktive Lösung der anstehenden Fragen zu ermöglichen. Die dafür nötigen Entscheidungen noch in diesem Jahr herbeizuführen müsse doch in unserem beiderseitigen Interesse liegen, fügte ich hinzu, nicht zuletzt, damit der Weg frei werde für den von mir bereits vorgeschlagenen umfassenden Kooperationsvertrag zwischen der Sowjetunion und dem künftigen vereinigten Deutschland.

Welch prekärer wirtschaftlicher Situation das Sowjetreich sich gegenübersah, dessen war ich mir zu diesem Zeitpunkt sehr bewusst. Horst Teltschiks Mission hatte keinem anderen Zweck gedient, als herauszufinden, ob und wie es gelingen könnte, den Prozess der außenpolitischen Absicherung der deutschen Einheit mit Finanzhilfen an die Sowjetunion flankierend zu unterstützen. Deshalb machte ich ein so klares Angebot, auf das sich Gorbatschow verlassen konnte. Er nahm es dann ja auch im Lauf des Jahres voll an und zeigte dafür seinerseits das erhoffte Entgegenkommen.

Mag sein, dass Gorbatschow noch zu pokern versuchte, dass er möglichst viel für sein Land herausschlagen wollte. Mag sein, dass er seinen Kritikern demonstrieren wollte oder musste, dass die deutsche Einheit nicht zum Nulltarif beziehungsweise aus der vielzitierten »Portokasse« zu finanzieren war, denn immerhin stand die Sowjetunion am Rand des Staatsbankrotts, was wir damals in dieser Klarheit nicht wussten. Doch hätte ich auf die Bürgschaft verzichten sollen? Hätte ich Gorbatschow um den Preis einer Verhärtung in den deutsch-sowjetischen Beziehungen im Stich lassen sollen?

In dieser historisch wichtigen Frage ging es mir um unser Land, um unsere Chancen, wieder ein Volk zu werden. Was zählten angesichts dessen 5 Milliarden – ein Betrag, den eine reiche Nation wie die Bundesrepublik im Lauf der vergangenen Jahre vielfach für Projekte ausgegeben hatte, die nicht annähernd solches Gewicht hatten.

*

Außenpolitisch hatte für mich die Abstimmung mit François Mitterrand und George Bush immer besonderes Gewicht – sei es persönlich, telefonisch oder brieflich, stets pflegte ich den engen und offenen Austausch. Bevor Mitterrand nach Moskau aufbrach, unterrichtete ich ihn ausführlich über meine Gespräche mit dem amerikanischen Präsidenten und erläuterte ihm erneut die zwischen Bush und mir abgestimmten Positionen auf dem Weg zur deutschen Einheit. Dazu gehörten auch die Themen polnische Westgrenze, die Zukunft des Bündnisses und die transatlantischen Beziehungen sowie die Lage in der Sowjetunion, der bevorstehende amerikanisch-sowjetische Gipfel in Washington und unsere Haltung zum Litauen-Konflikt. Zwei Tage nachdem er meinen Brief erhalten hatte, wurde der französische Präsident am 25. Mai im Kreml empfangen. Was bei seinem Treffen mit Michail Gorbatschow herauskam, lag fünf Tage später auf meinem Schreibtisch. Die Informationen erreichten mich gerade rechtzeitig vor dem Treffen von Gorbatschow und Bush, das am nächsten Tag in Washington stattfand.

Dieser Bericht des Élysée-Palasts und ein Brief Mitterrands bereiteten mir große Sorgen. Wie zu erwarten, war eindeutiger Schwerpunkt des Gesprächs der künftige militärische Status von Deutschland gewesen. Gorbatschow hatte mehrfach den Verbleib Gesamtdeutschlands in der Nato abgelehnt, weil das spätestens mit dem vollständigen Abzug der sowjetischen Truppen aus dem Gebiet der DDR das Ende des bisherigen Gleichgewichts zwischen West und Ost bedeute: Während auf der einen Seite der Warschauer Pakt praktisch schon nicht mehr bestehe, werde die Nato gestärkt. Alternativ konnte Gorbatschow sich eine Mitgliedschaft des zukünftigen Deutschlands in beiden Blöcken gleichzeitig prinzipiell vorstellen, doch Mitterrand, der diesen Vorschlag eigentlich für klug hielt, gab ihm wenig Chancen.

Darüber hinaus belegen die geheimen Protokolle der Gespräche im Kreml, dass Gorbatschow offen mein Bemühen um die deutsche Vereinigung kritisierte und Bush und mir vorwarf, die schwierige Lage in der Sowjetunion ausnutzen zu wollen. Eine Woche vor dem Gipfeltreffen von Gorbatschow und Bush schien Moskaus Position unverändert zu sein. Niemand wusste, wie es weitergehen sollte.

Es war zwar der Vorabend des amerikanisch-sowjetischen Gipfels, und der US-Präsident steckte zweifellos mitten in den Gipfelvorbereitungen, aber die Sache duldete keinen Aufschub. Also griff ich zum Telefonhörer, um mit George Bush zu sprechen. Ich bedankte mich zunächst noch einmal für seinen Einsatz für unsere Sache und wies darauf hin, dass es jetzt darauf ankomme, Michail Gorbatschow begreiflich zu machen, dass die Vereinigten Staaten und die Bundesrepublik eng zusammenstünden, gleichgültig, wie sich die Dinge entwickelten. Das fände seinen Ausdruck nun einmal in der Mitgliedschaft auch des wiedervereinten Deutschlands in der Nato, und zwar ohne jede Einschränkung. George Bush solle dies dem Generalsekretär ruhig klar und deutlich sagen. Dann kam ich auf die Bedeutung der deutschen Wirtschaftshilfe für die Sowjetunion zu sprechen und wies den Präsidenten noch einmal ausdrücklich darauf hin, dass Gorbatschow unbedingt unsere Unterstützung brauchte. Seine Lage sei kritisch, aber Gorbatschow sollte wissen, dass wir seine Schwäche nicht ausnutzen wollten.

Bush erwiderte, bei dem bevorstehenden Gipfel erwarte er in der Bündnisfrage noch keinen Durchbruch, aber er werde natürlich seine Auffassung zu den Zwei-plus-Vier-Gesprächen darlegen und gegenüber Gorbatschow auch deutlich machen, dass die Vereinigten Staaten beim Vollzug der deutschen Einheit auf einer Ablösung der alliierten Rechte bestünden und dass es keine Einschränkung der deutschen Souveränität geben dürfe. Er beendete das Telefonat mit der Bemerkung, das Treffen sei gut vorbereitet und im übrigen freue er sich auf die Begegnung mit mir in einer Woche.

Tags darauf begann in der amerikanischen Hauptstadt das Gipfeltreffen. George Bush, der sich zum Anwalt der deutschen Interessen machte, gab seinem Gesprächspartner eine Reihe von Zusicherungen, insbesondere, dass man die Nato-Strategie überprüfen, Verhandlungen über atomare Kurzstreckenraketen aufnehmen, die Bundeswehr reduzieren und keine Nato-Streitkräfte auf dem

Territorium der DDR stationieren werde. Ebenso wichtig waren der endgültige Verzicht auf die früheren deutschen Ostgebiete und der befristete Verbleib sowjetischer Truppen in Ostdeutschland. Bush gab auch das Angebot der Bundesregierung an Gorbatschow weiter, dass die Deutschen bereit seien, die sowjetische Wirtschaft intensiv zu stützen. Im Gegenzug forderte er die Mitgliedschaft eines vereinten Deutschlands in der Nato. Das lehnte Gorbatschow jedoch nach wie vor ab.

Die geheimen sowjetischen Gesprächsaufzeichnungen vom 31. Mai 1990 beschreiben sehr drastisch die verhärteten Fronten:

> Gorbatschow sagte zu Bush: »Statt sich auf die Mitgliedschaft des wiedervereinigten Deutschlands in der Nato zu fixieren, denken wir doch lieber darüber nach, wie wir die militärisch-politischen Blöcke näher aneinanderbringen. Zum Beispiel: Warum soll die Idee der gleichzeitigen Mitgliedschaft Deutschlands in beiden Blöcken sofort abgelehnt werden? Diese doppelte Mitgliedschaft könnte ja ein Bindeelement werden, eine Art Ursprung für die neuen europäischen Strukturen. Auch die Nato würde dadurch stärker werden.
>
> Was die praktische Durchsetzung dieser Idee betrifft, so könnte ein wiedervereinigtes Deutschland erklären, dass es zum Beispiel alle Verpflichtungen, die es von der BRD und von der DDR ›geerbt‹ hat, übernimmt. Die Bundeswehr bleibt nach wie vor in die Nato integriert, wobei die NVA allein unter dem Befehl der Regierung des neuen Deutschlands steht. Gleichzeitig würden auf dem Boden der DDR für eine Übergangsperiode die Sowjettruppen bleiben. Dies alles könnte durch ein Abkommen zwischen dem Warschauer Vertrag und der Nato ergänzt werden. Dadurch würden wir einige besorgte Staaten beruhigen und die Schaffung der künftigen europäischen Sicherheitsstrukturen anregen. Man braucht nicht alles sofort zu haben. Man kann langsam vorangehen. Wir würden zum Beispiel die baldige Änderung der Nato-Doktrin begrüßen. Und übrigens, wenn die Nato nicht

gegen uns Krieg führen möchte, gegen wen denn? Doch nicht gegen Deutschland?«
Bush: »Ich sagte doch, gegen die Instabilität.«
Gorbatschow: »Sie glauben doch nicht im Ernst, dass die Stabilität wächst, indem man sich immer mehr bewaffnet. Vorige Jahrzehnte sollten Sie doch überzeugt haben, welche schwere Lasten durch Rüstungswettlauf auf die Schultern der Völker gelegt wurden.«
Bush: »Die Nato ist der Anker der Stabilität.«
Gorbatschow: »Aber zwei Anker sind doch besser als einer. Sie als Seemann müssten es doch wissen.«
Bush: »Und wo finden wir den zweiten?«
Gorbatschow: »Im Osten.«
Bush: »Ich habe doch Schwierigkeiten, Sie zu verstehen. Vielleicht weil ich im Unterschied zu Ihnen keine Angst vor der BRD habe und nicht glaube, dass dieses demokratische Land je einmal aggressiv werden kann. Wenn Sie Ihre psychologischen Stereotype nicht brechen, wird es für uns sehr schwer sein, zu einer Übereinstimmung zu kommen.«
Gorbatschow: »Folgendes muss klargemacht werden: Wir haben vor keinem Angst, weder vor der BRD noch vor den USA. Uns geht es primär darum, den Zustand der Konfrontation zu beenden und Modelle für eine konstruktive Zusammenarbeit zu schaffen. Das ist unsere freie Wahl.
Ich hoffe, keiner der hier Anwesenden glaubt, dass eine der Seiten den Kalten Krieg gewonnen hat. Das ist Blödsinn. Solchen Gedanken mangelt es an Tiefe. Richtig wäre es, anders zu denken, nämlich, dass die fünfzig Jahre der Konfrontation deren Absurdität bewiesen haben.
Und nun zur Frage des Vertrauens: Sie behaupten, wir vertrauten den Deutschen nicht. Aber warum haben wir der Wiedervereinigung zugestimmt? Wir konnten doch den Prozess stoppen, wir verfügten über alle erforderlichen Mechanismen. Aber wir haben den Deutschen die Möglichkeit gegeben, ihre freie Wahl zu treffen. Sie sagen, Sie vertrauen der BRD. Dabei ziehen Sie sie aber in die Nato hinein, erlauben

ihr nicht, ihre Entscheidung auf demokratischem Weg zu treffen. Lassen Sie doch die Deutschen entscheiden, in welchem Bündnis sie sein wollen.«
Außenminister Baker: »Was Sie wollen, nämlich die gleichzeitige Mitgliedschaft eines und desselben Landes in der Nato und im Warschauer Vertrag, erscheint mir als schizophren.«
Gorbatschow: »Schizophren für einen Menschen mit der Mentalität eines Bankers. Für einen Politiker dagegen ist es eher das Surfen im Bereich des Ungewöhnlichen.«
Baker: »Aber es geht doch um die konkurrierenden Blöcke!«
Gorbatschow: »Sie sagen es! Sie reden über Konkurrenz; aus der Konkurrenz entsteht die Konfrontation. Also, für Sie ändert sich nichts. Indem Sie das wiedervereinigte Deutschland nur in einen Block hineinziehen, brechen Sie das Gleichgewicht der Kräfte in Europa.«

Wenige Tage später wusste der amerikanische Präsident mir Erfreuliches über den Verlauf des Gipfels zu berichten: Er sagte, Gorbatschow habe voll mit seiner Auffassung übereingestimmt, dass die Entscheidung, welchem Bündnis ein Land angehören wolle, gemäß der KSZE-Schlussakte einzig und allein Sache des jeweiligen Landes sei. Noch habe der Generalsekretär zwar eine gesamtdeutsche Nato-Mitgliedschaft kategorisch abgelehnt, doch sein KSZE-Zugeständnis mache Hoffnung. Man müsse Gorbatschow beim Wort nehmen.

Die Bedeutung des Treffens lag vor allem darin, dass sich bei allen Gegensätzen fast eine Art Vertrauensverhältnis zwischen den beiden Präsidenten entwickelte. Für die Bundesrepublik war dabei besonders wichtig, dass George Bush in einer Weise die deutschen Interessen vertrat, wie es vor ihm noch kein amerikanischer Präsident getan hatte. Er vertraute uns und setzte ganz auf Deutschland als seinen auch in Zukunft wichtigsten Partner in Europa.

Bei mir verfestigte sich in diesen Tagen die Überzeugung, dass es vor allem zwei Ansatzpunkte gab, um Gorbatschows harte Haltung in der Bündnisfrage aufzuweichen: Wenn es gelänge, durch eine gemeinsame, großangelegte wirtschaftliche Stützungsmaßnahme des Westens die Perestroika zu stabilisieren, und wenn gleichzeitig von der Nato konkrete, den Moskauer Sicherheitsbedürfnissen Rechnung tragende Initiativen ausgingen, dann würde, davon war ich überzeugt, Gorbatschow einlenken.

*

Nach diesem Washingtoner Gipfel wollte ich so schnell wie möglich mit dem amerikanischen Präsidenten zusammenkommen. Manchmal gibt es einfach keine Alternative zur persönlichen Begegnung.

Auf dem Weg in die amerikanische Hauptstadt machte ich am 5. Juni in New York Station, um vor dem American Council on Germany zu sprechen – und das mitten in der entscheidenden Phase der Geschichte Deutschlands und Europas.

Im 1952 gegründeten American Council, einer privaten Vereinigung namhafter US-Bürger, die das Ziel hat, die wirtschaftlichen, politischen und kulturellen Beziehungen zwischen beiden Ländern zu fördern, begleiten seit vielen Jahrzehnten engagierte Freunde der Deutschen die Bundesrepublik mit freundschaftlichem Rat auf ihrem Weg – vom Wiederaufbau aus den Ruinen des Zweiten Weltkriegs über die Tage der schweren Prüfungen in und um Berlin auf dem Höhepunkt des Kalten Krieges bis heute, wo es darum ging, die staatliche Einheit unseres Vaterlandes wiederherzustellen und gleichzeitig mit dem Bau der Vereinigten Staaten von Europa zu beginnen.

Im Ballsaal des New Yorker Plaza-Hotels sprach ich vor den Mitgliedern des American Council on Germany. Mit Ängsten, Zweifeln und offenen Fragen, die zu meinem Leidwesen in der innerdeutschen Debatte dieser Tage die Schritte zur Vereinigung begleiteten, konnte man keine ausländischen Investoren für die DDR gewinnen, und so legte ich den Akzent bewusst auf eine optimistische Schilderung der Lage, umriss die künftige Rolle des vereinten Deutschlands an der Seite der USA, als Mitglied der Nato und als Teil der Europäischen Gemeinschaft und betonte, dass die Freundschaft und Partnerschaft mit den Vereinigten Staaten für die Deutschen auch nach der Wiedervereinigung von existentieller Bedeutung blieben: »Das künftige Deutschland kann und wird deshalb nicht Wanderer zwischen zwei Welten sein ... Wir wollen keine Neutralität oder Entmilitarisierung. Wir lehnen Bündnis- oder Blockfreiheit ab.« Und für einen Adressaten, der nicht anwesend war, nämlich Michail Gorbatschow, fügte ich hinzu: »Damit wir uns nicht missverstehen, die KSZE kann nicht Ersatz für die Nato sein.«

Stehend applaudierten die über fünfhundert Gäste meiner Botschaft.

Nach einem einstündigen »privaten« Hintergrundgespräch mit den Leitartiklern und führenden Journalisten des *Wall Street Journal*, das ich sehr genoss, weil man sich hier ehrlich interessiert zeigte an Informationen aus erster Hand, um sie ohne Vorurteile, ohne parteipolitische Brille oder ideologische Scheuklappen einem breiten Leserpublikum zu erklären, reiste ich am nächsten Tag nach Boston weiter. In Harvard hielt ich die Festrede für die Absolventen der Eliteuniversität in ihren schwarzen Talaren, die an diesem Tag ihr Diplom erhielten. In einer langen Prozession zogen die Professoren in ihren bunten Talaren auf den Festplatz, gefolgt von den neuen Absolventen und – nach Examensjahrgängen geordnet – deren Vorgängern, darunter der mit 101 Jahren vermutlich älteste Harvardianer, Diplomjahrgang 1910. Die wohl eindringlichste Rede an diesem Tag hielt eine Absolventin aus Nordirland. Den Tränen nahe, erinnerte sie daran, dass in Berlin zwar die Mauer gefallen sei, es in ihrer Heimatstadt Belfast aber immer noch eine unsichtbare Mauer gebe, die zwischen Protestanten und Katholiken verläuft, und an der fließe nach wie vor Blut.

Zusammen mit der Jazzsängerin Ella Fitzgerald und dem Physiker und Bestsellerautor Stephen Hawking sowie drei weiteren Persönlichkeiten wurde ich anschließend mit der Ehrendoktorwürde ausgezeichnet, die vor mir bereits Konrad Adenauer, Ludwig Erhard, Willy Brandt, Helmut Schmidt und Richard von Weizsäcker verliehen worden war. Es war jedoch nicht meine erste Begegnung mit dieser traditionsreichen Einrichtung. Ohne viel

*Verleihung der Ehrendoktorwürde der
Harvard-Universität (Juni 1990)*

Aufsehen hatte ich schon im vergangenen Jahr als Privatmann der Abschlussfeier beigewohnt, als mein Sohn Walter sein Harvard-Diplom erhielt.

Ich empfand es als Ehre, hier sprechen zu dürfen, nicht zuletzt, weil dieser Ort für einen Deutschen besondere symbolische Bedeutung hatte: Dreiundvierzig Jahre zuvor hielt George Marshall hier jene berühmte Rede, mit der er das Wiederaufbauprogramm für Europa einleitete. Es war die amerikanische Antwort auf eine epochale Herausforderung: großherzig und weitsichtig. Vor fünfunddreißig Jahren sprach hier Konrad Adenauer, der erste Kanzler der Bundesrepublik. Und nun, vor wenigen Wochen, hatten die drei Westmächte das Besatzungsstatut aufgehoben, die Bundesrepublik Deutschland war souverän, sie war gleichberechtigter Partner in der Gemeinschaft freier Nationen geworden. Vor diesem Hintergrund war die Feier für mich auch eine besonders gute Gelegenheit, dem amerikanischen Volk Dank zu sagen für alles, was es zum Wohle Deutschlands und Europas in den vergangenen Jahren und Jahrzehnten getan hatte.

Der Laudator erinnerte zum Schluss seiner Rede an das berühmte Wort Kennedys, der fünfzig Jahre zuvor in Harvard sein Examen gemacht hatte: »John F. Kennedy hat den unvergesslichen Satz gesagt: ›Ich bin ein Berliner!‹ Ich rufe Ihnen, Herr Bundeskanzler, nun in aller Namen zu: ›Wir sind alle Deutsche!‹«

Mit dieser Geste brachten die amerikanischen Freunde zum Ausdruck, wie sehr auch ihnen die deutsche Einheit und die Erlangung des Selbstbestimmungsrechts aller Deutschen am Herzen lag. Überhaupt schlug uns Deutschen in den Vereinigten Staaten eine große Herzlichkeit entgegen. Für viele war es einfach »in«, sich auf ihre deutschen Vorfahren zu besinnen und sich zu ihnen zu bekennen. Die Arroganz mancher Europäer, die voller Dünkel auf die Amerikaner herabsehen, habe ich nie verstanden. Ich fühle mich wohl unter den Amerikanern; sie begegnen einem mit Offenheit und Herzlichkeit und haben einen wundervollen Sinn für Symbole und Gesten. Diese symbolträchtige Zusammenkunft zu diesem Zeitpunkt und an diesem Ort war ein Höhepunkt in der Geschichte der deutsch-amerikanischen Beziehungen.

*

Am späten Nachmittag des 8. Juni 1990 ging es im Oval Office des Weißen Hauses wieder mal darum, wie die Sowjets in der Bündnisfrage zum Einlenken veranlasst werden könnten. Am selben Tag hatten die Nato-Außenminister im schottischen Turnberry eine Botschaft an den Warschauer Pakt verabschiedet, worin die Mitgliedsstaaten des westlichen Bündnisses ihre Entschlossenheit bekundeten, eine »neue europäische Friedensordnung« zu schaffen und »der Sowjetunion und allen anderen europäischen Ländern die Hand zu Freundschaft und Zusammenarbeit« zu reichen. Ich schlug dem amerikanischen Präsidenten vor, für den Nato-Gipfel, der Anfang Juli in London stattfinden sollte, eine noch weiter gehende Botschaft zu erarbeiten, die den Sowjets verdeutlichte, dass sich die Nato fortentwickeln würde. Bush begrüßte die Idee, begegnete aber meiner konkreten Anregung, einen Nichtangriffspakt zwischen Nato und Warschauer Pakt zu erwägen, mit Bedenken. Außenminister Baker, der später zum Gespräch hinzukam, führte an, man sei sich in Turnberry einig gewesen, nichts zu tun, was den bereits zerfallenden Warschauer Pakt stütze. Immerhin hatte der ungarische Ministerpräsident am Tag zuvor auf der Tagung des Politischen Beratenden Ausschusses des Warschauer Pakts in Moskau die »unverzügliche Auflösung der militärischen Organisation der osteuropäischen Länder« vorgeschlagen, und ein Austritt Ungarns aus dem östlichen Militärbündnis schien durchaus im Bereich des Möglichen zu liegen.

Ich regte daraufhin an, mit einzelnen Mitgliedsstaaten des Warschauer Pakts Nichtangriffspakte abzuschließen und dieses Angebot der Sowjetunion und ihren Verbündeten auf dem Londoner Nato-Gipfel zu unterbreiten. Bush versicherte mir, er wolle darüber nachdenken. Bei dieser Gelegenheit erzählte ich dem amerikanischen Präsidenten, dass Gorbatschow mich gefragt habe, ob die Sowjetunion nicht der Nato beitreten könne. Bush erwiderte darauf nur scherzhaft, ob sich der Herr Generalsekretär vorstellen könne, dass Marschall Achromejew unter Nato-General Galvin diene.

Wir sprachen auch über die Truppenstärke der Streitkräfte des vereinten Deutschlands. Zu diesem Zeitpunkt hatte die Bundeswehr 480 000 Mann, die Nationale Volksarmee zählte 170 000 Soldaten. Die Sowjets dachten an eine Truppenstärke des vereinten Deutschlands von 200 000 bis 250 000 Mann. Das war für die westliche Seite nicht akzeptabel. Wir beschlossen, dass sich die Nato dieses Themas annehmen müsse. In diesem Zusammenhang fragte Bush, wie lange die sowjetischen Truppen wohl noch in einem vereinten Deutschland stationiert blieben, ehe sie abgezogen würden. Ich rechnete mit zwei bis drei Jahren und wies darauf hin, dass es im Interesse Moskaus liege, die Truppen nicht allzu lange in Deutschland zu belassen, weil die sich angesichts des verbesserten Warenangebots in der DDR sonst sicherlich fragen würden, weshalb es in der angeblich fortschrittlichsten aller Gesellschaftsordnungen, dem Sozialismus, permanente Versorgungsmängel gebe. Das wäre nicht gut für die Moral und Disziplin der sowjetischen Armee. Bush erkundigte sich dann noch nach dem Problem der Unterbringung der in Deutschland stationierten Streitkräfte bei einer Rückführung in die Sowjetunion. Er sprach damit ein Problem an, das uns noch lange Sorgen bereiten sollte; eine Lösung war augenblicklich nicht in Sicht.

Bei meinem Gespräch im Weißen Haus ging es mir natürlich auch darum, George Bush für eine Beteiligung an den Stützungsmaßnahmen für die Perestroika zu erwärmen. Ich erläuterte, dass die Sowjets an eine westliche Aktion mit einem Volumen von 20 bis 25 Milliarden D-Mark dächten. Es handelte sich dabei um Kredite, für die die jeweiligen westlichen Regierungen die Bürgschaft übernehmen sollten. Bush meinte daraufhin, ihm gegenüber habe Gorbatschow derartige Zahlen nicht genannt. Erst am letzten Tag des Gipfels habe er im Hinausgehen erklärt, dass er Wirtschaftshilfe brauche und hoffe, die Vereinigten Staaten würden sich an einer entsprechenden Hilfsaktion beteiligen. Im Kongress jedoch, meinte Bush, würde er vor allem wegen Litauen auf Granit beißen, wenn er dort entsprechende Vorschläge einbrächte.

Meine Überlegungen, wie wir Wirtschafts- und Kredithilfen für Gorbatschow mit Zugeständnissen seinerseits in der Nato-Frage verknüpfen könnten, bekamen in Amerika einen spürbaren Dämpfer. Dennoch hielt ich unbeirrt an dieser Strategie fest.

Kaum wieder zurück am Rhein, erreichte mich ein Brief des amerikanischen Präsidenten, in dem dieser schrieb, er habe sich meine Ratschläge sehr zu Herzen genommen. In dieser Zeit der schnellen Veränderungen gebe ihm die Gewissheit, dass wir uns in der Einschätzung der kommenden historischen Ereignisse einig seien, immense Sicherheit.

Nur wenige Tage später meldete Bush sich abermals. Er sei inzwischen zu der Überzeugung gelangt, dass der bevorstehende Nato-Gipfel der wichtigste in der Geschichte des Nordatlantischen Bündnisses sein werde. Da sich die Staatsführungen Osteuropas noch immer nicht im klaren darüber seien, welche Rolle die Nato für die Sicherheit in Europa spielen könne, müsse von diesem Gipfel die eindeutige Botschaft ausgehen, vor allem auch an Gorbatschow, dass die Nato dabei sei, sich zu wandeln. Wichtig sei deshalb eine Gipfelerklärung, die diesen Punkt kurz, unbürokratisch und klar formuliere. Bush ging auch auf meine Vorstellungen zu einem Nichtangriffsvertrag ein und legte hierzu ein Papier vor, in dem angeregt wurde, dass die Nato und die einzelnen Staaten des Warschauer Pakts entsprechende Erklärungen abgeben sollten. Außerdem schlug er vor, Missionen der Warschauer-Pakt-Staaten bei der Nato einzurichten und Michail Gorbatschow zu einer Rede vor den Nordatlantikrat einzuladen.

13.
Unsicherheiten

Kurz nach meiner Rückkehr aus Washington übergab der neue sowjetische Botschafter in Bonn, Wladislaw Terechow, bei seinem Antrittsbesuch im Kanzleramt einen Brief des Generalsekretärs. Gorbatschow bedankte sich darin für die Bereitschaft der Bundesregierung, die Bürgschaft für einen ungebundenen Finanzkredit in Höhe von 5 Milliarden D-Mark zu übernehmen. Dann schrieb er:

»Was die Frage der weiteren langfristigen Kredite anbelangt, die, wie Sie verstehen, für die Bewältigung der Aufgaben notwendig sind, die mit der tatkräftigen Verwirklichung der Reformen verbunden sind, so würde deren Lösung sicherlich die Schaffung eines breiteren Konsortiums erforderlich machen. Ihre Unterstützung bei dessen Organisierung wird die Sache zweifelsohne beschleunigen. Ich bin Ihnen daher für Ihren Vorschlag dankbar, diese Frage in den vertraulichen Kontakten mit denjenigen westlichen Partnern durchzuarbeiten, die bereit wären, sich an dieser bedeutenden, nicht nur finanziellen, sondern auch politischen Aktion zu beteiligen. Ein stabiles Vorankommen der Sowjetunion auf dem Weg der Perestroika und der Reformen – das ist eine Frage, die nicht nur für uns, sondern auch für ganz Europa, für die gesamte Lage in der Welt von Bedeutung ist. Ich freue mich, feststellen zu können, dass unsere Auffassungen und Einschätzungen darin übereinstimmen. Jetzt werden die Weichen für einen koordinierten Übergang ins nächste Jahrhundert gestellt. Dementsprechend soll auch gehandelt werden.«

Wichtiger für die deutsche Sache war jedoch Gorbatschows Feststellung, er sei sicher, dass die äußeren Aspekte der deutschen Einheit, also die Frage der Bündniszugehörigkeit, vor der KSZE-Konferenz im Herbst geregelt sein würden. Dies werde den Weg freimachen für die praktischen Schritte zur Schaffung gesamtdeutscher Organe, schrieb er weiter.

Ich antwortete keine vierundzwanzig Stunden später und kündigte an, dass der verabredete Milliardenkredit innerhalb kürzester Zeit realisiert werden könne. Außerdem versicherte ich Gorbatschow, bei den nächsten Gipfeltreffen der Europäischen Gemeinschaft und der sieben westlichen Industrieländer um politische und finanzielle Unterstützung für den Reformweg der Sowjetunion zu werben und die Frage weiterer langfristiger Kredite anzusprechen. Über Einzelheiten würden wir uns dann bei unserer Zusammenkunft in der zweiten Julihälfte persönlich unterhalten.

Bereits am 15. Juni 1990 wurde der sowjetische Botschafter wieder im Kanzleramt vorstellig, um Gorbatschows Antwortschreiben zu übergeben. Dessen Tonfall war geradezu herzlich. Gorbatschow schlug vor, dass die Gespräche über die konkreten Kreditvereinbarungen »binnen zweitägiger Frist« beginnen sollten. Die Einzelheiten sollten durch die sowjetische Botschaft in Bonn abgesprochen werden. Dann kam er auf die Treffen der Außenminister beider Länder zu sprechen. Hans-Dietrich Genscher war in Brest soeben wieder mit Eduard Schewardnadse zusammengekommen, um über die komplexen Einzelfragen der äußeren Aspekte der deutschen Einheit zu verhandeln. Brest war als Ort der Zusammenkunft gewählt worden, weil dort Schewardnadses Bruder zu Beginn des deutschen Angriffs auf die Sowjetunion gefallen war. Allerdings war die Stadt auch in anderer Hinsicht ein symbolträchtiger Ort, denn 1939 hatten Verbände der Wehrmacht und Einheiten der Roten Armee die Niederwerfung Polens mehrmals mit einer gemeinsamen Truppenparade in Brest gefeiert. Warschau reagierte empört.

Was die Frage der Bündniszugehörigkeit anging, so schrieb Gorbatschow, dass sie bei unserem Treffen in der Sowjetunion offen und konstruktiv behandelt werden würde; dabei käme auch

Im Beisein der sechs Außenminister Markus Meckel, Douglas Hurd, James Baker, Roland Dumas, Hans-Dietrich Genscher und Eduard Schewardnadse wird das Kontrollgebäude am Checkpoint Charlie abgebaut (22. Juni 1990)

den Ergebnissen des Nato-Gipfels in London große Bedeutung zu. Der wichtigste Punkt der geplanten Begegnung seien jedoch die anvisierten neuen Beziehungen; zweifellos hatte Gorbatschow dabei bereits die Zusammenarbeit des wiedervereinten Deutschlands mit seinem Land im Auge.

Angesichts dieser aufgeschlossenen Haltung waren wir um so verwunderter über den Auftritt Schewardnadses bei der zweiten Runde der Zwei-plus-Vier-Gespräche, die am 22. Juni in Ost-Berlin stattfanden, nachdem die sechs Außenminister dem Abbau des Kontrollgebäudes am Checkpoint Charlie beigewohnt hatten. Schewardnadse legte nämlich einen Entwurf vor, der den längst vom Tisch geglaubten Vorschlag einer Doppelmitgliedschaft des vereinten Deutschlands in Warschauer Pakt und Nato wieder aufwärmte. Diesem Konzept zufolge sollten die deutschen Streitkräfte auf eine Stärke zwischen 200 000 und 250 000 Mann reduziert werden und die alliierten Rechte in Deutschland für eine Übergangszeit von fünf Jahren fortbestehen. Bis dahin sollte Berlin

Vier-Sektoren-Stadt bleiben. DDR-Außenminister Markus Meckel, der noch ein gutes Jahr zuvor evangelischer Pfarrer im Mecklenburgischen gewesen war, stellte sich auf die Seite seines sowjetischen Kollegen und billigte dessen Vorschlag. Seine Begründung: Die Sowjetunion fürchte, den Zweiten Weltkrieg nachträglich zu verlieren.

Welche Haltung der frischgewählte Ministerpräsident Lothar de Maizière damals in dieser existentiellen Frage hatte, weiß ich erst, seit darüber in einschlägigen Dokumentensammlungen nachzulesen ist. Bei seinem Treffen mit Michail Gorbatschow in Moskau am 29. April 1990 hatte er Sympathien für die Vorstellungen des Kremlherrn in Sachen Bündniszugehörigkeit bekundet:

»Ich stimme dem zu, dass wirklich eine Reihe sehr ernster Probleme auftreten. Wenn das vereinte Deutschland als Ganzes in die Nato integriert wird, so würde das eine Leugnung der DDR als Faktor der Stabilität und Sicherheit im Zentrum Europas bedeuten. Andererseits – eine einfache Fixierung der jetzigen Situation ohne Berücksichtigung der Veränderungen, die mit der Wiedervereinigung Deutschlands verbunden sind, könnte zu einer Destabilisierung bei uns führen. Und das wird auch nicht zur Lösung des Problems führen. Unsere Position besteht darin, dass wir es nicht für nötig halten, die Mitgliedschaft des vereinten Deutschlands in der Nato zu stärken. Wir sind für eine Politik des Fortschreitens hin zur Auflösung der Blöcke und somit natürlich auch der Nato.«

Wie man sich die »Auflösung der Blöcke« vorzustellen hatte, erläuterte de Maizière so:

»Der Charakter der Nato an sich muss sich verändern zugunsten der Priorität der politischen Zusammenarbeit über dem Militärischen. Eine Koalitionsabsprache zwischen den Parteien, die die Regierung in der DDR bilden, sieht die Möglichkeit eines solchen Beitritts des vereinten Deutschlands in die Nato vor, welcher für die Nachbarn und andere europäische Staaten annehmbar wäre. Gemeint ist dabei, dass die Nato ihren Charakter ändern würde. Außerdem ist ein besonderes militärisches Regime vorgesehen für das Territorium, auf dem sich jetzt die DDR befindet. Auf diesem Territorium soll es keine Nato-Streitkräfte geben, sondern Streitkräfte, die sich aus der jetzigen Volksarmee der DDR bilden, und sie sollten in technischer Hinsicht mit dem Warschauer Pakt verbunden sein, und auf gar keinen Fall werden sie mit den militärischen Strukturen der Nato verbunden sein. Sonst verwandelt sich der Ostteil Deutschlands in ein Ziel für Angriffe. Und da das Territorium der DDR dicht besiedelt und von einer großen Zahl wirtschaftlicher Objekte bedeckt ist, ist es sehr schwierig, sie zu verteidigen.«

Mit diesen Vorschlägen trat de Maizière in Moskau auf, ohne sich mit mir oder einem der Bonner Regierungsmitglieder abgesprochen zu haben. De Maizière betonte mehrmals, er könne sich nicht vorstellen, dass das vereinte Deutschland vollständig in die Nato integriert werde. Damit stand er Gorbatschow weit näher als den westlichen Verbündeten. Seine Position stand in klarem Widerspruch zu den Auffassungen des amerikanischen Präsidenten und des deutschen Bundeskanzlers.

Gleiches galt für Außenminister Meckel, der forderte, Deutschland zu einer »Pufferzone« zwischen beiden Bündnissen zu machen. Das hielt er in einem Papier fest, mit dem er die Bemühungen der Bundesregierung in der Bündnisfrage ebenfalls unterlief. Selbst der amerikanische Präsident zeigte sich von seiner Haltung beunruhigt und sprach Lothar de Maizière auf Meckels Vorschläge an, als der Ministerpräsident sich am 13. Juni zu einem Meinungsaustausch im Weißen Haus aufhielt. De Maizière reagierte ausweichend und in allgemeiner Form und sprach von einer Brückenfunktion, die das vereinte Deutschland übernehmen solle. Gerade vom Warschauer-Pakt-Gipfel zurückgekehrt, sei er sich der Sorgen »der Brüder und Schwestern im Osten« angesichts des Nato-Truppenumfangs sehr bewusst geworden.

Das waren bemerkenswerte Äußerungen, die eher die Befürchtungen alter kommunistischer Politfunktionäre wiedergaben als die der Bevölkerung. Die allermeisten Menschen in den Ländern Ost- und Mitteleuropas sahen in den Soldaten der westlichen Allianz nämlich keine Bedrohung, sondern sie verstanden sie als Boten von Demokratie und Freiheit.

Damit nicht genug, wollte der DDR-Außenminister doch tatsächlich im Sommer 1990 – im Einklang mit der Sowjetunion, aber im Gegensatz zu den Westmächten und uns – den Einigungsprozess für den Aufbau einer europäischen Sicherheitsorganisation nutzen. Alles, was er von sich gab, ordnete er dem Ziel einer europäischen Sicherheitsgemeinschaft oder -partnerschaft unter. Damit ging er viel weiter als Ministerpräsident de Maizière. Die DDR, so Meckel damals, wolle nicht eher vom Zwei-plus-Vier-Tisch aufstehen, bis »solides Einvernehmen über Grundsätze und Fahrplan« zu einer europäischen Sicherheitsorganisation erreicht sei. Konkret schlug er einen »selbstbestimmten« Verzicht Deutschlands auf Herstellung, Besitz, Weitergabe und Stationierung von ABC-Waffen vor, was aus meiner Sicht eine Denuklearisierung und Singularisierung Deutschlands sowie eine Schwächung des Bündnisses bedeutet hätte. Weiter forderte Meckel:

– eine freiwillige und einseitige deutsche Erklärung bei den Zwei-plus-Vier-Gesprächen, die Personalstärke von NVA und Bundeswehr zu halbieren und dies anschließend in die Wiener Verhandlungen einzubringen;
– sicherheitspolitische Sonderregelungen für das Gebiet der DDR;
– eine Erklärung der Mitgliedsstaaten beider Bündnissysteme, mit der diese Forderungen bestätigt werden sollten.

Und das von einem Mann, der neben Hans-Dietrich Genscher in dem entscheidenden Gremium saß, das uns die volle Souveränität bringen sollte. Und zwar zügig. All diese von Meckel vorgetragenen konkreten Vorschläge gehörten in andere Verhandlungsforen. Mit der bedingungslosen – auch zeitlichen – Unterordnung des Einigungsprozesses unter den Aufbau einer europäischen Sicherheitsorganisation hätte die DDR eine Verzögerung der deutschen Einheit riskiert. Damit ging Meckel sogar weiter als der sowjetische Außenminister, der immerhin nur von einer »optimalen Synchronisierung« beider Prozesse sprach.

Markus Meckel schien mir nicht nur völlig überfordert, er verfolgte eine ganz andere Politik und wollte die Eigenständigkeit der DDR erhalten, solange es eben ging.

Doch aller Rückhalt bei den DDR-Regierungsmitgliedern nutzte nichts. Die Intervention Schewardnadses bei den Berliner Zwei-plus-Vier-Verhandlungen stieß auf den erbitterten Widerstand Bakers, der vom britischen Amtskollegen Hurd, dem französischen Außenminister Roland Dumas und vor allem von Genscher unterstützt wurde. Schewardnadse gestand dann doch zu, dass sich auch die Sowjetunion definitiv bereit erklärte, die Zwei-plus-Vier-Verhandlungen noch vor der KSZE-Konferenz am 7. November 1990 abzuschließen. Der Vorschlag, die deutsche Souveränität für fünf Jahre auszusetzen, war damit vom Tisch. Auf der anschließenden Pressekonferenz räumte der sowjetische Außenminister ein, dass der Vorstoß nicht die »letzte Wahrheit« sei und die Suche nach Kompromisslösungen fortgesetzt werden müsse.

*

Am 21. Juni 1990 stand der Staatsvertrag zwischen der Bundesrepublik Deutschland und der DDR über die Einführung einer Wirtschafts-, Währungs- und Sozialunion in beiden Parlamenten zur Abstimmung an. Mit großer Mehrheit stimmten die bundesdeutschen Abgeordneten dem Vertragswerk zu, und auch von der Volkskammer wurde der Vertrag gebilligt. Die Abgeordneten von PDS, Bündnis 90 und den Grünen stimmten dagegen. Gleichzeitig gaben beide Parlamente eine Garantieerklärung über die Unverletzlichkeit der polnischen Westgrenze zu Deutschland ab.

Am nächsten Tag passierte der Staatsvertrag – gegen die Stimmen Niedersachsens und des Saarlands – auch den Bundesrat. Dass die Ministerpräsidenten Oskar Lafontaine und Gerhard Schröder sich der Zustimmung verweigerten, wird ihnen immer als schwerer Makel anhängen. In einer für die deutsche Einigung so wesentlichen Frage so versagt zu haben, hat beide Sozialdemokraten schon damals für wichtige politische Ämter untragbar gemacht.

*

In meiner großen Sorge um die politische wie wirtschaftliche Stabilität der Sowjetunion – und aus egoistischem Interesse für unser Land in dieser entscheidenden Phase des Vereinigungsprozesses – hatte ich mich am 13. Juni 1990 mit einer Botschaft an die Staats- und Regierungschefs der Mitgliedsstaaten der Europäischen Gemeinschaft und der G 7 gewandt. Dabei ging es mir um die Unterstützung der westlichen Partnerländer bei der Verwirklichung der sowjetischen Reformen, auch in Form von langfristigen Krediten, so wie ich sie Gorbatschow versprochen hatte. Einzelheiten – so meine Bitte – sollten auf den bevorstehenden Gipfeltreffen besprochen werden.

Am 22. Juni 1990, zur selben Stunde, da in Ost-Berlin die Außenminister tagten, fuhr ich zusammen mit François Mitterrand von Bonn aus den Rhein aufwärts nach Assmannshausen, wo im Hotel Krone ein gemeinsames Abendessen verabredet war. Wir sprachen dabei auch über den europäischen Integrationsprozess, den wir beim bevorstehenden EG-Gipfel in Dublin voranbringen wollten, vor allem aber über die Hilfe für die Sowjetunion und die Reformstaaten Mittel- und Osteuropas. Ich warb bei dem französischen Staatspräsidenten dafür, in besonderer Weise der Sowjetunion behilflich zu sein. Mitterrand, der unabhängig von mir die gleichen Überlegungen angestellt hatte, stimmte mit mir überein, dass es erforderlich sei, bis zum Herbst ein Hilfsprogramm für die Sowjetunion auf die Beine zu stellen, weil es sonst zu spät wäre. Uns beiden war klar, dass es sehr schwer werden würde, die Vereinigten Staaten und Japan für ein Hilfsprogramm zu gewinnen, doch wir wollten nichts unversucht lassen.

Ich informierte Mitterrand kurz auch über die Bundestagsdebatte des Vortags und zeigte mich erleichtert über die große Mehrheit, die die Entschließungen zur polnischen Westgrenze im Bonner Parlament wie in der Ost-Berliner Volkskammer gefunden hatten. Schließlich sprachen wir über das Dauerthema »Bündniszugehörigkeit«. Uns war klar, dass die Zugehörigkeit eines vereinten Deutschlands zur Nato für Gorbatschow innenpolitisch höchst schwierig war, dennoch müsse die Sowjetunion dies akzeptieren. Eine Obergrenze der deutschen Streitkräfte dürfe auch nicht isoliert außerhalb der Abrüstungsverhandlungen festgelegt werden. Truppenreduzierungen müssten sich auf Zentraleuropa insgesamt beziehen; Deutschland dürfe nicht »singularisiert« werden.

Schließlich erläuterte ich meine Idee, beim KSZE-Gipfel ein »Gewaltverzichtsabkommen« zwischen Nato und Warschauer Pakt vorzuschlagen, konkretisiert durch eine entsprechende Erklärung der Länder der Nato und des Warschauer Pakts, der sich die Neutralen anschließen könnten. Der Präsident stimmte diesem Vorhaben zu.

Nach dem Abendessen gingen wir wieder an Bord und fuhren weiter in Richtung St. Goarshausen. Ich hatte mir für Mitterrand eine Überraschung ausgedacht: Als wir Kaub passierten, übergab ich ihm einen alten Merian-Stich von dieser Stelle des Rheins, die eine wichtige Erfahrung der deutsch-französischen Geschichte symbolisierte. Mitterrand war sichtlich erfreut über das Geschenk, schaute mich dann aber etwas prüfend an. Kriegsgeschichte war nicht sein Thema, doch er wusste natürlich, dass der preußische Generalfeldmarschall Blücher hier – es war in der Neujahrsnacht 1813/14 – mit seiner Armee den Strom überquert hatte, um auch die linksrheinischen Gebiete von der Herrschaft des geschlagen vom russischen Feldzug heimgekehrten Napoleon zu befreien.

Ich legte immer Wert darauf, dass meine Geschenke an befreundete Staats- und Regierungschefs einen besonderen politischen oder persönlichen Bezug zum Beschenkten hatten. Damit brachte ich meine Wertschätzung und Sympathie zum Ausdruck, konnte zugleich aber auch deutlich machen, was mir persönlich wichtig schien. Gerade François Mitterrand war sehr empfänglich für solche Aufmerksamkeiten.

14.
Gipfeldiplomatie

Es waren im wahrsten Sinn des Wortes bewegte Zeiten: Am 25. Juni 1990 flog ich zum EG-Gipfel nach Dublin, am 5. und 6. Juli weilte ich auf dem so wichtigen Nato-Gipfel in London, und drei Tage später begab ich mich zum Weltwirtschaftsgipfel ins texanische Houston. Dass derart hochrangige Begegnungen der Führer der westlichen Welt in so dichter Abfolge stattfanden, war ein direktes Resultat des tiefgreifenden historischen Wandels, der sich in Europa und weltweit vollzog, und zeigt, welche politisch-ökonomischen Wechselwirkungen sich aus den internationalen Veränderungen ergaben. Ohne die glänzende Unterstützung meines außenpolitischen Beraterteams unter der Leitung meines engen Vertrauten Horst Teltschik wäre dieses Programm nicht zu bewältigen gewesen, zumal sich auch noch nach nur zweitägiger Verschnaufpause die Gespräche mit Michail Gorbatschow in Moskau anschlossen, wohin ich am 14. Juli flog.

Die deutsche Außenpolitik war längst meine Domäne geworden, und nach enger Absprache mit Hans-Dietrich Genscher liefen die Fäden im Kanzleramt zusammen. Um außenpolitisch die deutsche Einheit durchzusetzen, baute ich auf meine engen Kontakte zu Washington, Paris und Moskau. Ich hatte immer Wert darauf gelegt, mich in der EG und im Nordatlantischen Bündnis als verlässlicher Partner zu erweisen; jetzt machte sich das bezahlt.

Bei der zweitägigen Gipfelkonferenz der zwölf Staats- und Regierungschefs der EG kam es leider zu keiner spontanen Wirtschaftshilfe für die Sowjetunion, aber immerhin wurde der EG-Kommission der Auftrag erteilt, bis Ende Oktober zu prüfen, inwieweit die sowjetischen Reformvorhaben von der EG konkret unterstützt werden könnten. Der französische Staatspräsident und ich bedauerten den Aufschub der Hilfsaktion. Letztlich war unser Vorhaben an Margaret Thatcher gescheitert, die eine akute Notsituation in der Sowjetunion bezweifelte. London sei nicht grundsätzlich dagegen, die Sowjetunion finanziell zu unterstützen, sagte die Premierministerin, es müsse aber sichergestellt sein, dass die Sowjetunion zuvor ihre Wirtschaft reformiere. Nur so könne garantiert werden, dass die Hilfen auch effektiv seien.

Jenseits aller politischen Realitäten zeigte sich die Premierministerin ziemlich gleichgültig, was aus der Perestroika werden und wie lange sich Gorbatschow halten würde. Für uns Deutsche sah das ganz anders aus, denn wenn Gorbatschow bei seinen Reformbemühungen scheiterte, war die deutsche Einheit in hohem Maße gefährdet. Doch das interessierte Margaret Thatcher nicht.

Trotz der Uneinigkeit im Europäischen Rat über eine Soforthilfe konnte der 43. EG-Gipfel mit einer Serie von Übereinstimmungen abschließen: Wir verständigten uns darüber, dass Mitte Dezember in Rom die besonderen Regierungskonferenzen für die Weiterentwicklung der Europäischen Wirtschafts- und Währungsunion und für die Formierung einer Politischen Union beginnen sollten. Genaugenommen wurde damals das Startsignal für eine Entwicklung gegeben, die zum Vertrag von Maastricht und damit zur Schaffung der Europäischen Union führte, wie wir sie heute kennen. Die Entscheidung zur Einberufung einer Regierungskonferenz über die Politische Union ging auf eine gemeinsame Initiative von François Mitterrand und mir vom Frühjahr zurück. Nun hatte die Europäische Union eine klare politische Vorgabe für die Arbeit der kommenden beiden Jahre. Niemand von unseren europäischen Nachbarn konnte jetzt noch ernsthaft daran zweifeln, wie wichtig uns auch nach der Wiedervereinigung die europäische Einheit war.

*

Am 1. Juli 1990 trat die Wirtschafts-, Währungs- und Sozialunion in Kraft. Das war der entscheidende Schritt auf dem Weg zur Einheit unseres Vaterlands, ein großer Tag in der Geschichte der deutschen Nation. Jetzt wurde für die Menschen in Deutschland in wichtigen Bereichen ihres täglichen Lebens die Einheit erlebbare Wirklichkeit. Die Deutschen in der Bundesrepublik und in der DDR waren nun wieder unauflöslich miteinander verbunden – zunächst durch eine gemeinsame Währung und durch die gemeinsame Ordnung der sozialen Marktwirtschaft, bald auch wieder in einem freien und vereinten Staat. Endlich konnten die Deutschen wieder ungehindert zueinander kommen: Seit dem 1. Juli herrschte an der Grenze freie Fahrt. Über vierzig Jahre hatten wir darauf gewartet. In die Freude darüber mischte sich aber auch Trauer – Trauer über jene, die an Mauer und Stacheldraht ihr Leben verloren hatten.

Der Staatsvertrag war Ausdruck der Solidarität unter den Deutschen; er dokumentierte den Willen aller Deutschen, in eine gemeinsame Zukunft zu gehen – in einem vereinten und freien Deutschland. Es werde harte Arbeit erfordern, bis wir Einheit und Freiheit, Wohlstand und sozialen Ausgleich für alle Deutschen verwirklicht hätten, sagte ich damals. Viele unserer Landsleute in der DDR mussten sich auf neue und ungewohnte Lebensbedingungen einstellen und auch auf eine gewiss nicht einfache Zeit des Übergangs. Den Deutschen in der DDR konnte ich sagen: Es wird niemandem schlechter gehen als zuvor, dafür vielen besser. Und dazu stehe ich auch heute.

Unvergessen die Fernsehbilder: In riesigen Mengen wurden D-Mark-Banknoten in den Keller des Zentralkomitee-Gebäudes, des ehemaligen Sitzes der Reichsbahn in Ost-Berlin, geschafft, von wo aus sie zu den Geldinstituten in der gesamten DDR transportiert wurden. Dass die Logistik dieses Unternehmens so reibungslos klappte, ist der Bundesbank und hier vor allem dem persönlichen Einsatz des zuständigen Direktors Johann Wilhelm Gaddum zu verdanken.

In Berlin war es schon am Samstag, dem 30. Juni, um null Uhr soweit: In der Filiale der Deutschen Bank am Alexanderplatz wur-

1. Juli 1990: Mit Unterstützung von Finanzminister Theo Waigel werden die ersten D-Mark-Scheine ausgegeben

den die ersten D-Mark-Scheine ausgegeben. Vor der Bank drängten sich Tausende, Feuerwerksraketen stiegen in den Himmel, Sektkorken knallten, Hupkonzerte ertönten in den Straßen. Überall in der DDR wurden D-Mark-Partys gefeiert. Gleichzeitig wurden an der gesamten innerdeutschen Grenze die Schlagbäume geöffnet, und die DDR-Grenzer stellten ihre Kontrollen ein.

In einer Fernsehansprache rief ich den Menschen zu: »Wir werden es schaffen!« Ich erinnerte an die Zeit vor über vierzig Jahren, als in einer ungleich schwierigeren Situation aus den Trümmern der Städte und Dörfer die Bundesrepublik Deutschland aufgebaut und eine stabile Demokratie errichtet worden war. Am Schluss sagte ich: »Am heutigen Tag bitte ich Sie alle: Gehen wir ohne Zögern gemeinsam ans Werk. Es geht um unsere gemeinsame Zukunft – in einem vereinten Deutschland und in einem vereinten Europa.«

*

Am Vormittag des 5. Juli 1990 traf ich zum Nato-Gipfel in der britischen Hauptstadt ein. Im State Drawing Room des Lancaster House versammelten sich die Staats- und Regierungschefs des westlichen Bündnisses mit ihren Außenministern zu einer ersten informellen Begegnung. Gemeinsam gingen wir hinüber in die

Long Gallery, den eigentlichen Konferenzraum, wo die britische Premierministerin die Delegation begrüßte. Nato-Generalsekretär Manfred Wörner eröffnete den Sondergipfel, von dem Präsident Bush gesagt hatte, er werde der wichtigste in der Geschichte des Nordatlantischen Bündnisses werden.

Nach den Gipfeln im Mai und Dezember 1989 war es bereits das dritte Gipfeltreffen des Bündnisses in der Amtszeit des amerikanischen Präsidenten. Dem lag die bei den Frühjahrsbegegnungen konzipierte Idee zu Grunde, den Nato-Gipfel als Forum zu nutzen, um alle Fragen zu erörtern, die die Veränderungen in Europa und insbesondere die deutsche Vereinigung für das Bündnis aufwarfen. So stand die künftige politische Aufgabenstellung des Bündnisses im Vordergrund des Treffens. Aktuelle Themen waren die zunehmenden Zerfallserscheinungen des Warschauer Pakts und die anhaltenden Gegensätze beim Zwei-plus-Vier-Prozess bezüglich der Bündniszugehörigkeit eines geeinten Deutschlands und der Stärke seiner Streitkräfte.

Der Londoner Gipfel wurde zu einem Meilenstein auf dem Weg zur deutschen Einheit und für die künftige Sicherheitsarchitektur Europas. Es ging um die Kernfrage, ob das Bündnis angesichts des historischen Wandels in Europa selbst wandlungsfähig war und die Chancen dieses Wandels durch aktive, entschlusskräftige und zukunftsgewandte Politik zu nutzen und mitzugestalten wusste.

Als erster ergriff der französische Präsident das Wort und hob die Bedeutung des Anpassungsprozesses angesichts der Veränderungen in Europa hervor: Der defensive Charakter der Allianz müsse betont werden, ohne deshalb als Militärbündnis, das über eine atomare Abschreckungskapazität verfügt, an Glaubwürdigkeit einzubüßen. Für den US-Präsidenten war es wichtig, dass die Nato Sicherheit garantiere und die Zusammenarbeit mit den Staaten Ost- und Mitteleuropas fördere. In bezug auf Deutschland meinte Bush, Moskau müsse deutlich gemacht werden, dass die Zugehörigkeit eines vereinten Deutschlands zur Nato auch im sowjetischen Interesse liege.

Dann umriss ich die Prinzipien meiner Politik: Das wiedervereinigte Deutschland werde im Atlantischen Bündnis der zuverlässige Stabilitätsfaktor sein, den Europa in seiner Mitte brauche, und es freue mich, dass unsere unmittelbaren Nachbarn im Osten diese Auffassung teilten. Andere müssten noch überzeugt werden, dass die von uns allen gewünschte Mitgliedschaft des vereinten Deutschlands auch für sie einen Zugewinn an Stabilität und eine neue Chance der Partnerschaft bedeute. Dazu gehöre, dass wir verdeutlichen, wie das Nordatlantische Verteidigungsbündnis der neunziger Jahre seine Rolle und seinen Kurs in Zukunft bestimme. Das Gütesiegel der politischen Rolle unseres Bündnisses sei es, den Gegnern von gestern, die der Konfrontation entsagten und dies konkret bewiesen, die Hand zur Freundschaft und Zusammenarbeit auszustrecken.

Nachdem ich noch einmal den Willen der Europäer bekräftigt hatte, die Reformbewegung wirtschaftlich zu unterstützen, kündigte ich an, im Rahmen der Wiener Abrüstungsverhandlungen über die Stärke der Streitkräfte des vereinten Deutschlands sprechen zu wollen. Über dieses Thema hatten wir in den Tagen vor dem Londoner Gipfel leidenschaftlich gestritten. Die Frage lautete: Was kann den Sowjets zugemutet werden? Hans-Dietrich Genscher glaubte, alles, was über eine Truppenstärke von 350 000 Mann hinausgehe, sei unrealistisch. Ich war der Meinung, wenn wir mit 350 000 in die Verhandlung gingen, stünden wir am Ende bei 280 000, weshalb ich vorschlug, mit 400 000 Mann anzufangen. Wir ließen dann aber die Angelegenheit auf sich beruhen, denn in London stand diese Frage nicht an.

Die zum Abschluss des Gipfels verabschiedete Londoner Erklärung war ein Markstein in der Geschichte des Bündnisses. Die sechzehn Nato-Staaten beschlossen, die seit dreiundzwanzig Jahren geltende Verteidigungsstrategie der Allianz von Grund auf zu ändern. Sie versicherten, dass sie niemals und unter keinen Umständen als erste Gewalt anwenden würden. Die Staaten der Allianz bekräftigten weiter, dass sie zu einer weitgehenden Kooperation mit der Sowjetunion und den Ländern des Warschauer Pakts bereit seien. Grundlegende Veränderungen der Streitkräftestruktur und der Strategie seien jedoch auch an den Abzug sowjetischer Truppen aus Mittel- und Osteuropa und an die Umsetzung des

Wiener Vertrags über die Begrenzung konventioneller Streitkräfte gebunden. Außerdem unterstrich das Bündnis seine Aufgabe, Sicherheit und Stabilität in Europa zu wahren. Die Nato beabsichtige, die politische Komponente der Allianz zu stärken. Als Mitglied des Atlantikpakts und der EG werde das geeinte Deutschland »ein unentbehrlicher Stabilitätsfaktor sein, den Europa in seiner Mitte braucht«.

In der Erklärung luden die Nato-Regierungschefs Gorbatschow und die Staats- und Regierungschefs der anderen osteuropäischen Länder ein, vor dem Atlantikrat in Brüssel zu sprechen. Den Ländern des Warschauer Pakts wurde zudem die Möglichkeit eröffnet, Verbindungsbüros bei der Nato in Brüssel einzurichten.

Die Zeit der Konfrontation in Europa war beendet, wir standen am Anfang einer Zeit der Kooperation. Was einundvierzig Jahre lang die Sicherheit Europas garantiert hatte, war überholt, wir konnten guten Gewissens den Gegnern von gestern die Hand der Freundschaft entgegenstrecken. Die schwierigste Aufgabe bestand nun darin, der Sowjetunion klarzumachen, warum die westliche Allianz trotz des Zusammenbruchs des Warschauer Pakts unter allen Umständen und mit einer Reihe von Veränderungen erhalten bleiben musste und warum dies auch in ihrem Interesse lag.

Ich war hochzufrieden. Vieles von dem, was in die Londoner Erklärung eingeflossen war, ging auf unsere Initiative zurück, und ich wusste, dass diese Erklärung den sowjetischen Partei- und Regierungschef auf dem parallel zum Londoner Gipfel stattfindenden Parteitag der KPdSU stützen – und mir damit eine gute Ausgangsposition bei den für Mitte Juli 1990 vorgesehenen Gesprächen in Moskau verschaffen würde.

*

Auch der 16. Weltwirtschaftsgipfel in Houston stand im Zeichen der aktuellen außen- und sicherheitspolitischen Ereignisse. Wie schon auf den beiden vorangegangenen Gipfelbegegnungen begrüßten die Teilnehmer nachdrücklich den Prozess der Einigung

Deutschlands, sprachen sich für ein geeintes und freies Europa aus und unterstützten die tiefgreifenden historischen Veränderungen in Osteuropa und in der Sowjetunion.

Auf meinen Wunsch hin gab es einen ausführlichen Meinungsaustausch über Notwendigkeit und Möglichkeiten einer wirtschaftlich-finanziellen Zusammenarbeit mit der Sowjetunion. Gorbatschow selbst hatte in seinem Schreiben an Präsident Bush als Gastgeber dieses Treffens der G 7 alle Teilnehmer gebeten, seine wirtschaftliche Reformpolitik durch »finanzielle und wirtschaftliche Unterstützung von außen zu ergänzen«. Diesem Anliegen wurde zwar insofern die Dramatik genommen, als Michail Gorbatschow am 10. Juli 1990, also am zweiten Houstoner Konferenztag, mit großer Mehrheit in seinem Amt als Generalsekretär bestätigt wurde, aber das änderte natürlich nichts daran, dass er die Unterstützung des Westens brauchte.

George Bush und die amerikanische Delegation jedoch wollten davon nicht viel wissen. Sie begrüßten zwar den Reformkurs, fanden aber, jede finanzielle Unterstützung sei hinausgeworfenes Geld, solange die Entwicklung der Sowjetunion keine klaren Konturen habe. Statt dessen verlangten sie, dass der Kreml seine Verteidigungsausgaben senken und die Unterstützung demokratiefeindlicher Staaten – wie zum Beispiel des Castro-Regimes – streichen sollte.

François Mitterrand wies Bushs Vorstellungen energisch zurück und berief sich auf die einheitliche Haltung der EG-Staaten in dieser Frage. Es gehe jetzt darum, den Reformmotor in der Sowjetunion anzuwerfen, und weniger darum, Forderungen zu stellen. Er halte daher den Entwurf, den die Amerikaner für die abschließende Erklärung des Gipfels aufgesetzt hatten, in der Sache für schädlich.

Ich pflichtete ihm bei und sagte, es gebe jetzt die Chance, dass sich in der Sowjetunion die Dinge zum Besseren änderten. Scheitere Gorbatschow, werde alles noch viel teurer kommen. Es wäre daher ein elementarer Fehler, den sowjetischen Generalsekretär, der sich hilfesuchend an die sieben führenden Industrienationen der Welt gewandt hatte, zu enttäuschen.

Schließlich ließ sich Bush von Mitterrand und mir überzeugen und lenkte ein. In einer abschließenden Erklärung verpflichteten sich die G 7, die Reformbewegung in der Sowjetunion und in Mittel- und Osteuropa zu unterstützen. Einige Staaten seien bereits jetzt in der Lage und willens, Kredite zu gewähren. Außerdem sollten der Internationale Währungsfonds, die Weltbank und die Europäische Bank für Wiederaufbau und Entwicklung in enger Abstimmung mit der EG-Kommission bis zum Ende des Jahres eine Bestandsaufnahme der ökonomischen Situation in der Sowjetunion ausarbeiten, damit sinnvoll geholfen werden könne.

Alles in allem war die Erklärung von Houston nach der von Dublin und London das dritte positive Signal in Richtung Sowjetunion, so dass ich mir eine echte Chance ausrechnete, dem gestärkt aus dem 28. Parteitag der KPdSU hervorgegangenen Gorbatschow die volle Nato-Mitgliedschaft des vereinten Deutschlands abringen zu können. Als ich auf dem Rückflug nach Deutschland die Nachricht erhielt, dass Michail Gorbatschow mich im Rahmen unseres Treffens in der Sowjetunion in seine kaukasische Heimat einlud, wurde ich noch zuversichtlicher.

Aber der Houstoner Gipfel befasste sich natürlich auch mit einer Reihe anderer wirtschaftspolitischer Themen: mit der internationalen Wirtschaftslage ebenso wie mit Wegen zur Stärkung des offenen Welthandels und zur Lösung der internationalen Verschuldungsprobleme sowie mit Maßnahmen zur Bewältigung der gravierenden globalen Umweltprobleme. Es bestand Einigkeit, dass die Verhandlungen über eine Weltklimakonvention bis 1992 abgeschlossen sein sollten. Auch ein globales Übereinkommen zum Schutz der Wälder sollte bis dahin fertiggestellt werden.

Insbesondere die anhaltende Vernichtung des Tropenwalds musste durch ein Sofortprogramm gestoppt werden. Das bestätigte auch der vorgelegte Bericht der Enquete-Kommission des Deutschen Bundestages. Die Bundesrepublik hatte deshalb ihre nationalen Mittel zur unmittelbaren Förderung des Tropenwalds bereits auf 250 Millionen DM pro Jahr erhöht. Damit waren wir zum wichtigsten bilateralen Geldgeber für Tropenwaldprogramme im Rahmen der Entwicklungshilfe geworden.

Nationale Aktivitäten genügten aber nicht mehr angesichts der globalisierten Herausforderung. Ich schlug deshalb in Houston vor, kurzfristig Gespräche mit der brasilianischen Regierung aufzunehmen, um innerhalb von zwölf Monaten konkrete Vorschläge für ein umfassendes Notprogramm zu entwickeln, durch das die Abholzung des tropischen Regenwalds gestoppt würde. Die Reaktion auf meine Initiative war deutlich positiv. Sie wurde zu einem Kernpunkt der Wirtschaftserklärung von Houston.

Der Weltwirtschaftsgipfel war von einer menschlichen Harmonie geprägt, wie ich sie bis dahin noch nicht erlebt hatte. Es war eine sehr persönliche Beziehung zwischen den Teilnehmern entstanden, so dass die Weltwirtschaftsgipfel seit Houston eine Art familiäre Atmosphäre bekamen. Zur Entkrampfung hatte viel beigetragen, dass man sich schon sehr bald mit Vornamen anredete und dann auch duzte. Ich selbst führte die Sitte ein, dass die Teilnehmer an internationalen Gipfeln immer häufiger gemeinsam im Bus fuhren. Irgendwann war ich es einfach leid gewesen, ständig allein in einer gepanzerten Limousine sitzen zu müssen. Das war unbequem, und außerdem schottet es einen von der Außenwelt völlig ab. Im Bus hingegen kann man es sich bequem machen, und man sieht mehr von Stadt und Land. Für unsere Protokollbeamten war es zunächst ein schwer erträglicher Anblick, wenn der deutsche Bundeskanzler einen Bus bestieg, während auf die übrigen Staats- und Regierungschefs eine Kolonne von schwarzen Limousinen wartete. Aber bald erkannten auch die meisten meiner Kollegen, dass das Busfahren viel mehr Charme hatte.

15.
Durchbruch

Die Einladung in Michail Gorbatschows Geburtsstadt war ein deutliches Zeichen für das gute persönliche Verhältnis, das sich in den letzten Monaten zwischen uns entwickelt hatte. Als ich jetzt vom 14. bis 16. Juli in die Sowjetunion reiste, war ich der erste Regierungschef, der die Möglichkeit hatte, Gorbatschow die Ergebnisse der zurückliegenden drei Gipfel ausführlich zu erläutern. Der Besuch von Nato-Generalsekretär Manfred Wörner unmittelbar vor meiner Visite sowie die Reise von EG-Kommissionspräsident Jacques Delors unmittelbar danach verdeutlichten die internationale Einbettung der deutsch-sowjetischen Gespräche. Diese Einbindung der deutschen Politik, die auch bei den Gipfeln zum Ausdruck gekommen war, verschaffte der Bundesregierung gegenüber der Sowjetunion und in der Ostpolitik insgesamt den erforderlichen Spielraum. Inhaltlich war meine Reise bis ins Detail mit den Partnern abgestimmt.

Es waren vor allem drei Ziele, die ich mit diesem Besuch verband: Erstens wollte ich Zwischenbilanz ziehen. Jetzt war der geeignete Zeitpunkt, gemeinsam mit Gorbatschow die Situation im Zusammenhang des Zwei-plus-Vier-Prozesses zu bewerten. Jetzt mussten wir prüfen, welche Schritte noch erforderlich waren, um die Zwei-plus-Vier-Verhandlungen zu einem erfolgreichen Abschluss zu bringen.

Zweitens wollte ich mit Gorbatschow über die zukünftige Gestaltung der Beziehungen zwischen einem geeinten Deutschland und der Sowjetunion sprechen. Und drittens sollte ausführlich über die wirtschaftlich-finanzielle Zusammenarbeit der Bundesrepublik und des Westens mit der Sowjetunion diskutiert werden.

Unsere bilateralen Hilfen in diesem Jahr konnten sich durchaus sehen lassen: Mit 220 Millionen D-Mark hatte die Bundesregierung die Lieferung von Nahrungsmitteln subventioniert; wir hatten einen 5-Milliarden-Kredit gefördert und einen Vertrauensschutz zugesagt für alle Fälle von DDR-Verpflichtungen gegenüber der Sowjetunion. Darüber hinaus war die Bundesregierung bereit, Verpflichtungen der DDR im Zusammenhang mit der Stationierung der Sowjetarmee auf ihrem Territorium in der Größenordnung von 1,25 Milliarden D-Mark für 1990 zu übernehmen und die Guthaben, die sowjetische Soldaten bei der Staatsbank der DDR hatten, umzutauschen.

Zudem brachte ich ein stattliches Bündel deutscher und westlicher Leistungen nach Moskau mit: Zu bündnisübergreifenden und gesamteuropäischen Sicherheitsstrukturen hatte der Nato-Gipfel auch im Zusammenhang mit dem KSZE-Prozess konkrete Vorschläge und Anregungen beschlossen. Hinzu kamen die einseitigen Ankündigungen der Bundesregierung bezüglich des Verzichts auf ABC-Waffen und der weiteren Mitgliedschaft beim Nichtverbreitungsvertrag sowie unsere Bereitschaft, für eine Übergangszeit sowjetische Truppen auf dem Gebiet der DDR zu akzeptieren und Höchststärken der zukünftigen deutschen Streitkräfte festzulegen. Das waren die wichtigsten Entscheidungen, die die Bundesregierung und der Westen im letzten halben Jahr getroffen hatten, um den Sicherheitsbedürfnissen und den wirtschaftlichen Interessen der UdSSR Rechnung zu tragen – ein eindrucksvolles Gesamtpaket, das die Bundesregierung wesentlich mit vorbereitet und durchgesetzt hatte. Ich erwartete mir davon, dass wir die Zwei-plus-Vier-Gespräche rechtzeitig zum Abschluss bringen und den Einigungsprozess zum Erfolg führen würden.

Bis zum Zeitpunkt meiner Moskau-Reise gab es in den zentralen Fragen des Zwei-plus-Vier-Prozesses kaum Fortschritte. Mindestens drei sowjetische Forderungen waren unvereinbar mit den Vorstellungen meiner Regierung:

- Michail Gorbatschow wollte die Viermächterechte – wenn überhaupt – erst nach einer mindestens fünfjährigen Über-

gangsperiode aufgeben. Ich dagegen forderte die volle deutsche Souveränität zum Zeitpunkt der Wiedervereinigung.
– Gorbatschow wollte dem Abzug der sowjetischen Truppen aus der DDR nur zustimmen, wenn gleichzeitig auch die westlichen Streitkräfte aus der Bundesrepublik abzögen. Ich aber wollte den einseitigen Abzug der sowjetischen Truppen nach einer Übergangszeit.
– Gorbatschow beharrte auf einer wie auch immer gearteten Doppelmitgliedschaft Deutschlands in beiden Bündnissen. Für mich dagegen kam nichts anderes in Frage als die volle Nato-Mitgliedschaft des vereinten Deutschlands.

Mit einem entscheidenden Durchbruch rechnete vor diesem Hintergrund so gut wie niemand. Wir im Westen gingen davon aus, dass Gorbatschow nicht bereit sein würde, die deutsche Vereinigung endgültig zu besiegeln. Ein Abschluss der Verhandlungen konnte sich noch weit ins Jahr 1991 hinziehen. Vor allem die Bündnisfrage schien mir der Quadratur des Kreises gleichzukommen. Nur die größten Optimisten glaubten an ein Wunder, an eine historische Wende.

*

Als wir am späten Nachmittag des 14. Juli 1990 vom Flughafen Köln/Bonn nach Moskau starteten, waren wegen des gewaltigen Journalistenandrangs zwei Maschinen vom Typ Boeing 707 der Bundeswehr nötig, um den ganzen Tross unterzubringen. Kurz vor dem Abflug hatte mir Bundesfinanzminister Theo Waigel noch schriftlich mitgeteilt, dass der in der vergangenen Woche von der Bundesregierung verbürgte Kredit von 5 Milliarden D-Mark bereits in voller Höhe in Anspruch genommen worden war. Das bewies die angespannte Zahlungsbilanzlage der UdSSR.

Nach außen präsentierte ich mich auf dem Flug in bester Stimmung, war aber innerlich durchaus angespannt, während ich den Journalisten Rede und Antwort stand und mit Hans-Dietrich Genscher, Theo Waigel, Regierungssprecher Hans Klein und Horst

Teltschik noch einmal die Verhandlungslinie in Moskau besprach. Dabei kam es zu einer heftigen Auseinandersetzung zwischen mir und dem Bundesaußenminister, bei der es wieder einmal um die künftige Obergrenze für die Streitkräfte eines geeinten Deutschlands ging. Dazu hatte es bereits im Dezember 1989 Kabinettsbeschlüsse gegeben, und wir hatten damals die Wehrpflicht auf fünfzehn Monate begrenzt. Die SPD plädierte gar für eine Halbierung der Bundeswehr.

Während ich von 400 000 Mann sprach, drängte Genscher nachdrücklich darauf, die Obergrenze auf 350 000 Mann festzulegen, inklusive 25 000 Mann bei der Marine. Ich warf Genscher und der FDP vor, sie würden damit eine Berufsarmee anstreben, was Genscher entschieden zurückwies. Dabei ging es mir neben einer inhaltlichen Klarstellung vor allem darum, mit einer günstigeren Verhandlungsposition in die Gespräche zu gehen. Schließlich musste auch klar sein, »wo der Bartel den Most holt«, wie man in meiner pfälzischen Heimat sagt.

Als wir auf dem Regierungsflughafen Wnukowo II landeten, war es längst Nacht in Moskau. Wir wurden von Außenminister Schewardnadse außerordentlich herzlich begrüßt. In seiner Begleitung fuhr ich zur Residenz an der Uliza Kossygina 38 auf dem Leninhügel. Kurz vor Mitternacht hatte ich mit Schewardnadse noch ein kurzes Gespräch, in dem er mir erzählte, wie anstrengend der Parteitag gewesen sei, und dies vor allem auch für Michail Gorbatschow, der in dieser Zeit äußerst wenig geschlafen habe. Ich griff das Stichwort auf und verabschiedete Schewardnadse. Anschließend setzten Eduard Ackermann, Juliane Weber, mein Büroleiter Walter Neuer, Horst Teltschik und ich uns im Speisezimmer noch zu einem kleinen Abendessen zusammen. In der Hoffnung, dass die Gespräche mit Gorbatschow positiv verlaufen und die erhofften Fortschritte bringen würden, verabschiedete ich mich schließlich von meinen engsten Mitarbeitern.

*

Es war Sonntag, der 15. Juli 1990, als ich morgens zum Gästehaus des sowjetischen Außenministeriums fuhr. Am Eingang erwartete uns schon der sowjetische Außenminister, um uns über die große Freitreppe in den ersten Stock zu begleiten, wo Michail Gorbatschow wartete. Er wirkte freundlich und ernst zugleich. Abgesehen von den Dolmetschern nahmen nur Gorbatschows außenpolitischer Berater Anatoli Tschernajew und Horst Teltschik an dem Gespräch teil. Gorbatschow begrüßte mich mit den Worten, die Erde sei rund, und ich flöge ständig um sie herum. Mein Bedarf an Reisen sei gedeckt, erwiderte ich, aber es handle sich jetzt um historisch bedeutsame Jahre, und solche Jahre kämen und gingen, deshalb müsse man die Chance nutzen. Wenn man nicht handle, seien sie vorbei, meinte ich und führte Bismarck an mit dem Satz: »Man kann nicht selber etwas schaffen. Man kann nur abwarten, bis man den Schritt Gottes durch die Ereignisse hallen hört; dann vorspringen und den Zipfel seines Mantels fassen – das ist alles« – die Medien machten daraus dann den vielzitierten »Mantel der Geschichte«. Ich erinnerte Gorbatschow daran, dass wir beide der gleichen Generation angehörten, die im Zweiten Weltkrieg noch zu jung war, um persönlich in Schuld geraten zu können, andererseits aber alt genug, um diese Jahre bewusst mitzuerleben. Unsere Aufgabe sei es jetzt, diese Chance zu nutzen.

Gorbatschow erwiderte, in Erinnerung an die Ereignisse in seinem eigenen Land könne er Vergleichbares feststellen. Auch er gehöre einer Generation an, die den Krieg erlebt habe und sich noch daran erinnern könne. Er sei zehn Jahre alt gewesen, als der Krieg begann, und fünfzehn, als er zu Ende war. Er habe sich alles gut eingeprägt und könne sich sehr gut an die Ereignisse erinnern. Er teile meine Feststellung, dass unsere Generation über eine einzigartige Erfahrung verfüge. Jetzt hätte sich eine große Chance eröffnet und es sei die Aufgabe unserer Generation, diese zu nutzen und zu gestalten. Besonders imponiere ihm die Tatsache, dass heute das Verständnis von der einen Welt vorherrsche und weniger darüber geredet werde, wer gewonnen oder verloren habe.

Ich erinnerte Gorbatschow an unser Gespräch im Juni 1989 im Park des Bundeskanzleramts. Damals hatte ich gesagt, dass ich die

Chancen, die sich jetzt eröffneten, gemeinsam mit dem Präsidenten nutzen wolle.

Gorbatschow erläuterte nun die politische und wirtschaftliche Lage in der Sowjetunion und stellte einen prinzipiellen Gedanken voraus: Wie schon in der Vergangenheit entwickle sich jetzt in den neunziger Jahren eine Situation, die Russland und Deutschland wieder zusammenführen müsse. Einer der kritischen Punkte unserer Zeit werde sein, ob es uns gelinge, diese Aufgabe zu meistern. Für ihn sei dieses Ziel gleichrangig mit der Normalisierung der Beziehungen zu den USA. Wenn es gelinge, eine qualitativ neue Ebene der Beziehung zu erreichen, werde das beiden Völkern und ganz Europa zugute kommen.

Ich stimmte Gorbatschow zu und erklärte mich bereit, innerhalb eines Jahres einen umfassenden Vertrag mit der Sowjetunion zu schließen – vorausgesetzt, dass die aktuellen Probleme gemeinsam gelöst würden. Ich schlug vor, schon jetzt mit der Arbeit an einem solchen Vertrag zu beginnen, der alle Gebiete der Zusammenarbeit umfassen sollte und in den auch der Gedanke des Gewaltverzichts und des Nichtangriffs analog der Erklärung des Nato-Gipfels in London aufgenommen werden könnte. Dann erläuterte ich die Ergebnisse der Gipfelkonferenzen des Europäischen Rats, der Nato und des G-7-Treffens. Gleich, ob in Dublin, London oder Houston, überall sei die gemeinsame Überzeugung spürbar gewesen, dass der Reformprozess in der Sowjetunion unterstützt werden solle.

Als nächstes schilderte ich Gorbatschow die Lage in der DDR, die sich von Tag zu Tag verschlechtere. Anfangs hätte ich andere Zeitvorstellungen gehabt, erklärte ich, und es wäre mir auch lieber, wenn ich mehr Zeit hätte, aber der wirtschaftliche Niedergang der DDR sei dramatisch. Deshalb seien gesamtdeutsche Wahlen am 2. Dezember so wichtig.

Gorbatschow warf ein, große Ziele seien mit großen Schwierigkeiten verbunden, das zeige auch die Perestroika, bei der es nicht nur angenehme Dinge gebe, und deshalb müsse man sich gegenseitig helfen. Alles, was ich tun würde, habe nicht nur große Bedeutung für Deutschland, sondern auch für die Sowjetunion. Man müsse behutsam vorgehen und neues Vertrauen, gegenseitiges Verständnis und eine neue Art des Zusammenwirkens erreichen.

Ich benannte daraufhin drei Bereiche, in denen Vereinbarungen erreicht werden müssten, wenn der zeitliche Rahmen für die Zwei-plus-Vier-Gespräche und die KSZE-Gipfelkonferenz eingehalten werden sollte: 1. über die Abwicklung des sowjetischen Truppenabzugs aus der DDR, 2. über die Mitgliedschaft des geeinten Deutschlands in der Nato und 3. über die zukünftige Obergrenze der Streitkräfte eines geeinten Deutschlands. Diese drei Hürden müssten überwunden werden. Am Ende der Zwei-plus-Vier-Gespräche müsse die volle Souveränität für den Zeitpunkt der Einigung Deutschlands erreicht sein.

Gorbatschow griff das Wort des griechischen Philosophen Heraklit aus Ephesos auf, der um 500 vor Christus lebte und einst feststellte, dass alles im Fluss sei und sich verändere. Heute stelle sich alles anders dar als zu dem Zeitpunkt, als wir diese Probleme zu erörtern begonnen hatten. Jetzt sei der Zeitpunkt gekommen, die Fragen zu klären und die Entscheidungen zu treffen, auf denen die weitere Arbeit beruhe.

Nach einem Exkurs über die veränderte Rolle der Nato räumte Gorbatschow ein, dass die Zusammenarbeit zwischen unseren beiden Ländern vertieft werden müsse. Sie hätten über die zukünftigen Beziehungen einige Überlegungen angestellt und zu Papier gebracht. Mit diesen Worten überreichte Gorbatschow mir ein Konzept, das mit »Überlegungen zum Inhalt eines Vertrages über Partnerschaft und Zusammenarbeit zwischen der UdSSR und Deutschland« überschrieben war und nur für mich bestimmt sei. Daraufhin übergab ich Gorbatschow meine Vorschläge. Wir beteuerten wechselseitig, dass es sich um sehr persönliche Gedanken handle.

Gorbatschow wandte sich dann den Zwei-plus-Vier-Themen zu. Er gehe davon aus, dass das geeinte Deutschland in den Grenzen der Bundesrepublik, der DDR und Berlins gebildet werde. Als zweiten Punkt sprach er den Verzicht Deutschlands auf ABC-Waffen an. Er wisse, dass das meine Position sei. Die militärischen Strukturen der Nato, so fuhr er fort, dürften allerdings nicht auf das DDR-Territorium ausgedehnt werden und es müsse eine Übergangsregelung für die Präsenz der sowjetischen Truppen vereinbart werden. Als letztes sprach er sich dafür aus, die Rechte der vier Alliierten abzulösen.

Sofort fragte ich nach, ob er damit einverstanden sei, dass Deutschland mit der Einigung seine volle Souveränität erhalte. Das sei selbstverständlich, erwiderte Gorbatschow.

Er hatte damit zum ersten Mal eingeräumt, dass Deutschland ohne eine Übergangszeit seine volle Souveränität erlangen sollte, was einen eminenten Fortschritt für unsere Sache bedeutete. Ich stellte nun noch einmal klar, dass das souveräne Deutschland als Ganzes der Nato angehören müsse. In der Hoffnung, eine eindeutige Antwort zu erhalten, fügte ich hinzu: »Darüber sind wir uns doch einig.«

Doch ich erhielt die erhoffte Antwort nicht. Statt dessen erwiderte Gorbatschow, dass das vereinte Deutschland zwar de jure Mitglied der Nato sein dürfe, de facto jedoch das Gebiet der ehemaligen DDR nicht in deren Wirkungsbereich eingegliedert werden könne, da sich dort sowjetische Truppen aufhielten. Die Souveränität des vereinten Deutschlands werde davon jedoch in keiner Weise berührt. Nach Ablauf einer Übergangsperiode könne man dann mit Verhandlungen über den Abzug der sowjetischen Truppen beginnen.

Nun sah ich klarer: Entgegen Gorbatschows Beteuerung wären wir also doch nicht souverän gewesen. Mit den späteren Truppenabzugsverhandlungen hätte Moskau einen Hebel in der Hand behalten, um doch noch Druck in der Bündnisfrage auszuüben. Dem konnte ich natürlich nicht zustimmen, und so schienen unsere beiden Standpunkte letztlich doch unvereinbar zu sein.

Gorbatschow, der wohl meine Skepsis spürte, fügte begütigend hinzu: »Wir haben hier in Moskau unsere Gespräche begonnen und werden sie im kaukasischen Gebirge fortsetzen. In der Bergluft sieht man vieles klarer.«

Wir hatten uns schon von unseren Plätzen erhoben, als ich ihn, um ganz sicher zu gehen, fragte, ob die Reise in den Kaukasus überhaupt einen Sinn mache. Ich sagte, dass ich nur fahren würde, wenn am Ende unserer Gespräche die volle Souveränität des vereinten Deutschlands und dessen uneingeschränkte Nato-Mitgliedschaft stünden, ansonsten sei es besser, wieder nach Hause zu reisen. Michail Gorbatschow sagte auf diese Bemerkung hin weder ja noch nein. Er sagte nur: »Wir sollten fliegen.«

In diesem Augenblick wusste ich, dass wir es schaffen würden.

Als wir hinüber in den Speisesaal gingen, hatten wir die für dieses erste Gespräch vorgesehene Zeit von vier Stunden um mehr als vierzig Minuten überzogen. Um den Zeitplan dennoch einigermaßen einhalten zu können, fand das Delegationsgespräch während des Mittagessens statt, zu dem Gorbatschow die Delegationen begrüßte: Beim ersten Gespräch am heutigen Vormittag habe man sich gleichsam aufgewärmt. Es bestünden sehr gute Aussichten auf eine Einigung, wiederholte er, denn in der herrlichen kaukasischen Luft arbeiteten die Gehirne besser.

Beim Mittagessen ging es entspannt zu. Der Generalsekretär hob sein Wodkaglas und prostete mir zu: Dies sei das einzige Getränk in der Sowjetunion, das wirklich sauber sei.

Wenig später stellten wir uns ganz kurz der Presse. Gorbatschow berichtete, man sei in den Gesprächen bereits an sehr große Fragen herangetreten. Da wir über gute Zähne verfügten, sei er zuversichtlich, dass alle harten Nüsse geknackt würden.

*

Gegen 13.30 Uhr stieg ich in Gorbatschows sieben Tonnen schwere und 400 PS starke SIL-Limousine, die uns zum Regierungsflughafen brachte. Wenn ich mich recht erinnere, war es auf dieser Fahrt, dass ich die Frage der Truppenstärke des vereinten Deutschlands ansprach. Michail Gorbatschow antwortete darauf, diese sei doch bereits zwischen unseren Außenministern ausgehandelt worden, und nannte eine Größenordnung von unter 300 000 Mann.

Wieder musste ich zur Kenntnis nehmen, dass Genscher selbstherrlich mit Zahlen operiert hatte, die nicht akzeptabel waren. Diese Angaben entsprächen nicht der Auffassung der Bundesregierung, sagte ich und begründete, weshalb wir in Deutschland weiterhin eine Wehrpflichtarmee benötigten und dass dafür nun einmal eine Truppenstärke von 370 000 Mann erforderlich sei. Und ich verwies darauf, dass Karl Marx der Vater des Konzepts einer Armee von Wehrpflichtigen war.

Gorbatschow hörte sich das alles an und widersprach nicht, was mir darauf hinzudeuten schien, dass er meinen Vorschlag nicht von vornherein ablehnte.

Pünktlich hielt die SIL-Limousine auf dem Flugfeld vor der Präsidentenmaschine, einer Iljuschin 62, die kurz darauf in die Heimat des Generalsekretärs startete. Ich saß mit Gorbatschow im luxuriös ausgestatteten Präsidentensalon im hinteren Teil der Maschine. Nur die Dolmetscher waren anwesend, und so unterhielten wir uns ganz privat, wie vor einem guten Jahr im Garten des Bundeskanzleramts. Während kleine, typisch russische Gerichte serviert wurden, erzählte Gorbatschow von der Vergangenheit, von seiner Kindheit im Süden des Landes, von der Partei, die in ihrer langen Geschichte so viele Menschenleben gefordert hatte. Er berichtete auch von seiner Zeit als Politfunktionär in Stawropol, von seinem Studium an der Lomonossow-Universität in Moskau und von den Jahren, die er dort mit seiner Frau verbrachte. Gegen Ende des tausendsechshundert Kilometer langen Fluges kam Raissa Gorbatschowa zu uns in den Salon.

Nach zwei Stunden Flug über den endlosen Weiten Russlands setzte die Iljuschin auf der Landebahn von Stawropol auf. Am Flughafen, wo einige hundert Menschen Aufstellung genommen hatten, applaudierten und uns Blumensträuße in die Hände drückten, wurden wir von den örtlichen Funktionären begrüßt. Anschließend fuhren wir zum Gefallenen-Ehrenmal, einem gewaltigen Monolith mit den in Stein gemeißelten Gesichtern dreier Rotarmisten. Kriegsveteranen kamen zu uns und appellierten an uns, nunmehr den Frieden zwischen unseren Völkern endgültig zu besiegeln. Gorbatschow wandte sich zu mir um und sagte: »Das ist genau das, was wir damals in Bonn besprochen haben.«

In Stawropol, wo Gorbatschow von 1955 bis 1978 gelebt hatte – zunächst als Sekretär für Propaganda des Komsomol, später als Erster Gebietssekretär der KPdSU –, zeigte er mir sein ehemaliges Büro, wo er seine Karriere begonnen hatte. Mir war sehr wohl bewusst, was es bedeutete, als erster ausländischer Regierungschef nach Stawropol eingeladen worden zu sein.

*

Nach kurzem Aufenthalt in der Stadt bestiegen wir zusammen mit den beiden Außenministern einen großen Aeroflot-Hubschrauber und flogen Richtung Kaukasus. Ein paar Minuten später landeten wir mitten auf einem riesengroßen Stoppelacker und wurden von jungen Bauernmädchen begrüßt, die bei der Erntearbeit waren. Sie überreichten uns Brot und Salz als Zeichen der Gastfreundschaft. In der alten ländlichen Tradition seiner kaukasischen Heimat küsste Gorbatschow das Brot, bestreute es mit Salz, brach es und verteilte es. Ich machte drei Kreuze auf den Laib. So hatte es früher meine Mutter getan, als ich noch ein Kind war. Ich erklärte Gorbatschow die Bedeutung dieser symbolischen Handlung.

Wenig später kletterten wir beide auf einen Mähdrescher und fuhren ein Stück mit. Gorbatschow berichtete mir von seinen vergeblichen Mühen, die Effizienz der Landwirtschaft zu erhöhen. Noch immer würden große Teile des Getreides durch unsachgemäße Lagerung oder beim Transport verderben. Dann erzählte ich ihm meine eigene Geschichte, dass ich als Junge davon träumte, einmal Bauer zu werden.

Wir bestiegen wieder den Hubschrauber und flogen weiter in den Kaukasus. Als wir in dem kleinen, im Selemtschuk-Tal gelegenen, von dichten Wäldern umgebenen Dorf Archys landeten, wurden wir wieder herzlich begrüßt wie zuvor in Stawropol. Wir fuhren gemeinsam zu einer versteckten Lichtung, auf der Gorbatschows »Datscha« stand, eine ehemalige staatliche Oberförsterei, an der der Fluss Selemtschuk wie ein Wildwasser vorbeirauscht.

Kaum war ich in meinem Zimmer, ließ Gorbatschow anfragen, ob wir einen Spaziergang machen wollten. Ich zog meine schwarze Strickjacke an, und wenig später gingen wir am Selemtschuk entlang. Die Delegationsmitglieder und Journalisten folgten

Spaziergang mit Michail und Raissa Gorbatschow am Selemtschuk (Juli 1990)

uns. Nach ein paar Metern blieb Gorbatschow stehen, kletterte die Uferböschung hinunter und reichte mir die Hand, um mir zu bedeuten, ich solle ihm folgen. So standen wir am reißenden Wasser und sprachen über die Tücken des Flusses.

Selten habe ich Michail Gorbatschow in einer so gelösten Stimmung erlebt. Wir machten Rast an einer aus Baumstämmen bestehenden Sitzgruppe. Genscher kam hinzu. Keiner von uns hatte Lust, in diesem Augenblick über »große Politik« zu reden, und so plauderten wir über Gott und die Welt. Diese Bilder gingen um die Welt, ARD und ZDF berichteten mit Sondersendungen aus dem Kaukasus.

Auch während des Abendessens blieb die Atmosphäre gelöst. Gorbatschow erzählte von seiner Familie, von der Großmutter, die immer eine Ikone im Zimmer gehabt habe, von seinem Großvater, der früh auf den Kommunismus gesetzt und Lenin und Stalin verehrt habe, weil er sich von ihnen die Verbesserung der ärmlichen Lebensumstände versprochen habe. Aber auch um weniger ernste Themen kreiste die Unterhaltung, zum Beispiel über die Fußballweltmeisterschaft in Rom. Gorbatschow, der den Deutschen zum Gewinn des Weltmeistertitels gratulierte, hörte meinen Schilderungen über den Verlauf des Endspiels interessiert zu und stellte die eine oder andere Zwischenfrage, die ich sachkundig beantwortete.

Gegen 22 Uhr setzten wir uns zu einem kurzen Vieraugengespräch zusammen, um die für den folgenden Vormittag geplanten Verhandlungen vorzubereiten. Ich sprach mit dem Generalsekretär noch einmal das Kernproblem an und sagte, dass ich bezüglich der Nato-Mitgliedschaft des vereinten Deutschlands keine Einschränkungen akzeptieren würde. Gorbatschow schwieg wiederum.

Es war schon nach Mitternacht, als ich auf den Balkon der Datscha trat, über mir ein wunderschöner Sternenhimmel und vor mir die dunkle Silhouette des Kaukasus. Vieles ging mir durch den Kopf, vor allem aber fragte ich mich, was der morgige Tag wohl bringen würde. Es stand für uns Deutsche so viel auf dem Spiel.

*

Am nächsten Morgen um 10 Uhr begannen die entscheidenden Gespräche im Konferenzraum der alten Oberförsterei. Die Angehörigen der beiden Delegationen nahmen an einem langen Tisch Platz. Nach einem kurzen Eingangsgeplänkel eröffnete ich die Verhandlungen. Ich knüpfte an das Vieraugengespräch vom Vorabend an und schlug vor, man solle jetzt schon mit den Arbeiten an unserem großen bilateralen Vertrag beginnen, mit dem wir die Beziehungen zwischen unseren beiden Ländern von Grund auf neu regeln wollten. Als Zielvorstellung empfahl ich, den Vertrag innerhalb eines Jahres fertigzustellen. Gorbatschow stimmte zu und fragte mich, ob ich mit diesem Vertrag tatsächlich eine langfristige Perspektive für die deutsch-sowjetischen Beziehungen eröffnen wolle. Ich bejahte dies und bekräftigte meinen Willen, eine völlig neue Qualität der Beziehungen anzustreben.

Dann kam ich auf das Kernproblem zu sprechen: Hauptziel sei die volle Souveränität ohne jede Einschränkung für das vereinte Deutschland. Hans-Dietrich Genscher ergänzte, die Zwei-plus-Vier-Verhandlungen müssten mit einem Dokument abgeschlossen werden, das die volle Souveränität Deutschlands festschreibe und keine Fragen offenlasse.

Zuvor müssten einige Voraussetzungen erfüllt sein, antwortete Gorbatschow, unter anderem die Regelung der mit dem Aufenthalt der sowjetischen Truppen in Deutschland verbundenen Fragen. Darüber müsse ein separater Vertrag abgeschlossen werden.

Ich schlug nunmehr vor, dass dieser Vertrag, mit dem auch die Abzugsfristen geregelt werden sollten, bis zum Abschluss der Zwei-plus-Vier-Gespräche unter Dach und Fach sein sollte. Michail Gorbatschow widersprach mir zu meiner Erleichterung nicht.

Genscher sprach das nächste sensible Thema an, als er anmerkte, in dem abschließenden Zwei-plus-Vier-Dokument müsse festgeschrieben werden, dass Deutschland das Recht habe, sich einem Bündnis seiner Wahl anzuschließen. Dies werde natürlich die Nato sein.

Gorbatschow stimmte zu, verlangte aber, dass die Nato in dem Abschlussdokument nicht ausdrücklich erwähnt werde. Er brauche Argumente, um der sowjetischen Bevölkerung die Lage zu erklären, und es sei für ihn leichter, in der Sowjetunion Verständnis dafür zu finden, dass das vereinte Deutschland das Recht habe, sein Bündnis zu wählen.

Immer noch nicht geklärt war zu diesem Zeitpunkt die Frage nach dem Geltungsbereich des Atlantischen Bündnisses im vereinten Deutschland. Schewardnadse, der die Vorstellung des Kreml präzisierte, führte aus, dass sich die Nato-Strukturen auch nach einem Abzug der sowjetischen Truppen aus Ostdeutschland nicht auf dieses Gebiet erstrecken dürften. Gorbatschow ergänzte, dass dies insbesondere für Nuklearwaffen der Nato gelten müsse. Eine gesamtdeutsche Bundeswehr dürfe allerdings auf diesem Gebiet stationiert werden, solange die betreffenden Verbände nicht der Nato unterstellt seien.

Hans-Dietrich Genscher machte zu Recht darauf aufmerksam, dass diese Einschränkungen mit der vollen Souveränität des wiedervereinten Deutschlands nicht vereinbar seien, was Gorbatschow bestritt. So ging es einige Zeit hin und her, ehe Gorbatschow unserem hartnäckigen Drängen Schritt für Schritt nachgab. Zunächst bejahte er die Frage, ob die sich auf die Beistandspflicht beziehenden Artikel 5 und 6 des Nato-Vertrags auch für den Osten Deutschlands Gültigkeit hätten, und schließlich stimmte er zu, dass nach dem Abzug der sowjetischen Streitkräfte auch der Nato unterstellte deutsche Truppen auf dem Gebiet der DDR stationiert werden dürften. Damit waren wir in der entscheidenden Frage am Ziel angelangt: Wir hatten Gorbatschow die volle und uneingeschränkte Nato-Mitgliedschaft des vereinten Deutschlands abgerungen!

Auch in der Frage, wann der Abzug der sowjetischen Streitkräfte abgewickelt sein sollte, konnten wir unsere Vorstellungen durchsetzen und uns auf einen Zeitraum von drei bis vier Jahren verständigen. Wir sagten unseren Gesprächspartnern zu, dass wir bei der Beschaffung von Wohnraum für die heimkehrenden sowjetischen Truppen mit Rat und Tat behilflich sein und außerdem mit einem Überleitungsvertrag die Folgen der D-Mark-Einführung in der DDR für die dort stationierten Truppen auffangen würden.

Zur Überraschung einiger Teilnehmer der Runde einigten wir uns auch rasch auf eine Obergrenze der Truppenstärke des vereinten Deutschlands von 370 000 Mann. Michail Gorbatschow war zunächst von 350 000 Mann ausgegangen, doch ich lehnte das strikt ab und erklärte, dass die von uns vorgeschlagene Truppenreduzierung bereits den größten Abrüstungsschritt bedeute, den ein moderner Staat jemals durchgeführt habe. Der Generalsekretär schwieg einen Augenblick, dann antwortete er: »Na gut, 370 000.«

Am Ende der über dreistündigen Sitzung fragte Gorbatschow, in welcher Form wir die Ergebnisse unserer Gespräche der Presse mitteilen wollten. Es müsse ja der Eindruck vermieden werden, dass wir über die Köpfe der anderen Zwei-plus-Vier-Teilnehmerstaaten hinweg entschieden hätten, und ebenso gelte es zu vermeiden, dass es heiße, der sowjetische Generalsekretär habe sich die Nato-Mitgliedschaft Gesamtdeutschlands abkaufen lassen. Ich möge diesen Punkt einfach so formulieren, dass Deutschland die volle Souveränität erhalte und über die Bündniszugehörigkeit frei entscheiden werde.

*

Keine zwei Stunden später fuhren wir durch das Selemtschuk-Tal in Richtung Schelesnowodsk. Hinter uns ließen wir das idyllisch gelegene Archys, in dem wir Weltgeschichte geschrieben hatten. Bald erreichten wir den auf grünen Hügeln gelegenen Kurort. Vor einem Lungensanatorium hielten die Fahrzeuge. Umringt von Hunderten von Schaulustigen, gingen die Delegationen in das Gebäude, in dem die internationale Pressekonferenz stattfand.

Einleitend sagte Gorbatschow, wir hätten intensiv nach Lösungen für Europa und die Welt gesucht; die anwesenden Journalisten sollten sich auf interessante Nachrichten gefasst machen. Damit übergab er das Wort an mich.

Ich erklärte, die zurückliegenden Tage stellten einen neuen Höhepunkt in der Geschichte der deutsch-sowjetischen Beziehungen dar, sowohl hinsichtlich der Dichte der Gespräche in Moskau als auch im Flugzeug und in der Heimat des Präsidenten:

»Ich habe diese Einladung in seine Heimat als eine ganz besondere Geste verstanden ... Unsere Gespräche waren von größter Offenheit und gegenseitigem Verständnis und auch von persönlicher Sympathie geprägt. Mit dazu beigetragen hat das Umfeld, das wir vorgefunden haben, die herzlichen Begegnungen mit den Menschen.«

Die Bedeutung unseres Zusammentreffens liege jedoch in den Ergebnissen, und die ließen sich in acht zentrale Punkte fassen:

– *Erstens:* Die Einigung Deutschlands umfasst die Bundesrepublik Deutschland, die DDR und ganz Berlin.

– *Zweitens*: Wenn die Einigung vollzogen wird, werden die Vier-Mächte-Rechte und -Verantwortlichkeiten vollständig abgelöst. Damit erhält das geeinte Deutschland zum Zeitpunkt seiner Vereinigung die volle und uneingeschränkte Souveränität.
– *Drittens*: Das vereinte Deutschland kann in Ausübung seiner uneingeschränkten Souveränität und in Übereinstimmung mit der KSZE-Schlussakte frei und selbst entscheiden, ob es einem Bündnis und welchem Bündnis es angehören will. Auffassung der Regierung der Bundesrepublik Deutschland sei es, dass das geeinte Deutschland Mitglied des Atlantischen Bündnisses sein möchte, erklärte ich und fügte an, ich sei sicher, dass dies auch der Ansicht der Regierung der DDR entspreche.
– *Viertens:* Das geeinte Deutschland schließt mit der Sowjetunion einen bilateralen Vertrag über den Truppenabzug aus der DDR, der innerhalb von drei bis vier Jahren beendet sein soll. Gleichzeitig soll mit der Sowjetunion ein Überleitungsvertrag geschlossen werden, der für denselben Zeitraum die Auswirkung der Einführung der D-Mark in der DDR zum Gegenstand hat.
– *Fünftens*: Solange sowjetische Truppen auf dem Territorium der DDR stationiert sind, werden die Nato-Strukturen nicht auf diesen Teil Deutschlands ausgedehnt. Die sofortige Anwendung von Artikel 5 und 6 des Nato-Vertrages bleibt davon von Anfang an unberührt.
– *Sechstens:* Nicht-integrierte Verbände der Bundeswehr, also Verbände, die allein der territorialen Verteidigung dienen, können sofort nach der Einigung Deutschlands auf dem Gebiet der heutigen DDR und in Berlin stationiert werden. Für die Dauer der Präsenz sowjetischer Truppen auf DDR-Territorium sollen nach unserer Vorstellung die Truppen der drei Westmächte in Berlin verbleiben. Die Bundesregierung wird die drei Westmächte darum ersuchen und die Stationierung mit den jeweiligen Regierungen vertraglich regeln.
– *Siebtens:* Die Bundesregierung erklärt sich bereit, noch in

den laufenden Wiener Verhandlungen eine Verpflichtungserklärung abzugeben, die Streitkräfte eines geeinten Deutschlands innerhalb von drei bis vier Jahren auf eine Personalstärke von 370 000 Mann zu reduzieren. Die Reduzierung soll mit dem Inkrafttreten des ersten Wiener Abkommens beginnen.

– *Achtens*: Ein geeintes Deutschland wird auf Herstellung, Besitz und Verfügung über ABC-Waffen verzichten und Mitglied des Nichtweiterverbreitungsvertrages bleiben.

Die Sensation war perfekt, wie das Raunen der Journalisten zeigte. Gorbatschow unterstrich die Bedeutung, die die zahlreichen Gipfeltreffen der vergangenen Monate für das jetzt erreichte Ergebnis hatten, und hob dabei besonders den Nato-Gipfel hervor, der ein historischer Wendepunkt gewesen sei und ohne den wir nicht das erreicht hätten, worüber ich soeben berichtet hatte. Zusammenfassend erklärte Gorbatschow, das Erreichte spiegle die Interessen beider Seiten und beider Völker wider. Er sprach von der Politik als der Kunst des Möglichen. Wer Widersprüche suche, werde sie auch finden, aber die Sowjetunion könne dem deutschen Volk nicht bestreiten, was sie anderen zubillige.

Nach über einer Stunde beendete Michail Gorbatschow die Pressekonferenz mit den Worten: »Der Kanzler hat mich nach Deutschland in seine Heimat eingeladen. Ich werde diese Einladung annehmen.«

Durch eine Seitentür verließen wir das Gebäude, traten noch vor die Kameras von ARD und ZDF und fuhren dann zum Flugplatz von Mineralnyje Wody. Raissa und Michail Gorbatschow und Eduard Schewardnadse begleiteten uns noch zur Gangway. Ich stieg die Treppe hinauf, drehte mich noch einmal um und winkte, ehe ich in der Boeing 707 der Bundesluftwaffe verschwand.

Wir waren schon ein gutes Stück geflogen, als ich ins Heck der Maschine kam, um mit den Journalisten mit einem Schluck Sekt auf einen Verhandlungserfolg anzustoßen, von dem noch ein halbes Jahr zuvor niemand zu träumen gewagt hätte.

Die Pressekonferenz in Schelesnowodsk, auf der einer staunenden Welt mitgeteilt wurde, ein vereintes Deutschland könne über seine Bündniszugehörigkeit frei entscheiden (16. Juli 1990)

An Bord herrschte große Freude, aber keine Triumphstimmung. Es war, als würde der enorme Erfolg uns allen noch nachträglich den Atem rauben. Wenn jetzt tatsächlich eine geschichtliche Stunde geschlagen hatte, dann war das nicht zuletzt Frucht einer großen gemeinsamen Anstrengung, an der Hans-Dietrich Genscher wesentlichen Anteil hatte. Trotz aller Spannungen zwischen uns: Im entscheidenden Moment konnte ich mich stets auf ihn verlassen. Aber natürlich gehörte auch Fortüne dazu. Und die hatten wir weiß Gott.

*

Dank intensiver, vertrauensvoller Gespräche und Konsultationen auf allen Ebenen war ein Durchbruch auf dem Weg zur Regelung der äußeren Aspekte der deutschen Einheit gelungen, und die Konturen der künftigen europäischen Architektur waren klar zu erkennen. Entscheidend dazu beigetragen hatte, dass wir Deutschen unseren Weg zur Einheit im klaren Bewusstsein unserer nationalen und europäischen Pflicht gingen. Deutsche Politik war nicht gegen, sondern nur mit unseren Partnern und Nachbarn vorstellbar und erfolgversprechend. Daher die von Anfang an engste Abstimmung im Rahmen von EG und Nato. Daher die klare Absage an einen nationalen Alleingang oder einen deutschen Sonderweg. Daher das uneingeschränkte Ja zum festen Bündnis mit den freiheitlichen Demokratien Europas und Nordamerikas und zur Integration in der Europäischen Gemeinschaft.

Wir hatten allen Grund, dankbar zu sein: den Menschen in unserem Vaterland, den drei Verbündeten – insbesondere unseren amerikanischen Freunden, allen voran Präsident Bush –, der EG-Kommission unter ihrem Präsidenten Jacques Delors, der Weitsicht und dem Realitätssinn Präsident Gorbatschows und unseren Verbündeten und Nachbarn in West und Ost, die uns von Anfang an Verständnis und Vertrauen entgegengebracht hatten.

Es war Michail Gorbatschow persönlich, assistiert von Eduard Schewardnadse, der die großen Entscheidungen getroffen hatte. Während ich in nur zwei Punkten von meiner Maximalforderung abgegangen war, die beide den Sonderstatus für das DDR-Gebiet betrafen, und versprochen hatte, dort weder ausländische Streitkräfte noch Nuklearwaffen zu stationieren, räumte Gorbatschow zahlreiche Positionen:

1. Statt einer Doppelmitgliedschaft Deutschlands in beiden Bündnissen hatte er sich mit der Nato-Mitgliedschaft einverstanden erklärt.
2. Statt einer mehrjährigen Übergangsperiode stimmte Gorbatschow nun der Aufgabe der Vier-Mächte-Rechte zum Zeitpunkt der Ratifizierung des Zwei-plus-Vier-Vertrages zu.
3. Statt auf einem Abzug auch der westlichen Streitkräfte von deutschem Territorium zu bestehen, fügte sich Gorbatschow in den einseitigen Abzug der sowjetischen Streitkräfte.
4. Statt einer fünf- bis siebenjährigen Übergangszeit bis zum Abzug der sowjetischen Streitkräfte versprach er einen Abzug in nur drei bis vier Jahren.
5. Statt einer dauerhaften Ausklammerung des DDR-Territoriums aus den Nato-Strukturen gestand Gorbatschow nun die

Nato-Integration ganz Deutschlands in drei bis vier Jahren zu.
6. Statt auf einer Demilitarisierung des DDR-Territoriums zu beharren, ermöglichte er den sofortigen Einzug nationaler deutscher Streitkräfte auf DDR-Gebiet nach der Wiedervereinigung.
7. Statt eine Obergrenze für die deutschen Streitkräfte von 300 000 Soldaten oder weniger einzuziehen, konnte die Bundeswehr 370 000 Soldaten behalten.
8. Statt eines Abzugs der ausländischen Streitkräfte aus Berlin innerhalb von sechs Monaten nach der Wiedervereinigung ließ Gorbatschow es zu, dass diese Streitkräfte erst im Lauf von drei bis vier Jahren, parallel zum Abzug sowjetischer Truppen vom DDR-Territorium, abgezogen würden.

Dass dieses großartige Entgegenkommen in der Sowjetunion nicht uneingeschränkte Zustimmung erfuhr, lag auf der Hand. Trotz der finanziellen Unterstützungsmaßnahmen unsererseits blieb das Verhandlungsergebnis für die Moskauer Hardliner unbefriedigend. Entsprechend fiel auch die Kritik in weiten Kreisen des Parteiapparats aus, von der wir damals nur eine leise Ahnung hatten.

Heute wissen wir, dass selbst moderate Reformer mit Unverständnis bis Empörung reagierten. Das Ergebnis meines Besuchs widersprach zutiefst jener politischen Linie, wie sie im Politbüro und im Verteidigungsministerium verfochten wurde. Gleiches galt für die Internationale Abteilung des Zentralkomitees. Hinter verschlossenen Türen sprachen Deutschlandexperten in Moskau von »politischem Masochismus« und von einem »Sommerschlussverkauf«. Leichtfertig und viel zu schnell habe Gorbatschow die deutschlandpolitischen Grundpositionen aufgegeben, die seit Jahrzehnten die sowjetische Deutschlandpolitik leiteten. Man hätte die Entscheidungen nicht ohne vorherige Beratung mit der DDR, dem alten Verbündeten, und vor allem nicht in deren Abwesenheit fällen dürfen.

Vernichtender konnte die Kritik nicht sein. Um so mehr müssen wir dankbar sein, dass Michail Gorbatschow dieses Risiko einging. Natürlich tat er das nicht ohne Hintergedanken, denn schließlich wollte er seine Perestroika mit unserer Hilfe und Gegenleistung stabilisieren.

*

Die Stimmung in Bonn war geradezu euphorisch. Die bundesdeutsche Presse war so positiv wie noch nie. Erstmals spendeten Journalisten im überfüllten Saal der Bundespressekonferenz Beifall und klopften mit ihren Bleistiften auf die Schreibtische. Der Verleger Rudolf Augstein schrieb im *Spiegel:* »Den Staatsmann Kohl wird man nicht mehr von der politischen Landkarte tilgen können.« Und die *Bild*-Zeitung titelte: »Die Welt staunt über Kohl – Adenauer und Brandt übertroffen«.

Auch die ausländische Presse ging ausnehmend freundlich mit mir um. Nichts war mehr zu lesen von den alten Verdächtigungen und Zweifeln gegenüber den Deutschen. Die französische Tageszeitung *Le Monde* bescheinigte mir »einen Triumph der Kühnheit«, die Londoner *Times* schrieb vom »größten Bravourstück seiner Laufbahn« und der Wiener *Kurier* stellte fest: »Mit professioneller Präzision und einem unglaublichen Gespür für das Machbare hat Kohl die Zusammenführung im Eilzugtempo durchgezogen.«

Hunderte von Glückwunschtelegrammen trafen im Kanzleramt ein. Der amerikanische Präsident gratulierte mir zu meiner »hervorragenden Führungsrolle« und erklärte, er sei stolz auf die Leistung seines Freundes Helmut Kohl. Die Regierungschefs Europas standen dem nicht nach. Selbst die britische Premierministerin ließ es sich nicht nehmen, mir ihre Glückwünsche zu übermitteln: Die Zustimmung Gorbatschows zur Nato-Mitgliedschaft Gesamtdeutschlands sei ein gewaltiger Schritt nach vorn.

In ausführlichen Briefen unterrichtete ich François Mitterrand, Margaret Thatcher und Giulio Andreotti über die Gesprächsergebnisse in der Sowjetunion. Das Schreiben an François Mitterrand schloss ich mit den Worten:

»Zu großem Dank verpflichtet sind wir allen unseren Verbündeten, die mit der zukunftsweisenden Londoner Erklärung den Grundstein für die Einbettung des vereinten Deutschlands ins westliche Bündnis gelegt haben, sowie allen Partnern im KSZE-Prozess, die auf dem bevorstehenden Pariser Gipfeltreffen den Bau der gerechten und dauerhaften europäischen Friedensordnung vorantreiben werden. Diesen Dank möchte ich Ihnen, lieber François, auch ganz persönlich aussprechen. Mit herzlichen Grüßen Ihr Helmut Kohl.«

In einem ausführlichen Telefonat informierte ich den amerikanischen Präsidenten, der mir zum Erfolg meiner Reise in die Sowjetunion herzlich gratulierte und seinen Stolz auf meine Leistung zum Ausdruck brachte.

Während des gesamten Verhandlungsmarathons des Jahres 1990 legte ich großen Wert darauf, dass das Bundeskabinett über meine Absichten ebenso wie über die Ergebnisse der Gipfelreisen stets umfassend informiert war. Gleiches gilt für die Bundestagsfraktion von CDU und CSU, für deren Unterrichtung über alle wichtigen internationalen und deutsch-deutschen Politikfelder und Verhandlungsergebnisse ich mir viel Zeit nahm, denn die Rückkopplung meiner Politik mit der Fraktion war selbst in Zeiten wie diesen mit so enormem Zeitdruck unverzichtbar. Die enge Abstimmung mit der Bundestagsfraktion war für mich immer eine wichtige Voraussetzung für erfolgreiches politisches Handeln. Mancher mag über meine langen Vorträge gestöhnt haben, aber ohne umfassende Information ging es eben nicht. Mir waren die Sorgen und Nöte der Bundestagsabgeordneten sehr bewusst, und deshalb versäumte ich kaum eine Gelegenheit, für Transparenz und Aufklärung zu sorgen.

Das gilt selbstverständlich auch für die Spitzengremien der Partei. Ich kann mich nicht erinnern, wann ich je soviel Zustimmung und Lob in der Union erfuhr wie im Jahr 1990. Selbst die innerparteilichen Gegner, mit denen ich mich in den fünfundzwanzig Jahren meiner Parteiführung auseinandersetzen musste, geizten nicht mit überschwenglicher Zustimmung. Doch ich wusste nur zu gut mit Höhen und Tiefen umzugehen und verlor deshalb auch jetzt nicht die Bodenhaftung.

*

In Paris fand unterdessen das dritte Außenministertreffen im Rahmen der Zwei-plus-Vier-Gespräche statt, an dem zeitweilig auch der polnische Außenminister teilnahm. Hans-Dietrich Genscher nutzte die Gelegenheit, um seine drei westlichen Kollegen über die Ergebnisse von Moskau und Archys zu informieren. Alle Teilnehmer des Treffens gingen davon aus, dass die Kernfragen nunmehr gelöst waren, so dass die Gespräche am 12. September 1990 in Moskau abgeschlossen werden könnten – das wäre deutlich vor dem KSZE-Gipfel im November in Paris. Ich war zuversichtlich, dass bis dahin das abschließende Dokument unterzeichnet werden könnte, das die deutsche Vereinigung und die volle Souveränität für das vereinigte Deutschland ermöglichte.

16.
Einigungsvertrag

Einen Monat nach Einführung der Marktwirtschaft und der D-Mark in der DDR wurde zunehmend erkennbar, welche tiefgreifenden Umbrüche der Umstrukturierungsprozess hin zur sozialen Marktwirtschaft mit sich brachte. Wie nach der Währungsreform 1948 sahen sich zahlreiche Unternehmen und Arbeitskräfte in der DDR völlig neuen Aufgaben und Marktverhältnissen ausgesetzt, die hohe Anpassungsbereitschaft erforderten.

Viele Unternehmer mussten mit erheblichen Liquiditätsproblemen fertig werden. Die rückläufige Industrieproduktion führte zu einem deutlichen Anstieg der Kurzarbeiter, und eine weitere Zunahme der Arbeitslosigkeit, die am 20. Juli 1990 bei gut 250 000 lag, wurde allgemein erwartet. Zugleich gab es aber rund 100 000 Betriebsneugründungen, und gerade in vielen Dienstleistungszweigen erfolgten bereits Neueinstellungen in erheblichem Umfang. Die Sicherung vorhandener und die Schaffung neuer Arbeitsplätze wurden jedoch angesichts massiver Tariflohnerhöhungen, die zwischen 25 und 50 Prozent Steigerung ausmachten, bei gleichzeitiger Arbeitszeitverkürzung erheblich erschwert. Bremseffekte gingen auch von Vollbeschäftigungsgarantien und Rationalisierungsschutzabkommen aus, die die Tarifpartner vereinbart hatten. Dem erheblichen Überangebot an DDR-Agrarerzeugnissen wurde mit einer vollständigen Integration der DDR-Landwirtschaft in die EG ab August des Jahres begegnet.

Der von einigen befürchtete Kaufrausch war ausgeblieben. Die Menschen gingen besonnen mit der D-Mark um und nahmen die Spar-, Bauspar- und Geldanlageangebote der Banken und Sparkassen wahr. Zwar kam es in Einzelbereichen zu einer Angebotsverknappung, und die Preisfreigabe vor allem der Grundnahrungsmittel führte zu erheblichen Anlaufschwierigkeiten, aber anfänglich überhöhte Preisforderungen wurden zwischenzeitlich vielfach den Marktverhältnissen angepasst. Allerdings führte die oft noch geringe Zahl konkurrierender Anbieter vor Ort in manchen Regionen zu einem deutlich höheren Preisniveau als in der Bundesrepublik.

Kein Zweifel: Alles in allem befand sich die DDR – wie 1948 die Westzonen – auf einer Durststrecke bei der Überwindung des Erbes der Vergangenheit. Dank massiver öffentlicher und privater Hilfe und dank des insgesamt vernünftigen Verhaltens der Verbraucher waren die Voraussetzungen für eine spürbare Besserung aber gut.

*

Nach dem Vertrag über die Wirtschafts-, Währungs- und Sozialunion war der Einigungsvertrag das zweite große Vertragswerk auf dem Weg zur Wiedervereinigung. Schon Ende Juni erzielte der Kabinettsausschuss Deutsche Einheit Einvernehmen darüber, dass die Rechtsüberleitung im Zusammenhang mit dem Beitritt der DDR in einem Staatsvertrag vereinbart werden sollte; die Zuständigkeit des Bundesinnenministeriums wurde bestätigt. Wolfgang Schäuble hatte zu diesem Zeitpunkt bereits einen Schubladenentwurf – er sprach von »Diskussionselementen« – bereitliegen. Schon ab Januar 1990 hatte er sich Gedanken gemacht, wie so etwas auszusehen hatte und was alles geregelt werden musste. Der Saar-Beitritt der fünfziger Jahre ließ sich mit der heutigen Aufgabe nicht vergleichen und war kein passendes Modell dafür. Es war die Idee des Bundesinnenministers, in einem Vertrag die Bedingungen für die staatliche Einheit zu verhandeln und nicht zu sagen: Tritt mal bei, liebe DDR, dann machen wir schon eine Überleitungsgesetzgebung. Schäubles Entwurf war schon deshalb eine gute Idee, weil er den Menschen in der DDR ein hohes Maß an Sicherheit gab.

Die Behauptungen, dass die DDR-Bürger quasi überrollt oder gar nicht gefragt oder vom Westen übernommen worden seien, sind alle ausgesprochen töricht. Es war die alleinige Entscheidung der Mehrheit der Menschen in der DDR, sich der Bundesrepublik anzuschließen. Niemand sonst hat sie getroffen. Nicht nur, *dass* es zur Wiedervereinigung kam, sondern auch, dass es so schnell zur Wiedervereinigung kommen sollte, lag ganz allein in ihrer Hand. Unter welchen Bedingungen die Einheit vollzogen wurde, haben wir dann in fairen, öffentlichen Verhandlungen besprochen und vereinbart, die schließlich von beiden Parlamenten ratifiziert wurden.

Ein Element in diesem Prozess war auch die Bildung des Kabinettsausschusses Deutsche Einheit vom 7. Februar 1990. In diesem Gremium wurden die Währungsunion wie auch der Einigungsvertrag vorbereitet. Allerdings nannten wir das Ganze damals noch nicht »Einigungsvertrag«, sondern richteten zunächst eine Arbeitsgruppe »Staatsstrukturen und öffentliche Ordnung« ein. Wir konnten ja nicht einfach sagen, dass es einen Vertrag geben würde. Das war eine Sache, die die DDR initiieren oder jedenfalls anregen musste, und das war erst nach den Wahlen vom 18. März möglich. Der Deutsche Bundestag richtete dann am 10. Mai 1990 nach dem Vorbild des entsprechenden Gegenstücks in der DDR-Volkskammer einen Ausschuss Deutsche Einheit ein. Vorsitzende dieser Ausschüsse waren die Präsidenten beider Parlamente.

Im übrigen mussten wir jeden Schritt immer sehr exakt mit den Bundesländern abstimmen. Es war in jeder Phase der Verhandlungen eine ziemlich komplizierte und aufreibende Sache, zumal eine Dynamik in Gang gekommen war, die mit einer gewissen Zwangsläufigkeit ihren eigenen Gesetzen folgte und bei der wir mitunter quasi nur ausführendes Organ einer Entwicklung waren, die bestimmte Entscheidungen notwendig machte.

Eine solche Entscheidung betraf die ersten gesamtdeutschen Wahlen. Am 15. Mai beschlossen wir in der Bonner Koalitionsrunde von CDU, CSU und FDP, spätestens bis zum 13. Januar 1991 gesamtdeutsche Wahlen durchzuführen. Damit hatten sich die Regierungsparteien schon sehr früh dafür entschieden, die Einheit noch in der laufenden Legislaturperiode des Bundestages zu vollziehen, die nach den Vorschriften des Bundeswahlgesetzes Mitte Januar 1991 zu Ende ging. Länger mit der Bundestagswahl zu warten, wäre politisch ganz falsch gewesen.

Doch der DDR-Ministerpräsident de Maizière sah das völlig anders. Lothar de Maizières Reaktion auf die Bonner Koalitionsentscheidung bestand darin, dass er erklärte, Neuwahlen seien für seine Regierung im Moment kein Thema. Die DDR-Regierung war zu diesem Zeitpunkt noch nicht soweit, gesamtdeutsche Wahlen im Jahr 1991 abhalten zu lassen.

In der Bundesrepublik begann unterdessen – insbesondere auch innerhalb der CDU/CSU – eine emotional geführte Debatte, in der das rasche Tempo der Entwicklung in Frage gestellt wurde. Viele meinten, zum jetzigen Zeitpunkt gesamtdeutsche Wahlen abzuhalten wäre ein schwerer Fehler. Es gab Stimmen in den eigenen Reihen, die das für außerordentlich riskant hielten. Aus Umständen wie jenen, dass Sachsen beispielsweise meist rot gewählt habe und die meisten Wähler in der DDR protestantisch seien, lasen viele in den Unionsparteien bereits den Machtverlust und ein Ende unserer Regierungsverantwortung heraus. Diese Befürchtungen nahmen noch zu, als sich herausstellte, dass viele Menschen in der DDR keinerlei religiöse Bindung mehr hatten. Bis in die Bundestagsfraktion hinein gab es Hinweise auf den britischen Premierminister Winston Churchill, der einst den Krieg gewonnen und hinterher die Wahlen verloren hatte.

Ich hielt alle diese Bedenken für unerheblich. Ein frühes Datum für die ersten gesamtdeutschen Wahlen strebte ich auch deshalb an, weil ich mir zunehmend Sorgen um das innenpolitische Klima machte. Immer mehr Bedenkenträger und Miesmacher meldeten sich zu Wort und schürten die Ängste der Menschen in beiden Teilen Deutschlands, und auch die Opposition ließ mit ihrer entsprechenden Kampagne nicht nach. In dieser Lage konnten nur gesamtdeutsche Bundestagswahlen Klarheit bringen. Wir brauchten so rasch wie möglich eine Abstimmung des deutschen Volkes über die Wiedervereinigung.

Außerdem musste ein zweiter Staatsvertrag her, der all die komplizierten rechtlichen Fragen verbindlich regelte, die sich aus dem

Beitritt der DDR zum Geltungsbereich des Grundgesetzes ergaben. Das musste zwar nicht zwingend durch einen zweiten Staatsvertrag geschehen, wie ich bis heute meine. All diese Fragen hätten auch nach dem Beitritt durch eine Vielzahl von Überleitungsgesetzen geregelt werden können, doch das hätte sehr viel Zeit gekostet und die Unsicherheit unter den Menschen im östlichen Teil unseres Vaterlands nur noch vergrößert. Nach Abwägung aller Vor- und Nachteile gab es deshalb keine Alternative zu einem zweiten Staatsvertrag.

Wenn das alles geregelt war, wäre es ziemlich gleichgültig, wie die Wahlen dann ausgehen würden – und ich hatte durchaus Hoffnungen auf einen Sieg der Bonner Regierungsparteien. Das Entscheidende war: Wir hatten die Wiedervereinigung im Jahr 1990. Doch noch waren wir nicht soweit. Vorerst bestimmten heftige Auseinandersetzungen um den Wahltermin die Debatte, und das war wirklich alles andere als ein Vergnügen.

Innerhalb der Bundesregierung entwickelten wir – informell und vertraulich – bis Ende Mai 1990 eine Abstimmung der Ressorts über die Grundstrukturen eines Einigungsvertrages. Da es eine zusätzliche Abstimmung mit den Bundesländern zu vermeiden galt, die nur zu höchst komplizierten Verhandlungen und erheblichen Verzögerungen geführt hätte, mussten wir auf einen offenen Meinungsaustausch verzichten. Man stelle sich vor, wir hätten damals mit Oskar Lafontaine und Gerhard Schröder im Detail über den Einigungsvertrag verhandelt.

Es ergab sich noch ein weiteres Problem: Nach Artikel 23 des Grundgesetzes gab es für die Bundesrepublik überhaupt keine Legitimation, eigene Überlegungen darüber anzustellen, was im Zuge eines Einigungsvertrags alles zu regeln war. Die Initiative dazu musste von der DDR ausgehen. Deshalb kam Wolfgang Schäuble zur rechten Zeit auf die richtige Idee, Günther Krause, dem Parlamentarischen Staatssekretär im Amt des DDR-Ministerpräsidenten und Leiter der DDR-Verhandlungsdelegation, die den Staatsvertrag über die Wirtschafts-, Währungs- und Sozialunion mit der Bundesrepublik zustande gebracht hatte, am Rande des Bonner Kanzlerfests das vertrauliche Papier in die Hand zu drücken. Um die neuerlichen Verhandlungen in Gang zu setzen, musste ein offizielles Papier formuliert werden, auf dessen Grundlage Gespräche möglich wurden. Als dann der Prozess offiziell in Gang gebracht worden war, schickte der Bundesinnenminister den Schubladenentwurf auch an die elf Bundesländer und übergab ihn den Bundestagsfraktionen.

Während es den einen zu schnell ging, konnte es den anderen nicht schnell genug gehen. Bezeichnend dafür ist der 17. Juni 1990. Beide Parlamente begingen im Konzerthaus am Gendarmenmarkt feierlich den »Tag der deutschen Einheit« in Erinnerung an den Aufstand in der DDR 1953. Im Anschluss daran stellte die DSU-Fraktion den Antrag auf einen sofortigen Beitritt der DDR zum Geltungsbereich des Bonner Grundgesetzes. Das war ein sehr verständlicher Wunsch, aber politisch einfach nicht praktikabel. Erst mussten die Zwei-plus-Vier-Verhandlungen erfolgreich abgeschlossen sein, ebenso der KSZE-Prozess, und genauso wichtig war der Abschluss des deutsch-deutschen Einigungsvertrags, der noch nicht einmal ins Verhandlungsstadium eingetreten war. Natürlich waren wir alle für die Wiedervereinigung. Doch so, wie es sich Teile der Ost-Berliner Parlamentarier vorstellten, funktionierte der rasche Beitritt eben nicht.

Lothar de Maizière hatte alle Hände voll zu tun, die einzelnen Fraktionen davon zu überzeugen, dass das Tempo nicht noch mehr beschleunigt werden konnte. Es ist seinem klugen Verhandlungsgeschick zu verdanken, dass es ihm gelang, das Durcheinander in Grenzen zu halten und die Abgeordneten von einem geregelten Prozedere zu überzeugen.

*

In nur vier Verhandlungsrunden wurde der Einigungsvertrag schließlich tatsächlich zuwege gebracht. Was die Delegationen unter der Leitung von Wolfgang Schäuble und Günther Krause in dieser kurzen Zeit ausgearbeitet haben, ist ohne Beispiel.

Am 6. Juli 1990 eröffnete Lothar de Maizière in seinem Amtsgebäude die erste Verhandlungsrunde. Der Ministerpräsident umriss in seiner Eröffnungsansprache die Vorstellungen seiner Regierung von einem zweiten Staatsvertrag, den er »Einigungsvertrag« genannt wissen wollte. Er strebe einen Vertrag zwischen zwei gleichberechtigten Partnern an, von denen einer untergehen werde. Deshalb seien die Interessen der Menschen dieses Partnerstaats zu sichern. Die beim ersten Staatsvertrag noch offen gebliebenen Vermögens- und Eigentumsfragen, deren Eckwerte in einer Gemeinsamen Erklärung beider deutschen Regierungen festgehalten worden seien, müssten juristisch festgeschrieben werden.

Wolfgang Schäuble verwies darauf, dass bei den bevorstehenden Vertragsverhandlungen die Belange beider deutschen Parlamente tangiert sein würden, und appellierte an den Kooperationsgeist, denn schließlich gehe es um ein gemeinsames Ziel, das da hieß: Deutsche Einheit.

De Maizière, der meine Vorstellung, bis zu welchem Datum die Wiedervereinigung vollzogen sein sollte, nicht teilte, plädierte dafür, in beiden Teilen Deutschlands zunächst getrennte Wahlen zum gemeinsamen Bundestag abzuhalten und erst danach dem Geltungsbereich des Grundgesetzes beizutreten. Er begründete seinen Vorschlag mit organisatorischen Schwierigkeiten. Außerdem wies de Maizière darauf hin, dass sich die Fünfprozentklausel des westdeutschen Wahlgesetzes nicht einfach auf die Verhältnisse in der DDR mit ihrer Vielzahl kleiner Parteien übertragen lasse, wenn man nicht wolle, dass etwa 30 Prozent der ostdeutschen Wähler in einem gesamtdeutschen Bundestag nicht vertreten wären.

Das von de Maizière vorgeschlagene Verfahren hätte eine Verzögerung der deutschen Einheit bedeutet. Daher erwiderte Wolfgang Schäuble dem Ministerpräsidenten, dass er die umgekehrte Reihenfolge – erst Beitrittserklärung der Volkskammer, dann gemeinsame Wahlen – für den besseren Weg halte, weil er der schnellere sei.

Offenbar von dem Willen beseelt, die deutsche Einheit für jedermann sichtbar als Bruch auch mit der bundesrepublikanischen Kontinuität festzuschreiben, schlug de Maizière vor, das vereinte Deutschland »Deutsche Bundesrepublik« oder »Bund Deutscher Länder« zu nennen und überdies das von Hoffmann von Fallersleben gedichtete »Einigkeit und Recht und Freiheit« durch den

Wortlaut der von Johannes R. Becher getexteten DDR-Nationalhymne »Auferstanden aus Ruinen« zu ergänzen.

Ich war empört, als ich davon hörte, machte aber meinem Ärger keine Luft, denn natürlich war mir klar, dass die Verhandlungen über den Einigungsvertrag mehr als schwierig sein würden. Ich setzte dabei ganz auf Wolfgang Schäuble. Er war der beste Mann für diese Aufgabe, und zudem hatte er inzwischen ein gutes Verhältnis zum Ministerpräsidenten der DDR aufgebaut und verstand sich ausgezeichnet mit Günther Krause. Dies würde die vielfachen Probleme zwar nicht gleich lösen, aber möglicherweise den Weg zu ihrer Lösung etwas vereinfachen.

Manchmal schien es mir, als wäre de Maizière ein wenig beleidigt, weil ich nicht selbst die Verhandlungsführung übernommen hatte, mit ihm als Gegenpart auf der anderen Seite, sondern Schäuble alle Verhandlungsvollmachten besaß. Doch strategisch war es mitunter gar nicht schlecht, wenn er in schwierigen Situationen darauf verweisen konnte, erst mit mir Rücksprache nehmen zu müssen. Diese Strategie übernahm bald auch die DDR-Seite: Immer häufiger kam Günther Krause mit dem Argument, Lothar de Maizière einbeziehen zu müssen. Das war auch ganz in Ordnung so.

Während die beiden Delegationen am Einigungsvertrag arbeiteten, rückte die Regierung de Maizière doch noch von der Idee ab, getrennte Wahlen zum künftigen gesamtdeutschen Parlament abhalten zu wollen. Nicht zuletzt die Ergebnisse meiner Reise in den Kaukasus verstärkten den Druck auf de Maizière, der befürchtete, die Dinge könnten ihm aus der Hand genommen werden.

Am 22. Juli 1990 fand in der Volkskammer ein Antrag eine Mehrheit, mit dem die Bundesrepublik aufgefordert wurde, ein gemeinsames Wahlrecht auszuarbeiten. In Bonn wurde der Vorschlag sofort aufgegriffen, doch die Umsetzung dieses Vorhabens geriet zum Kraftakt: An der im westdeutschen Wahlgesetz verankerten Fünfprozentklausel schieden sich die Geister. Während die FDP, die gemeinhin immer dann besonders gut abschneidet, wenn sie im Vorfeld von Wahlen an der Fünfprozenthürde vermeintlich zu scheitern droht, und die SPD gemeinsam für die Klausel stritten, traten CDU, CSU und Grüne mit Blick auf ihre teils schwachen östlichen Partner für eine Abschaffung der Klausel ein. Damit fanden sie die Zustimmung der SED-Nachfolgepartei PDS, die fürchten musste, bei gesamtdeutschen Wahlen an dieser Hürde zu scheitern.

Schließlich einigte man sich auf eine Regelung, die zwar die Fünfprozentklausel festschrieb, zugleich aber für diese erste Wahl Listenverbindungen zwischen Parteien und politischen Gruppierungen zuließ. Diese Lösung war jedoch nicht von langer Dauer, denn Ende September 1990 gab das Bundesverfassungsgericht einer Organklage von Grünen, »Republikanern« und Linker Liste/ PDS statt. Wegen »mangelnder Chancengleichheit« entschieden die Richter, dass die Fünfprozentklausel jeweils separat in den beiden Teilen Deutschlands angewandt werden müsse. Wer also auf dem Gebiet der DDR bei diesen ersten gesamtdeutschen Wahlen mehr als 5 Prozent der Stimmen erreichte, würde im Parlament des vereinten Deutschlands vertreten sein.

Zwischen Bonn und Ost-Berlin herrschte unterdessen Einigkeit, dass die ersten gemeinsamen Wahlen am 2. Dezember 1990 stattfinden sollten. Somit schien alles auf einem guten Weg zu sein, als ich nach einer ganzen Reihe von strapaziösen Monaten Ende Juli in den Urlaub nach St. Gilgen aufbrach. Wie in jedem Jahr suchte ich mich auch diesmal durch Bergtouren und durch Bootspartien auf dem Wolfgangsee zu entspannen. Doch wie schon im Vorjahr wurde daraus nichts Rechtes, denn immer neue Probleme erforderten mein Eingreifen.

*

Am 2. August kam ich gerade von einer Wanderung zurück, als mir die Nachricht überbracht wurde, dass Lothar de Maizière mich unverzüglich sprechen wolle. Ich dachte zunächst an ein Telefonat, musste mir aber sagen lassen, dass er bereits auf dem Weg zu mir sei. Zusammen mit Günther Krause war er am Nachmittag mit einer riesigen Maschine auf dem kleinen Salzburger Flughafen gelandet.

In St. Gilgen angekommen, kam er gleich zur Sache und schilderte mir eindringlich, dass seine Regierung die Situation in der DDR nicht mehr bis zum 2. Dezember beherrschen könne. Trotz der Bonner Milliarden rechne er mit dem baldigen wirtschaftlichen Kollaps seines Landes. Alles werde im Chaos versinken. Als Ausweg schlug er vor, in der folgenden Woche vor die Volkskammer zu treten und den Beitritt der DDR zur Bundesrepublik bereits für den 14. Oktober zu verkünden. Für diesen Tag seien auch die Landtagswahlen in den bis dahin gegründeten fünf neuen Ländern vorgesehen, so dass es sich anbiete, parallel dazu die ersten gesamtdeutschen Wahlen durchzuführen.

Auf den ersten Blick schien mir diese Argumentation schlüssig zu sein, und ich stimmte zu, was die Beitrittserklärung durch die Volkskammer anging. Auch de Maizières Vorschlag, die gemeinsamen Wahlen auf den 14. Oktober vorzuverlegen, stand ich durchaus aufgeschlossen gegenüber. Zwei Möglichkeiten bot das Grundgesetz für eine Verkürzung der Legislaturperiode an, beide brachten allerdings hochkomplizierte rechtliche Probleme mit sich. Ich ging deshalb davon aus, dass diese Frage zunächst einmal innerhalb unserer Fraktionen und Koalitionen, aber auch zwischen unseren Regierungen noch genauestens erörtert werden müsste. Nicht zuletzt war mit dem Bundespräsidenten zu sprechen.

Bis tief in die Nacht saßen wir noch bei einem Schoppen Wein zusammen. Günther Krause setzte sich ans Klavier und spielte herrliche Stücke, zu denen wir gemeinsam sangen. Alles in allem endete der Abend in einer prächtigen Stimmung.

Das böse Erwachen kam am nächsten Tag, dem 3. August – als Lothar de Maizière in Ost-Berlin vor die Presse trat und im Alleingang, ohne Rücksprache mit dem Koalitionspartner oder der Fraktion, verkündete, dass Beitritt, Landtagswahlen und die erste gesamtdeutsche Wahl am 14. Oktober stattfänden. Ich war fassungslos, als mich Wolfgang Schäuble in St. Gilgen anrief und mich über de Maizières Schritt informierte.

Weshalb er diesen Alleingang unternommen hatte, weiß ich bis heute nicht; schließlich hätte auch er wissen müssen, dass er mit dieser Eigenwilligkeit die Chancen für gesamtdeutsche Wahlen am 14. Oktober zunichte gemacht hatte. Die Verfassungsjuristen waren sich nämlich einig: Eine Vorverlegung der Bundestagswahl war nur über eine Änderung des Grundgesetzes zu verwirklichen. Dafür bedurfte es jedoch der Zustimmung der SPD, die nun niemand mehr erwarten konnte, da die Sozialdemokraten einen gemeinsamen Coup von Kohl und de Maizière vermuteten, »die mit ihrem Latein am Ende seien«; die Rede war sogar von einem Komplott. Kein Wunder, denn eine Vorverlegung der Wahlen hätte den Sozialdemokraten das Konzept verhagelt. Ihr Kalkül lag auf der Hand: Je länger der Weg zur Einheit dauerte, um so größer würden die Schwierigkeiten, und damit stiegen automatisch die Erfolgsaussichten von Lafontaine.

De Maizières Vorstoß belastete außerdem die Verhandlungen zum Einigungsvertrag, denn in der westdeutschen Delegation saßen auch die Vertreter der Bundesländer, und das waren seit dem Ende der Regierung Albrecht in Niedersachsen mehrheitlich Sozialdemokraten. Schwerer wog jedoch, dass mit der Ratifizierung des Einigungsvertrags auch Änderungen im Grundgesetz vorgenommen werden mussten, für die wiederum eine Zweidrittelmehrheit in Bundestag und Bundesrat, und damit auch die Zustimmung der SPD, erforderlich sein würde.

Schon nach der ersten Verhandlungsrunde gab sich niemand mehr der Illusion hin, dass ein schnelles Einvernehmen zu erzielen wäre. Zu groß waren die Meinungsunterschiede zwischen den beiden Delegationen, aber auch innerhalb der Delegationen selbst. Zu viele Einzelinteressen und jede Menge Taktik bestimmten die Gespräche, besonders mit Blick auf die Dezember-Wahl. Zu den umstrittensten Punkten gehörten die Hauptstadtfrage, die Rechtsangleichung, die künftige Finanzverfassung und vor allem die Eigentumsproblematik, aber auch der Umgang mit den Stasi-Akten und die Strafbarkeit des Schwangerschaftsabbruchs. Auf alle diese Fragen mussten schnelle Antworten gefunden werden.

Was die künftige Hauptstadt des vereinten Deutschlands anging, so forderte die DDR-Delegation eine Festlegung auf Berlin, ohne die es keinen Einigungsvertrag geben werde. Ich hatte große Sympathien für diese Überlegung, war jedoch der Meinung, dass die ohnehin schwierigen Verhandlungen nicht auch noch mit dieser Frage belastet werden dürften, zumal eine große Zahl von Bundestagsabgeordneten gegen Berlin als Parlaments- und Regierungssitz war. Als Ausweg bot sich an, die Entscheidung dem gesamtdeutschen Parlament zu überlassen, und immerhin war es Wolfgang Schäuble gelungen, diesen Gedanken bei den Gesprächen über den Einigungsvertrag einzubringen.

Ich hatte mir vorgenommen, im Bundestag zu gegebener Zeit meinen Standpunkt zu Berlin noch einmal deutlich zu machen. Jahrzehntelang hatten wir uns ohne Wenn und Aber zu Berlin als deutscher Hauptstadt bekannt, nicht zuletzt weil der von Mauer und Stacheldraht umgebene freie Teil der Stadt eine Perspektive brauchte, wollte er unter den Bedingungen der Teilung überleben – und diese Perspektive konnte nur darin bestehen, eines Tages wieder Hauptstadt eines in Frieden und Freiheit wiedervereinigten Deutschlands zu sein. Selbstverständlich war das auch die Position eines Kurt Schumacher, eines Ernst Reuter, eines Willy Brandt gewesen.

Seit Beginn der achtziger Jahre jedoch war in der SPD die Vorstellung verbreitet, dass Berlins Rolle als »Hauptstadt der Nation« auf »nationalsozialistischem Gedankengut« gründe und deshalb hinderlich sei bei der Suche nach einer zukunftsorientierten Rolle der westlichen Teilstadt. Ihren Höhe- und gleichzeitig Endpunkt fanden diese Überlegungen in der Vorstellung von Walter Momper, dem letzten Regierenden Bürgermeister vor der Wiedervereinigung, der forderte, West-Berlin solle die »Stadt der Phantasie, die Hauptstadt der Kreativität und der Selbstverwirklichung« werden, während die SED den Ostteil der Stadt entgegen den Vereinbarungen des Vier-Mächte-Abkommens als »Hauptstadt der DDR« beanspruchte.

Beide Verhandlungsdelegationen einigten sich während der zweiten Runde am 1. August auf eine Kompromissformel, wonach Berlin die künftige Hauptstadt eines vereinten Deutschlands sein sollte, jedoch die Beantwortung der Frage, ob es auch Sitz von Parlament und Regierung sein werde, auf die Zeit nach der Wiedervereinigung verschoben wurde.

Überraschend kam es zu einer Einigung in der schwierigen Frage der Übertragung der westdeutschen Rechtsordnung. Die DDR-Abordnung hatte zunächst eine schrittweise Rechtsangleichung gefordert, wie auch Wolfgang Schäuble, der eine Überlastung der ostdeutschen Gerichte fürchtete. Nun einigte man sich darauf, das Bundesrecht mit wenigen Ausnahmen in einem Zug in der DDR einführen zu wollen.

*

Am 20. August 1990 war ich aus dem Österreichurlaub zurückgekehrt. Am gleichen Tag begann die dritte Runde der Verhandlungen zum Einigungsvertrag. In Bonn telefonierte ich als erstes mit EG-Kommissionspräsident Jacques Delors, dem gegenüber ich erneut betonte, dass die deutsche Einheit unter keinen Umständen mit einer Erhöhung der EG-Mittel für Deutschland in Zusammenhang gebracht werden dürfe. Von Anfang an war mir darum zu tun, anderen Mitgliedsstaaten keinen Vorwand zu liefern, mittels dessen sie den Einigungsprozess erschweren könnten. Delors sagte zu, er wolle vor der Presse deutlich machen, dass die deutsche Einheit vollzogen werde, ohne dass die Geldmittel der Gemeinschaft erhöht zu werden brauchten oder die vor allem für Griechenland, Italien und Portugal vorgesehenen Mittel geschmälert würden.

Der weitere Verlauf meines ersten Arbeitstags nach dem Sommerurlaub wurde von den Ereignissen in Ost-Berlin überschattet, wo der von der Regierung de Maizière eingeforderte Wahlvertrag an der erforderlichen Zweidrittelmehrheit in der Volkskammer gescheitert war. Außerdem erschütterte ein handfester Krach die dortige Regierungskoalition. Nachdem der Ministerpräsident den sozialdemokratischen Finanzminister Walter Romberg sowie den parteilosen, aber von der SPD vorgeschlagenen Landwirtschaftsminister Peter Pollack wegen deren mangelnder Bereitschaft, sich innerhalb der Koalition abzusprechen, entlassen hatte, erklärten zwei weitere Minister unter Protest den Rücktritt, und kurz darauf beschloss die Volkskammerfraktion der SPD ihren Austritt aus der Koalitionsregierung. Nach Meckels Abgang übernahm de Maizière als Ministerpräsident zusätzlich in Personalunion das Amt des DDR-Außenministers.

Infolge des Regierungsaustritts der Ost-SPD wurden die Verhandlungen zum Einigungsvertrag noch schwieriger. Wolfgang Thierse, der Vorsitzende der SPD im Osten, drohte ganz offen, das Vertragswerk scheitern zu lassen, wenn die Vorstellungen seiner Partei nicht gebührend berücksichtigt würden. Die SPD verlangte ultimativ die Stärkung der Finanzkraft von Ländern und Gemeinden, die endgültige Festschreibung der Zwangskollektivierung in der DDR sowie eine neue gesamtdeutsche Verfassung statt einer Übernahme des Grundgesetzes. Dennoch gelang es Wolfgang Schäuble, seine Linie weitgehend durchzusetzen und die Eingriffe in das Grundgesetz auf das für den Einigungsprozess erforderliche Minimum zu beschränken. Die SPD setzte durch, Artikel 146 dahingehend neu zu formulieren, dass es dem deutschen Volk vorbehalten bleibe, über eine neue Verfassung zu beschließen. Wir konnten damit leben, denn wir waren sicher, dass es für eine Totalrevision des Grundgesetzes keine Mehrheit geben würde.

Was die von SPD und Ost-Berliner Regierung geforderte Festschreibung der unter sowjetischer Herrschaft durchgeführten Enteignungen anging, so wussten wir alle, dass es angesichts der sowjetischen Intervention vom April 1990 keinerlei Alternative dazu gab. Anders lagen die Dinge in der Frage, wie mit dem von der SED-Herrschaft enteigneten Grund und Boden umgegangen werden sollte; hier wollten wir das Prinzip durchsetzen, dass Rückgabe vor Entschädigung galt.

Die Delegationen verhandelten noch im Bonner Verkehrsministerium über die strittigen Punkte des Einigungsvertrags, als in der Nacht vom 22. auf den 23. August die Volkskammer in einem zweiten Urnengang nicht nur dem Wahlvertrag zustimmte, sondern mit der erforderlichen Zweidrittelmehrheit auch den Beitritt zur Bundesrepublik bereits für den 3. Oktober 1990 beschloss. Der mit einer Mehrheit von über 80 Prozent der abgegebenen Stimmen gefasste Beschluss hatte den Wortlaut, den ich mir in meinen kühnsten Träumen immer gewünscht hatte:

»Die Volkskammer erklärt den Beitritt der DDR zum Geltungsbereich des Grundgesetzes der Bundesrepublik Deutschland gemäß Artikel 23 des Grundgesetzes mit Wirkung vom 3. Oktober 1990.«

In der Entschließung wurde davon ausgegangen, dass die Beratungen zum Einigungsvertrag und die Zwei-plus-Vier-Verhandlungen bis zu diesem Termin abgeschlossen wären. Außerdem sollte die Länderbildung so weit vorbereitet sein, dass am 14. Oktober die Wahl zu den Länderparlamenten stattfinden könnte.

Ich war begeistert! Mit de Maizière hatte ich mehrmals darüber gesprochen, an welchem Tag die Einheit vollzogen werden sollte, und aus meiner Sicht bot sich der 3. Oktober zugleich als neuer Nationalfeiertag an. Es gab viele Planer, die sich mit dieser Frage befassten, und noch mehr Pläne. Viele forderten den 9. November als nationalen Gedenk- und Feiertag. Ich dagegen fand die düsteren Novembertage scheußlich, schließlich sollte der künftige Nationalfeiertag doch ein Tag der Freude sein. Zwar zählt der Tag der Maueröffnung am 9. November sicherlich zu den freudigsten Ereignissen des Jahrzehnts, und auch der 9. November 1918, an dem der Sozialdemokrat Philipp Scheidemann die erste deutsche Republik ausrief, ist ein wichtiges Datum. Doch in einer unseligen Verkettung historischer Ereignisse hat Adolf Hitler nur fünf Jahre später am gleichen Tag gegen die bayerische Regierung geputscht und dann am 9. November 1938 die Reichspogromnacht inszenieren lassen.

Mir schwebte ein Nationalfeiertag Anfang Oktober vor, weil zu diesem Zeitpunkt das Wetter in der Regel noch gut ist und die Menschen im Freien feiern können. Bei unseren französischen Nachbarn hat mir immer gut gefallen, dass der 14. Juli, ihr Nationalfeiertag, nicht nur ein Anlass für pathetische Reden ist, sondern im ganzen Land fröhlich gefeiert wird. Die deutsche Einheit in Frieden und Freiheit – das ist doch nun wirklich ein Grund, sich unbeschwert zu freuen!

Um ganz sicher zu gehen, ließ ich unter einem Vorwand ein Gutachten des Deutschen Wetterdienstes anfertigen. Ich wollte wissen, wie das Wetter Anfang Oktober in den vergangenen Jahrzehnten ausgefallen war und welche Wetterbeständigkeit der 3. Oktober besaß. Das Gutachten zeigte eindeutig, dass die erste Oktoberwoche in dieser Hinsicht nichts zu wünschen übrigließ. Wieder war es der DDR-Unterhändler Günther Krause, der sich bei den Fraktionen der DDR-Volkskammer mit Erfolg für meinen Vorschlag einsetzte.

All diesen Überlegungen kam entgegen, dass am 1. Oktober die KSZE-Außenministerkonferenz in New York beginnen sollte. Dieses Datum galt es abzuwarten, um der KSZE die Möglichkeit zu geben, das Ergebnis der bis dahin beendeten Zwei-plus-Vier-Gespräche zu bestätigen.

Mit der Festsetzung des 3. Oktober als neuen Nationalfeiertag würde verständlicherweise der 17. Juni als zusätzlicher Feiertag entfallen. Dem Personalrat der CDU-Bundesgeschäftsstelle in Bonn ging das gegen den Strich, und er überlegte ernsthaft, gegen diese Abschaffung zu klagen. Er bestand darauf, die Angestellten sollten am alten Nationalfeiertag weiterhin frei haben, da er Teil des Arbeitsvertrags sei. Nur in allerletzter Minute konnte die kämpferisch gesinnte Arbeitnehmervertretung im Konrad-Adenauer-Haus davon abgehalten werden ...

*

Am Tag nach den Volkskammerentscheidungen würdigte ich dieses Ereignis in einer Regierungserklärung vor dem Bundestag. Die Kolleginnen und Kollegen der Volkskammer hatten mit ihrem klaren Votum den entscheidenden Schritt zur Einheit Deutschlands getan und damit in eindrucksvoller Weise den Auftrag erfüllt, den ihnen ihre Landsleute mit der Volkskammerwahl am 18. März 1990 erteilt hatten. Ich zitierte den früheren SPD-Vorsitzenden Kurt Schumacher, der in der ersten Debatte des Deutschen Bundestags im September 1949 gesagt hatte: »Wir wünschen, dass bei aller Verschiedenheit der Auffassungen sozialer, politischer und kultureller Natur die Angelegenheit der deutschen Einheit überall in Deutschland die Angelegenheit der gleichen

Herzenswärme und der gleichen politischen Entschiedenheit wird.«

Es galt, an einem solchen Tag nicht nur auf die sich oft überstürzenden Ereignisse und Nachrichten des Tages zu schauen, sondern einen Augenblick innezuhalten und uns die historische Dimension dessen ins Bewusstsein zu rufen, was in den letzten Monaten geschehen war und noch weiter geschah. Natürlich sahen wir die wirtschaftlichen Schwierigkeiten und sozialen Probleme beim Neubeginn in der DDR, wir mussten uns aber auch immer wieder bewusst machen, dass wir Zeugen eines wahrhaft weltbewegenden Ereignisses und eines herausragenden Augenblicks in der Geschichte unseres Volkes waren.

Keine vierundzwanzig Stunden später sprach ich vor der CDU-Volkskammerfraktion in Ost-Berlin und dankte den Abgeordneten. Ich sprach die wirtschaftlichen Schwierigkeiten an, die Lothar de Maizière bewogen hatten, auf den schnellen Einheitskurs einzuschwenken. Der Übergang von der Kommandowirtschaft zur sozialen Marktwirtschaft hatte viele bittere Erfahrungen für die Menschen in der östlichen Hälfte unseres Vaterlands mit sich gebracht. Spekulanten und Abenteurer hatten seit dem 1. Juli 1990 bei den ohnehin verunsicherten Menschen die schlimmsten Vorurteile über den Kapitalismus bestätigt. Für die Stimmungsmacher aus den Reihen der PDS, die immerzu von »Anschluss«, »Unterwerfung« oder gar von »Inbesitznahme« der DDR durch die Bundesrepublik sprachen, war das Auftreten solcher »Wessis« Wasser auf ihre Propagandamühlen. Es wurde geradezu der Eindruck erweckt, als ob nicht die Kommunisten, sondern die Bundesregierung für den wirtschaftlichen und ökologischen Bankrott des SED-Regimes verantwortlich zu machen wäre.

Gegen diese Untergangspropheten setzte ich vor der CDU-Volkskammerfraktion auf die Zukunft und appellierte an die Abgeordneten, die letzten Meter zum großen Ziel durchzustehen. Es gab an diesem 24. August allen Grund, optimistisch zu sein, denn die beiden Delegationen, die seit Wochen am Zustandekommen des Einigungsvertrags arbeiteten, hatten den Vertragsentwurf fertiggestellt und in weiten Teilen miteinander abgestimmt. Dennoch blieben auch nach der dritten Verhandlungsrunde noch einige strittige Punkte. Vor allem die Frage, wie die Steuereinnahmen verteilt werden sollten, stellte sich als problematisch dar. Außerdem stand eine Klärung aus, wie der nach westdeutschem Recht strafbare, in der DDR legal praktizierte Schwangerschaftsabbruch und der Umgang mit den Stasi-Akten im vereinten Deutschland gehandhabt werden sollten.

In dieser Situation wandten sich der SPD-Vorsitzende Hans-Jochen Vogel und seine drei Stellvertreter Herta Däubler-Gmelin, Johannes Rau und Oskar Lafontaine in einem Schreiben an mich und verlangten, die bislang noch nicht geklärten Punkte »unverzüglich zum Gegenstand eines Spitzengesprächs« zu machen. Da wir die Stimmen der Sozialdemokraten in Bundestag und Bundesrat brauchten, stimmte ich einem Termin im Kanzleramt zu. An dem Treffen am 26. August 1990 nahmen seitens der Bundesregierung und der Regierungsfraktionen Innenminister Schäuble, Finanzminister Waigel, Kanzleramtsminister Rudolf Seiters, der CDU/CSU-Fraktionsvorsitzende Alfred Dregger und CSU-Landesgruppenchef Wolfgang Bötsch sowie der FDP-Parteivorsitzende Graf Lambsdorff, Außenminister Genscher und FDP-Fraktionsvorsitzender Wolfgang Mischnick teil.

Wie schon beim Vertrag zur Wirtschafts-, Währungs- und Sozialunion ging es den Sozialdemokraten auch beim Einigungsvertrag darum, mit Blick auf die Öffentlichkeit ein Zeichen zu setzen, denn schließlich sollte am 2. Dezember gewählt werden. Von den Medien lautstark begleitet, forderten sie denn auch von mir, die von der SED Enteigneten zu entschädigen. Durch eine Politik der Rückgabe vor Entschädigung, wie sie die Bundesregierung vorhabe, könne man keinen sozialen Frieden herbeiführen, meinte die SPD-Spitze.

Ich versuchte damals, mich in die Situation derer zu versetzen, die vor zehn, fünfzehn Jahren in Leipzig, Magdeburg oder Dresden ein Haus erworben hatten, das im Lauf der Jahre zu ihrem Zuhause geworden war. Natürlich würde es für sie bitter sein, wenn sie nach einer Übergangsfrist von einigen Jahren ausziehen müssten. Aber wir mussten auch an all diejenigen denken, denen oftmals die Elternhäuser durch SED-Willkür abgenommen worden waren. Wie bitter musste das erst für diese Menschen gewesen sein. Sie hatten nicht nur den moralischen Anspruch, ihr Eigentum zurückzuerlangen, sondern sie hatten auch das Grundgesetz auf ihrer Seite, in dem der Schutz des Eigentums verankert ist. Nach sorgfältigem Abwägen aller Faktoren hatten wir uns daher entschlossen, Rückgabe vor Entschädigung zu stellen.

Wir diskutierten im Kanzleramt auch über die Finanzausstattung der neu zu bildenden Länder. Die SPD vertrat dabei eine in sich widersprüchliche Position, indem sie auf der einen Seite mehr Geld für die neuen Bundesländer forderte, gleichzeitig aber nicht in der Lage war, die Zustimmung der sozialdemokratisch geführten Landesregierungen zu garantieren. Offensichtlich glaubten sie, sich mit dieser Methode Sympathien in Ost und West gleichermaßen erwerben zu können.

Ein weiterer Punkt, an dem die unterschiedlichen Meinungen aufeinanderprallten, war das unterschiedliche Recht beim Schwangerschaftsabbruch. In der DDR gab es eine Fristenlösung, die einen Abbruch bis zum dritten Monat auf einen einfachen Gang zum Arzt reduzierte. In dieser auch emotional stark aufgeladenen Frage eine einheitliche Handhabung des Paragraphen 218 sozusagen übers Knie zu brechen, hielt ich damals für den falschen Weg. Eben dies aber hätten wir in der Kürze der uns verbleibenden Zeit tun müssen, da wir uns mit den Sozialdemokraten ohnehin nicht einig geworden wären. Auch die FDP hatte in letzter Minute gegen die geplante Abtreibungsregelung Einspruch eingelegt und erklärt, sie würde nur dem »Tatortprinzip« (Wohnortprinzip) zustimmen, wonach für eine Übergangszeit das alte DDR-Recht bestehenbleiben sollte, demzufolge eine Abtreibung innerhalb der ersten drei Schwangerschaftsmonate straffrei war – allerdings sollte dabei das Wohnortprinzip zugrunde gelegt werden.

Ich wollte mich in dieser Frage nicht über die FDP hinwegsetzen; denn das wäre falsch gewesen und machte auch keinen Sinn. Auf keinen Fall wollte ich, dass der Koalitionspartner in Sachen Einigungsvertrag auf der Seite der SPD zu finden gewesen wäre, und das war gar nicht so unwahrscheinlich, wie es heute vielleicht klingen mag, denn die Gefahr eines Scheiterns des Vertrags schätzte ich zu diesem Zeitpunkt sehr hoch ein. Die Dramatik der Stunde war nicht nur im Kanzleramt mit den Händen zu greifen.

Aber auch in der Ost-CDU gab es Auffassungen, die von der Mehrheitsmeinung der CDU im Westen stark abwichen. So hatte Lothar de Maizière – obwohl selbst Synodaler der Berlin-Brandenburgischen Kirche – zu meiner Überraschung schon zu Beginn der Verhandlungen unmissverständlich klargemacht, dass er den Einigungsvertrag scheitern lassen würde, wenn wir die Indikationslösung für ganz Deutschland durchsetzen wollten. Es blieb daher gar nichts anderes übrig, als das Thema aus den Verhandlung herauszulösen und für eine Übergangszeit von zwei Jahren eine unterschiedliche Rechtslage in Ost und West hinzunehmen.

In der Frage von Grund und Boden wurde im Einigungsvertrag die in der Gemeinsamen Erklärung vom 15. Juli festgehaltene Regelung in modifizierter Form übernommen. Sie sah nunmehr zwar »Rückgabe vor Entschädigung« vor, ermöglichte aber auch eine umgekehrte Vorgehensweise, wenn etwa ein Grundstück investiven Zwecken diente und zum Beispiel Arbeitsplätze sicherte.

Hinsichtlich der Finanzierung der Einheit und des Länderfinanzausgleichs sah der erzielte Kompromiss vor, die Finanzverfassung zwar auf die neu zu schaffenden Bundesländer zu übertragen, diese aber bis 1994 vom Länderfinanzausgleich auszuschließen. Außerdem sollten die neuen Länder 1991 nur 55 Prozent des durchschnittlichen Umsatzsteueranteils pro Einwohner erhalten, der dann bis 1995 auf 100 Prozent steigen sollte. Begründet wurde diese Schlechterstellung mit dem Hinweis auf die Aufbauhilfe von 115 Milliarden DM aus dem Fonds Deutsche Einheit, wovon die alten Bundesländer 47,5 Milliarden aufbrachten.

Zum Umgang mit den Stasi-Unterlagen war zwischen den Delegationen einvernehmlich ausgehandelt worden, dass sie der Obhut des Bundesarchivs übergeben werden sollten. In letzter Minute jedoch schuf die Volkskammer hierzu eine neue Ausgangslage, indem sie ein »Gesetz über die Sicherung und Nutzung der personenbezogenen Daten des ehemaligen Ministeriums für Staatssicherheit / Amtes für Nationale Sicherheit« beschloss. Damit sollten die Opfer des Bespitzelungs- und Überwachungsapparats sofort freien Zugang zu ihren Akten erhalten.

Da es sich hierbei um den Willen der frei gewählten Volkskammer in einer ureigenen DDR-Angelegenheit handelte, durften wir im Westen uns natürlich nicht darüber hinwegsetzen. Die Entscheidung, wie mit diesem Erbe umgegangen werden sollte, konnten nur diejenigen treffen, die unter der SED-Herrschaft gelebt und gelitten hatten. Sie hatten einen Anspruch darauf, die Wahrheit zu erfahren. Wenn ich heute zurückschaue, halte ich diese Entscheidung von damals für richtig, wenngleich ich zeitweise daran gezweifelt habe. Ich fürchtete, der ganze Unrat, der da hochkommen würde, könnte das Klima in Deutschland vergiften. Das ist zum Glück nicht eingetreten, weil es die Opfer verstanden haben, mit dieser düsteren Hinterlassenschaft verantwortungsvoll umzugehen.

Um dem Anliegen der Volkskammer gerecht zu werden, arbeiteten deren Stasi-Beauftragter, der Rostocker Pfarrer Joachim Gauck, und der Staatssekretär im Bundesinnenministerium Hans Neusel eine Regelung aus, in der beide Seiten dem gesamtdeutschen Gesetzgeber empfahlen, die Grundsätze des Volkskammergesetzes zu berücksichtigen. Der Empfehlung zufolge sollten die Stasi-Unterlagen bereitgestellt werden zum Zwecke der Wiedergutmachung und Rehabilitierung von Opfern, zur Verfolgung von Straftaten, die im Zusammenhang mit der Tätigkeit des Staatssicherheitsdienstes standen, sowie zur Überprüfung von Parlamentariern und von Beschäftigten des öffentlichen Dienstes. All das hat sich als praktikabel erwiesen und bleibt bis heute unverzichtbar.

Am 31. August 1990 – keine acht Wochen nach Verhandlungsbeginn – war es soweit: Wolfgang Schäuble und Günther Krause unterzeichneten im Ost-Berliner Kronprinzenpalais das Vertragswerk. Es regelt in neun Kapiteln und sechsundvierzig Artikeln auf rund tausend Seiten das ganze Spektrum der mit dem Beitritt der DDR zur Bundesrepublik anstehenden Fragen – von den Beitrittsbestimmungen und den Grundgesetzänderungen über die künftige

Wolfgang Schäuble, Lothar de Maizière und Günther Krause besiegeln den Beitritt der DDR zur Bundesrepublik (31. August 1990)

Finanzverfassung und die Gestaltung der Verwaltung bis hin zu den Maßnahmen der Strukturanpassung in den neuen Ländern und einer Vielzahl von Regelungen auf den Gebieten Arbeit, Soziales, Familie, Frauen, Kultur, Wissenschaft und Sport. Über 90 Prozent des Textumfangs des gewaltigen Vertragswerks machen die sogenannten Anlagen aus, in denen Einzelfragen oftmals bis ins letzte Detail geregelt werden.

Es war schon eine einzigartige Leistung, die Wolfgang Schäuble und Günther Krause sowie all ihre Mitarbeiter in der Kürze der Zeit und angesichts der Vielzahl widerstreitender Interessen vollbracht haben. Vor allem Wolfgang Schäuble bewältigte in diesen Wochen und Monaten ein ungeheures Arbeitspensum. Nicht zuletzt infolge seiner mehrjährigen Tätigkeit als Chef des Bundeskanzleramts war er einer der besten Kenner der innerdeutschen Probleme. Ohne ihn wäre der Vertrag so nicht mehrheitsfähig gewesen.

Nach dem Vertrag über die Wirtschafts-, Währungs- und Sozialunion, dem Wahlvertrag, der Volkskammerentschließung zum

Beitritt und der Festsetzung aller Termine waren damit, einmal abgesehen von der noch ausstehenden Ratifizierung des Einigungsvertrags durch Volkskammer und Bundestag, die inneren Aspekte der deutschen Einheit geregelt. Was die Zustimmung durch die beiden Parlamente anging, so zweifelte ich nicht daran, dass sie erfolgen würde, und so geschah es dann ja auch.

Ich werde oft gefragt, was vielleicht anders gemacht werden müsste, wenn wir noch einmal einen Einigungsvertrag auszuhandeln hätten. Aus der damaligen Situation heraus – und nur das kann der Maßstab sein – glaube ich nicht, dass man es wesentlich anders machen könnte. Trotz aller Irrungen und Wirrungen, und obwohl es keinen fix und fertigen Plan gab, wurden von Anfang an die Weichen richtig gestellt und alle wesentlichen Dinge richtig gemacht. Wir waren auch deswegen so trittsicher auf dem Weg zur deutschen Einheit, weil wir sie wirklich wollten.

17.
Gratwanderung

Die außenpolitische Absicherung der Einheit war im Sommer 1990 noch nicht perfekt. Noch wurde um das Dokument gerungen, das die rechtlichen Grundlagen auf dem Weg zur deutschen Einheit festschreiben und bei den Zwei-plus-Vier-Gesprächen abgeschlossen werden sollte. Aus unserer Sicht war die für den 12. September in Moskau vorgesehene Paraphierung des entscheidenden Vertrags, mit dem Deutschland am 3. Oktober 1990 seine volle Souveränität zurückerhalten sollte, nur noch ein formaler Akt.

Doch es kam ganz anders. Bundesaußenminister Hans-Dietrich Genscher erhielt einen Brief von seinem sowjetischen Amtskollegen Eduard Schewardnadse, der sich zunächst dafür bedankte, dass die Verhandlungen über die vereinbarten bilateralen Verträge zügig begonnen hatten. Es dürfe keine Zeit verlorengehen, damit das »Dokument der Sechs« beim bevorstehenden Treffen am 12. September in Moskau unterzeichnet werden könne. Schewardnadse sprach dann einige sowjetische Besorgnisse aus: Die Militärs seien der Meinung, dass der Abzug ihrer Truppen aus der DDR technisch nicht innerhalb von drei bis vier Jahren, sondern frühestens in fünf bis sieben Jahren abgeschlossen sein könne. Das sei eine besonders brisante Frage. Schewardnadse erinnerte außerdem daran, dass Gorbatschow bei unserem Treffen in Archys den Abzug der Truppen an den Umfang der materiellen und finanziellen Unterstützung der deutschen Seite gekoppelt habe. Die deutschen Vorschläge dazu seien jedoch noch völlig unzureichend. Wenn keine Lösung dafür gefunden würde, müssten die Termine für den Truppenabzug geändert werden.

Ein zweites Problem sei der Generalvertrag zwischen unseren beiden Ländern. Mit den Formulierungsvorschlägen für die Artikel zur Sicherheit und zu den neuen Bedingungen für die wirtschaftliche und wissenschaftlich-technische Zusammenarbeit seien sie unzufrieden; die bloße Wiederholung früher benutzter Formulierungen reiche nicht aus.

Als letzten Punkt sprach Schewardnadse das Zwei-plus-Vier-Abschlussdokument an. Er forderte Genscher auf, eine Reihe weitergehender Festlegungen Deutschlands in Sicherheitsfragen zu akzeptieren. Das seien Investitionen in die Zukunft, die keine Beeinträchtigung der deutschen Souveränität darstellten.

Am 28. August wurde der stellvertretende sowjetische Außenminister Julij Kwizinskij bei meinem außenpolitischen Berater Horst Teltschik im Kanzleramt vorstellig. Er berichtete, die Lage in der Sowjetunion spitze sich zu, die sowjetische Führung befinde sich in einer äußerst heiklen Situation. Vor diesem Hintergrund bereite der Stand der Verhandlungen über den Abzugsvertrag besondere Sorge. Die Haltung der sowjetischen Militärs sei sehr kritisch. Wenn es keine Mittel für Transportkosten, für neue Wohnungen und für den Aufenthalt sowjetischer Truppen in der DDR gebe, könne man einen Aufstand in der Sowjetarmee nicht ausschließen. Auch Kwizinskij sprach von einer Frist bis zu sechs Jahren für den Abzug der sowjetischen Truppen. Diese Unterredung verstärkte noch einmal den Eindruck von Schewardnadses Brief, dass Michail Gorbatschow nachzubessern versuchte.

Anderntags traf ich mit Genscher, Waigel und Bundeswirtschaftsminister Helmut Haussmann zusammen, um über die sowjetischen Klagen zu sprechen. Wir einigten uns, dass der Generalvertrag mit der Sowjetunion am 12. September paraphiert und Gorbatschow noch im Herbst zur Unterschrift nach Bonn eingeladen werden sollte. Lang und breit diskutierten wir über die Frage, in welcher Größenordnung die Bundesregierung Mittel für den Bau von Wohnungen für die zurückkehrenden sowjetischen Soldaten zur Verfügung stellen sollte.

Moskau erwartete eine Entscheidung vor dem 12. September, und so entschied ich, dass die Bundesregierung in der Frage des

Wohnungsbaus großzügig verfahren, in der Frage der Stationierungskosten hingegen hart bleiben sollte. Für das großangelegte Wohnungsbauprogramm stellten wir etwa 8 Milliarden D-Mark zur Verfügung, doch nun signalisierte der Kreml, dass dies zu wenig sei, und bezifferte seine Vorstellung auf mehr als 18 Milliarden D-Mark.

Auch die USA wollten damals Geld von uns, denn durch den irakischen Einmarsch in Kuwait am 2. August 1990 waren den Vereinigten Staaten erhebliche Kosten entstanden. Sie mussten Truppen verlegen und Länder unterstützen, die nun kein Rohöl mehr bekamen. Weil in der Region die Interessen des ganzen Westens auf dem Spiel standen, erwarteten die USA auch von uns einen finanziellen Beitrag. Vor diesem Hintergrund und angesichts der enormen Summen für den Aufbau der neuen Bundesländer galt es daher, sparsam zu wirtschaften.

Aus diesen Gründen war ich nicht gewillt, den neuen Forderungen Moskaus nachzukommen. Dagegen verhielten wir uns großzügig, als es um eine neuerliche Nahrungsmittelaktion für die Sowjetunion ging, mit der ein umfassendes Lieferprogramm von landwirtschaftlichen Produkten aus der DDR im Wert von rund 1 Milliarde D-Mark aufgelegt wurde. Es ging vor allem um die Lieferung von 255 000 Tonnen Fleisch und 60 000 Tonnen Butter. Mit dieser Aktion halfen wir gleichzeitig der Landwirtschaft in der DDR und den Menschen in der Sowjetunion. Ich hoffte natürlich auch, dass sich diese Hilfsaktion positiv auf das Klima auswirken würde.

*

Nach mehreren Telefonaten mit Präsident Bush, bei denen es fast ausschließlich um den Golfkonflikt ging, rief ich am 7. September 1990 Michail Gorbatschow an. Es war das erste Mal, dass wir nach unseren Verhandlungen im Kaukasus miteinander sprachen.

Gorbatschow machte einen bedrückten Eindruck. Er leitete das Gespräch mit den Worten ein, das Leben sei nicht einfach. Er hoffe noch, Zeiten zu erleben, wo er in größerer Ruhe mit mir in den Bergen wandern könne. Dann kam er auf sein eigentliches Anliegen zu sprechen: Bei den Verhandlungen über die Kosten des Aufenthalts und der Stationierung der sowjetischen Streitkräfte in Deutschland liefe nicht alles glatt. Ich erwiderte, dass wir seinerzeit großzügige Hilfen beim Wohnungsbau für die zurückkehrenden Truppen vereinbart hätten, doch jetzt würden von sowjetischer Seite auf einmal zusätzlich Gelder für die Stationierung der Soldaten bis zum Abzug und für ihren Rücktransport gefordert.

Der Generalsekretär erwiderte, er hoffe, dass man bei den historischen Beschlüssen bleiben könne und diese nicht durch Details gefährde. Man sei ja auch von sowjetischer Seite nicht kleinlich aufgetreten.

Das war ein Wink mit dem Zaunpfahl. Ich wies Gorbatschow darauf hin, dass es der Bundesrepublik nicht an gutem Willen fehle, und wiederholte unser Angebot von 8 Milliarden D-Mark.

Gorbatschow meinte, diese Zahl führe in die Sackgasse. Nach sowjetischen Berechnungen käme man auf einen Betrag von 11 Milliarden, die allein für den Wohnungsbau und die dazugehörige Infrastruktur erforderlich seien. Dann wurde er sehr drastisch: Das Angebot der deutschen Seite unterminiere die gemeinsame Arbeit, die bisher geleistet worden sei. Die sowjetischen Forderungen seien keine Bettelei. Er müsse aber offen mit mir reden: Es dürften keine Hindernisse geschaffen werden, die sprengen könnten, was aufgebaut worden sei.

Schließlich verknüpfte Gorbatschow noch einmal die nach seinen Worten »schicksalsträchtige Frage des Aufenthalts und Abzugs der sowjetischen Truppen« unmittelbar mit den geforderten Zahlungen und fragte mich, welche Weisungen er Schewardnadse mit Blick auf die bevorstehende letzte Runde der Zwei-plus-Vier-Gespräche geben solle. »Die Situation ist für mich sehr alarmierend«, sagte Gorbatschow. »Ich habe den Eindruck, ich bin in eine Falle geraten.«

Ich widersprach ihm heftig und sagte ihm, dass man so nicht miteinander reden könne. Um Zeit zu gewinnen, bat ich Gorbatschow, die Dinge noch einmal zu überlegen; wir sollten in drei Tagen wieder miteinander telefonieren.

Dieses Telefongespräch war wirklich dramatisch. Gorbatschow versuchte überraschend hart, Druck auszuüben, um mich zu weiteren finanziellen Zugeständnissen zu bewegen. Über das Angebot von 8 Milliarden D-Mark war er sichtlich enttäuscht. Damit wurde aber auch deutlich, dass das finanzielle Paket für Gorbatschow ein zentraler Bestandteil des Gesamtergebnisses war, das er zu Hause vorweisen wollte und vermutlich auch musste. Ich nutzte also die Zeit bis zum nächsten Gespräch, um mich mit Waigel und Haussmann zu beraten.

Am Montag, dem 10. September, setzten wir unser Gespräch wie verabredet um die Mittagszeit fort. Die Sowjets hatten unterdessen abermals ihre Forderungen auf 16 bis 18 Milliarden D-Mark beziffert. Ich wusste nur zu gut, dass Gorbatschow Herr des Geschehens war. Er hatte es in der Hand, die letzte Runde der Zwei-plus-Vier-Gespräche platzen zu lassen und uns damit nur wenige Meter vor unserem Ziel enorme Probleme zu bereiten, denn noch standen fast 400 000 sowjetische Soldaten auf deutschem Boden.

Gorbatschow begrüßte mich mit einer Freundlichkeit, als hätte es das unerfreuliche Telefongespräch vom 7. September nie gegeben. Er wolle nicht den Eindruck entstehen lassen, dass die Sowjetunion auf Profite aus sei. Wegen der Wirtschaftsreformen befinde er sich zwar in einer schwierigen Situation, wolle aber dennoch nicht mit mir feilschen. Allerdings hoffe er, dass wir 15 bis 16 Milliarden aufbringen könnten; das sei zwar eine große Summe, aber schließlich gehe es auch darum, einen großen Mechanismus zu bewegen, um die Vereinigung Deutschlands zu erreichen.

Ich versicherte Gorbatschow, ihm helfen zu wollen, und schlug ihm als Gegenangebot 11 bis 12 Milliarden D-Mark vor. Das sei nur als erster Schritt zu verstehen, dem Ende des Jahres ein zweiter folgen könne, wenn der Westen eine Gemeinschaftsleistung für die Sowjetunion beschließe.

Gorbatschow erwiderte, es gehe ja weniger um Hilfe für die Sowjetunion als um den Einigungsprozess. Mit unseren Leistungen würden wir am Ende uns selbst und der Sowjetunion helfen. Er habe viele Kämpfe mit der Regierung, mit den Militär- und Finanzfachleuten ausgefochten, und am Ende stünden eben die von ihm genannten 15 Milliarden Mark. Wenn dieses Ziel nicht zu erreichen sei, müsse »praktisch alles noch einmal von Anfang an erörtert werden«.

Jetzt sah ich den Zeitpunkt gekommen, zusätzlich zu den 12 Milliarden D-Mark einen zinslosen Kredit in Höhe von 3 Milliarden D-Mark ins Spiel zu bringen. Gorbatschow war spürbar erleichtert: So könne das Problem gelöst werden, meinte er, die deutschen Experten sollten gleich morgen nach Moskau kommen. Er glaube, dass damit diese komplizierte Etappe erfolgreich abgeschlossen werden könne. Am Ende des äußerst schwierigen Gesprächs wirkte er wie ausgewechselt und sagte, dass er mir die Hand drücke.

Es war von vornherein klar, dass sich dieser Knoten nur durch die Erhöhung des finanziellen Angebots lösen lassen würde. Der Vorschlag dazu kam erfreulicherweise aus dem Finanzministerium, das die Bedingungen für diesen zusätzlichen Kredit vorbereitet und mir rechtzeitig übermittelt hatte. Der zuständige Staatssekretär Horst Köhler, heute amtierender Bundespräsident, war nicht nur ein hervorragender Experte, sondern auch ein politisch denkender Spitzenbeamter.

Am späten Nachmittag rief Julij Kwizinskij aus Moskau an und teilte Horst Teltschik mit, Gorbatschow habe die Weisung erteilt, dass auf der Grundlage des Gesprächs mit mir morgen die Verhandlungen über den Überleitungsvertrag abgeschlossen werden könnten. Endlich war auch hier nach aufreibender Gratwanderung der Durchbruch gelungen!

*

Manchmal folgt auf jeden Erfolg ein Rückschlag. Ich hatte geglaubt, dass der Zwei-plus-Vier-Vertrag nunmehr unter Dach und Fach wäre, doch das sollte sich als verfrüht erweisen, denn völlig überraschend erklärte der britische Außenminister Douglas Hurd am 11. September im Kreise einiger seiner Amtskollegen in Moskau, dass er das Dokument nicht unterschreiben werde. Seine Begründung: Man wisse nicht, wie lange Gorbatschow sich halten könne; deswegen sehe es die Regierung Ihrer Majestät für unabdingbar an, nach dem Abzug der Sowjetstreitkräfte Nato-Manöver auf dem jetzigen Territorium der DDR abhalten zu können. Erst nach einer Krisensitzung und nach einigen Rücksprachen mit London lenkte der britische Außenminister ein.

Am 12. September setzten Schewardnadse, Baker, Dumas, Hurd, Genscher und de Maizière in Gegenwart von Michail Gorbatschow in Moskau ihre Unterschrift unter den Vertrag, mit dem Deutschland am 3. Oktober 1990 seine volle Souveränität zurückerlangen sollte. Das Dokument hat zehn Artikel. Entscheidend ist Artikel 7, in dem es heißt:

»Die Französische Republik, das Vereinigte Königreich Großbritannien und Nordirland, die Union der Sozialistischen Sowjetrepubliken und die Vereinigten Staaten von Amerika beenden hiermit ihre Rechte in bezug auf Berlin und Deutschland als Ganzes. Als Ergebnis werden die entsprechenden, damit zusammenhängenden vierseitigen Vereinbarungen, Beschlüsse und Praktiken beendet und alle entsprechenden Einrichtungen der Vier Mächte aufgelöst. Das vereinigte Deutschland hat demgemäß volle Souveränität über seine inneren und äußeren Angelegenheiten.«

Das schloss unsere Entscheidungsfreiheit über die Zugehörigkeit zu einem Bündnis unserer Wahl ein. Auch für den Abzug der sowjetischen Streitkräfte vom Gebiet der DDR war jetzt ein verbindlicher Zeitplan festgelegt, der vorsah, dass bis zum 31. Dezember 1994 alles abgeschlossen sein sollte.

Das Zwei-plus-Vier-Abschlussdokument spiegelte darüber hinaus in überzeugender Weise die Tatsache wider, dass sich die deutsche Einheit im Einvernehmen mit allen unseren Freunden, Verbündeten und Nachbarn, ja mit allen Europäern vollzog. Ich unterstreiche das mit besonderem Blick auf Polen und die Entschließungen des Deutschen Bundestages und der Volkskammer zur Grenzfrage.

In Moskau wurden in diesen Tagen auch Marksteine für die zukünftige Entwicklung der deutsch-sowjetischen Beziehungen gesetzt: Außenminister Genscher paraphierte den Vertrag über gute Nachbarschaft, Partnerschaft und Zusammenarbeit, der nach der Vereinigung Deutschlands auf höchster politischer Ebene unterzeichnet werden sollte. Mit diesem Vertrag wollten wir nicht nur den deutsch-sowjetischen Beziehungen eine neue Qualität verleihen; er wurde geschlossen in dem Wunsch, mit der Vergangenheit endgültig abzuschließen und durch Verständigung und Versöhnung einen wichtigen Beitrag zur Überwindung der Trennung Europas zu leisten.

Der Vertrag enthält Grundsätze für die umfassende Entwicklung der Zusammenarbeit auf allen Gebieten, einschließlich Politik, Wirtschaft, Wissenschaft und Kultur, Umwelt und nicht zuletzt auch humanitärer Fragen. Er förderte die umfassende Begegnung der Menschen und gewährleistete, dass die Deutschen in der Sowjetunion ihre nationale, sprachliche und kulturelle Identität entfalten konnten; und er ermöglichte es uns, ihnen dabei zu helfen.

In Ergänzung zu diesem Vertrag war ein weiterer Vertrag über die Entwicklung einer umfassenden Zusammenarbeit auf dem Gebiet von Wirtschaft, Industrie, Wissenschaft und Technik fertiggestellt worden, der lohnende Zukunftsperspektiven für beide Seiten eröffnete. Dieser Vertrag war der völkerrechtliche Rahmen für die Tatsache, dass das vereinte Deutschland – als Mitglied der Europäischen Gemeinschaft – der größte Wirtschaftspartner der Sowjetunion sein würde. Fertiggestellt war auch der durch die Währungsumstellung in der DDR zum 1. Juli 1990 erforderlich gewordene Vertrag über einige überleitende Maßnahmen, der vor allem auch die finanzielle Regelung für die sowjetischen Streitkräfte auf dem Gebiet der DDR enthielt. Es ging dabei um Aufenthaltskosten, die die sowjetische Seite grundsätzlich selbst trug, sowie um Rücktransportkosten und Wiedereingliederungskosten, die wir mit einem Wohnungsbauprogramm in der Sowjetunion und Umschulungsmaßnahmen unterstützten. Unser Gesamtaufwand belief sich auf etwa 12 Milliarden DM in vier Jahren, hinzu kam ein Kredit in Höhe von 3 Milliarden für eine Laufzeit von fünf Jahren. Im nachhinein war das eine sehr günstige Investition, wenn man bedenkt, dass es uns gelungen war, in dreieinhalb Jahren mehr als eine Million sowjetischer Bürger aus der DDR nach Hause zu bringen, alle Waffen, Tausende von Atombomben und Raketen von deutschem Boden abzuziehen und das geeinte Deutschland in die Nato einzugliedern.

Alle Verträge sollten unmittelbar nach dem 3. Oktober durch die gesamtdeutsche Regierung unterzeichnet und dem gesamtdeutschen Parlament zur Ratifizierung vorgelegt werden.

Vor dem Hintergrund tiefgreifender Reformen in der Sowjetunion war damit das Tor für eine Zukunft in guter Nachbarschaft und mit einer umfassenden partnerschaftlichen Zusammenarbeit weit geöffnet.

18.
Hilfeersuchen

Wie wichtig es war, im Schnellschritt der Einheit unseres Vaterlandes entgegenzustreben, zeigte der Konflikt um Kuwait. Nach dem irakischen Überfall auf das Emirat am 2. August 1990 leiteten die USA sofort entschlossene Gegenmaßnahmen ein, um Saddam Husseins völkerrechtswidrigen Aggressionsakt zu begegnen. Dieser Konflikt wäre sicherlich nicht ohne negative Rückwirkungen auf den Wiedervereinigungsprozess geblieben, wenn wir die Einheit zu diesem Zeitpunkt nicht schon so weit vorangetrieben hätten. Während das Vorgehen der Vereinigten Staaten anfangs noch auf bilaterale Hilfeersuchen Kuwaits und Saudi-Arabiens gestützt war, strebte Präsident Bush schon nach kurzer Zeit eine Internationalisierung des Konflikts an. Amerika, das uns vorbehaltlos wie kein anderes Land im Einigungsprozess unterstützt hatte, hoffte nun auf besondere Unterstützung durch die Bundesrepublik. Gefragt war solidarisches Handeln im Rahmen unserer Möglichkeiten, beispielsweise durch die Nutzung amerikanischer Militäreinrichtungen in der Bundesrepublik zur Entsendung von US-Soldaten nach Saudi-Arabien. Außerdem lief am 16. August ein deutscher Minensuchverband ins Mittelmeer aus, um dort amerikanische Schiffe zu ersetzen, die an den Persischen Golf geschickt worden waren.

Wir hatten für die deutsche Wiedervereinigung ungewöhnliche internationale Unterstützung und Solidarität empfangen. Wie sollten wir uns da nicht als zuverlässige Freunde erweisen, wenn die USA sich an uns wandten? Ein Einsatz der Bundeswehr außerhalb des Nato-Gebiets war nicht zulässig und ohne Verfassungsänderung ausgeschlossen. So blieb uns nur, im Rahmen unserer

Möglichkeiten umfangreiche finanzielle und materielle Hilfe zu leisten.

Unübersehbar war, dass dem vereinten Deutschland in der Völkergemeinschaft eine größere Verantwortung zufiel, nicht zuletzt für die Wahrung des Weltfriedens. Wir mussten dieser Verantwortung sowohl im Rahmen der Vereinten Nationen, der Europäischen Gemeinschaft und der Atlantischen Allianz wie auch in unserem Verhältnis zu einzelnen Ländern gerecht werden. Langfristig galt es, dafür klare verfassungsrechtliche Voraussetzungen zu schaffen.

Zu diesem Zeitpunkt lief vor allem in den USA und in Israel eine internationale Kampagne, die sich gegen Deutschland und die Bundesregierung richtete. Wir hätten alle Vorteile aus der Wiedervereinigung in Anspruch genommen, seien aber nicht bereit, einen Beitrag zur internationalen Golfallianz gegen den Diktator Saddam Hussein zu leisten, lautete der Vorwurf. Enthüllungen über deutsche Waffenexporte in den Irak sowie die Beteiligung deutscher Unternehmen bei der Herstellung irakischen Giftgases verstärkten die Kritik an der deutschen Haltung. Die negative Stimmung in den USA gipfelte in der Forderung nach einem zwanzigprozentigen Zollaufschlag für Waren aus Deutschland.

Vor allem unser Freund George Bush sah sich in den USA heftigen Angriffen ausgesetzt. So schrieb die einflussreiche *New York Times* am 10. September:

»Die Westdeutschen waren jahrzehntelang Nutznießer amerikanischer Politik inklusive des militärischen Schutzes. Jetzt haben sie fadenscheinige Entschuldigungen parat, um sich vor den angemessenen Kosten für den Schutzschild zu drücken, den die Amerikaner in Saudi-Arabien für die deutsche Ölversorgung zur Verfügung stellen. Dieses beschämende Lehrstück (...) macht die von offizieller Seite erwähnte Dankbarkeit von Bundeskanzler Kohl für die amerikanische Unterstützung der deutschen Wiedervereinigung zunichte. Das also ist Dankbarkeit.«

Immer wieder wurde gefordert, dass sich Deutschland mit der Entsendung von Soldaten an der Golfallianz beteiligen sollte. Ich wollte dies nicht und hatte große Mühe, unseren Verbündeten unsere Haltung deutlich zu machen. Unterdessen war die Frage des Einsatzes deutscher Soldaten am Golf bereits zum Wahlkampfthema gemacht worden. SPD und Grüne hatten eine breit angelegte Kampagne gestartet und auf Transparenten geschrieben: »Kohl schickt unsere Söhne für die Ölscheichs in den Wüstentod.« Das war zwar gelogen, verfehlte aber seine Wirkung nicht und war dazu geeignet, sowohl bei den Wahlen in den neuen Bundesländern als auch bei der Bundestagswahl und bei dem anschließenden Wahlkampf in Hessen zu einem bestimmenden Thema zu werden. Und tatsächlich brach die Stimmung für die CDU bei der Landtagswahl in Hessen ein. Die Hetzkampagne von SPD und Grünen hatte Erfolg, die CDU/FDP-Regierung verlor die Wahl.

Die Drohung Saddam Husseins, Israel mit Scud-Raketen, bestückt mit chemischen und biologischen Waffen, zu bombardieren, wurde äußerst ernst genommen und erzeugte in Israel und weltweit große Angst. Als Saddam Hussein tatsächlich im Januar und Februar 1991 Israel mit Scud-Raketen angriff, gab es dramatische Angstreaktionen. In dieser Situation vereinbarten wir, dass Hans-Dietrich Genscher nach Israel reisen sollte, um den Bürgern Israels unsere Solidarität und unsere Bereitschaft zur Hilfe zu signalisieren.

Am Ende der Gespräche und Verhandlungen mit Israel kam es dann am 28. und 29. Januar 1991 anlässlich des Besuchs einer israelischen Delegation in Bonn zu einer Vereinbarung mit Israel, die vorsah, dass neben anderem Material auch Spürpanzer vom Typ Fuchs, zwei U-Boote und Patriot-Raketen an Israel geliefert werden sollten. Mir war besonders wichtig, dass wir die Lieferung der beiden U-Boote zusagen konnten, denn dies war ein sehr nachdrücklich geäußerter Wunsch gewesen.

*

Am 29. September erreichte mich ein Schreiben des amerikanischen Präsidenten, in dem George Bush mich bat, Deutschland möge einen gerechten Anteil an den Bemühungen um die Beilegung der Golfkrise übernehmen. Er habe Verständnis dafür, dass ich mit den Kosten der Vereinigung und der Stabilität in Europa alle Hände voll zu tun habe, wies aber darauf hin, dass die Art und Weise, wie Deutschland auf die Krise im Golf reagiere, sowohl in den USA als auch in der Golfregion große Auswirkungen haben werde.

Bush forderte also mehr oder weniger offen die Solidarität von Deutschland ein, die er selbst im zurückliegenden Jahr uns gegenüber bewiesen hatte. Noch am selben Tag erreichte mich über den amerikanischen Botschafter Vernon Walters im Auftrag von Außenminister Baker eine Liste mit amerikanischen Vorschlägen, welche Beiträge wir zu den Kosten der amerikanischen Streitkräfte im Golf und für die Frontstaaten Ägypten, Türkei und Jordanien leisten könnten.

Mir war also klar, dass jede nur denkbare materielle und finanzielle Hilfe für die Golfallianz von größter Bedeutung für die Bundesregierung war, als Außenminister Baker am 15. September, unmittelbar nach Unterzeichnung des Zwei-plus-Vier-Vertrags in Moskau, nach Ludwigshafen kam. James Baker und ich hatten zunächst ein intensives Vieraugengespräch, dem sich eine Diskussion mit den engsten Mitarbeitern anschloss.

Im Verlauf des Vieraugengesprächs erklärte ich Baker, warum die Bundesregierung nicht in der Lage war, Soldaten für die Golfallianz zu entsenden, und erläuterte dem amerikanischen Außenminister die innenpolitische Lage mitten im Wahlkampf, insbesondere die Kampagne des politischen Gegners. Ich sagte ihm auch, dass ich gewillt sei, alle Staaten der Golfallianz zu unterstützen, und führte auf, was wir an Hilfslieferungen zusagen konnten: So gliederten sich die deutschen Leistungen an die Türkei in eine Warenhilfe im Wert von 110 Millionen DM, die als Zuschuss für das militärische Engagement der Türkei zu verstehen waren. Für Jordanien wie für Ägypten war eine Warenhilfe im Wert von jeweils 200 Millionen DM vorgesehen. Ferner sollten Entwicklungshilfeprojekte im Wert von 775 Millionen DM für Ägypten erbracht werden.

Die vorgesehenen Leistungen an die USA umfassten einerseits die Überlassung von sechzig Fuchs-Spürpanzern, und zwar nicht nur leihweise, und andererseits die Ausbildung amerikanischer Soldaten an den Spürpanzern. Der Wert dieser Leistungen zusammengenommen betrug 200 Millionen DM. Ferner wurden der amerikanischen Seite allgemeines Wehrmaterial wie Radfahrzeuge, Funkgeräte, Pioniermaterial, Autokräne, Generatoren, Wassertransportfahrzeuge und ABC-Abwehrmaterial sowie Pioniermaterial aus NVA-Beständen zur Verfügung gestellt. Die Hilfe an die USA belief sich somit auf rund 1,6 Milliarden D-Mark. Der Wert der deutschen Hilfe für die Golfallianz machte insgesamt 3,3 Milliarden DM aus.

Gleichwohl bedauerte Baker, dass keine deutschen Truppen am Golf seien. Ich entgegnete, Deutschland tue mehr als alle anderen und bekomme trotzdem die Prügel. Es wäre einfacher und billiger für uns gewesen, eine Fallschirmjägerbrigade zu entsenden. Das wollte ich auf keinen Fall, und es ging schon aus Verfassungsgründen nicht. In diesem Zusammenhang fügte ich hinzu, dass ich die Lieferung von Spürpanzern an Saudi-Arabien durchsetzen würde.

Für meine Haltung hatte ich im wesentlichen zwei Gründe: Zum einen die konkrete Gefährdung der Staaten der Golfregion, die in der Allianz gegen Saddam Hussein zusammenwirkten. In all diesen Ländern wurden Husseins Drohungen sehr ernst genommen. Zum zweiten begrüßte ich es außerordentlich, dass jetzt nach Jahrzehnten erstmals Saudi-Arabien und Israel in einer Allianz zusammenstanden und gemeinsam die irakische Aggression abwehren wollten. Es war mir sehr wichtig, einen aktiven Beitrag zu diesem Zusammenwirken der Vernunft zu leisten.

Es gab aber noch einen dritten Grund, weshalb ich die Lieferung von Spürpanzern nach Saudi-Arabien zu unterstützen bereit war, denn bereits nach meiner Wahl zum Bundeskanzler 1982 war ich von der Führung Saudi-Arabiens darauf hingewiesen worden, dass Bundeskanzler Helmut Schmidt angeblich die Lieferung von

Leopard-II-Panzern versprochen habe. Schmidt selbst hat eine solche Zusage immer bestritten, und im Kanzleramt gab es keine Akten zu diesem Vorgang. Hinzu kam, dass ich auch mit Franz Josef Strauß, der Leopard-II nach Saudi-Arabien liefern wollte, viele Diskussionen und Auseinandersetzungen darüber gehabt hatte. Und immer war klar: Ich wollte das auf keinen Fall. Jetzt aber sah ich die Chance, mit der Lieferung von Fuchs-Spürpanzern, deren defensiver Charakter außer Zweifel stand, einen schon so lange und so dringlich geäußerten Wunsch Saudi-Arabiens in einer für mich gut zu vertretenden Weise zu erfüllen.

Nach der Besprechung mit dem amerikanischen Außenminister machte ich meinen Entschluss, die Spürpanzer nach Saudi-Arabien zu liefern, bewusst nicht publik. Ich wollte die Zusage zu diesem Zeitpunkt nicht zum Gegenstand von Erörterungen in der Bundesregierung machen, denn mir war klar, dass es in einzelnen Ressorts Widerstand gegen die Lieferungen geben würde: Das Verteidigungsministerium wollte die Fuchs-Panzer nicht abgeben. Das Finanzministerium wollte die notwendige Neubeschaffung nicht bezahlen. Das Außenministerium führte grundsätzliche Überlegungen für die Ablehnung dieses Wunsches an. Und selbst wenn ich diese Frage auch nur im engsten Kreis der Bundesregierung erörtern würde, wäre sie nach allen meinen Erfahrungen mit Indiskretionen mit Sicherheit zu einem Wahlkampfthema geworden.

Jeden Tag sah ich mich bei den Wahlversammlungen mit Hetzparolen konfrontiert. Das zog sich von den Wahlkämpfen in den neuen Bundesländern im September und Oktober 1990 über die Bundestagswahl im Dezember 1990 bis zu einem Höhepunkt der Kampagne von SPD und Grünen bei der Hessenwahl im Januar 1991 hin. Selbst Pastoren in vollem Ornat polemisierten gegen unsere Unterstützung der Golfallianz, obwohl wir keine deutschen Soldaten entsandt hatten. Trotz derart heftigen Widerstands war ich ganz sicher, dass sich meine Politik und meine Vorstellungen durchsetzen und wir bei der Bundestagswahl am 2. Dezember 1990 durch einen Wahlsieg der CDU/CSU/FDP-Koalition bestätigt werden würden.

Schließlich trat am 27. Februar 1991 der Bundessicherheitsrat zusammen und genehmigte die gegenüber dem amerikanischen Außenminister in Aussicht gestellte Lieferung der Spürpanzer nach Saudi-Arabien. Das zeigt, dass meine Entscheidung ausschließlich nach außen- und sicherheitspolitischen Erwägungen erfolgte. Ich habe keinerlei Kenntnis von Einflussnahmen oder Bestechungen, die angeblich bei dieser Entscheidung eine Rolle gespielt haben sollen. Ich habe lediglich mein Wort gehalten, das ich im September 1990 gab.

*

Als ich am späten Nachmittag des 17. September zu deutsch-französischen Konsultationen mit François Mitterrand in der Münchner Residenz zusammentraf, sprach ich auch mit ihm über die Lage am Golf. Der Präsident war bester Laune und sichtlich bemüht, die Verstimmungen vergessen zu machen, die unser Verhältnis in den ersten Monaten des Jahres getrübt hatten. Und auch ich war entspannt, obwohl ich wieder auf Wahlkampftour durch die Noch-DDR unterwegs war. Zwölf Auftritte waren bis zu den Wahlen in den fünf neuen Ländern am 14. Oktober 1990 geplant, und ich war mir sicher: Jetzt konnte nichts mehr verhindern, dass Deutschland zu diesem Zeitpunkt schon elf Tage wieder vereint sein würde.

Bei den Gesprächen mit Mitterrand ging es unter anderem um Fragen der europäischen Integration und des Verbleibs französischer Truppen in Deutschland. Wir kamen auch auf die beunruhigende Situation in der Sowjetunion zu sprechen, und ich berichtete von meinem letzten Telefonat mit dem amerikanischen Präsidenten, dessen Augenmerk ganz dem Nahen Osten galt. Bush hatte gesagt, die Vereinigten Staaten seien gerade dabei, ihre bisherige Ablehnung von Finanzhilfen für die Sowjetunion aufzugeben, denn sie hätten, gerade im Licht der Golfkrise, erkannt, wie nützlich es sein könne, von der Sowjetunion mit einer konstruktiven Haltung unterstützt zu werden.

Abends besuchten wir auf Einladung der bayerischen Staatsre-

*Deutsch-französisches Gipfeltreffen in München
(September 1990)*

gierung eine Aufführung von *Figaros Hochzeit* im Cuvilliés-Theater. Beim festlichen Diner im Antiquarium der Residenz würdigte Mitterrand in einer improvisierten Ansprache die deutsch-französischen Beziehungen. Er sprach von einem Rekord an Begegnungen zwischen ihm und mir – über achtzig waren es inzwischen, ein einsamer Weltrekord.

In diesem langen Zeitraum, in dem wir einander so gut kennenlernen konnten, hatten wir immer wieder über das Herzstück Europa gesprochen. Gemeinsam waren wir den Weg der Gründer Europas nach dem Zweiten Weltkrieg weitergegangen, und inzwischen waren wir weit darüber hinausgekommen.

Mitterrand betonte, dass das große Ereignis der Einheit nicht möglich geworden wäre, wenn die Franzosen gegenüber Deutschland Misstrauen gehabt hätten. Gemeinsame Aufgabe sei es nun, die europäischen Ziele bis zum Januar 1993 zu verwirklichen. Es gehe dabei um die Weiterentwicklung der Demokratie in der Gemeinschaft und ihrer Institutionen. Wenn uns dabei Erfolg beschieden sei, werde Europa wieder die Stelle in der Welt einnehmen, die es nie hätte verlieren dürfen.

Mit dem ihm eigenen Pathos sprach Mitterrand die bevorstehende Einheit an, er beschwor unsere Vision von dem einen Europa und hob hervor, dass unsere beiden Länder weiterhin Motor des Einigungswerkes bleiben müssten. Viele seiner Gedanken fanden anschließend Eingang in unsere gemeinsame Erklärung von München.

19.
Gelassenheit

Am 20. September fand in Bonn die letzte ordentliche Sitzung des Bundestags vor der Wiedervereinigung statt. 442 Abgeordnete stimmten auf dieser Sitzung für die Annahme des Einigungsvertrags. 3 Abgeordnete enthielten sich der Stimme, und 47 (die Grünen sowie einige Unions-Abgeordnete) lehnten den Vertrag ab. Auch die Volkskammer der DDR tagte in Ost-Berlin zum letzten Mal; die Abgeordneten billigten mit 299 Ja- gegen 80 Neinstimmen den Einigungsvertrag und gleichzeitig die Auflösung des DDR-Parlaments.

Zur selben Zeit machte sich Oskar Lafontaine in Begleitung von Egon Bahr und Horst Ehmke zu einem Meinungsaustausch mit Michail Gorbatschow nach Moskau auf. Im Verlauf dieses Treffens wünschte sich der SPD-Kanzlerkandidat unter anderem die Fortsetzung des Dialogs über die sozialistische Idee, von der er sagte, sie habe sich im Lauf der Zeit zwar verändert, aber Sinn und Ziel würden bleiben. Und von dieser Idee habe sich die deutsche Sozialdemokratie nicht verabschiedet. Nachzulesen sind solche weisen Meditationen heute in Veröffentlichungen der Moskauer Gorbatschow-Stiftung.

Wenige Tage vor der deutschen Wiedervereinigung kritisierte Lafontaine gegenüber Gorbatschow die »fundamentalen Fehler«, die meine Regierung im deutschen Vereinigungsprozess gemacht habe. Unter anderem bemängelte Lafontaine das »nach wie vor sehr große Defizit« des Staatsbudgets. Entgegen dem Rat von Experten habe man auf dem Territorium der DDR gleich die D-Mark eingeführt und damit den »Finanzkapazitäten der BRD« großen Schaden zugefügt. Es sei auch ein »falscher Wechselkurs zur D-Mark« festgelegt worden, meinte Lafontaine und plädierte für einen »realen Wechselkurs der West- zur Ostmark von 1:4«. Michail Gorbatschow sah sich veranlasst dagegenzuhalten und verwies »auch auf politische Überlegungen«.

Unter Hinweis auf die neue Bundesratsmehrheit für seine Partei machte der SPD-Kanzlerkandidat Gorbatschow auf einen interessanten Umstand aufmerksam: »Kohl kann nicht mehr alles, was er will, durchsetzen.« Dann vertraute Gorbatschow seinen sozialdemokratischen Gästen »ein Geheimnis« an: Er habe mir geschrieben, ich möge meine Aufmerksamkeit doch darauf richten, dass man die Verfolgung der ehemaligen SED-Mitglieder in Deutschland nicht zulassen dürfe. Damit bezog er sich auf die juristische Aufarbeitung von SED-Verbrechen, die mit der Inhaftierung von Erich Honecker und anderen SED-Spitzengenossen in die Wege geleitet worden war. Die SPD-Genossen pflichteten dem Kreml-Herrn bei, und Lafontaine meinte, ich sollte den anderen DDR-Parteien gegenüber wenigstens halb so offen sein wie gegenüber der Ost-CDU. Am Ende bat er Gorbatschow noch: »Reden Sie mit Kohl darüber. Wenn wir es tun, wird man sich über uns hermachen.«

Was für ein Dialog! Die Wiedervereinigung spielte so gut wie keine Rolle, Gorbatschow gab die Themen vor. Die Spitze der deutschen Sozialdemokraten verharrte in der sowjetischen Metropole in unterwürfiger Zustimmung und fiel dem amtierenden Bundeskanzler in den Rücken. Siebzehn Jahre nach der glücklichen Wiedervereinigung bin ich mit diesen Protokollen auf ein Dokument der Erbärmlichkeit gestoßen, das einmal mehr beweist, wie fern die SPD der Vereinigung unseres Vaterlands stand.

Am Schluss des Moskauer Treffens fragte Egon Bahr Michail Gorbatschow, was aus den Atomwaffen werden solle, die auf dem Territorium der BRD lagerten; diese Frage sei wohl in den Gesprächen mit mir außen vor geblieben. »Wir wollen auf dem ganzen Territorium von Deutschland eine atomwaffenfreie Zone bilden«, sagte Egon Bahr, der Sicherheitsexperte der deutschen Sozialdemokratie. Ein Glück, dass seine jahrelangen Forderungen niemals politische Wirklichkeit wurden.

*

Was Gorbatschow der sozialdemokratischen Parteielite als »Geheimnis« anvertraut hatte, traf eine knappe Woche später, am 26. September 1990, über den sowjetischen Botschafter in Bonn, Wladislaw Terechow, als offizielles Schreiben bei mir ein. Der Inhalt war außerordentlich überraschend. Ich konnte mir die letzten unerquicklichen Telefonate, denen nun dieser Brief folgte, nur mit dem enormen Druck erklären, der wohl seit Wochen auf Gorbatschow lastete.

In ungewöhnlich hartem Ton schrieb Gorbatschow, dass die strafrechtliche Verfolgung der SED-Führung, der Spione des Staatssicherheitsdienstes und aller anderen, die Seite an Seite mit Moskau für die Sache des Kommunismus gekämpft hätten, zu unterbleiben habe. Ihm komme das vor, als sollte damit der ehemalige Gegner »im Geiste eines primitiven Antikommunismus« gezwungen werden, »den bitteren Kelch bis zur Neige zu leeren«.

Ob die Zahl von 8000 Personen, die man, wie es heiße, wegen »Landesverrats«, »Verbrechen gegen die Menschlichkeit« und nicht zuletzt wegen »subversiver Tätigkeit zugunsten eines fremden Staates« vor Bundesgerichte stellen wolle, richtig sei. Aber habe man erst einen Täter, so werde sich erfahrungsgemäß auch ein passender Paragraph finden lassen, und aus Archiven lasse sich auf Wunsch alles mögliche herausziehen. Als Kinder des Kalten Krieges wüssten wir ja beide, wieviel Unrecht mit dieser Zeit der Blockkonfrontation auf beiden Seiten einhergegangen sei, und natürlich bildeten weder die Bundesrepublik noch die DDR dabei eine Ausnahme.

An die Stelle von zwei Lebensordnungen, zwei Souveränitäten trete nun eine Ordnung, doch manch einem sei dies offenbar nicht genug. Was den »Dienst für einen fremden Staat« angehe, so ziele man mit der Verfolgung dieses Straftatbestands auf die Sowjetunion ab und übersehe dabei deren Beitrag zur Wiederherstellung der Einheit Deutschlands.

Die sowjetische Öffentlichkeit und der Oberste Sowjet, dem noch die Ratifizierung des Zwei-plus-Vier-Vertrags bevorstehe, verfolgten aufmerksam den Einigungsprozess, hieß es in dem Brief weiter. Auf sie würden die Versuche, als Verbrechen hinzustellen, was sich bis vor kurzem aus den Bündnisverpflichtungen der DDR ergeben habe, ganz gewiss nicht ohne Wirkung bleiben. Die offene oder gar verborgene Propagierung von Antisowjetismus und Antikommunismus passe nicht mit den Prinzipien der guten Nachbarschaft zusammen, denen wir beide uns verpflichtet hätten. Dies sei der Grund, weshalb er mir die Anregung geben wolle, einen Weg zu finden, um den Eifer derjenigen zu dämpfen, die nicht abgeneigt seien, den »Kalten Krieg« an der innerdeutschen Front zu verlängern. Die große historische Wende, die wir gemeinsam eingeleitet hätten, dürfe nicht durch eine »Hexenjagd« getrübt werden, sondern müsse auch bei mir zu Hause in Deutschland von Frieden unter den Bürgern gekrönt werden. Dies würde mir nur noch mehr Sympathien und mehr Vertrauen einbringen.

Der Brief war in Ton und Stil ein erstaunliches Dokument, nicht zuletzt wegen des Hinweises auf die zu erwartenden Reaktionen der sowjetischen Öffentlichkeit und besonders des Obersten Sowjets, mit dem Gorbatschow seinen Forderungen Nachdruck zu verleihen versuchte.

Gelassenheit war jetzt das Stichwort. Vieles ließ darauf schließen, dass die Betonköpfe im Zentralkomitee den Entwurf dieses Schreibens erarbeitet hatten. Anders war eine solche Einmischung in die inneren Angelegenheiten nur schwer zu verstehen. Ich war sehr verärgert und nahm mir vor, bei nächster Gelegenheit mit Gorbatschow selbst über diesen Brief zu sprechen. Unter Berufung auf unser Gespräch von Archys schrieb er jetzt von dem Schlussstrich, den wir unter die Vergangenheit ziehen wollten. Damit war freilich zu keinem Zeitpunkt gemeint, die historische Wirklichkeit einfach unter den Teppich zu kehren.

Immer wieder hatten wir doch darin übereingestimmt, dass wir aus der Geschichte lernen müssten, um die Fehler von gestern nicht zu wiederholen. Aus diesem Grunde – das hatte er mir mehrmals gesagt – wollte er die Verbrechen der Stalin-Zeit schonungslos offenlegen. Nichts anderes aber sollte ja nun im vereinten Deutschland im Hinblick auf das von der SED begangene Unrecht geschehen. Von einer »Hexenjagd« konnte keine Rede sein, denn zur Rechenschaft gezogen wurde nur der, der eine Straftat begangen hatte, die noch nicht verjährt war.

*

Zwei Tage später besuchte mich Jacques Delors in Bonn. Wir erörterten eingehend Lage und Perspektiven in der DDR, insbesondere die politischen und wirtschaftlichen Probleme, und sprachen darüber, wie die deutsche Einheit von den Nachbarn und in Europa insgesamt aufgenommen und akzeptiert werde und welche Konsequenzen daraus für die Europapolitik erwuchsen. Ich dankte dem Präsidenten der Kommission für seine tatkräftige Unterstützung bei der Vorbereitung der deutschen Einheit und bekräftigte, dass ich mich verstärkt dafür engagieren wolle, in den nächsten Jahren die europäische Einigung insbesondere durch die Vollendung des Binnenmarkts und den erfolgreichen Abschluss der Regierungskonferenzen zur Wirtschafts- und Währungsunion und zur Politischen Union weiter voranzubringen. Die Jahre bis zur nächsten Europawahl Mitte 1994 stellten eine entscheidende Zeitspanne für Europa dar, dessen war ich mir sicher.

Wir sprachen auch über das Verhältnis Deutschlands zu seinen Nachbarn, insbesondere zu Polen, zu dem die Beziehungen am kompliziertesten waren. Ich bedauerte, dass die polnische Regierung meine Vorstellung nicht aufgegriffen hatte, gleich nach der Einheit und zusammen mit dem Grenzvertrag einen umfassenden Vertrag über die künftige Zusammenarbeit abzuschließen. Noch hoffte ich zwar, dass dieser Vertrag bald zustande kommen würde, aber es sollte noch bis Juni 1991 dauern, bevor es soweit war.

Ein wichtiges Kapitel war für mich die Zusammenarbeit im grenznahen Bereich, damit die Oder-Neiße-Grenze nicht zu einer Wohlstandsgrenze wurde. Ich wünschte mir für diesen Raum eine regionale Zusammenarbeit, wie es sie in ähnlicher Form bereits zum Beispiel im Bodenseeraum oder im pfälzisch-elsässischen Grenzgebiet gab.

20.
Neuanfang

Der 1. Oktober 1990 war gleich in zweifacher Hinsicht ein denkwürdiger Tag. Zum einen für mich ganz persönlich, denn es war der achte Jahrestag meiner Kanzlerschaft, und bis auf Konrad Adenauer und Helmut Schmidt hatte ich meine Vorgänger im Amt des deutschen Bundeskanzlers überrundet. Ich wurde von Glückwünschen überschüttet, meine engsten Mitarbeiterinnen und Mitarbeiter gratulierten mir überschwenglich.

Zum anderen fand an diesem Tag der Vereinigungsparteitag der CDU-West und der CDU-Ost statt. Am Vormittag des 1. Oktober eröffnete ich im Hamburger CongressCentrum den 38. Bundesparteitag und begrüßte – zunächst noch als Gäste – auch die Delegierten aus den fünf neuen Ländern und aus Ost-Berlin. Nach der Wahl des Tagungspräsidiums und nach Abgabe der obligatorischen Berichte wurde über die für die Durchführung des Vereinigungsparteitags erforderlichen Anträge zur Änderung des Statuts der CDU Deutschlands beraten und abgestimmt. Mit überwältigender Mehrheit machten die Delegierten den Weg frei für die vereinte CDU Deutschlands, und so schloss ich nach nur einer guten Stunde den 38. Bundesparteitag und berief für den frühen Nachmittag den ersten Parteitag der wiedervereinigten CDU Deutschlands ein.

In der Eröffnungsansprache spannte ich den geschichtlichen Bogen am Beispiel bedeutender Persönlichkeiten wie Andreas Hermes und Jakob Kaiser von der Gründung der CDU bis in die Gegenwart. Ich erinnerte an all jene aus unseren Reihen, die brauner oder roter Gewaltherrschaft zum Opfer gefallen waren; ihre Visionen waren nun nicht zuletzt dank der Politik der CDU Wirklichkeit geworden. Konrad Adenauer, Ludwig Erhard, Kurt Georg Kiesinger und Rainer Barzel, meine Vorgänger im Amt des Parteivorsitzenden – alle hatten sie an der Verwirklichung unseres großen Zieles gearbeitet.

Dieser Vereinigungsparteitag führte zusammen, was gemeinsam entstanden war, und beendete über vierzig Jahre der Trennung. Wir fanden uns wieder zusammen, fest wurzelnd in den Ursprungsideen unseres gemeinsamen Herkommens. In Hamburg standen wir vor einem Neubeginn – Deutschland wurde wiedervereinigt, die CDU wurde wiedervereinigt. Das waren Tage großer Freude und großer Dankbarkeit. Jetzt, da Diktatur und Unfreiheit, Unterdrückung und Teilung endgültig überwunden waren, war es für uns alle selbstverständliche Pflicht, der Gründer dieser großen Volkspartei zu gedenken, die die konfessionellen Gräben und die unselige Parteienzersplitterung der ersten deutschen Demokratie überwunden hat, um alle sozialen Schichten und Gruppen unseres Volkes zu umfassen, und die nicht zuletzt als Partei der Mitte endlich stark genug wurde, ein stabiles demokratisches Regierungssystem mitzugestalten.

Die CDU ist ein Symbol des Neuanfangs nach 1945. Sie ist aber auch und nicht zuletzt eine Partei, deren Wurzeln tief in den deutschen Widerstand gegen die totalitäre Nazibarbarei hineinreichen. Und da sie auch aus dem Kreis des Widerstands gegen Unterdrückung und Unfreiheit eines verbrecherischen Regimes geboren ist, war und ist sie von dem festen Willen beseelt, nie wieder in Deutschland Diktatur oder Krieg zuzulassen.

Der Weg von der Gründung der CDU in der sowjetisch besetzten Zone bis zu der Partei, die wir in vierzig Jahren SED-Staat erlebten, umfasst bis zur Erneuerung seit 1989 viele bittere und auch tragische Abschnitte. Es war der Weg eines verzweifelten Kampfs um Selbstbehauptung und manchmal auch später Einsicht. Ein Weg aber auch, der gekennzeichnet war von rücksichtsloser Unterdrückung durch das Regime, von menschlichem Versagen und von mancher leichtfertigen Illusion. Vor allem wir, denen es geschenkt war, vierzig Jahre in Frieden und Freiheit zu leben, sollten uns davor hüten, pauschal zu urteilen oder gar zu verdammen, sagte ich. Jeder von uns möge sich prüfen, wie er sich selbst in einer solchen Zwangslage verhalten hätte.

Eines aber können wir mit voller Berechtigung feststellen: Es gab immer Menschen, die für die Ideale des christlich-demokratischen Gedankenguts einstanden und dafür verfolgt wurden. Es gab sie als Mitglieder der Union, es gab sie als einzelne Christen in Deutschland, die sich ihrer politischen Verantwortung auch unter den Zwangsverhältnissen bewusst waren.

Die CDU ist die Partei, die die richtigen Grundentscheidungen für die Bundesrepublik und für Deutschland traf und in schwierigen Zeiten durchsetzte. Wir hatten an der Einheit der Nation festgehalten, weil es uns immer um die Freiheit und um das Wohlergehen *aller* Deutschen ging. Nun wollten wir gemeinsam mit unseren Freunden aus den neuen Bundesländern die Einheit gestalten und mit ganzer Kraft unseren Beitrag dazu leisten, damit aus dem wiedervereinigten Deutschland ein freies, ein blühendes Land wurde.

Anschließend standen die Beitrittserklärungen der CDU-Landesverbände auf der Tagesordnung. Nacheinander erklärten Vertreter von Brandenburg, Mecklenburg-Vorpommern, Sachsen-Anhalt, Sachsen und Thüringen in zum Teil sehr persönlichen und bewegenden Worten ihren Beitritt zur CDU Deutschlands. Einigen war die innere Erschütterung deutlich anzumerken, viele kämpften mit den Tränen. Mir erging es nicht anders. Als letzte trat eine Ost-Berliner Delegierte ans Rednerpult und erklärte, dass der Landesverband Ost-Berlin bereits Teil der CDU sei: Schon am 8. September hatten sich die elf Kreisverbände des Ostteils der Stadt mit denen des westlichen Berlins zu einem Landesverband zusammengeschlossen. Die fast tausend Delegierten erhoben sich daraufhin von ihren Plätzen und stimmten das Deutschlandlied an.

Wir hatten eine bewegende Stunde erlebt, eine Stunde, die wir sicherlich nie vergessen würden. Jetzt war die Christlich-Demokratische Union wieder vereint, wir waren jetzt eine Partei, eine CDU für ganz Deutschland.

Ich hatte immer daran geglaubt, dass dies eines Tages Wirklichkeit werden würde, aber ich hatte nicht zu hoffen gewagt, diesen Augenblick so bald zu erleben. Wer von uns hätte das nur ein Jahr zuvor noch für möglich gehalten? Wer hätte diese Entwicklung vorhergesehen, als wir am 10. September 1989 zu unserem Parteitag in Bremen zusammenkamen und Ungarn die Grenzen für die Flüchtlinge aus der DDR öffnete? Damals war der Anfang vom Ende des Honecker-Regimes.

Feierlich bekräftigten wir den Schwur, der in das moralische Fundament unseres Grundgesetzes eingegangen ist: Nie wieder Krieg und Gewalt! Nie wieder Diktatur und Unrechtsherrschaft! Und ich fügte hinzu: Nie wieder Sozialismus!

Die Sozialdemokraten hatten sich der zentralen Schicksalsfrage unserer Nation nicht gewachsen gezeigt. In den fünfziger Jahren bekämpften sie erbittert die Politik Adenauers, die Politik der europäischen Integration. Sie waren gegen die Einführung der sozialen Marktwirtschaft gewesen; in ihrem neuen Grundsatzprogramm vom Dezember 1989 wurde der Begriff gar nicht mehr erwähnt. Im Parlament der Sowjetunion diskutierte man damals über soziale Marktwirtschaft und bei den Sozialdemokraten über Marx. Das war der Unterschied.

In der Frage der Einheit der Nation hatte die SPD nicht nur die Grundsätze ihrer großen Persönlichkeiten wie Kurt Schumacher und Ernst Reuter preisgegeben, sondern sie war drauf und dran, unsere Landsleute in der DDR kläglich im Stich zu lassen. Was wäre eigentlich geschehen, wenn wir den Forderungen der SPD nachgegeben hätten? Was wäre aus den Deutschen geworden, die 1989 in den Botschaften in Budapest, in Prag und in Warschau Zuflucht suchten, wenn wir eine DDR-Staatsbürgerschaft anerkannt hätten?

Wir brauchten 1990 keine Reden umzuschreiben. Wir hatten auch kein gemeinsames Grundwertepapier mit der SED, das wir verstecken mussten. Wir sagten, als sich die Mauer in Berlin öffnete, auch nicht, es gehe nicht um Wiedervereinigung, sondern um Wiedersehen. Uns ging es ums Wiedersehen in der Wiedervereinigung, das war unsere Forderung. Wir hatten nie aufgehört, für die Einheit der Deutschen in Freiheit zu arbeiten, und so meldeten wir 1990 unseren Anspruch an, in einem vereinten Deutschland weiterhin die führende politische Kraft zu sein.

Für das letzte Jahrzehnt eines Jahrhunderts, das so viel Elend, Leid und Tod gesehen hatte, standen mir vor allem drei große politische Gestaltungsaufgaben vor Augen, denen wir uns im Geiste unserer christlich-demokratischen Ideale stellen mussten:

- *Erstens:* der Wiederaufbau in der bisherigen DDR. Wir wollten erreichen, dass die neuen Bundesländer schon bald wieder blühende Landschaften waren. Deutschland musste auch wirtschaftlich und sozial möglichst bald eins werden.
- *Zweitens:* die Vollendung der Europäischen Union mit der Vision eines europäischen Bundesstaates, den Vereinigten Staaten von Europa. Wir hätten in dieser geschichtlichen Stunde versagt, wenn wir die Chance nicht ergriffen, nach der Einheit Deutschlands die Einheit Europas zu vollenden. Deutsche Europäer und europäische Deutsche zu sein – das war das Signal, das wir 1990 setzten.
- *Drittens* ging es um den Beitrag, den Deutschland zur Gestaltung der Welt von morgen zu leisten hatte. Angesichts immer größerer weltweiter Herausforderungen mussten wir Deutschen unserer gewachsenen Verantwortung gerecht werden.

Das hieß auch: Mit dem 3. Oktober 1990, mit der Vollendung der staatlichen Einheit Deutschlands, hatten wir zwar unser großes nationales Ziel erreicht, aber die Arbeit war keineswegs getan. Im Gegenteil: In vielerlei Hinsicht war die staatliche Vereinigung unseres Vaterlands erst ein Anfang, auch wenn wir auf vielem Bewährten aufbauen konnten. Wir hatten noch eine schwierige Wegstrecke vor uns. Für die gewaltigen Aufgaben, die vor uns lagen, würden wir auch Opfer bringen müssen. Dazu waren wir bereit.

*

Mit einem Traumergebnis endete die Wahl auf dem Hamburger Parteitag zum ersten Vorsitzenden der gesamtdeutschen CDU (Oktober 1990)

Als nächster sprach Lothar de Maizière, der die Ost-CDU als »einzige Alternative zur SED« bezeichnete; es folgte eine lange Aussprache mit vielen persönlich gefärbten Redebeiträgen. Dann stand als 13. Punkt der Tagesordnung die Wahl des Bundesvorsitzenden an. Abgegebene Stimmen: 964. Enthaltungen: 7. Ungültige Stimmen: keine. Gültige Stimmen: 957. Die erforderliche Mehrheit betrug 479 Stimmen. Für mich wurden 943 Stimmen abgegeben. Ein Traumergebnis! Mit stehenden Ovationen und »Helmut! Helmut!«-Sprechchören wurde ich gefeiert.

Ich bedankte mich für dieses Wahlergebnis, das mir in meinem politischen Leben nicht häufig gelungen war. Meine allererste Wahl war die Kandidatur am 1. Mai 1948 bei der Jungen Union in der Pfalz. Damals fiel ich mit 18 zu 19 Stimmen durch. Vom Ende der vierziger Jahre bis zum September 1990 war ein weiter Weg, auf dem ich viele Wahlergebnisse erlebte, sehr gute und weniger gute. Das Ergebnis von Hamburg hat mich persönlich sehr bewegt. Ich versprach den knapp tausend Delegierten, mit all meinen Kräften und Möglichkeiten unserer gemeinsamen Sache zu dienen – dieser großartigen Partei, die seit über vierzig Jahren meine politische Heimat war, und unserem Vaterland.

Es schloss sich die Wahl des CDU-Generalsekretärs an. Auch Volker Rühe, den ich wieder vorgeschlagen hatte, erzielte ein herausragendes Ergebnis, ebenso mein einziger Stellvertreter im Amt des Parteivorsitzenden Lothar de Maizière. Von den sechsundzwanzig Mitgliedern des Bundesvorstands erzielten Wolfgang Schäuble, Klaus Töpfer und Bernhard Vogel über 90 Prozent an Zustimmung.

Zum Abschluss des Hamburger Vereinigungsparteitags verabschiedeten wir einstimmig ein Manifest mit Grundsätzen und Leitlinien für die Politik der Partei im vereinten Deutschland, »die politische Urkunde unserer gemeinsamen Grundüberzeugungen und Ziele«, wie es Volker Rühe formulierte. Dieses Einigungsmanifest, das noch gemeinsam vom Bundesvorstand der CDU-West und dem Präsidium der CDU-Ost erarbeitet worden war, fasste bisherige programmatische Aussagen der Partei zusammen – von den Gründungsaufrufen aus dem Jahr 1945 über das Grundsatzprogramm von 1978 bis zu jüngsten Parteitagsbeschlüssen.

In Hamburg konnten wir, die wir aus Ost und West gekommen waren, mehr voneinander erfahren und voneinander lernen. Wir waren nach diesen Tagen besser in der Lage, einander zu verstehen. Gleichzeitig wussten wir, dass dieser Parteitag eine Zwischenstation war, dass wir – auch was die Einheit der Union betraf – noch ein gutes Stück Weg zurückzulegen hatten, dass viel guter Wille und die Fähigkeit zum Miteinander dazugehörten.

Die Hamburger Freunde hatten mir freundlicherweise ein Exemplar der ersten Ausgabe von Wolfgang Borcherts *Draußen vor der Tür* geschenkt. Das war für mich als Schüler damals bewegende Literatur – ein Werk, das uns umgetrieben hatte, ja, es war der Aufschrei der Kriegsgeneration aus einem Gefühl der tiefen inneren Not und Verzweiflung. Das, was Männer und Frauen damals aus Trümmern – aus moralischen wie materiellen Trümmern – schufen, war eine große Tat.

Wir sahen 1990 die Probleme, wir sahen die Ängste, vor allem auch in den Ländern der damaligen DDR. Wir sahen in ihren Augen aber auch die Hoffnung, eine Hoffnung, die vor allem auf uns gerichtet war. Wir kehrten von dem Hamburger Parteitag in alle

Städte und Dörfer des wiedervereinigten Deutschlands mit der gemeinsamen Botschaft zurück: Wir werden es packen. Wir werden die Ärmel hochkrempeln und es gemeinsam schaffen.

Zum Abschluss des Parteitages erhoben sich alle und sangen noch einmal die Nationalhymne »Einigkeit und Recht und Freiheit für das deutsche Vaterland«. Selten in meiner fünfundzwanzigjährigen Zeit als Parteivorsitzender und meiner sechzehnjährigen Kanzlerschaft habe ich diese Strophe so leidenschaftlich mitgesungen.

*

Nach dem Ende des Parteitags flog ich mit einigen Ministern und meinen engsten Mitarbeitern vom Flughafen Hamburg-Fuhlsbüttel in einer Maschine der Bundesluftwaffe direkt nach Berlin-Tempelhof. Ein Jungfernflug. Es war das erste Mal seit fünfundvierzig Jahren, dass ein deutsches Militärflugzeug von bundesrepublikanischem Gebiet direkt nach Berlin flog. Noch bedurfte es dazu einer Sondergenehmigung der Alliierten, deren Rechte ja erst am 3. Oktober um null Uhr erloschen.

Am frühen Abend hielt ich über beide Programme des öffentlich-rechtlichen Fernsehens, ARD und ZDF, eine Ansprache zum bevorstehenden Tag der deutschen Einheit.

In wenigen Stunden werde ein Traum Wirklichkeit, sagte ich und sprach von dem glücklichsten Augenblick meines Lebens. Noch einmal lenkte ich den Blick zurück auf vierzig Jahre deutscher Teilung, auf die zerrissenen Familien und die Opfer der Mauer. Noch einmal dankte ich den Partnern im Westen, allen voran Präsident George Bush, aber auch den Freunden in Frankreich und Großbritannien. Ich dankte den Reformbewegungen in Mittel-, Ost- und Südosteuropa und hob besonders die Rolle der Ungarn hervor. Schließlich würdigte ich Michail Gorbatschow. Dann sagte ich:

»Dass dieser Tag schon jetzt kommt, ist besonders jenen Deutschen zu verdanken, die mit der Kraft der Freiheitsliebe die SED-Diktatur überwanden. Ihre Friedfertigkeit und ihre Besonnenheit bleiben beispielhaft.«

Ich beschwor den Geist guter Nachbarschaft und Freundschaft mit den Völkern Europas. Ich sprach von Solidarität und guter Nachbarschaft auch im Inneren und gab meiner Überzeugung Ausdruck, dass die wirtschaftlichen Probleme zu lösen sein werden, gewiss nicht über Nacht, aber doch in einer überschaubaren Zeit. Abschließend sagte ich:

»Über vierzig Jahre SED-Diktatur haben gerade auch in den Herzen der Menschen tiefe Wunden geschlagen. Der Rechtsstaat hat die Aufgabe, Gerechtigkeit und inneren Frieden zu schaffen. Hier stehen wir alle vor einer schwierigen Bewährungsprobe. Schweres Unrecht muss gesühnt werden, doch wir brauchen auch die Kraft zur inneren Aussöhnung. Ich bitte alle Deutschen: Erweisen wir uns der gemeinsamen Freiheit würdig! Der 3. Oktober ist ein Tag der Freude, des Dankes und der Hoffnung. Die junge Generation in Deutschland hat jetzt – wie kaum eine andere Generation vor ihr – alle Chancen auf ein ganzes Leben in Frieden und Freiheit. (...) Deutschland ist unser Vaterland, das vereinte Europa unsere Zukunft. Gott segne unser deutsches Vaterland.«

*

Im Ost-Berliner Schauspielhaus am Platz der Akademie, der später wieder in Gendarmenmarkt unbenannt werden sollte, war Schillers »Ode an die Freude« soeben verklungen. Lothar de Maizière trat ans Rednerpult. Er sprach von einem »Abschied ohne Tränen« und mahnte, nach der notwendigen Klärung von Schuld und Unschuld müssten Aussöhnung und Befriedung der Gesellschaft an erster Stelle stehen. In einer guten Stunde werde es den Staat, dessen Ministerpräsident er noch war, nicht mehr geben.

De Maizière war sichtlich bewegt, als er seine Rede hielt. Wenn er von einem »Abschied ohne Tränen« sprach, dann brachte er damit zum Ausdruck, dass er der DDR nicht nachtrauerte, wenngleich ich längere Zeit das Gefühl hatte, er wäre noch ganz gerne im Amt geblieben, wenn es nicht zum wirtschaftlichen Bankrott der DDR gekommen wäre. Jetzt aber war der Abschied gekommen, und de Maizière spürte – wie viele aus seiner Generation – den tiefen Einschnitt, den dieser Augenblick bedeutete. Ich wurde mir dessen bewusst, als wir später im Reichstagsgebäude saßen, draußen die Menschen jubelten und ich ihn aufforderte, mit mir ans Fenster zu kommen. Er winkte nur ab.

Die Neunte Sinfonie wurde aus dem Schauspielhaus direkt auf den Platz der Republik übertragen, wo sich inzwischen eine halbe Million Menschen eingefunden hatten. Eine Bläsergruppe spielte festliche Musik von Brahms, Mendelssohn Bartholdy und anderen. Dann sang der Berliner Konzertchor, der vor dem Westportal des Wallot-Baus Aufstellung genommen hatte. Allmählich füllte sich die Tribüne mit den Ehrengästen.

Ich hatte mich mit Hannelore und einigen unserer Begleiter noch für ein paar Minuten in mein Dienstzimmer begeben, wo ich einer ausländischen Journalistin Rede und Antwort stand. Als wir uns dann auf den Weg zum Westportal machten, wären wir beinahe nicht mehr hingekommen, solch ein unvorstellbares Gedränge herrschte. Schließlich bahnten uns einige Sicherheitsbeamte den Weg. Als ich das Podest betrat, brandete enthusiastischer Beifall auf. »Helmut, Helmut«-Rufe unterbrachen den Chorgesang, unzählige schwarz-rot-goldene Fahnen wehten über den Hunderttausenden von Menschen.

Es war kurz vor Mitternacht. Vierzehn Mädchen und Jungen aus Berlin schritten mit einem riesigen Fahnentuch die Treppen des Reichstags hinunter. Die begeisterte Menschenmenge durchbrach die Absperrungen und schob sich in Richtung Podest vor. Die Zeremonie stockte. Einen Augenblick lang drohte die Lage außer Kontrolle zu geraten, doch alles ging gut, und die jugendlichen Fahnenträger setzten sich wieder in Richtung Fahnenmast in Bewegung. Vom Schöneberger Rathaus herüber ertönte der Schlag der Freiheitsglocke, jener Glocke, die amerikanische Bürger aus Verbundenheit mit den Menschen des freien Teils von Berlin gestiftet hatten. Es dauerte jetzt nur noch wenige Minuten, bis die Fahne des demokratischen Deutschlands gehisst wurde, die Farben des Hambacher Festes. Dann hob sich das Tuch unter dem Jubel der Menschen aus der Vielzahl der kleineren Fahnen empor.

Bundespräsident Richard von Weizsäcker trat ans Mikrofon und gelobte im Namen aller Deutschen:

»In freier Selbstbestimmung wollen wir die Einheit Deutschlands vollenden. Für unsere Aufgabe sind wir uns der Verantwortung vor Gott und den Menschen bewusst. Wir wollen in einem vereinten Europa dem Frieden der Welt dienen.«

Die Bläser und der Chor intonierten das Lied der Deutschen. Hunderttausende stimmten in das »Einigkeit und Recht und Freiheit« ein, während der herbstliche Westwind die riesige Fahne oben am Mast erfasste. Zwischen Willy Brandt, der seine Ergriffenheit nicht verbergen konnte, und Hans-Dietrich Genscher auf der einen und Richard von Weizsäcker sowie Lothar de Maizière auf der anderen Seite standen Hannelore und ich.

Es gibt Momente im Leben, da zieht tatsächlich die eigene Vergangenheit wie im Zeitraffer vor dem inneren Auge vorbei. Ich sah die Bilder des zerbombten Ludwigshafen, die Freunde im Gesprächskreis von Johannes Finck, die vielen Lehrmeister, Weggefährten und Kameraden, mit denen ich in den vergangenen Jahrzehnten für Einheit und Freiheit gekämpft hatte. Noch einmal passierten die schweren Entscheidungen Revue, die ich in all den Jahren zu treffen hatte. Und ich erlebte noch einmal die Stationen auf dem Weg zur Einheit unseres Vaterlands – meine Gespräche auf Schloss Gymnich mit der ungarischen Führung, die Nachricht vom Fall der Berliner Mauer, die mich in Warschau erreichte, den großartigen Empfang, den man mir in Dresden bereitete, meine Treffen mit George Bush, Michail Gorbatschow und François Mitterrand. Ich drückte Hannelore ganz fest an mich und wusste, was ich ganz besonders ihr in all den Jahren zu verdanken hatte.

Zu später Stunde rief mein Freund Felipe González an, um mir zu gratulieren. Um halb zwei Uhr morgens saßen wir noch im Reichstag zusammen: Hannelore, Lothar und Ilse de Maizière sowie eine ihrer Töchter, dazu meine wichtigsten Mitarbeiter Eduard Ackermann, Wolfgang Bergsdorf, Juliane Weber, Johannes Ludewig, Norbert Prill und Horst Teltschik sowie einige Freunde de Maizières. Draußen standen noch immer Zehntausende von Menschen. Ihre »Helmut! Helmut!«-Rufe ebbten nicht ab. Immer wieder trat ich ans Fenster und winkte den Menschen zu. Es waren bewegende, unvergessliche Momente, die einfach nicht enden wollten.

Mir ging immer wieder durch den Kopf, dass alles auch ganz anders hätte kommen können. Als wir uns im Herbst 1989 auf den Weg zur Einheit machten, war es wie vor der Durchquerung eines Hochmoors: Wir standen knietief im Wasser, Nebel behinderte die Sicht, und wir wussten nur, dass es irgendwo einen festen Pfad geben musste. Wo er genau verlief, wussten wir nicht. Schritt für Schritt tasteten wir uns vor und kamen schließlich wohlbehalten auf der anderen Seite an. Ohne Gottes Hilfe hätten wir es wohl nicht geschafft.

Freilich war ich mir auch bewusst, dass wir erst den einen Teil unserer Vision verwirklicht hatten, mit der wir nach dem Krieg angetreten waren. Vor uns lag noch die Vollendung des anderen Teils: die Einigung Europas.

21.
Vollendung

Zur Mitternacht am 3. Oktober 1990 erfolgte der Beitritt der DDR zur Bundesrepublik Deutschland. Unser Vaterland war wieder vereint. Damit endete der zweite deutsche Staat, die Deutsche Demokratische Republik, einundvierzig Jahre nach der Staatsgründung auch formal, wurde Teil der Bundesrepublik Deutschland gemäß der Vorschrift des Artikels 23 unseres Grundgesetzes. Unser Staatsgebiet vergrößerte sich um rund 108 300 Quadratkilometer. 87,7 Millionen Einwohner hatte die neue Bundesrepublik, der Anteil der ostdeutschen Bevölkerung daran betrug rund 20 Prozent. Die DDR-Bürger wurden Bundesbürger.

Noch am selben Tag erhielten fünf ehemalige DDR-Politiker vom Bundespräsidenten ihre Ernennungsurkunden als »Minister ohne Geschäftsbereich«: Sabine Bergmann-Pohl, Günther Krause, Lothar de Maizière, Rainer Ortleb und Hansjoachim Walther. Tags darauf trat im Berliner Reichstagsgebäude der gesamtdeutsche Bundestag mit insgesamt 663 Abgeordneten zusammen, davon 144 Vertreter der ehemaligen Volkskammer. In meiner ersten gesamtdeutschen Regierungserklärung zeichnete ich noch einmal den schwierigen Weg zur deutschen Einheit nach und stellte vor allem die Zukunftsperspektiven in den Mittelpunkt unserer Politik.

Am 5. Oktober hieß ich die neuen Kabinettsmitglieder im Bundeskanzleramt willkommen. Es war von weitreichender Symbolkraft, dass Bürger der ehemaligen DDR zwei Tage nach dem Beitritt im Bundeskabinett mitarbeiteten. Und dann ging es auch gleich zur Sache: Der Bundesfinanzminister erläuterte die wesentlichen Elemente des Nachtragshaushalts. Er unterstrich, dass sich die Gesamtausgaben um 20 Milliarden D-Mark auf 396 Milliarden erhöhen würden und die Nettokreditaufnahme um 25,8 Milliarden auf 66,8 Milliarden steige.

An dieser Stelle ist ein kurzer Einblick in die damalige Größenordnung nötig. Der dritte Nachtragshaushalt konzentrierte sich im wesentlichen auf folgende Maßnahmen: Der bisherige Bundeshaushalt 1990 und der bisherige Haushalt der DDR mussten den Auswirkungen des Einigungsvertrags angepasst werden. Wesentliche Akzente zur weiteren Förderung der Wirtschaft im Beitrittsgebiet wurden gesetzt, insbesondere Maßnahmen zur regionalen Wirtschaftsförderung, Zinsverbilligungsprogramme zur Förderung kommunaler Investitionen sowie zur Wohnungsmodernisierung und schließlich Maßnahmen zur Förderung des Mittelstands. Die Mehrbelastungen der Arbeitslosen-, Renten- und Krankenversicherung für die Menschen auf dem Gebiet der bisherigen DDR mussten aufgefangen werden. Und endlich wurden wirtschaftliche Vorkehrungen für unsere Hilfsmaßnahmen im Zusammenhang mit der Golfkrise getroffen.

Die Begrenzung der Staatsausgaben in den letzten Jahren hatte eine nachhaltige Steuerentlastung möglich gemacht. Die Steuerquote war so niedrig wie seit 1960 nicht mehr. Gleichzeitig war es bis 1989 gelungen, das Finanzierungsdefizit aller öffentlichen Haushalte vollständig abzubauen. Gleichwohl musste es Ziel der Bundesregierung bleiben, die Kreditfinanzierung des Bundeshaushalts schnell wieder auf ein Maß zurückzuführen, das nicht nur vorübergehend und als Ausnahmefall, sondern dauerhaft gesamtwirtschaftlich vertretbar war.

Die Finanzpolitik und damit die Finanzierung der deutschen Einheit sollten uns in den kommenden Jahren noch manches Kopfzerbrechen bereiten. Doch zu meistern war dies allemal.

*

Es war Freitag, der 12. Oktober 1990, als mich in den Abendstunden in Ludwigshafen eine schreckliche Nachricht erreichte: Wolfgang Schäuble war auf einer Wahlveranstaltung in seinem Bundestagswahlkreis in der Gemeinde Oppenau in Südbaden durch Schüsse eines offenbar geistesgestörten Mannes schwer verletzt worden. Kurz nach 22 Uhr unterrichtete mich Eduard Ackermann über das Attentat, ohne aber schon Einzelheiten vom Lagezentrum des Kanzleramts erfahren zu haben. Ich war schockiert. Zwei Stunden später erfuhr ich das ganze Ausmaß dieser abscheulichen Tat. Zwei Schüsse hatten Wolfgang Schäuble an der Wirbelsäule und am Kiefer schwer verletzt. Er wurde noch in der Nacht in die neurologische Abteilung der Universitätsklinik in Freiburg eingeliefert und dort operiert.

Ich war wie betäubt. Wir hatten ein besonderes Verhältnis zueinander, das sich aus meiner Sicht am besten mit der Beziehung zwischen einem älteren und einem jüngeren Bruder umschreiben lässt. Mein Bruder war im Krieg gefallen, und ich hatte den Wunsch, mit Wolfgang Schäuble eng verbunden zu sein. Unsere Freundschaft funktionierte nicht zuletzt auch deswegen so gut, weil wir zwar häufig erhebliche Auseinandersetzungen um Sachfragen und um den besseren Weg hatten, diese aber ganz offen miteinander austrugen. Das Attentat war für uns alle ein furchtbarer Schlag.

Zwei Tage danach besuchte ich Wolfgang Schäuble auf der Intensivstation der Freiburger Klinik. Man brauchte kein Arzt zu sein, um die schwere Verletzung zu erkennen, die nicht nur äußerlich spürbar war. Ich wollte ihm nahe sein, suchte tröstende Worte und versuchte, auch schweigend Beistand zu leisten. Als ich die Station verließ, weinte ich wie ein kleines Kind.

Die Erinnerung an damals, als er auf Leben und Tod lag, ist mir in den folgenden Jahren oft gegenwärtig gewesen. Im Gegensatz zu vielen anderen – auch im Unterschied zu manchen, die es vorzogen, zu diesem Thema zu schweigen – war ich immer der Meinung, dass er auch nach dem Attentat der richtige Mann als mein Nachfolger war, und zwar sowohl als Bundeskanzler wie auch als Parteivorsitzender.

Ich unterrichtete das Bundeskabinett ebenso wie die Spitzengremien der Partei über seinen Gesundheitszustand. Allenthalben war große Anteilnahme zu spüren. Unser Mitgefühl galt seiner Familie, den Kindern und vor allem seiner Frau. Ihre Haltung nötigte uns allen großen Respekt ab.

Ich kümmerte mich persönlich um die Besuchsabfolge der Kabinettskollegen. Bei jedem Gespräch mit Wolfgang Schäuble gewann ich mehr und mehr den Eindruck, dass er mit Mut und innerer Kraft alles zum Guten wenden würde. Meine Hoffnung auf einen günstigen Heilungsverlauf brachte ich auch in Partei und Fraktion immer wieder zum Ausdruck.

Besonders berührte mich auch, in welcher Art und Weise viele Bürger unseres Landes ergriffen waren, und das quer durch alle politischen Parteien. Helmut Schmidt beispielsweise rief spontan aus den USA an. Ebenso meldete sich Willy Brandt, der tiefe Anteilnahme erkennen ließ und sich wie viele andere nach Schäubles Wohlbefinden erkundigte. Auch der amerikanische Präsident George Bush rief bei mir an – eine Geste, die von besonderer Hochschätzung für Wolfgang Schäubles politische Leistung zeugte.

*

Der Anschlag auf Wolfgang Schäuble – zwei Tage vor den Wahlen in den fünf neuen Bundesländern – schockte nicht nur die Wahlkämpfer aller Parteien. Trotzdem versuchten wir mit unverdrossenem Einsatz, die 11,4 Millionen Wahlberechtigten an die Wahlurnen zu locken. Meine Auftritte in der ehemaligen DDR waren aufreibend. Bis zuletzt kämpfte ich für meine Politik, für die Politik der friedlichen Vereinigung unseres Landes.

Schließlich konnten wir am Abend des 14. Oktober einen überwältigenden Wahlsieg feiern. Gegenüber der Volkskammerwahl vom 18. März hatten wir uns um knapp 3 Prozentpunkte auf rund 43,6 Prozent verbessert. In vier der fünf neuen Länder stellten wir den Ministerpräsidenten, nur in Brandenburg wurde die SPD stärkste Partei. Dieser Erfolg war gegen einen Teil der Medien erzielt worden. Für die Menschen in den neuen Ländern waren die Themen Wirtschaft und Arbeitsplätze absolut vordringlich gewesen.

Deutschland im Mittelpunkt: Eröffnung des thüringischen Landtagswahlkampfs in Heiligenstadt (September 1990)

Auch in Bayern fanden am 14. Oktober 1990 Landtagswahlen statt. Die CSU konnte ihre absolute Mehrheit verteidigen, wenn auch die niedrige Wahlbeteiligung von 66 Prozent Sorgen bereitete. Dieser Erfolg war sehr wichtig für die innere Befindlichkeit der CSU, die einräumte, dass bei dieser Wahl starker Rückenwind aus Bonn geherrscht habe. Positiv war zu bewerten, dass die rechtsradikalen »Republikaner« nicht den Einzug in den bayerischen Landtag geschafft hatten.

Entscheidend beim Ausgang der Wahlen in den neuen Bundesländern war die Machtverschiebung im Bundesrat. Die Sozialdemokraten verloren ihre Mehrheit, die sie nach den Landtagswahlen im Saarland und in Niedersachsen Anfang 1990 gewonnen und so destruktiv genutzt hatten. Leider blieb dies nicht sehr lange so. Doch zunächst gab es Hoffnung für die Bonner Regierungskoalition aus Union und Liberalen, ihre Politik im Bundesrat nicht mehr scheitern zu sehen.

22.
Nachwirkungen

In der ersten Sitzung des CDU-Bundesvorstands nach dem Vereinigungsparteitag in Hamburg und am Tag nach den für uns so erfolgreichen Wahlen in den neuen Bundesländern und in Bayern am 15. Oktober konnte ich den Parteifreunden nur wenig Positives über Wolfgang Schäubles Gesundheitszustand mitteilen. Der medizinische Befund erwies sich als sehr, sehr ernst. Zwar bestand keine Lebensgefahr, doch die Schussverletzung des Rückenmarks ließ Schlimmes befürchten. Ich selbst hatte mit Hannelores kompetenter Unterstützung den Ärzten jedwede Hilfe angeboten. Wir wollten tun, was in unseren Kräften stand, wenn es darum ging, weltweit die besten Experten für die Behandlung von Schussverletzungen zu suchen. Schäubles Ärzte zeigten sich offen für derartige Überlegungen.

Es war ganz im Sinne des schwerverletzten Wolfgang Schäuble, dass sich die Partei auf die neuen Herausforderungen konzentrierte. So lapidar es auch klingt, das Leben ging weiter, und die ungeheure Hoffnung der Menschen, die uns erneut die Chance gegeben hatten, die Geschicke des Landes politisch zu gestalten, war auf uns gerichtet. Trotzdem durfte sich niemand der trügerischen Gewissheit hingeben, aus den letzten Wahlentscheidungen auf Bundesebene wäre ein ehernes Gesetz für den Ausgang künftiger Wahlen abzuleiten. Das Votum für unsere Partei musste jeden Tag neu erworben, neu erkämpft werden.

Die Gefühlslage in den neuen Bundesländern war geprägt von einer Mischung aus Zukunftsangst und Hoffnung. In dieser Lage mussten wir Enttäuschungen vermeiden und übersteigerte Erwartungen dämpfen. Ich erlebte Nervosität in den eigenen Reihen und spürte manche Unsicherheit, die von unseren politischen Gegnern geschürt wurde. Sieben Wochen vor der Bundestagswahl kam es jetzt darauf an, alle Kräfte zu sammeln und die Woge der Sympathie zu nutzen, die uns entgegengebracht wurde. Gleichzeitig mussten wir darauf achten, nicht die Bodenhaftung zu verlieren. Die Landtagswahlen hatten uns mehr als dreißig Minister- und Staatssekretärsposten und damit eine nie dagewesene Fülle an Personalentscheidungen beschert. Bei der Regierungsbildung war eine kluge Personalpolitik gefordert; das Schlimmste, was uns jetzt passieren konnte, wäre ein unappetitliches Postengeschacher gewesen, denn es ging um Sachfragen, nicht um die Profilierungsbedürfnisse einzelner. Die wirtschaftliche Lage in der früheren DDR und der anhaltende Verlust von Arbeitsplätzen waren weiterhin die beherrschenden Themen, auch wenn aktuell vielleicht die Verhandlungen über die Koalitions- und Regierungsbildungen in den neuen Bundesländern die größten Schlagzeilen machten.

Die konstituierenden Sitzungen der Länderparlamente und die Ministerpräsidentenwahlen verliefen erstaunlich reibungslos. Bereits am 9. November 1990 kamen die Vertreter der sechzehn Bundesländer in Berlin zur konstituierenden Sitzung des Bundesrats zusammen – auch dies ein historischer Einschnitt, an den wenige Monate zuvor noch kaum jemand ernsthaft zu denken gewagt hätte.

In den Parteigremien, im Bundeskabinett wie im Bundesrat kam es mir darauf an, dass die Neuankömmlinge aus der ehemaligen DDR kollegial behandelt und jegliches patriarchalische, gönnerhafte oder besserwisserische Gehabe unterlassen wurde. Schließlich galt es, die neuerworbene Bundesratsmehrheit auch zugunsten der neuen Bundesländer zu nutzen. Das erforderte die politische Vernunft, es war aber auch Teil einer wirkungsvollen Wahlkampfstrategie, deren Umsetzung wenige Wochen vor der ersten gesamtdeutschen Bundestagswahl immer mehr an Bedeutung gewann. Alle Kraft galt jetzt der Konzentration auf die Wahlkampfauseinandersetzung, die von Tag zu Tag härter zu werden schien.

Ich empfahl den Mitgliedern der Bundes- und Landesregierungen wie den übrigen Leistungsträgern der Partei, auf Auslandsreisen zu verzichten, um sich ganz auf die Wahlkampftermine konzentrieren zu können, denn schließlich konnte man im Zusammenhang mit der ersten gesamtdeutschen Bundestagswahl am 2. Dezember 1990 ohne Übertreibung von einer Schicksalswahl sprechen: Sie hatte die gleiche Bedeutung wie die erste Wahl in der Bundesrepublik 1949; es wurden die Weichen für Jahrzehnte gestellt. Diese Wahl entschied über unsere gemeinsame Zukunft im vereinten Deutschland.

Dabei standen wir national wie international vor großen Herausforderungen. Es ging darum, die Erblast des gescheiterten Sozialismus vollständig zu überwinden, Demokratie und Rechtsstaatlichkeit in den neuen Bundesländern fest zu verankern und gleiche Lebensverhältnisse in ganz Deutschland zu schaffen. Angesichts der globalen Veränderungen musste unser Land aber auch außenpolitisch auf einem stabilen Kurs bleiben und seinen Beitrag zur Stabilität in Europa und in der Welt leisten. Es lag in unserem eigenen Interesse, alles zu tun, um den demokratischen Wandel in Mittel-, Ost- und Südosteuropa zu unterstützen und auch dort eine freiheitliche Wirtschaftsordnung aufbauen zu helfen. Nach der Überwindung des Kalten Krieges wollten wir jetzt die Chance wahrnehmen, dass die Reformstaaten Mittel-, Ost- und Südosteuropas zu Partnern Deutschlands wurden.

Nach der Überwindung des Ost-West-Konflikts und den großen Erfolgen bei der Abrüstung durfte es jetzt nicht zu einer Konfrontation zwischen Nord und Süd kommen, mit neuen Krisenherden und Konflikten, Hunger und Elend in der Dritten Welt. Nicht zuletzt gehörte es auch zu der gemeinsam Verantwortung der Industrieländer, dass sie jetzt gemeinsam entscheidende Schritte unternahmen, um der weltweiten Gefährdung der Umwelt und der natürlichen Lebensgrundlagen zu begegnen.

Unser Land genoss Vertrauen in West und Ost. Wir hatten maßgeblichen Anteil an den Fortschritten bei Entspannung und Abrüstung und eine führende Rolle auf dem Weg zu einer weltumspannenden Umweltpartnerschaft übernommen. Meine Regierung genoss international Ansehen als verlässlicher Partner; es war unser Verdienst, dass der Prozess der Wiedervereinigung unseres Vaterlandes weltweit Zustimmung fand. Wenn wir jetzt solidarisch zusammenstanden und auf unsere eigene Kraft vertrauten, würden auch unsere Kinder und Enkel in Frieden und Freiheit, in Wohlstand und sozialer Geborgenheit sowie in einer gesunden Umwelt leben können.

Die CDU hatte in der Vergangenheit immer wieder bewiesen, dass sie eine Partei für schwierige Zeiten war, die Probleme mutig anpackt und meistert und auf die Verlass ist. Ganz anders die Sozialdemokraten. Sie hatten kein Konzept für Deutschland und würden das Land – wie schon einmal – in eine tiefe Krise führen. Die SPD hatte die Entwicklungen in der Außen- und Deutschlandpolitik und die Sehnsucht der Menschen nach Freiheit völlig falsch eingeschätzt. Sie hatte in der Vergangenheit versagt, und sie war nicht fähig, das vereinte Deutschland in eine gute Zukunft zu führen.

Aber noch war die Wahl nicht entschieden.

*

Die Außenpolitik spielt in Wahlkampfzeiten eher eine geringe Rolle. Den Menschen geht es um das Naheliegendste: Arbeitsplätze, Finanzen, Wirtschaft und Renten. Gleichwohl musste ich auch in den härtesten Zeiten parteipolitischer Auseinandersetzungen darauf achten, in der Außenpolitik die Balance zu halten und unsere gemeinsame Linie fortzusetzen.

Bei einem Telefonat mit dem amerikanischen Präsidenten am 17. Oktober ging es einmal mehr um die Lage im Irak, auch um den Druck auf die Angehörigen von Deutschen, die im Land Saddam Husseins zurückgehalten wurden. Immerhin hielten sich über dreihundert deutsche Staatsbürger dort auf, von denen einige entführt worden waren. Dem Präsidenten versicherte ich, wir würden uns nicht erpressen lassen und nichts unternehmen, was unseren gemeinsamen Standpunkt in der Irak-Frage gefährden könnte.

Präsident Bush zeigte sich besorgt über Husseins Vorgehen gegen Kuwait und dessen Bevölkerung. Dieses Verhalten könne nicht geduldet werden, warf ich ein – eine Einstellung, die die Völkergemeinschaft offenbar teilte, denn zwölf Wochen später kam es wegen der Besetzung Kuwaits zum Krieg.

Dann bedankte ich mich bei George Bush, der es nicht versäumte, mir zu den Wahlerfolgen in den neuen Bundesländern zu gratulieren, die wir gegen die geballte und gewaltige Medienmacht errungen hatten, für den Brief, in dem er sein Mitgefühl für den schwerverletzten Wolfgang Schäuble zum Ausdruck gebracht hatte.

Auch bei einer Begegnung mit dem französischen Präsidenten François Mitterrand, mit dem ich am 28. Oktober in Rom zusammentraf, stand die Lage am Golf im Zentrum der Gespräche. Man dürfe nicht Krieg um des Krieges willen führen, meinte Mitterrand. Alle arabischen Staaten, die gegen den Irak Stellung genommen hätten, wünschten Krieg, ebenso Israel und offenbar auch die britische Premierministerin, da sie die Forderungen an Saddam Hussein immer höher schraube. Die USA, so Mitterrand, seien noch unentschieden. Aber es fehle nicht mehr viel, um auch sie auf diese Linie einschwenken zu lassen. Sie hätten beträchtliche Truppenkontingente und sechshundert Kampfflugzeuge an den Golf verlegt.

In dem vierzig Minuten dauernden Treffen ging es außerdem um die Lage in der Sowjetunion am Vorabend von Gorbatschows Frankreichbesuch. Wir stimmten darin überein, dass sich die Lage in der Sowjetunion sehr dramatisch darstelle. Mitterrand meinte, die Krise spitze sich auch deshalb zu, weil Gorbatschow die Wirtschaft in seinem Land nicht radikal ändern könne. Hinzu kämen die Selbständigkeitsbestrebungen der verschiedenen Nationalitäten. Gorbatschow wolle zwar dezentralisieren, aber er tue sich jetzt sehr viel schwerer mit institutionellen Reformen, da sie zu spät kämen. Mitterrand, der es erstaunlich fand, dass es Gorbatschow bereits seit fünf Jahren gelang, unter solchen Umständen politisch zu überleben, bezeichnete ihn als einen sehr bemerkenswerten Mann, dem man geniale Züge beimesse.

Wir waren uns darin einig, Gorbatschow zu unterstützen. Erneut wies ich abschließend auf die Gefahr hin, dass das Zentrum der Sowjetunion immer schwächer werde und die Auflösungserscheinungen zunähmen.

*

Am 8. November 1990 traf ich mit dem polnischen Ministerpräsidenten Tadeusz Mazowiecki in Frankfurt an der Oder zusammen. Den Ort hatten wir mit Bedacht gewählt, denn hier verläuft die Grenze, die wir einerseits durch einen völkerrechtlich verbindlichen Vertrag bekräftigen und andererseits im Sinne der größeren Einheit Europas als Brücke zwischen den Völkern ausgestalten wollten.

Wir einigten uns darauf, den Vertrag über die endgültige Anerkennung der polnischen Westgrenze noch im November von den Außenministern formell unterzeichnen zu lassen und damit nicht, wie von unserer Seite zunächst beabsichtigt, bis nach der Bundestagswahl am 2. Dezember zu warten. Die Zeit war reif für eine Aussöhnung zwischen Deutschen und Polen. Jetzt war der Moment zu handeln.

Einig waren wir uns auch darin, dass es auf beiden Seiten der rund fünfhundert Kilometer langen gemeinsamen Grenze zu einer möglichst ausgewogenen Entwicklung kommen musste: bei der industriellen Ansiedlung und Verkehrsinfrastruktur, beim Umweltschutz und bei den vielfältigen gegenseitigen Hilfeleistungen auf kommunaler Ebene. Die Tatsache, dass jetzt an Oder und Neiße auch die Außengrenze der Europäischen Gemeinschaft verlief, durfte keineswegs dazu führen, dass hier eine Wohlstandsgrenze verfestigt wurde.

In dem vierstündigen Gespräch mit dem polnischen Ministerpräsidenten erläuterte ich meine Philosophie, Politik aus einem wachen Verständnis für die Geschichte heraus zu gestalten und gemeinsam etwas Neues zu unternehmen. Dabei falle den Deutschen als der stärksten wirtschaftlichen Kraft in Europa eine besondere Verantwortung zu. Gerade weil wir wüssten, dass unsere

Treffen mit dem polnischen Ministerpräsidenten Tadeusz Mazowiecki in Frankfurt/Oder (November 1990)

Nachbarn Ängste und Besorgnisse hätten, seien wir für den Bau eines europäischen Daches. Wer keine deutsche Vormacht in Europa wolle, müsse dafür eintreten, die europäischen Institutionen, insbesondere das Europäische Parlament, zu stärken. Als Beispiel für eine erfolgreiche Zusammenarbeit führte ich das deutsch-französische Verhältnis an.

Vertraulichkeit galt es bei dem nächsten Thema zu wahren: Wenn die Verträge ratifiziert seien, könne man auch über die Gründung eines Fonds sprechen, aus dem die Opfer der Naziherrschaft entschädigt werden sollten, stellte ich Mazowiecki in Aussicht. Keinesfalls gehe es an, das Londoner Schuldenabkommen von 1953 aufzugeben, mit dem die Begleichung von Vor- wie von Nachkriegsschulden durch die Bundesrepublik geregelt worden war. Die Ansprüche des Ostblocks waren damals ausgeklammert worden. Juristisch gesehen war die deutsche Position in puncto Entschädigungszahlungen zwar recht stark, menschlich gesehen tauge dies für mich jedoch nicht als Ausrede. Vielmehr schwebe mir eine Regelung wie mit Luxemburg vor: Die Luxemburger Regierung hatte eine Stiftung gegründet, die mit deutschen Mitteln dotiert worden war, die dann von ihr an die Opfer weitergeleitet wurden. Es sei auch innenpolitisch klug, wenn die polnische Regierung dies eventuell unter Beteiligung der interessierten Verbände übernehmen würde. Der polnische Ministerpräsident zeigte sich offen für eine solche Stiftungslösung.

Zum Schluss sprach ich die Hoffnung aus, dass ein Krieg in der Golfregion vermieden werde. Militärische Schlachten seien zu gewinnen, dieser Krieg aber nicht. Zwar sei der Irak militärisch wohl nicht so stark, wie man annehme. Aber wie wolle man einen besiegten Irak besetzt halten? Saddam Hussein führe zugleich einen fundamentalistischen, einen sozialen und einen imperialistischen Krieg. Aus jeder dieser drei Richtungen bekomme er Unterstützung von den Nachbarn.

*

Den Grenzvertrag, der die Unverletzbarkeit der polnischen Westgrenze zur Bundesrepublik bestätigte, unterzeichneten Hans-Dietrich Genscher für die Bundesrepublik Deutschland und Polens Außenminister Krzysztof Skubiszewski am 14. November in Warschau. Dass ich bei der feierlichen Zeremonie nicht anwesend war, hatte keine politischen Gründe. Von Anfang an war mit der polnischen Seite geplant worden, die Paraphierung in dieser Form zu vollziehen. Wer heute mit allen Mitteln die Deutungshoheit bei zeitgeschichtlichen Entscheidungsprozessen erlangen und mir Versäumnisse andichten will, ist auf dem Holzweg. Gerne unterstreiche ich an dieser Stelle erneut, dass die Anerkennung der Oder-Neiße-Grenze für mich bei allen Gesprächen mit polnischen, amerikanischen oder französischen Gesprächspartnern immer außer Zweifel stand. Soweit ich Vorbehalte hatte, ging es mir stets um den Zeitpunkt: Die Grenze sollte erst bei Verhandlungen im Rahmen eines Friedensvertrages endgültig anerkannt werden. Wenn mir gelegentlich der Vorwurf gemacht wird, bei meiner Grundhaltung hätten auch parteipolitische Erwägungen mitgespielt, dann trifft das durchaus zu. Daraus habe ich aber auch damals keinen

Hehl gemacht. Etwa eine Dreiviertelmehrheit der Mitglieder von Vertriebenenverbänden waren Unionswähler. So klar die Oder-Neiße-Grenze auch anzuerkennen und dieser Grundsatzentscheidung nicht auszuweichen war, fehlte mir doch jede Bereitschaft, dies sehenden Auges zu einem falschen Zeitpunkt zu vollziehen und damit die Zukunftschancen der Union aufs Spiel zu setzen. Es gab Zeitgenossen wie beispielsweise Richard von Weizsäcker, die nur durch Wahlerfolge der Unionsparteien in Amt und Würden gelangten und damit auch von vielen Stimmen der Heimatvertriebenen profitierten, die sich aber keinen Deut um die Meinung der Unionswähler kümmerten. Einen solchen Patriotismus konnte und wollte ich mir nicht erlauben.

23.
Neue Partnerschaft

Mit seiner weitsichtigen und mutigen Reformpolitik hatte Michail Gorbatschow sein Land neu gestaltet. Er hatte in der Außen- und Sicherheitspolitik »Neues Denken« durchgesetzt und entscheidend dazu beigetragen, zwischen Ost und West eine neue Partnerschaft zu entwickeln. Neues Vertrauen war entstanden. Das war die unerlässliche Voraussetzung dafür, dass wir jetzt die Teilung Europas friedlich und selbstbestimmt überwinden konnten.

Mit großer Dankbarkeit wussten gerade wir Deutschen Gorbatschows persönlichen Beitrag zu einer glücklichen Wende unserer Geschichte zu würdigen. Genau vor einem Jahr war die Berliner Mauer gefallen. Vor wenigen Wochen hatte unser geteiltes Land und Volk seine Einheit in Freiheit und im Einvernehmen mit allen Nachbarn und Partnern vollendet.

Es war der 9. November 1990, als der sowjetische Staats- und Parteichef Michail Gorbatschow zu einem offiziellen Besuch in die Bundesrepublik kam. Die Tatsache, dass er als erstes ausländisches Staatsoberhaupt gerade am Jahrestag des Mauerfalls unser geeintes Land besuchte, erhöhte unsere Hochschätzung.

In einer dichten Folge von Begegnungen hatten wir gemeinsam den Weg zur deutschen Einheit geebnet. Der reiche Ertrag unserer Treffen war in der jahrhundertelangen Geschichte unserer Völker ohne Vorbild: Bei Gorbatschows letztem Besuch in Bonn im Juni 1989 hatten wir in unserer gemeinsamen Erklärung das Prinzip der Selbstbestimmung bekräftigt und unser persönliches Vertrauensverhältnis begründet. Bei meinem Besuch in Moskau im Februar 1990 erzielten wir Einverständnis, dass die Deutschen selbst die

Frage der Einheit der deutschen Nation lösen, dass sie selbst ihre Wahl treffen mussten, in welchen staatlichen Formen und in welchem Tempo sie diese Einheit verwirklichen wollten. Damit wurde zugleich der Weg zu den konstruktiven Zwei-plus-Vier Gesprächen frei. Bei unserer denkwürdigen Begegnung im Kaukasus schließlich war es uns gemeinsam gelungen, die schwierigsten Fragen der deutschen Einheit zu lösen. Nunmehr war gesichert, dass das geeinte Deutschland zu einem Zugewinn für Sicherheit und Stabilität in ganz Europa wurde: Es war in das Atlantische Bündnis eingebunden, das sich selbst wandelte. Das neue Vertrauensverhältnis zwischen unseren Ländern und die neue Politik zwischen Ost und West insgesamt hatten damit ihre entscheidende Bewährungsprobe bestanden.

Jetzt wandten wir uns der Zukunft zu. Getreu der besonderen Verantwortung, die wir als Angehörige der gleichen Generation empfanden, wollten wir unseren Beitrag leisten, um einen Schlussstrich unter die leidvollen Kapitel der Vergangenheit zu ziehen und die Voraussetzungen dafür zu schaffen, dass unsere Völker dauerhaft friedlich zusammenleben konnten. In diesem Geist unterzeichneten wir am 9. November in Bonn den »Vertrag über gute Nachbarschaft, Partnerschaft und Zusammenarbeit«.

Der Vertrag umriss die Grundsätze und Ziele des deutsch-sowjetischen Verhältnisses für die nächsten zwanzig Jahre. Beide Seiten bekräftigten darin den Verzicht auf Gewalt und stellten fest, wenn eine der beiden Seiten angegriffen werde, so werde die andere »dem Angreifer keine militärische Hilfe oder sonstigen Beistand leisten«. Der Vertrag sah mindestens einmal jährlich Gipfeltreffen und zweimalige Begegnungen der Außenminister sowie regelmäßige Beratungen der Verteidigungsminister vor. Eine enge Zusammenarbeit war auch in den Bereichen Wirtschaft, Kultur und Umweltschutz sowie in der Sozial- und Rechtspolitik vorgesehen. Den »sowjetischen Bürgern deutscher Nationalität« wurde die eigene kulturelle Identität und deren Förderung garantiert.

Ebenfalls zwanzig Jahre Geltungsdauer hatte der Vertrag über wirtschaftliche und wissenschaftlich-technische Zusammenarbeit. Die dritte Vereinbarung, ein Abkommen über die Zusammenarbeit im Bereich der Arbeits- und Sozialpolitik, war Arbeitsmarktfragen, beruflicher Fortbildung und Umschulung, dem Arbeitsrecht und den Beziehungen der Sozialpartner gewidmet. Nicht zuletzt bekräftigte ich noch einmal, dass wir unser möglichstes tun wollten, damit die sowjetischen Soldaten und ihre Familien sich in der verbleibenden Zeit wohl fühlten, die sie noch in Deutschland stationiert sein würden.

Dieser Vertrag brachte die Verständigung unserer Völker voran und gab der Versöhnung neue, starke Impulse. Nun war verbrieft: Die deutsch-sowjetischen Beziehungen hatten eine zukunftsgewandte Qualität, die weit ins nächste Jahrhundert reichen sollte. Es war der erste außenpolitische Grundsatzvertrag des vereinigten Deutschlands, ein Markstein in den Beziehungen unserer Völker und Länder.

*

Der sonnige Bonner Herbsttag war geradezu symbolisch für das gute Klima, in dem Michail Gorbatschows Besuch in Deutschland stattfand. Es war sein zweiter Besuch in der Bundesrepublik und sein erster im geeinten Deutschland.

Zu Beginn unseres vertraulichen Zweistundengesprächs, an dem neben zwei Dolmetschern nur Gorbatschows Berater Anatoli Tschernajew und Horst Teltschik teilnahmen, ging es um die angespannte innere Lage der Sowjetunion. Gorbatschow vermittelte mir ein düsteres Bild und formulierte ein Kurzpsychogramm über Jelzin, den er als »zerstörerischen Oppositionellen« bezeichnete. Ich bekräftigte erneut, wie wichtig ein Erfolg Gorbatschows für Deutschland und Europa sei. Der Präsident zeigte sich entschlossen, das Tempo bei den umstrittenen Wirtschaftsreformen nicht zu verlangsamen, sondern sie weiterhin durchzusetzen. Das wichtigste Ziel sei, die Grundsätze von Selbständigkeit und Eigenverantwortung zu verwirklichen und das Recht durchzusetzen, dass jeder über die Ergebnisse seiner Arbeit selbst verfügen könne.

»Wir marschieren jetzt in Richtung Markt«, verkündete der

Unterzeichnung des Vertrags über gute Nachbarschaft, des ersten außenpolitischen Grundsatzvertrags des vereinigten Deutschlands (Bonn, 9. November 1990)

Präsident und fügte hinzu, wie wichtig es gewesen sei, das Bewusstsein der Menschen zu verändern, denn nun könnten sie entschiedener handeln. Sie seien im Begriff, große Maßnahmen einzuleiten, um das Haushaltsdefizit zu verringern, die Finanzen zu sanieren, den Rubel zu stabilisieren und die Preispolitik zu ändern. Zukünftig sollten Weltmarktpreise gelten. Alles zusammen solle zur Stabilisierung der Wirtschaft beitragen. Gleichzeitig hätten sie einen Weg beschlossen, die Unternehmen zu entstaatlichen. Schritt für Schritt würden sie jetzt große Entscheidungen treffen. In der jetzigen Etappe sei auch vorgesehen, die Währungspolitik zu ändern.

Dann richtete Michail Gorbatschow eine »sehr große Frage« an mich: Im Westen werde viel davon gesprochen, dass es in der Sowjetunion ein Chaos gebe und alles zusammenbreche. Solche Berichte würden bei ihm zwar nur ein Lächeln auslösen, aber es gebe Engpässe, die größte Gefahren auslösen könnten und die vor allem Nahrungsmittel und Gebrauchsgüter des täglichen Bedarfs beträfen. Um Unzufriedenheit in der Bevölkerung vorzubeugen und ein Scheitern der Reformen zu verhindern, müsse ein Teil der

Kredite, die er brauche, für die Landwirtschaft und die Nahrungsmittelindustrie aufgebracht werden.

Die Not des Präsidenten, mit dem ich seit einem Jahr sehr direkt und sehr freundschaftlich sprechen konnte, war mit Händen zu greifen. Wir spürten beide, wie gut sich unser persönliches Verhältnis entwickelt hatte, und wir wussten, dass wir uns aufeinander verlassen konnten. Wenn ich Gorbatschow Erfolg wünschte, dann auch deshalb, weil es keine Alternative zu seiner Politik gab. Damals fragten mich viele, was geschehen würde, wenn er es nicht schaffen sollte.

In unserem vertraulichen Gespräch erklärte ich unumwunden, dass ich als Mensch und Bundeskanzler zwar auf ihn persönlich setzen würde, aber nicht auf alle andern in Moskau. Gerade als Deutscher könne ich mich nicht als normaler Zuschauer verhalten, für den das Zeitgeschehen weitergehe, gleichgültig, was in Moskau geschehe. Dann könne alles plötzlich zu spät sein.

Wenn ich heute diese Gesprächsprotokolle lese, überkommt mich ein kalter Schauer. Denn ein gutes Jahr später trat genau das ein, was Gorbatschow so hellsichtig zu verhindern suchte: das Scheitern seiner Reformpolitik.

Mir war nicht erst im November 1990 völlig klar, dass es nicht genügte, dem sowjetischen Präsidenten nur von deutscher Seite unter die Arme zu greifen. Deshalb schlug ich vor, eine Expertengruppe einzusetzen, die den dringendsten Bedarf der Sowjetunion ermitteln und dieses Ergebnis dann auf dem bevorstehenden Europäischen Gipfel in Rom präsentieren sollte. Niemand war bereit, in ein Fass ohne Boden zu investieren. Um so mehr musste jetzt eine vernünftige Hilfe für Präsident Gorbatschow organisiert werden, die den Bedarf an Nahrungsmitteln für den bevorstehenden Winter deckte und eine langfristige Hilfe sicherstellte.

Letzteres sei besonders wichtig, erwiderte Gorbatschow. Die Auffassung des Westens sei völlig richtig, dass sich die Sowjetunion zuallererst selbst helfen müsse. Darin liege der Schlüssel aller Probleme. Die bevorstehenden ein bis eineinhalb Jahre seien jedoch die schwierigste Phase auf dem Weg zu einer funktionierenden Marktwirtschaft.

Die Ereignisse in der Sowjetunion entwickelten sich sehr viel schneller und dramatischer, als wir es für möglich gehalten hatten. Ich versprach meinem lieben Freund, mich bei Amerikanern und Japanern ebenso für die Sowjetunion zu verwenden wie auf dem nächsten EG-Gipfel.

Beherrschendes Thema unserer weiteren Unterredung war der Golf-Konflikt. Beide betonten wir, dass eine Lösung mit politischen Mitteln nicht von der Tagesordnung gestrichen werden dürfe. Vor allem gehe es jetzt darum, die Geiseln herauszuholen. Allein die Sowjetunion hatte dreitausend Geiseln im Irak; wir bemühten uns um die Freilassung von etwa dreihundert Deutschen, die in Husseins Land festgehalten wurden.

Am letzten Tag seines Besuchs traf Michail Gorbatschow mit Finanzminister Theo Waigel zusammen. Gorbatschow erläuterte noch einmal den schwierigen Transformationsprozess in der Sowjetunion und meinte, wer jetzt in sein Land investiere, der denke langfristig. Wir kannten die Probleme und waren bereit zu helfen, nicht zuletzt deshalb, weil wir wussten, dass Gorbatschow recht hatte. Wir glaubten und vertrauten ihm und waren deshalb bereit, ins Risiko zu gehen. Was immer wir im Zusammenhang mit dem Übergang der sowjetischen Wirtschaft zu einer marktwirtschaftlichen Ordnung tun konnten, wollten wir tun. Gegenwärtig organisierten wir Lieferungen landwirtschaftlicher Erzeugnisse aus der Ex-DDR in die Sowjetunion. Und der Finanzminister hatte allein in diesem Jahr finanzielle Verpflichtungen gegenüber der UdSSR in Höhe von 24 Milliarden D-Mark unterzeichnet. Das war ein herausragender Beitrag unseres Landes im Rahmen der internationalen Solidarität mit der Sowjetunion.

*

Der sowjetische Präsident kam in Bonn auch mit dem SPD-Vorsitzenden Hans-Jochen Vogel und dem sozialdemokratischen Kanzlerkandidaten Oskar Lafontaine zusammen. Aus bisher unveröffentlichten sowjetischen Gesprächsprotokollen geht hervor, dass Vogel dem Präsidenten im Namen der SPD für die Wiedervereinigung Deutschlands dankte. Er begrüßte zwar die Vertragsunterzeichnung, verwies dabei aber auf die Vorarbeit durch die sozialdemokratisch geführte Bundesregierung. Damit meinte Vogel den Moskauer Vertrag von 1970, den die Sozialdemokraten seinerzeit gegen die CDU und andere oppositionelle Kräfte verteidigt hätten. Auch den KSZE-Prozess reklamierte er für seine Partei, denn er sei erst dank der von SPD und FDP geleisteten Beiträge möglich geworden. Aber es komme in der Geschichte schon vor, dass die Ernte diejenigen einfahren würden, die nicht gesät hätten, meinte Vogel, da könne man nichts machen.

Was für ein kleinkariertes Nachkarten, was für eine einseitig parteipolitische Sicht der deutschen Außenpolitik der neunziger Jahre! Und das alles vor dem Hintergrund einer gespaltenen SPD und des totalen Versagens der deutschen Sozialdemokraten im alles entscheidenden Vereinigungsprozess während der vergangenen zwölf Monate ...

*

Zum Abschluss lud ich Raissa und Michail Gorbatschow in meine Heimat ein. Hannelore hatte in unserem Haus in Ludwigshafen-Oggersheim alle Vorbereitungen für einen festlichen privaten Empfang getroffen, und das Präsidentenpaar fühlte sich sichtlich wohl. Die Einladung war eine symbolische Geste, die – nicht zuletzt in Parallelität zu meinem Kaukasus-Besuch vom Juli 1990, bei dem es zum Durchbruch für die deutsche Vereinigung gekommen war – unser zunehmend freundschaftliches persönliches Verhältnis unterstreichen sollte.

Auch von dem Besuch im Speyerer Dom waren die Gorbatschows fasziniert, und unvergesslich bleibt der kurze Aufenthalt im Deidesheimer Hof. In dem Spitzenrestaurant erinnern noch heute Fotos an unser gemeinsames Essen.

Gerne denke ich an den begeisterten Empfang zurück, den Tausende von Menschen in Ludwigshafen und Speyer dem Kremlchef und seiner Frau bereiteten. Auch Hannelore war von dem Zuspruch der Pfälzer angetan und fühlte sich an der Seite des sowjetischen Präsidenten außerordentlich wohl. Ihr Verhältnis zu Raissa Gorbatschowa wurde geradezu stündlich besser und herzlicher. Am Ende der zweitägigen Begegnung trennten wir uns mit dem festen Vorsatz, uns bald wiederzusehen.

Eine solche Gelegenheit bot das KSZE-Gipfeltreffen am 20. November 1990 in Paris, bei dem die Staats- und Regierungschefs von vierunddreißig Mitgliedsländern die deutsche Einheit begrüßten. Ich war überaus zufrieden mit dem Verlauf der Konferenz, bei dem kein einziger Vertreter auch nur ein kritisches Wort zur Entwicklung in Deutschland fand. In dem zwanzigseitigen Abschlussdokument wurden ganze neun Zeilen der nunmehr beantworteten deutschen Frage gewidmet, die seit Kriegsende für soviel Unruhe gesorgt hatte. Das Thema war bereits vor dem Gipfel abgehakt: Anlass für Unruhe sah jetzt keiner unserer europäischen Nachbarn mehr gegeben.

Bei allem Selbstbewusstsein, stärkste Wirtschaftsmacht in Europa zu sein, musste sich Deutschland in meinen Augen davor hüten, überheblich zu werden. Man erwartete ein hohes Maß an Sensibilität von uns und die Bereitschaft der Bundesrepublik, mehr Verantwortung zu übernehmen. Dies durfte aber nicht in einer Rolle des Primus geschehen. Dass wir uns noch schwer taten mit der Aufforderung, mehr Verantwortung zu übernehmen, zugleich aber nicht darüber zu reden, wie stark wir waren, wurde in Paris beim Thema Golfkrise besonders deutlich. Hans-Dietrich Genscher und ich waren begehrte Gesprächspartner.

Schon mehrfach habe ich darauf hingewiesen, dass es ein Fehler der seinerzeitigen CDU/CSU-Opposition war, die Ostpolitik der sozialliberalen Bundesregierungen in der bekannten Form kritisiert und nur zögerlich akzeptiert zu haben. Dass wir 1975 die KSZE-Schlussakte von Helsinki rundweg ablehnten, muss aus heutiger Sicht ebenso als Fehlentscheidung gewertet werden. Wahr ist aber auch, dass ich zusammen mit Bundesaußenminister Hans-Dietrich Genscher die deutsche Außenpolitik auf der Grundlage der Ostverträge weiterentwickelt und den KSZE-Prozess seit 1982 vorbehaltlos mitgetragen und unterstützt habe. Im Wiedervereinigungsprozess 1989/90 waren Ostverträge und Helsinki-

Abschluss hilfreiche Komponenten, deren Wert ich stets anerkannt habe.

In meiner Rede vor der KSZE-Konferenz im November 1990 machte ich klar, dass das vereinte Deutschland vor allem beruhigend wirken wolle. Feierlich bekräftigte ich, Deutschland wolle im Bewusstsein seiner Geschichte und der sich daraus ergebenden moralischen und politischen Verantwortung ein Eckstein und Schrittmacher der europäischen Friedensordnung sein.

Ich war fest entschlossen, mit der Entsendung einer hochrangigen deutschen Regierungsdelegation nach Moskau die Weichen für eine großangelegte internationale Hilfsaktion für die Sowjetunion zu stellen. Außer mit Japan konnte ich am Rande des KSZE-Gipfels mit allen wichtigen Regierungschefs der führenden Wirtschaftsnationen Vorgespräche führen, um die Hilfe so schnell wie möglich in die Wege zu leiten. Gorbatschow selbst bat direkt nur den kanadischen Premierminister Brian Mulroney um Lebensmittelhilfe. Neben privaten Sendungen karitativer Organisationen war auch an staatliche Soforthilfe in Form von Lebensmitteln und Medikamenten gedacht. Die EG konnte Fleisch und Fett aus Lagerbeständen kurzfristig zur Verfügung stellen. Darüber war auf dem EG-Gipfel in Rom Mitte Dezember zu sprechen.

24.
Dezember-Wahl

Das Jahr 1990 war nicht nur ein Jahr epochaler Umbrüche, sondern auch ein Superwahljahr: Landtagswahlen im Saarland, in Nordrhein-Westfalen, Niedersachsen und Bayern, erste freie Wahlen und Kommunalwahlen in der DDR und Wahlen in den neuen Bundesländern. Und nun, bei der Bundestagswahl, meldeten wir, die Union aus CDU und CSU, unseren Anspruch an, auch im vereinten Deutschland weiterhin die führende Kraft zu sein. CDU und CSU waren besonders gefordert, denn mehr als alle anderen standen sie für die Einheit Deutschlands, für die soziale Marktwirtschaft, für die Integration Europas und für Frieden und Freiheit. Jetzt wollten wir das vereinte Deutschland in das Europa der Zukunft führen. Dafür kämpften wir mit aller Kraft.

Wir hatten gute Chancen, zumal wir in diesem Jahr bisher überzeugende Wahlsieger gewesen waren. Zudem stellten wir uns den Herausforderungen der Zukunft, insbesondere den drei zentralen Aufgaben der Zeit: Deutschland zusammenzuführen – wirtschaftlich, sozial, geistig-kulturell. Das vereinte Europa zu schaffen. Verantwortung in der Welt zu übernehmen und beispielsweise unseren Beitrag zur Friedenssicherung und zur Lösung der globalen Umweltprobleme zu leisten.

Die SPD dagegen hatte in entscheidenden Schicksalsfragen unserer Nation versagt:

- Sie war 1949 gegen die Einführung der sozialen Marktwirtschaft, und sie hat ihr Wesen bis heute nicht verstanden.
- Sie kämpfte gegen Konrad Adenauers Politik der Westbin-

dung und suchte bis in die achtziger Jahre hinein nach einem deutschen Sonderweg.
– Noch 1990 stellten Sozialdemokraten die Einheit unserer Nation in Frage.

Was wäre denn geschehen, wenn wir der SPD gefolgt wären? Was wäre geschehen,

– wenn wir den Auftrag zur Wiedervereinigung aus der Präambel des Grundgesetzes gestrichen hätten?
– wenn wir eine Staatsbürgerschaft der DDR anerkannt hätten?
– wenn wir die Erfassungsstelle in Salzgitter aufgelöst hätten? Was dort über Menschenrechtsverletzungen in der ehemaligen DDR dokumentiert war, durfte nicht in Vergessenheit geraten.

Die Union dagegen hatte konsequent an der Einheit der Nation festgehalten. Wir brauchten keine Reden umzuschreiben.

In der Tischrede am 7. September 1987 hatte ich Erich Honecker – vor Millionen Zuschauern in ganz Deutschland – klar gesagt:

»Die Präambel unseres Grundgesetzes steht nicht zur Disposition, weil sie unserer Überzeugung entspricht. Sie will das vereinte Europa, und sie fordert das gesamte deutsche Volk auf, in freier Selbstbestimmung die Einheit und Freiheit Deutschlands zu vollenden. Das ist unser Ziel. Wir stehen zu diesem Verfassungsauftrag, und wir haben keinen Zweifel, dass dies dem Wunsch und Willen, ja der Sehnsucht der Menschen in Deutschland entspricht.«

Ich hätte mir damals gewünscht, die SPD hätte sich ebenso eindeutig geäußert. Statt dessen hatte sie wenige Tage zuvor – Ende August 1987 – ein gemeinsames Grundwertepapier mit der SED beschlossen, in dem sie dem SED-Regime praktisch eine Bestandsgarantie gab.

Wir sollten all das nicht zu schnell vergessen. Wenn es am 2. Dezember 1990 darum ging, wem die Deutschen die Gestaltung der Zukunft anvertrauten, dann spielte auch eine Rolle, wer in der Vergangenheit versagt und wer sich in entscheidenden Augenblicken bewährt hatte.

*

Am 3. Oktober 1990 wurde ein Traum Wirklichkeit. Der Auftrag unseres Grundgesetzes war erfüllt: Wiederherstellung der staatlichen Einheit Deutschlands. Ohne Krieg, ohne Gewalt, im Einvernehmen mit Nachbarn und Partnern in Ost und West. Es war eine wahrhaft beispiellose Entwicklung, und es waren die Menschen in der ehemaligen DDR, die die Entwicklung bestimmt hatten. Sie wollten die Einheit so schnell wie möglich – aus guten Gründen. Die SPD hingegen behauptete fortgesetzt, alles wäre zu schnell gegangen. Das war ein unglaublicher Affront gegenüber den Deutschen in den neuen Bundesländern. Wer in Freiheit, Wohlstand und sozialer Sicherheit lebte, hatte gut reden, wenn er andere auf »später« vertröstete. Mit dieser Haltung hätte die SPD nur provoziert, dass noch einmal Hunderttausende aus der DDR in die Bundesrepublik gekommen wären. In Wahrheit kam die Einheit Deutschlands keinen Tag zu früh.

Die Union wusste um die Probleme des Übergangs. Wir kannten die Sorgen der Menschen und ihre Hoffnungen. Die nächste Zeit würde schwierig werden, daran ließen wir keinen Zweifel. Aber gemeinsam würden wir es schaffen. Es war nicht die Stunde für Schwarzmaler und Opportunisten, Zuversicht und Stehvermögen waren gefragt. Wir brauchten die Bereitschaft zu einem neuen Aufbruch. Was sozialistische Diktatur und Misswirtschaft in vierzig Jahren angerichtet hatten, konnte nicht über Nacht ausgeglichen werden. Es würde Jahre dauern und viel Arbeit erfordern.

Dabei konnte die Konstellation glücklicher nicht sein, denn die historische Herausforderung des Aufbaus in der ehemaligen DDR traf die bisherige Bundesrepublik in wirtschaftlich hervorragender

Verfassung an. Die Hochkonjunktur war das Ergebnis harter Arbeit und verlässlicher Politik zur Erneuerung der sozialen Marktwirtschaft seit 1982: Im Jahr 1981 gab es ein schrumpfendes Bruttosozialprodukt. Seit nunmehr acht Jahren registrierten wir eine kontinuierliche Aufwärtsentwicklung: Das Bruttosozialprodukt war seit 1982 real um ein Viertel auf rund 500 Milliarden DM angestiegen.

Wir hatten die Solidität der Staatsfinanzen wiederhergestellt und so nicht nur die Weichen für dauerhaften wirtschaftlichen Erfolg und mehr soziale Sicherheit gestellt, sondern auch Spielraum dafür geschaffen, dass die jetzt erforderlichen Investitionen ohne Steuererhöhungen erfolgen konnten. Das Steuersystem hatten wir leistungsgerecht umgestaltet und die Steuern nachhaltig um rund 50 Milliarden DM pro Jahr gesenkt. Zur Bilanz 1990 zählten auch neue Anstöße im Umweltschutz wie der Kfz-Katalysator, die Kraftwerksentschwefelung, der Gewässerschutz und ein zukunftsweisendes Abfallkonzept. In einer großen Kraftanstrengung hatten wir seit 1982 beim Schutz der Umwelt unser Land an die Spitze in Europa gebracht. Mit derselben Kraftanstrengung wollten wir die Umweltzerstörungen in den neuen Bundesländern beseitigen und alles tun, damit auch das geeinte Deutschland Vorreiter beim Schutz der natürlichen Lebensgrundlagen in Europa und weltweit blieb.

Nach über vierzigjähriger sozialistischer Misswirtschaft in der früheren DDR mussten wir eine bedrückende Erblast registrieren: Häuser, Wohnungen und die Infrastruktur waren vielfach in äußerst desolatem Zustand. Vielerorts waren Natur und Umwelt hoch belastet. Vor allem aber waren die Menschen um die Früchte ihrer Arbeit betrogen worden.

Der Arbeitsmarkt in den neuen Bundesländern war Ausdruck der Umbruchsituation. Es gab aber durchaus bereits Anzeichen, die hoffnungsvoll stimmten, zumal wir mit umfangreichen staatlichen Hilfen den Übergang steuerten und gestalteten, beispielsweise mit einer öffentlichen Förderung für Investitionsvolumina von 60 Milliarden DM. Wir stellten Milliardenbeträge bereit für den Infrastrukturausbau, und die Bundespost investierte bis 1997 rund 55 Milliarden DM. Ein Großteil der Aufträge ging an Handwerk und Mittelstand. Wir planten bis zu einer Million neue Telefonanschlüsse jährlich.

Schrittweise wurden die Sozialversicherung und die Sozialleistungen an das Niveau der bisherigen Bundesrepublik angeglichen. Die Renten folgten jetzt regelmäßig der übrigen Einkommensentwicklung, und ein leistungsfähiges Gesundheitssystem war im Aufbau begriffen. Die Arbeitslosenversicherung wurde bei den Arbeitsämtern mit eingerichtet, und für die Zeit der Strukturanpassung wurde die Kurzarbeiterregelung großzügig ausgestaltet. Kindergeld, Kinderfreibeträge, Kinderzuschlag und Erziehungsgeld beziehungsweise Erziehungsurlaub sowie BAföG wurden zum 1. Januar 1991 neu eingeführt.

Trotz aller Schwierigkeiten waren Fortschritte unverkennbar. Es ging um den Aufbau der neuen Bundesländer, um Investitionen, um die gemeinsame Zukunft in unserem Vaterland. Dafür waren große Anstrengungen erforderlich, und obwohl nicht zuletzt die öffentlichen Finanzen vor einer enormen Herausforderung standen, sagte ich klar und deutlich, dass Steuererhöhungen für die deutsche Einheit ein falsches Signal setzen würden, weil sie die Leistungskraft von Unternehmen und Bürgern ausgerechnet in einer Zeit schwächen mussten, in der es wie nie zuvor um neue Investitionen und Arbeitsplätze ging. Auch angesichts des international schwierigen wirtschaftlichen Umfelds kämen sie genau zur falschen Zeit.

Klar war aber: Die hohe Neuverschuldung im Haushalt des Bundes 1991 musste ein Ausreißer bleiben. Das war mein fester Wille, und es war zwingend geboten, diese hohe Nettokreditaufnahme in den folgenden Jahren entschlossen zurückzuführen. Deshalb waren Einsparungen unter anderem im Verteidigungsbereich und beim Subventionsabbau etwa bei der Zonenrandförderung und der Berlin-Förderung dringend erforderlich. Auch über Privatisierungsmaßnahmen und neue Konzepte zur Infrastrukturfinanzierung musste nachgedacht werden. Nicht gespart werden durfte allerdings an Ausgaben, die aus umweltpolitischen Gründen nötig wurden.

Nach über vier Jahrzehnten kommunistischer Indoktrination waren schwerwiegende Folgen im geistigen und kulturellen Leben unübersehbar, die insbesondere die Medien, die Schulen und Hochschulen betrafen. Doch es gab keine Patentrezepte, demokratisches Denken lässt sich nicht verordnen. Vielmehr war Sensibilität geboten und Verständnis für die Situation in der ehemaligen DDR. Gleichzeitig mussten sozialistische Verkrustungen aufgebrochen werden, alte Seilschaften waren zu kappen. Wer in der sozialistischen Diktatur Schuld auf sich geladen hatte, musste zur Rechenschaft gezogen werden. Aber wir mussten auch die Kraft zur inneren Versöhnung aufbringen.

Es galt, das Wertebewusstsein zu schärfen, den Zusammenhang von Freiheit und Verantwortung zu erkennen. Gerade wir als Union mussten die geistigen Auseinandersetzungen führen. Unser christliches Verständnis vom Menschen war das sittliche Fundament, auf dem Menschen unterschiedlicher Herkunft und aus den verschiedensten Berufen zusammenfanden. »Union«, das bedeutete 1990 auch: zusammenführen, ausgleichen, Union der Landschaften, Konfessionen und Berufe, Volkspartei der Mitte zu sein.

*

Bei der Bundestagswahl 1983 war Hans-Jochen Vogel mein Herausforderer gewesen. Der SPD-Kanzlerkandidat hatte geschickt versucht, das Scheitern seiner Partei nach dreizehnjähriger Regierungsverantwortung zu verkleistern und die Legende vom Verrat der Liberalen wachzuhalten. Am Ende war die Wahl so ausgegangen, wie es von vielen erwartet worden war: Die Sozialdemokraten blieben in der Opposition und ich weiterhin Bundeskanzler. Die SPD hatte fast 5 Prozentpunkte verloren und erreichte nur noch 38,2 Prozent der Wählerstimmen. Damit war sie etwa auf den Stand von 1965 gefallen. Die Verluste für die SPD zogen sich durch alle Schichten der Bevölkerung; vor allem hatte die Partei bei den jungen Wählern zwischen achtzehn und fünfundzwanzig Jahren Verluste zu verzeichnen. Die Union dagegen hatte bei den

Jungen kräftig zugelegt. Danach war der gescheiterte SPD-Kanzlerkandidat jahrelang Oppositionsführer im Bundestag und erwies sich als sperriger Vertreter der traditionsreichen deutschen Sozialdemokratie.

1986/87 schließlich versuchte der nordrhein-westfälische Ministerpräsident Johannes Rau unter dem Motto »Versöhnen statt spalten« sein Glück in der Bundespolitik. Er verfügte über günstige Werte bei Popularität und Glaubwürdigkeit. Doch als Landesvater verfolgten ihn hohe Arbeitslosigkeit und ein Haushaltsdefizit. Die Wähler trauten ihm und seiner Partei in der Bundespolitik wenig zu. Rau blieb in Düsseldorf, und ich blieb – wenn auch mit Verlusten – Kanzler in Bonn.

Unmittelbar nach den ersten freien Wahlen in der DDR am 18. März 1990, die die SPD mit Pauken und Trompeten verloren hatte, wurde der saarländische Ministerpräsident Oskar Lafontaine zum Kanzlerkandidaten für die Bundestagswahl am 2. Dezember nominiert. Während in der Presse immer wieder spekuliert wurde, ob nicht der SPD-Ehrenvorsitzende Willy Brandt der weit bessere Kandidat wäre und reaktiviert werden könnte, entschied sich die Partei für den Saarländer. Der als »Senkrechtstarter« und »sozialdemokratisches Wunderkind« bezeichnete Lafontaine war der bis dato jüngste Kanzlerkandidat in der Bundesrepublik.

Auch wenn sein Fleiß und sein Ehrgeiz sowie seine analytische Begabung mit erheblichem Geltungsdrang gepaart waren, empfand ich einen gewissen Respekt für den neuen Herausforderer. Trotz aller Gegensätze in der Sache war ich alles andere als unglücklich über seine Kandidatur. Was uns beide sogar verband, war die politische Leidenschaft, der Kampfeswille und ein gesunder Machtinstinkt. Lebensfreude, verbunden mit ausgeprägter Lust an gutem Essen und Trinken, wurde uns beiden mit Recht nachgesagt. Doch in entscheidenden politischen Fragen unterschieden wir uns diametral. Seinen Umgang mit Helmut Schmidt fand ich mehr als unangemessen. Lafontaines Kampf gegen den Nato-Doppelbeschluss, der bis zu der mehrfach wiederholten Forderung nach einem Austritt der Bundesrepublik aus der Nato ging, war für mich unvergessen. Dieser angebliche Querdenker war ein Sicherheitsrisiko für unser Land, denn er nahm auf niemanden Rücksicht, auch nicht auf seine eigene Partei, wie Hans Apel, der ehemalige angesehene SPD-Verteidigungsminister, einmal anmerkte.

Ich konnte nie ganz nachvollziehen, warum Willy Brandt so sehr auf diesen »Enkel« setzte. Auf dem Berliner SPD-Bundesparteitag im Dezember 1989 hatten unter anderem die Themen Umweltschutz, Asylproblematik und Arbeitslosigkeit im Mittelpunkt gestanden. Von der deutschen Einheit war bei Lafontaine keine Rede. In der Bewertung des Vereinigungsprozesses im Herbst 1989 und den folgenden Monaten war die SPD total gespalten, und Lafontaine trat trotz der offenkundigen weltgeschichtlichen Veränderungen als Befürworter der Zweistaatlichkeit auf. Noch im November 1989 forderte der stellvertretende Parteivorsitzende Lafontaine, die Flut der Übersiedler aus der DDR in die Bundesrepublik durch administrative Maßnahmen zu begrenzen oder gar ganz auszuschließen, um den westdeutschen Arbeitsmarkt von ostdeutschen Konkurrenten zu entlasten und so den Sog zu beenden, der von der bundesdeutschen Sozialgesetzgebung ausging. Ja, der spätere SPD-Kanzlerkandidat wollte sogar die gemeinsame Staatsbürgerschaft der Bürger der DDR und der Bundesrepublik aufkündigen, was von der SPD-Parteispitze jedoch abgelehnt wurde.

Lafontaine und seinen Generationsgenossen wie Gerhard Schröder fehlte in dieser historischen Umbruchsituation jegliches Gefühl für die Menschen in der DDR. Unvergessen auch seine Ablehnung der Wirtschafts-, Währungs- und Sozialunion.

Für die Wahlkampfstrategie der Unionsparteien lieferte Lafontaine also genügend Stoff für die politische Auseinandersetzung. Immer wieder griff er mich frontal an, warf mir leere Versprechungen vor und warnte vor einem Wahlkampf der »nationalen Euphorie«. Lafontaine mied nationale Themen, lieber sprach er über das Ozonloch und die Vernichtung der Regenwälder. Emotional hatte er mit der deutschen Einheit überhaupt nichts zu tun. Sein Pessimismus hinsichtlich der Einheit war nicht zu überbieten. Selbst die ihm eigentlich geneigten linken Medien gingen auf Distanz, weil sie den Mahner nicht mehr verstanden. So wurde Lafontaine zum Buhmann und Anti-Helden der deutschen Einheit. Er nahm nicht mehr zur Kenntnis, dass sich 85 Prozent der SPD-Wähler eindeutig für die Einheit aussprachen.

Die Bürger spürten die Zerrissenheit der deutschen Sozialdemokratie und waren äußerst irritiert über den Kanzlerkandidaten, der, ganz im Gegensatz zu Willy Brandt und seinen Getreuen, nichts von der einmaligen Chance der Wiedervereinigung hielt. Viele Menschen in den neuen Bundesländern, mit denen ich sprechen konnte, fühlten sich durch Lafontaines Wahlkampfauftritte beleidigt. Er hatte das Lebensgefühl der Deutschen in Ost und West missachtet und war damit 1990 der falsche Mann an dieser Stelle. Seine Politik der Konfrontation statt Kooperation mit der Bundesregierung sollte sich noch bitter rächen.

Meine Einschätzung erwies sich schon bald als richtig: Lafontaine war ein gefährlicher Spalter der Nation, der manchen westdeutschen Bedenkenträgern Munition lieferte und bis zum heutigen Tag die Legendenbildung darüber, welche Chancen bei der Herstellung der deutschen Einheit angeblich verpasst worden sein sollen, maßgeblich fördert.

*

Noch war nichts entschieden. Die FDP setzte auf eine oft praktizierte alte Masche, stellte sich als kritischer Koalitionspartner dar und warnte vor einer absoluten Mehrheit der Unionsparteien. Indem sie den begrenzten Konflikt zur eigenen Profilierung wagte, stellte sie vor allem das Trennende zwischen uns heraus und formulierte in wichtigen gesellschaftspolitischen Fragen ihre eigenständige politische Position. Vor allem in der Frage einer Reform des Abtreibungsparagraphen 218, die durch die unterschiedlichen Regelungen in Ost- und Westdeutschland wieder auf die Tagesordnung geraten war, setzte sie sich deutlich von unseren Vorstellungen ab.

Mein Ziel war, wie schon seit langem, auch bei der Dezember-Wahl die strategische absolute Mehrheit zu behalten, so wie es seit

1983 der Fall war. Wir waren immer so stark gewesen, dass eine Koalition gegen die Union nur durch ein Zusammengehen von SPD, FDP und Grünen möglich war. Und auch 1990 waren die Wähler, vor allem die der FDP, nicht bereit, eine solche Koalition zu honorieren, die aus dem Zusammenschluss aller anderen Parteien bestand, die den Einzug in den Deutschen Bundestag schafften. Dazu zählte neuerdings auch die SED-Nachfolgepartei PDS.

Um diese strategische Mehrheit kämpfte ich auch jetzt, in der Schlussphase des Winterwahlkampfs. Bei meinen Auftritten vor allem in den neuen Bundesländern erinnerte ich noch einmal daran, dass wir weder harte Wirtschaftssanktionen wie in Amerika – die sogenannten Reaganomics – durchgeführt hatten noch den Empfehlungen und Mahnungen der deutschen Industrie- und Wirtschaftsverbände gefolgt waren, den wirtschaftlichen Kurs der britischen Premierministerin Margaret Thatcher zu übernehmen. Trotz aller Unwägbarkeiten zu Beginn der neunziger Jahre war es gut, dass wir die Politik der sozialen Marktwirtschaft verfolgt hatten. Sie war ohne Alternative.

*

In der Kabinettssitzung vier Tage vor der Schicksalswahl konnte ich den wieder genesenen Wolfgang Schäuble begrüßen. Seine Kraft und sein Lebensmut waren beispielhaft. Mit ihm hofften alle Ministerkollegen und auch ich auf eine weiterhin enge und vertrauensvolle Zusammenarbeit. So wie er sich bemühte, die Folgen des Attentats zu beherrschen, gab Wolfgang Schäuble vielen Menschen, die ebenfalls harte Schicksalsschläge ertragen mussten, ein Beispiel an Zuversicht.

Der Bundesinnenminister dankte für das freundliche Willkommen und die Anteilnahme, die seine Familie und er erfahren hatten. Er wolle nicht darüber hinwegtäuschen, sagte er, dass er eine sehr schwere Zeit mit hellen und dunklen Stunden durchlebt habe und weiter durchlebe. Die Kabinettskollegen hätten dazu beigetragen, dass die dunklen Stunden nicht überhandgenommen hätten. Ihn habe besonders bewegt, ein wie großes Maß an Solidarität und enger Verbundenheit das Kabinett und die die Koalition tragenden Parteien in der Not gezeigt hätten, die ihn getroffen hatte. Mit dem Einverständnis der Ärzte sei er nun in der Lage, die Arbeit in Bonn und die notwendigen Rehabilitationsmaßnahmen miteinander zu verbinden. Ich sagte ihm erneut meine volle Unterstützung zu.

*

Am 2. Dezember 1990 waren die Deutschen zum ersten Mal seit achtundfünfzig Jahren aufgerufen, ein gemeinsames Parlament zu wählen. Nicht nur die ehemaligen DDR-Bürger, sondern auch die West-Berliner konnten erstmals ihre Bundestagsabgeordneten direkt wählen. Zugelassen zur Wahl waren vierzig Parteien mit insgesamt 3696 Kandidaten. Wahlberechtigt waren 59,9 Millionen Deutsche, davon 12 Millionen in den neuen Bundesländern. Die Hälfte der 656 Abgeordneten wurde direkt in den 328 Wahlkreisen gewählt. Auf Grund der in Ost und West getrennt geltenden Sperrklausel reichte es für den Einzug in den Bundestag aus, wenn eine Partei entweder in den alten oder in den neuen Bundesländern 5 Prozent der Stimmen erhielt.

Die Regierungskoalition aus CDU, CSU und FDP errang einen überwältigenden Sieg über das sozialdemokratische Lager mit seinem Spitzenkandidaten Oskar Lafontaine. Insbesondere in den neuen Bundesländern konnten CDU, CSU und FDP ein großes Stimmpotential auf sich vereinigen. Mit 319 Mandaten im nunmehr auf 662 Sitze erweiterten Bundestag bildeten CDU und CSU die größte Fraktion. Sie erzielten gemeinsam 43,8 Prozent der Stimmen. Die SPD kam auf 33,5 und die FDP auf 11 Prozent. Bündnis 90/Grüne (Ost) zogen mit acht und die SED-Nachfolgepartei PDS mit 17 Parlamentariern in den Bundestag ein. Die West-Grünen verpassten den Einzug.

Dramatisch verloren hatte die SPD bei den »kleinen Leuten«; sie verlor weit mehr Arbeiter, als sie Angestellte hinzugewinnen konnte. Der Kanzlerkandidat Lafontaine hatte der SPD 1990 das schlechteste Ergebnis bei einer Bundestagswahl seit 1957 beschert.

Bei den ersten gesamtdeutschen Wahlen am 2. Dezember 1990 errang die Regierungskoalition einen überwältigenden Sieg (mit Alfred Dregger, links, und Gerhard Stoltenberg)

Bis heute gilt dieses Wahlergebnis als »historische Marke des Makels«, wie es in der Wahlforschung heißt.

Wer die Geschichte der parlamentarischen Demokratie in Deutschland kennt, weiß, dass das Wahlergebnis der Unionsparteien das beste Ergebnis für eine demokratische Kraft war, seit es in Deutschland freie, geheime und direkte Wahlen gab. Das Ergebnis in den neuen Bundesländern war nahezu identisch mit dem Ergebnis in der bisherigen Bundesrepublik. Noch zu Jahresbeginn hatten auch in unseren eigenen Reihen die wenigsten dieses Resultat für möglich gehalten. Deswegen freute es mich ganz besonders.

Für unsere praktische Arbeit waren einige Zahlen von Bedeutung. Zunächst einmal waren wir seit vielen Jahren die stärkste Fraktion im Deutschen Bundestag. Und dann verfügte der neue Bundestag über 662 Abgeordnete, und die absolute Mehrheit lag bei 332. Die Unionsparteien hatten 319, die FDP 79 Mandate. Dies machte eine Koalitionsmehrheit von 398 Sitzen aus. Das war eine stattliche, eine gute, eine sehr komfortable Mehrheit, aber es war auch eine Mehrheit, die eine Gefahr mit sich brachte: Eine solche Mehrheit kann faul werden, sie kann schlicht träge machen. Es hatte keinen Sinn, darum herumzureden: Eine Fraktion, die sich mit knapper Mehrheit behaupten muss, oder eine Koalition, die nur über wenige Mandate zur Mehrheit verfügt, kann leichter ihre Mitglieder motivieren als eine Fraktion und eine Koalition mit so starken Mehrheiten, wie wir sie im Jahr 1990 errungen hatten. Deswegen erinnerte ich in den Parteigremien deutlich an die Gefahren solch günstiger Konstellationen.

Überraschend war, dass SPD und FDP zusammen ein Mandat weniger als CDU und CSU alleine hatten. Das war eine bemerkenswerte Zahl, die es so schon lange nicht mehr gegeben hatte. Und wenn man SPD, FDP und Bündnis90/Grüne zusammenzählte, kam man auf 326 Mandate. Im Klartext hieß das, dass es 1990 nur eine Fraktion im Deutschen Bundestag gab, die koalitionsmäßig eine Alternative hatte, und das war die CDU/CSU. Natürlich wollten wir keine andere Koalition; wir wollten die Koalition mit der FDP. Aber es war eine Schlüsselzahl, und diese Schlüsselzahl musste jeder in unserer Partei kennen.

Die Wahlbeteiligung war mit 77,8 Prozent spürbar geringer als bei der Bundestagswahl 1987 (84,3 Prozent) oder der Volkskammerwahl vom März 1990 (93,4 Prozent). Ein Grund dafür waren die letzten beiden Wochen vor der Wahl: Nach Ansicht vieler war die Wahl längst gelaufen, vermeintlich hatte die SPD keine Chance mehr, und im ländlichen Raum ärgerten sich viele über die europäische Agrarpolitik, die angeblich wenig Zukunftschancen bot. Sicherlich blieben auch Wähler aus den Vertriebenenverbänden der Wahl fern, weil sie mit dem deutsch-polnischen Vertragswerk nicht einverstanden waren.

Doch das alles Entscheidende war die strategische Position der Unionsparteien. Sie war so stark, dass bis zur nächsten Wahl 1994 keine Koalition anderer Art zustande kommen konnte.

Auch bei den gleichzeitig – und erstmals seit 1946 – stattfindenden Wahlen zum Berliner Stadtparlament konnte sich die CDU mit 40,4 Prozent und 101 Mandaten eindrucksvoll durchsetzen. Dagegen musste die SPD mit 30,4 Prozent und 76 Sitzen starke

Einbußen hinnehmen. Erwartungsgemäß wurde die PDS drittstärkste politische Kraft mit 9,2 Prozent der Stimmen und 23 Sitzen. Die FDP erhielt 7,1 Prozent und 18 Sitze, und die Grünen kamen auf 9,4 Prozent und 23 Sitze. Die Wahlbeteiligung betrug 81 Prozent.

Über den Erfolg von Eberhard Diepgen hinaus konnte ich mich ganz besonders über die Abwahl von Walter Momper freuen. Dieser Mann hatte sich einen Tag nach dem Mauerfall hingestellt und gemeint, es gehe jetzt nicht um die Wiedervereinigung, sondern um ein Wiedersehen. Wie viele Lichtjahre entfernt war dieser Sozialdemokrat doch von den Gefühlen der Menschen und der politischen Wirklichkeit im November 1989! Eine Abstrafung durch die Berliner Wähler fand ich angemessen. Die Sozialdemokraten bekamen die Quittung dafür, dass sie eine geschichtliche Stunde unseres Volkes weder begriffen noch aufgegriffen, sondern verleugnet hatten.

Dass die Wähler den Unionsparteien jetzt die politische Verantwortung übertragen hatten, hätte unsere Altvorderen wahrscheinlich mit einem gewissen Wohlgefallen erfüllt. Auch Konrad Adenauer hätte an diesem Ergebnis vermutlich wenig auszusetzen gehabt, auch wenn er sich selbst nach einem solchen Wahlsieg regelmäßig bei jenen zu bedanken vergaß, die zu diesem Sieg mit beigetragen hatten.

Ich empfand dieses Wahlergebnis als großen Vertrauensvorschuss. Wir hatten viel Vertrauen gewonnen, vor allem in den neuen Bundesländern in einer Dimension, die die wenigsten von uns erwartet hatten. Und es war ein Vorschuss, weil viele uns mit einem Gefühl von Zutrauen auf den Weg geschickt hatten, die brennenden Probleme zu lösen. Ich spürte sehr stark dieses Vertrauen. Wer mit mir bei den vielen Kundgebungen in den neuen Bundesländern unterwegs war, der wusste, wie sich das äußerte. Es würde nicht einfach werden, dieses Vertrauen zu rechtfertigen, zumal angesichts der hohen Erwartungen, die teilweise kaum zu erfüllen waren. Wir wussten um die Schwierigkeiten der Angleichung der Lebensverhältnisse, und es standen Aufgaben vor uns, die einem angst machen konnten, doch wir waren zum Erfolg verdammt. Wir hatten die deutsche Einheit erreicht. Jetzt galt es, sie in allen Lebensbereichen zu gestalten. Gleichzeitig standen wir vor dem Durchbruch zur politischen Einigung Europas – und die ganze Welt schaute auf uns.

Es gab ein riesiges Arbeitspensum zu bewältigen, und das ließ sich nur gemeinsam stemmen. Unsere Position war klar: Wir wollten die Koalition mit der FDP fortsetzen. Wichtig war das Sachergebnis, das wir erreichen wollten und das tragfähig sein und das Profil von CDU/CSU widerspiegeln musste, auch im Regierungsprogramm. Die Menschen, unsere Wähler mussten sich darin wiederfinden. Das hieß, dass erst Sachfragen zu besprechen waren, bevor es um Personalentscheidungen ging.

Bei aller Verzagtheit und Kleinmütigkeit, der ich nicht selten begegnete, fand ich, dass Partei und Bundestagsfraktion vor einer phantastischen Chance standen. Ich verglich sie mit jener Gruppe von Männern und Frauen, die 1949 in Bonn angetreten waren – unter ganz anderen Arbeitsbedingungen, aber mit einer ähnlich großen Herausforderung. Immerhin war damals keineswegs sicher, dass daraus die Bundesrepublik Deutschland entstehen würde, der freie Teil unseres Vaterlandes. Für uns kam es jetzt darauf an, dass wir zeigten, dass wir zu Kameradschaft fähig waren und zu einem Stück gelebter Freundschaft. In Partei und Koalition würden wir es mit Mut und – warum sollte ich es nicht sagen – auch mit Gottvertrauen schaffen.

25.
Rom-Gipfel

Damit die Europäische Gemeinschaft auch in Zukunft als treibende Kraft im gesamteuropäischen Prozess und darüber hinaus wirken konnte, wollten wir sie – entsprechend der Vision ihrer Gründerväter – zur Europäischen Union ausbauen und damit den Grundstein zu den Vereinigten Staaten von Europa legen. Diesem Ziel galten drei Regierungskonferenzen, die wir beim Europäischen Rat in Rom Mitte Dezember eröffneten und die die Grundlagen für die Wirtschafts- und Währungsunion festlegen und die Politische Union voranbringen sollten. Nur wenn es uns gelänge, diese Reformvorhaben zum Erfolg zu führen, würde die Europäische Gemeinschaft die Herausforderungen, die sich ihr von innen wie von außen stellten, bestehen können.

Für uns Deutsche kam es bei diesen Konferenzen im wesentlichen auf folgendes an: Erstens wollten wir – rechtzeitig vor der nächsten Europawahl im Sommer 1994 – die Rechte und Kompetenzen des Europäischen Parlaments nachhaltig stärken. Es entsprach unserem demokratischen Selbstverständnis, weitere Hoheitsrechte der nationalen Parlamente und Regierungen in dem Maße auf europäische Institutionen zu übertragen, in dem zugleich eine klare parlamentarische Kontrolle auf europäischer Ebene gewährleistet war. Wir brauchten ein starkes Europäisches Parlament, dessen Befugnisse mehr und mehr denen unserer nationalen Parlamente angenähert wurden. So sollte zum Beispiel das Parlament zukünftig bei der Wahl des Präsidenten und der Mitglieder der Kommission beteiligt werden. Vor allem aber mussten wir den Weg zu einer echten Mitentscheidung des Parlaments bei der Gesetzgebung ebnen.

Zweitens musste es darum gehen, die Effizienz der Gemeinschaftsorgane nachdrücklich zu verbessern. Dazu gehörte sicherlich die Straffung der Arbeitsweise und der Entscheidungsprozesse von Kommission, Rat und Europäischem Parlament. Eines der Schlüsselthemen war die Vermehrung der Fälle, in denen der Rat mit qualifizierter Mehrheit abstimmen konnte, statt, wie bisher, überwiegend nur einstimmig seine Beschlüsse zu fassen. Zugleich musste an entsprechende klare Quoten im Parlament gedacht werden. Aber auch Stellung und Aufgaben des Europäischen Rates sollten insbesondere auf Grundlage der Feierlichen Deklaration von Stuttgart aus dem Jahr 1983 in Verträgen verankert und fortentwickelt werden.

Drittens ging es um die Schaffung einer echten gemeinsamen Außen- und Sicherheitspolitik, die auch die Entwicklungspolitik einbeziehen musste. Für uns galt unverändert, dass das europäische Einigungswerk ohne die volle Einbeziehung der Sicherheitspolitik – und langfristig der Verteidigung – unvollständig bliebe. Gerade die Ereignisse des Jahres 1990 hatten uns vor Augen geführt, wie notwendig es war, dass die Europäer über ein wirkungsvolles Instrumentarium verfügten, um ihre gemeinsamen Interessen in der Welt noch deutlicher zur Geltung zu bringen.

Viertens wollten wir die Europäische Wirtschafts- und Währungsunion verwirklichen. Auf der Grundlage des Berichts des Delors-Ausschusses, den wir unter meinem Vorsitz im Sommer 1988 in Hannover eingesetzt hatten, gab der Europäische Rat im Oktober 1990 in Rom der Regierungskonferenz klare Orientierung. Es war erfreulich, dass sich die Notenbank-Gouverneure der Zwölf unter Leitung von Bundesbankpräsident Karl Otto Pöhl bereits auf einen gemeinsamen Entwurf für ein Statut der künftigen Europäischen Zentralbank verständigt hatten. Kern musste ein unabhängiges europäisches Zentralbanksystem sein, das ebenso wie die Deutsche Bundesbank vorrangig der Sicherung der Geldwertstabilität verpflichtet war. Um dies zu erreichen, brauchten wir bis zum Eintritt in die zweite Stufe, die am 1. Januar 1994 erfolgen sollte, nachhaltige Fortschritte in der wirtschaftlichen Konvergenz aller Beteiligten.

Fünftens galt für uns bei alledem, dass wir keinesfalls mehr Zentralismus in Europa wollten, sondern ein Europa der Bürger, das die Eigenarten und Traditionen der Länder und Regionen achtete und erhielt. Hierzu gehörte die Verankerung eines vernünftigen Gleichgewichts zwischen Befugnissen der Gemeinschaft und ihrer Mitglieder: Föderalismus, Subsidiarität und die Einbeziehung der Interessen der Regionen waren wesentliche Ordnungsprinzipien unserer europäischen Zukunft.

Für uns Deutsche war die Parallelität der Regierungskonferenzen von grundlegender Bedeutung: Unser Kernziel war und blieb die politische Einigung Europas. So wichtig die Verwirklichung der Wirtschafts- und Währungsunion war, sie bliebe nur Stückwerk, wenn wir nicht gleichzeitig die Politische Union verwirklichten. Beide Ziele gehörten für uns unauflöslich zusammen.

Jenseits aller Zukunftsfragen mussten wir uns auf dem bevorstehenden EG-Gipfel in Rom erneut einem Thema zuwenden, das zunehmend Anlass zu größter Sorge gab: Es ging um den Kampf gegen Drogen, gegen die internationale organisierte Kriminalität, insbesondere gegen die Mafia, sowie gegen den nationalen und internationalen Terrorismus. Wir hatten hierzu auf europäischer Ebene in den letzten Jahren bereits Maßnahmen eingeleitet, die jedoch angesichts der Dimension dieser Problematik in keiner Weise ausreichten. Ich hielt es für das Gebot der Stunde, die Zusammenarbeit auf europäischer Ebene rasch und spürbar zu verbessern. Wir brauchten dringend eine europäische Zentrale zur Verbrechensbekämpfung, sonst liefen wir Gefahr, dass die Probleme außer Kontrolle gerieten. Wenn wir, wie es der Fall war, weiterhin den Abbau und letztlich den Wegfall der Grenzkontrollen wollten, erforderte dies zwingend die engstmögliche Abstimmung und ein gemeinsames Vorgehen in Kernbereichen des polizeilichen und justizpolitischen Handelns.

Ich war überzeugt, dass wir auf diese Weise in den kommenden Jahren nicht nur für ein handlungsfähiges Europa sorgen, sondern zugleich auch der Vision der Europäischen Einheit einen wesentlichen Schritt näher kommen würden.

*Mit Giulio Andreotti und François Mitterrand auf dem
EG-Gipfel in Rom (Dezember 1990)*

Zwar blieb der Rom-Gipfel am 14. und 15. Dezember 1990 hinter den Erwartungen zurück, aber immerhin bewegte sich der Zug in Richtung europäische Einheit. Sicherlich hatten jene Beobachter recht, die meinten, dass sich Deutschland auch in der Europapolitik zum Lokführer entwickeln würde. Das vor Jahren noch von niemandem für möglich gehaltene »Wunder der deutschen Wiedervereinigung« beflügelte mich ohne Zweifel, ebenso unermüdlich für die gewaltige Aufgabe der Schaffung der Vereinigten Staaten von Europa zu kämpfen.

Trotz der positiven Ergebnisse traten auch auf dem Rom-Gipfel, der der erste seit elf Jahren war, der ohne die europaskeptische britische Premierministerin stattfand, Differenzen auf. Der Europa-Zug fuhr nicht unbedingt schneller, nachdem Margaret Thatcher zurückgetreten war. Ihr Nachfolger John Major war zwar im Ton moderater und bei allgemeinen Erklärungen europafreundlicher, wich in der Sache aber kaum von der alten Position Londons ab: Eine gemeinsame europäische Währung und die Europäische Zentralbank wurden von den Briten auch weiterhin abgelehnt. So war der Zug zur Einheit Europas zwar in Bewegung, aber es lag eine lange schwere Strecke vor ihm.

Erfreulich war allerdings die Einigung der Staats- und Regierungschefs auf eine rasche und effektive Hilfe für die Sowjetunion und die Unterstützung des Reformkurses von Michail Gorbatschow. Ich hatte an die Gipfelteilnehmer appelliert, alle individuellen Bedenken zurückzustellen und jetzt den entscheidenden Schritt zu tun. Wenn Gorbatschow scheitern sollte, würde das für Europa später viel teurer werden als die jetzt dringlich gebotene Hilfe. Es musste klar werden, dass die EG Gorbatschows Reformpolitik unterstützte, zumal alte Hardliner die Entwicklung offensichtlich mit gezielter Sabotage zu behindern suchten. Auch hier waren wir die Vorkämpfer für die auf insgesamt 36 Milliarden DM bezifferte Hilfe für Moskau. Die größte Summe von 25 Milliarden stammte aus unserem Haushalt.

Der Gipfel in Rom war zugleich die letzte Sitzung, an der Margaret Thatcher teilnahm; hier wurde die bisherige britische Premierministerin aus dem Kreis der Staats- und Regierungschefs verabschiedet.

Ich empfand die Verabschiedung als kläglich, und so sagte ich abends im Hotel zu meinen Mitarbeitern, sie möchten doch in der britischen Botschaft anrufen, wo Margaret Thatcher übernachtete, und fragen, ob sie noch wach sei. Protokollarische Bedenken ließ ich nicht gelten, und tatsächlich brachten meine Mitarbeiter in Erfahrung, dass die Premierministerin trotz der späten Stunde noch bereit sei, Besuch zu empfangen. So ging ich zu Fuß zum Botschaftsgebäude und verabschiedete mich persönlich von Margaret Thatcher. Sie war sichtlich überrascht und sehr gerührt von dieser Geste.

26.
Ausklang

Wir hatten wirklich keinen Grund zur Klage. Wann hätte es je schon einmal solche Chancen gegeben, in einer einzigen Legislaturperiode ein Jahrhundertwerk zu vollbringen: die deutsche Einheit *und* die politische Einigung Europas! Daran konnte man sich nicht häufig genug erinnern.

Als wir am 20. Dezember 1990 im Berliner Reichstag zur ersten Sitzung der neugewählten Bundestagsfraktion zusammenkamen, erinnerte ich an meinen unvergessenen Auftritt in Dresden vor genau einem Jahr. Was hatte sich in dieser kurzen Zeitspanne alles getan, wie sehr hatte sich unser Land verändert. Nach nur zwölf Monaten trat der erste frei gewählte Bundestag in Berlin zusammen, ein Ereignis, das mit Empfindungen verbunden war, die sich kaum beschreiben lassen. Und in diesem deutschen Parlament waren wir, die Union, mit weitem Abstand die stärkste politische Gruppierung.

Im Anschluss an meine Rede vor der Fraktion bestätigten die Abgeordneten im Reichstagsgebäude Rita Süssmuth in ihrem Amt als Präsidentin des gesamtdeutschen Bundestags. Dafür hatte ich mich eingesetzt, trotz aller sachlichen Meinungsunterschiede, trotz ihrer erkennbaren Vorbehalte meiner Person, meiner Amtsführung und meinem Regierungsstil gegenüber.

Ein gutes Jahr zuvor, am 22. Dezember 1989, war in einer feierlichen Zeremonie das Brandenburger Tor geöffnet worden, und nun ging eines der glücklichsten Jahre in der deutschen Geschichte zu Ende. Wer hätte vor einem Jahr gedacht, dass wir diesen Silvesterabend in einem vereinten Deutschland gemeinsam feiern könnten? Wir hatten allen Grund, uns darüber von Herzen zu freuen!

Unsere Fähigkeit zur Solidarität, unsere Bereitschaft zur Verantwortung in der Welt – das alles musste sich nun zuallererst im Innern unseres Vaterlandes bewähren. Wir Deutschen diesseits und jenseits von Elbe und Werra mussten bereit sein, mit Verständnis aufeinander zuzugehen. Stellung und Ansehen eines Landes bemessen sich nicht bloß nach seiner Wirtschaftskraft, nach der Härte seiner Währung oder nach dem Umfang seiner Exporte. Entscheidend ist vielmehr, ob wir untereinander eine Kultur der Mitmenschlichkeit entwickeln.

Natürlich blieben die wirtschaftlichen Grundlagen unseres Wohlergehens von herausragender Bedeutung. In der bisherigen Bundesrepublik gingen wir bereits in das neunte Jahr einer ununterbrochenen wirtschaftlichen Aufwärtsentwicklung, und wir verzeichneten hier eine Zunahme der Beschäftigung, die sogar stärker war als in der Aufbauzeit nach 1948. In den neuen Bundesländern waren die Menschen genauso fleißig und leistungsbereit wie im Westen. Sie nutzten jetzt die Chance, sich eine gute Zukunft zu erarbeiten. Aber es gab dort auch Ängste, die ich sehr, sehr ernst nahm. Viele bangten um ihren Arbeitsplatz, doch wir hatten die Kraft und wir hatten die Möglichkeiten, es gemeinsam zu schaffen. Alle Anzeichen sprachen dafür, dass es im Lauf des neuen Jahres in den neuen Bundesländern aufwärts gehen würde. Der Anfang war gemacht.

Uns konnte nicht gleichgültig sein, was um uns herum geschah, denn wir wurden unmittelbar davon berührt, ob wir es wollten oder nicht. Deshalb mussten wir im Rahmen unserer Möglichkeiten dazu beitragen, dass freiheitliche Demokratie, Rechtsstaat und Marktwirtschaft in Mittel-, Ost- und Südosteuropa dauerhaft verankert wurden. Wir selbst hatten nur Vorteile von solchen Fortschritten, denn politische und wirtschaftliche Stabilität auf dem europäischen Kontinent waren die beste Garantie für einen dauerhaften Frieden in Freiheit. Niemand hatte daran ein größeres Interesse als wir Deutschen im Herzen Europas.

Deshalb wollten wir auch, dass den von Präsident Gorbatschow eingeleiteten Reformen in der Sowjetunion Erfolg beschieden war. Die Deutschen hatten angesichts der schwierigen Lage in der

Sowjetunion große Hilfsbereitschaft gezeigt. Auch millionenfache Beweise der Solidarität mit den hungernden Menschen in der Dritten Welt zeigten, dass der Wohlstand unsere Herzen keineswegs erkalten ließ. Mein Dank zum Ende des Jahres 1990 galt vor allem jenen, die sich hier besonders engagierten: den Kirchen, den Hilfsorganisationen und natürlich ungezählten Mitbürgerinnen und Mitbürgern. Ihr Beispiel war Ansporn für jeden von uns, nicht nachzulassen im friedlichen Kampf für eine Welt ohne Furcht und Not.

Die Ereignisse des vergangenen Jahres in Europa hatten gezeigt, dass die Menschheitshoffnung auf eine friedliche Welt sich erfüllen konnte. Wir waren Zeugen eines Wandels geworden, auf den viele schon nicht mehr zu hoffen gewagt hatten: Wir waren herausgetreten aus dem Schatten des Ost-West-Konflikts. Der Friede auf unserem Kontinent war sicherer geworden – und das mit weniger Waffen.

Außerhalb Europas jedoch gab es zum Ausklang des Jahres Anlass zur Sorge um die Bewahrung des Friedens, insbesondere wegen der Aggression des Irak am Golf. Um so dringlicher war es, dass sich Europa immer enger zusammenschloss – wobei Europa nicht an den gegenwärtigen Grenzen der Europäischen Gemeinschaft aufhörte.

Wir schauten voller Hoffnung in eine gute Zukunft für uns und unsere Kinder. Die jungen Menschen in Deutschland und Europa hatten jetzt eine Chance, die kaum je eine Generation vor ihnen gehabt hatte: die Chance auf ein ganzes Leben in Frieden und Freiheit.

Teil II
Dritte Regierung

(1990 – 1994)

1.
Neuauflage

Vier Tage nach der Bundestagswahl vom 2. Dezember 1990 begannen die Koalitionsverhandlungen zwischen den Unionsparteien und der FDP, die am 16. Januar 1991 erfolgreich abgeschlossen werden konnten. Angesichts der schwierigen Sachfragen wollten wir keinen künstlichen Zeitdruck aufbauen. Die Gespräche waren ausnehmend konstruktiv und verliefen im Vergleich zu 1987 in einer besseren Atmosphäre.

Gleichwohl kam es zu dem altbekannten politischen Fingerhakeln zwischen FDP und CSU. Allerdings gab es eine neue strategische Lage: Die FDP, die im Gegensatz zur CSU auch in den neuen Bundesländern zur Wahl gestanden hatte, schloss besser ab. Die Liberalen ließen sich besonders anmerken, dass sie anders als nach früheren Bundestagswahlen diesmal mit 79 Mandaten die zweitstärkste Partei in der Koalition waren und die CSU mit 51 Abgeordneten auf den dritten Platz verwiesen hatten. Da gab es alte Rechnungen zu begleichen, und manchmal hatte ich den Eindruck, dass einige der Mandatsträger vor geballter Kraft kaum laufen konnten.

Wer immer mit den Streitereien begonnen hatte, taktisch waren sie höchst unklug, und so galt mein Rat an die CSU auch nach der Wahl: Jede überdurchschnittliche Erwähnung der FDP brachte dieser Partei Stimmen und Zuspruch und nicht umgekehrt. Aus den jüngsten Untersuchungen wussten wir, dass immer noch ein gutes Drittel der FDP-Wähler angab, ihre parteipolitische Präferenz liege eindeutig bei der Union, doch sie wollten die CDU nicht zu stark werden lassen.

Ich riet zu Gelassenheit und spielte meine Rolle als Moderator und Schlichter in einer Person. Nie gab ich die Suche nach Kompromissen auf, und wenn es nötig war, Sachprobleme zu vertagen, um Übereinstimmung herzustellen, wurden sie eben vertagt. Das mochte man mir als Schwäche auslegen; doch letztendlich war eine Koalitionsregierung nur mit viel politischem Fingerspitzengefühl erfolgreich auf die Beine zu stellen. Immer wieder musste ich Kontrahenten zurückpfeifen, Zeitvorgaben machen und Konflikte an mich ziehen, wenn ihre Lösung aussichtslos schien.

Mit Koalitionsverhandlungen hatte ich seit 1963 in meiner Mainzer Zeit Erfahrungen sammeln können, und auf der Bonner Bühne konnte mich mittlerweile nichts mehr aus der Ruhe bringen oder gar erschüttern. Es war ein schwieriges Geschäft, das Geduld und Nachsicht verlangte und die Kunst, die widerstreitenden politischen Kräfte zu bündeln und zusammenzuführen. Das alles geschah nicht auf offener Bühne und in enger Abstimmung mit der Bundestagsfraktion. Auch diesmal wieder konnte das Erfolgsrezept nur lauten, dem anderen nichts anzutun, was man ihm nicht zumuten konnte.

Ärgerlich waren so manche »konstruktiven« Vorschläge von Wirtschaftsverbänden und Gewerkschaften. Da gab es Ermahnungen, höfliche Bitten und auch Drohungen, die an der politischen Realität oftmals vorbeigingen. Ob es um Subventionsabbau, die Pflegeversicherung oder die Rente ging: Schnell war man dabei, mir Führungsschwäche vorzuwerfen. Doch damit hatte das alles nichts zu tun. Es ging darum, ein Regierungsprogramm auf die Beine zu stellen, das für mindestens vier Jahre trug und die gewaltigen Probleme in den Griff bekam. Dafür arbeiteten wir in diesen Wochen um die Jahreswende rund um die Uhr.

Der größte Streit entbrannte um die Forderung der FDP nach einem Niedrigsteuergebiet in den neuen Bundesländern. Dadurch werde die Investitionstätigkeit stimuliert, argumentierten die Liberalen, und mit den anfallenden Unternehmensgewinnen solle die Arbeitslosigkeit bekämpft werden. Von der Zustimmung der Union zu dieser Frage hatte der FDP-Vorsitzende Otto Graf Lambsdorff sogar die Kanzlerwahl abhängig gemacht. Dagegen sahen wir in einer Trennung in verschiedene Besteuerungsgebiete eine erneute Teilung Deutschlands; überdies wäre damit die Gefahr verbunden, dass westdeutsche Unternehmen lediglich ihren Firmensitz, nicht aber ihre Produktionsstätten nach Ostdeutschland verlegten. Dem Missbrauch wäre mit einer solchen »Steueroase« Tür und Tor geöffnet. Zudem konnten die neuen Länderregierungen und Kommunalverwaltungen auf keine Mark Steuern verzichten.

Nach anstrengenden, wochenlangen Verhandlungen konnte am 16. Januar eine Koalitionsvereinbarung für die Regierungsarbeit in den nächsten vier Jahren abgeschlossen werden. In der Steuer- und Finanzpolitik erzielten wir tragbare Kompromisse. So konnte in den neuen Bundesländern bereits ab 1. Januar 1991 auf die Erhebung der Gewerbekapital- und der Vermögensteuer verzichtet werden. Darüber hinaus ließen wir die Abschreibungsmöglichkeiten im Rahmen der bisherigen Zonenrandförderung für Investitionen aus Deutschland weiter bestehen. Außerdem räumten wir allen Steuerpflichtigen in den fünf neuen Ländern bis 1995 einen zusätzlichen Freibetrag bei der Lohn- und Einkommensteuer ein. Auch beim Wohnungsbau, in der Verkehrs- und Agrarpolitik sowie bei Umwelt und Energie konnten wir auf ein stattliches Angebot verweisen. Ein harter Brocken war die Sozialpolitik. Hier setzte sich der alte wie neue Arbeitsminister Norbert Blüm weitgehend durch. Wie sehr uns gerade auf diesem politischen Feld Fehler unterliefen, sollten wir erst später spüren. Für den Moment blieb uns keine andere Wahl.

Noch am selben Tag unterrichtete ich die Bundestagsfraktion ausführlich über die Koalitionsvereinbarung und stellte ihr das Personaltableau vor. Die Personalvorschläge – ohne die Staatssekretäre – waren trotz aller Rechte des Bundeskanzlers mit den Parteivorsitzenden aufs engste abgestimmt und abgesprochen worden:

- Rudolf Seiters wurde wieder Mitglied der Bundesregierung und als Chef des Bundeskanzleramts Bundesminister für besondere Aufgaben.
- Bundesminister des Auswärtigen: Hans-Dietrich Genscher.

- Bundesminister des Innern: Wolfgang Schäuble, wofür ich ganz besonders dankbar war.
- Bundesminister der Justiz: Klaus Kinkel (FDP), der bisherige Staatssekretär im Bundesjustizministerium.
- Bundesminister der Finanzen: Theodor Waigel.
- Bundesminister für Wirtschaft: Jürgen Möllemann. Bei dieser Personalie gab es erhebliche Unruhe. Erneut verwies ich darauf, dass dies das Ergebnis von Koalitionsgesprächen war und die FDP ihren eigenen Vorschlag gemacht hatte. Auch ich hätte mir eine personelle Alternative durchaus vorstellen können.
- Bundesminister für Ernährung, Landwirtschaft und Forsten: Ignaz Kiechle.
- Bundesminister für Arbeit und Sozialordnung: Norbert Blüm.
- Bundesminister der Verteidigung: Gerhard Stoltenberg.
- Bundesminister für Familie und Senioren: Hannelore Rönsch.
- Bundesminister für Frauen und Jugend: Angela Merkel. Bei diesen beiden Namensnennungen gab es eine Menge Beifall.
- Bundesminister für Gesundheit: Gerda Hasselfeldt.
- Bundesminister für Verkehr: Günther Krause. Auch hier spendete die Bundestagsfraktion großen Applaus.
- Bundesminister für Umwelt, Naturschutz und Reaktorsicherheit: Klaus Töpfer.
- Bundesminister für Post und Telekommunikation: Christian Schwarz-Schilling.
- Bundesminister für Raumordnung, Bauwesen und Städtebau: Irmgard Adam-Schwaetzer von der FDP.
- Bundesminister für Forschung und Technologie: Heinz Riesenhuber.
- Bundesminister für Bildung und Wissenschaft: Rainer Ortleb, ein Kollege von der FDP.
- Bundesminister für wirtschaftliche Zusammenarbeit: Carl-Dieter Spranger.

Das Bundeskabinett hatte eine deutliche Verjüngung erfahren, die neue Bundesregierung war im Durchschnitt etwa fünfzig Jahre alt. Zum Schluss der Fraktionssitzung bat ich ausdrücklich darum, den jetzt ins Amt berufenen Kabinettsmitgliedern freundschaftlich-kameradschaftliche Unterstützung zu gewähren. Hinsichtlich etwaiger Fragen oder Bedenken, ob die- oder derjenige die richtige Frau oder der richtige Mann am richtigen Platz sei, plädierte ich dafür, jedem zunächst eine Chance zu geben, eine Bitte, die mit freundlichem Beifall bedacht wurde.

Einen Tag später, am 17. Januar 1991, wurde ich zum vierten Mal in das Amt des Bundeskanzlers gewählt. Mit 58,7 Prozent aller abgegebenen Stimmen erzielte ich mein bisher bestes Wahlergebnis und erhielt auf Anhieb die erforderliche absolute Mehrheit. Von 644 anwesenden Parlamentariern stimmten 378 für mich, 257 gegen mich, und 9 enthielten sich. Da die Regierungskoalition insgesamt über 398 Sitze im Bundestag verfügte, hatten – auch unter Berücksichtigung der Abwesenheit mancher Abgeordneter – nicht alle für mich gestimmt. Unmittelbar nach der Wahl leistete ich den Amtseid.

Am 18. Januar wurde das neue Kabinett vereidigt. Es bestand aus neunzehn Ministern, von denen drei aus der ehemaligen DDR stammten. Die FDP stellte künftig vier Minister. Das bisherige Ressort für Jugend, Familie und Gesundheit wurde in drei Ministerien unterteilt, die alle von Ministerinnen geführt wurden. Damit wollte ich die Bedeutung der Sozialpolitik unterstreichen und ein Signal setzen, dass es den gerade in diesem Politikfeld zunehmenden Ansprüchen und Erwartungen gerecht zu werden galt.

2.
Golfkrieg

In der Nacht vom 16. auf den 17. Januar 1991 brach der Golfkrieg aus. Der amerikanische Präsident hatte mich vorab informiert. Uns alle hatte die Nachricht vom Ausbruch der Kampfhandlungen tief betroffen gemacht. Mit großer Anteilnahme blickten wir auf das, was am Golf geschah – vor allem dachten wir an die Menschen dort, die die Hauptleidtragenden des Konflikts waren. Viele Deutsche aus der älteren Generation hatten die Schrecken des Krieges am eigenen Leib erfahren. Diese Erfahrungen hatten sich in das Gedächtnis unseres Volkes eingeprägt. Wir konnten daher in besonderem Maße nachempfinden, welches Leid mit Krieg verbunden ist.

Die Nachrichten, die uns erreichten, beunruhigten uns tief. Ich konnte gut verstehen, dass sich viele Menschen Sorgen machten. Um so wichtiger war es, dass gerade jetzt Besonnenheit unser Handeln bestimmte. Die Bundesregierung hatte die notwendigen Vorkehrungen getroffen, um möglichen Gefahren zu begegnen und die Sicherheit der Bürger zu gewährleisten. Die Energieversorgung war sichergestellt, unser Land war auf diese Situation vorbereitet. Niemand sollte sich jetzt zu unüberlegtem Handeln verleiten lassen. Gefordert waren Vernunft, Umsicht und Besonnenheit. Das ging jeden einzelnen von uns an. Die Bürger unseres Landes mussten durch verantwortungsbewusstes und kluges Verhalten mithelfen, dass wir Deutschen dieser ernsten Situation gerecht wurden. Wir alle wünschten uns, dass dieser Krieg – und damit auch das Leid der betroffenen Menschen – so schnell wie möglich beendet würde. Gemeinsam mit unseren Partnern und Verbündeten scheute die Bundesregierung keine Anstrengungen, alles in ihrer Macht Stehende zu tun, um dazu beizutragen.

Wir alle waren zutiefst enttäuscht, dass die vielfältigen, von der Bundesregierung mitgetragenen Bemühungen um eine friedliche Lösung an der Weigerung der irakischen Führung gescheitert waren, die gewaltsame Annexion Kuwaits rückgängig zu machen. Nicht ein einziges Zeichen des guten Willens hatte der Irak gegeben. Er allein trug daher die volle Verantwortung dafür, dass es jetzt zu Kampfhandlungen gekommen war. In einer Regierungserklärung unmittelbar nach meiner Wahl zum Bundeskanzler erinnerte ich im Bundestag an die Forderungen der Völkergemeinschaft, die eindeutig waren und auch blieben: Der Irak musste sich unverzüglich aus Kuwait zurückziehen. Die Souveränität Kuwaits musste wiederhergestellt werden. Präsident Hussein hatte jetzt noch die Chance, durch einen sofortigen Rückzug aus Kuwait weiteren Schaden vom irakischen Volk abzuwenden. Jedem musste klar sein: Der Friede war am 2. August 1990 gebrochen worden, als der Irak ein kleines, wehrloses Nachbarland überfiel.

Die Staatengemeinschaft durfte und konnte diesen Bruch des Friedens und des Völkerrechts nicht tatenlos hinnehmen. Jede Form der Duldung hätte den Irak zu neuen Übergriffen ermutigt. Wenn die Völkergemeinschaft es zugelassen hätte, dass die staatliche Existenz eines ihrer Mitglieder gewaltsam ausgelöscht wird, hätte dies unabsehbare Folgen auch in anderen Teilen der Welt gehabt. Der Einsatz militärischer Mittel gegen den Irak geschah in voller Übereinstimmung mit den Beschlüssen der Vereinten Nationen. Diese Beschlüsse waren der legitime und verbindliche Wille der gesamten Völkergemeinschaft, der jetzt durchgesetzt wurde. Allein die irakische Führung hatte zu verantworten, dass dies mit Gewalt geschah.

Die Bundesregierung, ihre Partner und Verbündeten, die Vereinten Nationen wie auch die Staaten der Region hatten in den vergangenen Wochen und Monaten – ja bis in die letzten Stunden hinein – alles unternommen, um der irakischen Führung diese Folgen zu verdeutlichen.

Deutsche Soldaten wurden am Golf nicht eingesetzt. Wir durften aber in keinem Augenblick vergessen, dass unsere amerikanischen, britischen und französischen Verbündeten bei der Verteidigung von Recht und Freiheit in diesem Konflikt die Hauptlast trugen. Sie hatten Anspruch auf unsere Solidarität, und wir standen zu ihnen. Die Bundesregierung hatte die Entschließungen des Sicherheitsrats in jeder Phase der Golfkrise uneingeschränkt mitgetragen. Wir hatten dies in der Überzeugung getan, dass das Recht dem Unrecht niemals weichen darf, dass, wie auch unsere eigene Geschichte lehrt, Aggressionen beizeiten entgegengetreten werden muss, dass die Wahrung von Recht und Frieden in jeder einzelnen Region der Welt die gesamte Völkergemeinschaft angeht.

Nach der hoffentlich raschen Beendigung der militärischen Auseinandersetzungen mussten wir uns mit noch größerem Nachdruck als bisher auch den anderen Fragen der Region zuwenden. Neue Anstrengungen waren erforderlich, um auch im Nahen Osten eine dauerhafte Friedensordnung zu erreichen. Vor allem ging es darum, das Selbstbestimmungsrecht des palästinensischen Volkes mit dem Recht auf Existenz und Sicherheit aller Staaten der Region einschließlich Israels in Einklang zu bringen. Auch im Nahen Osten musste es gelingen, die Gegensätze zu überwinden und stabile Sicherheitsstrukturen zu entwickeln, damit die Region zu einem gerechten und dauerhaften Frieden finden konnte. Erhöhte Anstrengungen zur wirtschaftlichen Entwicklung und Überwindung sozialer Unterschiede waren dabei unerlässlich.

Seit Ausbruch des Golfkriegs wurden meine direkten Kontakte zu den Amerikanern, Briten und Franzosen noch intensiver. Kurze Zeit nach meiner Vereidigung und der Regierungserklärung im Deutschen Bundestag telefonierte ich mit François Mitterrand, der mich zu meiner Wiederwahl beglückwünschte und mir präzise Auskunft über die Lage am Golf gab. Vier französische Flugzeuge seien getroffen, jedoch keines abgeschossen worden. Nach Mitterrands Auffassung musste weitergekämpft werden, bis Saddam Hussein oder eine neue Regierung des Irak um Gnade bitte. Wenn der Krieg so weitergehe, könnte bereits in einer Woche Waffenstillstand geschlossen werden. Wir verabredeten, in den nächsten Tagen wieder zu telefonieren, was dann auch geschah.

An diesem 17. Januar wurde der sowjetische Botschafter in der Bundesrepublik, Wladislaw Terechow, im Kanzleramt vorstellig. Im Auftrag des sowjetischen Präsidenten teilte er mir mit, dass die Moskauer Regierung eine Stunde im voraus über die Militäraktion der USA im Persischen Golf unterrichtet worden sei. Sie habe daraufhin mit der amerikanischen Führung Kontakt aufgenommen und gebeten, die Aktion um ein bis zwei Tage zu verschieben, um die Möglichkeit zu bekommen, in direktem Kontakt mit Saddam Hussein den letzten Versuch zu unternehmen, ihn von der Unabdingbarkeit des Abzugs seiner Truppen aus Kuwait zu überzeugen. Bedauerlicherweise habe die Militäraktion bereits begonnen, als die sowjetische Seite noch im Kontakt mit Washington war. Präsident Gorbatschow habe daraufhin einen dringenden Appell an Saddam Hussein gerichtet, den Abzug seiner Truppen zu verkünden. Die sowjetische Seite habe an Husseins Vernunft appelliert und ihn aufgerufen, sein Handeln an den Interessen seines Volkes auszurichten.

Der russische Diplomat berichtete weiter, Präsident Gorbatschow halte es für erforderlich, dass auch die Bundesregierung unverzüglich Maßnahmen treffe, um die irakische Führung zu beeinflussen. Er sei bereit, im Interesse der gemeinsamen Suche nach einer Lösung einen ständigen Kontakt mit mir zu unterhalten.

Nach einem ausführlichen Exkurs über die Lage im Nahen Osten bat ich den Botschafter, Michail Gorbatschow für die überbrachte Botschaft zu danken und ihm meine guten Wünsche zu übermitteln. Die Bundesrepublik Deutschland versuche, ihren Beitrag zu leisten, damit der Krieg so bald wie möglich beendet werde.

Es vergingen keine zehn Stunden, bis ich zum Telefon griff, um mit Michail Gorbatschow direkt zu sprechen. Nach einer herzlichen Begrüßung – seit November 1990 duzten wir uns – erzählte er, dass er die gestrige Wahl zum Bundeskanzler des geeinten Deutschlands am Bildschirm verfolgt habe. Zwar sei sie mit einem traurigen Ereignis – dem Beginn des Golfkriegs – zusammengefallen, weshalb dieser Tag für ihn mit gemischten Gefühlen verbunden sei, aber er wolle mir zu dieser Wahl doch herzlich gratulieren.

Gorbatschow meinte, dass wir ein großes historisches Ereignis für beide Völker, für Europa, ja für die ganze Welt erlebt hätten. Persönlich wolle er mir sagen, dass er in mir vor allem auch den Menschen sehe, der sein Wort zu halten verstehe. Gerade angesichts der sehr schwierigen Phase der sowjetischen Geschichte sei es wichtig, in mir einen Politiker zu haben, der ihm nicht nur partnerschaftlich, sondern auch freundschaftlich gegenüberstehe.

Wir sprachen dann über die schwierige innenpolitische Lage und die Bestrebungen vor allem Litauens, sich von Moskau zu lösen. Gorbatschow versicherte mir, er werde in seiner Politik keine Wende vollziehen. Zum Abschluss des Gesprächs schilderte er mir, was er über die Lage am Golf in Erfahrung hatte bringen können, und wir verabredeten uns zu weiteren Telefonaten. Es war schon guter Brauch, gegenseitig Grüße an unsere Frauen auszurichten. Darüber freute sich Hannelore ganz besonders, und ich denke, Raissa Gorbatschowa, die im Lauf der Jahre ein neues Bild von den Deutschen gewonnen hatte, ging es ebenso.

Was Michail Gorbatschow mir im Januar 1991 über die Lage in seinem Land erzählte, machte mir Sorgen. Wie jeder andere war letztlich auch ich auf Vermutungen angewiesen, wie sich die Dinge in der Sowjetunion entwickeln würden. Es gab personelle Veränderungen, die nicht unbedingt den Fortgang der Perestroika garantierten, und welche Folgen die Bestrebungen zur Auflösung des sowjetischen Staatsverbandes zeitigen würden, war kaum zu sagen. Wie auch immer der Regierungs- oder Staatschef der Sowjetunion hieß: In diesem Amt würde sich niemand halten, der den Auflösungserscheinungen nachgab, das war meine feste Überzeugung. Eine ungeordnete Auflösung dieses gewaltigen Reiches mit seinem riesigen Depot auch nuklearer Waffen könnte verheerende Folgen haben.

So konnte man Anfang 1991 der Sowjetunion und vor allem Gorbatschow nur wünschen, dass die Entwicklung hin zu einer föderalen Struktur des Landes einen guten Verlauf nahm und sich die ökonomischen Bedingungen verbesserten. Jede Form militärischer Gewalt musste unterbleiben, darüber gab es keinen Zweifel. Forderungen nach Einstellung unserer wirtschaftlichen Hilfe, wie sie hin und wieder laut wurden, fand ich zu diesem Zeitpunkt völlig unangemessen. Im Rahmen unserer Möglichkeiten, auch im Rahmen der westlichen Allianz, wagte ich den Versuch, Gorbatschows Weg zu begleiten. Ob er je erfolgreich sein würde, konnte niemand voraussehen.

*

Am 23. Januar 1991 erreichten uns Nachrichten vom bisher schwersten irakischen Raketenangriff auf Tel Aviv. Diese Meldungen über Anschläge auf Wohngebiete in Israel erfüllten uns mit tiefer Empörung und Trauer über die Toten und Verletzten. Dieser dritte Versuch des Irak, Israel zu provozieren und es in die militärischen Auseinandersetzungen am Golf hineinzuziehen, war ein klarer Anschlag auf die Unversehrtheit und das Lebensrecht Israels, für das wir Deutschen eine besondere Verantwortung haben. Nun galt es, ein Zeichen der Solidarität zwischen Deutschland und Israel zu setzen. In der Kabinettssitzung am gleichen Tag wurde nach intensiven Gesprächen mit Hans-Dietrich Genscher und Theo Waigel Übereinstimmung erzielt, dass die Kollegen Genscher und Spranger sehr kurzfristig eine Reise nach Israel antreten sollten, um in dieser so schwierigen Situation ein demonstratives Zeichen der Sympathie und der Verbundenheit mit dem israelischen Volk zu setzen. Dieser Schritt wurde von allen Koalitionsparteien getragen.

Telefonisch lud ich den Vorsitzenden der SPD-Bundestagsfraktion Hans-Jochen Vogel ein, ebenfalls an dieser Reise teilzunehmen. Der Oppositionsführer hatte jedoch bereits eigene Vorbereitungen getroffen. Die Vertreter der Bundesregierung sollten im Zuge ihres Aufenthalts in Israel als ersten Schritt einer humanitären Soforthilfe der Bundesrepublik 250 Millionen DM zur Verfügung stellen.

Außerdem sagten wir Israel einen großen Teil der gewünschten Waffen, Geräte und Medikamente in einem Gesamtwert von rund 880 Millionen DM zu. Dazu gehörten acht Spürpanzer vom Typ Fuchs, die zur frühzeitigen Erkennung des Einsatzes von Giftgas geeignet sind und zu deren Benutzung israelisches Personal in Bayern ausgebildet werden sollte. Wir versprachen auch die Lieferung zweier U-Boote, die bis Mitte der neunziger Jahre von deutschen Werften gebaut und von der Bundesregierung bezahlt werden sollten und die ausschließlich zum Schutz der israelischen Küstengewässer eingesetzt werden würden. Daneben wurden hunderttausend Schutzanzüge gegen Kampfstoffe und eine Million Ersatzfilter für Gasmasken geliefert. Aus den Beständen der ehemaligen Nationalen Volksarmee der DDR erhielten israelische Fachleute weitere Ausrüstungsgegenstände zum Schutz gegen den Einsatz von ABC-Waffen.

Der irakische Präsident Saddam Hussein, der den Krieg am Golf zu verantworten hatte, weigerte sich weiterhin hartnäckig, dem eindeutigen Willen der Völkergemeinschaft zu entsprechen und seine Truppen aus Kuwait zurückzuziehen. Er allein hatte es in der Hand, die militärischen Auseinandersetzungen sofort zu beenden, indem er endlich die Resolutionen der Vereinten Nationen befolgte. Leider gab es bis zu dieser Stunde keinen Hinweis darauf, dass er zum Einlenken bereit gewesen wäre. Statt dessen nahm er seine Zuflucht zu propagandistischen Mitteln wie der barbarischen Vorführung offensichtlich misshandelter alliierter Kriegsgefangener vor den Medien und der Aufforderung zu weltweitem Terror – alles Zeichen dafür, dass Hussein den Krieg eskalieren lassen wollte und nicht davor zurückschreckte, elementare Regeln des Völkerrechts zu brechen.

In dem Kampf der Völkergemeinschaft um die Wiederherstellung des Friedens und um die Durchsetzung des Völkerrechts standen wir solidarisch zu unseren Partnern und Verbündeten, deren Streitkräfte die Hauptlast des Krieges trugen. Unsere amerikanischen, britischen, französischen und italienischen Freunde mussten wissen: Wir standen zu ihnen, jetzt und in Zukunft.

Unterdessen gab es Demonstrationen in Deutschland. Ohne

jeden Zweifel ist die Demonstrationsfreiheit ein wichtiges demokratisches Grundrecht, und ich konnte gut verstehen, wenn Menschen aus Sorge um den Frieden auf die Straße gingen und demonstrierten. Mir fehlte aber jegliches Verständnis dafür, wenn sich solche Aktionen gegen die Vereinigten Staaten wendeten, die am Golf im Auftrag der Vereinten Nationen das Völkerrecht verteidigten. Der Aggressor war Saddam Hussein: Der irakische Diktator hatte ein wehrloses Nachbarland überfallen und hielt es auf grausame Weise unterdrückt. Er griff mit Raketen Israel an. Wir trauerten um alle Opfer dieses schrecklichen Krieges, aber die Verantwortung für diesen Krieg trug allein Saddam Hussein. Gegen eine solche brutale Vergewaltigung des Völkerrechts zu demonstrieren, das war absolut angebracht – wer jedoch jetzt demonstrierte, musste sich fragen lassen, wo er am 2. August 1990, dem Tag des Überfalls auf Kuwait, war. Schließlich brachten die Verbündeten aus allen Kontinenten, allen voran die Vereinigten Staaten, große Opfer, besonders die Soldaten und ihre Angehörigen.

Die moralische Gleichgültigkeit, die krasse Verdrehung der Tatsachen und das bewusste Aufputschen von Emotionen mancher Demonstranten bestürzte mich. Für eine regelrechte Perversion hielt ich es, wenn einige ihre angebliche »Friedensliebe« mit Gewalttaten bekundeten. Für solche Ausschreitungen gab es keine Rechtfertigung, ich verurteilte sie entschieden. Friede kann dauerhaft und verlässlich nur auf dem Boden von Recht und Gerechtigkeit gedeihen. Wir alle wünschten uns, dass dieser Krieg – und damit auch die Leiden der davon betroffenen Menschen – so schnell wie möglich beendet würde, und die Bundesregierung unter meiner Führung war weiterhin bereit, gemeinsam mit ihren Partnern und Verbündeten dazu ihren Beitrag zu leisten.

Als Truppen des fanatischen irakischen Diktators Saddam Hussein im August 1990 Kuwait besetzten, hatten wir uns an der Seite der Amerikaner und der europäischen Verbündeten bemüht, einen möglichen Krieg zu verhindern. Wir hatten um Lösungen gerungen, die eine militärische Auseinandersetzung vermeiden sollten. Unverdrossen arbeitete die UNO an Appellen, den Diktator von der Verletzung des Völkerrechts abzubringen. Nichts half, nichts hatte Erfolg. Wir alle fühlten uns vom Irak hingehalten und betrogen und hofften doch zugleich, die Einsicht möge siegen und eine direkte Konfrontation verhindert werden.

Je länger die Bemühungen um eine friedliche Lösung enttäuscht wurden, um so mehr spürte ich allenthalben, wie sich die Geduld dem Ende zuneigte. Schließlich war es nur noch eine Frage des günstigen Augenblicks, wann Kuwait von den irakischen Besatzern befreit werden könnte. Nichts brauchten wir Deutschen jetzt, unmittelbar nach der glücklichen Vereinigung, weniger. In dieser Situation musste unsere ganze Kraft der inneren Befriedung und dem Ausgleich der Lebensverhältnisse gelten; die Kosten dafür waren erheblich gestiegen, und die Bereitstellung der Gelder duldete keinen Aufschub. Gleiches galt für die vertraglich zugesicherte finanzielle Hilfe an die Sowjetunion sowie für die Unterstützung für Polen und Ungarn. Unerwartet forderte nun auch noch der Golfkonflikt das wiedervereinigte Deutschland.

Wenn wir schon verfassungsrechtlich nicht imstande waren, an der Seite der Amerikaner, Franzosen und Briten Truppen zu entsenden, so erwartete die zivilisierte Welt von uns zumindest erhebliche Anstrengungen finanzieller Art. Diesen Erwartungen konnten und wollten wir uns nicht entziehen. Schon 1990 hatten wir Kriegsgerät geliefert und Millionenbeträge aufgebracht. Jetzt kamen neue Forderungen auf uns zu, die ohne harte Einschnitte nicht zu erfüllen waren. Steuererhöhungen zur Finanzierung der deutschen Einheit hatte ich 1990 für die gesamte Legislaturperiode ausgeschlossen, doch der Golfkrieg brachte unsere Finanzen durcheinander. Über den normalen Bundeshaushalt waren die Kosten dafür nicht aufzubringen, und so musste ich mir von Bundesfinanzminister Theo Waigel sagen lassen, dass Steuererhöhungen die einzig praktikable Lösung seien, um den finanziellen Verpflichtungen außerhalb unserer Grenzen gerecht zu werden. Während der trüben Januartage des Jahres 1991 wurde viel gerechnet und heftig über Alternativen gestritten, bevor am Ende ein gangbarer Weg gefunden war.

Die Stimmung innerhalb des Regierungsbündnisses war nicht gerade glänzend. Zu vieles kam zum Auftakt der vierjährigen Regierungszeit auf uns zu. Niemand konnte sagen, wann der Krieg zu Ende sein oder was nach einem Friedensschluss von uns erwartet würde, wenn es um den Wiederaufbau im Nahen Osten ginge.

Die Stimmung in diesen Januartagen verschlechterte sich für uns obendrein deshalb, weil wir die Regierungsverantwortung in Hessen verloren. Bei den Landtagswahlen am 20. Januar 1991 verfehlte die CDU mit 40,2 Prozent der Stimmen ihr Wahlziel denkbar knapp: Fünftausend Stimmen fehlten für eine Neuauflage der CDU/FDP-Koalition. Die Wahl war sehr stark von Stimmungen abhängig gewesen, und SPD und Grüne hatten den Golfkrieg ausgenutzt, um ihre Wähler zu mobilisieren. Nun gelang es den hessischen Sozialdemokraten, erneut ein Bündnis mit den Grünen zu schmieden. Das war eine bittere Niederlage für die Union und das Ende der politischen Karriere des erfolgreichen Ministerpräsidenten Walter Wallmann. Dass er als politisches Talent der Union verlorenging, tat mir ganz besonders leid. So viele Politiker mit derartigen politischen Begabungen gab es in unserem Land nicht. Für die CDU war Wallmanns Ausstieg ein herber Verlust. Gerne hätte ich ihn weiter in der politischen Verantwortung gesehen. Doch alle Überredungsversuche waren zwecklos.

Nicht genug damit, musste im Januar 1991 noch ein weiterer CDU-Spitzenpolitiker gehen: Der baden-württembergische Ministerpräsident Lothar Späth, der noch auf dem Bundesparteitag im September 1989 als mein möglicher Nachfolger im Amt des CDU-Bundesvorsitzenden gehandelt wurde, dann aber nicht gegen mich anzutreten gewagt hatte, trat nach wochenlangen Querelen im Zusammenhang mit der sogenannten Traumschiff-Affäre zurück. Zunächst hatte er die Partei noch hinter sich, und auch ich war anfangs der Meinung, dass lediglich seine Hamburger Medienfreunde, die ihn jahrelang gehätschelt und hochgeschrieben und gegen mich in Position gebracht hatten, einen Feldzug gegen ihn gestartet hätten. Doch angesichts der erdrückenden Last der Vorwürfe trat Späth am 13. Januar 1991 von allen Ämtern zurück. Er selbst fühlte sich als Opfer einer Kampagne. Erwin Teufel wurde sein Nachfolger, was ich sehr begrüßte.

*

Es verging kein Tag im Kanzleramt, ohne dass uns die jeweils neueste Lage im Nahen Osten beschäftigte. Meldungen über ein baldiges Ende des Golfkriegs bestimmten jetzt die Schlagzeilen, und ich führte viele Gespräche zwischen dem Ausbruch des Krieges am 17. Januar und dem Ende der Kampfhandlungen am 28. Februar 1991 – meist waren es Telefonate, die ich mit Bush und Gorbatschow und natürlich auch mit Mitterrand und Major führte. Im wesentlichen ging es dabei um den aktuellen militärischen Stand, aber auch immer wieder um Geld. In einem Telefongespräch mit dem amerikanischen Präsidenten einigten wir uns am 28. Januar auf eine Summe von 6 Milliarden Dollar für die ersten drei Monate des Jahres 1991, die wir zu leisten hatten.

Drei Tage später besuchte mich der britische Außenminister Douglas Hurd und äußerte ebenfalls konkrete Wünsche. Er verlangte nicht nur leihweise Munition für Luftflugkörper, sondern bat uns – entsprechend dem prozentualen Anteil der britischen Soldaten im Vergleich zu den US-Truppen am Golf –, einen Betrag von 800 Millionen DM zur Verfügung zu stellen. Es gab für mich keine andere Möglichkeit, als dem britischen Wunsch zu entsprechen und die geforderte Summe zuzusagen.

Auch die Franzosen erwarteten unsere Unterstützung. Bei einem Telefonat mit dem französischen Präsidenten am 12. Februar 1991 sicherte ich 300 Millionen D-Mark zur Unterstützung der französischen Streitkräfte am Golf zu.

Während des Golfkriegs unterstützte ich Michail Gorbatschows Bemühungen, den irakischen Diktator zum Einlenken zu bewegen. Gorbatschows Initiativen im Nahen Osten waren hilfreich und zeugten von der Handlungsfähigkeit der Sowjetunion. Erfreulich war auch die sowjetische Haltung im UN-Sicherheitsrat. Hier hatte Gorbatschow für eine Zustimmung zu allen Resolutionen gesorgt, die einen bedingungslosen Abzug irakischer Truppen aus Kuwait forderten. Dabei hatte Gorbatschow in jenen Wochen und Monaten erhebliche Probleme mit den baltischen Staaten, die immer unverhohlener ihre Loslösung aus dem sowjetischen Imperium verlangten. Hinzu kam die undurchsichtige Rolle Boris Jelzins, über den sich Gorbatschow mächtig erregen konnte. Gorbatschow versuchte, dringend notwendige Reformen durchzusetzen und musste gleichzeitig alles daransetzen, dass sein Land nicht auseinanderbrach. Eine gewaltsame Lösung musste unter allen Umständen vermieden werden. Und darin bestärkte ich Gorbatschow bei jedem unserer Telefonate. Er versprach mir, nicht von seinem Weg abzuweichen, die Perestroika fortzusetzen und mit friedlichen Mitteln den Zusammenhalt der Sowjetunion zu erreichen. Alles andere hätte auch für uns verheerende Folgen gehabt.

Es musste in dieser Situation alles vermieden werden, was zu einer Destabilisierung der Sowjetunion und einer Schwächung von Gorbatschows Einfluss führen konnte. Ich sah mich zu tiefem Verständnis für Gorbatschows Lage und zu großer Rücksicht auf die immer explosiver werdende Lage in den abtrünnigen Staaten veranlasst. Ein ganz egoistisches Argument kam hinzu: Die Ratifizierung des Zwei-plus-Vier-Abkommens stand immer noch aus. Nicht auszudenken, wenn jetzt etwas in Moskau passierte, wodurch das Schlussverfahren in Frage gestellt werden würde.

Mir fiel ein Stein vom Herzen, als ich von der Zustimmung des Obersten Sowjets zu den Zwei-plus-Vier-Verträgen erfuhr. Deshalb rief ich Gorbatschow am 5. März 1991 an. Er hatte sein Wort gehalten und harte Arbeit geleistet, um dieses Vertragswerk im Obersten Sowjet durchzubringen. Gorbatschow selbst sprach von »Erläuterungsarbeit«, die zu einem guten Ende geführt habe. Er schien darüber nicht minder erleichtert zu sein als ich.

Dieses Telefonat nahm ich zum Anlass, Gorbatschow den Nachfolger der »Eisernen Lady«, den neuen britischen Premierminister John Major, als »sehr guten Mann« zu empfehlen. Major hielt sich zu diesem Zeitpunkt gerade zu seinem ersten Besuch in Moskau auf. Wir hatten uns schon im Dezember näher kennengelernt; mit seiner Amtsübernahme wurde die Atmosphäre in den deutsch-britischen Beziehungen erheblich verbessert. Auch in Fragen der Europapolitik schienen wir uns weit besser zu verstehen als Margaret Thatcher und ich, die die Interessen ihres Landes so knallhart und manchmal ziemlich unvernünftig vertreten hatte.

Vor Majors Abflug nach Moskau hatte ich dem außenpolitischen »Newcomer« einige freundschaftliche Ratschläge mit auf den Weg gegeben, die er gerne annahm. Beispielsweise empfahl ich ihm, Gorbatschow gegenüber deutlich zu machen, dass wir als Europäische Gemeinschaft ein starkes Interesse an einer engen Zusammenarbeit mit der Sowjetunion hatten. Ich verwies auch auf den Komplex, dass die Russen sich als Europäer nicht ernstgenommen fühlten.

Gorbatschow spürte, wie sehr mir an guten Beziehungen zu London lag und wie wichtig mir der Kontakt zu dem neuen Premier war. Am Ende unseres ausführlichen Telefonats gratulierte ich Michail Gorbatschow zum Geburtstag, den er – wie er sagte – im Familienkreis gefeiert hatte, da die innere Situation der Sowjetunion für öffentliche Feiern zur Zeit nicht günstig sei. Erneut wurde mir klar, wie gefährlich die Lage in seinem Land war und wie düster es um die Chancen seiner Reformbemühungen bestellt zu sein schien.

*

Zu keinem Zeitpunkt habe ich versucht, die tatsächliche Beteiligung der Bundesrepublik am sogenannten zweiten Golfkrieg zu vertuschen oder zu verschleiern. Stundenlang referierte ich in den Parteigremien über die Rolle der Bundesrepublik. In den Koalitionsgesprächen gab es nichts zu verheimlichen, und die wichtigsten Kabinettsbeschlüsse zum Golfkrieg und der deutschen Hilfe hierbei wurden vor der Öffentlichkeit nicht verschwiegen.

Seit dem Beitritt der Bundesrepublik zur UNO 1973 hatten alle Bundesregierungen die Auffassung vertreten, dass das Grundgesetz Bundeswehreinsätze nur innerhalb des Vertragsgebiets der Nato zulasse. Helmut Schmidt hatte in seiner Amtszeit ein Gutachten zu der Frage in Auftrag gegeben, wie es um die Vertretung deutscher Sicherheitsinteressen »out of area«, also außerhalb des Nato-Vertragsgebiets, bestellt war. Das im Bundesjustizministerium erarbeitete Gutachten kam im Juni 1982 zu der Auffassung, dass das Grundgesetz eine deutsche Beteiligung an UN-Operationen nicht deckt. Nach meiner Amtsübernahme kam ich im wesentlichen zu derselben Einschätzung. Die deutsche Position musste deshalb durch Kompensationsleistungen an die Verbündeten ausgeglichen werden. Aus verfassungsrechtlichen Gründen blieb der Einsatz der Bundeswehr ausgeschlossen.

Wie dargelegt, unterstützten wir mit einem umfassenden Programm den Krieg der Alliierten gegen den irakischen Diktator. Dafür sind wir von unseren politischen Gegnern mächtig kritisiert worden. Selbst vor billigster Demagogie im Stil von »Kohl schickt unsere Söhne für die Ölscheichs in den Tod« schreckte man nicht zurück. Dabei war von der Entsendung deutscher Soldaten keine Rede. Unser Beitrag entsprach fast einem Drittel des jährlichen Verteidigungsetats, nämlich rund 17 Milliarden D-Mark, eine beachtliche Summe. Leider gab es in dieser Frage keinen breiten nationalen Konsens. Die SPD-Opposition erwies sich wieder einmal als gespaltene Partei: Weite Teile der Sozialdemokratie unterstützten den Antiamerikanismus der Protestierer, und es gelang der SPD-Führung in keiner Phase der Kriegsauseinandersetzungen, mit der Bonner Regierungskoalition an einem Strang zu ziehen. Erneut hatte die große Volkspartei in einer entscheidenden außenpolitischen Situation versagt.

Den Ausgang des Krieges empfand ich als Sieg des Rechts über das Unrecht. Die an kuwaitischen Bürgern begangenen Greueltaten hatten das wahre Gesicht Saddam Husseins gezeigt. Bei dem Krieg hatte es sich nicht um eine Auseinandersetzung mit dem irakischen Volk gehandelt; es war von Saddam Hussein dazu gezwungen worden. Ebensowenig handelte es sich um eine Auseinandersetzung zwischen der westlichen Welt und den Arabern oder dem Islam.

Gemeinsam mit den europäischen Partnern galt es nun, am Aufbau einer Friedensordnung im Nahen Osten mitzuwirken. Ich befürwortete ein Sicherheitssystem für die Region und nannte dabei nicht nur Kuwait und den Irak, sondern auch den Libanon, Israel und die Palästinenser. Zugleich plädierte ich für wirtschaftliche Hilfsmaßnahmen für den Nahen Osten. Ohne wirtschaftlichen Ausgleich würde es dort keinen Frieden geben.

3.
Verantwortung

Nach wochenlangen Koalitionsverhandlungen galt es, die vierte große Regierungserklärung zu Papier zu bringen. Dass die einzelnen Ministerien in so kurzer Zeit die Koalitionsvereinbarungen in eine schriftliche Form gegossen hatten, verdiente großen Respekt, auch wenn die einzelnen Ressorts einander wie üblich darin zu übertreffen suchten, in welcher Menge und Ausführlichkeit sie in der Vereinbarung vertreten waren. Ein altbekanntes Ritual war es natürlich auch, jeden Minister möglichst gut darzustellen und seine Projekte und Pläne für die nächsten vier Jahre in möglichst günstigem Licht erscheinen zu lassen.

Die Regierungserklärung, die ich am 30. Januar 1991 abgab, fiel in eine Zeit, in der sich viele Menschen weltweit große Sorgen machten – wegen des Kriegs am Golf, aber auch wegen der Vorgänge im Baltikum. Wer konnte diese Sorgen besser nachvollziehen als wir Deutschen, die wir – aus der Schuld der NS-Diktatur – die Schrecken und Leiden des Kriegs am eigenen Leibe erfahren hatten? Um so dankbarer waren wir vor diesem geschichtlichen Hintergrund, dass wir im vergangenen Jahr die gemeinsame Freiheit für alle Deutschen gewinnen konnten. Dies nahm uns in besonderer Weise in die Pflicht.

Die vergangenen Jahre waren eine Zeit der Hoffnung und großen Zuversicht gewesen. Langgehegte Träume gingen in Erfüllung, und unser Augenmerk richtete sich vor allem auf die Chancen, die der Wandel auf unserem Kontinent und in anderen Teilen der Welt verhieß. Bei der Gestaltung der Zukunft wollten wir von unserer gemeinsamen Freiheit verantwortlichen Gebrauch machen – und das bedeutete: nicht nur das Wohl unseres eigenen

Volkes im Blick haben. Denn im Leben jedes einzelnen wie für das staatliche Handeln gilt: Freiheit und Verantwortung gehören unauflöslich zusammen. So stellte ich denn auch die erste Regierungserklärung im geeinten Deutschland unter das Leitmotiv »Verantwortung«, das sich aus dem zeitgeschichtlichen Hintergrund von anhaltendem Golfkrieg und den Problemen der deutschen Wiedervereinigung ergab.

Im ersten Teil der Erklärung erläuterte ich die deutschen Verpflichtungen gegenüber den Verbündeten, die sich am Einsatz am Golf beteiligten, und die Unterstützung für Israel. Die irakischen Angriffe verurteilte ich als Anschlag auf das Lebensrecht Israels. Ich erläuterte den finanziellen Beitrag Bonns zu den Lasten der Vereinigten Staaten und der anderen Mitglieder der Golf-Allianz. Zu diesen Verpflichtungen gegenüber den Vereinten Nationen und dem Bündnis kam die militärische Hilfe für die Türkei hinzu, die sich ebenfalls bedroht sah.

In einem weiteren Abschnitt befasste ich mich mit der gesamtstaatlichen Verantwortung gegenüber den ostdeutschen Bundesländern: Gleiche Lebensbedingungen mussten herbeigeführt, neue Arbeitsplätze geschaffen werden. Die finanziellen Belastungen im Hinblick auf den Golf, Osteuropa und Ostdeutschland seien Bestandteile einer Investition in eine friedliche Zukunft. In diesem Zusammenhang kündigte ich an, Vorschläge für die dazu notwendigen Steuererhöhungen vorzulegen.

Im dritten Teil, der dem Frieden mit der Schöpfung galt, erläuterte ich eine nationale Solidaritätsaktion für den ökologischen Aufbau. Weiterhin beschäftigte ich mich mit dem inneren Frieden und dabei vornehmlich mit der Bekämpfung alter »Seilschaften« in Ostdeutschland. Das nächste außenpolitische Kapitel enthielt neben der Zusicherung, Deutschland werde die Beziehungen zu Osteuropa fortentwickeln, vor allem die Selbstverpflichtung, die Europäische Union vor 1994 zu verwirklichen. Ziel sei ein Europa der Vielfalt, womöglich mit gemeinsamer Verteidigung.

Ich wiederholte den Aufruf an Michail Gorbatschow, für ein friedfertiges Verhalten gegenüber dem Baltikum zu sorgen, und bezeichnete die Vorgänge im Baltikum als schweren Rückschlag.

Erneut versprach ich, die Sowjetunion weiterhin zu unterstützen und vertragsgemäß den sowjetischen Soldaten und ihren Familien, die bis spätestens 1994 Deutschland verlassen würden, die Wiedereingliederung zu erleichtern. Eine Flucht aus der Verantwortung angesichts der Gefährdung des Friedens und der Freiheit durch die weltpolitischen Krisen komme für Deutschland nicht in Betracht. Die Bundesrepublik werde ihre Verpflichtungen sowohl im Rahmen der Vereinten Nationen als auch im Bündnis erfüllen und sich auch künftig an den finanziellen Lasten beteiligen.

Ein nach wie vor ungelöstes Problem betraf die Akten des Staatssicherheitsdienstes, die es aufzuarbeiten galt. Dabei seien die Rechte der Betroffenen zu sichern. Jeder Bürger müsse vor einer unbefugten Verwendung der Daten geschützt werden. Ich kündigte an, dass im Bundestag bald der verabredete Gesetzentwurf zur Aufbewahrung, Nutzung und Sicherung der Unterlagen vorgelegt werde. Darüber hinaus unterstrich ich, wir würden nicht zulassen, dass alte Seilschaften gemeinsam mit rücksichtslosen Profiteuren Sand ins Getriebe streuten und versuchten, die Vermögensrückgabe und eine am Gemeinwohl orientierte Privatisierung zu hintertreiben.

Um das Asylrecht gab es einen großen Streit, der auch bei den Koalitionsverhandlungen nicht beigelegt werden konnte. Deshalb verzichtete ich darauf, die Asylpolitik besonders hervorzuheben, und erwähnte sie lediglich innerhalb des Programms der künftigen Europapolitik.

Meine bisher ausführlichste Regierungserklärung schloss ich mit einem Appell:

»Mit der Vereinigung unseres Vaterlandes ist Deutschland in eine neue Epoche eingetreten. Nach fast zweihundert Jahren hat das Ringen um die politische Gestalt Deutschlands, um seine innere Ordnung und seinen Platz in Europa zu einem glücklichen Ende gefunden. Zum ersten Mal in der deutschen Geschichte gehen Einheit, Freiheit und friedliches Einvernehmen mit unseren europäischen Nachbarn eine untrennbare Verbindung ein. Dafür sind wir dankbar. Ganz Deutschland hat jetzt die Chance, sein inneres Gleichgewicht, seine Mitte, zu finden. Dazu gehört, dass sich auch in Deutschland entfalten kann, was in anderen Nationen selbstverständlich ist: gelebter Patriotismus – ein Patriotismus in europäischer Perspektive, der sich der Freiheit verpflichtet. Es geht jetzt darum, dass das vereinte Deutschland seine Rolle im Kreis der Nationen annimmt – mit allen Rechten und allen Pflichten. Dies wird zu Recht von uns erwartet – und dieser Erwartung müssen wir gerecht werden. Es gibt für uns Deutsche keine Nische in der Weltpolitik, und es darf für Deutschland keine Flucht aus der Verantwortung geben. Wir wollen unseren Beitrag leisten zu einer Welt des Friedens, der Freiheit und der Gerechtigkeit.

Das ist unsere Vision: eine neue Ordnung für Europa und die Welt, die auf dem Selbstbestimmungsrecht der Völker, der Unantastbarkeit der Menschenwürde und der Achtung der Menschenrechte beruht. Der Weg dorthin wird beschwerlich sein – und, wie wir jetzt wissen, auch voller Risiken, ja Gefahren. Aber es lohnt sich, ihn zu gehen – zum Wohle der Menschen in Deutschland und Europa, im Bewusstsein unserer Verantwortung für den Frieden in der Welt. Wir sind dazu bereit.«

*

Wie erbärmlich die Reaktion der SPD-Opposition auf diese zweieinhalbstündige Regierungserklärung ausfiel, in der ich auf jegliche Polemik verzichtet und mich um Sachlichkeit bemüht hatte! Auch diesmal wieder gab es keinen nationalen Konsens, wieder flüchtete sich die SPD in Ablehnung und billige Propaganda. Zur finanziellen Beteiligung am Golfkrieg fiel Hans-Jochen Vogel der Begriff »Kriegssteuer« ein, deren Einführung die SPD strikt ablehne. Lediglich mit der Lieferung aus Bundeswehrbeständen an Israel zeigte er sich einverstanden. In der Steuerpolitik warf mir der SPD-Bundesvorsitzende Wortbruch vor und reklamierte ein klares finanzpolitisches Konzept der Bundesregierung.

Die Debatte über meine Regierungserklärung war nicht gerade ein Glanzstück parlamentarischer Auseinandersetzung. Auch Ingrid Matthäus-Maier richtete scharfe Angriffe gegen mich. Die finanzpolitische Sprecherin der SPD-Fraktion, die bei den Beratungen über die Wirtschafts-, Währungs- und Sozialunion noch zu konstruktiver Zusammenarbeit geneigt hatte, bezichtigte die Bundesregierung jetzt der Steuerlüge. Auch ihr wollte nicht in den Kopf, dass der Golfkrieg unsere finanzpolitischen Pläne zunichte gemacht hatte.

*

Wie auch immer wir es drehten und wendeten: Der erhöhte finanzielle Bedarf des Bundes angesichts der Golfkrise, der Entwicklung in Osteuropa und in den neuen Bundesländern machte eine Steuererhöhung unumgänglich, zumal wir in den nächsten Jahren in großem Umfang Hilfen für die neuen Länder planten. Beispielsweise für den Fonds Deutsche Einheit mit einem Volumen von 115 Milliarden DM von 1990 bis 1994, für Investitions-, Existenzgründungs- und Industrieansiedlungsprogramme in Höhe von 65 Milliarden DM, für auf 55 Milliarden DM bezifferte Investitionen der Bundespost oder die Kreditermächtigung der Treuhandanstalt für Privatisierung und Sanierung in Höhe von 25 Milliarden DM. Hinzu kamen die beschlossenen steuerlichen Maßnahmen des Kabinetts, darunter auch der Verzicht auf Gewerbekapital- und Vermögensteuer. Diese Zahlen geben einen kleinen Einblick in unsere Finanzlage Anfang der neunziger Jahre.

Folgerichtig beschloss das Bundeskabinett am 26. Februar die angekündigten Steuererhöhungen zum 1. Juli 1991. Wesentlicher Punkt des Steuerpakets war die befristete Erhebung eines Zuschlags in Höhe von 7,5 Prozent auf die Lohn-, Einkommen- und Körperschaftsteuer. Durch diese fiskalischen Maßnahmen erwarteten wir bis zum Jahresende 1992 Mehreinnahmen in Höhe von rund 45 Milliarden DM.

Um die öffentliche Nachfrage in den neuen Bundesländern zu forcieren, beschloss das Bundeskabinett am 8. März das »Gemeinschaftswerk Aufschwung Ost«, für das 1991 etwa 12 Milliarden D-Mark und im nächsten Jahr noch einmal derselbe Betrag bereitgestellt werden sollten. Die bereits eingeleiteten vielfältigen Hilfen und Anstöße der Bundesregierung waren so angelegt, dass sie über die Angebotsseite Wirkung erzielen sollten. Das Gemeinschaftswerk sah Maßnahmen im Rahmen eines kommunalen Investitionsprogramms ebenso vor wie zusätzliche Arbeitsbeschaffungsmaßnahmen, Investitionen im Verkehrsbereich, im Wohnungs- und Städtebau sowie ein Sonderprogramm »Regionale Wirtschaftsförderung«, Werfthilfen und zusätzliche Umweltschutzmaßnahmen. Für Instandsetzung und Bestandssicherung von Hochschulen sowie für die Sicherung des Gebäudebestands des Bundes waren ebenfalls Mittel vorgesehen.

So wagte diese Regierung eine weitere gewaltige Anstrengung, die mit den großen gesellschaftlichen Gruppierungen abgesprochen war und nicht nur deren Zustimmung, sondern auch ihre uneingeschränkte Unterstützung fand. Dasselbe galt für die Reaktion der neuen Bundesländer. Das Paket setzte um, was die Bundesregierung zugesagt hatte: Die starke Wirtschaftskraft der früheren Bundesrepublik wurde jetzt voll für den Aufbau der neuen Bundesländer eingesetzt.

*

Gegen Erich Honecker, den ehemaligen SED-Chef und Staatsratsvorsitzenden der DDR, war am 30. November 1990 von der Berliner Staatsanwaltschaft Haftbefehl erlassen worden, weil auch das DDR-Recht die Möglichkeit eröffnete, ihn als für die Todesschüsse an der Berliner Mauer Verantwortlichen zur Rechenschaft zu ziehen. Honecker befand sich zu dieser Zeit wegen Herzbeschwerden in einem kirchlichen Pflegeheim, wo er unter sowjetischer Aufsicht stand. Damit war er den Ermittlungsbehörden entzogen.

Am 13. März 1991, dem Tag der Haushaltsdebatte im Bundestag, wurde Honecker mit einem sowjetischen Militärflugzeug nach Moskau ausgeflogen. Begründet wurde diese Verletzung der

*Margot und Erich Honecker
in der chilenischen Botschaft
in Moskau (Januar 1992)*

deutschen Souveränität mit seinem schlechten Gesundheitszustand. Wir bestellten den sowjetischen Botschafter ins Kanzleramt ein und protestierten pflichtgemäß gegen die von den Sowjets herbeigeführte Ausreise.

Dieser Entwicklung war folgendes vorausgegangen: Im Juli 1990 hatten der sowjetische Präsident und ich auf dem Flug von Moskau in Gorbatschows kaukasische Heimat über zwei Themen gesprochen. Das erste Thema war die Enteignung. Gorbatschow gab mir äußerst klar zu verstehen, dass es für die Sowjetunion ganz und gar unerträglich wäre, wollte man an diesem Sachverhalt etwas ändern. Dies sei ein Thema, erwiderte ich, auf das ich allein schon deswegen keinen Einfluss hätte, weil die frei gewählte Volkskammer der DDR die Beibehaltung der Enteignung zur Bedingung für die Zustimmung zum Einigungsvertrag gemacht hatte. Ohne dieses Votum wäre der Vertrag zwischen der Bundesrepublik und der DDR über die Herstellung der deutschen Einheit in der Volkskammer gescheitert. Was immer Michail Gorbatschow später an abweichenden Darstellungen zu diesem heiklen Thema geschrieben oder gesagt haben mag: Ich kann versichern, dass es sich so und nicht anders zugetragen hat. Bis heute werden dazu die abenteuerlichsten Legenden gesponnen, deshalb sei dieses Detail hier noch einmal erwähnt.

Ein zweites Thema während des Flugs in den Kaukasus war die juristische Aufarbeitung des DDR-Unrechts. Gorbatschow fragte mich, was aus den großen Führern der DDR werden würde. Vor allem interessierte ihn die Zukunft von Erich Honecker. Gorbatschow stellte keine Forderungen, die er vor den damals noch ungelösten Fragen der deutschen Vereinigung leicht hätte erheben können. Er fragte mich lediglich, beinahe inständig bittend. Ich erklärte ihm, dass ich persönlich nicht sonderlich daran interessiert sei, eine große Verfolgungsjagd zu inszenieren, gab dem Kreml-Chef jedoch zu verstehen, dass mein Einfluss als Bundeskanzler auf die Rechtsprechung und damit auf Gerichtsverfahren nahezu null sei. Ich sicherte ihm lediglich zu, über seine Frage noch einmal nachdenken zu wollen, ohne im Moment eine Lösung parat zu haben.

Später versuchte ich bei einem Vieraugengespräch mit Hans-Jochen Vogel dieses Thema vorsichtig anzusprechen und musste sofort einsehen, dass ich beim SPD-Oppositionsführer, der mit seiner Partei auch die Bundesratsmehrheit stellte, auf Granit stieß. Wie aus der Pistole geschossen verwies er auf die Regeln des Rechtsstaats, die es unmöglich machten, politisch irgend etwas zu bewirken. Ich brach das Gespräch sofort ab. Hans-Jochen Vogel, der dem Staatsratsvorsitzenden jahrelang politisch wie menschlich mit großem Entgegenkommen begegnet war, zeigte Honecker jetzt die kalte Schulter.

Kurz vor meinem Auftritt in der Haushaltsdebatte an jenem 13. März informierte mich mein neuer außenpolitischer Berater Peter Hartmann, der Nachfolger Horst Teltschiks, dass der sowjetische Botschafter Wladislaw Terechow im Kanzleramt vorstellig geworden sei und mitgeteilt habe, in einer Stunde werde Erich Honecker zusammen mit seiner Frau Margot von einem sowjetischen Militärflughafen in der ehemaligen DDR aus mit einem sowjetischen Flugzeug in die Sowjetunion gebracht. Begründet wurde die Aktion mit der Verschlechterung des Gesundheitszustands des Achtundsiebzigjährigen.

Ich nahm die Information entgegen, ohne daraufhin irgendwelche Weisungen zu erteilen, und behielt diese Nachricht für mich. Innerlich beschäftigte sie mich natürlich sehr.

Später warf mir der SPD-Parteivorsitzende vor, ich hätte von der sowjetischen Aktion gewusst und ihn belogen. Das ist völlig absurd. Richtig ist, dass ich eine Stunde vor Start der sowjetischen Maschine nichts unternommen habe, um die Aktion zu verhindern. Bei allem Verständnis für die Opfer der SED-Diktatur, für die geschundenen Menschen im Gefängnis von Bautzen oder anderswo in der DDR, war ich nicht unbedingt an einem großen Prozess interessiert.

*

Gerade hatten wir beschlossen, die Treuhandanstalt finanziell besser auszustatten, als am 1. April 1991 ihr Präsident Detlev Karsten Rohwedder Opfer eines Mordanschlags wurde. In seiner Düsseldorfer Wohnung war er von mehreren Schüssen tödlich getroffen worden. Seine Ehefrau, die ihm zu Hilfe eilte, wurde am Arm verletzt. In der Nähe des Tatorts fand man ein Schreiben, in dem sich die »Rote Armee Fraktion« (RAF) zur Tat bekannte. Wer der Todesschütze war, ist bis heute unaufgeklärt.

Die Nachricht von dem Mord traf mich tief. Mit Detlev Karsten Rohwedder verlor Deutschland einen der großen Repräsentanten seiner Wirtschaft und eine herausragende Persönlichkeit unseres öffentlichen Lebens. Als Staatssekretär im Bundeswirtschaftsministerium von 1969 bis 1978 – unter anderem waren ihm dort die Wirtschaftsverhandlungen mit der damaligen DDR anvertraut – hatte der Sozialdemokrat sich über Parteigrenzen hinweg hohes Ansehen erworben. Nach seinem Wechsel in die Wirtschaft hatte er nie nur die Interessen der von ihm geführten Unternehmen im Blick, sondern stets auch das Wohl des Ganzen. Durch die Wiedervereinigung Deutschlands fühlte er sich als Patriot auch persönlich in die Pflicht genommen. Er stellte sich in schwierigster Zeit für die Treuhandanstalt zur Verfügung – zunächst als deren Verwaltungsratsvorsitzender und kurze Zeit später als ihr Präsident. Ich selbst verdankte ihm wertvollen Rat. Mit unermüdlicher Tatkraft und herausragendem Sachverstand, mit großer Autorität und im Bewusstsein seiner Verantwortung für die Menschen machte er sich um den wirtschaftlichen Neuaufbau in den neuen Bundesländern verdient, und es zeigten sich bereits Erfolge seiner engagierten Arbeit. Detlev Karsten Rohwedder hatte sich große Verdienste um unser vereintes Vaterland erworben. Um so schmerzlicher empfanden wir den Verlust, der uns alle mit seiner Ermordung getroffen hatte.

Rohwedders Nachfolge im Amt des Präsidenten der Treuhandanstalt übernahm die ehemalige niedersächsische Finanzministerin Birgit Breuel. Es kostete mich einiges an Überredungskunst, die gewiefte Hamburgerin für diesen harten und gefährlichen Job zu gewinnen. Am Ende sah sich die CDU-Politikerin in die Pflicht genommen und glänzte schon nach kürzester Zeit durch herausragende Leistungen. Sie berufen zu haben war eine der besten Personalentscheidungen während meiner Kanzlerschaft.

4.
Parteireform

Bei den Landtagswahlen am 21. April 1991 in meiner Heimat Rheinland-Pfalz erlitt die Union eine schwere Niederlage. Bei einem Verlust von 6,4 Prozentpunkten erzielten wir das schlechteste Wahlergebnis seit vierundvierzig Jahren und mussten zum ersten Mal seit Gründung des Landes 1946 in die Opposition. Wie immer gab es vielfältige Gründe für das desaströse Abschneiden der CDU, doch ganz sicher spielte die Bundespolitik mit den in Aussicht genommenen Steuererhöhungen eine Rolle. Die politische Stimmung war gegen uns. Die Propaganda der SPD von der »Steuerlüge« hatte verfangen. Mit unseren Argumenten, die Erhöhung sei wegen des Golfkriegs nötig geworden, kamen wir einfach nicht dagegen an.

Kaum eine Rolle hatten bei dieser Wahlentscheidung offenbar die gute Landespolitik und die Gefahr einer rot-grünen Koalition gespielt. Erstaunt war ich über das Abschneiden der FDP, die immerhin auf fast 7 Prozent kam, obwohl sie die Steuererhöhungen mit zu vertreten hatte. Die FDP hatte so gut wie keine Verluste zu verzeichnen und wurde im Gegensatz zur CDU nicht abgestraft.

Binnen Jahresfrist hatten wir drei Landtagswahlen verloren: in Niedersachsen, Hessen und nun in Rheinland-Pfalz. Mit dem Machtverlust in Mainz büßten wir auch die Mehrheit im Bundesrat ein. Damit wurde die Durchsetzung unserer Politik im vereinten Deutschland noch schwieriger, ohne dass es eine wirkliche Alternative dazu gegeben hätte.

*

Bei der Bürgerschaftswahl in Hamburg am 2. Juni setzte sich der negative Trend für die CDU fort. Auch diesmal verlor meine Partei über 5 Prozentpunkte im Vergleich zur Wahl 1987. Die klare Niederlage der CDU brachte der SPD 3 Prozentpunkte mehr und verhalf ihr zur absoluten Mehrheit. Bedauerlich war die Wahlbeteiligung von 66,1 Prozent, die schlechteste seit dem Ende des Zweiten Weltkriegs.

Bei den Bürgerschaftswahlen in Bremen dagegen mussten die Sozialdemokraten erhebliche Verluste hinnehmen; mit einem Stimmenanteil von nur noch 38,3 Prozent hatten sie das schlechteste Wahlergebnis seit 1947. Dagegen konnte die CDU ihr Wahlergebnis um über 7 Prozentpunkte verbessern und kam auf stolze 30,7 Prozent.

Die fünf Wahlen im Jahr 1991 brachten der Union Ernüchterung und stellten uns vor neue Herausforderungen. Die Parteiarbeit in den neunziger Jahren musste forciert, die Akzeptanz der CDU auf vielfältige Weise zurückerobert werden. Die politische Dimension dieser Legislaturperiode musste unseren Mitgliedern und Mandatsträgern besser vermittelt werden. Die vorrangige Aufgabe der Bundesregierung, einheitliche Lebensverhältnisse in ganz Deutschland zu schaffen und gleichzeitig Deutschlands gewachsener politischer Verantwortung in der Weltpolitik gerecht zu werden, war längst noch nicht überall verinnerlicht. Die Herstellung einheitlicher Lebensverhältnisse war nicht allein eine wirtschaftliche, sondern vor allem auch eine geistig-kulturelle Aufgabe. Und es gab noch keine gemeinsame Agenda in Deutschland. Sie zu schaffen war eine entscheidende politische Führungsaufgabe. Die Erfahrungen, die die Menschen in den neuen Bundesländern jetzt mit Arbeitslosigkeit und Zukunftsängsten machten, durften sich nicht festsetzen, sonst würden sie unweigerlich der CDU angelastet, selbst wenn es den Menschen in wenigen Jahren deutlich besser gehen würde. Es musste ein Klima der nationalen Solidarität hergestellt werden.

Neben der Herausforderung zur Herstellung der inneren Einheit waren in den nächsten Jahren die gesellschaftspolitischen Veränderungen im Zusammenhang mit der europäischen Einheit zu bewältigen. Die CDU musste sich offen zeigen gegenüber gesellschaftlichen Entwicklungen und Veränderungen, ohne ihre Identität preiszugeben. Sie musste die geistige und politische Auseinandersetzung über Grundwerte und Grundsatzfragen in Deutschland bestimmen. Der Wegfall des Sozialismus stellte die Union vor die Frage, woraus die freiheitliche Gesellschaft ihre dynamischen Antriebskräfte ziehen sollte.

Die Partei insgesamt musste sich sowohl in den alten wie in den neuen Landesverbänden einem Fitnessprogramm unterziehen. Vor allem in den neuen Bundesländern galt es, die Partei im wesentlichen ganz neu aufzubauen. Die Mitgliederstruktur entsprach überhaupt nicht der Zusammensetzung der Wählerschaft. Auch die Parteiorganisation war zu straffen und an dem auszurichten, was finanzierbar war.

Mehr denn je galt es, Konsequenzen aus den organisatorischen und finanziellen Notwendigkeiten zu ziehen. Darum musste die Zahl der Kreisgeschäftsstellen auf die Zahl der Bundestagswahlkreise zugeschnitten werden, und bei der technischen Ausstattung der Kreis- und Landesgeschäftsstellen hatte die Partei praktische Unterstützung zu leisten. Die neuen Landesverbände sollten in die Lage versetzt werden, die Wahlkämpfe des Jahres 1994 im wesentlichen aus eigener Kraft zu führen. Die Bundespartei war aufgefordert, einen erheblichen Beitrag zur Finanzierung der jetzt notwendigen Sozialpläne zu leisten und die neuen Landesverbände bei ihrer politischen Arbeit zu unterstützen.

Für den Aufbau der neuen Landesverbände war in besonderer Weise die Solidarität der westlichen Landesverbände gefordert. Ich erwartete deshalb, dass die Kreis- und Landesverbände in den alten Bundesländern bereit waren, einen einmaligen Solidaritätsbeitrag von 10 DM pro Mitglied zu leisten. Bei zur Zeit etwa 660 000 Mitgliedern würde das einen Betrag von 6,6 Millionen DM erbringen – Geld, das 1991 und 1992 für die Anschubfinanzierung der neuen Landesverbände dringend benötigt wurde.

Reformbedarf gab es auch in den alten Landesverbänden. Die Beschlüsse des Bremer Parteitags zur modernen Parteiarbeit waren bisher nur teilweise verwirklicht worden. So musste der Anteil an jungen Menschen in der Partei erhöht werden. Die CDU brauchte dringend den Generationswechsel. Auch war es unbedingt notwendig, dass sich die Partei stärker öffnete und mehr Mitwirkungsmöglichkeiten für Nichtmitglieder schuf. Vor allem musste es in den nächsten Jahren gelingen, nach der Wiedervereinigung eine gemeinsame bundesweite Partei zu schaffen.

Die Lage der CDU in den neuen Bundesländern war gar nicht so schlecht. Wahlen waren aber nur mit einer intakten Organisation zu gewinnen. Die Union hatte dort ein gewaltiges Kapital. Es lag an der Partei, das zu nutzen und sich fit zu machen für das Wahljahr 1994.

Besondere Sorge bereitete mir, dass die Reaktionen der Menschen in Deutschland oft anders ausfielen als in anderen westlichen Ländern, wie zuletzt der Golfkrieg wieder einmal gezeigt hatte. Über die Werteordnung unserer Gesellschaft musste einmal in der Grundsatzprogrammkommission diskutiert werden. Ein gewichtiger Faktor waren aber auch die Medien. Es war Aufgabe der Landesparteien, sich um die Medienpolitik zu kümmern. Diese Arbeit war existentiell für die Partei. Die schlechte Präsenz von CDU-Vertretern in den Gremien von ARD und ZDF war ein Skandal. Die Neuordnung des Rundfunks in den neuen Ländern war die letzte Chance, in den öffentlich-rechtlichen Medienanstalten der Bundesrepublik wieder stärker an Einfluss zu gewinnen.

Des weiteren mahnte ich immer wieder an, dass sich die CDU vor Ort verstärkt kultureller Fragen annehmen müsse. Die CDU musste wieder eine interessante Partei werden, auch für Kulturschaffende. Das war sie in vielen Teilen nicht. Ich appellierte an die Landesverbände, hier aktiver zu werden. Jeder Mandats- und Fraktionsträger der CDU war durch die Partei in sein Amt gekommen und hatte ihr gegenüber eine Bringschuld. Jeder musste überlegen, was er für die Partei tun könnte.

Dass bei der Zuwahl für die Synode der evangelischen Kirche Deutschlands kein Vertreter der CDU berücksichtigt worden war, empfand ich als unakzeptablen Affront gegenüber der Partei. Hingegen wurden allein drei Sozialdemokraten dazugewählt. Was konnte die CDU tun, um Vorurteile gegenüber der Union bei der evangelischen Kirche abzubauen? Gerade nach Erreichen der Einheit war die Partei keine überwiegend katholische Partei mehr. Ich hatte aber den Eindruck, dass die CDU darunter litt, dass der Geist der Ökumene in den Kirchen spürbar nachgelassen hatte.

Nun hatte ich bis dahin schon eine Reihe schwieriger Phasen der Partei erlebt, und es sollten noch weitere und noch schwierigere hinzukommen. Doch auch diesmal musste die Partei Mut und Zivilcourage zeigen. Dabei mussten die Gremien der Partei mit gutem Beispiel vorangehen. Es kam darauf an, Stehvermögen zu zeigen.

Sorgen bereitete mir die Parteiarbeit für Jugendliche. Die Analyse, dass Jugendliche Schwellenangst vor einer regelmäßigen Mitarbeit in einer Partei hatten, traf sicherlich zu. Auch war eine Volkspartei, die auf den politischen Kompromiss angewiesen war, für junge Leute oftmals nicht sehr attraktiv. Jugendliche ließen sich am ehesten projektbezogen für ein spontanes Engagement gewinnen. Motor und Initiator solcher Projekte musste die Partei sein. Bei der Fortschreibung des CDU-Grundsatzprogramms galt es, gerade den jungen Menschen den Zusammenhang von konkreter Politik und den ihr zu Grunde liegenden Werten zu vermitteln. Ich gebe zu, dass die Diskussion immer wieder aufflammte, ob eine Volkspartei für junge Leute überhaupt interessant sein könnte. Doch der Grundgedanke einer Volkspartei war nach wie vor richtig, daran hatte sich seit Gründung der Union nichts geändert. Eine Volkspartei, die jeden Tag zum Kompromiss gezwungen war, leistete einen unschätzbaren Dienst für unsere Gemeinschaft.

Um die Partei fit zu machen, verabredeten wir 1991 zwei Klausurtagungen des Bundesvorstands, auf denen wir uns ausführlich mit den Wahlniederlagen beschäftigten und konstruktiv über Sachfragen diskutierten und entschieden. Bei aller Schärfe der Auseinandersetzungen brachten wir am Ende doch immer Kompromisse zustande, die für die künftige Parteiarbeit richtungsweisend waren. Was mich allerdings gewaltig störte, waren die gegenseitigen öffentlichen Schuldzuweisungen. Ich selbst hatte immer geschwiegen, wenn es Probleme gab, egal, in welchem Landesverband oder in welcher Landesregierung. Mit gegenseitigen Schuldzuweisungen war keine vernünftige Politik miteinander zu machen. Die CDU musste über ihre Erfolge reden und durfte sich nicht selbst unentwegt in Frage stellen. Es war dringend notwendig, Solidarität zunächst einmal innerhalb der Partei zu üben.

Immer wieder wurde das Thema Glaubwürdigkeit angesprochen. Darüber offen zu reden war auch mein Anliegen. Bei den Landtagswahlen hatte die Partei Einbrüche erlebt und auch Fehler gemacht. Doch man konnte das Thema Glaubwürdigkeit auch überstrapazieren und so oft wiederholen, dass es der Partei letztendlich als Makel ausgelegt wurde.

Insgesamt war die Situation der CDU als christlicher Partei in einer säkularisierten Welt sehr viel schwieriger geworden. Wir waren keine Wirtschaftspartei wie die FDP. Das unverwechselbare Profil der CDU musste deutlich bleiben. Eine unverwechselbare Position, bei der die CDU Flagge zeigen musste, war das Recht auf Leben. Hier galt es, eindeutig Stellung zu beziehen, ungeachtet dessen, wie die Entscheidung der Mehrheit in unserem Lande ausfiel.

Wer meinte, die CDU habe kein eigenes Profil, der musste auch aufzeigen, wo die CDU Profil aufgegeben hatte. Die Koalitionsvereinbarungen trugen durchaus die Handschrift der CDU. Man durfte aber nicht vergessen, dass es eben eine Koalition war, in der sich auch die Positionen der anderen Koalitionspartner Gehör verschafften. Auch bei der Diskussion zur Pflegeversicherung gab es nicht die reine Lehre. Niemand durfte andere in der Partei, die ein abweichendes Konzept vertraten, als weniger sozial bezeichnen. Worauf es ankam, war, zu Kompromissen zu kommen. Eine grundsätzliche innerparteiliche Diskussion musste unter anderem über die Fortschreibung des Grundsatzprogramms geführt werden.

Große Sorge bereiteten mir Erstarrungen innerhalb der Partei. Alarmierend war zum Beispiel der demographische Aufbau der Mitgliederstruktur. Auch blieben Beschlüsse zur Parteireform in weiten Teilen der Partei ohne Konsequenzen. In den neuen Landesverbänden musste die Kommunikation zwischen den Mandats- und Funktionsträgern auf den verschiedenen Ebenen innerhalb der Partei deutlich verbessert werden. Problematisch war auch das Verhältnis der CDU zu wichtigen gesellschaftlichen Gruppen, vor allem die Beziehung zu den Gewerkschaften. Aber in dem Maße, in dem der Einfluss der Gewerkschaften in unserer Gesellschaft zurückging, erlebte man, dass viele Gewerkschafter die CDU wieder als Gesprächspartner entdeckten.

Die permanenten Diskussionen über die Lage der Bonner Koalition konnte ich nicht nachvollziehen. Für die FDP – wie für die CDU – war eine Koalition ein Zweckbündnis. Die FDP würde dann wechseln, wenn sie das Gefühl hätte, sie ginge an der Seite der Union schlechten Zeiten entgegen. Wenn die Koalition 1994 aber gut dastünde, wäre ein Koalitionswechsel für die FDP nicht zu begründen. Man musste einsehen, dass die FDP durch die neuen Bundesländer gestärkt war und sich deutschlandweit in sicherem Abstand von der Fünfprozentklausel befand. Die Union musste alles tun, damit sie die strategische Mehrheit behielt.

Im Verhältnis zur CSU galt meine alte Linie, die ich immer wieder formulierte, dass die CDU nach Bayern gehen würde, sollte die CSU außerhalb Bayerns kandidieren. CDU und CSU blieben nur gemeinsam handlungsfähig und stark.

Noch nie in meinem Leben war ich so motiviert gewesen wie jetzt. Mein Ziel war, dass nach der Einheit Deutschlands der entscheidende Schritt zum Bau des Hauses Europa getan wurde. Dabei musste die CDU die bestimmende Kraft bleiben. Jedermann konnte davon ausgehen, dass ich noch einmal mit großer Begeisterung an diese Arbeit herangehen würde.

5.
Auszeichnung

Wer kennt noch den berühmten Europäer Richard Nikolaus Graf von Coudenhove-Kalergi, einen der frühen und bedeutenden Förderer der europäischen Idee? Der politische Schriftsteller aus Österreich, Begründer der Paneuropa-Bewegung, hatte die Vision, ganz Europa zusammenzuführen. Thomas Mann bescheinigte ihm einmal »vornehme Weltmenschlichkeit«. Provinzielle oder nationalistische Enge war ihm fremd. Als ich Ende April 1991 in Bonn den nach ihm benannten Europapreis verliehen bekam, war ich mächtig stolz.

Coudenhove-Kalergis Wirken für Gesamteuropa – für »Paneuropa«, wie er es nannte – blieb nie an theoretischen Konzepten haften: Für ihn galt nur aktives Handeln. Die Paneuropa-Union ist seinem Erbe in besonderer Weise verpflichtet.

Schon in der Zeit zwischen den Weltkriegen gelang es – und die Paneuropa-Union war daran beteiligt –, den Gedanken eines in Frieden vereinten Europas bei vielen Menschen zu verbreiten. Leider behielten nationalistische Gedanken damals noch die Oberhand. So stieß Romain Rollands Aufruf zur Brüderlichkeit unter den so lange verfeindeten europäischen Nationen auf zu wenig Resonanz. Dieser Appell aus seinem Romanzyklus *Jean-Christophe* fand damals nicht die gebührende Beachtung.

Nach dem Zweiten Weltkrieg galt es, auch für die Verwirklichung des europäischen Gedankens einen neuen Anfang zu machen. In seiner berühmten Züricher Rede sprach Winston Churchill 1946 von der Schaffung der »Vereinigten Staaten von Europa«. Er sagte damals: »Es ist nichts weiter dazu nötig, als dass Hunderte von Millionen Männern und Frauen Recht statt Unrecht tun und Segen statt Fluch ernten.«

Seit 1945 hat die europäische Idee immer weiter an Boden gewonnen. Sie wurde von den Völkern angenommen und wird von ihnen getragen. Gerade die letzten Jahre zeigten das: Es waren die Menschen in Polen, Ungarn, der Tschechoslowakei und der DDR, nicht die alten Regime, die den Weg »zurück nach Europa« einschlugen.

Europa, Demokratie und Rechtsstaat gehören für uns unauflöslich zusammen. Ein einiges Europa kann nur ein demokratisches Europa sein. Unser Ziel war und ist es, den Menschen von Moskau bis Dublin, von Oslo bis Rom ein friedliches Zusammenleben in freier Selbstbestimmung zu ermöglichen. Alle Völker Europas sollen sich in Freiheit, Frieden und Gerechtigkeit auf ihrem gemeinsamen Kontinent zu Hause fühlen.

Wie kaum eine andere Institution symbolisiert der Europarat diese Kerngedanken europäischer Politik: Seit 1949 hat er zur Einheit Europas im Geist der Menschenrechte beigetragen – weit über die Grenzen der Europäischen Gemeinschaft hinaus. Die Paneuropa-Union hat schon frühzeitig darauf hingewiesen, dass die Europäische Gemeinschaft nicht das ganze Europa ist.

Schon die Montanunion erwuchs aus dem Gedanken, Kriege unmöglich zu machen und eine gemeinsame Zukunft zu begründen. Wirtschaftliche Verflechtung sollte uns politische Annäherung bringen. Denselben Zielen diente auch die Europäische Wirtschaftsgemeinschaft.

Wie überfällig eine gemeinsame Außen-, Sicherheits- und schließlich auch Verteidigungspolitik im Rahmen der Europäischen Gemeinschaft war, zeigte sich angesichts der Krise am Golf einmal mehr. Die Bundesregierung war entschlossen, bei den Beratungen über die Politische Union die notwendigen Konsequenzen aus diesen Erfahrungen zu ziehen.

Europa musste künftig in der Lage sein, mit einer Stimme zu sprechen und geschlossen zu handeln, wenn es um die gemeinsamen Interessen ging. Und wir Deutschen mussten bereit sein, in diesem Rahmen auch mehr Pflichten als bisher zu übernehmen, und dazu die notwendige verfassungsrechtliche Klarstellung schaffen.

Der große europäische Binnenmarkt mit 340 Millionen Menschen stand vor seiner Vollendung: Über zwei Drittel des Binnenmarkt-Programms waren bereits verwirklicht. Die Vorbereitung dieses Marktes hatte schon jetzt einen Schub bewirkt, der nicht nur wichtige wirtschaftliche Impulse gab, sondern den europäischen Einigungsprozess auch politisch entscheidend voranbrachte.

Bei alledem blieb unser Kernziel die politische Einigung Europas. Nur eine starke und auch politisch einige Europäische Gemeinschaft konnte die Zukunft dieses Kontinents entscheidend mitprägen und sichern.

Die europäische Idee entstand aus dem Bewusstsein der gemeinsamen geistigen Ursprünge unserer Völker – und sie schließt zuallererst unsere gemeinsamen Werte ein. Die einende Kraft dieses kulturellen Erbes, gegenseitigen Verständnisses und Vertrauens kann sich am besten in einem Europa offener Grenzen entfalten. Für die europäische Jugend war das von größter Bedeutung. Ein vereintes Europa braucht vor allem auch das Engagement junger Menschen, wenn Frieden und Freiheit auf Dauer bewahrt werden sollen. Herausragende Verdienste hierbei hatte sich das Deutsch-Französische Jugendwerk erworben. Die persönlichen Begegnungen zwischen Millionen junger Franzosen und junger Deutscher mussten zum Vorbild werden für Jugendbegegnungen in ganz Europa.

François Mitterrand und ich hatten schon auf dem deutsch-französischen Kulturgipfel im Oktober 1986 beschlossen, neben dem Jugend- auch den Kulturaustausch zu verstärken. Denn neue Kenntnisse und bereichernde Eindrücke im Ausland helfen, Vorurteile abzubauen, und begründen Freundschaften. Gerade das braucht Europa.

Ohne deutsch-französische Freundschaft hätte das Werk der Einigung Europas nicht begonnen werden können, ohne deutsch-polnische Partnerschaft würde es sich nicht vollenden lassen. Es lag in unserem eigenen Interesse, unsere Nachbarn im Osten und

Südosten aktiv zu unterstützen. Indem wir die Reformen und insbesondere den Übergang zur sozialen Marktwirtschaft förderten, trugen wir zur Sicherheit und Stabilität ganz Europas bei.

Auch sollten wir nicht vergessen, wie eng Ost und West in Europa kulturell miteinander verbunden sind. Wir spüren das in der Musik von Chopin oder Tschaikowski. Und ich erinnere an Michail Lomonossow, den Gründer der ersten Moskauer Universität, oder den Lyriker Ossip Mandelstam, die beide in Deutschland studiert hatten.

Gerade Russland war schon in der Vergangenheit aufs engste mit dem übrigen Europa verbunden. Das Schaffen von Marc Chagall – zum Beispiel die von ihm gestalteten Kirchenfenster in Mainz, Metz und Reims – oder von Joseph Brodski, dem Literaturnobelpreisträger, zeigt den unersetzlichen Anteil, den das Land bis in die Gegenwart hinein zu unserem europäischen Kulturerbe geleistet hat.

Unsere historisch-kulturelle Verbundenheit mit Reformstaaten wie Polen, Ungarn oder der ČSFR, aber auch mit vielen Völkern der Sowjetunion – wie beispielsweise den Balten – hat eine lange Tradition. Eine der großen Herausforderungen der nächsten Jahre bestand darin, die Sowjetunion mehr und mehr in die Gestaltung der europäischen Zukunft einzubeziehen. Der Weg in diese gemeinsame europäische Zukunft führte jedoch über die Achtung der Menschenrechte und das Selbstbestimmungsrecht der Völker. Wenn wir gemeinsam auf diesem Weg vorangingen, ehrten wir damit auch das Vermächtnis eines Mannes, der zum Umbruch in Osteuropa entscheidend beigetragen hatte: Andrej Sacharow. Meinungsfreiheit, Toleranz und Achtung vor dem Nächsten sind Werte, die der Friedensnobelpreisträger verkörperte. In diesem Geist wollten wir an der europäischen Zukunft arbeiten. Es durfte kein Zurück mehr geben auf dem Weg zu einem größeren Europa in Frieden und Freiheit.

*

Eine ganz andere Art von Auszeichnung erlebte das Bundeskanzleramt Anfang Mai 1991: eine Kunstausstellung höchster europäischer Kultur. Leider gelang es mir während meiner Kanzlerschaft nie so recht, mein Interesse an Kunst und Kultur darzustellen. Dagegen kennen meine engsten Freunde und Mitarbeiter sehr wohl meine Präferenzen für alles, was Kultur und Kunst betrifft. Über die unzähligen Verpflichtungen, zu denen ein Bundeskanzler nicht immer freiwillig und dann auch noch gerne geht, könnte ich eine Menge erzählen. Aber es gab auch Veranstaltungen, für die ich eine ausgesprochene Vorliebe hatte. Dazu zählten die Kunstausstellungen im Kanzleramt, die ich in besonderer Weise förderte.

Im Mai 1991 wurde die dritte Ausstellung in ununterbrochener Reihenfolge eröffnet, in der jüdisches Leben eine wichtige Rolle spielte. Das hatte sicherlich etwas mit der besonderen künstlerischen Faszination zu tun, die von diesen Kunstwerken ausging. Mir ging es aber auch ganz bewusst darum, dass wir uns mit diesen Ausstellungen der Geschichte stellten, auch mit ihrer Last. Hierzu gehörten in besonderer Weise jene Zeugnisse jüdischer Kultur, die durch die Barbarei der Nationalsozialisten so schrecklichen Schaden genommen hatten.

Begonnen hatte alles mit Marc Chagalls eindringlichen Deutungen der Bibel. Sie gaben uns einen Einblick in die religiöse Tradition des Judentums und zeigten uns, wie sehr diese Tradition in wesentlichen Teilen zur christlichen Tradition gehört. Anschließend wurden im Kanzleramt Werke von Otto Pankok ausgestellt. Auch dieser große Künstler, gläubiger Christ, war von der Ausstrahlungskraft und der Tiefe der jüdischen Religion beeindruckt. In seinen Bildern wurde uns aber auch bewegend das Leid der Juden und aller Verfolgten nahegebracht.

Die Ausstellung, die ich jetzt eröffnen durfte, zeigte bedeutende Bestandteile des Staatlichen Jüdischen Museums Prag. Diese Sammlung vermittelt eine Ahnung vom überaus reichen religiösen und kulturellen Leben der israelischen Kultusgemeinde bis zur Katastrophe des Holocaust. In die Ausstellung einbezogen waren einige der im Konzentrationslager Theresienstadt entstandenen Zeichnungen. Gerade die Kinderbilder sind zutiefst erschütternd:

Es sind Dokumente der Hoffnung in einer Welt der Verzweiflung, und sie geben Zeugnis für die Menschlichkeit der Opfer inmitten der Unmenschlichkeit der Henker.

Die Ausstellung im Bundeskanzleramt unter dem Titel »Judaica Prag« sollte zum Verständnis des jüdischen Prags, des jüdischen Lebens und der jüdischen Kultur überhaupt beitragen. Die kostbaren Kultgegenstände gaben einen Eindruck vom Reichtum dieser Vergangenheit. Aber die Ausstellung führte uns schließlich auch die schrecklichen Verwüstungen durch den nationalsozialistischen Rassenwahn vor Augen, sie erinnerte an die Opfer und ehrte sie.

Angesichts der vor uns stehenden großen Zukunftsaufgabe schuldeten wir aber auch uns selbst und den kommenden Generationen Erinnerung. Am Ende dieses Jahrhunderts mit all seinen Schrecken, mit so unsagbarem Leid, bauten wir an einem Europa, dessen Fundamente die von Juden und Christen gemeinsam vertretenen Werte sind. Wir bauten an einem Europa, das Menschen und Völker aus Ost und West in gemeinsamer Freiheit zusammenführen sollte.

Eine ganz besondere Freude war es für uns alle, dass Václav Havel uns die Ehre gab, die Ausstellung gemeinsam mit mir zu eröffnen. Sein Name steht wie wenige andere für die Überwindung totalitärer Diktaturen durch den Sieg der Freiheit, der Menschenwürde und der Demokratie. Er war der Repräsentant der friedlichen Umwälzungen, die wir in den zurückliegenden Jahren erleben durften.

Václav Havel verkörperte zugleich wie kein zweiter den Wunsch seiner Landsleute, mit ihren Nachbarn den Weg der Verständigung und der Versöhnung zu gehen, gerade auch mit dem deutschen Volk. Uns verbindet eine lange, bewegte Geschichte mit vielen erfreulichen, aber auch mit leidvollen Kapiteln, besonders in der jüngsten Vergangenheit, in der seinen Landsleuten im deutschen Namen viel Leid zugefügt wurde.

6.
Netzwerke

Was den Bonner Journalisten weitestgehend verborgen blieb, waren die engen telefonischen Kontakte, die ich zu John Major und schon seit langem zu François Mitterrand unterhielt. Mit George Bush stimmte ich mich ebenfalls ständig telefonisch ab, und mit Michail Gorbatschow pflegte ich abseits aller diplomatischen Kanäle über eine spezielle Telefonleitung einen ganz engen politischen Austausch. Alle fünf verfügten über einen breiten Informationsaustausch, wie er enger nicht sein konnte. Während des Golfkriegs hatte sich dieses Netzwerk bestens bewährt. Und auch nach Beendigung der Kampfhandlungen stimmten wir uns gründlich ab, so zum Beispiel als wir bei Bekanntwerden der Verbrechen der irakischen Armee an der kurdischen Bevölkerung und an den irakischen Schiiten für eine rasche und unbürokratische Reaktion sorgten. Michail Gorbatschow war dabei fest mit einbezogen.

Auch in mehreren Kabinettssitzungen beschäftigten wir uns mit der Hilfe für die mit aller Brutalität verfolgten Menschen. Nachdrücklich unterstützten wir die Bemühungen der Völkergemeinschaft, dem Völkermord Einhalt zu gebieten. Doch jenseits humanitärer Maßnahmen bedurfte es gemeinsamer Überlegungen, wie zusätzliche Hilfe geleistet werden konnte. Auf dem Luxemburger EG-Gipfel im April 1991 war man einstimmig der Meinung, dass zur Lösung des Konflikts jedes nur denkbare Mittel eingesetzt werden müsse; es wurde vereinbart, dass die Länder der EG 150 Millionen Ecu für humanitäre Hilfeleistungen aufbringen sollten. Für unser Land ergab sich ein Betrag in Höhe von insgesamt 84 Millionen D-Mark. Beispielhaft erfolgten dann Einsatz und

Zusammenarbeit von Bundeswehr und Hilfsorganisationen, die ihre Hilfssendungen vor allem in das türkische Grenzgebiet fortsetzten. Vorgesehen wurde auch der Einsatz von Pioniereinheiten, die im iranischen Grenzgebiet ein Flüchtlingslager sowie ein Feldlazarett errichten sollten.

Entsprechend meinen Absprachen mit dem iranischen Präsidenten Ali Akbar Hashemi Rafsandjani, den in die Hilfsaktion eingeschalteten europäischen Staaten und dem Präsidenten der Vereinigten Staaten konzentrierte sich der Schwerpunkt der deutschen Hilfsaktion auf das iranische Grenzgebiet. Ich maß übrigens über die humanitären Aspekte der Hilfsaktion hinaus den – wenn auch zögerlichen – Bemühungen des Iran um eine Annäherung an die westliche Welt großes Gewicht bei.

*

Ob im Rahmen der deutsch-britischen Konsultationen mit John Major oder bei den deutsch-französischen Treffen mit François Mitterrand: Ein das ganze Jahr 1991 beherrschendes Thema war die Entwicklung in der Sowjetunion. In mehreren Telefonaten hatte mich Michail Gorbatschow umfassend über die Probleme in seinem Land informiert. Darüber berichtete ich jeweils Major, Mitterrand und Bush, die wiederum ihrerseits alle verfügbaren Nachrichten zu diesem Thema an mich herantrugen. Abseits aller offiziellen Nachrichtenkanäle waren wir dank unseres Netzwerks immer auf dem neuesten Stand der weltpolitischen Entwicklungen.

Als ich am 25. April wieder einmal mit George Bush telefonierte, um ihn über mein Gespräch mit Gorbatschow vom Vortag zu unterrichten, überraschte er mich mit der Nachricht, er habe soeben gehört, Gorbatschow wolle als Generalsekretär der KPdSU zurücktreten. Das war mir neu und gehörte wohl eher in den diffusen Nachrichtensumpf der Gerüchte. Doch war in jener Zeit mit allem zu rechnen. Gott sei Dank erwies es sich dann tatsächlich als eine der vielen Falschmeldungen.

Als sich Gorbatschow am 30. April verabredungsgemäß bei

mir telefonisch meldete, stand erneut der Fortgang der Reformen in der Sowjetunion im Mittelpunkt unseres zwanzig Minuten langen Gedankenaustauschs. Er erläuterte mir ein »Antikrisenprogramm«, das sich jedoch nicht nur auf kurzfristige, sondern auf langfristige Ziele konzentriere. Dabei ging es insbesondere um dringende Maßnahmen zur Stabilisierung der Wirtschaftslage. Gorbatschow sprach von einer »heißen Woche«, die er hinter sich habe. Ich spürte, wie hoch sich die Probleme vor ihm stapelten – von der Stabilisierung der Grundstoffindustrien über den Kampf gegen die Inflationsrate bis zur Einführung marktwirtschaftlicher Prinzipien. Es ging in Moskau um die Entstaatlichung der großen Industriezweige, um die Antimonopolgesetzgebung und um Hilfen für mittlere und kleine Unternehmer. In den neuen Bundesländern standen wir selbst vor riesigen Herausforderungen. Was sich jedoch in der Sowjetunion vollzog, war ungleich schwieriger und ohne Beispiel.

Wiederholt sicherte ich meinem Freund volle Unterstützung zu. Dass ich für ihn in Westeuropa und in Amerika massiv Partei ergriff, sei es in öffentlichen Reden, in vertraulichen Hintergrundgesprächen oder in Telefonaten mit den Regierungsvertretern, wusste er zur Genüge. Trotzdem gab ich ihm immer wieder zu verstehen, dass ich im Gegensatz zu vielen Skeptikern und Bedenkenträgern dabei blieb: Ich setzte auf Michail Gorbatschow. Als ich unser Telefonat mit dem Satz schloss: »Der Kampf geht weiter«, erwiderte Gorbatschow: »Der Kampf ist ewig, und von der Ruhe können wir nur träumen!«

Für mich stand außer Zweifel, dass der Zerfall der Sowjetunion nicht mehr aufzuhalten wäre, wenn Michail Gorbatschow in dieser Situation zurücktreten oder gestürzt würde. Deshalb war ich so darauf erpicht, ihm in seiner schwierigen Lage beizustehen und seine Reformbestrebungen zu unterstützen. Bei all meinen Gesprächen, insbesondere mit den Amerikanern, die der Ansicht waren, dass es ein Vorteil wäre, wenn die UdSSR in Einzelstaaten zerfiele, verwies ich auf die großen Gefahren. Vor allem der Fortgang des Abrüstungsprozesses wäre sehr gefährdet. Noch schlimmer: Bei einem Zerfall der Sowjetunion in einzelne Republiken wäre die globale Sicherheit in hohem Maße durch den dann auf mehrere Einzelstaaten verteilten Besitz von Nuklear- und Panzerpotential bedroht.

Auch bei meinem ersten Besuch nach der deutschen Wiedervereinigung in Amerika argumentierte ich in diesem Sinne. Jetzt müssten wir alles tun, um Gorbatschows Chance bei seinen Reformen zu sichern, sagte ich am 20. Mai bei unserem Treffen im Weißen Haus zu George Bush. Natürlich könne man nur Hilfe zur Selbsthilfe leisten, denn die entscheidenden Veränderungen – in erster Linie die Schaffung einer föderalen Ordnung und die Umsetzung einer konsequenten Wirtschaftsreform – müssten die Sowjets selber vornehmen. Es wäre jedoch ein schwerer Fehler, wenn der Westen hier tatenlos zuschauen würde. Bush stimmte meiner Einschätzung zu und sagte, es bleibe das Ziel der amerikanischen Politik, mit Gorbatschow zusammenzuarbeiten. Mit Gorbatschows Wunsch nach einem Kredit in Höhe von 1,5 Milliarden US-Dollar habe die amerikanische Regierung allerdings Probleme, da nach amerikanischem Recht das Landwirtschaftsministerium bescheinigen müsse, dass der Kredit in Ordnung sei. Und das sei äußerst schwierig.

Ich verwies darauf, dass es durchaus auch auf psychologische Unterstützung ankomme, etwa dadurch, dass man mit Gorbatschow öfter telefoniere, zumal ihm immer wieder zugetragen werde, der Westen habe ihn längst aufgegeben. Man müsse ihm deutlich machen, dass wir ihn akzeptierten. Was Deutschland angehe, unterstrich ich, habe Gorbatschow immer Wort gehalten.

Zu den Bestrebungen der baltischen Staaten, sich von der Sowjetunion loszulösen, bemerkte ich, Gorbatschow wisse, dass er sie nicht mehr lange halten könne; aber er könne sie nicht ziehen lassen, bevor die neue staatliche Ordnung der Sowjetunion klar sei. Alles andere käme einer Explosion gleich. Bei allen Sympathien für die Balten und das Selbstbestimmungsrecht der Völker: Jetzt gehe es darum, dass Gorbatschow Erfolg habe. Was nach ihm komme, wisse man nicht, und ich äußerte große Zweifel, dass die Nachfolger erfolgreicher wären, selbst wenn es sich um Idealisten handeln sollte.

Bush teilte meine Einschätzung, und ich sprach noch die Hoffnung aus, dass es Gorbatschow gelingen möge, eine gewisse Neuordnung des staatlichen Aufbaus zu erreichen. Er sei dabei, die Kräfte zu bündeln, und nach meiner Überzeugung werde er an der Macht bleiben und seinen politischen Kurs nicht verändern, auch wenn er ab und an einen Zickzackkurs einschlagen müsse. Gorbatschow habe mir erst kürzlich am Telefon gesagt: »Ich ändere mich nicht, ich gehe weder nach rechts noch nach links, aber ich benötige Unterstützung.« Ich sah nach wie vor keine Alternative zu Michail Gorbatschow. Auch darin stimmten Präsident George Bush und ich überein.

Mein zweitägiger Besuch in den Vereinigten Staaten war ein besonderes Ereignis in der Geschichte der Beziehungen zwischen unseren Ländern: Zum ersten Mal besuchte der Regierungschef eines vereinten Deutschlands die Vereinigten Staaten. Vor diesem Hintergrund war unser Zusammentreffen für mich eine besonders gute Gelegenheit, Dank zu sagen für alles, was die amerikanische Nation zum Wohle Deutschlands und Europas geleistet hatte. Amerika hatte jahrzehntelang die Freiheit in Europa verteidigt. Ohne den unermüdlichen Einsatz Amerikas und seiner Präsidenten – von Harry S. Truman bis George Bush – über mehr als vier Jahrzehnte hinweg hätte Deutschland seine Einheit in Freiheit nicht wiedererlangt.

Mein besonderer Dank galt Präsident George Bush. Nicht zuletzt seinem Weitblick, seinem staatsmännischen Geschick und seinem engagierten Eintreten verdankten wir es, dass an jenem denkwürdigen 3. Oktober 1990 der Traum von der Freiheit und Einheit aller Deutschen möglich wurde.

Mit der Wiedervereinigung, der staatlichen Einheit und der vollen Souveränität ging ein Zeitabschnitt zu Ende, in dem die Deutschen über vier Jahrzehnte hinweg im Brennpunkt des Ost-West-Konflikts standen. Unsere gemeinsame Standfestigkeit und Beharrlichkeit hatten sich ausgezahlt: Nach dem Umbruch in Mittel-, Ost- und Südosteuropa begann ein neues Zeitalter im Zeichen von Freiheit, Rechtsstaat und Demokratie. Zugleich stellten sich ganz neue gemeinsame Aufgaben: die Sicherung politischer und wirtschaftlicher, sozialer und ökologischer Stabilität in jenem Teil Europas, der sich nach Jahrzehnten vom Joch der kommunistischen Zwangsherrschaft befreit hatte.

Vor meinen amerikanischen Freunden beschrieb ich die damalige Lage: An die Stelle der Herausforderungen von gestern waren neue getreten, für die es in der Geschichte kein Beispiel gab. Es ging um die Bewältigung der verheerenden Hinterlassenschaft des kommunistischen Systems und um den Aufbau einer freiheitlichen Wirtschafts- und Gesellschaftsordnung in diesen Ländern. Im östlichen Teil Deutschlands erlebten wir in dieser Zeit am eigenen Leib, wie die Menschen von einer maroden und unproduktiven Kommandowirtschaft um den Lohn ihrer Arbeit gebracht worden waren. Industrieanlagen und Wohnungen waren vom Verfall bedroht, die Verkehrswege in katastrophalem Zustand, das Telefonnetz hoffnungslos veraltet und die Umwelt in bisher nicht gekanntem Ausmaß geschädigt.

Vor allem aber hatten die Unrechtsregime in den Herzen der Menschen tiefe Wunden geschlagen. Die Menschen mussten erst wieder Vertrauen zu sich selbst und dem Leben in einer neuen Ordnung finden. So stellte der Umbruch in Europa insbesondere uns Deutsche vor eine große Bewährungsprobe.

Unsere Begegnungen verliefen betont harmonisch. Der Präsident bedankte sich für die Finanzleistung der Deutschen im Golfkrieg. Am Abend des letzten Besuchstags war ich Gast in den privaten Räumen des Weißen Hauses. Diese Geste ließ George Bush nur engen Freunden zuteil werden. Es war sicherlich als Erwiderung der Einladung zum Essen in unserem Privathaus in Ludwigshafen im November 1990 zu verstehen. Doch diese Geste entsprach auch dem ausgezeichneten freundschaftlichen Verhältnis, das ich für unser Land und für mich ganz persönlich so später niemals mehr erlebt habe.

*

Beim 57. deutsch-französischen Gipfeltreffen in Lille Ende Mai 1991 ging es einmal mehr um die Fortentwicklung Europas zu einer Politischen Union und um den Aufbau eines europäischen Verteidigungssystems. Für mich stand fest, dass wir bei diesem Thema nicht weiterkommen würden, wenn nicht die Frage der Europäischen Verteidigung einbezogen würde. Die Politische Union war genauso wichtig und notwendig wie die Wirtschafts- und Währungsunion, und zur Politischen Union gehörte nun einmal auch die Frage von Sicherheit und Verteidigung. Natürlich hatten Deutschland und Frankreich unterschiedliche Ausgangspositionen. Deutschland war keine Nuklearmacht und wollte es auch nicht werden. Anders als Frankreich war Deutschland in die militärische Struktur der Nato eingebunden. Das enthob uns jedoch nicht der Notwendigkeit, gemeinsame Überlegungen anzustellen. Dies galt auch für die Frage der »Out of area«-Einsätze, die ich mit dem französischen Präsidenten besprach. In diesem Zusammenhang kamen wir auf die Rolle Amerikas und die Beziehungen zwischen Washington und Moskau zu sprechen. Auch bei meinem französischen Gesprächspartner warb ich dafür, Michail Gorbatschow zum Weltwirtschaftsgipfel Mitte Juli 1991 nach London einzuladen. Mitterrand unterstützte die Idee. Allerdings, so merkte er an, könne Gorbatschow nicht als förmlicher Teilnehmer des Gipfels, sondern nur als Gesprächspartner kommen.

In Lille ging es auch um Möglichkeiten einer Öffnung der EG für die neuen Demokratien in Mittel- und Osteuropa. Große Sorge bereitete uns die Entwicklung auf dem Balkan. Die Verschärfung der Auseinandersetzungen in Jugoslawien bedrohte die europäische Stabilität. Mitterrand und mir blieb lediglich der Appell an alle Beteiligten, ihrer Verantwortung gerecht zu werden und sich für einvernehmliche Lösungen einzusetzen.

*

Bei meinem zweiten informellen Treffen des Jahres 1991 mit dem britischen Premierminister John Major auf dessen Landsitz in Chequers bei London ging es um die Vorbereitung des Europäischen Rats in Luxemburg und des Weltwirtschaftsgipfels in London. Diesmal war es Major, der das Thema Gorbatschow ansprach. Wir einigten uns auf Modalitäten einer Einladung an den sowjetischen Präsidenten, dem zum Schluss des Gipfels Gelegenheit für ein offenes Gespräch von vier bis fünf Stunden gegeben werden sollte. Ich riet Major zu einer pragmatischen Herangehensweise. Auch wenn Japan dagegen sei, könne man den Internationalen Währungsfonds und die Weltbank einschalten, um Hilfe zur Selbsthilfe an die Sowjetunion zu leisten. Man musste doch zur Kenntnis nehmen, wie sehr wir alle von der Entwicklung in der Sowjetunion betroffen waren.

Man brauchte sich damals nur die Frage zu stellen, wie der Golfkrieg ohne Gorbatschows – zumindest – politische Unterstützung verlaufen wäre. Man musste einfach einsehen, wie sehr Gorbatschow durch seine Reformpolitik die Welt verändert hatte. Wie der Präsident in London aufgenommen würde, war von nicht zu unterschätzender psychologischer Bedeutung. Es gab nämlich in Moskau Leute, die verkündeten, der Westen schaue nur zu und warte darauf, dass die Sowjetunion zusammenbreche. Das war aber eine überaus törichte Sichtweise. Zwar nicht bei Bush und Baker, doch einige Mitglieder des amerikanischen Senats waren bereits der Meinung, am Ende dieses Jahrhunderts würden die USA die einzige Weltmacht sein.

Dabei stand die sowjetische Führung vor ungeheuren Aufgaben. Ein Erfolg dieser Politik der Öffnung wäre ein Erfolg für uns alle. Das war für mich nicht nur eine Frage des Verstandes, sondern auch des Herzens. Wir standen im letzten Jahrzehnt des Jahrhunderts. Vielleicht würde es uns jetzt gelingen, die Dinge in Ordnung zu bringen, die in diesem Jahrhundert in Unordnung geraten waren. Die Sowjetunion war unser wichtigster Nachbar im Osten Europas, und die Entwicklung dort war auch für uns schicksalhaft. Alles hing davon ab, dass der Reformprozess friedlich und erfolgreich verlief. Wenn andere meinten, man könne jetzt »politische Geschäfte« machen, so verstanden sie nichts von Politik.

Die Sowjetunion war zum ersten Mal dabei, sich in das wirtschaftliche und politische Weltsystem zu integrieren. Wir durften

Gorbatschow nicht unterstellen, dass es ihm darum ginge, auf dem Weltwirtschaftsgipfel mit einem Hut herumzulaufen. Er musste aufzeigen, was in der Sowjetunion vor sich ging und warum diese Entwicklung für alle wichtig war. Die Bürde ihrer Reformen durfte die Sowjetunion nicht auf andere abwälzen, diese Bürde musste sie selbst tragen. Um so wichtiger war es, dass Gorbatschow mit konkreten Vorschlägen nach London kam. Er musste seinerseits alles daran setzen, dort nicht als Bittsteller zu erscheinen. Die Sowjetunion hatte ihre eigene Würde – wie wir auch. Dies zu beachten schien mir ganz wichtig.

*

Bei Temperaturen von 30 Grad empfing mich der sowjetische Präsident am 5. Juli auf dem ukrainischen Flughafen Borispol. Zusammen fuhren wir dann zur Sommerresidenz der Ukrainischen Kommunistischen Partei in Meschigore bei Kiew. Es war ein Treffen alter Freunde. Gorbatschow, sonst meist ernst und angespannt, wirkte freundlich gelassen, wenngleich die protokollarischen Auswirkungen der ungeklärten Souveränitätsfragen in der UdSSR spürbar waren. Auf dem kurzen Weg vom Flughafen zur Partei-Datscha registrierte ich aggressive Demonstranten, die auf die Unabhängigkeitsrechte der Ukraine aufmerksam machten.

Für mich war das Recht der Völker auf Selbstbestimmung oberstes Gebot. Die Frage war, wie dies nach langjähriger kommunistischer Herrschaft bewerkstelligt werden sollte. Mich interessierte Gorbatschows Haltung dazu, der mit dem Problem der nach Unabhängigkeit strebenden Einzelrepubliken konfrontiert war. Undurchsichtig war die Lage auf dem Balkan, nachdem die jugoslawischen Teilrepubliken Kroatien und Slowenien ihre Unabhängigkeit erklärt hatten und in Jugoslawien ein Bürgerkrieg ausgebrochen war. So sprachen wir bei unserem fünfstündigen Treffen denn auch zunächst über das Naheliegende: über Chancen zur Lösung der blutigen Krise in Jugoslawien. Die Entwicklung in diesem Vielvölkerstaat blieb natürlich nicht ohne Folgen für die nach Unabhängigkeit strebenden Sowjetrepubliken.

In Gorbatschows Sommerresidenz in Meschigore bei Kiew (Juli 1991)

Vor allem aber ging es mir um die Vorbereitung des Weltwirtschaftsgipfels Mitte Juli in London. Ich hatte mich ja als einer der ersten westlichen Regierungschefs für eine Einladung an Gorbatschow eingesetzt, damit er vor diesem Forum die Probleme und Wünsche seines Landes darlegen konnte. Jetzt wollte ich dem Präsidenten den »Erwartungshorizont« der führenden westlichen Industrienationen im Hinblick auf die weitere Entwicklung in der UdSSR darlegen.

Gorbatschow eröffnete das Gespräch mit einigen ironischen Bemerkungen über Boris Jelzin, der in den ersten direkten Volkswahlen am 12. Juni zum Präsidenten der Russischen Föderation gewählt worden war. Dieser werde sich demnächst zum ersten Präsidenten des heiligen Russlands »krönen« lassen, so Gorbatschow. Jelzin habe ihn gefragt, ob er bei dieser Gelegenheit auf die Verfassung oder auf die Bibel schwören solle. Gorbatschow habe geantwortet, Jelzin solle auf die Bibel schwören, zumal er doch so gläubig sei. Zu allem Überfluss habe Jelzin ihn noch aufgefordert, bei dieser »Show« ein Begrüßungswort zu sprechen. Gorbatschow, der seine Entscheidung hierüber von dem Gesamtszenario abhängig machen wollte, musste bei alldem daran denken, dass Jelzin noch 1987 vor einem Personenkult um Gorbatschow gewarnt hatte. Zur feierlichen Einführung am 17. Juli im Kreml hatte er Jelzin ausdrücklich empfohlen, er möge Maß halten und nüchtern auftreten.

Auf meine Frage, ob ich Boris Jelzin nach Deutschland einladen sollte, reagierte Gorbatschow positiv und meinte, das könne durchaus nützlich sein, wenn meine Position hierbei genau definiert werde. Gorbatschow erinnerte daran, dass sich 75 Prozent der Bevölkerung der Sowjetunion für die Union ausgesprochen hätten, und meinte, alle Versuche, den Staat Sowjetunion aufzuteilen, müssten in einem Abenteuer enden. Man könne die Machtbefugnisse aufteilen, nicht aber den Staat. Um zu wissen, was sonst drohe, brauche man nur auf Jugoslawien zu schauen. Was sich dort abspiele, sei lächerlich im Vergleich zu dem, was in der Sowjetunion geschehen könnte.

Meine Position in dieser Frage war eindeutig. Wer glaubte, dass jetzt die Stunde gekommen wäre, die Sowjetunion kleiner zu machen oder, besser gesagt, sie zu zerstören, sei ein Esel, denn am Ende würden nur Trümmer stehen. Es wäre eine unfruchtbare Zerstörung, die nicht dem Frieden diente. Beispielsweise werde es dann nicht mehr möglich sein, die Abrüstung durchzuführen, weil man nicht mehr wisse, welche Republiken über welche Waffen – insbesondere Nuklearwaffen – verfügten und welche Armeen es gäbe. Wer in dieser Stunde auf den Zerfall der Sowjetunion setze, sagte ich, gefährde den Frieden. Das war eine Überzeugung, die ich ebenso offen in Deutschland und in der Europäischen Gemeinschaft aussprach wie im amerikanischen Senat. Ich versicherte Gorbatschow, auch Präsident Bush sei der gleichen Meinung wie ich. Allerdings sei auch richtig, dass die Sowjetunion wie alle großen Staaten eine föderale Struktur brauche. Für mich war die Zeit vorbei, dass man von einem zentralen Punkt aus bis in die hinterste Ecke alles regeln konnte.

Gorbatschow sagte, wenn jetzt die Republiken größere Vollmachten vom Zentrum erhielten, müsse man aufpassen, dass nicht fünfzehn Diktaturen für ein und dieselbe Wirtschaft entstünden.

Eine funktionierende Marktwirtschaft brauche einen einheitlichen Raum, dessen Hauptsubjekt der Einzelbetrieb sei.

Ich kam noch einmal auf Boris Jelzin zurück und meinte, auch gegenüber Jelzin wolle ich sehr offen darauf hinweisen, dass er keine Chance habe, wenn er die Perestroika nicht unterstütze. Außerdem erfordere es die Lage in der Sowjetunion, dass Jelzin eng mit Gorbatschow zusammenarbeite. Das könne ich ihm offen sagen, zumal Jelzin wisse, wie ich und Gorbatschow zueinander stünden.

Gorbatschow erklärte, die Amerikaner hätten in der Tat versucht, Jelzin zu begünstigen. Sie sähen in ihm einen großen Reformator, weil er ständig von Privatkapital rede. Das gefalle den Amerikanern. Manche sagten, Gorbatschow sei unentschlossen. Sein Streben nach einer marktwirtschaftlichen Reform, einer Reform der Eigentumsverhältnisse und zugunsten einer Entmonopolisierung stehe jedoch außer Frage. Zugleich müsse der Staat allerdings auch Verantwortung für die Löhne tragen. Gorbatschow meinte, gerade ich könne ihn sehr gut verstehen, weil ich in den neuen Bundesländern selber entsprechende Erfahrungen machte. Es sei jedoch sehr viel leichter, dort eine solide Basis zu schaffen, weil die alte Bundesrepublik über eine starke Wirtschaft, starke Finanzen, hohe Technologie und gut ausgebildete Kader verfüge. Im Unterschied zu den neuen Bundesländern habe die Sowjetunion aber keinen »guten Onkel« im Hintergrund.

Dann kamen wir auf den bevorstehenden Weltwirtschaftsgipfel in London zu sprechen. Ich wollte dem Präsidenten den guten Rat eines Freundes geben, denn mir war daran gelegen, dass dieser Weltwirtschaftsgipfel zu einem Erfolg für ihn wurde. Gorbatschow warf ein, er habe die Botschaft verstanden. Ich fuhr fort und schilderte dem Präsidenten ganz offen die Stimmung, wie sie tatsächlich war. Zunächst seien da die Franzosen, die Italiener und wir, die eindeutig dafür einträten, dass Gorbatschows Reformen zum Erfolg gebracht würden. Auch der derzeitige Ratspräsident, der Niederländer Ruud Lubbers, der für die EG an dem Gipfel teilnehmen werde, vertrete diese Linie. Der britische Premierminister Major sei mit Sicherheit besser als seine Vorgängerin. Er habe aber Wahlen vor sich und erhebliche wirtschaftliche Schwierigkeiten zu Hause. Auch Major sei – wie übrigens auch der kanadische Ministerpräsident Mulroney – zu konkreten Hilfen bereit.

Was Washington betreffe, so sei es insofern kompliziert, als der Präsident im Kongress keine Mehrheit dafür habe, sich bei der jetzt anstehenden Frage zu engagieren. Der amerikanische Präsident habe aber Gorbatschows Haltung während des Golfkriegs nicht vergessen. Ich war überzeugt, dass Bush der Perestroika unter Gorbatschow Erfolg wünschte. Gleichzeitig müsse er aber mit dem amerikanischen Kongress auskommen, auf den die unterschiedlichsten Gruppierungen Einfluss hätten. Das sei der Hauptgrund dafür, weshalb die Administration immer wieder durch den Kongress gebremst werde. Darum sei es so wichtig, dass Gorbatschow in London seine Konzeption klar erläutere, und zwar sowohl hinsichtlich der Staatsreform als auch bezüglich der Wirtschaftsreform.

Der schwierigste Partner seien unzweifelhaft die Japaner. Diese hätten sich auf eine Formel versteift, wonach jede Hilfe an die sogenannte Kurilenfrage gebunden sei. Tokio forderte die im Zweiten Weltkrieg von den Sowjets besetzten Kurilen-Inseln zurück.

Ich hielt es für sehr nützlich, wenn Gorbatschow in London anhand eines Kalenders darlegen würde, wann und in welcher Weise er die Staatsreform zu Ende bringen wollte. Schließlich gab ich Gorbatschow noch den Rat, von sich aus das Thema Baltikum anzusprechen, bevor es von anderer Seite aufgeworfen wurde.

Für Gorbatschow war die Einladung nach London zunächst von großem Symbolwert. Er wusste vor allem meine Rolle hierbei besonders zu schätzen. Für die Sowjetunion sei sehr wichtig, dass die Beziehungen zu Deutschland zu einer Konstante ihrer Politik geworden seien. Es handle sich jetzt nicht mehr um den Prozess der Versöhnung, sondern um einen Prozess der gegenseitigen Annäherung. In dieser Perspektive sollte man auch die Beziehungen für die Zukunft sehen, meinte er. Dabei sei es wichtig, Lösungen für die wirtschaftlichen Fragen zu finden. Es gebe eine ganze Reihe von Problemen, die aber die große Perspektive nicht verstellen dürften. Wenn die Sowjetunion aus der Krise herauskomme, werde die bilaterale Zusammenarbeit mit Deutschland ganz Europa näher zusammenbringen.

Gorbatschow fuhr fort, manche unterstellten, dass sich hier zwei Giganten zusammenfänden, die über andere ein Diktat ausüben wollten. Das sei völlig abwegig. Die Sowjetunion und das vereinte Deutschland müssten bereit sein, größere Verantwortung zu übernehmen und sich der Zukunft zu stellen. Er sei überzeugt, dass man den richtigen Weg beschreite.

In London werde man nur weiterkommen, wenn der politische Dialog durch eine Art wirtschaftlicher Kooperation in Europa gestärkt werde. Deshalb sei das große Thema für ihn die wirtschaftliche Zusammenarbeit mit dem Westen. Früher hätten die beiden Wirtschaftssysteme in Konfrontation zueinander gestanden. Jetzt habe man es mit neuen politischen Verhältnissen zu tun, und damit eröffne sich auch die Möglichkeit, dass die Sowjetunion sich in die Weltwirtschaft integriere. Die Perestroika sei selbstverständlich ein internes Problem der Sowjetunion, aber die Eingliederung in die Weltwirtschaft werde gewaltige wirtschaftliche und politische Folgen für andere haben. Infolgedessen müssten auch die westlichen Länder ein Interesse daran haben, dass die Reformen in der Sowjetunion beschleunigt würden. Die Frage sei allerdings, was man dazu brauche. Die Sowjetunion befinde sich in einer Zwischenphase. Wer jetzt schnell handle, bekäme auch die Unterstützung der Bevölkerung. Man befinde sich praktisch in einer Lage wie Deutschland Anfang der dreißiger Jahre: Sogar ein Diktator, der schneller handle, könnte jetzt die Unterstützung der Massen bekommen.

Gorbatschow meinte weiter, er wolle ganz offen mit mir sprechen. Es gehe um drei wichtige Felder:

Erstens um die innere Einigung der Sowjetunion. Dazu gehörten die einzelnen Reformschritte, nämlich der Unionsvertrag und das föderale System, sowie der Rechtsstaat und die Reform der Verwaltung. Jetzt komme es vor allem darauf an, das Zusammenleben der Republiken in einer neuen Union zu organisieren. Es gebe eine weitverbreitete Angst vor Bürgerkrieg und Anarchie.

Das Volk habe die Extreme von links und rechts eindeutig abgelehnt.

Zweitens gehe es um die Wirtschaftsreform. Diese müsse beschleunigt werden. Hier stelle sich zunächst die Eigentumsfrage und in Verbindung damit die Entstaatlichung und Privatisierung. Das sei der schwierigste Komplex im Parlament gewesen.

Auf meine Frage, welche Kompetenzen die Republiken beziehungsweise die Zentrale künftig haben würden, erwiderte Gorbatschow, bei der Zentrale verblieben die Zuständigkeit für Sicherheit und Verteidigung, für innere Sicherheit, für Energie, einschließlich der Pipelines, für die Eisenbahnen und die Kommunikation, die Grundlagenforschung und die überregionalen Kulturprogramme. Zum Sektor Energie gehörten auch die Atomenergie und die Elektrizitätswerke.

Die Außenpolitik werde demnach bei der Union verbleiben, aber die Republiken würden die Möglichkeit erhalten, konsularische Beziehungen aufzunehmen. Ferner würden die Banken sowie das Finanzsystem und die Preisregulierung bei der Union bleiben. Es werde infolgedessen ein mächtiges Zentrum geben, andererseits würden allerdings auch viele Kompetenzen den Republiken übertragen werden.

Das dritte Feld betreffe die Zusammenarbeit mit dem Westen. Alle drei Punkte seien wesentlich, und man müsse verstehen, dass die Wirtschaftsreformen enorme Wirkung auf die Einigung hätten.

Nur einmal unterbrachen wir unseren intensiven fünfstündigen Meinungsaustausch für einen kurzen Spaziergang im Park. Wir umrundeten mehrmals einen kleinen Teich und kamen am Ende zu einem guten Abschluss. Gorbatschow meinte, wir hätten im Tempo der Perestroika verhandelt und er habe in mir einen Partner gefunden, der bei diesem Tempo mithalte. Dem mochte ich nicht widersprechen.

Noch in der Nacht flog ich nach Bonn zurück. Gorbatschow schien sich bei allen Belastungen in sehr guter Verfassung zu befinden. Er war fest entschlossen, sein Reformprogramm fortzusetzen, und meine Frage, ob er einen Militärputsch fürchte, hatte er klar verneint. Große Probleme hatte er offensichtlich in der Partei, der er ein neues Programm verordnen wollte. Ich hatte den Eindruck, dass er notfalls die Partei spalten würde, um die Ultras hinauszudrängen.

Über die wesentlichen Eindrücke und Ergebnisse meines Treffens mit Michail Gorbatschow informierte ich telefonisch George Bush, François Mitterrand und John Major. Damit war der bevorstehende Londoner Weltwirtschaftsgipfel optimal vorbereitet. Meine Gesprächspartner hatten die Zeichen der Zeit erkannt. Jetzt galt es, ohne Verzögerung zu handeln, um Schlimmeres zu verhüten.

Wenn ich mich heute daran erinnere, was in den folgenden Wochen und Monaten geschah, war mein Drängen mehr als berechtigt. Der Putschversuch gegen Gorbatschow im August 1991 bestätigt im nachhinein meine großen Sorgen vor Veränderungen und ist wie ein nachträglicher Beleg dafür, wie wichtig es war, dass ich mich in den Monaten nach der Vereinigung so stark außenpolitisch engagierte. Nicht auszudenken, wenn es dabei zu Verzögerungen gekommen wäre!

Der 17. Weltwirtschaftsgipfel der sieben führenden Industrienationen in London vom 15. bis 17. Juli 1991 ging mit wichtigen Beschlüssen zu Ende. Die Staats- und Regierungschefs von Großbritannien, Frankreich, Italien, Japan, der Bundesrepublik, Kanada und der Vereinigten Staaten sowie der niederländische Ratspräsident Ruud Lubbers und Jacques Delors als Präsident der Kommission der Europäischen Gemeinschaft hatten gute Arbeit geleistet. Der entscheidende Erfolg aber war in meinen Augen die Hilfe für Gorbatschow. Die Teilnehmer des Gipfels sagten dem sowjetischen Präsidenten zu, die von ihm eingeleitete politische und wirtschaftliche Umgestaltung der Sowjetunion unterstützen und ihm bei der Eingliederung in die Weltwirtschaft helfen zu wollen. Konkret wurde der Sowjetunion eine besondere Beziehung zum Internationalen Währungsfonds (IWF) und zur Weltbank ermöglicht, ohne dass man sich auf eine spätere Vollmitgliedschaft festlegte. Die sieben Staats- und Regierungschefs erklärten sich ferner zu einer Intensivierung der technischen Hilfe in den Bereichen Energie- und Ernährungswirtschaft, Verkehrs- und Transportwesen sowie bei der Umwandlung der Rüstungsindustrie und der Sicherung der sowjetischen Atomreaktoren bereit.

Es war auch unser gemeinsamer Wille, die Unterstützung der Reformen in der ČSFR, in Polen, Ungarn, Bulgarien und Rumänien nicht durch die Zusammenarbeit mit der UdSSR ins Hintertreffen geraten zu lassen. Es konnte hier kein Entweder-Oder, sondern nur ein Sowohl-Als-auch geben. Ich appellierte an die westlichen Partner, die Unterstützung der Reformstaaten und der UdSSR nicht allein Deutschland zu überlassen.

Gorbatschow kehrte weder mit leeren Händen, noch mit vollen Taschen nach Moskau zurück. Blankoschecks verboten sich von selbst. Der sowjetische Präsident konnte mit dem Londoner Treffen vollauf zufrieden sein. Ich war sicherlich sein bester Anwalt, wenn ich das sagen darf. Meine drängende Vorarbeit hatte sich gelohnt, meine Federführung volle Unterstützung gefunden, und mein internationales Netzwerk hatte sich bewährt.

7.
Siege

Es war ein Sieg für Berlin. Am 20. Juni 1991 gegen 21.45 Uhr war nach langer, weitgehend auf hohem Niveau geführter Debatte die Entscheidung im Deutschen Bundestag gefallen: Mit knapper Mehrheit – 338 zu 320 Stimmen – entschieden sich die Abgeordneten für Berlin als Regierungs- und Parlamentssitz. Legislative und Exekutive würden in die Hauptstadt Berlin umziehen.

Gegen manches Drängen aus Berlin hatte ich mich wochenlang zurückgehalten, um nicht den Anschein aufkommen zu lassen, als wollte ich die eine oder andere Seite beeinflussen. Schließlich ging es um eine Gewissensentscheidung, die jeder für sich selbst fällen sollte.

Natürlich wusste jeder, der es wissen wollte, dass ich mich längst für Berlin als Hauptstadt entschieden hatte. Bei den wochenlangen Auseinandersetzungen über Parteigrenzen hinweg stand ich bei den Bonn-Befürwortern im Zentrum der Kritik. Die Montagsdemonstrationen richteten sich im wesentlichen gegen mich, und auf ihren Plakaten war unschwer zu erkennen, dass ich Bonn »zerstören« wolle. Die SPD-Ministerpräsidenten Johannes Rau und Rudolf Scharping wetterten nicht nur gegen mich, sie machten gegen mich mobil. Doch sie logen sich in die Tasche, als sie für den Verbleib des Bundesrats in Bonn plädierten, während in Berlin längst nach einem geeigneten Grundstück für die Länderkammer gesucht wurde.

Das war eine große Manipulation, die ihre Wirkung auf weite Teile der Unionsparteien nicht verfehlte. Die CSU votierte mehrheitlich für Bonn, und mir kam es in dieser schwierigen Phase darauf an, den »eigenen Laden« zusammenzuhalten. Es war übrigens kein geringerer als der französische Staatspräsident, der mich einmal fragte, ob ich für Bonn oder Berlin sei, und als ich ihm antwortete, dass ich natürlich für Berlin eintreten würde, sagte er, die Erweiterung der EU nach Osten werde notwendig kommen, und in dieser Situation sei es von existenzieller Bedeutung, dass eine der ganz großen Kapitalen weit jenseits des Rheins liege, und das könne Berlin sein.

Grundsätzlich war ich gar kein Gegner von Bonn, wenngleich ich mir einst besser Frankfurt als provisorische Hauptstadt hatte vorstellen können. Später wusste ich, dass Adenauers Entscheidung richtig war. Bonn, diese bürgerliche, ein wenig bohemehafte rheinische Stadt, war nach Hitler und Auschwitz der richtige Ort, um mit Bescheidenheit und Tatkraft ein neues Land aufzubauen. Für ein über 80-Millionen-Volk jedoch wäre Bonn keine Hauptstadt gewesen. Wäre die Entscheidung für Bonn ausgefallen, hätte man mit dem Bau einer Hauptstadt beginnen und dieses Provisorium mit viel Geld zum Regierungs- und Parlamentssitz ausbauen müssen.

Bei meinem Plädoyer für Berlin trat ich nicht als Kanzler, sondern als Bundestagsabgeordneter auf. In einer sehr persönlichen kurzen Ansprache sagte ich:

»Berlin ist immer auch die Chance der Überwindung der Teilung gewesen. Berlin war Brennpunkt deutscher Teilung und Sehnsucht deutscher Einheit. Ohne dieses Berlin der letzten vier Jahrzehnte und ohne das, was Berlin für uns bedeutet hat, wäre die deutsche Einheit nicht möglich gewesen.«

Offen gesagt: Mit Reden im Deutschen Bundestag sind vorgefasste Meinungen und ein festgefügtes Abstimmungsverhalten nicht zu ändern. Auch ohne Wolfgang Schäubles fulminante Rede und Willy Brandts brillantes Plädoyer wäre die Abstimmung so ausgefallen, wie es dann geschah. Anders verhält es sich mit dem, was nicht im Rampenlicht geschieht. Ohne meine parteiinterne Vorarbeit und meinen verdeckten, aber unermüdlichen Einsatz für ein Berlin-Votum wäre die Sache nicht gelaufen. Wäre ich nicht für Berlin, sondern für Bonn eingetreten, würde heute Bonn die Hauptstadt des vereinten Deutschlands sein.

In seinem »Berlin-Beschluss« vom 20. Juni beauftragte der Bundestag die Regierung, gemeinsam mit der Verwaltung des Deutschen Bundestags und des Senats von Berlin ein Konzept für die Verlegung des Bundestags nach Berlin zu erarbeiten. Außerdem sollte die Ansiedlung des Kernbereichs der Regierungsfunktionen in Berlin festgelegt werden. Schließlich beschloss der Bundestag die Ausgestaltung Bonns zu einem Verwaltungszentrum. Hierzu sollten unter Mitwirkung der Länder Nordrhein-Westfalen und Rheinland-Pfalz sowie der Stadt Bonn Vorschläge erarbeitet werden, wie sich zum Ausgleich für die verlorene Hauptstadtfunktion neue Funktionen und Institutionen von nationaler und internationaler Bedeutung im politischen, wissenschaftlichen und kulturellen Bereich in Bonn ansiedeln beziehungsweise in die bestehende Infrastruktur integrieren lassen könnten. Schließlich galt es, den Hauptstadtvertrag zu einem »Bonn-Vertrag« fortzuentwickeln.

Hierauf beschloss das Bundeskabinett in seiner Sitzung am 25. Juni 1991, einen »Arbeitsstab Berlin/Bonn« einzurichten, der die erforderlichen Konzepte und Maßnahmen erarbeiten sollte. Dieser Arbeitsstab sollte zur Einhaltung des vorgesehenen Zeitplans beitragen, damit in spätestens zehn bis zwölf Jahren die volle Funktionsfähigkeit Berlins als Parlaments- und Regierungssitz erreicht würde. Dass schließlich alles viel schneller ging, konnte damals niemand ahnen.

*

Am 1. Juli 1991 jährte sich der Beginn der Wirtschafts-, Währungs- und Sozialunion in Deutschland zum ersten Mal. Für die Menschen in den neuen Bundesländern, die von diesem Tag an ihre Mark der DDR in D-Mark hatten umtauschen können, hatte damit der gewiss nicht einfache, aber chancenreiche Weg in die soziale Marktwirtschaft begonnen: nicht einfach, weil er eine völlige Abkehr von der eingefahrenen planwirtschaftlichen Vergangenheit verlangte. Chancenreich, weil er von einem auf den andern Tag Horizonte eröffnete, die unter den Bedingungen des sozialistisch-kommunistischen Kommandosystems unerreichbar geblieben wären.

Von vielen Ökonomen ist der Entschluss zur Wirtschafts-, Währungs- und Sozialunion eher zurückhaltend begleitet worden. Die politische Entscheidung wurde respektiert, aber ihre ökonomische Schlüssigkeit wurde von manchem in Frage gestellt, und das bis heute. Für die Bundesregierung war aber schon damals nicht allein die politische Signalwirkung ausschlaggebend, die von den Menschen zwischen Elbe und Oder – und ebenfalls im Ausland – auch so verstanden wurde. Eindeutiges Ziel der Bundesregierung wie auch der damaligen Regierung der DDR unter der Führung von Ministerpräsident Lothar de Maizière war es zugleich, die soziale Marktwirtschaft in der DDR einzuführen. Es galt, die Währungs- und Wirtschaftsgrenze mitten durch Deutschland im Vorgriff auf die staatliche Einheit ein für alle Mal zu überwinden. In diesem entscheidenden Punkt waren alle Vorschläge, die damals auf einen abgestuften Übergang zur D-Mark und zur wirtschaftlichen Vereinigung Deutschlands abzielten, weniger konsequent.

Als zu Beginn des Jahres 1990 die Menschen in der damaligen DDR in wachsender Zahl in die westlichen Bundesländer übersiedelten, war die Wirtschafts-, Währungs- und Sozialunion die politisch, wirtschaftlich und sozial einzig angemessene Antwort auf das Streben der Menschen nach Selbstbestimmung, Eigeninitiative, wirtschaftlicher Entfaltung und sozialer Sicherheit. Dass der schnelle Übergang zu D-Mark und sozialer Marktwirtschaft harte Anpassungen für die Menschen mit sich bringen würde, war von Beginn an klar. In welchem Zustand sich allerdings Betriebe und Staatsfinanzen, Natur und Umwelt, Infrastruktur und Verwaltung tatsächlich befanden, war wegen der jahrzehntelangen Verheimlichungs- und Abschottungsstrategie der sozialistischen Machthaber nicht zu übersehen. Was hierzu im Lauf des letzten Jahres nach und nach an den Tag gekommen war, war viel schlimmer als ursprünglich angenommen. Mancher meint, vor diesem Hintergrund sei der im Juli 1990 gewählte Umtauschkurs von DDR-Mark zu D-Mark von effektiv 1,83 zu 1 überzogen gewesen. Doch dieser Umtauschkurs kam der ursprünglichen Empfehlung der Deutschen Bundesbank von 2 zu 1 sehr nahe, und er war sowohl wirtschaftlich verantwortbar als auch sozial angemessen.

Die reibungslose Vorbereitung und Durchführung der Währungsunion nach nur vierwöchiger Verhandlungszeit und die – entgegen manchen pessimistischen Voraussagen – nie gefährdete Stabilität der D-Mark waren ein auch international anerkanntes Ergebnis der vertrauensvollen Zusammenarbeit zwischen Bundesbank und Bundesregierung.

Die Zwischenbilanz nach einem Jahr Wirtschafts-, Währungs- und Sozialunion zeigte: Der Umstellungsprozess von der sozialistischen Kommandowirtschaft zur sozialen Marktwirtschaft war voll im Gang. Mehr und mehr zeichneten sich die Konturen eines Wandels zum Besseren ab. Das galt in besonderer Weise für die Entwicklung mittelständischer Wirtschaftsstrukturen. Leistungskraft und Innovationsfähigkeit, Ausbildungskapazität und Kundennähe kleiner und mittlerer Unternehmen hatten schon in der ursprünglichen Bundesrepublik maßgeblich zum wirtschaftlichen Erfolg beigetragen. In der DDR hatten die Machthaber den selbständigen Mittelstand aus ideologischen Gründen ins Abseits gedrängt und systematisch zerstört. Moderne, leistungsfähige Betriebe und Strukturen zu schaffen und den Weg in die unternehmerische Selbständigkeit möglichst vieler Existenzgründer zu fördern gehörte deshalb zu den vorrangigen Aufgaben der Wirtschaftspolitik.

Entscheidend war, und das war am äußeren Erscheinungsbild der Städte, Dörfer und Betriebe inzwischen für jedermann erkennbar: Aufbau und Wandel kamen voran. Das galt auch für eine Institution, die unter besonders schwierigen Bedingungen arbeitete: die Treuhandanstalt. Mit ihrer historisch einmaligen Aufgabe stand sie im Spannungsfeld unterschiedlicher Interessen. Die von ihr betreuten Unternehmen, deren Belegschaften, aber auch Gewerkschaften, Landesregierungen und Parlamente, in- und ausländische Investoren wie auch Alteigentümer kamen mit Erwartungen auf die Treuhand zu, die nicht selten höchst unterschiedlich, mitunter auch unerfüllbar waren. In dem komplizierten Geflecht von Verpflichtungen, Erwartungen, Sorgen und Chancen, das die Arbeit der Treuhandanstalt prägte, war von allen Beteiligten gefordert, durch besonnene und verantwortliche Zusammenarbeit unternehmerische Perspektiven zu entwickeln und möglichst viele Arbeitsplätze zu sichern. Natürlich war auch die Treuhandanstalt, zumal angesichts der besonderen Herausforderung ihrer Aufgabe, gegen Fehler nicht gefeit. Aber insgesamt hatten wir allen Grund, ihr für erfolgreiche Arbeit unter schwierigsten Bedingungen dankbar zu sein. Dies galt insbesondere auch im Blick auf die Aufbauleistung des ermordeten Präsidenten der Treuhandanstalt, Detlev Karsten Rohwedder.

Wer die Treuhand kritisiert, sollte nicht übersehen, dass der Ausgangspunkt ihrer Arbeit das verheerende Erbe des sozialistischen Kommandosystems war. Ineffizienz, Willkür und sinnloses Autarkiestreben hatten die Menschen in der DDR vierzig Jahre lang um die Früchte ihrer Arbeit betrogen. Die bedrückende Hinterlassenschaft verfehlter Wirtschaftslenkung so schnell und so sozialverträglich wie möglich zu überwinden, das war nicht allein Aufgabe der Treuhandanstalt, es war Aufgabe aller Verantwortlichen in Wirtschaft und Politik.

Auch wenn die Treuhandanstalt hierzu entscheidende Beiträge leistete, konnten sich etliche Unternehmen und Industriezweige aus dem Treuhandvermögen im marktwirtschaftlichen Wettbewerb nicht behaupten. Sorgen und Ängste der Arbeitnehmer waren deshalb verständlich. Die Erfahrung von Arbeitslosigkeit ist für die Betroffenen und ihre Familien schmerzlich und erdrückend. Um so mehr waren alle, die für die Entwicklung der Betriebe und Regionen Verantwortung trugen, aufgerufen, konstruktiv zusammenzuarbeiten.

Das Festhalten an überholten Strukturen und unrentablen Arbeitsplätzen bot jenen Menschen, von denen der notwendige Strukturwandel jetzt eine neue Orientierung verlangte, genausowenig den Schlüssel zu neuen Berufs- und Lebenschancen wie das

Pochen auf die »reine Lehre«. Gefordert waren in großem Umfang Qualifizierung und Umschulung für Arbeitnehmer. Die Bundesregierung stellte hierfür erhebliche Finanzmittel bereit. Sachmittel, Räumlichkeiten und Ausstattung bot auch die Treuhandanstalt an. Ein entscheidender Beitrag musste allerdings von den Betroffenen selbst kommen: der Entschluss, an Qualifizierungsmaßnahmen teilzunehmen, und der Wille, die Zeit eigener Arbeitslosigkeit und Kurzarbeit so kurz wie möglich zu halten und neue Beschäftigungsmöglichkeiten zu suchen. Vorübergehend konnten auch Arbeitsförderungs- und Qualifizierungsgesellschaften helfen, die schwierige Umstellungsphase zu überbrücken. Entscheidend war jedoch, dass auch von solchen Arbeitsförderungsgesellschaften Signale ausgingen, die in die Zukunft wiesen. Beschäftigung um der Beschäftigung willen würde letztlich niemandem weiterhelfen und auch den Aufbau in den neuen Bundesländern nicht voranbringen. Klare Qualifizierungsziele oder etwa Maßnahmen zum Aufbereiten umweltbelasteter Industrieflächen und Gewerbegebiete verbesserten dagegen die Voraussetzungen für Investitionen, Arbeitsplätze und Einkommen in den neuen Bundesländern.

Die neuen Bundesländer als Standort attraktiv zu machen und den Menschen die Orientierung in der sozialen Marktwirtschaft nach Kräften zu erleichtern – das waren zentrale Ziele der Bundesregierung bei ihrer Politik für die neuen Bundesländer. Das finanzielle Engagement hierfür war beispiellos. Vom Beginn der Wirtschafts-, Währungs- und Sozialunion am 1. Juli 1990 bis Ende 1991 brachte die Bundesregierung über 100 Milliarden DM für den Aufbau in den neuen Bundesländern auf. Allein aus dem Bundeshaushalt des laufenden Jahres ging nahezu jede vierte D-Mark mittelbar oder unmittelbar in die neuen Bundesländer. Das Gemeinschaftswerk Aufschwung Ost, eines der umfassendsten Förderprogramme in der Geschichte unseres Landes, bot hierfür anschauliche Beispiele. Parallel dazu förderte die Bundesregierung im Rahmen zahlreicher allgemeiner wie spezieller Programme Existenzgründungen und Unternehmensinvestitionen in den neuen Bundesländern.

Zwischen 1949 und 1989 waren in der DDR zum Beispiel lediglich 1,6 Millionen Telefonanschlüsse gelegt worden. Vor der Maueröffnung gab es nur 1500 Ost-West-Telefonverbindungen. Angesichts dieses Ausgangsniveaus waren die Fortschritte beim Ausbau des Telefonnetzes beachtlich: Die Zahl der Telefonverbindungen zwischen alten und neuen Bundesländern stieg bis Ende 1991 auf 31 000. Bis 1997 investierte die Bundespost weit über 50 Milliarden DM in den Netzausbau der neuen Bundesländer.

Beim Ausbau der Infrastruktur erforderten die Größe der Aufgabe und das Bestreben, in möglichst kurzer Zeit jahrzehntelang Versäumtes aufzuholen, auch unkonventionelle Vorgehensweisen. Es musste unvoreingenommen geprüft werden, ob gerade auf kommunaler Ebene verstärkt privates Kapital und Know-how für Infrastrukturprojekte gewonnen werden konnte, außerdem galt es, Genehmigungs- und Planungsabläufe zu verkürzen. Dies strebte die Bundesregierung insbesondere für den Verkehrsbereich an, wo es mit dem angestrebten Beschleunigungsgesetz und mit speziellen Maßnahmegesetzen für besonders vordringliche Verkehrsprojekte bei Schiene, Straße und Binnenschiffahrt in erster Linie darum ging, keine Zeit zu vergeuden – natürlich unter Wahrung rechtlicher und umweltpolitischer Aspekte. Zeitgewinn bedeutete in diesem Fall, die Chancen der Menschen in den neuen Bundesländern zu verbessern und sich auch in ihrer Heimat zügig dem Lebensstandard und Wohlstand in der bisherigen Bundesrepublik zu nähern.

Damit dies alles gelang, bedurfte es nicht nur privater und öffentlicher Investitionen in Betriebe und Infrastruktur, sondern auch funktionstüchtiger Landes- und Kommunalverwaltungen. Nach achtundfünfzig Jahren totalitärer Herrschaft – erst des nationalsozialistischen Gewaltregimes und dann der kommunistischen Machthaber – fiel der Aufbau leistungsfähiger, rechtsstaatlicher Verwaltungen naturgemäß viel schwerer als Ende der vierziger Jahre in den westlichen Bundesländern. Während damals noch zahlreiche Kräfte an ihre Erfahrungen aus der Zeit der Weimarer Republik anknüpfen konnten, fehlte es in den neuen Bundesländern an jeglicher eigener Verwaltungserfahrung in einer rechtsstaatlichen Ordnung. Auch aus diesem Grund war der zumindest befristete Einsatz erfahrener Beamter und Verwaltungsfachleute aus den westlichen Bundesländern im östlichen Teil der Bundesrepublik unverzichtbar. Weit über zehntausend Mitarbeiter von Bund, Ländern und Gemeinden waren inzwischen in den neuen Bundesländern tätig.

Die gesamte Gesellschafts-, Wirtschafts- und Sozialordnung eines freiheitlichen Rechtsstaats auf eine ehemalige kommunistische Diktatur zu übertragen, war eine Aufgabe von historischer Dimension. Mit der Wirtschafts-, Währungs- und Sozialunion war nicht nur unser freiheitliches Wirtschafts- und Sozialsystem in den neuen Bundesländern eingeführt worden; es war damit auch die Notwendigkeit verbunden, Einstellungen zu ändern, Gewohnheiten zu überprüfen und in vielerlei Hinsicht umzudenken. Das betraf nicht nur die Deutschen in den neuen Bundesländern, sondern alle, denn die Überwindung der über vierzigjährigen Teilung beschränkte sich nicht nur auf den wirtschaftlichen Neuanfang, sondern musste auch im menschlichen Miteinander ihren Ausdruck finden.

Wie wir diese Aufgabe bewältigten, das war nicht nur für die Zukunft Deutschlands entscheidend, es hatte zugleich Signalwirkung für die Reformstaaten Mittel- und Südosteuropas, insbesondere für Ungarn, Polen und die ČSFR. Keines dieser Länder hatte auch nur annähernd so günstige wirtschaftliche Bedingungen wie die neuen Bundesländer. Doch all diese Länder strebten in eine demokratische und marktwirtschaftliche Zukunft. Dabei verdienten sie die Unterstützung Deutschlands und aller Industrieländer des Westens.

Das besondere Augenmerk der Reformstaaten des Ostens galt der Europäischen Gemeinschaft, deren Anziehungskraft außerordentlich groß war. Völlig zu Recht hatten sie mittelfristig das Ziel, als demokratische Gesellschaften selbst Mitglieder der Europäischen Gemeinschaft zu werden. Mit ihrer wirtschaftlichen und politischen Hinwendung zu den Staaten Westeuropas strebten sie konsequent danach, »nach Jahrzehnten unnatürlicher Abweichung wieder auf den Weg zurückzukehren, der einst auch der unsere war«, wie es Václav Havel, der Präsident der ČSFR, anlässlich der Verleihung des Karlspreises der Stadt Aachen im Mai 1991 formulierte.

Das, was Winston Churchill in seiner Züricher Rede die »Vereinigten Staaten von Europa« nannte, war die Vision für die Fortentwicklung der europäischen Einigung. Die nächsten Etappen auf diesem Weg waren die Realisierung des Europäischen Binnenmarkts Ende 1992, dann die Wirtschafts- und Währungsunion und parallel dazu die Politische Union. Der angestrebte europäische Wirtschaftsraum mit den Staaten der 1960 gegründeten europäischen Freihandelsassoziation EFTA und die intensive Zusammenarbeit mit den Reformstaaten Mittel- und Südosteuropas wiesen über den Rahmen der Gemeinschaft der Zwölf weit hinaus. Für das vereinigte Deutschland hieß dies, seine Attraktivität als Standort in dem zusammenwachsenden Europa zu verbessern und seine Rolle als Partner der Reformstaaten im wohlverstandenen Interesse aller zu nutzen.

Freiheit und Selbstbestimmung, Demokratie und soziale Marktwirtschaft waren die Triebkräfte des Aufbruchs in Mittel-, Ost- und Südosteuropa. Nicht zuletzt die Wirtschafts-, Währungs- und Sozialunion in Deutschland eröffnete den Menschen zwischen Elbe und Oder, Rügen und der sächsischen Schweiz die Möglichkeit, diese Ziele zu erreichen.

In den neuen Bundesländern waren die Fundamente für persönliche Entfaltung, wirtschaftlichen Wohlstand und soziale Sicherheit gelegt. Es galt, auf ihnen entschlossen weiterzubauen und den Sieg über die sozialistische Gesellschaftsordnung nicht zu verspielen.

8.
Putsch

Durch die enge Kooperation mit Michail Gorbatschow und die intensive Pflege meiner Verbindungen zu Washington, Paris, London und Brüssel war ich über die Lage in Osteuropa und vor allem in der Sowjetunion bestens im Bilde. Die bange Frage nach der Zukunft des Riesenreichs bewegte uns im Westen außerordentlich. Auch innerhalb des Bonner Regierungsbündnisses wurde stundenlang über die Gefahr eines möglichen Putsches diskutiert. Die Signale mussten allerdings richtig gedeutet werden. Auch wenn sich eine kommunistische Ideologie mit ihren Auswirkungen auf die Ökonomie einer Weltmacht auf Dauer sicher nicht würde halten können, war ich doch gleichwohl der Ansicht, dass ein solches System eine Weile weiterbestehen könnte – wobei diese Weile unter Umständen sehr lang sein konnte. Die Sowjetunion war ein großes Land, ein stolzer Vielvölkerstaat, ein leidensfähiges Volk, ein hochbegabtes Volk. Dieses Land hatte in der Vergangenheit eine Menge zustande gebracht, allerdings oft zu Lasten der Menschen. Doch auf Dauer ertrug die menschliche Natur das alles nicht.

Das Hauptproblem für die Sowjetunion war, dass sie die weltweit angewachsene Kommunikationsdichte zu spät erkannt hatte. Das Land zwangsweise zusammenzuhalten schien immer schwieriger zu werden. Talleyrands Satz traf den Nagel auf den Kopf: Auf Bajonetten kann man nicht schlafen.

Ende der achtziger Jahre war die Sowjetunion längst zu einem bewegungsunfähigen Koloss geworden. Ich glaubte damals nicht, dass dieser Koloss so schnell zusammenbrechen würde. Doch darin haben wir uns im Westen alle getäuscht.

Gorbatschow hatte auf die Unabhängigkeitsbestrebungen reagiert, indem er bereits im März 1991 ein unionsweites Referendum abhielt, wonach es allen Republiken freistehe, die Union zu verlassen, sofern sich dies in verfassungsgemäßer Ordnung vollziehe. Die Baltenrepubliken boykottierten die Abstimmung, bei der 76,4 Prozent der Wähler für den Erhalt der Union stimmten. Schließlich stimmten neun der fünfzehn Unionsrepubliken und der Oberste Sowjet im Juli einem Entwurf zu, der vorsah, den Staat in »Union der Souveränen Sowjetrepubliken« umzubenennen. Dieser Unionsvertrag sollte am 20. August 1991 ratifiziert und unterschrieben werden.

Nun riefen die weitere Demokratisierung in der Sowjetunion, die Entmachtung des alten kommunistischen Apparats, der Abschied von der Plan- und Kommandowirtschaft und der drohende Zerfall der Sowjetunion die reformfeindlichen Kräfte auf den Plan. Putschisten stellten Gorbatschow, der sich auf der Krim im Urlaub befand, ein Ultimatum, sein Amt aufzugeben oder den Ausnahmezustand zu verhängen. Dem widersetzte sich Gorbatschow, der vier Tage von den Vorgängen in Moskau isoliert war, vehement.

Als ich in der Nacht vom 18. auf den 19. August vom Versuch reformfeindlicher Kräfte in der Sowjetunion erfuhr, Michail Gorbatschow zu stürzen, war ich zwar nicht allzu überrascht, aber dennoch hatte ich zu diesem Zeitpunkt nicht damit gerechnet. Die Meldungen aus der Sowjetunion über die Verhängung des Ausnahmezustands und die Übernahme der Macht durch ein »Staatskomitee für den Ausnahmezustand« – und damit die faktische Absetzung Michail Gorbatschows – gaben Anlass zu größter Sorge.

Ich brach meinen Urlaub am Wolfgangsee ab, um ein vollständiges Bild über die noch unübersichtliche Lage in der Sowjetunion zu erhalten. Als erstes beriet ich mich mit befreundeten Staats- und Regierungschefs, dann traf ich mich mit den Partei- und Fraktionsvorsitzenden der Regierungskoalition. An jenem 19. August telefonierte ich nacheinander mit dem amerikanischen Präsidenten, dem französischen Präsidenten, dem britischen Premierminister und dem kanadischen Premierminister. Wir waren uns einig, dass in dieser Situation ein enger Schulterschluss in der Europäischen Gemeinschaft und im Bündnis unerlässlich war. Schließlich nahm ich telefonischen Kontakt mit dem ungarischen Ministerpräsidenten, dem österreichischen Bundeskanzler und dem Kanzler der ČSFR auf. Mit meinen Gesprächspartnern war ich mir über folgende Punkte unseres Appells einig, die von allen zur Veröffentlichung freigegeben wurden:

»Erstens: Wir fordern die sowjetische Führung auf, alle internationalen Verträge und Vereinbarungen strikt einzuhalten.
Zweitens: Wir fordern die sowjetische Führung auf, die Menschen- und Bürgerrechte, zu denen die Sowjetunion sich in der KSZE-Schlussakte und in der ›Charta von Paris‹ für ein neues Europa ausdrücklich bekannt hat, zu achten.
Drittens: Wir sprechen die Erwartung aus, dass die Politik des friedlichen Ausgleichs, insbesondere der Abrüstung und Rüstungskontrolle, fortgesetzt wird.
Viertens: Wir unterstreichen, dass die Sowjetunion mit weiterer westlicher Hilfe nur rechnen kann, wenn sie diese Voraussetzungen erfüllt und die Politik der Demokratisierung und der Reformen weiterführt.
Fünftens: Wir erwarten, dass die persönliche Unversehrtheit Michail Gorbatschows, der einen entscheidenden Beitrag zum Frieden geleistet hat und in der Welt daher großen Respekt und großes Ansehen genießt, garantiert wird.«

Wir hatten die am Putschtag veröffentlichte Moskauer Erklärung an die Staats- und Regierungschefs zur Kenntnis genommen, wonach die Sowjetunion ihre in gültigen Verträgen übernommenen Verpflichtungen einhalten werde. Dies durfte aber nicht nur für die Verträge und Abmachungen auf dem Weg zur deutschen Einheit – die allesamt ratifiziert waren – gelten, sondern musste auch die damit eng verbundenen Verträge über Abrüstung und Rüstungskontrolle und alle Dokumente der KSZE mit einschließen.

Ich appellierte nachdrücklich an alle Verantwortlichen in der Sowjetunion, keine Gewalt anzuwenden, jegliches Blutvergießen zu vermeiden und die vereinbarten Prinzipien für ein neues Europa nicht zu verletzen.

Der Putsch in der Sowjetunion gab Anlass, an die innenpolitische Diskussion vor einem Jahr zu erinnern, als die von mir geführte Bundesregierung von vielen dafür kritisiert worden war, dass sie den Weg zur Einheit angeblich zu schnell gegangen sei. Spätestens jetzt erwies sich, wie grundfalsch diese Kritik war. Für mich steht bis heute fest: Der Kurs zur deutschen Einheit, so wie wir ihn mit Hilfe unserer Freunde und Partner – und ich sage ganz bewusst: nicht zuletzt mit Hilfe Michail Gorbatschows im Kaukasus – gesteuert hatten, war und blieb richtig. Es war eine einmalige geschichtliche Chance, und ich bin bis heute froh darüber, dass wir sie so nutzen konnten.

*

Noch am selben Tag suchte mich der sowjetische Botschafter in Bonn, Terechow, im Kanzleramt auf, um mir ein Schreiben des durch den Putsch an die Macht gelangten Präsidenten Gennadi Iwanowitsch Janajew zu übergeben. Darin erklärte Janajew, der zuletzt Vizepräsident der Sowjetunion gewesen war, den Kurs Gorbatschows fortsetzen zu wollen. Er hoffe im übrigen auf Aufnahme der Amtsgeschäfte wieder durch Gorbatschow, sobald sich dessen Gesundheitszustand verbessert habe.

All das war für mich ziemlich undurchsichtig. Was wirklich mit meinem Freund im Urlaub auf der Krim passiert war, klärte diese Botschaft nicht auf. Terechow gegenüber machte ich einmal mehr deutlich, wie wichtig mir die persönliche Integrität Gorbatschows sei, mit dem ich ein großes Stück des Weges der letzten Jahre gemeinsam gegangen sei.

*

Boris Jelzin (hier auf einem Panzer vor dem russischen Regierungsgebäude in Moskau) brachte den Putsch gegen Gorbatschow zum Scheitern (August 1991)

Unvergessen die Fernsehbilder aus Moskau. Unvergessen die Rolle des russischen Präsidenten Boris Jelzin. Unvergessen sein Mut, entschlossen Widerstand zu leisten. Nach drei Tagen war der Putsch zu Ende, und Michail Gorbatschow landete nach zweiundsiebzig Stunden Arrest unversehrt wieder in Moskau. Doch von diesem Tag an schien die politische Zukunft meines Freundes ungewiss.

Wieder erschien der sowjetische Botschafter im Bundeskanzleramt, um eine Botschaft im Auftrag des soeben von der Krim zurückgekehrten Michail Gorbatschow zu übermitteln:

– Präsident Gorbatschow habe seine Geschäfte in Moskau wieder aufgenommen.
– In den nächsten Tagen werde die verfassungsmäßige Ordnung in vollem Umfang wiederhergestellt.

– Die Unveränderlichkeit des Kurses der demokratischen Umgestaltung, die strikte Einhaltung der Menschenrechte sowie der von der Sowjetunion geschlossenen Verträge und anderer Verpflichtungen würden bekräftigt.

Botschafter Terechow fügte hinzu, die Sowjetunion sehe sich einer sehr schwierigen Wirtschaftslage gegenüber. Durch den Putsch seien die wirtschaftlichen Probleme noch akuter geworden. Erste Aufgabe der nächsten Monate sei daher, die Versorgung mit Lebensmitteln, Energie und Medikamenten sicherzustellen.

Ausdrücklich bedankte sich der Diplomat für meine Erklärung zum Putschversuch gegen Gorbatschow. Sie sei in Moskau mit großer Befriedigung zur Kenntnis genommen worden.

*

Wir waren Zeugen dramatischer Ereignisse. Am 21. August 1991 hatten die Bürger in der Sowjetunion einen großen Sieg für Demokratie, Freiheit und Recht errungen. Ihr entschlossener Widerstand ließ die Putschisten kläglich scheitern. Dies geschah auf den Tag genau dreiundzwanzig Jahre nachdem die Freiheit in Prag von sowjetischen Panzern niedergewalzt worden war. So war der 21. August 1991 ein später Triumph für die Menschen, die sich damals diesen Panzern entgegengestellt hatten.

Die Menschen in Moskau, Leningrad – dem alten und neuen St. Petersburg – und in vielen anderen Städten und Regionen der Sowjetunion verdienten unseren höchsten Respekt für ihren Mut und ihre Standfestigkeit. Ich dankte vor allem Boris Jelzin, dem Präsidenten der Russischen Republik, ohne dessen unbeugsames Engagement der Staatsstreich kaum so schnell gescheitert wäre. Auch die einhellige Verurteilung des Putsches durch das westliche Ausland trug nachdrücklich dazu bei, dem Widerstand den Rücken zu stärken und damit die Junta zur Aufgabe zu zwingen. Präsident Jelzin dankte mir in einem bewegenden Telefongespräch am 21. August für die Unterstützung in den Tagen der Krise.

In der Folge dieser Ereignisse lud ich Russlands Präsidenten zu einem Besuch nach Deutschland ein. Jelzin nahm gerne an und sagte sein Kommen für die nahe Zukunft zu. Wir waren uns noch nie begegnet, und durch seinen Rivalen Gorbatschow hatte ich bisher vor allem negative Informationen über ihn bekommen.

Es war für mich ein großer Augenblick, als Michail Gorbatschow am 22. August nach Moskau zurückkehrte. Und ich füge hinzu: Für mich persönlich war es eine große Freude, den Mann, ohne den die deutsche Einheit nicht möglich gewesen wäre, wieder wohlbehalten zu erleben. Der Erfolg der freiheitlich-demokratischen Bewegung hatte – trotz vieler noch offener Fragen – die Chance vergrößert, dass die notwendigen und grundlegenden Reformen nun tatsächlich verwirklicht werden könnten.

Auch in den drei baltischen Republiken erlebten wir in diesen Tagen historische Veränderungen: Die auf Grund des Hitler-Stalin-Pakts zwangsannektierten baltischen Republiken gewannen ihre Freiheit und Selbständigkeit zurück. Estland, Lettland und Litauen waren gemäß dem erklärten Willen ihrer Völker nunmehr unabhängig. Unverzüglich nahmen wir die diplomatischen Beziehungen zu diesen Ländern wieder auf.

Bei aller Freude und Genugtuung über diesen Sieg der Demokratie durften wir jetzt nicht zur Tagesordnung übergehen. Das waren wir schon jenen schuldig, die in diesen historischen Tagen ihr Leben aufs Spiel gesetzt hatten. Gefordert war jetzt, dass der Westen gemeinsam, rasch und umfassend bei der Verwirklichung der demokratischen und marktwirtschaftlichen Zukunft der Sowjetunion und aller Reformstaaten half.

Mancher in den Ländern des freien Westens musste sich fragen lassen, ob die Reformen genügend unterstützt wurden. Natürlich mussten die zentralen wirtschaftlichen und gesellschaftlichen Entscheidungen in der Sowjetunion selbst getroffen werden. Das konnte niemand den Verantwortlichen abnehmen. Ebenso unbestritten war, dass die Mittel für Hilfe von außen immer begrenzt waren – und auch nicht von einem Land oder wenigen Ländern allein aufgebracht werden konnten, von uns so wenig wie von anderen. Um so wichtiger war, dass die notwendigen Hilfen der westlichen Länder als Hilfe zur Selbsthilfe verstanden wurden und ihre volle Wirkung entfalten konnten. Den Nutzen von einer friedlichen und demokratischen Entwicklung in der Sowjetunion hatten wir alle.

Gleichwohl blieb die Lage in Moskau für mich undurchsichtig. Gorbatschows Position war mir nicht wirklich klar, und was Jelzin letztlich im Schilde führte, konnte mir niemand erklären. Würde er jetzt Gorbatschow beerben wollen oder eine definitive Abtrennung der russischen Republik ansteuern?

Bei den zahlreichen Telefonaten, die ich Ende August mit George Bush und anderen Regierungschefs führte, war Ratlosigkeit zu spüren. Bush erkläre mir unumwunden, dass erst die Reformen in der Sowjetunion weitergeführt werden müssten, weil sonst die finanzielle Hilfe Gefahr laufe, verschwendet zu werden. Für Amerika bleibe im Moment nur die Möglichkeit zu humanitärer Unterstützung.

*

Am 5. September 1991 rief ich den russischen Präsidenten zum zweiten Mal nach dem Putsch an, um von ihm aus erster Hand zu erfahren, wie sich die Lage darstellte. Jelzin berichtete mir vom Kongress der Volksdeputierten, der eine Übergangszeit für die obersten Staatsorgane beschlossen habe. Alle Anführer des Putsches seien verhaftet worden, die staatsanwaltschaftlichen Untersuchungen liefen auf Hochtouren. Nun gehe es darum, ein wirtschaftliches Reformprogramm anzunehmen und zu verwirklichen.

Was mich bei diesem Telefonat aber auch brennend interessierte, war die Frage nach der Zusammenarbeit zwischen dem russischen Präsidenten Jelzin und dem Staatspräsidenten Gorbatschow. Boris Jelzin führte dazu aus, mit dem Putsch habe sich das Land verändert, habe sich Russland verändert und auch Präsident Gorbatschow. Noch vor zwei Wochen habe er nicht mit Sicherheit sagen können, ob der Präsident tatsächlich die demokratischen Reformen fortsetzen wolle – jetzt aber sei er davon überzeugt. Er könne mit Fug und Recht sagen, dass man gut zusammenarbeite. Es gebe keine Frage, die er nicht mit Gorbatschow bespreche, bevor man sie gemeinsam löse. Jelzin versicherte mir, dass – bis auf die drei baltischen Staaten – alle Republiken an einer erneuerten Union teilnähmen. Dabei bleibe es jeder Republik vorbehalten, über die Form ihrer Teilnahme zu entscheiden: Föderation, Konföderation oder Assoziierung im Rahmen einer Wirtschaftsunion.

Das klang zukunftsweisend und beruhigend zugleich. Zum Abschluss des Telefonats schlug ich als Termin für einen Besuch Jelzins in Bonn die zweite Novemberhälfte vor. Er nahm die Einladung zu einem »offiziellen Besuch« an, und wir verabschiedeten uns herzlich.

Auch dieses Telefonat hinterließ einen positiven Eindruck bei mir. Boris Jelzin schien mir beherzt und konfliktfreudig an seine Aufgaben herangehen zu wollen. Ich war sehr gespannt, ihn persönlich kennenzulernen. Dabei war immer zu beachten, dass keine Eifersüchteleien zwischen Gorbatschow und Jelzin aufkommen durften, denn dem misstrauischen Gorbatschow entging nichts. Für mich begann damit eine Gratwanderung zwischen diesen beiden politischen Schwergewichten.

*

Eine Stunde nach dem Gespräch mit Jelzin nahm ich Kontakt mit Michail Gorbatschow auf. Bei diesem ersten Telefonat nach dem überstandenen Putsch erlebte ich einen keineswegs angeschlagenen Politiker. Hellwach, witzig, angriffslustig und ganz offen klärte er mich über die jüngste politische Entwicklung in der Sowjetunion auf, erläuterte die Reformpläne bis zu den geplanten Neuwahlen und sein Verhältnis zu Boris Jelzin, das ihm deutlich besser zu werden schien. Ich spürte auch sein Ungehaltensein über die endlosen Debatten im Westen, ob und wann der Sowjetunion geholfen werden könne. Für ihn war es jetzt wichtig, schnelle Hilfe zu bekommen. Mit einem erneuten Appell, sein Land jetzt nicht im Stich zu lassen, verabschiedeten wir uns.

Ganz zum Schluss erkundigte ich mich nach Raissa Gorbatschowa, die durch die belastenden Umstände des Putschversuchs gesundheitlich angeschlagen war. Ihr Zustand habe sich praktisch normalisiert, versicherte mir mein Freund. Raissa hüte nicht mehr das Bett und habe schon ein erstes Interview gegeben.

9.
Zuversicht

Vor einem Jahr, in der Nacht vom 2. auf den 3. Oktober 1990, hatten wir die Wiedervereinigung in Berlin gefeiert. Diese glücklichen Stunden gehörten für mich persönlich zu den schönsten meines Lebens.

In den zurückliegenden zwölf Monaten erlebten wir einen epochalen Wandel. Jetzt war auch in der Sowjetunion das Zeitalter des Kommunismus zu Ende gegangen. Die baltischen Staaten waren frei und unabhängig. Leningrad hieß wieder Sankt Petersburg. Wir Deutschen hatten seit der Wiedervereinigung schon gute Fortschritte erzielt. Für eine große Mehrheit der Menschen zwischen Rügen und Plauen hatten sich nach nur einem Jahr die Lebensverhältnisse spürbar verbessert. Gerade Menschen mit geringem Einkommen – wie den Rentnern – war dieses erste Jahr im wiedervereinigten Deutschland besonders zugute gekommen. Wir hatten allen Grund zur Zuversicht, auch wenn jeder wusste: Es blieb noch viel zu tun. Dazu gehörte, dass wir Verständnis füreinander aufbrachten, dass wir einander mit Achtung und Toleranz begegneten.

Achtung und Toleranz schuldeten wir auch unseren ausländischen Mitbürgern. Viele von ihnen lebten seit langem in unserer Mitte und trugen mit ihrem Fleiß zu unser aller Wohlstand bei. Deutschland ist ein ausländerfreundliches Land und wird es auch bleiben. Das hieß jedoch nicht, dass wir dem Missbrauch des Asylrechts tatenlos zusehen durften.

Es war mir bewusst, dass viele Menschen bei uns sich deswegen Sorgen machten. Energisches Handeln unseres Rechtsstaates war dringend geboten, und ich tat alles in meiner Macht Stehende, damit dem Missbrauch des Asylrechts so schnell wie möglich ein Ende gesetzt wurde. Dabei war für mich selbstverständlich, dass auch künftig bei uns jeder Aufnahme fand, der aus rassischen, politischen oder religiösen Gründen in seiner Heimat verfolgt wurde.

Jeder spürte, wir standen mitten in einer Zeitenwende, und der 3. Oktober 1990 war darin ein entscheidendes Datum. Der Umbruch in der Sowjetunion beendete das Zeitalter des Totalitarismus auf unserem Kontinent. Wir alle hofften, dass dies bald auch für die Völker Jugoslawiens gelten würde.

Das größere Deutschland hatte eine größere Verantwortung übernommen und war unter meiner Führung auch bereit, diese Verantwortung weltweit zu tragen. Es gehörte zu meiner außenpolitischen Grundüberzeugung, dass unser Engagement in Europa nicht zum Rückgang der Entwicklungshilfe führen durfte. Nach dem Ende des Ost-West-Konfliks galt es nun, das Nord-Süd-Gefälle zu verringern. Dazu gehörte vor allem auch, sich für einen Erfolg der sogenannten GATT-Runde einzusetzen. Damit erhielten die Entwicklungsländer die Chance, sich über ihre Exporte auf einem offenen europäischen Markt selbst zu helfen. Die Dritte Welt musste Waren exportieren, nicht Menschen.

Meine erste große Auslandsreise nach der Wiedervereinigung führte mich vom 19. bis 29. Oktober nach Chile und Brasilien. Ich hatte mir viel vorgenommen. Die wachsende Kluft zwischen der nördlichen und der südlichen Halbkugel und die damit verbundenen ökologischen Schäden in der Dritten Welt waren eine Schicksalsfrage. Es ging um das Überleben der nächsten Generationen. Die Umweltproblematik und die Probleme der Dritten Welt brauchte ich nicht neu zu entdecken. Bereits auf den Weltwirtschaftsgipfeln in Toronto 1988 und Houston 1990 hatte ich versucht, das Thema Regenwald weltpolitisch anzustoßen. In gewisser Weise fühlte ich mich als Pionier.

Zuvor war ich nur einmal in Südamerika gewesen, 1984, als ich Argentinien und Mexiko besucht hatte. Es war eine exotische Reise in eine wenig bekannte Welt, in der man die ökologische Dimension der Weltpolitik und der Weltwirtschaft unmittelbar erleben konnte. Zum ersten Mal sah ich den mächtigen Amazonas und den größten Regenwald der Welt. Über dem ökologischen Schutz des Regenwalds durften allerdings die sozialen Probleme der Menschen hier nicht in Vergessenheit geraten. Arbeitslosigkeit, Hungerlöhne und ein erdrückender Schuldendienst ließen sich ebensowenig gegen die weltumspannende Verantwortung für die Schöpfung und für die Zukunft der Menschheit in Stellung bringen wie umgekehrt.

Diese Auslandsreise war die längste, die ich als Bundeskanzler je unternahm, und sie war durchaus nützlich, denn ich fand meine Vision von der Liberalisierung des Welthandels und der ökologischen Ausrichtung der Weltwirtschaft bestätigt. Wichtig war auch, Zuversicht zu vermitteln und in einer Region Flagge zu zeigen, die ins Abseits der großen weltpolitischen Entwicklungen zu geraten fürchtete. Bis zum Ende meiner Kanzlerschaft behielt ich die Zweite und die Dritte Welt mit ihren spezifischen Problemen fest im Blick.

*

Am 31. Oktober hielt ich mich einmal mehr in den neuen Bundesländern auf, als Juliane Weber mir in Frankfurt/Oder die Nachricht zukommen ließ, dass unser Sohn Peter mit seinem Auto in Italien schwer verunglückt sei. Zur gleichen Zeit erfuhr Hannelore auf einer Veranstaltung im Ruhrgebiet von diesem schrecklichen Schicksalsschlag.

Es brachte uns beide fast um den Verstand. Niemand wusste in diesem Augenblick, was wirklich passiert war. Wir mussten mit dem Schlimmsten rechnen.

In dieser Situation handelte Juliane Weber, wie man klüger nicht reagieren kann. Sie buchte auf unsere Kosten für Hannelore eine mir für dienstliche Zwecke zur Verfügung stehende Maschine der Flugbereitschaft. Mit ihr flog Hannelore direkt nach Mailand. Eine Dreiviertelstunde nach Einlieferung unseres Sohnes ins Krankenhaus Monza erreichte Hannelore die Klinik.

Ein furchtbarer Schock! Peters Lungen waren weitgehend kollabiert, viele Rippen und sein linker Oberarm waren gebrochen. Der linke Oberarm stand nach außen, und man befürchtete starke Nervenschäden entlang dieses Arms mit der Folge von Lähmungen. Noch war offen, ob der Arm amputiert werden musste. Peter hatte erheblich Blut verloren, und die inneren Blutungen dauerten an. Wegen der Blutungen im Brustraum war eine Sauerstoffunterversorgung des Gehirns zu befürchten. Es bestand die Gefahr einer Lungenentzündung und einer schweren Gehirnschädigung. Erst in den nächsten Tagen würde sich erweisen, ob und wie er überlebte. Seine Chancen standen deutlich schlechter als fünfzig zu fünfzig. Dennoch verlor ich keinen Augenblick die Zuversicht.

Peter war an diesem 31. Oktober ganz früh von Wien losgefahren, um seine damalige Freundin zu besuchen. Auf der Autostrada A 13 vor Bologna kam er ins Schleudern. Er musste fast frontal in eine der massiven Betonwände hineingerast sein, die dort die Fahrtrichtungen trennen. Durch den starken Aufprall wurde das Lenkrad mit voller Wucht gegen seinen Brustkorb gedrückt. Mit dem linken Arm prallte er gegen die Mittelsäule. Er war angeschnallt, als sich der VW Golf überschlug und dann auf dem Dach liegenblieb. Die Windschutzscheibe war geborsten, der Innenraum voller Splitter, und überall war Benzin ausgelaufen. Der Motorblock wurde später etwa vierzig Meter vor dem Fahrzeug gefunden.

Peter hatte Riesenglück. Bevor er ohnmächtig wurde, konnte er einem ersten Helfer gerade noch die Telefonnummer meines Büros angeben. Dieser Lebensretter besaß glücklicherweise ein Mobiltelefon, was 1991 noch keine Selbstverständlichkeit war. Kurze Zeit später kam ein Krankenwagen, der in der Nähe der Unfallstelle unterwegs gewesen war. Die Sanitäter luden Peter ein und brachten ihn ins nächstgelegene Krankenhaus.

Am folgenden Tag flog ich nach Italien. Ich war wie vom Schlag getroffen vor Entsetzen. Ein Gefühl der Hilflosigkeit beschlich mich. Nicht genug mit den Sorgen um Peter, wurden wir in Italien von der deutschen und italienischen Presse gnadenlos gejagt. Tag und Nacht lauerten sie uns vor Klinik und Hotel auf.

Wer im Alltag so voll beansprucht wird wie Hannelore und ich, der erlebt bei einer solchen Heimsuchung auch Stunden – vor allem wenn man die auf einer Intensivstation verbringt –, in denen sich vieles relativiert, vieles weniger wichtig wird. Insofern kann man auch in einer solchen Lebenssituation dazulernen.

In den Spitzengremien der Partei bedankte ich mich, auch im Namen meiner Frau, für die guten Wünsche und Gebete, die uns in diesen Tagen begleitet hatten. Diese Zuwendung, die Freundschaft und Sympathie und auch die moralische Unterstützung, die wir erfuhren, waren überwältigend. Auch die Anteilnahme von George und Barbara Bush sowie von Michail Gorbatschow an Peters Schicksal war wohltuend. Bei unseren Telefonaten erkundigten sie sich wiederholt nach dem Gesundheitszustand meines jüngsten Sohnes und waren erleichtert, als ich ihnen mitteilen konnte, dass bleibende Schäden auszuschließen seien.

Nach vier Wochen in Monza wurde Peter zur weiteren Behandlung und zur Reha nach Ludwigshafen in die Unfallklinik verlegt. Sechs Monate nach dem Unfall kehrte er nach Wien zurück, um sein Volkswirtschaftsstudium fortzusetzen, das er im Dezember 1992 in der kürzestmöglichen Zeit abschließen sollte. Uns allen kam der glückliche Ausgang dieses Albtraums wie ein Wunder vor.

Hannelore hatte wieder einmal gezeigt, wie belastungsfähig sie war und mit welcher Umsicht sie gerade in fast aussichtslosen Situationen die richtigen Entscheidungen traf. Ohne ihr schnelles Handeln und ihre kompetente Fürsorge hätte vieles danebengehen können. Peter wird ihren Einsatz für sein Leben so wenig vergessen wie ich.

10.
Arbeitsbesuch

Wie im August telefonisch verabredet, traf der russische Präsident Boris Jelzin am 21. November zu einem dreitägigen »Arbeitsbesuch« in der Bundesrepublik ein. Neben Bonn besuchte er Köln und Stuttgart und die bei Potsdam stationierten sowjetischen Truppen. Seit dem Staatsstreich in der UdSSR war es der erste Auslandsbesuch Jelzins. Die wichtigsten Themen der beiderseitigen Gespräche waren die wirtschaftliche und politische Zusammenarbeit, die Frage der Überstellung Erich Honeckers und die Gründung einer neuen deutschen Wolgarepublik.

Mit militärischen Ehren begrüßte ich mit Boris Jelzin, Russlands erstem frei gewähltem Präsidenten, einen tatkräftigen Politiker, der sich zum Ziel gesetzt hatte, sein Land auf dem Weg politischer, wirtschaftlicher und sozialer Reformen mit Entschlossenheit voranzubringen. Ich begrüßte nicht zuletzt den Mann, der im August 1991 mit Mut und Führungskraft – unterstützt von den Bürgern Moskaus, St. Petersburgs und vieler anderer Städte seines Landes – den Kräften von gestern eine klare Abfuhr erteilt und die Weichen für die Zukunft gestellt hatte. Jene dramatischen Augusttage waren ein historischer Wendepunkt, an dem die Menschen unseres ganzen Kontinents vor einem schrecklichen Rückfall in die Vergangenheit bewahrt wurden.

Nach zwei Telefonaten, die wir während massiver Veränderungen in seinem Land geführt hatten, war dies nun also die erste persönliche Begegnung, die, rückblickend betrachtet, den Beginn einer freundschaftlichen Beziehung markierte. Ich bot dem russischen Präsidenten an, unseren Kontakt auch über das Telefon zu pflegen, und wollte ihn damit in mein Netzwerk einbeziehen, das

*Die erste persönliche Begegnung mit Boris Jelzin
(Bonn, November 1991)*

sich in kritischen Phasen der Weltpolitik zuletzt als so außerordentlich hilfreich erwiesen hatte.

Jelzin ging zunächst auf die Lage in Russland ein und erklärte, sein Land durchlebe den kritischsten Augenblick seiner Geschichte. Der Kommunismus sei zusammengebrochen, ein über vierundsiebzig Jahre währendes Experiment am russischen Volk sei damit zu Ende gekommen. Der Zusammenbruch habe allerdings viele Ruinen hinterlassen. Jetzt müsse man darangehen, einen neuen Staat zu schaffen. Eine wichtige Grundlage hierfür werde der Vertrag über die Union sein. Er wolle nicht lange auf die Vorgeschichte eingehen, es habe aber im Vorgehen der politischen Führung sehr viel Inkonsequenz gegeben, und dies habe dazu geführt, dass man jetzt nicht mehr eine Föderation, sondern eine Konföderation souveräner Staaten anstrebe. Die Frage sei, wie viele Staaten der Konföderation angehören würden. Er als Präsident Russlands trete für eine Union ein und arbeite in dieser Frage eng mit Gorbatschow zusammen. Er wolle jetzt nicht darauf eingehen, warum in den letzten vier Jahren keine Stabilität erzielt worden sei. Aber es sei deutlich, dass Gorbatschow nach dem

379

Putsch ein völlig neuer Mensch geworden sei. Früher habe Gorbatschow den Kommunismus und den Markt miteinander verbinden wollen – was unmöglich sei. Nach dem Putsch habe er begriffen, dass man den rechten Flügel abwerfen und die demokratischen Kräfte stützen müsse, die konsequent auf Markt und radikale Reformen setzten. Zwar sei viel Zeit versäumt worden, aber das Ziel sei jetzt sehr klar: eine Union aus sieben bis acht Republiken zu gründen, wobei sicher die drei baltischen Republiken sowie Moldawien und Armenien dieser Union fernbleiben würden. Das Hauptproblem sei die Ukraine, die völlige Unabhängigkeit anstrebe.

Im Vertrauen wolle er mir allerdings etwas sagen, was er nicht einmal Gorbatschow mitgeteilt habe: Es gebe auch Überlegungen, wonach sich die drei slawischen Republiken – Russland, die Ukraine und Weißrussland – vereinigen sollten, was zur Folge hätte, dass das bisherige Zentrum unter Gorbatschow völlig aufgegeben werde. In dieser Konstellation stelle sich die Frage, welche Rolle Russland spiele. Natürlich könne Russland die Führung der slawischen Gruppe übernehmen. Aber die mittelasiatischen Republiken könnten im Grunde genommen ohne Russland nicht überleben. Nur Russland erwirtschafte einen Überschuss, während die anderen vor allem von Subventionen lebten. Von daher gesehen wäre es für die Bürger Russlands besser, eine völlige Trennung zu vollziehen. Dies werde man aber nicht tun, weil es gleichzeitig die Zerstörung der Union zur Folge hätte. Statt dessen versuche er zusammen mit Gorbatschow, die slawische und die islamische Gruppe in der Union zusammenzuführen. Das bedeute konkret, dass bis auf die Ukraine jetzt alle bereit seien, den Unionsvertrag zu unterzeichnen. Wenn die Ukraine allerdings bei ihrer Weigerung bleibe, sei dies ein erheblicher Schlag auch für Russland.

Auf meine Frage, welche Zuständigkeiten die künftige Konföderation haben werde, meinte Jelzin, im derzeitigen Vertragsentwurf sei vorgesehen, dass die Union über eine einheitliche Armee, ein einheitliches Energiesystem (einschließlich der Atomenergie), ein einheitliches Eisenbahn- und Lufttransportwesen sowie weitere einheitliche Bereiche wie Meteorologie und so weiter verfügen würde. Die Industrie – auch die Rüstungsindustrie – habe allerdings Russland übernommen.

Im weiteren Verlauf des Vieraugengesprächs ließ Jelzin mich wissen, dass sowohl die Ukraine als auch Weißrussland keine Soldaten aus Deutschland mehr aufnähmen. Russland sei aber bereit, diese sowjetischen Soldaten zusätzlich bei sich aufzunehmen. Man habe einen entsprechenden Vertrag abgeschlossen. Infolgedessen sei es nur logisch und konsequent, dass die über 8 Milliarden DM für Wohnungsbauten in der Sowjetunion nunmehr voll und ganz an Russland gingen.

Gefragt, wer die Kontrolle über die Nuklearwaffen ausüben werde, erwiderte Jelzin, es befänden sich in drei Republiken Nuklearwaffen, nämlich in Russland, der Ukraine und Kasachstan. In Russland seien 75 Prozent der Nuklearwaffen stationiert. Als Konsequenz der Initiative von George Bush habe Russland dem Verteidigungsministerium vorgeschlagen, 50 Prozent der strategischen und taktischen Waffen abzubauen, und zwar so, dass in Kasachstan und der Ukraine keine Nuklearwaffen mehr verblieben, sondern nur noch in Russland. Die Nuklearwaffen würden dann einer Doppelkontrolle durch zwei Präsidenten unterliegen.

Ich fand Jelzins Aussagen atemberaubend. Was da in seinem Land vorging, war eine ungeheure Entwicklung, für die es noch kein Beispiel gab. Seine Äußerungen über eine künftige Konföderation wirkten auf mich sehr beruhigend.

Dann kam ich auf Erich Honecker zu sprechen, der immer noch in Moskau lebte und sich den bundesdeutschen Strafbehörden entzog. Der russische Präsident erklärte, er habe hierzu eine eindeutige Meinung: Honecker müsse an die Bundesrepublik überstellt werden. Dies sei rechtlich einwandfrei. Honeckers Einreise sei nach russischem Recht gesetzwidrig gewesen, folglich müsse er wieder ausgeliefert werden. Russland sei bereit, dies sofort zu tun, doch Gorbatschow habe ihm erklärt, er verstehe zwar die juristische Seite, habe aber moralische Verpflichtungen gegenüber Honecker und wolle ihn daher nicht ausliefern. Vielleicht lasse Gorbatschow Honecker nach Kasachstan reisen. Von dort aus könnte er dann nach Usbekistan gehen und eine Reise durch alle übrigen Republiken machen.

Jelzin sagte, er habe mit Leuten gesprochen, die Kontakt zu Honecker gehabt hätten. Danach sei er nicht bereit, freiwillig zu gehen, sondern verlange Garantien, die ihm keiner geben könne. Außerdem müsse man natürlich sehen, dass Honecker bald achtzig Jahre alt sei. Prinzipiell könne man Honecker also ausliefern, aber die Weltöffentlichkeit würde dies aus moralischen Gründen möglicherweise verurteilen.

Ich erläuterte Boris Jelzin, dass Honecker für uns ein sehr emotionales Thema sei. Er verhalte sich äußerst töricht. Beispielsweise habe er kürzlich ein langes Fernsehinterview gegeben, in dem er kein einziges vernünftiges Wort gesagt, sondern so getan habe, als ob alles richtig gewesen sei, was er gemacht habe. Das verbittere die Menschen in Deutschland. Auch seine Frau habe in Chile dumme Reden gehalten. Ich unterstrich, dass wir nichts anderes wollten, als dass Honecker sich einem deutschen Gericht stelle. Im übrigen seien auch seine engsten Mitarbeiter vor Gericht gestellt worden, und dabei komme es immer wieder vor, dass auf Grund ärztlicher Atteste Haftverschonung gewährt werde. Um so törichter sei es, dass Honecker in dem Fernsehinterview so aufgetreten sei, als habe sich nichts verändert. Zusammenfassend sagte ich, wir bestünden darauf, dass Honecker ausgeliefert werde. Wenn die Konföderation zustande komme, müsse auch eine entsprechende Regelung möglich sein. Präsident Jelzin erwiderte, er glaube, dass diese Frage gelöst werden könne, und empfahl mir, darüber mit Gorbatschow zu sprechen.

Im Bereich der internationalen Politik erörterten wir auch das Thema Jugoslawien. Wir waren uns einig, dass Kriege im Europa des Jahres 1991 keinen Platz mehr haben dürften. Aggression dürfe sich nicht lohnen. Jelzin unterstützte daher die Friedensbemühungen der EG und erklärte, Russland sei darüber hinaus bereit, konstruktiv an den Friedensbemühungen im Rahmen der Vereinten Nationen mitzuwirken.

Nachdem wir noch eine Reihe weiterer aktueller Themen besprochen hatten, versicherte ich dem russischen Präsidenten, dass ich seine Belange in Europa und im Bündnis voll und ganz unterstützen würde. Für mich war entscheidend, was ich aus seinem Munde erfahren hatte, nämlich dass er für eine Konföderation eintrete. Die Sorge aller im Westen, dass sich der riesige Koloss Sowjetunion auflöse, was zu einer unkontrollierbaren Entwicklung geführt hätte, war damit vom Tisch. Für mich galt das deutsche Sprichwort »Ein Mann – ein Wort«.

Zum Abschluss unterzeichneten wir eine Gemeinsame Erklärung, die eine enge Zusammenarbeit beider Länder in allen wesentlichen Bereichen ankündigte. Wir stimmten darin überein, dass die angestrebte enge wirtschaftliche und finanzielle Zusammenarbeit unserer Länder eine klare Regelung der Auslandsschulden der UdSSR voraussetzte. Das war eine unerlässliche Vertrauensgrundlage für den weiteren Ausbau der Außenwirtschaftsbeziehungen.

*

Zehn Tage nach Jelzins Besuch in der Bundesrepublik telefonierte ich wieder einmal mit Michail Gorbatschow, um Näheres über den Stand der Entwicklung in der Sowjetunion zu erfahren. Ob ich es wollte oder nicht, eine gewisse Zweigleisigkeit war vorprogrammiert, wollte ich den Anschluss an die aktuellen Ereignisse nicht verlieren. Hier der Präsident einer verkleinerten Sowjetunion, die gegen den totalen Zerfall kämpfte, und dort der Präsident des mächtigen und stolzen Russlands. Beide mochten sich eigentlich nicht, beide belauerten einander und beobachteten sich sehr genau. Ich musste mit viel Fingerspitzengefühl die Balance halten und darauf achten, niemanden zu überfordern oder gar zu bevorzugen.

Wie sich später herausstellte, war es das vorletzte Telefonat vor Gorbatschows politischem Abschied. Gorbatschow sagte, jetzt seien die entscheidenden Tage und Wochen, in denen es um die Neubildung der Union gehe, also um die Erhaltung der Union als Staat. Mit der Lösung dieser Frage stehe und falle alles, was er betreibe. Werde dies nicht bald im positiven Sinne gelöst, drohe gesellschaftliche und wirtschaftliche Desintegration. Man müsse die Produktion stimulieren, die bäuerliche Bevölkerung zufriedenstellen, den Arbeitern in den Betrieben Anreize bieten, das Steuersystem stabilisieren und das gesamtgesellschaftliche Gleichgewicht erhalten.

Im Vertrauen teilte er mir mit, dass einige gefährliche Punkte im Jelzin-Programm entschärft werden müssten. Der russische Präsident habe noch nicht begriffen, wie wichtig die Zusammenarbeit der Republiken untereinander sei, und habe sich zum Teil über deren Belange hinweggesetzt.

Gorbatschow sprach von seinem »nächsten Nachbarn«, wenn er Boris Jelzin meinte. Für ihn sei vor allem wichtig, politische Schwankungen Jelzins zu verhindern.

Hinsichtlich der Versorgungslage stehe es zum Beispiel in Moskau und Leningrad (sic!) ziemlich schlecht, in anderen größeren Städten gehe es besser, nicht zuletzt dank der deutschen Hilfe. Insgesamt müsse unbedingt vermieden werden, dass die Leute auf die Straße gingen.

Die Lage in der Ukraine empfand Gorbatschow als besonders schwierig. Mit aller Offenheit stelle er fest, dass eine noch schlimmere Situation als in Kroatien entstehen könne, wenn es zu einer endgültigen Trennung zwischen der Ukraine und der Union komme. Seine wichtigste Aufgabe sei deshalb jetzt, diesen Prozess zu kontrollieren, in geordnete Bahnen zu leiten und insbesondere die Ukraine in Sachen Unionsreform an den Tisch zu bekommen.

Viel Klarheit brachte das zehn Minuten lange Gespräch nicht. Was mich wirklich beunruhigte, waren gelegentliche Seitenhiebe auf Jelzin, dem Gorbatschow sein politisches Überleben zu verdanken hatte – zumindest einstweilen. Was sich im Verhältnis zwischen den beiden Politikern andeutete, war der typische Konflikt zwischen zwei Machtmenschen, bei denen die Chemie nicht stimmte und deren unterschiedliche Temperamente eine unterschwellige Gegnerschaft begründeten. Wie dies einmal enden sollte, war mir rätselhaft. Ich spürte aber schon im Dezember 1991, dass der robuste Boris Jelzin die größeren Chancen hatte, sich langfristig zu behaupten. Sonderlich beruhigend war das alles nicht.

*Das Brandenburger Tor ist wieder offen!
(mit DDR-Ministerpräsident Hans Modrow und dem
Regierenden Bürgermeister von Berlin Walter Momper
am 22. Dezember 1989)*

In Dresden, Dezember 1989

rechte Seite:

oben: Gespräch mit Michail Gorbatschow
in Moskau (10. Februar 1990)

unten: Mit François Mitterrand beim Verlassen der Fähre
in Assmannshausen am Rhein (Juni 1990)

oben: Unmittelbar nach Unterzeichnung des Zwei-plus-Vier-Vertrags in Moskau kam Außenminister James Baker nach Ludwigshafen *(September 1990)*

unten: Auf dem Weltwirtschaftsgipfel in Houston *(Juli 1990)* herrschte eine fast familiäre Atmosphäre (v.l.n.r.: mit Delors, Andreotti, Kaifu, Thatcher, Mitterrand, Bush, Mulroney)

Vor dem Reichstag während der Feier zur Wiedervereinigung am 3. Oktober 1990 (v.l.n.r.: mit Willy Brandt, Hans-Dietrich Genscher, Hannelore Kohl, Richard von Weizsäcker, Gerhard Stoltenberg und Lothar de Maizière)

Auf dem Domplatz in Speyer: Boris Jelzin, seine Ehefrau Naina und Bischof Schlembach (Mai 1994)

Eröffnungsspiel der Fußball-WM am 17. Juni 1994: mit Henry Kissinger und Bill Clinton auf der Ehrentribüne im Soldiers-Field-Stadion in Chicago (Deutschland – Bolivien 1:0)

Auf der Alten Brücke in Heidelberg: Begegnung mit François Mitterrand anlässlich des deutsch-französischen Jugendtreffens im Juni 1994

folgende Seite: Als erster amerikanischer Präsident durchschritt Bill Clinton nach dem Fall der Mauer das Brandenburger Tor (Juli 1994)

11.
Maastricht

Am 9. und 10. Dezember 1991 beschlossen die Staats- und Regierungschefs der EG im niederländischen Maastricht die Gründung der Europäischen Union (EU), die die seit dem 1. Juli 1967 bestehende »Europäische Gemeinschaft« strukturell wesentlich reformierte. Bestandteil der EU wurde nunmehr auch die Westeuropäische Union (WEU). Die Unterzeichnung des Vertragswerks erfolgte durch die Außen- und Finanzminister der Vertragsstaaten am 7. Februar 1992 in Maastricht.

Es waren dramatische Stunden, an deren Ende eine grundlegende Weichenstellung für die Zukunft Europas stand. Nach dreißigstündigen Beratungen einigte sich der Europäische Rat auf den Vertrag über die Politische Union sowie über die Wirtschafts- und Währungsunion. Damit war der Weg zur Europäischen Union unumkehrbar. Die Mitgliedsstaaten der Europäischen Gemeinschaft waren jetzt in einer Weise miteinander verbunden, die ein Ausbrechen und einen Rückfall in nationalstaatliches Denken mit all seinen Konsequenzen unmöglich machte. Wir hatten damit ein Kernziel deutscher Europapolitik in die Tat umgesetzt. Maastricht war der Beweis dafür, dass das vereinte Deutschland seine Verantwortung in und für Europa aktiv wahrnahm und klar zu dem stand, was wir immer gesagt hatten: dass die deutsche Einheit und die europäische Einigung zwei Seiten ein und derselben Medaille waren.

In beiden Konferenzen hatten wir ein tragfähiges Ergebnis erreicht, das unsere wesentlichen Interessen wahrte und zugleich die Gemeinschaft einen entscheidenden Schritt voranbrachte. Dieses Ergebnis war uns nicht in den Schoß gefallen. Wir hatten ein Jahr intensiver und schwieriger Verhandlungen hinter uns, in denen alle Seiten bewiesen hatten, dass sie bereit waren, gemeinsam den Weg zu einem vereinten Europa zu gehen und dabei auch die notwendigen Kompromisse zu schließen. Am Ende dieses Prozesses stand ein Ergebnis, das vielen noch vor einem Jahr unrealistisch, ja utopisch erschienen war. Heute kann ich feststellen, dass Maastricht in der historischen Perspektive wohl das bedeutendste Gipfeltreffen der EG seit der Unterzeichnung der Römischen Verträge von 1957 war.

Dass es uns gelang, der europäischen Einigung neuen Auftrieb zu geben, war in besonderem Maße dem engen Schulterschluss mit Frankreich zu verdanken. Die deutsch-französische Partnerschaft und Freundschaft war und blieb entscheidend für Europa. Vor allem mit Frankreich waren wir uns in der Vision eines Europa einig, das nicht nur wirtschaftlich, sondern auch politisch zusammenwuchs.

Nun war die Europäische Gemeinschaft für die schwierigen Herausforderungen der Zukunft besser gerüstet. Der Durchbruch in Maastricht hatte nicht nur große Bedeutung für das Zusammenwachsen der Gemeinschaft, er war auch ein deutliches Signal an unsere europäischen Nachbarn, ja an unsere Partner in der ganzen Welt.

Mit dem Ergebnis von Maastricht war der Weg zur Vollendung der Europäischen Wirtschafts- und Währungsunion klar vorgezeichnet und unwiderruflich festgelegt. In einer gesonderten Protokollerklärung wurde diese Irreversibilität von allen Mitgliedsstaaten noch einmal ausdrücklich unterstrichen. Es war vor allem gelungen, den Vorrang der Geldwertstabilität so eindeutig festzuschreiben, dass diese Regelung den Vergleich mit dem deutschen Bundesbankgesetz nicht zu scheuen brauchte. Wir konnten also diesem Vertrag zustimmen, weil er in vollem Umfang den deutschen Erfahrungen entsprach, die wir in den letzten vierzig Jahren mit der Gewährleistung der Stabilität der D-Mark gemacht hatten. Der nach langen und intensiven Verhandlungen vereinbarte Vertrag über die Wirtschafts- und Währungsunion trug in allen entscheidenden Punkten die deutsche Handschrift. Unsere bewährte Stabilitätspolitik war zum Leitmotiv für die zukünftige europäische Währungsordnung geworden.

Wichtig war auch, dass die in anderen europäischen Ländern zum großen Teil noch von der Regierung abhängigen Zentralbanken spätestens mit der Errichtung der Europäischen Zentralbank unabhängig wurden. Zwar konnte der Sitz dieser Bank in Maastricht noch nicht festgelegt werden, weil andere Mitgliedsstaaten diese Frage mit dem Sitz anderer EG-Organe und EG-Institutionen verknüpft hatten. Ich hatte jedoch unmissverständlich unseren Anspruch auf den Sitz der Europäischen Zentralbank deutlich gemacht, und tatsächlich sollte mein jahrelanges Bemühen Früchte tragen: Heute ist Frankfurt am Main Sitz dieser wichtigen Bank.

*

Auch mit dem Vertragsteil über die Politische Union wurde der Weg zur Vollendung der Europäischen Union vorgezeichnet und unumkehrbar gemacht. Ich hätte mir vielleicht noch deutlichere Fortschritte gewünscht und dass mehr Bereiche bereits zum jetzigen Zeitpunkt in Gemeinschaftskompetenz überführt worden wären. Aber das wichtigste war, in Maastricht zum Ziel zu kommen. Das erforderte Kompromissbereitschaft von allen Seiten, zumal viele Themen, wie zum Beispiel die Innen- und Justizpolitik, völliges Neuland für die Europäische Gemeinschaft darstellten. Andere Bereiche wie die Außen- und Sicherheitspolitik mussten in den kommenden Jahren Schritt für Schritt in die Tat umgesetzt werden. Deshalb hatte ich keinen Zweifel daran, dass die Politische Union in allen Bereichen rasch an Substanz gewinnen und in einigen Jahren insgesamt in einem klaren Gemeinschaftsrahmen stehen würde. Im übrigen war eines sicher: Wenn dieses Europa 1999 von Kopenhagen bis Madrid, von Den Haag bis Rom eine gemeinsame Währung haben würde, wenn über 350 Millionen Menschen in einem gemeinsamen Raum ohne Grenzkontrollen lebten, würde niemand mehr in einer europäischen Amtsstube den Prozess der politischen Einigung aufhalten können.

Für die Innen- und Justizpolitik hatten wir als ersten Schritt eine wesentliche Vertiefung der bisher rein zwischenstaatlichen Zusammenarbeit vereinbart. Ich stimmte diesem Ergebnis in der Erwartung zu, dass wir nur so rasch zu praktischen Fortschritten kommen konnten.

Den Weg zu den Beschlüssen zur Außen- und Sicherheitspolitik hatten maßgeblich die Initiativen von Mitterrand und mir vom 6. Dezember 1990 und vom 14. Oktober 1991 eröffnet. Wir hatten uns auf die Herausbildung einer eigenständigen europäischen Sicherheits- und Verteidigungsidentität verpflichtet. Nun wollten wir die Westeuropäische Union (WEU) als integralen Bestandteil der Europäischen Union ausbauen. Damit stärkten wir zugleich ihre Rolle als Brücke zwischen der Nordatlantischen Allianz und der Europäischen Union.

In die Schlussakte des Vertrags wurde eine Erklärung der neun WEU-Staaten aufgenommen, die die Vorschläge zur Weiterentwicklung der WEU auf Grundlage der deutsch-französischen Initiative in allen wesentlichen Teilen übernahm. Ein politisches Kernstück war die vorgesehene engere Abstimmung der WEU-Staaten innerhalb der Allianz. Dies musste dazu führen, dass Europa auch in der Allianz erkennbarer als bisher mit einer Stimme sprach. Beides – der neue Vertragsartikel über die Gemeinsame Außen- und Sicherheitspolitik sowie die WEU-Erklärungen – gab der Politischen Union eine neue, weit in die Zukunft weisende Dimension.

*

Ein weiteres wichtiges deutsches Anliegen betraf die Stärkung der Rechte des Europäischen Parlaments. Hier erreichten wir zwar beträchtliche Fortschritte, aber nicht alles, was wir wollten. Die Widerstände gegen die Ausweitung der Rechte des Europäischen Parlaments, die es nicht nur in den Regierungen, sondern auch in den nationalen Parlamenten gab, ließen sich nur schwer abbauen. Die Bürger Europas würden jedoch im Juni 1994 ein Parlament wählen, das weitaus mehr Entscheidungs- und Kontrollrechte haben würde als bisher: Neu waren die Gleichberechtigung von Parlament und Rat bei einer Veto-Position, das Mitspracherecht bei der Ernennung des Kommissionspräsidenten, die Ausstattung mit einer Art Initiativrecht. Ob das der Preis für Deutschlands Ja zur Gemeinschaftswährung, dem Euro, war, wie es oft behauptet wurde, wage ich zu bezweifeln. Wenn die Einwilligung in eine institutionelle Aufwertung des Europäischen Parlaments in Paris als notwendige Entschädigung für die Zugeständnisse meines Landes auf dem Gebiet der Wirschafts- und Währungsunion verstanden wurde, so mag das sich Wissenschaftlern und Publizisten so darstellen. Für mich galt das nicht.

Ein besonders schwieriges Thema unserer Beratungen in Maastricht war die Sozialpolitik. Nach einer langwierigen Debatte trafen wir auf Vorschlag von Präsident Mitterrand, von Jacques Delors und mir einige Entscheidungen, die aber angesichts der britischen Haltung unbefriedigend blieben. London war schlicht gegen eine Sozialunion. Eine Europäische Union, die sich nicht zugleich auch als Soziale Union verstand, war für uns nicht vorstellbar. Die überwältigende Mehrheit der Bürger Europas sind Arbeitnehmerinnen und Arbeitnehmer. Diese Wirklichkeit unserer Gesellschaft musste sich auch in der Europäischen Gemeinschaft widerspiegeln. Sie würde nur dann zusammenwachsen, wenn wir bereit waren, die Gewerkschaften und Unternehmerverbände, aber auch die Vertreter anderer sozialer Gruppen in die Gestaltung unserer gemeinsamen Politik einzubeziehen.

*

Das Ergebnis der beiden Regierungskonferenzen über die Politische Union sowie über die Wirtschafts- und Währungsunion gab der Europäischen Gemeinschaft die Chance, mit neuer Kraft die im Innern anstehenden Aufgaben anzupacken. Das galt für die anstehende Reform der Agrarpolitik wie auch für die 1992 fällige Überprüfung der Finanzausstattung und der Strukturfonds.

Der Maastrichter Gipfel war aber auch ein Signal über die Grenzen der Gemeinschaft hinaus. Zu Recht bewerteten unsere

Nachbarn – ob in den USA, in Japan oder in der Dritten Welt – ihn als großen Erfolg. Vor allem für unsere unmittelbaren Nachbarn in Mittel-, Ost- und Südosteuropa, die sich in einer schwierigen Stunde ihrer Geschichte befanden, war er eine große Ermutigung. Mehr denn je richtete sich ihre Hoffnung auf die Europäische Gemeinschaft.

Maastricht war zugleich eine klare Botschaft an diejenigen europäischen Länder, die jetzt der EG beitreten wollten. Unser Wunsch war es, dass die Beitrittsverhandlungen mit diesen Ländern Anfang 1993 zügig aufgenommen wurden.

Wir Europäer hatten gegen Ende dieses Jahrhunderts allen Grund, mit Zuversicht in die Zukunft zu sehen. Zwar war uns, angefangen von Oswald Spengler mit seinem »Untergang des Abendlandes« bis zu den Kulturpessimisten unserer Tage, immer wieder eingeredet worden, Europa sei am Ende. Doch in Wahrheit konnten wir erneut unter Beweis stellen, dass die Kraft Europas ungebrochen war, eine Kraft, die wir in den Dienst von Frieden und Freiheit in der Welt stellten.

Die Präambel des Grundgesetzes hat unserem Volk aufgetragen, »seine nationale und staatliche Einheit zu wahren und als gleichberechtigtes Glied in einem vereinten Europa dem Frieden der Welt zu dienen«. Nachdem wir die Einheit unseres Vaterlandes erreicht hatten, erfüllten wir auch diesen, den europäischen Auftrag unserer Verfassung.

12.
Dresden

Seit achtzehn Jahren führte ich die CDU Deutschlands. Seit achtzehn Jahren versuchte ich, die »Enden zusammenzuhalten«. Die CDU als Partei der Mitte musste Kurs halten. Angesichts der riesigen sozialen und wirtschaftlichen Probleme waren die Flügelschläge an den Parteirändern keineswegs geringer geworden. Das größte Problem war seit dem Vereinigungsparteitag vom 1. Oktober 1990 die Integration der ostdeutschen Landesverbände. Das war nicht nur eine organisatorische Frage, sondern hatte eine Menge mit Mentalität, Sozialisation und Vergangenheitsaufarbeitung zu tun. Wir hatten es uns wirklich nicht leicht gemacht, die vielgeschmähten »Blockflöten« aufzunehmen und sie zu integrieren.

Am 12. November 1990 beschloss der CDU-Bundesvorstand, auf die Eigentumsrechte an Immobilien und Wirtschaftsbetrieben der ehemaligen Blockpartei Ost-CDU zu verzichten. Das brachte die östlichen Landesverbände, die ohnehin mit nur geringen Mitgliederbeiträgen und Spenden leben mussten, in eine finanziell schwierige Lage. Bereits seit März 1991 wurde die Ost-Berliner Parteizentrale abgewickelt und die Zahl der hauptamtlichen Funktionäre von 1700 auf 175, die der Kreisgeschäftsstellen von 210 auf 87 reduziert. All dies geschah unter der Regie der Bonner Bundesgeschäftsstelle, die sich bei dieser schwierigen Operation manche Kritik gefallen lassen musste. Hinzu kamen Verdächtigungen wegen zu großer SED- oder auch Stasi-Nähe.

Mein einziger Stellvertreter im Bundesvorsitz, der ehemalige Ministerpräsident der DDR, Lothar de Maizière, geriet schon im Dezember 1990 in den Verdacht, als Inoffizieller Mitarbeiter (IM) mit dem Mielke-Ministerium für Staatssicherheit zusammengearbeitet zu haben. Er bat um Entlassung als Bundesminister und ließ seine Parteiämter bis zur Abklärung der Vorwürfe ruhen, nahm jedoch das Abgeordnetenmandat weiter wahr. Nachdem sich die Vorwürfe gegen ihn nicht bestätigt hatten, nahm er im Februar 1991 seine politischen Ämter als mein Stellvertreter wieder auf.

Als neuen Einstieg in die Partei schlug ich ihn zum Vorsitzenden der CDU-Grundsatzkommission vor – eine Entscheidung, die sich schon bald als falsch herausstellen sollte. Die Spannungen zwischen CDU-Generalsekretär Volker Rühe und dem Landesvorsitzenden der CDU in Brandenburg – dieses Amt hatte de Maizière noch zusätzlich übernommen – nahmen spürbar zu. Eine ähnliche Entwicklung zeichnete sich auch im Verhältnis zu den anderen östlichen Landesverbänden ab. Der Streit gipfelte in einer öffentlichen Erklärung de Maizières gegen die Bonner CDU-Zentrale und den Generalsekretär, die ich in Form und Inhalt für unangebracht hielt. Hinzu kamen neue Verdächtigungen gegen de Maizière, mit dem DDR-Geheimdienst zusammengearbeitet zu haben.

Mich ärgerte vor allem, dass de Maizières Unbehagen über die Bonner CDU-Zentrale bereits über Nachrichtenagenturen verbreitet wurde, bevor noch die Gelegenheit zu einer internen Klärung im Bundespräsidium der Partei bestanden hatte. Nun hatte ich wirklich bei jeder sich bietenden Gelegenheit de Maizières Einsatz gewürdigt. Ich gehörte zu denen, die immer wieder darauf hinwiesen, was die von ihm geführte Regierung angesichts der gigantischen Aufgabe damals geleistet hatte. Vergebens bemühte ich mich um ihn, als es nach der Dezember-Wahl um die Aufstellung des neuen Bundeskabinetts ging. Er nahm dieses Angebot nicht an und verzichtete auf ein Ministeramt. Bei allem Verständnis für seine Befindlichkeit und für seinen Ärger über die Bonner Parteizentrale fand ich die Konsequenz, die er ziehen wollte, falsch und überzogen. Doch auch mir gelang es nicht, ihn von einem totalen Rückzug aus der Politik abzubringen.

Am 11. September 1991 trat Lothar de Maizière von allen politischen Ämtern zurück und legte auch sein Bundestagsmandat nieder. Schließlich erklärte er, es sei ein Fehler gewesen, dass er nicht seiner inneren Überzeugung gefolgt war, am Tag der Deutschen Einheit, am 3. Oktober 1990, die politische Tätigkeit zu beenden, zu der er sich nicht gedrängt habe.

Damit hatte die CDU ein Personalproblem, das ich schnell zu lösen suchte. Bereits auf der CDU-Präsidiumssitzung am 30. September schlug ich Bundesministerin Angela Merkel für das Amt der stellvertretenden Parteivorsitzenden vor. Auch für die Programmkommission fand ich mit Reinhard Göhner schon bald einen geeigneten Vorsitzenden. Auf dem Dezemberparteitag in Dresden wurden diese wichtigen Personalvorschläge in vollem Umfang bestätigt.

Vom 15. bis 17. Dezember 1991 hielten wir zum ersten Mal einen Bundesparteitag in Sachsen ab; es war das erste Mal, dass wir nach der Überwindung der Teilung in einem der neuen Bundesländer zusammenkommen konnten. So demonstrierten wir ganz einfach das, was für die Partei von Konrad Adenauer, Jakob Kaiser, Andreas Hermes und Hermann Ehlers immer selbstverständlich war: Wir waren und blieben die Partei der deutschen Einheit.

Ich will nicht nachkarten, aber wenn wir über die Geschichte der deutschen Einheit nachdenken, müssen wir daran erinnern, dass der Ausgangspunkt für diese einmalige Chance in der Durchsetzung des Nato-Doppelbeschlusses bestand. Ohne diese Entscheidung hätte es diesen Weg nicht gegeben. Es hätte damals sehr leicht zu einer Erosion der Nato kommen können, und ich weiß nicht zuletzt von Michail Gorbatschow, dass die Stabilisierung der Nato eine entscheidende Voraussetzung für die Einleitung der Perestroika war.

An manchen Tagen war es schon wie in einem Traum, es geschah so vieles in so rascher Folge, dass viele das kaum mehr wahrzunehmen vermochten – ich nehme mich dabei nicht aus. Die nuklearen Kurzstreckenwaffen in Europa wurden 1991 um 80 Prozent verringert. Wer das vorher auf einem Parteitag der CDU als Ziel verkündet hätte, wäre ausgelacht worden; das hätte niemand für möglich gehalten. Wir hatten immer gesagt: »Frieden schaffen mit weniger Waffen«, und nun konnten wir unsere Worte einlösen. Dafür waren wir dankbar.

Nicht irgendwann, sondern noch im Oktober 1989, kurz vor dem Fall der Mauer, sprach der damalige Vorsitzende der SPD, Hans-Jochen Vogel, von der »Ablehnung des leichtfertigen und illusionären Wiedervereinigungsgeredes«. Ähnlich äußerten sich Oskar Lafontaine und Björn Engholm. Gerhard Schröder, damals Ministerpräsident in Niedersachsen, verstieg sich sogar zu der Feststellung, die Wiedervereinigung sei »reaktionär und hochgradig gefährlich«.

Weil sie mit ihren Einschätzungen so völlig außerhalb der geschichtlichen Tatsachen und Erfahrungen lagen, tun sich die Sozialdemokraten im Blick zurück auf das Jahr 1989 so schwer und unternehmen so viele Anstrengungen, um die Geschichte umzuformulieren – so, wie sie sie gern gezeichnet hätten. Deswegen ist es so wichtig, dass wir uns darum kümmern, dass die Zeugnisse jener Tage offengelegt und dokumentiert werden, damit nicht eines gar nicht fernen Tages junge Studenten in den Seminaren deutscher Universitäten nur eine Darstellung der Ereignisse bekommen, die mit der Wirklichkeit nichts zu tun hat.

Für den Dresdner Parteitag hatten wir uns eine Menge vorgenommen. Vor allem verabschiedeten die Delegierten das »Dresdner Manifest«, das eine gemeinsame politische Tagesordnung für Deutschland festlegte. Mit einer bloßen Fortschreibung bisheriger Politik konnte man den neuen Aufgaben in Deutschland nicht mehr gerecht werden. Das Dresdner Manifest gab eine klare Antwort, die drei weitreichende Konsequenzen hatte: Die staatlichen Ausgaben mussten auf die Aufgabe konzentriert werden, die neuen Bundesländer aufzubauen. Manche Investitionen im Westen Deutschlands mussten zugunsten vordringlicher Investitionen vertagt werden. Neue soziale Leistungen waren deshalb zu beschränken.

Mit diesen Prioritäten wollte die CDU die Innenpolitik neu bestimmen. Damit bezog die Partei Position in einer Diskussion, die im Westen besonders schwierig zu führen war, weil sich die Gesellschaft dort immer noch an hergebrachten Maßstäben und Besitzständen orientierte. Jetzt gehörten alle staatlichen Ausgaben auf den Prüfstand. Dabei ging es uns nicht um die rasche Steigerung des Bruttosozialprodukts; wäre das das Ziel, würde die Vollendung der deutschen Einheit emotional scheitern. Der Wiederaufbau in den neuen Bundesländern hatte nicht nur eine ökonomische, sondern auch eine moralische Dimension. Wer sich dem SED-System angepasst und daraus Vorteile gezogen hatte, durfte davon jetzt nicht profitieren. Wer sich nicht angepasst hatte und dafür schwere Nachteile hinnehmen musste, brauchte jetzt besondere Förderung und Unterstützung. Wir durften nicht zulassen, dass Startvorteile aus der Diktatur schlankweg in die Demokratie mit hinübergenommen wurden.

Wörtlich heißt es in der damaligen Dresdner Erklärung:

»Das Verhalten und die Konflikte unter den Bedingungen einer Diktatur können am ehesten diejenigen beurteilen, die unter solchen Bedingungen zu leben hatten. Pauschale Urteile versperren den Zugang zur Wahrheit ebenso wie Versuche, notwendigen Diskussionen auszuweichen und Klärungen zu verschleppen. Erforderlich sind daher ein fairer Umgang mit Personen und eine differenzierte Bewertung von Fakten.«

Diese Sätze halte ich für ganz entscheidend. Ich selbst hatte das Glück, 1930 am Rhein geboren zu werden. Als ich zu Weihnachten 1946 als Schüler zur Partei kam, lag meine Heimatstadt Ludwigshafen in der französischen Besatzungszone, im westlichen Teil Deutschlands. Wenn ich in jenen Tagen in Leipzig gelebt hätte, wäre ich auf Grund der Werte, die mir in meinem Elternhaus mitgegeben worden waren, mit größter Wahrscheinlichkeit ebenfalls in die CDU eingetreten, allein schon deswegen, weil für mich und meine Freunde die CDU damals die Partei jenes Andreas Hermes war, der unmittelbar vor seiner Wahl zum Parteivorsitzenden aus der Todeszelle in Berlin-Moabit herausgekommen war. Es war die Partei Jakob Kaisers und Ernst Lemmers. Das waren für uns leuchtende Vorbilder.

In jener Zeit traten Hunderttausende in die CDU ein. Viele von ihnen haben die Partei später wieder verlassen. Nicht wenige flohen wegen ihrer politischen Überzeugung. Nicht wenige wurden verhaftet oder verschleppt. Wir wissen bis heute nicht genau, wie viele von ihnen in Workuta oder in Buchenwald umgekommen sind. Ein beachtlicher Teil der Gründergeneration blieb in der sowjetischen Besatzungszone, später in der DDR. Deshalb wende ich mich leidenschaftlich dagegen, dass sie pauschal verdächtigt und diffamiert werden. Und ich füge für mich persönlich hinzu: Ich weiß nicht, welchen Weg ich genommen hätte. Ob ich in jenen Tagen, als die Chance dazu noch bestand, in den Westen gegangen wäre, ob ich die Kraft zum Widerstand gehabt hätte, ob ich Bautzen riskiert hätte – oder ob ich mir eine Nische gesucht hätte und Kompromisse eingegangen wäre: Ich weiß es nicht. Aber weil ich es nicht weiß und viele es für sich ebenfalls nicht wissen können, rate ich uns, nicht mit Besserwisserei oder gar Arroganz an diese Frage heranzugehen. Das gehört ebenso zur Aussöhnung wie das Aussprechen der Wahrheit. Und noch etwas gehört dazu, nämlich unser Respekt vor jenen, die den Mut hatten, mit allen Konsequenzen dem SED-Regime entgegenzutreten, und die zum Teil schwerste Opfer hatten bringen müssen.

*

Der Dresdner CDU-Parteitag war anders als die Parteitage in der alten Bundesrepublik, anders auch als der erste gesamtdeutsche Parteitag in Hamburg – und das hatten wir so gewollt. Wir wollten außerhalb von Wahlzeiten eine Standortbestimmung vornehmen, wir suchten auch ein Stück Selbstbesinnung. Wir nutzten die Chance, vor allem in den Foren, mit Gästen zu sprechen, die nicht selbstverständlich bei uns ihre politische Heimat haben. Und so war dieser Parteitag auch ein offener Parteitag: Es wurde diskutiert, es wurden Fragen gestellt, und es wurde über die Notwendigkeit debattiert, Prioritäten neu zu überdenken und damit Signale für die Zukunft zu geben.

Wir hatten Grund zum Stolz auf das Geleistete, aber es gab

keinen Anlass zu Arroganz oder Überheblichkeit. Die Pflicht, in die wir gestellt waren, ließ es zu, dass wir mit Selbstvertrauen auf diese Leistungen blickten, sie verlangte von uns aber auch die Erkenntnis, dass noch viel harte Arbeit zu leisten war. Doch in Zeiten wie diesen etwas erreichen zu können war auch ein Glück, selbst wenn die Anstrengungen manchmal bis an die Grenze des Menschenmöglichen gingen. Es war ein Glück, etwas bewegen zu können.

Dieser Parteitag fand zu einem ungewöhnlichen Zeitpunkt statt, im Advent, wenige Tage vor Weihnachten. Das erhöhte vielleicht auch unsere Möglichkeiten zur Besinnung jenseits der Hektik des Alltags.

Wir beschlossen den Dresdner Parteitag mit dem Lied der Deutschen: Einigkeit und Recht und Freiheit.

13.
Rücktritt

Die Nachrichten aus der auseinanderbrechenden Sowjetunion beunruhigten mich sehr. Was würde aus Gorbatschow werden? Wie würde man mit dem letzten Generalsekretär und ersten Präsidenten der Sowjetunion umgehen? Würde der russische Präsident Boris Jelzin seine Macht und sein Ansehen nutzen, um Gorbatschow einen würdigen Ausstieg aus der aktiven Politik zu ermöglichen?

Die Gerüchte über einen baldigen Rücktritt Gorbatschows wollten nicht enden. Sein öffentliches Nachdenken über seine Zukunft trug sehr dazu bei, dass nahezu täglich mit seinem Sturz gerechnet wurde. Die unterdessen maßgeblich von Boris Jelzin initiierte Gründung einer »Gemeinschaft unabhängiger Staaten« (GUS), der die Republiken Russland, Ukraine und Weißrussland angehörten, machte Gorbatschows Projekt von einer »Union Souveräner Staaten« zunichte. Damit waren Gorbatschows Machtbefugnisse endgültig zerschlagen und die Tätigkeit von Organen der früheren Union für beendet erklärt.

Die drei Unterzeichnerstaaten der GUS verpflichteten sich auf die Ziele und Prinzipien der Charta der Vereinten Nationen sowie der KSZE-Schlussakte und gelobten, die Menschenrechte zu achten und den Bürgern, ungeachtet ihrer Nationalität, gleiche Rechte und Freiheiten zu gewähren. Die territoriale Integrität der Mitgliedsstaaten sollte unverletzbar sein. Zugleich sollten die Grenzen offen bleiben und Reisefreiheit bestehen. Mit ihrer Unterschrift garantierten die Präsidenten Russlands, der Ukraine und Weißrusslands die Erfüllung der internationalen Verpflichtungen der ehemaligen Sowjetunion. Bei der Verminderung der Rüstungsausgaben wollten sie unter internationaler Aufsicht zusammenarbeiten. Über die Kontrolle über das nukleare Potential der ehemaligen Sowjetunion sollte später entschieden werden.

Gorbatschows Warnungen und düstere Untergangsbeschwörungen fanden kein Gehör mehr. Mit der Energie eines Verzweifelten stemmte er sich bis zum Schluss gegen die absehbare Entwicklung. Selbst bei unserem Telefonat am 20. Dezember – fünf Tage vor seinem Rücktritt – zeigte er sich nicht resigniert. Er meinte kühl kalkulierend, die gegenwärtige Lage sei äußerst schwierig, nicht so sehr was ihn persönlich, sondern vor allem was das Land angehe. Er müsse jetzt aus einer Situation heraus handeln, die ihm faktisch diktiert werde und in der er alle politischen Ambitionen zurückstellen müsse. Um so mehr konzentriere er sich in diesen Tagen darauf, alles ihm Mögliche zu unternehmen, damit der jetzt laufende Prozess, eine neue Staatengemeinschaft zu bilden, zu einem lebensfähigen Staatswesen führen werde.

Auf meine Frage, ob das funktionieren werde, antwortete Gorbatschow, er bleibe der Idee treu, das neue Staatsgebilde durch einen Unionsvertrag ins Leben zu rufen – aber er stelle diese Absicht zurück. Ich fand seine Haltung in dieser schwierigen Lage höchst verantwortungsvoll und staatsmännisch. Gorbatschow erläuterte mir dann, er habe aber, nachdem die Republiken nun den von ihnen gewählten Weg gingen, die Teilnehmer am bevorstehenden Treffen in Alma Ata in einer schriftlichen Botschaft darauf hingewiesen, was geschehen müsse, damit das zu bildende Staatswesen lebensfähig sei. Dabei gehe es sowohl um die Prinzipien als auch die Institutionen und nicht zuletzt um den geordneten Übergang von der Union zur neuen Staatengemeinschaft.

Schließlich sei doch die Frage, die er für die wichtigste überhaupt halte: wie die Lage der Menschen, der Bürger in dieser Staatengemeinschaft sein solle. Tatsächlich verstünden die meisten seiner Landsleute den Unterschied zwischen dem jetzigen Zustand und dem künftigen noch nicht. Sie begriffen sich heute als Bürger eines Landes, dessen Staatsangehörigkeit sie hätten. Wie werde es aber aussehen, wenn die Menschen nach Auflösung der Union in ein Dutzend Staaten aufgeteilt würden – wie seien dann ihre Rechte hinsichtlich der Wahl des Wohnsitzes und des Arbeitsplatzes, wie stehe es mit ihren Rentenansprüchen und mit ihrer Freizügigkeit? All diese Probleme seien den Menschen nicht bewusst. Sie glaubten vielmehr, dass die neue Staatengemeinschaft zur Einheit führen werde – wahr sei aber das Gegenteil.

Ich fragte Gorbatschow, was er selbst zu tun gedenke, und er antwortete, seine Haltung sei klar: Wenn die Präsidenten von Russland, der Ukraine und Weißrussland bei ihrem bevorstehenden Treffen die neue Staatengemeinschaft beschließen und die Teilnehmerstaaten diesen Beschluss ratifizieren würden, werde er zurücktreten und diese Entscheidung auch nicht auf die lange Bank schieben. Er sage vor dem ganzen Land und der ganzen Welt und auch mir persönlich: Wenn der Prozess nicht auf die Bildung eines einheitlichen Unionsstaates hinziele, sondern eher umgekehrt, werde er an diesem Prozess nicht teilnehmen. Dann werde er eine öffentliche, gesellschaftspolitische Tätigkeit übernehmen.

Jelzin habe ihm gegenüber die Sorge geäußert, dass er – Gorbatschow – die Opposition leiten könnte. Er habe darauf geantwortet, solange Jelzin den demokratischen Weg weitergehe und die Reformen vorantreibe, könne er mit seiner Unterstützung rechnen – und Jelzin habe ihm versprochen, diesen Weg weiterzugehen.

Er jedenfalls werde seine Rücktrittsentscheidung auf der Grundlage seiner unveränderten grundsätzlichen Haltung treffen: Nach wie vor sei er der Meinung, dass das Land aus dieser schwersten Krise seiner Geschichte nur herausgeführt werden könne, wenn es in einer Union, in einer Einheit zusammenbleibe. Anders werde es nicht möglich sein. Die Gesellschaft sei im Augenblick derart angespannt, dass eine Art Zerstückelung der Einheit die Dinge nur noch verschärfen werde.

Ich dankte Gorbatschow für seine Offenheit. Was auch immer kommen werde, die Deutschen und ich ganz persönlich würden nie vergessen, was er für uns getan habe. Gorbatschow dankte für diese Worte. Er werde jedenfalls im Lande bleiben. Über seine weiteren Pläne wolle er mich später unterrichten.

Dann stellte er selbst die Frage, warum er nicht schon jetzt zurücktrete. Er tue dies deshalb nicht, weil es ihm um die Sache seines Landes gehe. Gerade in der jetzigen Situation müsse er alles in seinen Kräften Stehende tun, damit der Prozess verfassungskonform verlaufe und das neu entstehende Staatsgebilde lebensfähig sein werde und keine Totgeburt.

Bei all seinen kritischen Vorbehalten gegenüber dem Weg, den der Staat jetzt beschreite, wolle er wenigstens dazu beitragen, dass die bereits erreichten Erneuerungen und Reformen in der Gesellschaft dabei nicht begraben würden. Zuviel stehe auf dem Spiel, was man hier im Lande, in Europa und in der Welt gemeinsam erreicht habe.

Ich bekräftigte dies und wünschte meinem Freund Michail Gorbatschow in diesen Tagen besonders viel Glück. Unser Telefonat endete mit dem Austausch herzlicher Glückwünsche zum Jahreswechsel.

*

Ich habe die zahlreichen Telefonate mit Gorbatschow nie gezählt. Viele sind unvergessen geblieben. Auch jenes zehn Minuten lange Gespräch am Freitag, dem 20. Dezember, um 9.30 Uhr. Ich fand seine Haltung bewundernswert und ahnte, dass es sich bei seinem Abgang von der politischen Weltbühne nur noch um wenige Tage handelte. Ihm blieb keine andere Wahl als aufzugeben.

Und so kam es dann auch. Einen Tag nach unserem Telefonat traten acht weitere Republiken der von Russland, der Ukraine und Weißrussland gebildeten Keimzelle der Gemeinschaft Unabhängiger Staaten bei. Mit der Gründung der GUS hörte die UdSSR am 25. Dezember 1991 zu existieren auf. Am gleichen Tag erklärte Gorbatschow seinen Rücktritt. Damit ging am ersten Weihnachtsfeiertag 1991 ein Dreivierteljahrhundert Sowjetherrschaft zu Ende. Zugleich trat mit Gorbatschow der erste und letzte Präsident der UdSSR von seinem Amt zurück.

Von der Kuppel im Kreml wurde die sowjetische Fahne eingeholt. Gorbatschow erklärte seinen Rücktritt in einer kurzen Fernsehansprache und begründete ihn mit der Bildung der Gemeinschaft Unabhängiger Staaten aus elf ehemaligen Sowjetrepubliken. Die Kontrolle der Atomwaffen ging auf den russischen Präsidenten Boris Jelzin über. International trat zunächst die Russische Föderation die Rechtsnachfolge der Sowjetunion an.

*

An diesem ersten Weihnachtstag erreichte mich ein Abschiedsbrief von Michail Gorbatschow, der auch an Hannelore gerichtet war:

»Lieber Helmut!
Ich trete als Präsident der UdSSR zurück. Die Entwicklungen sind anders verlaufen, als ich es für richtig und vernünftig hielt. Jedoch gebe ich die Hoffnung nicht auf, dass das, was ich vor sechs Jahren begonnen habe, am Ende erfolgreich sein wird und Russland und die anderen Staaten, die Mitglieder des neuen Bundes sind, zu modernen und demokratischen Staaten werden.
In diesem für mich nicht einfachen Moment denke ich daran, was wir gemeinsam mit Dir geleistet haben. Die Vereinigung Deutschlands – das ist ein großes Ereignis der Weltgeschichte und der neuen Weltpolitik. Und dass wir mehr als andere dazu beigetragen haben, bleibt, so hoffe ich, im Gedächtnis der Völker.
Ich möchte, dass die deutsch-sowjetischen Beziehungen sich auf dem Fundament des großen Vertrages gut entwickeln.
Raissa und ich wünschen Dir und Hannelore, Deiner ganzen Familie, Gesundheit, Wohlergehen und Glück.

Dein Michail.«

Als Hannelore und ich diesen Brief gelesen hatten, standen uns die Tränen in den Augen. Wie nahe waren wir uns in diesen aufregenden Jahren gekommen, Hannelore und Raissa, Michail und ich.

Was hatten wir nicht alles diesem ehemaligen kommunistischen Führer zu verdanken! Ohne ihn hätte es die deutsche Einheit so nicht gegeben. Das bleibt für die Ewigkeit. Gorbatschow hatte die Dankbarkeit aller Deutschen verdient und ihre Herzen längst erobert. Was er für unser Land geleistet hatte, für die Völker, für unsere Nachbarn, das wird für immer in die europäische Geschichte eingehen. Und für Gorbatschow blieb ich ein treuer und verlässlicher Freund.

Das Scheitern seiner Perestroika, dieses Versuchs, ein nach fast siebzig Jahren erstarrtes, uneffektives und zum Teil menschenverachtendes diktatorisches System durch Umgestaltung zu reformieren und zu modernisieren, war tragisch. Blieb nur zu hoffen, dass mit Boris Jelzin der Reformprozess nicht gestoppt, sondern im Sinne Gorbatschows weiterentwickelt wurde.

*

Wieder standen wir am Ende eines Jahres. Es war gewiss kein einfaches Jahr gewesen. Im Rückblick konnten wir sagen: Insgesamt war es für uns Deutsche doch ein gutes Jahr, und wir hatten allen Grund zur Dankbarkeit. Aus vielen Gesprächen und Briefen wusste ich, dass die große Mehrheit der Deutschen so dachte und mit Zuversicht ins neue Jahr blickte.

Deutschland wuchs zusammen, und auch wenn noch ein schwieriger Weg vor uns lag: Gemeinsam würden wir ihn meistern.

Vor einigen Monaten hatte ich in Sachsen-Anhalt mit einer über siebzigjährigen Frau gesprochen. Sie sagte mir, wie sehr sie sich jahrzehntelang nach der deutschen Einheit gesehnt hatte. Sie freue sich, dass sie diesen Tag noch erleben durfte. Doch dann fügte sie hinzu: »Aber für mich kommt das alles zu spät!«

Diese Tragik bewegte mich tief. Wie die meisten ihrer Generation von Rostock bis Dresden, von Magdeburg bis Cottbus war diese Frau um den Ertrag ihrer Arbeit betrogen worden. Solches Unrecht lässt sich nicht ungeschehen machen. Doch mussten wir zumindest versuchen, die Folgen zu mildern. Das konnte nicht allein Aufgabe der Politik sein. Hier waren wir alle in unserer Menschlichkeit gefordert.

Wir alle waren Zeugen welthistorischer Ereignisse. Wir standen mitten in einer Zeitenwende, in der wir nicht nur Zuschauer sein konnten. Wir waren gefordert, mutig und entschlossen unseren Beitrag zur Gestaltung eines neuen Europas zu leisten.

14.
Anerkennung

Auf ihrer Sitzung am 16. Dezember 1991 in Brüssel einigten sich die Außenminister der Europäischen Gemeinschaft auf eine Erklärung zu Jugoslawien und über gemeinsame »Richtlinien für die Anerkennung neuer Staaten in Osteuropa und in der Sowjetunion«, wonach alle jugoslawischen Republiken als unabhängige Staaten anerkannt würden, soweit sie ihren Wunsch nach Anerkennung mitteilten und bereit waren, die Verpflichtungen aus diesen Richtlinien zu erfüllen. Insbesondere mussten sie die Menschenrechte und die Rechte nationaler und ethnischer Gruppen sowie die bestehenden Grenzen respektieren. Weiterhin mussten sie erklären, dass sie die Bemühungen des neuen UNO-Generalsekretärs Boutros Boutros-Ghali und des Sicherheitsrats der Vereinten Nationen und die Fortsetzung der Jugoslawien-Konferenz unterstützten. Wenn diese Voraussetzungen erfüllt waren, sollte die Anerkennung erfolgen, die mit der Aufnahme diplomatischer Beziehungen bis Mitte Januar 1992 einherging. Es war beabsichtigt, zu diesem Zeitpunkt Botschaften zu eröffnen. Slowenien hatte bereits mitgeteilt, dass es den genannten Katalog akzeptiert, Kroatien ließ eine entsprechende Mitteilung folgen.

Die Zusammenarbeit zwischen Auswärtigem Amt und dem Bundeskanzleramt in dieser Angelegenheit verlief ausgezeichnet. Hans-Dietrich Genscher hatte das nunmehr erreichte Ziel mit enormem Einsatz verfolgt. Es gab nicht die kleinste Differenz zwischen ihm und mir.

Drei Tage nach der Brüsseler Tagung beschloss das Bundeskabinett auf seiner letzten Sitzung in dem zu Ende gehenden Jahr die völkerrechtliche Anerkennung der jugoslawischen Republiken. Damals war von einigen Ländern behauptet worden, durch die Anerkennung würde die Lage in Jugoslawien verschärft. Das erwies sich jedoch als falsch. Statt dessen führte die Angst vor breiter internationaler Anerkennung dazu, dass dem Friedensplan der Vereinten Nationen zugestimmt wurde. Die Entwicklung der Jugoslawien-Politik innerhalb der EG zeigte also Wirkung. Zwar warteten die meisten EG-Länder mit der Anerkennung bis Mitte Januar 1992, während wir die Republiken noch vor Weihnachten anerkannt hatten, es war jedoch klar, dass wir erst Mitte Januar diplomatische Beziehungen aufnehmen würden. So geschah es dann auch.

Präsident Mitterrand war insoweit nicht richtig unterrichtet, wenn er kritisierte, mit der frühzeitigen Anerkennung Sloweniens und Kroatiens hätten sich die Deutschen von den Beschlüssen von Maastricht entfernt.

Richtig war, dass die Anerkennung sicherlich nicht den Beginn einer gemeinsamen europäischen Außenpolitik markierte. Dafür war es noch zu früh. Nach wie vor war die EG im wesentlichen eine Wirtschaftsgemeinschaft, und wir begannen erst, die politische Union in Europa aufzubauen. Deshalb konnte niemand von der EG erwarten, dass solche schwierigen außenpolitischen Fragen sich reibungslos klären ließen.

Was mich an der internationalen Diskussion störte, war, wie wenig von den Opfern die Rede war. Es waren immerhin viele Tausend Tote und Verletzte zu beklagen. Furchtbare Zerstörungen gab es in den Städten und Dörfern, und damit einher ging ein gewaltiger Verlust an Wirtschaftskraft. Das betraf nicht nur Kroatien, sondern genausogut auch Serbien. Ich war sehr erstaunt, wie ungerührt man außerhalb Jugoslawiens die Not und das Leid der Menschen hinnahm und wie wenig die Frage gestellt wurde, was der Wiederaufbau kosten werde. Alle würden Hilfe benötigen, und sie würden sich natürlich auch an die EG wenden.

Es ist wahr: Wir wurden wegen unseres Vorpreschens kritisiert. Ich selbst auch. Das musste ich ertragen. Meine Position war immer klar: Die Deutschen hatten mit Zustimmung all ihrer Nachbarn und in Ausübung des Selbstbestimmungsrechts die Einheit erreicht. Ich hätte es als eine in höchstem Grade unmoralische Politik empfunden, wenn die Deutschen und der deutsche Bundeskanzler ein Jahr nach der Wiedervereinigung mit Blick auf einen anderen Teil Europas nun gesagt hätten, das ginge uns alles überhaupt nichts an.

Ich habe mich strikt gegen einen deutschen Alleingang gewehrt. Man hat mich oft beschimpft, gelegentlich auch aus meiner eigenen Partei, warum ich nicht jetzt und sofort handeln würde. Auch gegen Hans-Dietrich Genscher wurden ungerechte Vorwürfe erhoben. Zu dem Zeitpunkt, zu dem wir Deutschen uns in die Entwicklung eingeschaltet hatten, gab es keinerlei abweichende Ansichten zwischen ihm und mir. Im übrigen war diese Entscheidung auch eine Frage der Richtlinienkompetenz des Bundeskanzlers.

Wenn gesagt wurde, die Deutschen zeigten jetzt den übrigen Europäern, wie mächtig sie seien, oder wenn alte Vorbehalte wieder aus der Mottenkiste hervorgeholt wurden, dann hatte ich angesichts der Geschichte dieses Jahrhunderts zwar ein gewisses Verständnis dafür. Allerdings war nicht auszuschließen, dass dabei auch Neid und Missgunst wegen unseres wirtschaftlichen Erfolgs eine Rolle spielten. Aber wir schrieben glücklicherweise nicht das Jahr 1912, sondern 1992. Und im Jahr 1992 war es keine Anmaßung, wenn der deutsche Bundeskanzler erklärte, seine Muttersprache möge in der EG nicht schlechter behandelt werden als andere. Schließlich war die unwiderrufliche Einbettung Deutschlands in europäische Strukturen das beste Rezept, um Ängste gegenüber Deutschland abzubauen. Wenn wir ein festes europäisches Dach über Deutschland bauten, dann gab es erst recht keinen Grund zur Besorgnis.

Es gab eine Reihe von Gründen für das deutsche Engagement in der Jugoslawien-Frage: Zum einen empfanden wir eine besondere Verpflichtung in Sachen Selbstbestimmungsrecht. Zum anderen gab es kein Land in Europa, in dem so viele Kroaten lebten wie in Deutschland. Zudem zeigte sich, dass durch die Anerkennung Sloweniens und Kroatiens der Zwang, miteinander zu reden, im bisherigen Jugoslawien zunahm. Ich sah eine reelle Chance, dass wir dort friedliche Verhältnisse bekamen, und wünschte mir, dass der Hass zwischen den Konfliktparteien überwunden werden könnte.

*

Auch wenn die in anderen europäischen Ländern bestehenden Befürchtungen, Deutschland wolle die Europäische Gemeinschaft dominieren, also nicht berechtigt waren, mussten die Deutschen solche Vorwürfe doch ertragen und sich klug und taktvoll verhalten. Aber man konnte es nicht allen recht machen. Unterbreiteten Deutschland und Frankreich Vorschläge, hieß es gleich, sie strebten nach Hegemonie, und es wurde von einer »Achse Paris–Bonn« gesprochen. Machten die beiden Länder keine Vorschläge, wurde ihnen vorgeworfen, sie nähmen ihre Verantwortung nicht wahr. Deshalb packte ich lieber etwas an. Aber die Deutschen sollten nicht als erste ihren Kopf aus dem Fenster heraushalten. Man konnte auch ein Stück weiter hinten stehen, ohne dass man übersehen wurde. Das war zumindest meine Ansicht, mit der ich mich von meinem Amtsvorgänger unterschied.

Zur Rolle und zur Verantwortung des wiedervereinigten Deutschlands, zu dem Wunsch von Präsident George Bush, die Vereinigten Staaten und Deutschland sollten »partners in leadership« sein, hatte ich klare Vorstellungen: Wir erlebten eine dramatische Veränderung der Welt. Deutschland war wiedervereinigt. Maastricht brachte den Durchbruch zur europäischen Einigung. Die Situation für Deutschland hatte sich erheblich verändert. Die deutsche Einheit hatte die deutsche Position in der Welt nicht erleichtert, sondern schwieriger gemacht. Es kam alles zusammen: die Geographie, die Geschichte, die Ökonomie. Die Wahrheit war: Viele Menschen in anderen Ländern – und sogar in Westdeutschland – wollten die deutsche Einheit nicht.

Die überwiegende Mehrheit der Amerikaner allerdings wollte sie. Alle amerikanischen Präsidenten von Truman bis Bush hatten das Streben der Deutschen nach Einheit unterstützt, und auch in Europa gab es viele Politiker, die die deutsche Einheit befürworteten. Aber es gab auch einige, die sie nicht wollten. Am größten war die Zahl derjenigen, die die deutsche Einheit erst in ferner Zukunft, zur Zeit unserer Enkel wünschten. Wir mussten begreifen: Nicht nur wir hatten Probleme, andere hatten sie auch mit dem wiedervereinigten Deutschland.

Ich war entschieden dagegen, Deutschlands Partner und Freunde dafür zu kritisieren, dass sie sich mit dem wiedervereinigten Deutschland schwertaten. Die Welt, wie sie vor der Vereinigung gewesen war, war eine ganz andere. Es war in mancher Hinsicht viel einfacher. Es gab den Westen, den Osten, es gab die klaren Feindbilder der Kalten Krieger. Auf einmal war alles weg, war die Berliner Mauer verschwunden, waren die Deutschen mit über 80 Millionen das bevölkerungsreichste Land in Europa mit der stärksten Wirtschaftskraft, mit einer starken D-Mark. Nun sagten viele: Jetzt sind sie wieder da. Nun tauchten die Bilder aus der Vergangenheit wieder auf. Die schrecklichen Taten geschahen von deutscher Hand und in deutschem Namen. Viele von denen, die darunter leiden mussten, lebten noch.

Die deutsche Geschichte hat großartige Kapitel. Aber sie hat auch diese schrecklichen Kapitel. Das wurde vielen Menschen nun wieder stärker bewusst.

Daneben gab es aber auch *angebliche* Ängste, die eigentlich eher Neid waren, weil die Deutschen wirtschaftlich stärker waren und weil ihr Wohlstand höher war. Sich darüber zu beklagen hatte aber keinen Sinn. Es hatte auch keinen Sinn, darüber zu philosophieren, ob das gerecht war. Es war wie beim Wetter, man kann es nicht beeinflussen. Es gab nur ein Mittel, und das hatten schon die Väter und Mütter des Grundgesetzes in die Präambel unserer Verfassung geschrieben: Deutsche Einheit und europäische Einheit mussten Hand in Hand gehen. Wer wegen der deutschen Einheit ängstlich war, musste sagen: Dann errichten wir über uns allen ein festes Dach. Die Europäische Union war deshalb für die Deutschen genauso wichtig wie die deutsche Einheit. Wenn wir uns nur mit der deutschen Einheit begnügten und nicht die europäische Einheit herbeiführten, verrieten wir die Aufgabe der Geschichte. Das war mein Credo, und es war auch die Politik

Konrad Adenauers, die politische Philosophie der CDU seit ihrer Gründung.

*

Am 6. Februar 1992 reiste ich in Begleitung von Bundesaußenminister Hans-Dietrich Genscher anlässlich der Unterzeichnung des deutsch-ungarischen Vertrags über freundschaftliche Zusammenarbeit und Partnerschaft nach Budapest.

Wir unterzeichneten einen Vertrag, der sozusagen im Text zusammenfasste, was Ungarn und Deutsche gegenseitig empfanden: die Freundschaft zwischen unseren Völkern. Miteinander waren sie einen langen Weg durch die Geschichte gegangen, und jetzt, acht Jahre vor dem Ende des Jahrhunderts, das soviel Sorgen, Elend und Tod sah, konnten wir diesen Freundschaftsvertrag signieren, mitten in der dramatischen Veränderung der Welt.

Die Einheit war vollzogen, die Deutschen brachen auf nach Europa. Das alte Europa war wieder da – ganz jung, ganz dynamisch. In einigen Jahren würden wir eine gemeinsame Währung in Europa haben. Doch dieses Europa würde ein Torso bleiben, wenn Ungarn nicht Teil von ihm würde. Die Donau ist ein europäischer Fluss, und die Stephanskrone ein Symbol Europas. Trotz aller Schwierigkeiten in der Übergangszeit, die mit der Überwindung einer kommunistischen Diktatur einhergingen, freuten wir uns deswegen darüber, dass wir auf diesem Weg nach Europa große Fortschritte machten.

Es war dies bereits mein dritter offizieller Besuch in Ungarn. Seit meinem letzten Besuch Ende 1989 hatte sich das Gesicht unseres Kontinents grundlegend verändert: Freiheit, Menschenrechte, Demokratie setzten sich immer mehr durch. Welcher Deutsche erinnert sich nicht an jenes »paneuropäische Picknick« in Sopron, das viele unserer Landsleute, die dem Unrechtsregime der DDR entkommen wollten, zur Flucht in die Freiheit nutzten? Wem ist nicht die überwältigende Hilfsbereitschaft vieler selbstloser Bürger Ungarns in dankbarer Erinnerung, die unseren Landsleuten in der Not tatkräftige Unterstützung zuteil werden ließen? Vor allem haben wir noch die mutige Entscheidung der ungarischen Regierung in den dramatischen Septembertagen des Jahres 1989 vor Augen, als sie die Grenze für die freie Ein- und Ausreise von Deutschen aus der DDR öffnete. Ich habe es mehrfach mit Überzeugung gesagt: Wir werden dem ungarischen Volk diese großartigen Freundschaftsbeweise nie vergessen.

Mit der Unterzeichnung des Vertrages über freundschaftliche Zusammenarbeit und Partnerschaft in Europa schufen wir eine solide rechtliche Grundlage für die bestehende Zusammenarbeit in allen wesentlichen Bereichen und gaben ihr eine Perspektive. Von besonderer Bedeutung war für uns, dass der Vertrag die Rechte der deutschen Minderheit in Ungarn gemäß dem europäischen Rechtsstandard festschrieb; dazu gehörte auch die Pflege und Erhaltung der eigenen Sprache. Die Ungarndeutschen konnten fortan unter Wahrung ihrer Identität die Zukunft dieses Landes mitgestalten.

*

Kein Geringerer als mein Freund Václav Havel hatte sich seit der deutschen Wiedervereinigung in besonderer Weise um einen Ausgleich seines Volkes mit den Deutschen bemüht. Wenn es nach ihm gegangen wäre, hätten wir das deutsch-tschechoslowakische Nachbarschaftsabkommen, das wir beide am 27. Februar in Prag unterzeichneten, schon viel früher vereinbart.

Die Vergangenheit jedoch war allgegenwärtig, und das ganz besonders, als ich in Prag zur Unterzeichnung eintraf. Angefangen von den ewig Gestrigen, die vor der Prager Burg lautstark gegen den Vertrag demonstrierten, bis hin zu den offenen Fragen des Vertrags, die sich ausschließlich auf die Vergangenheit bezogen: Warum erklärte Bonn das Münchner Abkommen von 1938, das die Abtretung der ehemaligen Sudetengebiete an Hitler-Deutschland festlegte, nicht von Anfang an für nichtig? Warum fiel kein klares Wort zu den Eigentumsforderungen der Sudetendeutschen?

Für mich war der Vertrag ein Schritt von grundlegender Bedeutung in den Beziehungen beider Länder. Er geht von der zentralen

*Begegnung mit Kardinal Tomášek in Prag
(Februar 1992)*

Erkenntnis aus, dass wir die Zukunft nur gemeinsam gestalten können, wenn wir uns gemeinsam der Vergangenheit stellen. Den Deutschen war bewusst, dass der Vertreibung der Sudetendeutschen die deutsche Besetzung und der Angriffskrieg vorausgingen. Auf beiden Seiten war Unrecht geschehen, und es sollte weder verdrängt noch gegeneinander aufgerechnet werden. Die große Mehrheit der Vertriebenen wollte auf jeden Fall ihren Beitrag zur Versöhnung leisten.

Den Prag-Besuch nahm ich auch zum Anlass, Gespräche mit Kardinal František Tomášek und dem Budweiser Bischof Miroslav Vlk zu führen. Damals konnte ich nicht ahnen, dass mein Besuch bei Kardinal Tomášek, diesem Gegner des kommunistischen Regimes und unbeugsamen Verfechter demokratischer Bürgerrechte, mein letzter sein würde. Der frühere Erzbischof von Prag starb nach längerer Krankheit am 4. August im Alter von dreiundneunzig Jahren. Am 12. August 1992 erwies ich ihm die letzte Ehre. In einem Trauergottesdienst nahmen Tausende Gläubige Abschied von ihm. Tomášek wurde in der Bischofsgruft im Veitsdom auf der Prager Burg beigesetzt. Als Symbolfigur des Widerstands genoss dieser Kirchenmann großes Ansehen unter der Bevölkerung der Tschechoslowakei, aber auch darüber hinaus. Unvergessen ist seine Aufforderung an Tschechen und Slowaken: »Richtet euch auf und erhebt die Köpfe!«

Václav Havel erinnerte bei der Trauerfeier an die Verdienste des Kardinals bei der friedlichen Umgestaltung des Staates. Das Andenken des Kardinals gebiete, in Wahrheit, Liebe und Güte zu leben, sagte er, der Tomášek noch an dessen Krankenbett besucht hatte.

15.
Unberechenbar

Er galt lange Zeit als mein heimlicher Konkurrent: Gerhard Stoltenberg, einer der profiliertesten Politiker der CDU, Garant für wirtschafts- und finanzpolitische Souveränität in meinen ersten Kabinetten von 1982 bis 1989. Bei der wichtigen Regierungsumbildung Anfang 1989 wechselte er vom Finanzministerium ins Verteidigungsministerium, wonach er sich wahrlich nicht gedrängt hatte. Leider blieb mir damals keine andere Wahl, als ihm dieses Ressort anzubieten.

Gerhard Stoltenberg war eineinhalb Jahre älter als ich. Als Flakhelfer in den letzten Kriegstagen erlebte er das Ende des verheerenden Krieges bei der Marine. Später studierte er Neuere Geschichte, Philosophie und Wirtschafts- und Sozialwissenschaften – eine Fächerkombination, die vieles aussagt über die breite Palette der Talente dieses ausgesprochenen Kenners der Bildenden Kunst. Der schleswig-holsteinische Pastorensohn stieg rasch zum erfolgreichen Ministerpräsidenten seines Landes auf und kam über die Landespolitik in die erste Reihe der Bonner Bühne.

Als Bundesverteidigungsminister fand er eine 100 000 Soldaten zählende Truppe vor und 45 000 Zivilbeschäftigte. Gleich zu Beginn seiner Amtsübernahme hatte er eines der heikelsten Probleme zu lösen: die Abwicklung der NVA, die Abschaffung einer Militärelite, die jahrzehntelang in der Bundeswehr den Erzfeind gesehen hatte. Außerdem ging es um die Übernahme der Waffen- und Munitionsvorräte aus der früheren DDR und eine teilweise Integration von NVA-Soldaten in die Bundeswehr. Zusammen mit Generalleutnant Jörg Schönbohm, dem späteren brandenburgischen Innenminister, und seinen Mitarbeitern gelang dem Minister eine Meisterleistung.

Leider war auch Stoltenberg nicht gegen Fehler in seinem Amt gefeit. Schon 1991 geriet er wegen einer beabsichtigten Lieferung von Panzern aus NVA-Beständen an den israelischen Geheimdienst Mossad in Bedrängnis. Die Panzer waren als »landwirtschaftliche Geräte« getarnt gewesen. In letzter Minute konnte die Aktion gestoppt werden, als sie ruchbar wurde. Zwar war der Verteidigungsminister in keiner Weise in diese Geheimdienstaktion verwickelt, doch hier zählte auch die politische Verantwortung des Amtsinhabers. Damals gelang es uns, Schlimmeres zu verhüten; ich schloss seinen Rücktritt kategorisch aus.

Anders verhielt es sich in der sogenannten Panzer-Affäre im März 1992. Als bekannt wurde, dass fünfzehn Bundeswehrpanzer an die Türkei geliefert werden sollten, obwohl sich der Haushaltsausschuss des Bundestags ausdrücklich dagegen ausgesprochen und die erforderlichen Mittel gesperrt hatte, sah sich der Verteidigungsminister massiven Rücktrittsforderungen ausgesetzt. Wer mich kennt, weiß, dass ich solchen Begehren sehr ungern nachkomme. Selbst im Fall von wochenlangen Kampagnen, wie sie beispielsweise Manfred Wörner als Verteidigungsminister erleben musste, stand ich hinter meinen Kabinettskollegen und lehnte den Rücktritt ab.

Diesmal jedoch fiel es mir ungleich schwerer, an Gerhard Stoltenberg festzuhalten. Immerhin ging es um eine nicht zu begründende Nichtbeachtung des Beschlusses eines parlamentarischen Gremiums. Was immer den sonst so verantwortungsbewussten Verteidigungsminister dazu bewogen haben mochte, mir fehlte jegliches Verständnis für sein Handeln. Ich sah mich außerstande, ihn im Amt zu halten.

Gerhard Stoltenberg zeigte Größe: Er übernahm die Verantwortung, zog die Konsequenz aus dem Skandal und trat zurück. Schweren Herzens nahm ich sein Rücktrittsgesuch an. Wie ich weiß, hatte er mit einer anderen Reaktion des Bundeskanzlers gerechnet. Doch reinen Gewissens hätte ich ihn nicht halten können. Das haben er und seine Freunde in Bonn und Kiel mir nie verziehen.

*

Gerhard Stoltenberg tritt zurück (31. März 1992)

Gerne hätte ich Stoltenbergs Rücktritt und die Berufung des CDU-Generalsekretärs Volker Rühe ins Amt des Verteidigungsministers mit einem größeren Kabinettsrevirement verbunden. Seit einem vertraulichen Gespräch am Rande des Berliner Presseballs im Januar 1992 wusste ich um Hans-Dietrich Genschers Absicht, noch während der laufenden Legislaturperiode als Chef des Auswärtigen Amts zurückzutreten. Wann dies geschehen sollte, hatte er offengelassen. Auch im Hinblick auf die Bundestagswahl 1994 hätte ich jetzt gerne einige neue Gesichter präsentiert und personelle Handlungsfähigkeit gezeigt. Allein, es lag außerhalb jeder Diskussion, Genscher in dieser Situation zu fragen, ob er nicht jetzt seine Ankündigung wahrmachen wolle, auch wenn es nicht ganz abwegig war, aus staatspolitischer Verantwortung zu handeln. Es war mir längst klar, dass er den großen Abgang suchte und eine Gelegenheit finden musste, die der Bedeutung seiner langjährigen Kabinettszugehörigkeit Ausdruck verlieh. Genscher würde den Zeitpunkt seines Abgangs selbst bestimmen und ihn keinesfalls mit einer generellen Kabinettsumbildung verbinden.

Nach Stoltenbergs Demission vergingen noch knapp vier Wochen, bis mich ein Brief des Bundesaußenministers erreichte, in dem er mich mit Wirkung zum 18. Mai 1992, dem 18. Jahrestag seiner Ernennung zum Außenminister, um Entlassung aus dem Bundeskabinett bat. Mit dem Gesuch verband Genscher einen in der Du-Form gehaltenen Brief. Er bezog sich darin auf ein Gespräch und ein Schreiben zu Jahresbeginn und meinte, seitdem wisse ich ja, dass seine Bitte um Entlassung das Ergebnis reiflicher Überlegung sei: »Es ist meine feste Überzeugung, dass dieser Schritt richtig und notwendig ist.« Das gelte auch für den Zeitpunkt; er sei dankbar, dass er fast dreiundzwanzig Jahre als Mitglied der Bundesregierung dem Volk habe dienen dürfen. (Genscher war seit 1969 zunächst viereinhalb Jahre Innenminister gewesen.)

In seinem Brief erinnerte Genscher auch an die »schwere Zeit am Beginn unserer Zusammenarbeit« nach dem Regierungswechsel 1982. Die Berechtigung des damaligen Schrittes werde nunmehr fast ausnahmslos anerkannt; das Ergebnis der Bundestagswahl 1983 habe diesen Schritt legitimiert. Er dankte mir für die Zusammenarbeit in zehn Jahren. »Wir haben dabei Bleibendes für unser Land schaffen können ... Natürlich waren diese Jahre auch zwischen uns nicht immer ohne Probleme.« Die Freundschaft, schrieb er, sei dadurch jedoch nicht beeinträchtigt, sondern eher gestärkt worden. Das sah er auch für die Zukunft so: »Ein Ausscheiden aus der Bundesregierung bedeutet nicht, dass sich unsere Wege trennen.« Das Erreichen der deutschen Einheit gehöre für ihn zu den unvergesslichen Erfahrungen unserer Zusammenarbeit. Auch nach seinem Ausscheiden aus dem Amt bleibe die gemeinsame Aufgabe der Regierungskoalition bestehen.

Dass der alte Parteistratege mit diesem Schritt seine FDP in größte Turbulenzen stürzen würde, damit hatte er selbst wohl am wenigsten gerechnet. Zunächst nominierte das FDP-Präsidium in aller Eile die Bundesministerin für Raumordnung, Bauwesen und Städtebau, Irmgard Adam-Schwaetzer, als Genschers Nachfolgerin. Das war ganz im Sinne Genschers, der mir diese Personalie ebenso angekündigt hatte wie der FDP-Vorsitzende Graf Lambsdorff. Wenig später entschieden sich der FDP-Vorstand und die

Bundestagsfraktion der Liberalen jedoch mit großer Mehrheit für den amtierenden Justizminister Klaus Kinkel. Seine Nachfolgerin im Justizministerium wurde die bayerische FDP-Abgeordnete Sabine Leutheusser-Schnarrenberger. Dass Burkhard Hirsch auch bei dieser Entscheidung wieder durchgefallen war, vermerkte ich mit Genugtuung. Auch in den eigenen Reihen fand er kein Vertrauen und musste sich einer bis dahin weithin unbekannten Hinterbänklerin geschlagen geben.

*

Hans-Dietrich Genscher hatte ich bereits Anfang der sechziger Jahre kennengelernt. Wegen seiner Mitgliedschaft im ZDF-Aufsichtsgremium kam er oft nach Mainz, wo wir uns häufig trafen. Wenn ich in Bonn zu tun hatte, besuchte ich ihn auf einen Kaffeeplausch in seinem Bundestagsbüro. So hielten wir über Jahre einen intensiven freundschaftlichen Kontakt.

Er war sehr geprägt durch seine Abstammung aus Halle und vor allem durch seine Mutter, die ihm viel bedeutete und zu der er ein äußerst inniges Verhältnis hatte. Genscher hatte eine große Begabung, Seilschaften aufzubauen, Leute an sich zu binden, die für ihn durch dick und dünn gingen. Das mussten längst nicht immer Parteifreunde sein. Als Bundesaußenminister schmückte er sich gerne mit CDU-Leuten, die ihm ganz ergeben waren. Bei vielen Auseinandersetzungen konnte er dann darauf verweisen, dass es beispielsweise zwei Staatssekretäre mit CDU-Parteibuch gab, auf die er sich verlassen konnte.

Was ich ihm nie verziehen habe, war die Berufung von Hildegard Hamm-Brücher zur Staatsministerin 1976. Dass dieser Frau die auswärtige Kulturpolitik ausgeliefert war, empfand ich als einziges Ärgernis. Dabei hatte er sie auch nicht eben favorisiert, sondern sich der Parteiräson beugen müssen.

Hans-Dietrich Genscher ist hoch begabt und von brillanter Intelligenz. Er verbreitet keine Angst, zählte andererseits aber auch nicht gerade zu den mutigsten Zeitgenossen. Seine politische Grundeinstellung ist alles andere als links. Als FDP-Vorsitzender kämpfte er nie an der falschen Front, sondern hätschelte den linken Flügel seiner Partei genauso wie den rechten. Es war eine tolle Leistung, wie er die Partei zusammenhielt.

Er war schon viele Jahre Bundesaußenminister, als ich 1982 ins Bundeskanzleramt einzog. Ich galt als Innenpolitiker, der die Außenpolitik erst noch entdecken musste. Genscher erkannte sehr schnell, dass ich gerade in der Europapolitik stark ambitioniert war. Seit dem Regierungsantritt 1982 spielte Europa eine ganz wichtige Rolle für mich. Ich war ein anerkannter Vorsitzender einer der großen christlichen und konservativen Parteien in Europa und hatte dadurch ein entsprechendes politisches Gewicht, über das er als Parteivorsitzender nicht annähernd verfügte.

In der Europapolitik gab es keine Differenzen zwischen uns, wir waren immer auf gleichem Kurs. Für die Dritte Welt dagegen zeigte er wenig Engagement. Meine Initiative zur Rettung der tropischen Regenwälder war kein Thema für ihn. Auch sein kulturelles Interesse war begrenzt, so dass ihm Länder mit uralten Kulturen letztlich fremd blieben. Asien und vor allem China waren nicht seine Themen. Oft war er verwundert, wenn er mitbekam, dass mir aus der Bundestagsbibliothek die neueste historisch-politische Literatur gebracht wurde.

Bei gemeinsamen internationalen Begegnungen verhielt er sich stets korrekt. Grundsätzlich ließ er mir den Vortritt und fragte mich jeweils sogar, ob ich einverstanden wäre, wenn er das Wort ergriff. Er wollte als der zweite Mann auftreten.

Auffallend war Genschers gutes Verhältnis zu den Kabinettskollegen der Union. Zu Theo Waigel und Norbert Blüm pflegte er engen Kontakt, beinahe kumpelhaft. Zur Entwicklungshilfepolitik und den dafür zuständigen Ministern wahrte er Distanz. Er hielt die Entwicklungspolitik in der bekannten Form für entbehrlich und hätte dieses Ressort gerne für sein Ministerium vereinnahmt.

Unsere Zusammenarbeit war ziemlich kompliziert. Wir stimmten uns sehr häufig telefonisch ab und schrieben uns Briefe. Es gibt eine institutionelle Spannung zwischen Kanzleramt und Auswärtigem Amt. Das Selbstverständnis der Diplomaten geht von einem natürlichen Anrecht aus, die Welt in die Bundesrepublik und die Bundesrepublik in die Welt zu vermitteln. Hinzu kommt ein Corpsgeist, der es schwer machte, Seiteneinsteiger zuzulassen. Unsere Verfassung trägt das Ihrige zu der Spannung zwischen den beiden Häusern bei, indem sie festschreibt, dass der Kanzler die Richtlinien der Politik bestimmt, und zwar besonders bei den täglichen politischen Entwicklungen, die weder im Koalitionsvertrag noch von den Parteiprogrammen der Regierungskoalition abgedeckt sind.

Wenn man bedenkt, dass während meiner Kanzlerschaft mehr als fünfzig Konferenzen von EG beziehungsweise EU stattfanden, lässt sich leicht erkennen, dass der Bundeskanzler als Wortführer seines Landes notwendigerweise eine ganz besondere Stellung auf diesen Veranstaltungen hat. Dazu braucht er einen kleinen effizienten Apparat im Kanzleramt, und das ist die zuständige Abteilung für Außen- und Sicherheitspolitik. Deren Leiter und mein wichtigster außen- wie innenpolitischer Berater war von 1982 bis 1990 Horst Teltschik. Als Seiteneinsteiger hatte ihn das Auswärtige Amt von Anfang an misstrauisch beäugt. Zugegeben, Teltschik war nicht einfach im Umgang. Doch war sein Selbstbewusstsein berechtigt, weil er mehr von Außen- und Sicherheitspolitik verstand als so mancher hohe Diplomat im Auswärtigen Amt (AA). Zudem verfügte dieser hochbegabte und intelligente politische Kopf über allerbeste Kontakte zu den einflussreichsten politischen Beratern der Staats- und Regierungschefs in Europa, Amerika und der damaligen Sowjetunion, und ich unterstützte ihn noch darin.

Den Bonner AA-Beamten war Teltschik ein Dorn im Auge, und die Chemie zwischen ihm und dem Außenministerium stimmte nie. Verkürzt gesagt: Dieser Mann war den meisten Granden im Auswärtigen Amt weit überlegen und hätte den Posten eines Staatssekretärs wohlverdient gehabt. Horst Teltschik hat es mir lange Jahre verübelt, dass ich ihn nicht zu Höherem berufen habe, doch Genschers beharrliche Abneigung vereitelte das.

Meine Versuche, zwischen beiden zu vermitteln, scheiterten von Mal zu Mal. Eher hätte die FDP die Koalition mit uns platzen lassen, als dass Teltschik auf einem noch einflussreicheren Posten gelandet wäre. Schließlich verabschiedete er sich aus der Politik und ging als Geschäftsführer zur Bertelsmann-Stiftung.

*

Ende April 1992 trat auch noch Gesundheitsministerin Gerda Hasselfeldt zurück – wegen einer Spionageaffäre in ihrer unmittelbaren Umgebung. CSU-Chef Theo Waigel und ich verständigten uns rasch auf Horst Seehofer als ihren Nachfolger.

Trotz des Führungsdebakels in der FDP verlief auch der Wechsel von Hans-Dietrich Genscher zu Klaus Kinkel reibungslos. Der Krisenstimmung bei den Liberalen konnte ich nur machtlos zusehen, denn nach unserer Koalitionsvereinbarung hatte die FDP das Vorschlagsrecht für die von ihr zu besetzenden Ressorts. Zwar gab es kein Erbrecht auf das Auswärtige Amt, und sicherlich wäre es eine echte Alternative gewesen, wenn Theo Waigel vom Finanzressort in das Außenamt gewechselt wäre, doch die FDP signalisierte von Anfang an, das einflussreiche Auswärtige Amt aus den eigenen Reihen erneut zu besetzen. So blieb mir keine andere Wahl, als die angebotene Personalie hinzunehmen und die von vielen Seiten vorgebrachte Kritik zu ertragen, die darin gipfelte, ich würde meiner Richtlinienkompetenz nicht nachkommen, wenn ich nicht einen Politiker nach meinen Vorstellungen beriefe. Tatsache ist, dass ich die Berufung von Klaus Kinkel auch im nachhinein nur als Glücksfall bezeichnen kann.

Was dann allerdings in weiten Teilen der Unionsfraktion wirklich zum Ärgernis wurde, war die Benennung Jürgen Möllemanns zum Vizekanzler. Ich hätte mir dafür den CSU-Vorsitzenden und Finanzminister Theo Waigel gewünscht, doch mit großer Mehrheit entschieden sich Vorstand und Fraktion der FDP dafür, dass Möllemann künftig die Bezeichnung »Vizekanzler« zukommen solle, die bisher von Genscher geführt worden war. Genscher schien mir übrigens der Vater dieser Berufung zu sein, ohne dies nach außen hin erkennen zu lassen. Auch in diesem Fall blieb mir nichts anderes übrig, als dieses eindeutige Votum zu akzeptieren.

Doch Möllemanns »Vizekanzlerschaft« sollte nicht einmal ein ganzes Jahr währen. Manchmal muss man personelle Veränderungen tatsächlich aussitzen. Nachdem er sich mit Werbeschreiben auf amtlichem Papier bei deutschen Handelsketten für ein Produkt seines angeheirateten Vetters eingesetzt hatte, trat Jürgen Möllemann im Januar 1993 von allen Ämtern zurück.

16.
Abstimmung

Zwischen Wahlkampfauftritten in Schleswig-Holstein und Baden-Württemberg flog ich am 21. März 1992 zu zweitägigen Gesprächen mit George Bush nach Amerika. Ein zentrales Thema unserer Gespräche auf seinem Landsitz Camp David war der Stand der sogenannten Uruguay-Runde im GATT. Dieses Allgemeine Zoll- und Handelsabkommen (General Agreement on Tariffs and Trade), das 1947 von dreiundzwanzig Staaten abgeschlossen wurde, ist ein Vertragssystem der UNO, dem mittlerweile weit über hundert Staaten angehören und dessen Ziel es ist, Zölle und Handelshemmnisse abzubauen und diskriminierende Eingriffe in die zwischenstaatliche Arbeitsteilung zu beseitigen. Mittelbar werden damit positive Effekte in bezug auf den Lebensstandard, das Ziel der Vollbeschäftigung und das Niveau der Realeinkommen sowie der Nachfrage bewirkt; es werden die Hilfsquellen der Welt erschlossen sowie Produktion und Austausch von Waren gesteigert.

Die wichtigsten Themen der im September 1986 in Punta del Este begonnenen Uruguay-Runde waren der Protektionismus im Agrarsektor, besonders die EG-Agrarpolitik, Handelshemmnisse, der Dienstleistungsverkehr, das internationale Urheberrecht und Verbesserungen im Welthandel für Entwicklungsländer.

Die GATT-Thematik hat mich vom ersten bis zum letzten Tag meiner Kanzlerschaft bewegt. Leitgedanke des GATT-Abkommens ist die Schaffung eines freien Handels. Dem steht jedoch eine weltweit wachsende Tendenz zu protektionistischen Maßnahmen entgegen, vor allem seitens der führenden Industrieländer. Dem drohenden Zusammenbruch des freien Welthandels musste ebenso entgegengewirkt werden wie der Ausgrenzung der Entwicklungsländer aus dem Weltmarkt. Hier war das GATT ein bewährtes Forum, um den Ausgleich divergierender handelspolitischer Interessen zu erreichen.

Bei meinem Treffen mit dem amerikanischen Präsidenten führte ich keine Verhandlungen namens der Europäischen Gemeinschaft. Das war Sache der EG-Kommission. Bush, Mitterrand und ich wie auch die anderen Partner in der EG wollten, dass die GATT-Runde noch in diesem Jahr erfolgreich abgeschlossen wurde. Bush teilte meine Auffassung, dass ein Erfolg der GATT-Runde von außerordentlicher Bedeutung für die weitere Entwicklung der Weltwirtschaft war und dass wir einen Rückfall in den Protektionismus unter allen Umständen verhindern mussten. Dabei waren wir uns einig, dass ein Erfolg der Uruguay-Runde nicht nur für Europa und die USA, sondern vor allem auch für die Entwicklungsländer von entscheidender Bedeutung war.

Anhand eines der amerikanischen Seite überreichten Papiers erläuterte ich unsere Haltung zu den GATT-Verhandlungen. In den vergangenen Wochen hatte ich darüber wiederholt mit Präsident Mitterrand, Premierminister Major, Ministerpräsident Lubbers und EG-Präsident Jacques Delors gesprochen. Wir brauchten einen erfolgreichen Abschluss der GATT-Verhandlungen insbesondere auch, um die schwache Weltkonjunktur zu stärken. Das war sowohl für die exportorientierte Wirtschaft in Europa und in der Bundesrepublik wichtig als auch für die Konjunkturentwicklung in den USA, die durch den Exportzuwachs von knapp 11 Prozent 1991 wesentlich unterstützt wurde.

Auch die Entwicklungsländer waren in besonderer Weise auf eine Liberalisierung des Welthandels angewiesen, denn sonst wäre jede noch so groß angelegte entwicklungspolitische Hilfe nur sehr begrenzt wirksam. Eine Vertagung der Verhandlungen war nicht zu verantworten. Deshalb mussten wir baldmöglichst zu einem positiven Ergebnis kommen.

Entscheidend für einen Kompromiss über das Gesamtpaket war der Agrarbereich. Dabei musste die innenpolitische Situation in den Mitgliedstaaten der Europäischen Gemeinschaft sowie in den USA berücksichtigt werden, denn nicht nur bei uns standen Landtagswahlen in Schleswig-Holstein und Baden-Württemberg an, auch in Frankreich, Italien und den USA standen Wahlen bevor.

Die Europäische Gemeinschaft hatte eine grundlegende Reform der europäischen Agrarpolitik in Angriff genommen. Hauptziel dieser Reform war eine Rückführung der Produktion und damit auch eine Rückführung der subventionierten Agrarexporte der Gemeinschaft. Dies war jedoch nur möglich, wenn gleichzeitig die Einkommen der Landwirte über direkte, produktionsunabhängige Einkommensbeihilfen stabilisiert wurden. Vor diesem Hintergrund mussten wir insbesondere in drei Bereichen noch einen Kompromiss finden: Rückführung der subventionierten Exporte der Europäischen Gemeinschaft; Einfrieren der Getreide-Substitute-Importe der Europäischen Gemeinschaft auf der derzeitigen Höhe und die Absicherung der europäischen Einkommenshilfen für Landwirte.

Präsident Bush erklärte, auch die amerikanische Seite wolle die Verhandlungen zum Erfolg führen, aber natürlich beeinflusse der Wahlkampf die Flexibilität seiner Regierung, denn das deutsche Papier sei nicht ohne politische Brisanz im Hinblick auf die amerikanische Innenpolitik. Viel Übereinstimmung entwickelte sich nicht. Die amerikanische Haltung schien mir zu sehr Rücksicht auf die landwirtschaftlichen Betriebe in den USA zu nehmen, und das hatte natürlich mit den Präsidentschaftswahlen zu tun.

Ein weiteres wichtiges Thema war die bevorstehende Konferenz der Vereinten Nationen für Umwelt und Entwicklung (UNCED) in Rio de Janeiro. George Bush und ich stimmten darin überein, dass diese Konferenz ein bedeutsamer Schritt auf dem Weg zu einer weltweiten Umweltpartnerschaft werden musste. Dabei ging es insbesondere darum, eine Klima-Rahmen-Konvention, eine Konvention über die biologische Vielfalt sowie Grundsätze für die Erhaltung der Wälder zu verabschieden. Ich überreichte dem amerikanischen Präsidenten ein Memorandum zur UNCED-Konferenz in Rio und fügte hinzu, dass dieses Thema auch für die Wahlen in Amerika Relevanz haben dürfte. Mir schien es wichtig, dass man auch im Hinblick auf die UNCED-Konferenz eng zusammenarbeitete.

Bush erklärte, in einer Reihe von Punkten lägen unsere Positionen schon sehr nah beieinander, unter anderem bei der Konvention zur Erhaltung der Wälder. Hauptproblem für die USA sei, dass man die Folgen für die Wirtschaft im Auge behalten müsse.

Schließlich riet ich dem Präsidenten, trotz des Wahlkampfs an der Konferenz in Rio teilzunehmen, auch um den Eindruck zu vermeiden, dass in dieser Frage zwischen Europa und den USA Meinungsverschiedenheiten bestünden.

In Camp David sprachen wir ferner über den diesjährigen Weltwirtschaftsgipfel. Bush unterstützte meine Überlegungen, in München mehr Zeit für informelle Gespräche vorzusehen. Wir wollten uns auf die wirklich globalen Themen konzentrieren, als da waren: die weltwirtschaftliche Entwicklung, die Lage in der GUS und in den Staaten Mittel- und Südosteuropas und die Probleme der Dritten Welt.

Im Lauf des Gesprächs erinnerte mich der Präsident an das Problem, auch Boris Jelzin zum Weltwirtschaftsgipfel einzuladen. Der russische Präsident habe ihn angerufen und gebeten, mit mir darüber zu sprechen. Vielleicht sollte man so verfahren wie letztes Jahr mit Michail Gorbatschow in London und Jelzin nicht als formellen Teilnehmer, sondern als Gesprächspartner einladen, meinte George Bush. Er sei sich in dieser Frage aber noch nicht sicher. Ich erklärte mich bereit, Boris Jelzin telefonisch mitzuteilen, dass diese Frage erst in einigen Wochen entschieden werden könne. Das sei auch deshalb wichtig, weil man jetzt noch nicht wisse, in welcher Verfassung die GUS in einigen Wochen sei und wie sich beispielsweise die Ukraine verhalten werde. Bush war einverstanden, die Frage um einige Wochen zu vertagen, riet mir aber, bei meinem Gespräch mit Boris Jelzin jede Parallele zu Gorbatschow zu vermeiden, weil der russische Präsident sehr sensibel auf solche Vergleiche reagiere.

George Bush warf noch einmal die Frage auf, wie ein Hilfsprogramm für Russland aussehen könne. Die Frage sei außerordentlich kompliziert für alle, besonders für die Vereinigten Staaten. Ich erwiderte, man müsse unterscheiden zwischen dem, was die Russen tun müssten, und dem, was wir tun könnten. Der entscheidende Punkt sei, dass die Verantwortlichen in der früheren Sowjetunion begriffen, dass sie sich selber helfen mussten.

Wir sollten einerseits alles vermeiden, was nach Bevormundung aussehe, meinte ich, andererseits könne sich zuviel Zurückhaltung auch negativ auswirken; so sei es beispielsweise eine Katastrophe, dass die drei baltischen Staaten jeder für sich eine eigene Währung und eigene Zollbestimmungen eingeführt hätten und auch Infrastrukturmaßnahmen, beispielsweise im Energiesektor, getrennt durchführten. Viel sinnvoller sei es, das einzige vorhandene Kernkraftwerk in Litauen zu modernisieren. Hierüber hätten Finnland, Norwegen und Dänemark bereits ein Programm in Höhe von 100 Millionen US-Dollar entworfen, an dem wir uns beteiligen würden. Ein weiteres Problem sei, dass die Beziehungen zwischen Russen und Ukrainern sehr schlecht seien und dass die anderen Republiken sich aus Angst davor, dominiert zu werden, abwehrend gegen die beiden Großen verhielten. Vor allem aber hätten die Republiken keine Ahnung, wie man die Wirtschaft in Gang bringe. Deshalb komme es jetzt vor allem darauf an, die internationalen Finanzinstitutionen zu mobilisieren. Unsere bilateralen Finanzierungsmöglichkeiten seien an ihren Grenzen angelangt.

Präsident Bush erklärte, in der Tat habe Deutschland viel getan. Die Finanzminister sollten darüber sprechen, wie ein Fonds des IWF zur Unterstützung der GUS genutzt werden könne. Eine andere Frage sei, was man hinsichtlich der Reformen in der früheren Sowjetunion tun könne.

Hinsichtlich einer finanziellen Unterstützung seitens der USA sah George Bush einige Schwierigkeiten. Man müsse den Schwerpunkt auf die internationalen Finanzorganisationen legen, sagte er, denn es sei schwierig für ihn, entsprechende Vorschläge durch den Kongress zu bringen. Andererseits werde auch in den USA mehr und mehr erkannt, dass ein Erfolg in der GUS wichtig sei für die Durchsetzung der Demokratie. Ich äußerte Verständnis für die amerikanischen Probleme und regte an, der amerikanischen

Öffentlichkeit gegenüber deutlich zu machen, dass man an einem ähnlichen Anfang stehe wie 1945.

Bei den bilateralen und transatlantischen Beziehungen kamen Präsident Bush und ich überein, noch in diesem Jahr eine deutsch-amerikanische Akademie der Wissenschaften zu gründen, um den Austausch in Kultur, Wissenschaft, Forschung und Technologie zu vertiefen. Eine breitangelegte Zusammenarbeit zwischen USA und Europa lag nicht nur in beiderseitigem Interesse, sondern war ein entscheidender Beitrag zur Stabilität und Sicherheit in einer sich rasch wandelnden Welt.

In Camp David sprachen wir auch über die wirtschaftliche Entwicklung unserer beiden Länder, und ich machte einige Bemerkungen zur Situation in Deutschland, die Bush mit großem Interesse verfolgte. Die Wirtschaft in den alten Bundesländern befand sich in einer Konsolidierungsphase. Nach einer starken Expansion in den vorangegangenen Jahren hatte sich das Wirtschaftswachstum verlangsamt. Insgesamt rechneten wir 1992 für ganz Deutschland mit einem Wachstum von 2 Prozent. Gleichzeitig wollten wir die Inflationsrate in den alten Bundesländern wieder deutlich unter 4 Prozent drücken. Angesichts eines weniger günstigen wirtschaftlichen Umfeldes waren auch die Verteilungsspielräume enger geworden.

In den neuen Bundesländern verzeichneten wir eine positive Entwicklung bei Dienstleistungen, Bauwirtschaft und Handwerk. Nachdem Industrieproduktion und Industrieaufträge im letzten Jahr den Tiefpunkt erreicht hatten, ging es hier langsam aufwärts. Für 1992 wurde für die neuen Bundesländer ein Wachstum von rund 10 Prozent erwartet. Nach wie vor schwierig war die Lage auf dem Arbeitsmarkt. Es gab zuletzt 1,3 Millionen Arbeitslose und eine halbe Million Kurzarbeiter. Unser wichtigstes Ziel blieb deshalb, mehr neue Arbeitsplätze zu schaffen, als alte wegfielen.

Selbstverständlich mussten in den neuen Bundesländern zugleich enorme Investitionsanstrengungen unternommen werden. Mit einem stattlichen Nettotransfer von weit über 100 Milliarden DM pro Jahr dokumentierten wir unsere Entschlossenheit, den Aufbau in Ostdeutschland voranzubringen. Damit hatten wir aber zugleich die Grenze unserer finanziellen Leistungsfähigkeit erreicht. Der Bund trug mit Abstand die größte Belastung bei der Finanzierung dieses Nettotransfers von West nach Ost, nämlich 74 von insgesamt 180 Milliarden DM im Jahr 1992. Dagegen war der Beitrag der westdeutschen Länder und Gemeinden mit 12 Milliarden DM vergleichsweise bescheiden. Vor diesem Hintergrund musste darauf geachtet werden, dass künftige Belastungen zwischen allen Beteiligten – Bund, westliche Länder und Gemeinden, östliche Länder und Gemeinden – fair aufgeteilt wurden. Dabei musste alles berücksichtigt werden: die direkten Leistungen aus den Haushalten des Bundes, der westlichen Länder und Gemeinden – aber eben auch Kreditabwicklungsfonds, Fonds Deutsche Einheit und Treuhandanstalt. Das Steuerpaket 1992 war ein erster Schritt in diese Richtung. Der notwendige finanzpolitische Spielraum war nur durch Sparsamkeit auf der Ausgabenseite herzustellen, denn für die Bundesregierung blieb die Solidität der Staatsfinanzen zentrales Leitmotiv. Daran mussten sich alle finanziellen Leistungen orientieren – sowohl in den alten wie auch in den neuen Bundesländern.

Am Ende unseres zweitägigen Treffens kamen wir auf den Präsidentschaftswahlkampf in Amerika zu sprechen. Auf meine entsprechende Frage erklärte Präsident Bush, das Hauptproblem im Wahlkampf sei für ihn die Wirtschaftslage. Das spiegle sich deutlich in Umfragen wider, und die Strategie der Demokraten laufe darauf hinaus, ihn für die wirtschaftlichen Probleme verantwortlich zu machen. Zur Rolle der Außenpolitik erklärte Bush, im Herbst würden außenpolitische Fragen erheblich an Gewicht gewinnen. In der amerikanischen Bevölkerung herrsche der Eindruck vor, dass die derzeitigen Probleme der Wirtschaft auch mit der internationalen Rolle der USA zu tun hätten. Man frage sich, warum man nach dem Kollaps des Kommunismus noch weiterzahlen solle. Es gebe eine Strömung des Isolationismus im Lande. Im Augenblick sei die Lage für ihn deshalb in der Tat schwierig. Wenn aber die wirtschaftlichen Daten sich wieder verbesserten, werde sich die Stimmung ändern.

Ich erklärte, dass ich Anfang Mai 1992 in New York vor ame-

*Während des Präsidentschaftswahlkampfs in den USA:
Treffen mit George Bush in Camp David (März 1992)*

rikanischen Zeitungsverlegern sprechen würde und bei dieser Gelegenheit gern auch die Rolle des Präsidenten in der internationalen Politik der letzten Jahre würdigen wollte.

Und so geschah es. In meinem ausführlichen Referat über die Weltlage nach dem Ende des Kalten Krieges und der deutschen Wiedervereinigung erlaubte ich mir, in wenigen Sätzen auf die Verdienste des amtierenden amerikanischen Präsidenten einzugehen. Diese kurze Würdigung mitten in den harten Auseinandersetzungen des Präsidentschaftswahlkampfs sollte nach der Wahl, die George Bush gegen Bill Clinton verlor, zu einer kurzzeitigen Verstimmung seitens des neuen Amtsinhabers führen. Ich sagte:

»Meine Damen und Herren, ohne den unermüdlichen und weitsichtigen Einsatz Amerikas und seiner Präsidenten – von Harry S. Truman bis George Bush – über mehr als vier Jahrzehnte hinweg wäre die Spaltung Europas nicht überwunden worden. Dieser Entwicklung verdanken wir es, dass der Traum von der Freiheit und der Einheit aller Deutschen Wirklichkeit werden konnte. Mein besonderer Dank hierfür gilt Ihrem Präsidenten George Bush. Er hat mit seinem Weitblick, seinem staatsmännischen Geschick und seinem engagierten Eintreten wesentlich dazu beigetragen.«

Und mit Blick auf die innenpolitischen und wirtschaftlichen Probleme Amerikas fuhr ich fort:

»Der epochale Wandel in Europa hat uns vor Augen geführt, dass unser aller Schicksal ganz wesentlich von der Außenpolitik bestimmt wird. Bei allen wirtschaftlichen und sozialen Problemen, die viele westliche Länder im Innern haben, müssen wir uns dies immer wieder klarmachen. Wer für eine Politik des nationalen Egoismus eintritt, schadet letztlich den Interessen des eigenen Landes.«

Diese Sätze, die mit dem Weißen Haus abgestimmt waren, saßen. Sie wurden mir nicht nur von der amerikanischen Presse als direkte Einmischung in das Wahlkampfgeschehen vorgeworfen. Oft bin ich gefragt worden, warum ich so gehandelt habe. Darauf gibt es eine einzige Antwort: Es geschah aus Dankbarkeit für George Bushs einmaliges politisches Engagement bei der Wiederherstellung der deutschen Einheit. Das konnte ich damals nicht außer acht lassen, und diese Dankbarkeit werde ich zeit meines Lebens bewahren. Und die Irritation bei Bill Clinton war nicht von langer Dauer. Schon bei meinem ersten Treffen mit Bushs Nachfolger konnte ich sie ausräumen.

*

Jetlag ist für mich im wahrsten Sinn des Wortes ein Fremdwort. Anders als viele Mitreisende – von den Bundesministern, den Industrie- und Wirtschaftskapitänen bis zu Künstlern und Gewerkschaftsführern – hatte ich nie Probleme mit Fernreisen. Wie auf Kommando vermag ich mich zur Ruhe zu begeben. Ich kenne auch keine Anpassungsprobleme, weder bei Reisen entgegen der Uhr noch mit der Uhr.

So hatte ich überhaupt kein Schlafdefizit, als ich am Tag nach meiner Rückreise aus Amerika, dem 23. März, morgens um 9.27 Uhr zwanzig Minuten lang mit dem Präsidenten der Russischen Föderation telefonierte. Nach der freundschaftlichen Begrüßung erkundigte ich mich, wie es ihm gehe und wie die Dinge in Russland stünden. Jelzin antwortete scherzhaft mit einen russischen Sprichwort: »Es geht mal schlecht, mal sehr schlecht.« Das Treffen der Staatschefs der GUS-Staaten in Kiew sei das erfolgreichste der bisherigen sechs Treffen dieser Art gewesen. Man habe eine Rechtsgrundlage für vereinte Streitkräfte geschaffen und auch alle anderen Abkommen, die die Armee betrafen, unter Dach und Fach. Er hoffe auf Grund dieses Ergebnisses, dass die GUS sich weiter festigen und vorankommen werde. Parallel habe er Gespräche mit den Präsidenten der Ukraine und Kasachstans geführt. Dabei habe ihm der ukrainische Präsident Leonid Krawtschuk hinsichtlich der taktischen Raketen bestätigt, dass die Ukraine diese bis zum 1. Juli 1992 an Russland übergeben werde, aber an der Kontrolle ihrer Vernichtung beteiligt sein wolle. Anderslautende Pressemeldungen seien falsch. In Sachen Wirtschaftsreformen laufe alles nach den Zeitplänen, die man sich vorgenommen habe, und die Experten des IWF seien mit den übermittelten Maßnahmenkatalogen vollkommen zufrieden. Im April werde man nunmehr die restlichen Preise freigeben, darunter für Treib- und Brennstoffe und andere Rohstoffe. Was die Stimmung in der Bevölkerung angehe, so erdulde das Volk die Maßnahmen, wenn auch nur mit Mühe.

Dann sprach Boris Jelzin den bevorstehenden Weltwirtschaftsgipfel an. Von mir als dem Koordinator des Treffens erwartete er eine Einladung, gleichgültig ob er am Anfang oder am Ende mit den übrigen Gipfelpartnern zusammenkomme.

Ich antwortete zunächst mit einigen prinzipiellen Bemerkungen und schlug unter anderem vor, in regelmäßigen Abständen, etwa alle drei Wochen, miteinander zu telefonieren; sollte etwas Wichtiges vorfallen, möge man sofort zum Telefonhörer greifen. Dann kam ich auf den Weltwirtschaftsgipfel zu sprechen und meinte, man werde mit Sicherheit eine Einigung finden. Bei meinen Gesprächen mit George Bush in Camp David, so berichtete ich, seien wir uns beide einig gewesen, dass Präsident Jelzin am Gipfel teilnehmen sollte. Ich versprach, nunmehr mit den anderen Gipfelpartnern darüber zu reden, bat Boris Jelzin jedoch, diese Frage zunächst noch nicht in der Öffentlichkeit zu behandeln.

Jelzin bedankte sich für diese ermutigenden Worte und erklärte sich mit dem von mir vorgeschlagenen Prozedere einverstanden. Sodann lenkte er meine Aufmerksamkeit auf die vom Präsidenten der Europäischen Bank für Wiederaufbau Jacques Attali ergriffene Initiative, wonach die Vernichtung von nuklearen Raketen und anderen Nuklearwaffen mit einer Reduzierung der russischen Auslandsschulden gekoppelt werden sollte. Dadurch werde – zusätzlich zur menschlichen und politischen Verpflichtung – ein wirtschaftlicher Zwang geschaffen, diese Waffen so schnell wie möglich zu beseitigen. Er selbst habe vor kurzem ein Forschungszentrum besucht und mit Wissenschaftlern über Verfahren zur schnellstmöglichen Beseitigung der Nuklearwaffen gesprochen.

Auf das Thema der Wolgadeutschen angesprochen, sagte Jelzin, er werde in der Presse dafür kritisiert, dass er angeblich seine Position in dieser Frage geändert habe. Er wolle mir von Mann zu Mann sagen: Dies treffe nicht zu, selbstverständlich werde es zu einer Autonomie kommen. Erst kürzlich habe er ein entsprechendes Dekret unterzeichnet. Er bat mich jedoch um Verständnis, dass – nachdem dieses Problem schon fünfzig Jahre einer Lösung harre – man noch etwas Zeit brauche.

Auch der Frage nach dem Verbleib Erich Honeckers wollte Jelzin nicht ausweichen: Honecker befinde sich noch in der chilenischen Botschaft, und von russischer Seite kontrolliere man die Sache, wie er es mir bereits versprochen hatte.

Honecker habe ihn bereits viermal schriftlich gebeten, ihm die Ausreise nach Chile oder in ein anderes Land zu ermöglichen, aber er sei gegen diese Lösung. Vielmehr werde die Frage nur gelöst werden, wenn Honecker sich überzeugen lasse, doch nach Deutschland zu reisen. Wenn die chilenische Botschaft ihn an die russische Seite übergebe, werde man ihn auf direktem Weg mit einer Sondermaschine nach Deutschland ausfliegen. Auf russischem Territorium werde Honecker jedenfalls nicht leben können. Jelzin regte an, man solle aktiver mit der chilenischen Führung sprechen, vielleicht sollte auch ich mich als Bundeskanzler einschalten.

Hier warf ich ein, dass ich mit der chilenischen Regierung bereits in intensivem Kontakt stünde und unmissverständlich zum Ausdruck gebracht hätte, es sei absolut zwingend, dass Honecker die Botschaft verlasse und es zu einer Überstellung nach Deutschland komme. Es sei garantiert, dass hier ein fairer Prozess gegen ihn geführt werde. Auf dieser prinzipiellen Position aber müsse ich bestehen.

Boris Jelzin war einverstanden und versprach mir noch einmal persönlich, dass, sobald Honecker die chilenische Botschaft verlasse, er innerhalb von ein bis zwei Stunden mit einem Sonderflugzeug nach Deutschland gebracht werde. Ich bedankte mich für diese Zusage.

17.
Partnerschaft und Protest

Meine Erinnerungen an Bonner Staats- und Arbeitsbesuche sind durchaus lebhaft. Die Besuche der Staats- und Regierungschefs aus den Vereinigten Staaten, der Sowjetunion und der späteren GUS, aus Frankreich, Großbritannien, Italien und Spanien sind mir ebenso gegenwärtig wie die der Gäste aus Südafrika, Indien oder China, zumal es darunter auch eine ganze Reihe unerwarteter, aber auch wunderbarer Erfahrungen gab. Manches ließe sich über königlichen Besuch aus Großbritannien oder Jordanien berichten oder auch über manchen afrikanischen Herrscher ...

Der offizielle Besuch des ersten frei gewählten polnischen Staatspräsidenten Lech Walesa, der vom 29. März bis zum 2. April 1992 in die Bundesrepublik kam, war für mich von besonderer Bedeutung. Wie sehr hatte ich mich seit Regierungsantritt um eine Verbesserung der deutsch-polnischen Beziehungen bemüht und wie schmerzhaft war zeitweise die Diskussion um die endgültige Anerkennung der Oder-Neiße-Grenze!

Den als »Exponenten der aktiven Sehnsucht nach Frieden und Freiheit« mit dem Friedensnobelpreis 1983 ausgezeichneten ehemaligen Elektromonteur und Streikführer auf der Danziger Werft hatte ich bereits im September 1989 bei seinem Bonn-Aufenthalt persönlich kennengelernt. Damals hatte er mir vorausgesagt, dass die Wiedervereinigung der beiden deutschen Staaten bevorstehe. Zwar konnte er das weder einleuchtend begründen, noch nannte er einen Zeitpunkt, aber er sollte mit seiner »gefühlten Voraussicht« recht behalten.

Unsere letzte Begegnung fand in einem historischen Augenblick statt: Es war der Abend des berühmten 9. November 1989, als die

Mauer in Berlin fiel und ich gerade mit Horst Teltschik in Polen weilte. Als ich den Besuch aus verständlichen Gründen abbrechen musste, um ihn später nachzuholen, bekräftigte Walesa das natürliche Recht der Deutschen auf Selbstbestimmung. Dafür sind wir Deutschen ihm bleibend dankbar.

Nun empfing ich ihn im Kabinettssaal des alten Bundeskanzleramts, in dem Konrad Adenauer der Politik der Bundesrepublik Deutschland die Richtung gewiesen hatte:

– zur Wiedervereinigung unseres Vaterlandes,
– zur Einheit ganz Europas und
– zur Versöhnung mit unseren Nachbarn, insonderheit mit Frankreich und mit Polen.

Walesas Besuch war geradezu ein Symbol dafür, in welchem Maße das außenpolitische Vermächtnis Konrad Adenauers erfüllt war: Es war der erste Besuch eines demokratisch gewählten Staatsoberhaupts der Republik Polen im nunmehr wiedervereinten Deutschland.

Unvergessen, dass es Polen war, in dem vor über einem Jahrzehnt der Kampf für die Freiheit, die Selbständigkeit und die Rechte der Menschen und Völker begann, die damals unter sowjetischer Vorherrschaft standen. Unvergessen auch Lech Walesas persönlicher Einsatz. Ohne das Jahr 1980 auf der Danziger Lenin-Werft wäre der Aufbruch des Jahres 1989 in Leipzig und Prag, in Budapest und anderswo nicht möglich gewesen.

Das deutsch-polnische Vertragswerk, das am 16. Januar 1992 in Kraft getreten war, bekräftigte unseren Willen, das Verhältnis unserer beiden Länder und Völker unter den Leitbildern der Solidarität und der guten Nachbarschaft neu zu gestalten. Wir mussten insbesondere diejenigen, die an der Last der Vergangenheit schwer zu tragen hatten, in das Werk der Aussöhnung einbeziehen. Nur wenn sich die Menschen in Deutschland und Polen, insbesondere aber die junge Generation, besser kennenlernten, würden wir alte Vorurteile überwinden und neues Vertrauen begründen. Ich freute mich deshalb, dass 1992 das Deutsch-Polnische Jugendwerk seine Arbeit aufnehmen konnte. Die Begegnung vieler junger Menschen war ein Unterpfand für die gute Nachbarschaft zwischen unseren Völkern. Schon vor Abschluss unseres Vertragswerks hatte ich mich dafür eingesetzt, die Visumspflicht im Reiseverkehr mit Polen abzuschaffen, ein Schritt, für den ich auch unsere westeuropäischen Partner gewinnen konnte.

Nach mittlerweile fast einjähriger Erfahrung mit dieser Praxis stellte ich befriedigt fest, dass die Anfangsschwierigkeiten überwunden und Besuche im jeweiligen Nachbarland zur Normalität geworden waren. Auch die im Nachbarschaftsvertrag vereinbarte Zusammenarbeit der Regionen kam gut voran, gerade weil sie die Initiativen so vieler interessierter Bürger einbezog. Dass wir auf einem guten Weg waren, zeigte sich auch am zunehmenden Interesse an Städtepartnerschaften, unter denen die 1991 geschlossene Partnerschaft zwischen den beiden Hauptstädten Berlin und Warschau nur eine von vielen war.

Der deutsch-polnische Nachbarschaftsvertrag eröffnete auch neue Chancen des Austauschs und der Zusammenarbeit auf dem weiten Feld der Kultur: Kulturinstitute erweiterten die Kenntnis von Kultur und Sprache des Partnerlandes, ein Deutsches Historisches Institut in Warschau trug zur vertieften wechselseitigen Kenntnis der Geschichte unserer Völker bei, Zeugnisse deutscher Kultur in Polen wurden als Teil des europäischen Kulturerbes gepflegt und unterhalten.

Die Bundesrepublik Deutschland stand im Wort, Polen auf seinem »Weg nach Europa« zu unterstützen, es insbesondere an die Europäische Gemeinschaft heranzuführen. Mit dem Assoziierungsabkommen zwischen der EG und Polen und mit dem Beitritt des Landes zum Europarat war eine erste wichtige Etappe genommen. Nach der Überwindung der politischen und ideologischen Gräben zwischen Ost und West durften wir nicht zulassen, dass eine neue Trennlinie in Europa – diesmal zwischen Arm und Reich – entstand.

Wir Deutschen konnten gut ermessen, welche gewaltige Herausforderung der Übergang von der Zentralverwaltungswirtschaft zur sozialen Marktwirtschaft für Polen bedeutete. Die über vierzigjährige sozialistische Misswirtschaft hatte auch in unserem östlichen Nachbarland ein bedrückendes Erbe in der Wirtschaft, in der Umwelt und nicht zuletzt in der Gesellschaft hinterlassen. Der Wiederaufbau in den neuen Bundesländern würde dauerhaft nur gelingen, wenn bei unseren östlichen Partnerländern gleichgerichtete Anstrengungen unternommen würden und mittelfristig zum Erfolg führten. Deshalb leisteten wir im Rahmen der westlichen Länder wie auch bilateral einen erheblichen Beitrag, um die wirtschaftliche Reform in Polen – und in den anderen Ländern Mittel-, Ost- und Südosteuropas – tatkräftig zu unterstützen und insbesondere die Bürde der Auslandsschulden zu erleichtern.

Polen verspürte besonders deutlich die sicherheitspolitischen Folgen, die sich aus dem Ende des Warschauer Pakts und der Auflösung der ehemaligen Sowjetunion ergaben, und begann deshalb, seine Sicherheitspolitik in einem neuen Umfeld zu bestimmen. Warschau vertrat früh und konsequent den Standpunkt, dass der transatlantische Sicherheitsverbund Unterpfand gesamteuropäischer Sicherheit war und blieb. Ich begrüßte deshalb die aktive Mitwirkung Polens im Nordatlantischen Kooperationsrat und den beginnenden Dialog mit der WEU. Bemerkenswert war auch Polens aktive Rolle im Bereich der Abrüstung und Rüstungskontrolle.

Auf dem Weg zu einer europäischen Friedensordnung lauerten allerdings nicht zu unterschätzende Gefahren. Es durfte nicht zu Rückfällen in gefährliche Nationalismen und zum Wiederaufleben alter Feindbilder kommen. Wirtschaftliche und soziale Reformen durften nicht abgebrochen oder gar vereitelt werden. Es galt, unseren Völkern immer wieder vor Augen zu führen, dass sich trotz aller Schwierigkeiten und Entbehrungen während dieser Zeit des Übergangs der Einsatz für das große Ziel lohnte: eine sichere und glückliche Zukunft in einem vereinten Europa. Das waren wir insbesondere den Generationen unserer Kinder und Enkel schuldig.

In einem ausführlichen Vieraugengespräch ging es um das schwierige Verhältnis Polens zu den GUS-Staaten und um die Probleme, die der Zerfall der früheren Sowjetunion mit sich brachte.

*Empfang des polnischen Präsidenten Lech Walesa
in Bonn (März 1992)*

Lech Walesa äußerte sich besorgt über den sowjetischen Truppenabzug aus Polen und darüber, dass die Nuklearwaffen der früheren Sowjetunion in unbefugte Hände gelangen könnten. Es gebe Leute, die meinten, dass die Lage gefährlicher sei als früher, sagte er. Man müsse versuchen, diesen Prozess zu kontrollieren.

Meine Sorge war, dass sich die Staaten der GUS eher gegeneinander statt miteinander entwickelten. Man müsse alles tun, hierauf einzuwirken, sagte ich, wobei klar war, dass die entsprechenden Entscheidungen in Kiew und Moskau fallen mussten. Heute – und darin stimmte ich mit Präsident Walesa völlig überein – müsse man versuchen, einen Teil der wirtschaftlichen Kontakte im früheren Bereich des RGW (Rat für gegenseitige Wirtschaftshilfe) zu nutzen. Dabei war es wichtig, auch die Nachfolgerepubliken der Sowjetunion in Richtung auf Demokratie, bürgerliche Freiheiten, Rechtsstaat und soziale Marktwirtschaft zu entwikkeln.

*

Die Landtagswahlen in Baden-Württemberg und Schleswig-Holstein am 5. April 1992 fielen mehr als ernüchternd aus. Beide Ergebnisse bedeuteten eine schwere Wahlschlappe für die CDU. Abgesehen von den Verlusten von 9,4 Prozentpunkten in Baden-Württemberg und einem kläglichen Plus von 0,5 Prozentpunkten in Schleswig-Holstein ärgerten mich vor allem das deutliche Erstarken der rechtskonservativen »Republikaner« mit 10,9 Prozent in Baden-Württemberg und die 6,3 Prozent für die DVU in Schleswig-Holstein. Beiden Rechtsparteien gelang der Einzug in die Landesparlamente. Weder SPD noch FDP profitierten von den Verlusten der CDU. Ein Horrorergebnis, das im Kern wohl als Protest gegen die Politik der Union im Bund zu werten war.

Zwar deutete auch die geringe Wahlbeteiligung darauf hin, dass es sich bei diesen Wahlresultaten um reinen Protest handelte, doch mussten wir uns davor hüten, jetzt die Protestwähler zu verteufeln. Der einzig richtige Weg bestand darin, diese Wähler dadurch zurückzugewinnen, dass wir sie von unserer Kompetenz überzeugten, die ungeklärten politischen Probleme lösen zu können. Ein Grund für den Protest lag auch in der diffusen Rentendiskussion. Da wurde einfach behauptet, im Osten bekämen die Menschen 11 Prozent mehr Rente und im Westen nur 2,7 Prozent. Und dabei hätten die Ostrentner doch gar nichts in die Rentenkassen einbezahlt und seien allein vom Westen abhängig. Ein beachtlicher Neidkomplex war hier festzustellen. Und wer im Jahr 1992 immer noch behauptete, man könne den Deutschen Opfer abverlangen, die sie gerne füreinander erbringen, der hatte bei diesen Wahlen erlebt, dass dies eine Fama war.

Auch die andauernden Auseinandersetzungen um das Asyl in Deutschland, die lediglich polemisierten, ohne Lösungsmodelle zu präsentieren, hatten viele Bürger in die Arme der Rechten getrieben. Weitere Faktoren kamen hinzu: Die künftige Entwicklung in der Europäischen Gemeinschaft schien die Menschen auch nach den Beschlüssen von Maastricht eher zu verunsichern. Die Lage auf dem Wohnungsmarkt und Fragen der inneren Sicherheit spielten ebenfalls eine Rolle. Ministerrücktritte, Kabinettsumbildungen – das alles musste bei der Wahlanalyse mit einbezogen werden. Vor allem Stoltenbergs Ausscheiden aus dem Bundeskabinett schlug sich auf das Verhalten der Protestwähler nieder.

In dieser Situation mussten die Grundentscheidungen auf den zitierten Politikfeldern, also bei der Pflegeversicherung, der Konsolidierung der Staatsfinanzen, der inneren Sicherheit und beim Wohnungsbau, möglichst rasch gefällt werden. Diese Sachprobleme mussten in dieser Legislaturperiode entschlossen angegangen werden. Das würde nicht einfach sein, wie die vergangenen Wochen und Monate gezeigt hatten. Zum Thema Steuern und Abgaben konnte ich nur feststellen, dass es nichts genutzt hatte, dass in ein paar Wochen die Solidaritätsabgabe wegfallen und eine echte Entlastung eintreten würde. Beim Wähler war diese Botschaft offenbar nicht angekommen.

So war dieser 5. April 1992 ein schwarzer Wahlsonntag. Die SPD-Opposition in Bonn wertete den Wahlausgang als persönliche Niederlage für den Bundeskanzler und sprach von einer »Kanzlerdämmerung, die hier eingeläutet wird«.

*

Am Abend des 6. Mai 1992 nahm ich wieder einmal an einer erfreulichen Veranstaltung teil: Im Bundeskanzleramt eröffnete ich die Ausstellung »Johnny Friedlaender zum 80. Geburtstag«.

Diese Ausstellung, die von Bonn nach Mainz und von dort nach Erfurt wanderte, präsentierte – wenige Wochen vor dem 80. Geburtstag Johnny Friedlaenders – eine Auswahl von Werken eines der herausragendsten Maler unserer Zeit. In der ganzen Welt haben Friedlaenders Werke Anerkennung gefunden. Um so mehr freute ich mich, dass es uns gelungen war, diese Jubiläumsausstellung zu präsentieren. Wir wollten damit diesem großen französischen Maler deutscher Herkunft eine persönliche Ehre erweisen.

Johnny Friedlaenders Biographie steht beispielhaft für die Lebensläufe einer großen Zahl von Künstlern, die im zwanzigsten Jahrhundert in Deutschland geboren wurden. In ihr spiegeln sich zugleich die wechselvollen und leidvollen Beziehungen der Deutschen zu ihren Nachbarn wider. Friedlaenders Geburtsort Pless liegt im östlichen Teil Oberschlesiens; seine Heimat stand nach dem Ersten Weltkrieg – in einer schwierigen Phase in der Geschichte der deutsch-polnischen Beziehungen – im Brennpunkt tragischer Konflikte. Mit vielen anderen herausragenden Künstlern teilt Johnny Friedlaender das Schicksal der Verfolgung durch das nationalsozialistische Regime; er wurde verhaftet und in einem Konzentrationslager interniert. Durch Flucht und Emigration konnte er seinen Verfolgern entrinnen. Eine vorübergehende Bleibe fand er in der Tschechoslowakei und in den Niederlanden. Schließlich wurde ihm Frankreich zur zweiten Heimat, in menschlicher und nicht zuletzt in künstlerischer Hinsicht. Sein künstlerisches Schaffen nahm im kulturellen Leben unserer französischen Nachbarn einen festen und herausgehobenen Platz ein.

Diese Ausstellung knüpfte gleich in mehrfacher Hinsicht an die Tradition der Ausstellungen im Bundeskanzleramt an. So bringen die Werke Friedlaenders zum Ausdruck, in welch enger und fruchtbarer Beziehung die Malerei Deutschlands und Frankreichs zueinander steht. Diesen Zusammenhang verdeutlichte vor einiger Zeit bereits die Ausstellung von Bildern meines pfälzischen Landsmanns Hans Purrmann. Auch die religiösen Darstellungen Marc Chagalls, von denen wir vor einiger Zeit eine große Zahl bewundern konnten, bilden eine kulturelle Brücke zwischen Deutschland und Frankreich.

Wiederholt hatte das Bundeskanzleramt Werke jüdischer Meister und anderer Künstler vorgestellt, die unter den Nationalsozialisten verfemt oder deren Schöpfer zur inneren Emigration gezwungen waren. Dazu gehörten die bereits erwähnte Chagall-Ausstellung, die Präsentation von Werken Otto Pankoks und der abstrakten Malerei der inneren Emigration sowie die Ausstellung »Judaica Prag« 1991. Die Ausstellung zu Ehren Johnny Friedlaenders setzte diese Tradition fort.

18.
Staatsakt

Am 30. Mai 1992 starb der ehemalige Bundespräsident Karl Carstens im Alter von 77 Jahren an den Folgen eines Herzleidens. Bis zu seinem Tod hatte ich mit ihm engen Kontakt; wir begegneten uns in Bonn und korrespondierten auch eifrig. Ich trauerte um einen Mann, mit dem mich seit vielen Jahren Freundschaft verband und dessen kluger und engagierter Rat mir nun fehlte.

Im Lebensweg von Karl Carstens spiegelt sich viel vom Schicksal einer ganzen Generation – einer Generation, die durch die bittere Erfahrung von Krieg und Gewaltherrschaft in der ersten Hälfte des Jahrhunderts gegangen war und die gerade aus dieser Erfahrung die Kraft zum Neubeginn geschöpft, unser Vaterland wieder aufgebaut und es in die Gemeinschaft freier Völker geführt hatte.

Noch bevor Karl Carstens geboren war, fiel sein Vater im Ersten Weltkrieg. Er fiel in Frankreich, einem Land, das er liebte, dessen Sprache er studiert und als Lehrer unterrichtet hatte. So wuchs Karl Carstens in bescheidenen materiellen Verhältnissen und vaterlos auf. Ihm wurde nichts geschenkt. Dank der selbstlosen Unterstützung durch seine Mutter und dank eigenen Fleißes und eigener Zielstrebigkeit konnte er gleichwohl eine hervorragende Gymnasial- und Universitätsausbildung absolvieren. Jede Form von Selbstmitleid war ihm fremd.

Von 1939 bis 1945 musste Karl Carstens als Soldat am Krieg teilnehmen. Diese Jahre haben ihn mit geprägt. Innere Kraft schöpfte er aus der Verwurzelung in den Traditionen seiner weltoffenen bremischen Heimat.

»Ich sehe mich als einen Liberalen und bin es meiner Herkunft nach außer jedem Zweifel«, hat Karl Carstens einmal über sich selbst gesagt. Darin äußern sich die fast liebevolle Zuneigung zu seiner Vaterstadt Bremen, die Hochachtung geistiger Freiheit, der Bürgerstolz einer Hansestadt, aber auch das Selbstverständnis eines freiheitlichen Patriotismus. Politik musste nach der Überzeugung von Karl Carstens auf moralischen Grundsätzen beruhen und auf ihnen aufbauen. Dies war ihm, wie so vielen seiner Generation, die zwingende und verpflichtende Lehre aus den Jahren der Diktatur. Die Würde des Menschen und die Grundrechte des einzelnen waren für ihn gleichermaßen rechtliche und politische, ethische und christliche Gebote. In diesem Sinn verstand er sich immer auch als Wertkonservativer.

In seinem Glauben fand der evangelische Christ Karl Carstens Halt und Orientierung. Aus diesem Glauben heraus hatte er sein Leben gestaltet, und aus ihm hatte er die Überzeugung gewonnen, dass unsere freiheitliche Ordnung in Staat und Gesellschaft als menschliche und zugleich menschenwürdige Ordnung unseren Einsatz verdient.

Nach dem Kriegsende war sein Weg in die Politik nicht vorgezeichnet, im Gegenteil: In den Kriegsjahren hatte er sich fest vorgenommen, niemals in den Staatsdienst einzutreten. Zur Politik kam er trotz dieses Entschlusses, weil er zutiefst davon überzeugt war, dass es für Deutschland auf der Welt nur einen Platz gebe: an der Seite der freien Völker.

Während seines Studienaufenthalts 1948/49 an der Yale University begegnete Karl Carstens bei seinen amerikanischen Altersgenossen jenen Einstellungen, die seiner eigenen Haltung eng verwandt waren: Er traf dort auf ein selbstverständliches republikanisches Nationalbewusstsein und auf eine beeindruckende Bereitschaft zum Engagement für den demokratischen Staat.

So hatte Karl Carstens sein Leben lang als Beamter, als Wissenschaftler und als Politiker jene drei Grundentscheidungen mitgetragen, mitvollzogen und mitverfochten, die den Weg der Bundesrepublik Deutschland seit 1949 bestimmt und schließlich zur Wiedervereinigung unseres Vaterlandes geführt hatten:

- für unseren freiheitlichen, demokratischen Rechtsstaat und den absoluten Vorrang der Menschenwürde, die zu achten und zu schützen Verpflichtung aller staatlichen Gewalt ist;
- für die aktive Rolle Deutschlands und unserer französischen Nachbarn bei der politischen Einigung Europas;
- für eine enge Partnerschaft und Freundschaft mit den Vereinigten Staaten von Amerika auf der Grundlage gemeinsamer Werte und Überzeugungen.

Eindringlich erinnerte er immer wieder daran, dass die freiheitliche Demokratie mehr ist als nur eine beliebige Staatsform: Sie ist eine Lebensform, die das Engagement ihrer Bürgerinnen und Bürger braucht wie die Luft zum Atmen. In seiner Abschiedsrede am Ende seiner Amtszeit als Bundespräsident hatte er das so formuliert:

- »Wer frei ist, trägt Verantwortung,
- wer Rechte hat, der hat auch Pflichten,
- wer Ansprüche stellt, vor allem Ansprüche an den Staat, muss auch bereit sein, Leistungen zu erbringen.«

Diese Sätze lesen sich wie das Programm seiner Amtszeit als Bundespräsident. Es kommt darin jener Geist zum Ausdruck, der ihm auch die Kraft gab, den wechselnden Moden des Zeitgeists zu widerstehen. So manche hatten sich deswegen an ihm gerieben. Sein Festhalten am Ziel der deutschen Einheit in Freiheit galt ihnen als altmodisch, als Ausdruck mangelnden Realitätssinns. Aber er hat recht behalten, und auch für ihn war es die Erfüllung eines Traums, als unser Vaterland am 3. Oktober 1990 in freier Selbstbestimmung seine Einheit wiedererlangte.

Er wusste aber auch um den zweiten Auftrag des Grundgesetzes, der es uns zur Aufgabe macht, auf die politische Einigung Europas hinzuwirken. Deshalb zählte er zu den engagiertesten Fürsprechern der europäischen Einheit. Zuletzt hatte er noch nachdrücklich den Vertrag von Maastricht begrüßt, mit dem der Grundstein zur Europäischen Union gelegt wurde.

Auf unvergleichliche Weise verstand es Karl Carstens, die Würde seines Amts mit Volksnähe zu verbinden. In unserem Staat ist diese Würde nicht Ausdruck hoheitsvoller Distanz, sondern der Tatsache, dass jeder einzelne Mensch mit seinen unveräußerlichen Rechten im Mittelpunkt all unseres Handelns steht. In der Demokratie sind die Inhaber von Staatsämtern nicht zum Herrschen berufen, sondern zum Dienen. Die Menschen spürten, dass Karl Carstens nicht nur mit dem Verstand, sondern auch mit dem Herzen ihr Repräsentant war – nüchtern und engagiert zugleich. Er war auch in diesem Sinne ein durch und durch politischer Bundespräsident.

Karl Carstens war ein Mann, der sich der Sache hingab und seine Person zurücknahm. Er hatte unserem Land gedient – mit selbstverständlicher Treue zu den Aufgaben und zu den Ämtern, in die er berufen worden war. Fleiß, Bescheidenheit und Pflichtbewusstsein, das waren für ihn keine »Sekundärtugenden«, sondern Eigenschaften, die den Bürger adeln. Seiner Aufgaben hat er sich mit der Kraft des Verstandes und der Inspiration des Geistes, aber auch mit der Freude des Herzens angenommen. Dieser zurückhaltende Mann konnte von seinen Lieblingsgedichten schwärmen und sich der Ausdrucksfülle der Musik öffnen. Karl Carstens besaß Güte und Würde, er besaß Autorität. Sie gründete im großen Wissen, in der Treue zu den eigenen Überzeugungen und nicht zuletzt in der Toleranz gegenüber Andersdenkenden. Er war nobel. Er war ein »Herr« im besten Sinne.

Die Christlich-Demokratische Union verlor mit Karl Carstens einen ihrer führenden Repräsentanten. Wir trauerten um einen guten Kameraden, der unserer Gemeinschaft in wichtigen Ämtern gedient hatte. Mein Mitgefühl galt Veronica Carstens, die während der vielen Jahre seines öffentlichen Wirkens ihrem Mann zur Seite gestanden und auch seine Lasten mitgetragen hatte. Wir verdankten ihr viel.

Wir verneigten uns vor einem deutschen Patrioten und überzeugten Europäer. In einem Staatsakt nahm die Bundesrepublik Abschied von ihrem fünften Staatsoberhaupt. Vor 1800 Trauergästen in der Bonner Beethovenhalle würdigten die höchsten Repräsentanten des Staates sein Lebenswerk.

19.
Rio de Janeiro

Auf dieses internationale Treffen hatten wir uns seit langem vorbereitet: die Konferenz »Umwelt und Entwicklung« der Vereinten Nationen (UNCED) im brasilianischen Rio de Janeiro. Abgesandte aus hundertsiebzig Staaten nahmen an diesem Umweltgipfel teil, darunter mehr als hundert Staatsoberhäupter und Regierungschefs. Vom 3. bis 14. Juni 1992 ging es auf der bislang größten Konferenz dieser Art um die Zukunft der Menschheit, um Erfolge für eine globale Umweltpolitik.

Die Erwartungen waren auch auf deutscher Seite riesengroß. Auch wenn ich mir über den Ausgang der angeblich größten Konferenz aller Zeiten keine Illusionen machte, gab es Grund zur Zuversicht. Immerhin erinnerte ich mich gerne an meine Kindheit, als man noch im Rhein schwimmen konnte. Dann, in den sechziger und siebziger Jahren war der Fluss tot. Jetzt, 1992, war er wieder viel sauberer, weil wir etwas getan hatten. Rio musste Zeichen setzen, dass es auch weltweit besser werden konnte und musste.

Am Rande des Umweltgipfels hatte ich Gelegenheit, mit mehreren Staats- und Regierungschefs politische Gespräche zu führen. Immer wieder wurde die Bedeutung des Rio-Gipfels und die Tatsache hervorgehoben, dass er überhaupt zustande gekommen war. Dass vereinzelt Deutschland dabei eine Führungsrolle zugeschrieben wurde, bewertete ich mit Zurückhaltung.

Von dieser Konferenz musste eine Botschaft ausgehen – die Botschaft der Solidarität, der gleichberechtigten Partnerschaft aller Völker und der gemeinsamen Verantwortung für die *eine* Welt. Wir lebten in einer Zeit dramatischer Veränderungen, und wir in

Deutschland hatten in besonderer Weise erfahren, welch große Chance und Herausforderung dies für uns alle bedeutete. Das aufzugreifen hieß auch: weltweiten Umweltschutz und nachhaltige Entwicklung durch gemeinsames Handeln von Industrie- und Entwicklungsländern zu sichern. Die Industrieländer mussten sich ihrer besonderen Verantwortung bewusst sein. Wir waren gefordert, künftig weit sorgsamer als bisher mit den natürlichen Ressourcen umzugehen. Wir mussten vorhandene technologische Möglichkeiten besser ausschöpfen und neue umweltgerechte Techniken entwickeln. Diese Kenntnisse wollten wir auch einsetzen, um den Entwicklungsländern zur Seite zu stehen. Entscheidend dafür waren auch nationale und internationale Rahmenbedingungen, die eine ökologisch verträgliche Entwicklung sicherten. Deshalb wollte ich meinen Beitrag für einen erfolgreichen Abschluss der GATT-Verhandlungen leisten.

Der Umweltgipfel ging mit der Annahme von drei Dokumenten zu Ende: der Deklaration von Rio, die Leitlinien für den Umgang mit unserem Planeten formuliert, der umfassenden Agenda 21, in deren vierzig Kapiteln Regeln für die nachhaltige Nutzung aller natürlichen Ressourcen festgelegt sind, sowie einer Erklärung über die Erhaltung der Pflanzen und Wälder. Schon während der Konferenz lagen zudem die beiden völkerrechtlich bindenden Konventionen zum Schutz des Klimas und der Artenvielfalt zur Zeichnung aus. Beide Abkommen wurden von mehr als hundertvierzig Ländern unterzeichnet – einem Vielfachen der erforderlichen Zahl. Für unser Land unterzeichnete ich die beiden Konventionen.

In den kommenden Jahren mussten weitere Schritte zur Reduzierung der Treibhausgase folgen. Als erstes großes Industrieland hatte sich Deutschland für das Jahr 2005 das Ziel einer Reduzierung der CO_2-Emissionen um 25 Prozent gesetzt. Wir sahen dies als Signal für ein gemeinsames Vorgehen aller Industriestaaten.

Die Welt hatte sich in Rio de Janeiro versammelt, um über nicht weniger als das Leben auf dieser Erde nachzudenken, um für das einundzwanzigste Jahrhundert und das dritte Jahrtausend eine neue Basis der Beziehungen zwischen Mensch und Natur zu schaffen. Allgemein wurden die gelungene Organisation des Erdgipfels und der »Geist von Rio« gelobt. Alle Länder hatten akzeptiert, dass eine neue Haltung gegenüber der verletzlichen Umwelt nötig war.

Ich hätte mir in manchen Punkten strengere Verpflichtungen gewünscht, etwa bei der Reduktion der Treibhausgase oder dem Schutz der Wälder. Auf der Konferenz wurde jedoch immerhin deutlich, dass alle Länder gemeinsam die Verantwortung für die Bewahrung der Schöpfung übernehmen mussten. Der erste Schritt dazu war getan, die eigentliche Arbeit aber begann erst.

Zwar lagen nach der Wiedervereinigung unseres Vaterlandes besondere Herausforderungen vor uns Deutschen, aber deshalb wurde unsere Sicht noch lange nicht vom nationalen Tellerrand begrenzt. Wir waren im Gegenteil fest entschlossen, auch unserer Verantwortung für die Entwicklungsländer gerecht zu werden, denn schließlich war das nicht zuletzt auch ein Beitrag zur Sicherung unserer eigenen Zukunft. Wir bekannten uns deshalb zur Verstärkung der öffentlichen Entwicklungshilfe und bestätigten ausdrücklich das Ziel, 0,7 Prozent des Bruttosozialprodukts für die Entwicklungshilfe aufzuwenden. Für globale Umweltmaßnahmen schlug Deutschland eine Aufstockung der »Globalen Umweltfazilität« (GEF) um drei Milliarden Sonderziehungsrechte vor. Die im Vorfeld des Rio-Gipfels auf deutsch-französische Initiative hin gegründete GEF ist ein Finanzierungsinstrument, das seit 1991 Projekte in Entwicklungsländern fördert, die dem globalen Umweltschutz zugute kommen. Wir waren bereit, unseren Anteil dazu zu leisten, und baten die anderen Industrieländer, ebenso zu handeln. Außerdem setzten wir uns dafür ein, dass die Entwicklungsländer bei der Vergabe dieser Mittel einen angemessenen Einfluss erhielten.

Bereits in der Vergangenheit hatte Deutschland in großem Umfang Schuldenerlasse gewährt. Bisher verzichteten wir auf Forderungen von rund 9 Milliarden DM. Nun wollten wir gemeinsam mit anderen Staaten ein Konzept dafür vorlegen, wie quasi im Austausch gegen entsprechende Umweltschutzmaßnahmen weitere Entschuldungen zugunsten ärmerer Länder gewährt werden könnten. Die Entwicklungsländer sollten damit zusätzliche Möglichkeiten erhalten, ihre wirtschaftliche und soziale Entwicklung im Einklang mit der Natur voranzubringen.

Eine gute Entwicklung war nur möglich, wenn wir nicht nur die Gegensätze zwischen den Völkern abbauten, sondern auch die zwischen Mensch und Natur. Eine friedliche Zukunft der Menschheit konnte nur gesichert werden, wenn wir auch den Frieden mit der Natur fanden.

Dieser Erdgipfel belegte auch, wie richtig es war, dass ich 1988 beim Weltwirtschaftsgipfel in Toronto angeregt hatte, den globalen Umweltschutz zu einem ständigen Anliegen der sieben Industrienationen zu machen. Kommende Generationen würden unser Handeln in erster Linie daran messen, ob wir unserer Verpflichtung zur Bewahrung der Schöpfung und auch zur Bekämpfung der Armut nachgekommen waren. In ihrem Interesse stellten wir alle diese lebenswichtigen Aufgaben fortan in den Mittelpunkt der internationalen Politik.

In Rio hatten wir einen dynamischen Prozess eingeleitet, der uns – auch dank Bundesumweltminister Klaus Töpfer – in weltweiter Partnerschaft bei der Lösung der drängenden Zukunftsfragen der Menschheit voranbrachte. Für mich war der Umweltgipfel ein Erfolg, auch wenn viele Finanzierungsfragen noch ungeklärt blieben und die Erklärungen zum Umweltschutz beim Interessenpoker weniger verpflichtend ausgefallen waren, als wünschenswert gewesen wäre. Aber allein die Tatsache, dass sich in Rio zwei Tage lang über hundert Staats- und Regierungschefs zuhörten und einander versicherten, ein globales Desaster abwenden zu wollen, wertete ich als historisches Erfolgserlebnis. Es war für mich sicherlich einer der bedeutsamsten, vielleicht sogar bewegendsten Momente in meinem politischen Leben, als ich als elfter Redner vor der Vollversammlung des Umweltgipfels im »Rio Centro« auftrat. Die Bonner Probleme um die Reizthemen Abtreibungsreform, Pflegeversicherung oder Asyl waren 15 000 Kilometer entfernt, und mit Genugtuung empfand ich, dass man mir am Zuckerhut mit Respekt für mein Engagement begegnete.

20.
Initiativen

Bonn, die alte Kurfürsten- und Universitätsstadt, war 1949 nur unter Hinnahme äußerster räumlicher Beschränkungen und schwieriger Provisorien imstande, die Verfassungsorgane des Bundes unterzubringen. Kulturelle Institutionen vergleichbarer europäischer Hauptstädte fehlten und waren auch nur sehr schwer zu schaffen, zumal Bonn nur als vorübergehende Hauptstadt gedacht war, was allen Plänen, hier kulturstaatliche Einrichtungen zu errichten, nicht förderlich war. Doch da es auf ungewisse Zeit mit dem Provisorium zu leben galt, hatte ich mich schon bald nach Regierungsantritt für die kulturelle Aufwertung der Bundeshauptstadt Bonn stark gemacht, und so erklärten der Bundeskanzler und die Regierungschefs der Länder am 7. Juni 1984, dass in Bonn ein »Haus der Geschichte der Bundesrepublik Deutschland« und eine »Kunst- und Ausstellungshalle« errichtet werden sollte. Über eine Kulturstiftung würden die Länder an diesem Vorhaben mitwirken. Am 7. Oktober 1989, einen Monat vor dem Fall der Mauer, war mit dem Bau der Bundeskunsthalle begonnen worden.

Niemand machte den Versuch, die begonnenen Baumaßnahmen zu stoppen. Ich hätte mich solchen Versuchungen gewiss auch mit aller Entschiedenheit widersetzt. Die Bundeskunsthalle war jahrzehntelang ein kulturelles Desiderat der Bonner Bevölkerung.

Nun, am 17. Juni 1992, übergab ich den Kunsttempel im Rahmen eines feierlichen Staatsakts in Anwesenheit des Bundespräsidenten und der Bundestagspräsidentin seiner Bestimmung – am gleichen Tag übrigens, an dem das Bonner Kunstmuseum mit erheblichen Fördermitteln des Bundes eröffnet werden konnte. Beide Häuser, die in einer wohlproportionierten städtebaulichen Nachbarschaft zueinander stehen, haben seither längst ihre Notwendigkeit unter Beweis gestellt, und ihre Anziehungskraft im rheinischen Kulturraum zwischen Mainz und Düsseldorf ist ungebrochen.

Alle unter meiner Kanzlerschaft ausgeschriebenen Architekturwettbewerbe hatten internationalen Charakter. Den Wettbewerb für die Kunst- und Ausstellungshalle der Bundesrepublik Deutschland hatte der österreichische Architekt Gustav Peichl gewonnen. Wo immer ich Einfluss als Bauherr zu nehmen hatte, entschied ich mich für funktionale Lösungen, die sich durch architektonische und städtebauliche Qualitäten auszeichneten. Dabei war ich durchaus offen für andere Auffassungen und Argumente: Sie mussten nur fachlich überzeugen und in ihren langfristigen Konsequenzen zu Ende gedacht sein. Auch im Bereich der Kulturpolitik hielt ich mich so an die Richtlinienbefugnis des Bundeskanzlers und schöpfte sie voll aus. Selbstverständlich traf ich meine Entscheidungen jeweils nach gründlicher Prüfung des Sachverhalts. Das galt für alle Projekte, aber insbesondere im Fall des Kanzleramts im Spreebogen, der Neuen Wache als zentraler Gedenkstätte und des Holocaust-Denkmals.

Ich war immer davon überzeugt, dass in einer »offenen Gesellschaft« auch Kulturfragen offene Fragen bleiben mussten. »Offen« meint in diesem Zusammenhang vor allem, dass niemand in der Politik die letzte Wahrheit für sich reklamieren darf, am wenigsten in Fragen der Kulturpolitik. Unter diesen politischen und geistigen Vorgaben konnten alle Sachverständigengremien unbeeinflusst arbeiten, was Zeit sparte, die Zusammenarbeit förderte und schließlich auch den gemeinsamen Erfolg möglich machte.

Erst seit wenigen Wochen waren jetzt die markanten spitzen Türme der Kunst- und Ausstellungshalle der Bundesrepublik Deutschland fertiggestellt, aber bereits in dieser kurzen Zeit waren sie zum Wahrzeichen der Kunst- und Ausstellungshalle und auch zum neuen, attraktiven Wahrzeichen Bonns geworden. Mit der Eröffnung am 17. Juni 1992 fand die Geschichte einer Idee ihren Abschluss, die so alt ist wie die Bundesrepublik selbst. Erste Überlegungen dazu hatte es bereits 1949 gegeben. Gewiss hatte sich im Lauf der Zeit der Blickwinkel verändert, aus dem heraus neue Ideen, Anregungen und Argumente für das Projekt vorgetragen wurden. Aber die Aktualität des Vorhabens wurde nicht geringer, sondern nahm nur zu.

Als wir 1989 den Grundstein gelegt hatten, beging Bonn nicht nur seinen 2000. Geburtstag, sondern auch sein vierzigjähriges Jubiläum als Bundeshauptstadt. Die Bedeutung des Vorhabens lag damals nicht zuletzt darin, dass Bonn seine Hauptstadtaufgaben noch umfassender erfüllen sollte. Die enge räumliche Verbindung mit dem Parlaments- und Regierungssitz sollte demonstrieren: Die Bundesrepublik Deutschland versteht sich als ein Kulturstaat.

In den wenigen Jahren, die seither vergangen waren, hatte sich unser Land und hatte sich Europa grundlegend verändert. Nicht mehr elf, sondern nunmehr sechzehn Bundesländer umfasste die Bundesrepublik Deutschland nun, und als Verkörperung der Bundesländer zierten sechzehn Säulen die Fassade der Kunst- und Ausstellungshalle.

Als Konsequenz aus der Vollendung der staatlichen Einheit Deutschlands hatte der Bundestag am 20. Juni 1991 beschlossen, die neue Bundeshauptstadt Berlin zum Sitz von Parlament und von Kernbereichen der Regierung zu machen. Die Verpflichtungen des Bundes auch für Bonn wurden damit nicht hinfällig, im Gegenteil. Deshalb war es richtig und wichtig, dass die Kunst- und Ausstellungshalle in Bonn steht. Sie machte exemplarisch die neuen Aufgaben deutlich, die sich nunmehr für Bonn ergaben. Der Stadt Bonn kam dabei eines zugute: Schon bisher hatte sie sich als Ort des Dialogs und des Austauschs zwischen verschiedenen Völkern und Kulturen bewährt. Als Kulturstadt von Rang hat Bonn seit jeher einen guten Ruf weit über die Grenzen unseres Landes hinaus; ich verweise nur auf das Beethoven-Fest als ein Beispiel unter vielen für die kulturellen Einrichtungen dieser Stadt. Mit der Kunst- und Ausstellungshalle und den andern Kulturbauten entlang jenes Streckenabschnittes, der im Volksmund längst

*Eröffnung der Bundeskunsthalle in Bonn
(17. Juni 1992)*

»Kulturmeile« genannt wird, wurde Bonn als Kulturstadt noch attraktiver.

Im Mittelpunkt der Konzeption der Kunst- und Ausstellungshalle stand der Gedanke der kulturellen Ausstrahlung und der Begegnung über Grenzen hinweg: Bonn als Zentrum, in dem sich der geistige und der kulturelle Reichtum der Bundesrepublik und das kulturelle Leben des wiedervereinten Deutschlands in einem zusammenwachsenden Europa darstellen. Als kulturelles Zentrum von europäischem Rang sollte die Kunst- und Ausstellungshalle auch dazu beitragen, dass wir Europäer die kulturelle Dimension unseres Zusammenlebens noch besser erfahren können.

Die Kultur mit ihren nationalen und regionalen Eigenarten hatten die Staats- und Regierungschefs der EG in Maastricht ausdrücklich hervorgehoben. Sie war ein wesentlicher Bestandteil europäischen Bürgersinns. Die neue Kunst- und Ausstellungshalle dient aber auch dem kulturellen Austausch, sie öffnet ein Fenster, das Einblicke in das Kunstschaffen anderer Länder und Staaten bietet. Der kulturelle Reichtum anderer Völker wird hier in seiner Vielfalt ebenso erfahrbar wie die Gemeinsamkeiten der verschiedenen Kulturen.

Die Eröffnungsausstellung »territorium artis«, die Schlüsselwerke der Kunst des zwanzigsten Jahrhunderts versammelte, verdeutlichte dies in hervorragender Weise. Sie wäre ohne intensive internationale Kontakte und regen internationalen Austausch nicht möglich gewesen. Vor allem bedurfte es des hilfreichen Engagements vieler bedeutender Kunstkenner in den Kulturmetropolen der Welt und der Mithilfe höchster staatlicher Repräsentanten. Dass diese Ausstellung Wirklichkeit werden konnte, war ein gutes Signal für eine erfolgreiche Zukunft der Kunst- und Ausstellungshalle und unterstrich deren internationalen Rang.

*

Während die Entscheidung für die Kunst- und Ausstellungshalle der Bundesrepublik Deutschland auf der Erfahrung beruhte, dass eine politische Hauptstadt immer auch ein kulturelles Zentrum sein muss, waren für das Haus der Geschichte historische Perspektiven und zeitgeschichtliche Notwendigkeiten maßgebend.

Wie die Bundeskunsthalle, hat auch das Bonner Geschichtsmuseum, das ich am 15. Juli 1994 eröffnen konnte, inzwischen seinen internationalen Rang gefestigt und seine Anziehungskraft für Besucher aus ganz Deutschland und Europa dauerhaft gesichert. Die kritischen Stimmen aus den Reihen der damaligen Opposition, die die Diskussion um seine Entstehung begleiteten, sind längst verstummt. Das Haus der Geschichte, das nur in Bonn errichtet werden konnte, hat seine Bedeutung seit dem Umzug der Verfassungsorgane von Bonn nach Berlin noch gesteigert.

Denkt man an die skeptischen, kritischen und teilweise polemisch-gehässigen Stimmen gegen meine Museumspläne, so erweist sich wieder einmal, wie wichtig Geschichtsbewusstsein ist. In der Kulturdebatte des Bundestags Ende 1986 äußerte sich der SPD-Abgeordnete Freimut Duve: »Als nationale Aufgabe von europäischem Rang hat der Bundeskanzler die geplanten Geschichtsmuseen in Bonn und Berlin bezeichnet. Was sollen eigentlich solche Sprechblasen? Wer verleiht europäische Ränge? Wer stiftet nationale Aufgaben? Geschichtliche Identität sei den Deutschen abhanden gekommen – so heißt es –, sie müsse rasch wiedergefunden werden oder gestiftet werden, sonst drohe uns Unheil.« Dieser Kommentar war kennzeichnend für die Irritationen, die meine kulturpolitischen Initiativen von Anfang an bei den Parteien und in der Öffentlichkeit immer wieder ausgelöst hatten. Und doch erweist sich heute der Wert der Einrichtungen, die wir damals geschaffen haben.

*

Seit Dezember 1991 befand sich Erich Honecker nun schon in der chilenischen Botschaft in Moskau. Mit seiner Flucht in die Botschaft hatte er eine Überstellung an deutsche Behörden verhindern wollen. Als Mitte Mai 1992 gegen ihn und fünf weitere Mitglieder des ehemaligen Nationalen Verteidigungsrats der DDR wegen der Todesschüsse an der ehemaligen innerdeutschen Grenze und der Berliner Mauer Anklage wegen Totschlags erhoben wurde, ergab sich für uns erneut Handlungsbedarf. Der Neunundsiebzigjährige war völlig uneinsichtig und lehnte es ab, nach Deutschland zurückzukehren und sich einem deutschen Gericht zu stellen. Honecker bezweifelte, dass er einen fairen Prozess bekommen würde, und seine Staranwälte aus Berlin unterstützten ihn in der Annahme, dass Rechtsstaatlichkeit bei uns nicht gewährleistet wäre. Wiederholt ließ ich Honecker durch Kanzleramtschef Friedrich Bohl auffordern, sofort nach Deutschland zu kommen, aber er erklärte nur, er komme nicht nach Deutschland, solange er keine Anklageschrift habe. Nun lag die Anklage gegen ihn vor. Nun konnten wir erwarten, dass er sich dem rechtsstaatlichen Verfahren stellen würde.

Völlig überzogen waren die Forderungen des SPD-Bundestagsabgeordneten Hans Büchler, wirtschaftlichen Druck auf Chile auszuüben, um die Auslieferung des ehemaligen SED-Chefs durchzusetzen. Es stimmte zwar, dass mit der Übermittlung der Anklageschrift die letzte Ausrede auch für die Regierung in Santiago entfallen war. Doch die Entwicklungsprojekte zu stoppen, falls Chile Honecker weiterhin Zuflucht gewährte, kam für mich nicht in Frage. Wir mussten zu anderen Lösungen kommen, und die erreichte man nicht mit Kraftmeierei, sondern nur über vertrauliche diplomatische Kanäle. Zu berücksichtigen war auch, dass viele Chilenen ihr Leben der Gastfreundschaft der ehemaligen DDR verdankten. Insofern konnte ich verstehen, wenn von einer Dankesschuld gegenüber Erich Honecker die Rede war. Doch Rechtsstaatlichkeit war ein höheres Gut als Dankbarkeit für Asyl.

Mitte Juni 1992, einen Monat nach der Anklageerhebung gegen Erich Honecker, traf ich am Rande der UNO-Konferenz in Rio de Janeiro mit dem chilenischen Staatspräsidenten Patricio Aylwin zu einem Vieraugengespräch zusammen. Aylwin, der sich große Verdienste um die demokratische Entwicklung in Chile erworben hatte, signalisierte mir eine einvernehmliche Lösung des Honecker-Problems. Er hatte Honecker telefonisch unmissverständlich mitgeteilt, dass sein Land ihm gegen den Willen der Bonner Regierung kein Asyl in Chile gewähren könne. Und in Briefen an Boris Jelzin und mich hatte er angedeutet, nicht mehr darauf bestehen zu wollen, dass Honecker vor der von Russland zugesagten Überstellung nach Deutschland Gelegenheit zur Anrufung eines russischen Gerichts haben müsse. Bei unserem Treffen in Rio, das auf Wunsch des chilenischen Staatspräsidenten zustande gekommen war, ohne dass ich zu irgendeinem Zeitpunkt Druck auf die chilenische Regierung ausgeübt hätte, unterstrich Aylwin nun, dass die Eröffnung eines deutschen Strafverfahrens gegen Honecker sehr bald möglich wäre. Nun ging Honeckers Zeit als Gast des Botschafters in der chilenischen Vertretung in Moskau zu Ende. Aber wie sollte die Überstellung gegen den Willen des Greises bewerkstelligt werden? Dazu bedurfte es noch einer Menge Gespräche und Verhandlungen.

Nachdem Boris Jelzin mir zugesichert hatte, dass er für die zügige Überstellung des ehemaligen Staatsoberhaupts der DDR Sorge tragen werde, lag es nun an Santiago, den störrischen alten

Herrn den russischen Behörden zu übergeben. Doch das gestaltete sich weit schwieriger, als alle dachten.

Am 22. Juni 1992 wurde der chilenische Sonderbotschafter James Holger im Kanzleramt vorstellig und eröffnete Kanzleramtschef Friedrich Bohl, dass Chile nun handeln wolle. Unter absoluter Diskretion berichtete er über den jüngsten Wandel in der Haltung der chilenischen Regierung. Da Deutschland und Russland eine Anwendbarkeit von Artikel 13 des UN-Pakts über bürgerliche und politische Rechte im Fall Honecker ablehnten (dieser Artikel setzt einer Ausweisung enge Grenzen), sei die chilenische Regierung bemüht, eine Konsenslösung auf einer anderen Grundlage herbeizuführen. Die inzwischen erfolgte Anklageerhebung und die Tatsache, dass Deutschland ein Rechtsstaat sei, habe Chile in der Auffassung bestärkt, dass Honecker vor ein deutsches Gericht gestellt werden solle. Nach der Vorstellung von Präsident Aylwin sollte eine »würdige« Übergabe Honeckers über die Russen an die Deutschen erfolgen. Dies solle so bald wie möglich geschehen: Bis zur zweiten Julihälfte sollte sichergestellt werden, dass Honecker die chilenische Botschaft in Moskau verlassen habe.

Die chilenische Regierung werde Honecker mitteilen, dass sein Status als zeitweiliger Gast der chilenischen Botschaft beendet sei. Reagiere er hierauf nicht, werde die chilenische Regierung ihn zum »illegalen Besetzer« erklären und die erforderlichen Maßnahmen treffen, um sein Verlassen der Botschaft sicherzustellen. Präsident Aylwin erbitte von der Bundesregierung Hilfe und Unterstützung für diesen Plan.

Botschafter Holger werde in diesem Sinne so lange verhandeln, bis eine Lösung zustande komme, und im Anschluss an seine Gespräche in Bonn nach Moskau reisen, um die russische Seite von diesem Plan zu unterrichten und Honecker die erforderlichen Garantien zu geben. Gegebenenfalls müsse Honecker auch unter physischer Gewalt aus der Botschaft entfernt werden. Seiner eigenen Darstellung zufolge war James Holger beauftragt, Honecker in einem Fahrzeug der Botschaft zu begleiten, um ihn den russischen Behörden zu übergeben. Die chilenische Regierung wollte damit die Voraussetzung dafür schaffen, dass Honecker durch die russische Seite und nicht durch die chilenische ausgeliefert werde.

Mit einiger Verzögerung wurde der chilenische Plan umgesetzt. Nach zweihundertzweiunddreißig Tagen mussten Erich Honecker und seine Frau Margot die chilenische Botschaft in Moskau räumen. Am Abend des 29. Juli landete eine russische Sondermaschine auf dem Flughafen Berlin-Tegel, wo Honecker, gegen den zwei Haftbefehle vorlagen, von Vertretern der Berliner Justiz vorläufig festgenommen wurde. Die Flucht vor der deutschen Justiz und der deutschen Geschichte war beendet.

Dem rechtsstaatlichen Prozess, der ihn nun erwartete, konnte er sich wegen einer schweren Krankheit jedoch schon bald entziehen und, aus gesundheitlichen Gründen aus der Haft entlassen, 1993 doch noch nach Chile ausreisen. Erich Honecker starb am 29. Mai 1994.

21.
Vorstöße

Es war ein großer Schritt nach vorn, den François Mitterrand und ich bei den 59. deutsch-französischen Gipfelkonsultationen in der Atlantikstadt La Rochelle unternahmen: Mit dem Beschluss zur Aufstellung eines gemeinsamen Armeekorps hatten wir die Keimzelle eines »Europäischen Korps« und damit einer gemeinsamen Sicherheits- und Verteidigungspolitik der Europäischen Gemeinschaft gelegt, und das, noch ehe der Einigungsvertrag von Maastricht in den Mitgliedsstaaten ratifiziert war. Ich rechnete das Eurokorps zu den Entscheidungen, die sich weit ins nächste Jahrhundert hinein auswirken würden.

Das Eurokorps war die Erfüllung eines gemeinsamen Wunschs. Der aus Offizieren beider Länder zusammengesetzte vorbereitende Planungsstab wurde bereits im Juli 1992 gegründet und nach Straßburg verlegt. Die Einheiten – die alte deutsch-französische Brigade, eine französische Panzerdivision und das deutsche Äquivalent einer mechanisierten Division – von insgesamt 35 000 bis 40 000 Mann blieben in Deutschland stationiert und waren ab Oktober 1995 einsatzbereit. Dieses vorerst rein deutsch-französische Korps sollte der künftigen Europäischen Union in aktiver Vorwegnahme einer eigenen Verteidigungspolitik eine militärische Kapazität verleihen, an der sich alle Mitglieder der Westeuropäischen Union beteiligen konnten.

Nachdem die Bildung einer Europäischen Verteidigungsgemeinschaft, die von Paris angeregt, aber aus Furcht vor der Wiederbewaffnung Deutschlands und vor einem Souveränitätsverlust der »Grande Nation« 1954 an der französischen Nationalversammlung gescheitert war, drängte Frankreich jetzt wieder zum Aufbau einer gemeinsamen Verteidigungs- und Friedenstruppe. Klar war allerdings, dass dieses Korps keine Konkurrenz zur Atlantischen Verteidigung sein, sondern sie verstärken und ergänzen sollte.

Ich war sehr darum bemüht, Ängste vor einem neuen deutschen Vormachtstreben in Europa zu zerstreuen. Das vereinigte Deutschland hatte nicht die Absicht, sich von seinen Partnern in der Europäischen Gemeinschaft abzuwenden und eine neue europäische Großmacht zu werden. Aus meiner Sicht hatten Deutschland und Frankreich gemeinsam die europäische Einigung in La Rochelle wieder ein Stück vorangebracht.

Bei diesen Konsultationen wurde außerdem eine Vereinbarung über den Bau der Hochgeschwindigkeitszugstrecken Paris–Berlin sowie Paris–München unterzeichnet. Daneben beriet ich mit François Mitterrand über den Gipfel von Rio, über den Münchner Weltwirtschaftsgipfel und den KSZE-Gipfel in Helsinki.

*

Soviel Dynamik von den deutsch-französischen Beziehungen ausging, so sehr stockte die Entwicklung auf europäischer Ebene. Der EG-Gipfel in Lissabon Ende Juni 1992 hinterließ keine Spuren in der Geschichte Europas. Sein spärliches Ergebnis konnte jedoch keineswegs den engagierten Portugiesen angelastet werden. Das überraschende Nein der Dänen zum Maastrichter Vertrag hatte die Gemeinschaft an den Rand einer Existenzkrise gerückt. Immerhin gelang es unter portugiesischem Vorsitz, das mühsame Werk der Reformen der europäischen Agrarpolitik einstweilen abzuschließen.

Auf außenpolitischem Gebiet hatten die Portugiesen vor allem an dem Versuch der EG mitgearbeitet, den Bürgerkrieg im früheren Jugoslawien einzudämmen. Trotzdem gelang es nicht, schon beim Gipfel in Lissabon die Zusage für eine Verdoppelung der für die vier ärmsten Länder vorgesehenen Mittel aus dem Strukturfonds zu erreichen.

Beim traditionellen Frühstück mit François Mitterrand am Rande des EG-Gipfels ging es einmal mehr um die Entwicklung in

Jugoslawien, die uns beiden große Sorgen bereitete. Die ganze Welt schaute auf die EG, obschon diese Aufgabe in Wirklichkeit noch nicht in ihre Zuständigkeit fiel. Auf eine entsprechende Frage Mitterrands erläuterte ich die humanitäre Hilfe, die wir in großem Umfang leisteten. Aus den bekannten staatsrechtlichen Gründen konnten wir uns nicht an militärischen Aktionen beteiligen. Mitterrand bekräftigte, allenfalls an ein begrenztes Eingreifen zu denken. Ein militärischer Einsatz wäre höchst prekär und könnte in ein zweites Vietnam münden, meinte der Präsident.

Am Ende unseres Gesprächs befassten wir uns zum wiederholten Mal mit dem Thema GATT-Verhandlungen, das auf dem Weltwirtschaftsgipfel eine zentrale Rolle spielen sollte.

*

Die wichtigste außenpolitische Veranstaltung des Jahres 1992 war der Weltwirtschaftsgipfel in München, der unter meiner Leitung vom 6. bis 8. Juli stattfand. Die Staats- und Regierungschefs der sieben führenden Industrienationen – George Bush (USA), François Mitterrand (Frankreich), John Major (Großbritannien), Kiichi Miyazawa (Japan), Giuliano Amato (Italien) und Brian Mulroney (Kanada) sowie EG-Kommissionspräsident Jacques Delors – mussten eine Themenpalette bewältigen, die die dramatische Entwicklung in der Welt widerspiegelte. Im Mittelpunkt der Beratungen standen die wirtschaftliche Hilfe für die GUS – dazu hatte ich Boris Jelzin eingeladen – und die Haltung der G-7-Staaten zum Bürgerkrieg im ehemaligen Jugoslawien. Für viele Beobachter überraschend, nahm zudem IWF-Generaldirektor Michel Camdessus an dem Treffen teil, den ich ausdrücklich gebeten hatte, nach München zu kommen.

Bei meinem Frühstücksgespräch im Münchner Hotel Vierjahreszeiten mit George Bush kurz vor Beginn des Gipfels war uns beiden klar, dass man in München nicht alle Probleme der Erde lösen konnte. Wir verständigten uns über jene Themen, die ich in den Mittelpunkt des Gipfels gestellt hatte. Bush unterstrich, die Weltwirtschaft befände sich immer noch in einer Flaute, und deshalb sei es wichtig, darüber zu sprechen, was man tun könne, um sie wieder in Gang zu setzen.

Bush berichtete mir dann von einem Gespräch mit Mitterrand über das Eurokorps. Leider habe man mit Frankreich eine Reihe von Differenzen in Sicherheitsfragen. Mitterrand spiele die Sache zwar herunter und sei der Meinung, die Amerikaner machten aus einer Mücke einen Elefanten, aber er hoffe, die Meinungsverschiedenheiten mit Frankreich zu überbrücken.

Ich erklärte in aller Offenheit, aus meiner Sicht werde die Sache in Washington aufgebauscht. Meine Position sei ganz klar: Deutschland sei Teil der Nato und brauche diesbezüglich keinen Nachhilfeunterricht. Wir hätten unsere Treue zur Nato sowohl in Moskau als auch bei der Nachrüstung unter Beweis gestellt, und nach wie vor würden wir uns eine substantielle militärische Präsenz der USA in Europa wünschen. Ebenso klar sei, dass wir die Europäische Union wollten. Beides sei kein Gegensatz. Im Rahmen der Europäischen Union müsse es aber nun mal auch eine europäische Sicherheitsidentität geben. Das sei ohne weiteres mit der Nato in Einklang zu bringen. Präsident Mitterrand wisse im übrigen genau, dass mit Deutschland etwas anderes gar nicht zu machen sei.

Der amerikanische Präsident erklärte, die deutsche Interpretation sei absolut in Ordnung. Leider sei die französische Interpretation davon etwas verschieden. Er habe dies Mitterrand auch deutlich gesagt, was diesem nicht gefallen habe. Frankreich nehme auch bei den Sicherheitsfragen, wie sie in der KSZE behandelt würden, eine unterschiedliche Position ein. Wenn von Frankreich das Signal ausgehe, dass die amerikanische Präsenz in Europa nicht länger erwünscht sei, so schaffe dies – auch vor dem Hintergrund der Wahlen in den USA – ernste Probleme.

Ich wiederholte, mit uns gebe es in dieser Frage keine Probleme. Ich würde in Washington dasselbe sagen wie in Paris und hätte mich auch im Bundestag immer wieder deutlich geäußert.

Bush erklärte, wir benötigten weiterhin verlässliche Sicherheitsstrukturen. Niemand wisse, was in der früheren Sowjetunion noch alles passieren werde. Er sei gestern in Polen gewesen, wo man sich große Sorgen darüber mache, was in der Nachbarschaft vorgehe.

Er habe Mitterrand ausdrücklich gefragt, ob er wünsche, dass die Amerikaner in Europa blieben. Mitterrand habe dies bejaht. Andererseits habe man immer wieder den Eindruck, die eigentliche Botschaft laute, dass die USA sich aus Europa zurückziehen sollten.

Ich erklärte, dies sei nicht nur ein Problem Mitterrands. Es gebe auch andere Leute in Europa, die – wenn auch nicht mit Blick auf Präsident Bush – die Frage stellten, ob die USA tatsächlich in Europa bleiben wollten. Ich wiederholte, dass die Amerikaner in Europa bleiben sollten und dass man auch niemandem einen Vorwand für den Abzug liefern sollte. Das sei die klare Meinung hier in Europa. Auch Mitterrand wolle nicht, dass sich die USA zurückzögen, denn er wolle nicht allein mit den Deutschen sein.

Unterdessen waren James Baker und Klaus Kinkel, die beiden Außenminister, zu uns gestoßen. Baker erklärte, der Aufhänger für die amerikanische Präsenz in Europa sei die Nato. Man habe die Nato an die veränderten Bedingungen angepasst. Hierbei hätten Deutschland und die USA eng zusammengearbeitet. Leider sei Frankreich nicht bereit, die Rolle der Nato zu erweitern. Das mache es schwieriger, zu Hause die notwendige Unterstützung für die weitere amerikanische Präsenz in Europa zu erhalten. Frankreich betreibe in dieser Frage ständig Obstruktion. Während Deutschland sage, dass die vorrangige Rolle des Eurokorps dessen Einsatz im Rahmen der Nato sei, erkläre Frankreich, dies müsse noch ausgehandelt werden und beim Eurokorps handle es sich um eine von der Nato unabhängige militärische Kraft. Im Grunde genommen wolle Frankreich die Nato schwächen.

Ich versuchte, den amerikanischen Gesprächspartnern meine etwas anders gelagerte Sicht zu erläutern: In der Nato-Frage gebe es eine klare Haltung aller Europäer – bis auf Frankreich. Das sei aber schon seit dreißig Jahren so. Allerdings handle es sich nicht um eine ansteckende Entwicklung.

Bush erklärte, den USA gehe es vor allem darum, eine »Selffulfilling prophecy« zu vermeiden, die darauf hinauslaufe, dass sich die USA aus Europa zurückziehen würden. Präsident Mitterrand aber produziere genau diese Art von sich selbst erfüllender

Prophezeiung und vermittle damit dem amerikanischen Volk eine falsche Botschaft. Diese Botschaft sei Wasser auf die Mühlen der politischen Konkurrenz.

Außenminister Baker fügte hinzu, die amerikanische Seite unterstütze nachdrücklich eine europäische Verteidigungsidentität. Die entscheidende Frage sei, wie das Eurokorps mit der Nato verbunden werde. Wenn dem Eurokorps eine komplementäre Rolle zufalle, sei dies okay. Präsident Bush fuhr fort, sein innenpolitisches Problem bestehe darin, dass es in den Vereinigten Staaten immer mehr Leute gebe, die der Meinung seien, man könne das Geld, das die amerikanische Regierung zur Unterhaltung ihrer Streitkräfte im Ausland aufwende, zu Hause besser anlegen. Für ihn sei jedoch der entscheidende Punkt, dass die Vereinigten Staaten ein eigenes Interesse an der Truppenpräsenz in Europa hätten.

Es war ein schwieriges Gespräch zum Auftakt des Weltwirtschaftsgipfels. Wieder einmal zeigte sich die starke Abneigung der Amerikaner gegenüber Mitterrand und umgekehrt.

Als ich tags darauf mit dem französischen Präsidenten unter vier Augen zusammentraf, ging es um ganz andere Themen. Ich ließ den Ärger mit den Amerikanern außen vor, zumal ich zur Kenntnis nehmen musste, wie sehr sich Mitterrand auch bei der GATT-Problematik über amerikanische Verhandlungspositionen ärgerte. Auch hier spürte ich, wie weit die Positionen auseinanderlagen, so dass ich die Hoffnung bereits aufgab, in München beim Thema GATT einen Erfolg zu erringen.

Neben der Entwicklung in Israel nach den Wahlen besprachen wir die Lage in Russland und den anderen Staaten der GUS. Dabei ging es uns ganz konkret um Fragen der Sicherheit von veralteten Kernkraftwerken, die aus unserer Sicht eine erhebliche Gefahr darstellten. Mit einem gewissen Zynismus bemerkte Mitterrand, die entsprechenden Atommeiler seien halt weit weg von Japan und den USA. Das sei eine Täuschung, erwiderte ich, denn es gebe beispielsweise ein Kernkraftwerk in Wladiwostok. Wenn etwas in Bulgarien oder der Ukraine passiere, würden von den Auswirkungen auch die Vereinigten Staaten erfasst. Im übrigen nehme in den

USA das Problembewusstsein in dieser Frage zu, wie ich einem Gespräch mit dem amerikanischen Senator Al Gore am Rande des Gipfels in Rio habe entnehmen können.

Nach drei Tagen ging der Weltwirtschaftsgipfel zu Ende. Die Atmosphäre war freundlich gewesen, aber auch wenn sich nahezu alle Gipfelteilnehmer befriedigt über die erzielten Absprachen zeigten, so äußerten sich viele in ihren Abschluss-Pressekonferenzen doch gleichzeitig enttäuscht darüber, dass die sieben führenden westlichen Industriestaaten keines der Probleme lösen konnten, mit denen sie sich in München konfrontiert sahen. Als Gastgeber hob ich am Ende hervor, die Sieben seien sich darin einig, dass die Herausforderungen nach dem Ende des Kalten Krieges nur mit einem sehr starken Wirtschaftswachstum zu bewältigen seien.

Für mich war München ein Signal der Ermutigung und der Hoffnung für die Welt. Wir hatten uns auf Leitlinien zur Stärkung des wirtschaftlichen Wachstums verständigt und wollten vor allem die Haushaltsdefizite vermindern und beherzter als bisher die Spielräume für Zinssenkungen nutzen. Enttäuscht war ich, dass es nicht gelungen war, eine Einigung über ein neues Zoll- und Handelsabkommen (GATT) zu erzielen. Ich war allerdings überzeugt, dass die Verhandlungen darüber bald abgeschlossen werden könnten. Jedenfalls hatten sich die Meinungsunterschiede stark verringert, und die Erkenntnis, dass die Runde nicht weiter blockiert werden durfte, war vielleicht der größte Erfolg dieses Gipfels.

Nach dem offiziellen Ende des Weltwirtschaftsgipfels empfingen die Staats- und Regierungschefs der sieben führenden Industrieländer den Präsidenten der Russischen Föderation. Für dieses Gespräch hatte ich mich bekanntlich besonders eingesetzt. Es ging um die Lage in Russland und die langsam in Gang kommende Hilfe des Westens. Jelzin erhielt die Zusage, dass seinem Land das bereits im April vereinbarte G-7-Hilfspaket in Höhe von 24 Milliarden US-Dollar zur Verfügung gestellt werde. Der russische Präsident seinerseits sicherte die Rückzahlung der Auslandsschulden sowie die Abschaltung der acht ältesten russischen Kernkraftwerke zu. Die Atommeiler jüngerer Bauart sollten modernisiert werden. Zur Sicherung der Atomanlagen in Mittel- und Osteuropa war die Einrichtung eines 700-Millionen-Dollar-Fonds vorgesehen. Diese in München vereinbarten gemeinsamen Aktionen zur Unterstützung Russlands und anderer Staaten waren ein großer Erfolg meiner monatelangen Bemühungen. Das hat Boris Jelzin nie vergessen, er zeigte sich mir gegenüber bis zu seinem Tod 2007 dafür dankbar.

In der Öffentlichkeit rief das Münchner Gipfeltreffen – wie fünfzehn Jahre später das an der deutschen Ostseeküste in Heiligendamm – insbesondere wegen der umfangreichen Sicherheitsmaßnahmen und der hohen Kosten Kritik hervor. Dabei gab es damals und gibt es auch heute keine Alternative für diese Treffen, die einen effizienten Meinungsaustausch zwischen den politischen Führern der Industrienationen organisieren.

Bei diesem 18. Weltwirtschaftsgipfel stand mir der »Sherpa« Horst Köhler als persönlicher Beauftragter zur Seite. »Sherpa« werden die Beauftragten der Staats- und Regierungschefs schon seit dem ersten Weltwirtschaftsgipfel 1975 in Rambouillet bei Paris genannt, den sich mein Vorgänger Helmut Schmidt und der damalige französische Staatspräsident Valéry Giscard d'Estaing ausgedacht hatten. Ursprünglich bezeichnet das Wort die Lastenträger für Expeditionen im Himalaya. Horst Köhler, der von Theo Waigel ausgeliehene Staatssekretär aus dem Bundesfinanzministerium, war zuvor schon zweimal mein »Sherpa« gewesen, in Houston und in London. München war für den heutigen Bundespräsidenten natürlich die größte Herausforderung, die er mit Bravour bestand. Horst Köhler zeichnete sich durch hohen Sachverstand und zurückhaltendes Auftreten aus. Er führte schwierige Verhandlungen vorab, überzeugte als Fachmann des Finanzmanagements und glänzte auch als Ko-Autor der Schlusserklärung. Besonders schätzte ich an ihm seine Loyalität und Offenheit. Bereits bei den schwierigen Verhandlungen um die Währungs- und Wirtschaftsunion in Maastricht hatte er sich als geschickter Vertreter deutscher Interessen erwiesen. Sein Meisterstück aber lieferte er ab, als es 1994 um die Modalitäten des Abzugs russischer Truppen aus der ehemaligen DDR ging.

22.
Asyl

Zwischen dem 22. und 27. August 1992 ereigneten sich im Rostocker Stadtteil Lichtenhagen schwere ausländerfeindliche Krawalle. Der Konflikt entwickelte sich um die zentrale Aufnahmestelle für Asylbewerber des Landes Mecklenburg-Vorpommern, die inmitten eines Wohngebiets liegt und völlig überfüllt war. Das mit zweihundert Personen belegte Haus sah sich täglich mit dem Zuzug von bis zu achtzig Asylbewerbern konfrontiert. Neuankömmlinge waren gezwungen, in den Grünanlagen des Wohngebiets zu kampieren. Eine große Zahl von Bürgern Lichtenhagens wandte sich mit Entschiedenheit gegen diesen Zustand und beklagte die mit der Anwesenheit der Asylbewerber verbundenen Belästigungen, Verunreinigungen und Bedrohungen. In der Nacht vom 22. auf den 23. August griffen zum Teil vermummte Personen das Heim an, schleuderten Steine, Molotowcocktails und Feuerwerkskörper und versuchten das Gebäude zu stürmen. Die Polizei lieferte sich mit den Angreifern stundenlange Straßenschlachten und setzte Wasserwerfer und Tränengas ein.

Offene Unterstützung erhielten die Randalierer aus den Reihen der vielen hundert Schaulustigen, die an den Ort des Geschehens kamen, vielfach ihre Sympathie bekundeten und es den Angreifern ermöglichten, immer wieder unerkannt in der Menge unterzutauchen. Fünfunddreißig Beamte erlitten Verletzungen und rund hundertfünfzig Gewalttäter wurden in Polizeigewahrsam genommen. Später kam es zu neuen Gewalttaten und zu einer deutlichen Eskalation der Ereignisse.

Die Übergriffe gegenüber den hier lebenden Ausländern und Asylbewerbern, aber auch gegenüber der Polizei verurteilte ich auf das schärfste. Sie waren eine Schande für unser Land. Wer das Leben von Menschen gefährdet, wer Ausländerhass schürt, wer die gewalttätige Auseinandersetzung mit Recht und Gesetz sucht, dem muss der Rechtsstaat entschlossen entgegentreten. Wahr ist aber auch, dass unsere Bevölkerung bis auf wenige Ausnahmen friedlich und nachbarschaftlich mit den hier ansässigen Ausländern zusammenlebt. Es ist deshalb unrecht, den Bürgern unseres Landes Fremdenfeindlichkeit zu unterstellen. Im Gegenteil: Die allermeisten Deutschen sind ausländerfreundlich.

Viele Menschen in unserem Land machten sich damals aber verständliche Sorgen wegen des anwachsenden massenhaften Zustroms von Asylbewerbern, die in ihrer Heimat nicht aus politischen, rassischen oder religiösen Gründen verfolgt wurden. Der Zustrom von Asylbewerbern stieg von Jahr zu Jahr. 1990 waren es knapp 195 000, 1991 bereits 246 000. Allein bis Ende August des Jahres 1992 waren es schon weit über 260 000 – mehr als im gesamten vergangenen Jahr. Bis Jahresende 1992 mussten wir mit einem Zustrom von über 400 000 Asylbewerbern rechnen. Kein Land in Europa war einer vergleichbaren Belastung ausgesetzt. Es war ein Gebot der Fairness, dies festzuhalten. Ich wandte mich entschieden gegen jene Stimmen im Ausland, die diese Tatsachen unterschlugen und von einem Wiederaufleben des Rassismus in Deutschland redeten.

Innerhalb der Europäischen Gemeinschaft kamen rund 60 Prozent aller Asylbewerber nach Deutschland. Es lag auf der Hand, dass die mit diesem massenhaften Zustrom verbundenen Probleme nur in einer gemeinsamen europäischen Anstrengung gelöst werden konnten.

Unhaltbare Zustände in unseren Städten und Gemeinden waren die unmittelbare Folge dieser Entwicklung. Bei vielen Kommunen, aber auch bei den zuständigen Behörden bei Bund und Ländern war die Grenze der Belastbarkeit erreicht, wenn nicht gar überschritten. Nur rund 5 Prozent der Asylbewerber wurden als Verfolgte anerkannt. Die anderen kamen vorwiegend aus wirtschaftlich-sozialen Gründen.

Dieser Missbrauch des Asylrechts ging auch zu Lasten jener

Menschen, die als Bürgerkriegsflüchtlinge vorübergehend bei uns Zuflucht suchten. Wir Deutschen verschlossen nicht die Augen vor dem Elend dieser Menschen. Es durfte nicht dazu kommen, dass unsere Möglichkeiten, sie aufzunehmen, und die Hilfsbereitschaft der Bevölkerung durch den Missbrauch des Asylrechts beeinträchtigt wurden. Es blieb dabei: Wer aus politischen, rassischen oder religiösen Gründen verfolgt war, sollte auch weiterhin in Deutschland Asyl erhalten.

Offenkundig jedoch bedurfte diese Garantie des Grundgesetzes der Präzisierung. So notwendig sie auch war, eine Grundgesetzergänzung allein, die nur mit Unterstützung der SPD-Opposition möglich war, löste die Probleme sicher nicht. Andererseits gab es ohne eine solche Ergänzung auch keinen wirklichen Durchbruch. Nur sie gab uns die erforderliche Handlungsfreiheit wieder. Nur sie machte eine europäische Regelung möglich. Nur sie ermöglichte die volle Teilnahme an den Abkommen von Schengen und Dublin. Nur sie würde effektiv Schlepperbanden und anderen Kriminellen das Wasser abgraben, die dann nicht länger falsche Erwartungen wecken und ausnutzen konnten.

Es dauerte noch lange, viel zu lange, bis neue Asylgesetze Wirklichkeit wurden. Nach monatelangen Verhandlungen trafen Bundestag und Bundesrat in der letzten Maiwoche 1993 endlich eine Entscheidung, die von elementarer Bedeutung für den inneren Frieden in unserem Land war. Nach quälenden Debatten, in denen CDU und CSU schon seit Jahren den Standpunkt vertreten hatten, dass dem massenhaften Missbrauch des Asylrechts auch durch eine Grundgesetzänderung Einhalt geboten werden musste, traten die Asylgesetze zum 1. Juli 1993 in Kraft. Ziel dieser Asylgesetze war es – und daran hatte die Bundesregierung niemals einen Zweifel aufkommen lassen –, dass die wirklich politisch Verfolgten auch weiterhin Asylrecht in Deutschland genießen konnten, dass aber zugleich diejenigen, die unseres Schutzes nicht bedurften, rasch in ihre Heimatländer zurückgeführt werden konnten.

Die Asylproblematik war nicht als Ursache oder Hintergrund von Ausländerfeindlichkeit und Fremdenhass zu sehen. Es war auch nicht hinnehmbar, wenn einige eine Verbindungslinie zwischen den Asylgesetzen und den Brandanschlägen in Rostock, Mölln, Solingen und anderswo ziehen wollten. Das politische Klima, das hier als Ursache solch verbrecherischer Taten ausgemacht werden sollte, hatte seine Grundlage nicht in den verabschiedeten Gesetzen, sondern in den jahrelangen quälenden Debatten um den Missbrauch des Asylrechts und dem davon ausgehenden Eindruck, die Politik sei handlungsunfähig. Dafür trugen diejenigen die Verantwortung, die sich der Notwendigkeit der jetzt getroffenen Regelung jahrelang verschlossen hatten.

Als Teil der Asylgesetze beschloss der Bundestag Ende Mai 1993 auch das Asylbewerberleistungsgesetz. Danach erhielten Asylbewerber künftig in erster Linie Sachleistungen. Wenn das Sachleistungsprinzip nicht durchführbar war, wurden Wertgutscheine ausgehändigt oder andere unbare Abrechnungsverfahren gewählt. Nur wenn dies nicht möglich war, konnte die Leistung als Geldleistung erfolgen. Mit dem Asylbewerberleistungsgesetz wurden die Leistungen, die diesem Personenkreis bisher zustanden, erheblich gekürzt.

Wir waren uns der Gefahr für das Gemeinwohl bewusst, die von der organisierten Kriminalität ausging. Von der internationalen organisierten Kriminalität wurde Deutschland zunehmend als Operationsfeld benutzt. Das galt insbesondere für Rauschgiftkriminalität. Bedroht waren vor allem die Wirtschaftszweige, in denen in großem Umfang »gewaschene« Drogengelder investiert werden konnten. Mit der Bedrohung unseres Gemeinwesens durch die Kriminalität wuchs die Verunsicherung der Bürger.

Der Staat war bei der Prävention von Straftaten in erster Linie im polizeilichen Bereich gefragt. Wegen der grundgesetzlich verankerten Zuständigkeit der Aufgaben waren hier primär die Länder gefordert, die die personelle und sachliche Ausstattung der Polizei so zu gestalten hatten, dass diese in die Lage versetzt wurde, ihre Pflichten zu erfüllen.

23.
Rückblick

In den vergangenen vierundzwanzig Monaten seit der Wiedervereinigung hatten wir schon viel erreicht. In den neuen Bundesländern gab es gewaltige Fortschritte: Die Menschen lebten in Freiheit. Der Rechtsstaat sicherte die Achtung ihrer Würde. Die Einkommen und Renten, die soziale Sicherung der Bevölkerung und der Lebensstandard waren trotz aller Sorgen um die Arbeitsplätze und die Zukunft gestiegen. Der Aufbau der Infrastruktur und von modernen Unternehmen in Handwerk und Handel, Mittelstand und Industrie kam voran. Aber viele Aufgaben, die sich uns jetzt stellten, waren 1990 nicht absehbar gewesen. Viele Erwartungen bestätigten sich nicht so, wie wir und andere damals angenommen hatten.

Niemand hatte das ungeheure Ausmaß der Manipulation und die durch das SED-Regime vorgetäuschte Leistungskraft der DDR-Wirtschaft richtig eingeschätzt. Niemand konnte den nahezu vollständigen Zusammenbruch des Osthandels absehen. Noch Anfang 1991 waren das Ende der Sowjetunion und ihr wirtschaftlicher Bankrott nicht erkennbar. Noch im Sommer 1991 hatte ich mit Michail Gorbatschow über Warenlieferungen aus den neuen Bundesländern im Wert von 25 Milliarden D-Mark gesprochen. Für die Betriebe, die zuvor nahezu vollständig auf die Belieferung der Sowjetunion ausgerichtet waren, hatten die Ereignisse in der zweiten Jahreshälfte 1991 dramatische Konsequenzen. Jetzt wären wir sehr froh gewesen, wenn wir statt der avisierten 25 Milliarden bis Ende 1992 wenigstens noch eine Größenordnung von 5 Milliarden DM erreicht hätten.

Wir mussten uns aber auch selbstkritisch fragen, ob beispielsweise die sofortige Übernahme des komplizierten Bau- und Planungsrechts der alten Bundesländer nicht ein Fehler war. Die Erfahrung zeigte, dass der in den alten Bundesländern mit Recht beklagte Perfektionismus in Rechtsordnung und Verwaltung auf die Erfordernisse der neuen Bundesländer nicht passte.

Zwei Jahre deutsche Einheit waren ein Lernprozess für alle Beteiligten gewesen. Im nachhinein würde jeder von uns sicher manches anders machen. Doch bei den Grundentscheidungen im Blick auf das Erreichen und die Gestaltung der deutschen Einheit hatten wir die Weichen richtig gestellt, und es war Beachtliches erreicht worden.

Die öffentlichen Hilfen zur Unterstützung des Aufbaus in den neuen Ländern waren das größte Wirtschaftsprogramm in der Geschichte Deutschlands. Für einen längeren Zeitraum mussten wir jährlich 4 bis 5 Prozent des Bruttosozialprodukts, also rund 140 Milliarden DM, für den Aufbau bereitstellen.

Unsere Nachbarn im Osten beneideten die Menschen in den neuen Bundesländern um Startchancen, von denen sie selber nur träumen konnten. Und unsere Nachbarn im Westen sahen im Gegensatz zu den Miesmachern hierzulande sehr deutlich, dass wir uns auf Erfolgskurs befanden. Das bekam ich von ausländischen Besuchern und Gesprächspartnern fast täglich zu hören.

Der schnelle Ausbau etwa des Landstraßen- und Schienennetzes oder des Telefonsystems und die Modernisierung beispielsweise von Schulen, Krankenhäusern und Einrichtungen der Altenpflege vor Ort wurden mit enormen Beiträgen unterstützt. Die öffentlichen Investitionen in den neuen Bundesländern lagen pro Bürger mehr als ein Drittel über dem Vergleichswert für die alten Bundesländer.

Beim Übergang von der Kommandowirtschaft zur Marktwirtschaft spielte die Treuhand eine zentrale Rolle. Ihr Erfolg entschied mit darüber, wie schnell es gelang, gleiche Lebensverhältnisse in ganz Deutschland herzustellen. Kurz vor seiner Ermordung hatte Detlev Karsten Rohwedder die Aufgabe der Treuhandanstalt auf die knappe Formel gebracht:

- schnell privatisieren,
- entschlossen sanieren,
- behutsam stillegen.

Diesen umfassenden Auftrag konnte die Treuhandanstalt nur erfüllen, wenn sie ihre Entscheidungen mit der nötigen Unabhängigkeit traf. Die Voraussetzungen für sachgerechte und erfolgreiche Arbeit schuf das Treuhandgesetz, und die Bundesregierung tat alles, um diese Unabhängigkeit gegen manchen Widerstand zu gewährleisten. Gleichzeitig war unübersehbar, dass die Treuhandanstalt mitten im gesellschaftlichen und politischen Spannungsfeld stand, denn wo über die Zukunft vieler einzelner Unternehmen entschieden wurde, wurde zwangsläufig auch über das berufliche und persönliche Schicksal vieler Menschen entschieden.

Ich verstand die Menschen, die sich in dieser schwierigen Zeit des Übergangs um ihre Zukunft und um ihre Arbeitsplätze sorgten. Gerade sie brauchten unsere besondere Solidarität. Alle, die das Glück hatten, in den letzten vierzig Jahren auf der Sonnenseite deutscher Nachkriegsgeschichte zu leben, standen hier in der Pflicht. Geduld und Verständnis füreinander und der Wille zu gemeinsamem Handeln waren das Gebot der Stunde. Es ging nicht an, der Treuhandanstalt die vielfältigen Schwierigkeiten und Probleme des oft schmerzlichen Übergangs in neue wirtschaftliche und soziale Strukturen anzulasten. Gerade die Treuhandanstalt bemühte sich, Ansatzpunkte für neue wettbewerbsfähige Arbeitsplätze dort zu entwickeln, wo das alte System die Menschen um den Ertrag ihrer Arbeit betrogen hatte.

Die Treuhandanstalt konnte aber auch selbst dazu beitragen, das Vertrauen in ihre Arbeit zu stärken. Die internen und externen Kontrollmechanismen mussten der Dimension der gestellten Aufgabe entsprechen, die Entscheidungsvorgänge transparent und nachprüfbar sein.

Als die Treuhandanstalt ihre Arbeit im Sommer 1990 aufnahm, hatte vieles mehr den Charakter eines Experiments als eines fertigen Konzepts. Trotzdem konnte es keinen Zweifel geben: Der damals eingeschlagene Weg war richtig.

Welch hohen Stellenwert soziale und ökologische Gesichtspunkte bei der Arbeit der Treuhandanstalt hatten, wurde in der Öffentlichkeit häufig übersehen. Das begann mit Vereinbarungen mit den Gewerkschaften über Sozialpläne, setzte sich fort mit der personellen und sachlichen Unterstützung für Qualifizierungs- und Beschäftigungsgesellschaften und reichte bis zur Rekultivierung der Braunkohlereviere, zu der die Treuhandanstalt einen beachtlichen Beitrag leistete.

Gleichwohl durfte die wirtschaftliche Umstrukturierung der Unternehmen nicht durch eine Überforderung auf der Lohnkostenseite in Frage gestellt werden. Dass dies für die Gewerkschaften angesichts manch hoher Erwartung nicht einfach war, lag auf der Hand. Gleichwohl führte kein Weg daran vorbei, wirtschaftliche Leistungsfähigkeit und Anhebung des Lebensstandards miteinander in Einklang zu bringen – und das galt für *ganz* Deutschland. Aber auch die westdeutsche Wirtschaft war gefordert, und zwar nicht nur im personellen Bereich, sondern auch bei der Vergabe von Aufträgen an Unternehmen in den neuen Bundesländern. Sanierungsaufgaben ließen sich wesentlich leichter lösen, wenn mit steigenden Aufträgen gerechnet werden konnte. Deshalb appellierte ich wiederholt an Wirtschaft und Unternehmen im westlichen Teil Deutschlands, die hierzu notwendige Unterstützung zu leisten.

Die vielfältige Arbeit der Treuhandanstalt ließ sich auf den Nenner bringen, Wissen und Engagement, Kapital und modernste Technik – und von allem so viel wie möglich – für die Menschen in den neuen Bundesländern einzusetzen, für den Neuaufbau zwischen Elbe und Oder, zwischen Ostsee und Erzgebirge. In diesem Sinne waren in der Zentrale und in den Niederlassungen der Treuhand inzwischen Fachleute aus ganz Deutschland sowie aus vielen anderen Ländern an der Arbeit.

Für private Investoren waren besonders günstige Förderbedingungen geschaffen worden. Das Entstehen privater Unternehmen in den neuen Ländern war von entscheidender Bedeutung. Die öffentlichen Förderprogramme hatten eine beeindruckende Gründungswelle in Gang gesetzt. Die Zahl der Gewerbeanmeldungen erreichte seit Anfang 1990 eine halbe Million.

Eine der schlimmsten Hinterlassenschaften des SED-Regimes war die Vernichtung des Mittelstands. Einen neuen Mittelstand zu schaffen war deshalb eines unserer vordringlichsten Ziele. Es ging uns vor allem darum, für die Menschen aus Ostdeutschland die Voraussetzungen zu verbessern, einen eigenen Betrieb aufzubauen.

Die Umstrukturierungen in den neuen Bundesländern brachten für viele Menschen große persönliche Belastungen, ja auch Härten mit sich. Viele Familien blickten mit Sorge in die Zukunft. Diese Mitbürger brauchten unser aller Verständnis und unsere Unterstützung. Niemand half ihnen, indem er sie entmutigte.

Ich war mir bewusst, wie sehr der Verlust des Arbeitsplatzes, und sei er auch nur vorübergehend, das Leben jedes Betroffenen veränderte. Ein Schwerpunkt unserer Maßnahmen lag deshalb auf der Arbeitsmarktpolitik. Vor allem waren jedoch zukunftsträchtige Investitionen eine wichtige Voraussetzung dafür, dass neue, wettbewerbsfähige Arbeitsplätze entstehen konnten. Deshalb war es unser besonderes Anliegen, die neuen Länder als Produktionsstandort noch attraktiver zu machen.

Eine der größten Schwierigkeiten für den Aufbau in den neuen Bundesländern war erst nach dem 3. Oktober 1990 entstanden: Wirtschaftliche Leistungsfähigkeit und Löhne waren in den fünf neuen Ländern seither weit auseinandergelaufen. Die dadurch entstandene Situation barg bei allem Verständnis für den Wunsch nach rascher Lohnangleichung eine erhebliche Gefahr für viele Arbeitsplätze. Es war deshalb notwendig, dass die Tarifpartner zu gemeinsamen, maßgeschneiderten Regelungen kamen, die insbesondere der Lage gefährdeter Betriebe Rechnung trugen. Sicherheit und Zukunft von Arbeitsplätzen mussten Maßstab des Handelns der Tarifpartner sein.

Genauso wichtig war unser gemeinsamer Einsatz für genügend Lehrstellen. 1992 konnten wir davon ausgehen, dass auch in diesem Ausbildungsjahr praktisch allen Bewerbern aus den neuen Bundesländern eine Lehrstelle angeboten werden konnte.

Wir konnten die innere Einheit nur vollenden, wenn wir den begonnenen Prozess mit Vernunft, Ausdauer und Konsequenz gemeinsam voranbrachten und über alle Unterschiede in Einzelfragen hinweg zu einem engeren Dialog zwischen den Beteiligten kamen. Ich lud daher Vertreter der Bundesländer und der kommunalen Spitzenverbände, Repräsentanten von Wirtschaft und Gewerkschaften sowie die Führungen der Koalitionsparteien und der Opposition ein, um einen Solidarpakt für Deutschland herbeizuführen. Ziel musste es sein, gemeinsam konkrete Lösungen für die anstehenden zentralen Herausforderungen zu erarbeiten. Alle Beteiligten waren aufgefordert, hierzu ihren Beitrag zu leisten.

*

Netto verdienten die westdeutschen Arbeitnehmer im September 1992 im Durchschnitt 32 Prozent mehr als 1982. Real – also nach Abzug des Preisanstiegs – blieb noch ein Plus von 10 Prozent. »Nie waren die Bundesbürger wohlhabender als heute«, schrieb das Institut der deutschen Wirtschaft (IW). Ende 1991 verfügten die westdeutschen Haushalte über ein Geldvermögen von durchschnittlich 106 000 DM. Das war fast doppelt soviel wie 1982. In Ostdeutschland hatte das Geldvermögen pro Haushalt Ende 1991 immerhin noch 25 000 DM betragen. Von sozialem Notstand oder einer drohenden »Zweidrittelgesellschaft« könne daher keine Rede sein, meinte das IW. Der Anteil der als »arm« oder »armutsnah« geltenden Bundesbürger, die weniger als 60 Prozent des durchschnittlichen Einkommens erzielten, sei seit Mitte der achtziger Jahre gesunken und liege bei weniger als 19 Prozent. Die Zahl der Sozialhilfeempfänger habe zwar zugenommen, wesentlicher Grund dafür sei aber die große Zahl von Zuwanderern und Asylbewerbern.

Diese Zahlen sind nur eine kleine Momentaufnahme, und doch halte ich sie für aussagekräftiger als so manchen Streit darüber, was alles angeblich oder tatsächlich im Prozess der deutschen Vereinigung falsch gemacht worden sei.

*

Am 1. Oktober 1992 konnte die CDU einen Jahrestag besonderer Art begehen: zehn Jahre Regierung Helmut Kohl, zehn Jahre harte Arbeit für Deutschland. Die Bilanz dieser Jahre war für die CDU Anlass zu einer Festveranstaltung mit dreitausend Gästen aus allen Schichten der Bevölkerung in Bonn.

Dabei war mir zum Feiern eigentlich nicht zumute. Schon im Ansatz stoppte ich Überlegungen, meinen 10. Jahrestag als Regierungschef mit Pomp zu begehen. Eine Festveranstaltung mit den Parteifreunden und ein Abendessen im Kreis engster Mitarbeiter sollten genügen, um am 1. Oktober nüchtern Rückschau auf zehn Jahre CDU/CSU/FDP-Koalition unter meiner Führung zu halten.

Ein Publikumsliebling war ich in diesen zehn Jahren nie gewesen. Mit Ausnahme der Monate der deutschen Einheit, als mir weit über die eigenen Parteigrenzen hinweg Sympathien entgegenschlugen, schieden sich an mir die Geister. Noch nie wurde ein Kanzler so oft politisch am Ende gesehen und beschrieben. Selten lagen bei einem Bonner Spitzenpolitiker Höhen und Tiefen immer wieder so nah beieinander wie bei mir.

In diesen Tagen und Wochen wurde viel über zehn Jahre Regierungsverantwortung geschrieben und gesprochen. Manches davon war richtig und tat mir auch gut. Natürlich gab es gleichfalls kritische Worte. Auch davon war manches berechtigt, wie sollte es anders sein. Ich empfand in diesen Tagen zuallererst viel Dankbarkeit. Dankbarkeit für Freundschaft und Unterstützung, für Kameradschaft und Gemeinsamkeit in einer schwierigen Zeit. Einmal mehr wurde mir bewusst, wie sehr ich in dieser Union beheimatet war, wie sehr sie durch Jahrzehnte hindurch für mich und die allermeisten von uns ein Stück Heimat geworden war. So verstanden ist eine Partei eben mehr als ein Interessenverband; sie ist politische Heimat im Auf und Ab des politischen Alltags.

Ich war nunmehr im zwanzigsten Jahr Vorsitzender der CDU. Vielleicht besser als viele andere wusste ich, was Niederlagen bedeuteten, und ich kannte auch schwankende Stimmungen. Aber etwas anderes wusste ich auch: Es war eine großartige politische

Gemeinschaft. Wenn es darauf ankam, handelten wir entschlossen und hatten damit gemeinsam Erfolg. Ich war stolz darauf, in dieser Partei meine Pflicht tun zu dürfen.

Am 10. Jahrestag wurde viel Rühmendes über mich gesagt. Darauf möchte ich nicht eingehen. Was die Geschichte über die politischen Leistungen eines Mannes oder einer Frau sagen wird, soll man künftigen Historikern überlassen.

Ich hatte in diesen Jahren und Jahrzehnten gelernt, dass in einem solchen Amt trotz all dem, was protokollarisch um einen herum geschieht, Demut vor der Geschichte angemessen ist. Wir hatten vieles erreicht, und ich konnte mit meinen eigenen Mitteln und Möglichkeiten einiges dazu beitragen. Unvergessliche Stunden waren darunter. Die Begegnung mit François Mitterrand im Herbst 1984 in Verdun gehörte dazu. Mitterrand und ich gingen nach Verdun, weil ich oft mit ihm über den Krieg gesprochen hatte und weil er im Juni 1940 als junger Sergeant der französischen Armee dort verwundet worden und in Gefangenschaft geraten war.

Deutsch-französische Freundschaft ist keine Sache der Regierungen. Wenn beim Referendum am 22. September 1992 die ältere Generation in Frankreich überzeugend für den Vertrag von Maastricht stimmte – jene Menschen also, die den Krieg selbst erlebt hatten –, dann war das eine hervorragende Bestätigung unserer These, dass wir auf dem gemeinsamen Weg in das Europa der Zukunft die Lehre aus einer schlimmen Vergangenheit gezogen hatten.

Natürlich erinnere ich mich besonders gerne an die Stunden vor der Dresdner Frauenkirche am 19. Dezember 1989, wo sich über hunderttausend jubelnde Menschen versammelt hatten. Die Ereignisse kamen damals über mich wie ein Orkan. Niemand hatte das so voraussehen können, und es war auch nichts geplant, selbst wenn mancher dies später behauptete.

Fest eingeschrieben in meine Erinnerung ist auch der 15. Juli 1990. Das waren Stunden im Kaukasus, in denen beinahe schicksalhaft alles zueinander passte und historische Entwicklungen zusammenflossen.

Ich werde oft gefragt: »Welches sind Ihre Visionen?«, und in unserer Medienlandschaft soll man ja möglichst jede Woche eine neue Vision haben. Ich war in dieser Frage immer erzkonservativ. Meine Vision war und blieb: die deutsche Einheit – die wir erreicht hatten; die innere Einheit des Vaterlandes; die europäische Einigung.

Nach zehnjähriger Kanzlerschaft 1992 hatten wir noch viel zu tun. Die deutsche Einheit war nicht nur eine Frage der wirtschaftlichen und sozialen Verhältnisse, obwohl es alle Kraft einzusetzen galt, um den Menschen in den neuen Bundesländern in ihrer wirtschaftlichen und sozialen Situation zu helfen, um ihnen Hilfe zur Selbsthilfe zu geben und um sie zu ermutigen. Was immer andere auch sagten: Wir würden es schaffen! Daran hatte ich keinen Zweifel.

Die andere bedeutende Frage war: ob uns die Öffnung der Herzen gelang, ob wir die Fähigkeit hatten, miteinander zu sprechen, zuzuhören, nicht mit Vorwürfen und Gegenvorwürfen zu reagieren, sondern ganz einfach zu sagen: Dies ist unser gemeinsames Vaterland. Was wir brauchten, war eigentlich ganz einfach. Wir mussten aufeinander zugehen, aufeinander hören und dann die Ärmel hochkrempeln und miteinander das gestalten, was uns jetzt wiedergegeben war, die Einheit unseres Vaterlandes. Aber dazu gehörte gleichermaßen auch: Wenn wir dabei die Einigung Europas vergaßen, versagten wir vor der Geschichte. Wer glaubte, dass die Deutschen oder die Franzosen oder die Briten allein den Weg in die Zukunft gestalten konnten, der verstand nichts von Geschichte. Er hatte keine Ahnung von der Herausforderung, vor der wir gemeinsam standen.

Natürlich hatten wir Fehler gemacht, ich auch. An manchen Tagen musste ich wie am Fließband entscheiden, an andern Tagen konnten wir abwarten. Wenn da manche sagten: »Der sitzt das aus«, nun gut, dann sollten sie es eben glauben. Jetzt ging es darum, die nächsten acht Jahre bis zum Jahr 2000 richtig zu nutzen. Und das hatte nichts mit einer kommenden Amtszeit Kohl zu tun. Dazu hatte ich meine eigenen Vorstellungen, die ich zu einem späteren Zeitpunkt, nach der Bundestagswahl 1994, kundtun würde.

Die nächsten acht Jahre bis zum Jahr 2000 mussten wir vor allem auch für die Einigung Europas nutzen. Wenn mich etwas bewegte, dann war es die Kenntnis von der Geschichte dieses Jahrhunderts, von der Zeit vor dem Ersten Weltkrieg bis heute.

Ich möchte es noch einmal unterstreichen: Wir brauchten die Fähigkeit, aufeinander zu hören, aufeinander zuzugehen, nicht übereinander, sondern miteinander zu sprechen. Und vor allem brauchten wir den Glauben an die Zukunft unseres Landes. Dieses Deutschland war nicht im »Abdriften« begriffen, was immer auch geschah an Inakzeptablem – hier Fremdenfeindlichkeit, dort Spuren von Antisemitismus, alles völlig inakzeptabel und eine Schande für unser Land.

Aber das war doch nicht Deutschland. Das Deutschland, von dem ich spreche, das waren die vielen Millionen, die ihre Pflicht tun am Arbeitsplatz und in allen nur denkbaren Bereichen; auch jene Frauen und Mütter, die zu Hause sind und sich um ihre Kinder kümmern, dafür Sorge tragen, dass diese Kinder gut gerüstet in eine gute Zukunft wachsen; oder die Soldaten der Bundeswehr; oder die Polizeibeamten, die einen besonders schwierigen Dienst zu leisten haben.

Wo gab es schon einmal in der Geschichte ein Zusammenwachsen zweier Armeen, die aufs feindlichste einander gegenübergestanden waren und die völlig problemlos in weniger als zwei Jahren zusammenwuchsen – ohne Getöse, ohne Schwierigkeiten? Als noch ganz junger Mensch hatte ich die großartige Generation der Männer und Frauen erlebt, die unsere eigene Partei gründeten – aber ebenso die SPD und FDP; die aus den Konzentrationslagern, aus den Gefängnissen kamen und nicht zum Psychiater liefen und fragten, wer hilft uns, wer kann uns analysieren, sondern die die Ärmel hochkrempelten und sagten: »Wir stehen am Abgrund, aber wir schaffen das, wir bauen das neue Deutschland«, und sie schufen es. Dies vor Augen, fragte ich mich wirklich, warum wir uns jetzt eine schlechte Stimmung einreden ließen.

Wir hatten Probleme, natürlich. Ich gehörte zu denen, die gewissermaßen die Probleme wollten, denn ich wollte die deutsche Einheit. Wir konnten diese Probleme lösen, und wenn mein Beitrag während dieser zehn Jahre unter anderem auch darin bestanden haben sollte, dass ich etwas von diesem Lebensmut und diesem Glauben an die Zukunft unseres Landes weitergeben konnte, wäre ich sehr glücklich.

24.
Respekt

Obwohl ich über den tatsächlichen Gesundheitszustand Willy Brandts besser informiert war als manch führender Sozialdemokrat, empfand ich es gleichwohl als einen Schock, als ich am 8. Oktober 1992 von seinem plötzlichen Ableben erfuhr. Seine Frau Brigitte Seebacher-Brandt rief an, um mich vorab zu informieren. Es war nämlich der Wunsch des großen Sozialdemokraten, dass das Kanzleramt seinen Tod bekanntgab. Willy Brandt hatte mich auch gebeten, Vorbereitung und Durchführung des Staatsakts nach seinen detaillierten Vorschlägen zu realisieren. Das konnten die führenden Köpfe der SPD nicht verstehen, geschweige denn akzeptieren. Doch ihnen blieb nichts anderes übrig, als hinzunehmen, was dem Wunsch und Willen des todkranken Brandt entsprach.

Ich hatte Willy Brandt erst sehr spät persönlich kennengelernt und traf ihn als Regierenden Bürgermeister von Berlin gelegentlich bei offiziellen Begegnungen, insbesondere dann, wenn wir mit der CDU/CSU-Fraktionsvorsitzendenkonferenz der Landtagsfraktionen und der Bundestagsfraktion in Berlin tagten.

Bei dieser Gelegenheit gab ich als rheinland-pfälzischer Ministerpräsident meist einen Empfang. Und dabei begegnete ich Willy Brandt.

Nachhaltiger und aus der Nähe erlebte ich ihn dann, als er Außenminister in der Großen Koalition unter Bundeskanzler Kurt Georg Kiesinger wurde. Mit Kiesinger war ich lange Zeit eng verbunden und erfuhr von ihm bei häufigen Wanderungen von den Problemen des Regierungsbündnisses mit den Sozialdemokraten, an deren Spitze Willy Brandt stand. Mit dem Bundesaußenminister Brandt hatten wir gelegentlich unter landespolitischen Gesichtspunkten Fragen zu erörtern.

Eines war bei Willy Brandt immer sehr auffällig, was auch für die spätere Zeit galt und ansonsten überhaupt nicht dem Stil deutscher Politik entsprach: Er war ein ausgesprochen höflicher Mensch. Wenn man zu ihm kam, machte man diese sehr eindrucksvolle Erfahrung. Die höfliche Art hatte er übrigens mit Herbert Wehner gemeinsam, von dem man das nie vermutet hätte. Bei allen Auseinandersetzungen in der Politik war Brandt im persönlichen Umgang ein Mann von einer ungemein freundlichen und zuvorkommenden Art.

1969 wurde Willy Brandt Bundeskanzler. Als rheinland-pfälzischer Ministerpräsident hatte ich nun häufiger mit Brandt zu tun. Anfänglich waren die Fachgespräche keineswegs besonders intensiv. Nachdem ich 1973 zum Parteivorsitzenden der CDU gewählt worden war, stellte ich mich nach altem Brauch bei ihm vor. Als der neue Mann an der Spitze der CDU begegnete ich dem SPD-Parteivorsitzenden auf Augenhöhe. Das war noch im alten Kanzleramt. Ab dieser Zeit hatten wir einen ganz normalen Kontakt miteinander, der frei war von Gehässigkeiten. Ich war der junge Parteivorsitzende und Ministerpräsident, und er war der berühmte Willy Brandt, SPD-Vorsitzender und Bundeskanzler. Unser Kontakt basierte auch darauf, dass er der SPD-Kanzlerkandidat 1976 werden und ich mit einer gewissen Wahrscheinlichkeit sein Herausforderer von Unionsseite sein würde. Das berührte unser Verhältnis zwar, hatte aber keine wirkliche Auswirkung, weil die Zeit bis zu den Wahlauseinandersetzungen 1976 noch weit entfernt war. Wir konnten gut miteinander reden, und es war angenehm, mit ihm Sachfragen zu erörtern.

Ich beobachtete damals auch Willy Brandts Verhältnis zu Bundesfinanzminister Alex Möller und sein Verhältnis zu Verteidigungsminister Helmut Schmidt, mit dem er kaum politische und persönliche Berührungspunkte teilte. Aus der Nähe versuchte ich auch zu begreifen, wie sich die Beziehung zwischen Willy Brandt und Herbert Wehner entwickelte. Vor beiden hatte ich großen Respekt.

Im einen oder anderen Fall suchte ich das direkte Gespräch mit Willy Brandt. Die denkwürdigste Erfahrung mit ihm machte ich während der Kampagne gegen die Reform des Abtreibungsparagraphen 218. »Mein Bauch gehört mir« war damals der zentrale Slogan, mit dem für die Freigabe von Abtreibungen Stimmung gemacht wurde. Ich empfand es als unerträglich, dass dauernd Frauen öffentlich erklärten, sie hätten abgetrieben. In dieser Situation machte ich mich ins Kanzleramt auf und sagte Willy Brandt, wie sehr mich die innerparteiliche Auseinandersetzung, aber vor allem die emotional aufgeputschte Kampagne störte. Ob wir zwei Parteiführer nicht zu einer Art Agreement kommen könnten, fragte ich ihn, damit die Diskussion über diese Frage nicht immer im Verdacht der parteipolitischen Profilierung stünde. Er sei ganz und gar meiner Meinung, sagte er, aber ich hätte in dieser Frage in meiner eigenen Partei größeren Einfluss als er in seiner. Es bliebe ihm im Prinzip gar kein Einfluss auf die Frauengruppe in der SPD. Wir diskutierten weiter, weil ich das nicht glauben konnte. Dann sagte er plötzlich: »Haben Sie eigentlich einmal darüber nachgedacht, was passiert wäre, wenn meine Mutter abgetrieben hätte? Dann hätte es mich gar nicht gegeben.« Diese Äußerung machte auf mich einen nachhaltigen Eindruck. Dieses vertrauliche Gespräch änderte fortan mein Verhältnis zu Willy Brandt.

Die Umstände seines Sturzes als Kanzler fand ich unsäglich. Die Art und Weise, wie mit ihm umgegangen wurde, empfand ich als äußerst unwürdig, ja ganz schrecklich. Er zog sich dann aus der deutschen Politik zurück. Wann immer wir uns begegneten, sprachen wir ausführlich miteinander und tranken nicht selten ein Glas Wein zusammen.

Als sich dann die deutsche Einheit abzeichnete, war er einer der ganz wenigen Sozialdemokraten, die die Zeichen der Zeit erkannt hatten. »Es wächst zusammen, was zusammengehört«, ein Satz, der unvergessen bleibt. Auch für ihn ging mit der Vollendung der deutschen Einheit ein Traum in Erfüllung.

Nachdem ich 1982 Bundeskanzler geworden war, pflegten wir uns regelmäßig zu treffen. Er besuchte mich im Kanzleramt, und wir besprachen ganz offen miteinander die aktuellen Themen, wobei er sich hochengagiert nach wie vor für die Dritte Welt einsetzte. Neben der Europapolitik lag ihm dieses Thema besonders am Herzen. So entwickelte sich in den Jahren meiner Kanzlerschaft eine gute Beziehung zu Willy Brandt mit einem freundschaftlichen Grundton.

Gelegentlich hatte er Wünsche, die ich ihm, wo immer möglich, auch erfüllte. Ich werde nie vergessen, wie sehr er sich um die Sicherheit von Hans-Jürgen Wischnewski sorgte, als dieser seine Sicherheitsbeamten verlieren sollte, obwohl er nicht zuletzt aus den Jahren der RAF-Bedrohung gefährdet war. Ich unterstützte Brandt in dieser Frage voll und ganz, und so blieb es beim Personenschutz für den prominenten Sozialdemokraten.

Willy Brandt war von seiner Krankheit schon schwer gezeichnet, als er mich ein letztes Mal im Kanzleramt besuchte. Es mag etwa drei Monate vor seinem Tod gewesen sein. Auch diesmal unterhielten wir uns über die Probleme in den neuen Bundesländern, über Arbeitsplatzverlust und die damit verbundenen psychischen Probleme. Wir erörterten die Rolle der Treuhand und ihre unvermeidliche Tätigkeit als Sanierungsbehörde mit all ihren auch negativen Folgen. In der Einschätzung, dass es keine Alternative gab, als es galt, die deutsche Einheit mit den innen- wie außenpolitischen Konsequenzen zu bewerkstelligen, stimmten wir überein. Es tat gut, vom Ehrenvorsitzenden der Sozialdemokraten bescheinigt zu bekommen, dass er an meiner Stelle genauso gehandelt hätte, und zu hören, wie offen er seine Genossen, allen voran seinen damaligen Hoffnungsträger Oskar Lafontaine, des politischen Versagens bezichtigte.

Schon vor meinem Sommerurlaub 1992 hatte ich Brigitte Seebacher-Brandt wissen lassen, dass ich Willy Brandt gern besuchen wollte. Und so geschah es: Am 27. August meldete ich mich an, und schon am folgenden Tag besuchte ich ihn. Als ich bei ihm zu Hause ankam, war ich überaus erstaunt. Der seit langem todkranke Patient war vollständig angezogen und begrüßte mich auf das herzlichste. Ich fragte ihn, warum er aufgestanden sei und sich derart quälte. Seine Antwort lautete: »Wenn mein Bundeskanzler kommt, bleibe ich nicht im Bett liegen.«

Es entwickelte sich dann ein schwieriges, sehr bewegendes Gespräch. Er spürte seinen nahenden Tod und sprach die ganze Zeit vom Sterben. Von diesem Punkt aus rekapitulierte er noch einmal sein ganzes Leben. Und das alles in fragender Form. So nah wie in diesen Augenblicken waren wir uns noch nie gewesen. Am Ende dieser Begegnung mit dem sterbenden Altkanzler erteilte er zu meiner Verblüffung Aufträge hinsichtlich der Einzelheiten der Trauerfeier. Er bat mich, den spanischen Ministerpräsidenten Felipe Gonzáles mit der Trauerrede beim Staatsakt zu beauftragen. Gonzáles galt damals als sein »Lieblingssohn«.

Bei der Verabschiedung sagte ich zu Brigitte Seebacher-Brandt: »Rufen Sie Juliane Weber an und lassen Sie sich all meine Rufnummern geben. Ich bin für Sie immer da und immer erreichbar.«

Als Willy Brandt am 8. Oktober verstorben war, befand sich das Kanzleramt plötzlich in der schwierigen Lage, sein Ableben bekanntgeben zu müssen. Die Verärgerung bei der SPD-Spitze – und vermutlich auch bei den übrigen Genossen – war deutlich zu spüren. Auf den ersten Blick schien es so, als hätte ich mich in die inneren Angelegenheiten der deutschen Sozialdemokratie einmischen wollen.

In diesen Tagen meldete sich auch der französische Präsident François Mitterrand am Telefon. Sein beleidigter Tonfall war unüberhörbar. Ich unterbrach ihn gleich und sagte ihm, dass ich völlig unschuldig sei und nur Brandts letzten Willen erfüllt hätte.

Bekanntlich war Brandt Vorsitzender der Sozialistischen Internationale, und Vorsitzender der europäischen Sozialisten war Mitterrands Premierminister Pierre Mauroy. Mitterrand ärgerte sich nicht nur wegen der verspäteten Information über die Todesnachricht. Noch erboster war er, weil er beim Staatsakt nicht die Rede halten sollte. Wiederholt beteuerte ich, dass das alles dem letzten Willen von Willy Brandt entspreche und ich lediglich der Vollstrecker seiner Wünsche sei.

Ärgerlich war schließlich das Verhalten des amtierenden Bundespräsidenten Richard von Weizsäcker, dem es oblag, den Staatsakt für Willy Brandt anzuordnen. Weizsäcker glaubte, auf eine militärische Ehrung durch die Bundeswehr verzichten zu sollen, weil er es im Falle Willy Brandts nicht passend fand, dass Soldaten in Erscheinung traten. Es bedurfte einiger Erklärungen meinerseits, damit der Staatsakt für den verstorbenen Altkanzler doch noch mit militärischen Ehren umrahmt wurde. Schließlich war auch dies der ausdrückliche Wunsch des todkranken Mannes, den er bei unserer letzten Begegnung geäußert hatte.

*

Der Staatsakt im Berliner Reichstag verlief in würdigem Rahmen: mit Reden des Bundespräsidenten, der Bundestagspräsidentin, des SPD-Vorsitzenden Björn Engholm, des spanischen Ministerpräsidenten und des Regierenden Bürgermeisters von Berlin. Unvergesslich bleiben insbesondere die Abschiedsworte von Felipe Gonzáles: »Adios, amigo Willy.«

Das Berliner Philharmonische Orchester unter Claudio Abbado intonierte Franz Schuberts Symphonie Nr. 7 h-Moll, »die Unvollendete«. In meiner Würdigung verwies ich auf die außergewöhnliche Persönlichkeit, die die Geschichte der Bundesrepublik nachhaltig mit geprägt und viel zum Ansehen Deutschlands in der Welt beigetragen hatte. Es war der ausdrückliche Wunsch Willy Brandts, in Berlin seine letzte Ruhe zu finden – nach einem bewegten Leben voller dramatischer Höhepunkte, aber auch Niederlagen.

Willy Brandts politisches Wirken war geprägt von den Erfahrungen mit zwei totalitären Diktaturen auf deutschem Boden. Diese Erfahrungen waren für ihn Verpflichtung, seine Kraft in den Dienst von Frieden und Freiheit zu stellen. In diesem Geiste war Willy Brandt stets deutscher Patriot, Europäer und Weltbürger zugleich. So verstand er sich im Kampf gegen die nationalsozialistische Gewaltherrschaft, und so verstand er sich im Kampf gegen das kommunistische Regime als Regierender Bürgermeister im geteilten Berlin.

Als Vorsitzender der SPD scheute Willy Brandt nicht die leidenschaftliche politische Auseinandersetzung. Er konnte Menschen begeistern, er konnte aber auch polarisieren. Das galt insbesondere für seine Politik der Öffnung nach Osten. Sein Ziel war es, die Interessen des damals geteilten Deutschlands im weltweiten Entspannungsprozess zur Geltung zu bringen.

Die Verleihung des Friedensnobelpreises im Jahr 1971 war auch Ausdruck des hohen Ansehens, das er als Bundeskanzler für das demokratische Deutschland erworben hatte. Die außergewöhnliche Wertschätzung, die Willy Brandt weltweit genoss, beruhte aber auch auf seinem engagierten Eintreten für einen Ausgleich zwischen Nord und Süd. Er hatte sehr früh erkannt, dass dies – neben der Überwindung des Ost-West-Konflikts – eine Schicksalsfrage unserer Zeit war.

Willy Brandt hatte nicht nur in seinen Staatsämtern Politik und politische Kultur in Deutschland mitgestaltet. Sein Wort hatte über Parteigrenzen hinaus Gewicht. Mit seiner Lebenserfahrung und seiner Weisheit trug er viel zur Versöhnung der Deutschen mit ihrer Geschichte bei.

Ich selbst verdankte ihm – vor allem in den letzten Jahren vor seinem Tod – klugen Rat. Bei der Wiederherstellung der staatlichen Einheit Deutschlands konnte ich auf seine Unterstützung zählen. Schon vor dem Fall der Berliner Mauer hatte er erkannt, dass sich die Chance zur Überwindung der Spaltung Deutschlands und Europas bieten und dass sich die Sehnsucht aller Deutschen nach Freiheit und Einheit erfüllen würde.

Seine Worte als Alterspräsident des ersten frei gewählten gesamtdeutschen Bundestags bleiben unvergessen und sind uns Vermächtnis: »Wir haben die Einheit Deutschlands im Innern zu vollenden, die Einigung Europas voranzubringen und unserer gewachsenen Mitverantwortung in der Welt gerecht zu werden.«

*

Am 22. Oktober erreichte mich ein Brief von Brigitte Seebacher-Brandt:

»[…] ich habe Ihnen vielfach Dank zu sagen – für die Rede, die Sie im Reichstag gehalten, die Form, die Sie dem Trauerakt gegeben, den Rückhalt, den Sie mir gewährt haben (und um den mein Mann wusste). Das Einvernehmen zwischen uns hat mir viel bedeutet. Die Art, in der sich das Land – das hier so vielfältig geeinte Land – an jenem Tage darbot, mag eine Erfüllung dieses Lebens gewesen sein.«

25.
Düsseldorf

An der Lebensleistung Willy Brandts lässt sich gut ablesen, wie sehr das Schicksal einer Nation, auch das der Deutschen, in der Außen- und Sicherheitspolitik entschieden wird. Alles andere, so wichtig es ist, muss als nachgeordnet bewertet werden. Ohne Frieden und ohne Freiheit ist alles andere im politischen Leben eines Volkes zweitrangig.

Allmählich dämmerte es auch in unserer Bevölkerung, dass deutsche Einheit und Wiedervereinigung eine gleichwertige Partnerschaft in der internationalen Politik erforderten, mehr außenpolitische Mitverantwortung. Doch bis zu diesem Ziel war es, auch psychologisch betrachtet, noch ein steiniger Weg. Finanz- und Haushaltspolitik, Steuern und Abgaben, Gesundheits- und Rentenpolitik, innere Sicherheit und Asylproblematik und vor allem die Arbeitsmarktpolitik bestimmten die Tagesordnung in unseren Gremien, von der Bundestagsfraktion bis zum CDU-Präsidium und Parteivorstand.

Für unseren 3. ordentlichen Bundesparteitag Mitte Oktober 1992 in Düsseldorf hatten wir ganz bewusst die Europapolitik als Schwerpunkt gesetzt. Hinzu kamen die parteiinternen Wahlen.

Wir hatten Träume verwirklicht und steckten gleichzeitig in Schwierigkeiten – das galt nicht nur für unsere Politik, es traf auch auf unsere Partei zu. Unsere Partei hatte immer zweierlei ausgezeichnet: klarer Kurs, Standvermögen im Grundsätzlichen sowie Durchsetzungsvermögen auch in schwierigen Zeiten. Wir waren wieder eine einheitliche große Volkspartei, wir bestimmten die Richtung des inneren Zusammenwachsens unseres Vaterlandes. Wir waren die Partei, die neue Herausforderungen beherzt anging, auf uns richteten sich die Erwartungen der Menschen. Aber wahr ist auch: Wir waren manchmal eine Partei, die allzu leicht vom Stimmungshoch ins Stimmungstief fiel. Und natürlich traf es auch uns, wenn die Parteien in ihren jeweiligen Hochburgen und Stammlanden an Boden verloren, wenn traditionelle Bindungen schwächer wurden. Der Weg führte nicht mehr fast selbstverständlich vom christlichen Jugendverband zur Union. Die Individualisierung der Lebensverhältnisse in der Gesellschaft machte vor politischen Einstellungen nicht halt. Die Lockerung von Bindungen traf alle Volksparteien. Und nicht nur sie, auch die Gewerkschaften, die Kirchen und andere wichtige Institutionen. Aber von hoher Stelle mitgesungen und von Teilen der Medien verstärkt, erklang am lautesten das Lied von der Krise der Parteien, besonders der Volksparteien: in der ersten Strophe über Machtgier und Populismus und in der zweiten über mangelnde Führungskraft und selbstherrliches Überhören von Volkes Stimme.

Wer sich in dieser Sache besonders profilieren zu müssen glaubte, war der amtierende Bundespräsident mit seiner ungewöhnlich harten Kritik an Parteien und Politikern. In einem kaum erhellenden und schon gar nicht brisanten Interviewbuch warf Richard von Weizsäcker der Politikerschicht vor, sie nehme hinsichtlich der Festlegung der politischen Richtlinien nicht die ihnen zufallende Aufgabe wahr. Der Parteienstaat sei »machtversessen auf den Wahlsieg« und zugleich »machtvergessen bei der Wahrnehmung der inhaltlichen und konzeptionellen politischen Führungsaufgaben«. Es sei notwendig, den Einfluss, die Rechte und die Pflichten der politischen Parteien, die laut Artikel 21 des Grundgesetzes an der Willensbildung des Volkes mitwirken, neu zu definieren. In zu vielen Fällen neigten die Parteien dazu, ihren eigenen Zielen Vorrang vor objektiven Problemlösungen einzuräumen. Hierdurch komme es zu einer bedenklichen Distanz zwischen Parteien und Bürgern.

Was für eine Anklage aus dem Mund eines Mannes, der niemals in das höchste Staatsamt gekommen wäre, wenn die Unionsparteien in ihrer »Machtversessenheit« nicht Wahlen gewonnen hätten, um mit ihrer Stimmenmehrheit in der Bundesversammlung Richard von Weizsäcker zum Bundespräsidenten zu wählen!

Wir in den Parteien hatten allen Grund, uns gegen ungerechtfertigte Kritik und auch gegen Diffamierungen selbstbewusst zu wehren. Die Mitglieder des Parlamentarischen Rates hatten sich bewusst von der unseligen Tradition der Parteienverachtung abgewandt. Sie wussten, dass starke Parteien eine wichtige Voraussetzung für demokratische Stabilität sind.

Die meisten der zweieinhalb Millionen Menschen in Deutschland, die 1992 einer demokratischen Partei angehörten, waren bereit, Verantwortung zu übernehmen. Aus Überzeugung opferten sie Geld und Freizeit im Interesse des Gemeinwohls. Viel zu selten wurde ihnen dafür gedankt. Insbesondere dann, wenn radikale Parteien am linken und rechten Rand des politischen Spektrums wieder aus ihren Löchern krochen, galt es, die Bürger zur Mitarbeit in den demokratischen Parteien zu ermuntern. Denn auch als Minderheit können Extremisten demokratische Mehrheitsbildungen in den Parteien blockieren – und damit Weichenstellungen für die Zukunft verhindern.

Der Umbruch in unserer Gesellschaft barg aber nicht nur Risiken. Er bot gleichzeitig gute Chancen, neue Mehrheiten zu gewinnen. Das forderte unseren Kampfgeist überall dort heraus, wo wir in besonderer Weise beheimatet waren. Es gab uns neue Chancen dort, wo wir einen eher schweren Stand hatten.

Wir durften nicht vergessen: Die Erfolge der vergangenen Jahrzehnte hatten wir deshalb erreicht, weil es gelungen war, unsere Politik in breiten Wählerschichten zu verankern. Der Wandel in der Gesellschaft war dabei unser Verbündeter, weil wir unseren Grundsätzen treu geblieben waren und dem Aufbruch Ziele setzen konnten. Dazu musste die Partei wach und lebendig bleiben. Auch hier konnte die Union mit einigem Recht für sich in Anspruch nehmen: Wir waren weiter als andere. Es war ja nicht wahr, dass diese Diskussion neu wäre. Sie war in unserer Partei zu Hause. Sie wurde von denen gestaltet, die in erster Linie dazu berufen waren: den Freunden, die vor Ort unsere Partei und unsere Politik vertraten.

Organisatorische Veränderungen der politischen Arbeit in der CDU waren wichtig. Die Partei vergeudete in der täglichen Praxis zu viel Zeit und Energie damit, sich in Vorständen, Arbeitskreisen und Parteiversammlungen mit sich selbst zu beschäftigen. Es galt, Akzente zu verschieben: von der Gremien-Partei zur Bürger-Partei. Wir durften uns nicht abschotten von den Sorgen und Nöten der Bürger. Für uns durfte es kein »Die da oben – wir hier unten« geben. Wir konnten in Land und Bund auf Dauer nur dann stark und erfolgreich sein, wenn wir auch in den Städten und Gemeinden stark und erfolgreich waren. Die Bürger sahen uns als Ganzes, und sie hatten recht damit.

In den neuen Bundesländern hatten wir 1992 mehr als siebentausend Mandatsträger und stellten die überwiegende Zahl der Bürgermeister und Landräte. Das war eine große Chance für uns alle. Es musste vor allem ein Ansporn sein, dass wir im Westen die Rathäuser zurückeroberten. Wir hatten allen Grund, mit Selbstbewusstsein an die notwendige Überprüfung unserer Arbeit heranzugehen. Wir waren eine junge Partei. Wir waren und sind eine moderne Partei.

Die Gründung der Union war ein revolutionärer Vorgang für die politische Landschaft in Deutschland – eine eindeutige Absage an die Klassenpartei, an die Klientelpartei. Die CDU ist als Bürger- oder Volkspartei entstanden und groß geworden. Der Aufbau der Demokratie in den westlichen und jetzt auch in den neuen Bundesländern war eng mit ihr verbunden. Als Volkspartei hatten wir allen Grund, auch den Umbruch der neunziger Jahre mit Zuversicht zu gestalten.

Das CDU-Grundsatzprogramm, das aus der Zeit der deutschen Teilung stammte, musste dringend fortgeschrieben werden, um den Menschen unsere Antworten auf die großen Fragen der Zukunft anzubieten. Die Wiedervereinigung und die inzwischen erreichten Fortschritte bei der europäischen Einigung hatten zu veränderten Anforderungen an unser Grundsatzprogramm geführt. Vieles, was wir 1978 als Ziel formuliert hatten, war durchgesetzt und eingeführt. Das Ludwigshafener Programm hatte sich bewährt. Es war eine in seinen Grundsätzen auch heute noch gültige Standortbestimmung christlich-demokratischer Politik.

Für mich war das »C« Anspruch in erster Linie an uns selbst:

Wir gestalteten Politik aus unserem Verständnis vom Menschen als Geschöpf Gottes – wohlwissend, dass wir diesem Anspruch nicht immer gerecht werden konnten. Wir gestalteten Politik aus christlicher Verantwortung. Ich weiß, wie schwer dies zu vermitteln war in einem Land, in dem der Prozess der Säkularisierung tiefe Spuren hinterlassen hatte. Der christliche Glaube aber gab uns mit seinem Verständnis vom Menschen eine ethische Grundlage für eine verantwortliche Politik. Auf dieser Grundlage war gemeinsames Handeln von Christen und Nichtchristen möglich.

Seit dem Ludwigshafener Parteitag war bei uns allen das Bewusstsein unserer Verantwortung für den Erhalt der Schöpfung gewachsen. Das Ozonloch über der Antarktis oder die Veränderung unseres Klimas, die Vernichtung der tropischen Regenwälder rührten an den Lebensnerv aller Völker. Deshalb trat ich dafür ein, dass wir die Formulierungen unseres Grundsatzprogramms zum christlichen Menschenbild ergänzten durch unser christliches Verständnis von der verantwortlichen Stellung des Menschen in der Schöpfung. Unser Bekenntnis zur Würde des Menschen galt gleichermaßen am Anfang wie am Ende des Lebens, aber auch für künftiges Leben auf unserem Planeten.

Die Besinnung auf unsere Grundsätze und die Diskussion über das Grundsatzprogramm belebten unsere Partei nachhaltig. Wir mussten nicht nur innerhalb unserer Partei im Gespräch mit möglichst vielen unserer 700 000 Mitglieder, sondern auch im Dialog mit den Bürgern außerhalb der Partei beweisen, dass unsere Grundsätze und Grundwerte aktuell, gültig und tragfähig waren. Gleichzeitig festigten wir auch unsere programmatische Grundlage im Hinblick auf das Wahljahr 1994.

Wir hatten unsere größten Erfolge seit jeher dort erzielt, wo wir dem opportunistischen Zeitgeist widerstanden hatten. Auch jetzt liefen wir ihm nicht hinterher. Dabei hatten wertkonservative Orientierungen in unserer Partei ebenso Platz wie christlich-soziale und freiheitlich-liberale Überzeugungen. Sie standen nicht im Widerspruch zueinander, sondern sie ergänzten sich zu einer Position in der Mitte.

Mit 91,5 Prozent der Delegiertenstimmen wurde ich auf dem

Düsseldorfer Parteitag als Parteivorsitzender bestätigt. Als neuen Generalsekretär schlug ich Peter Hintze vor, der auch ein ordentliches Ergebnis erzielte. Zwei Jahre nach dem Hamburger Parteitag, auf dem nur noch ein stellvertretender Bundesvorsitzender gewählt worden war, hatten wir uns nun wieder für vier Stellvertreter entschieden. Gewählt wurden in der Reihenfolge der höchsten Stimmenzahl: Angela Merkel, Heinz Eggert, Norbert Blüm und Erwin Teufel. Überraschend fiel Volker Rühe, der Verteidigungsminister und Hintzes Vorgänger im Amt des CDU-Generalsekretärs, durch.

Mit Nachdruck sprach ich mich für die Schaffung der Europäischen Union, die politische und ökonomische Einheit des Kontinents sowie die Ratifizierung der EG-Verträge von Maastricht aus. Zugleich warnte ich vor einem Rückfall in den Nationalismus. Maastricht stehe für die Entscheidung, ob Europa sich vereinige oder erneut in nationale Rivalitäten und Intoleranz falle. Das Argument, ein großes und mächtiges Deutschland müsse durch Koalitionen eingebunden werden, sei töricht und historisch unangebracht. »Wir wollen kein Europa der zwei oder drei Geschwindigkeiten, aber auch keines, wo das langsamste Schiff des Geleitzugs das Tempo bestimmt«, sagte ich zum Abschluss.

Es war ein Parteitag, der nicht auf Jubel angelegt war. Es war ein Parteitag, auf dem wir uns mit großer Nüchternheit und mit großem Ernst – die Diskussionsbeiträge hatten das immer wieder deutlich gemacht – über unseren christlich-demokratischen Standort im Blick auf Deutschland und Europa verständigten. So intensiv wie selten zuvor auf einem Bundesparteitag diskutierten wir auch über wirtschafts- und finanzpolitische Fragen.

Wir verständigten uns darauf, auf andere politische Parteien und auf die anderen gesellschaftlichen Gruppen zuzugehen, um einen Solidarpakt für Deutschland zu erreichen. Das wichtigste Ziel dieses Solidarpakts musste sein, ein möglichst hohes Maß an Gemeinsamkeit über wichtige Zukunftsfragen unserer Nation zu erreichen. Jetzt war nicht die Zeit für Selbstprofilierungen – weder für einzelne Gruppen noch für einzelne Parteien.

26.
Ehrenbürger

Als mir der Regierende Bürgermeister von Berlin Eberhard Diepgen die Ehrenbürgerwürde Berlins antrug, sagte ich zu – wenn auch erst nach wochenlangen Diskussionen über die Bereinigung der Gesamtberliner Ehrenbürgerliste. Nachdem nun aber die Namen führender SED-Genossen gestrichen waren und die Ehrenbürgerwürde gleichermaßen an Ronald Reagan und Michail Gorbatschow verliehen werden sollte, hatte ich keinerlei Bedenken mehr. Mein Vorgänger Helmut Schmidt war noch im Dezember 1989 geehrt worden, und Richard von Weizsäcker stand als erster Gesamtberliner Ehrenbürger nach der Wiedervereinigung seit Juni 1990 auf der über hundert Persönlichkeiten zählenden Liste der Ehrenbürger von Berlin.

Nun, am 9. November 1992, dem dritten Jahrestag des Mauerfalls, wurde die Ehrenbürgerwürde an den ehemaligen sowjetischen Präsidenten Gorbatschow, den früheren amerikanischen Präsidenten Reagan und an mich verliehen.

Ich freute mich sehr, die Ehrenbürgerwürde der Hauptstadt des wiedervereinigten Deutschlands entgegennehmen zu dürfen. Dieser Stadt und ihren Menschen hatte stets meine besondere Zuneigung gegolten. Bei manchen ist die beinahe sprichwörtliche Direktheit der Berlinerinnen und Berliner ein bisschen gefürchtet. Ich finde diese Eigenschaft sehr erfrischend und sympathisch, denn sie paart sich mit einer außergewöhnlichen Courage.

Berlin war immer eine Hochburg der Kreativität, ein Umschlagplatz der Ideen – ein Zentrum deutscher Kultur. So wirkte und wirkt Berlin in die Welt hinaus mit Meisterwerken von Kunst und

Kultur, mit vielen epochalen Leistungen. Diese Stadt steht zugleich für deutsche Geschichte mit all ihren Höhen und Tiefen, in ihrer Kontinuität und mit ihren tiefen Brüchen. Der 9. November symbolisiert dies wie kaum ein anderes Datum: Von 1992 aus gesehen hatte Philipp Scheidemann vor vierundsiebzig Jahren in Berlin die Republik ausgerufen. Vor vierundfünfzig Jahren brannten in Deutschland die Synagogen, und der Terror gegen deutsche Bürger jüdischen Glaubens erreichte eine neue grauenhafte Dimension. Vor drei Jahren schließlich feierten in Berlin Hunderttausende von Menschen den Fall der Mauer.

In den Jahrzehnten der Teilung unseres Vaterlands war Berlin Sinnbild des ungebrochenen Freiheitswillens aller Deutschen. In diesem Geist demokratischer und freiheitlicher Traditionen wurde unsere Hauptstadt jetzt zum Mittelpunkt des föderalen und demokratischen Deutschlands. Berlin soll eine Stadt vielfältigen und lebendigen Miteinanders sein. Es soll die Teilung der Gewalten in unserem Rechtsstaat ebenso zum Ausdruck bringen wie das Zusammenwirken von Legislative und Exekutive zum Wohl des Ganzen. Unser gemeinsames Ziel war und ist es, Berlin als liebenswerte Hauptstadt zu gestalten.

Die Wiedererlangung der staatlichen Einheit unseres Vaterlands am 3. Oktober 1990 verdankten wir nicht zuletzt dem Einsatz und der Standfestigkeit der drei Mächte USA, Großbritannien und Frankreich.

Ich denke beispielsweise an den unvergesslichen 12. Juni 1987, als Ronald Reagan vor dem Brandenburger Tor die sowjetische Führung aufforderte, die Mauer niederzureißen. Der Adressat dieser Forderung weilte unter uns: Michail Gorbatschow hatte mit seiner Politik des neuen Denkens jene Entwicklung eingeleitet, die zur Überwindung des Ost-West-Konflikts und damit auch zur Überwindung der Teilung Deutschlands führte. Wir hatten allen Grund, Michail Gorbatschow, Ronald Reagan und George Bush für ihre Unterstützung auf dem Weg zur deutschen Einheit zu danken.

Seit dem 3. Oktober 1990 war die Teilung Deutschlands überwunden, aber die innere Einheit Deutschlands noch lange nicht vollendet. Für Berlin und seine Menschen brachte das besonders große Herausforderungen mit sich. Darin lag für diese Stadt aber auch eine große Chance, in beispielhafter Weise durch Solidarität und Gemeinsinn den Boden zu bereiten für eine erfolgreiche und glückliche Zukunft unseres geeinten Vaterlandes in Frieden und Freiheit.

*

Am späten Nachmittag des 9. November 1992 griff ich zum Telefon und ließ mich mit dem Gouverneur von Arkansas, Bill Clinton, verbinden. Sechs Tage zuvor, am 3. November, hatte dieser sechsundvierzigjährige Politiker der demokratischen Partei die Präsidentschaftswahlen gegen den amtierenden Präsidenten George Bush gewonnen. Ich benötigte einige Tage, um die schwere Niederlage meines Freundes zu verdauen, dem ich eine zweite Amtszeit so sehr gewünscht hätte.

Jetzt also hatte ich den Sieger der äußerst harten Wahlkampagne am Telefon. Schriftlich hatte ich ihm bereits gratuliert, und nun wünschte ich ihm viel Erfolg und Glück für die Zukunft und sprach die Hoffnung aus, dass man eine gute Zusammenarbeit haben werde. Die enge Zusammenarbeit mit den USA sei ein Hauptpfeiler der deutschen Außenpolitik.

Bill Clinton bedankte sich für die Glückwünsche und erklärte, er empfinde große Bewunderung für meine mutige Politik vor allen Dingen beim Zustandekommen der deutschen Einheit. Auch er wünsche eine enge und fruchtbare Zusammenarbeit mit Deutschland und wolle insofern die Politik von Präsident Bush fortsetzen. Dabei denke er nicht nur an eine enge Zusammenarbeit in Sicherheitsfragen, sondern auch im Bereich von Wirtschaft und Kultur.

Zum Abschluss des kurzen Telefonats meinte Gouverneur Clinton, er freue sich auf ein baldiges Treffen. Er sei schon mehrfach in Deutschland gewesen und bewundere die wirtschaftspolitischen Anstrengungen, die meine Regierung unternehme.

Mit dieser kurzen Kontaktaufnahme begann eine langjährige

vertrauensvolle Zusammenarbeit mit dem 42. Präsidenten der USA. Doch zuvor lag es an mir, einige Irritationen auszuräumen. Das konnte nur im direkten persönlichen Gespräch geschehen. Mein Besuch in den Vereinigten Staaten im neuen Jahr 1993 war bereits in der Planung.

27.
Anschläge

In diesen Wochen und Monaten kam es zu einer erschreckenden Zunahme von Gewalttaten in unserem Land. Der mörderische Brandanschlag von Mölln am 23. November 1992 war ein besonders bedrückendes Beispiel dafür. Drei wehrlose Menschen fielen diesem Verbrechen zum Opfer.

Die allermeisten Bürgerinnen und Bürger in Deutschland lehnen Gewalt ab, aus welchen Motiven auch immer sie verübt wird und gegen wen auch immer sie sich richtet. Sie verurteilen jede Form von Fremdenhass, Ausländerfeindlichkeit und Antisemitismus. Die großen Demonstrationen am 8. November 1992 in Berlin und am 6. Dezember 1992 in München mit vielen hunderttausend Teilnehmern machten vor aller Welt deutlich, wie die überwältigende Mehrheit der Deutschen dachte. In ganz Deutschland waren weit über eine Million Menschen auf die Straße gegangen, um gegen jede Form von Fremdenhass und Rassismus, von Extremismus und Gewalt zu demonstrieren. Es gab viele Beispiele spontaner Hilfsbereitschaft in der Bevölkerung gegenüber den Opfern der Gewalt.

Die Brandanschläge der letzten Tage und Wochen führten jedermann vor Augen, wie verhängnisvoll, ja menschenverachtend jegliche Unterscheidung zwischen »Gewalt gegen Personen« und »Gewalt gegen Sachen« ist. Es gibt keine Rechtfertigung für Gewalt. Für niemanden. Diejenigen, die glaubten, über ein Klima der Einschüchterung, der Furcht und der Angst unser Land verändern zu können, täuschten sich. Die Bundesrepublik war und ist eine wehrhafte Demokratie.

In den neunziger Jahren sah sich unser demokratischer Rechtsstaat einer erheblichen Zunahme von Straftaten gegenüber. Die Entwicklung war dramatisch: Allein im ersten Halbjahr 1992 wurden fast drei Millionen Straftaten erfasst. Bis zum Jahresende waren es sechs Millionen. Zugleich sank die Aufklärungsquote. Besonders erschreckend war die Zunahme der Straftaten mit Schusswaffengebrauch und der Raubdelikte. Und noch immer begriffen viel zu wenige, welch ernste Bedrohung unserer inneren Sicherheit das organisierte Verbrechen darstellte.

Große Sorgen bereiteten uns allen die von Rechtsextremisten verübten Straftaten. Hier wuchs das Gewaltpotential ständig weiter. Die Zwischenbilanz war erschreckend: Von Januar bis Dezember 1992 wurden über zweitausend Gewalttaten mit erwiesener oder vermuteter rechtsextremistischer Motivation erfasst. Die große Mehrzahl der Täter war zwischen zwölf und zwanzig Jahre alt. Siebzehn Menschen waren bei diesen rechtsextremen Gewalttaten getötet worden, davon acht Ausländer. Der Anteil der Brand- und Sprengstoffanschläge machte mit mehr als sechshundertfünfzig Fällen fast ein Drittel der Taten aus; bei über tausendachthundertfünfzig Taten lag eine fremdenfeindliche Zielrichtung vor. Die Gesamtzahl der gewaltbereiten und militanten Rechtsextremisten wurde auf über sechstausend Personen geschätzt.

Aber auch der Linksextremismus stellte nach wie vor ein gefährliches Gewaltpotential dar: Es gab in Deutschland etwa sechstausendfünfhundert Mitglieder und Anhänger gewaltbereiter anarchistischer und vergleichbarer Gruppierungen. Das waren 50 Prozent mehr als im Vorjahr, und auch bei ihnen nahm die Gewaltbereitschaft zu.

Für den demokratischen Rechtsstaat war die Auseinandersetzung mit dem politischen Extremismus von links wie von rechts eine gleichermaßen wichtige Aufgabe, denn beiden Extremen war gemeinsam, dass sie wesentliche Grundprinzipien der Demokratie und damit diese selbst in Frage stellten. Wir beobachteten darüber hinaus, dass sich die Auseinandersetzung zwischen Rechts- und Linksextremisten verschärfte und immer gewalttätiger wurde.

Die tiefgreifenden Umwälzungen der vergangenen Jahre, die zunehmenden Wanderbewegungen, aber nicht zuletzt auch die nachlassende Kraft anerkannter moralischer Autoritäten hatten nicht nur in Deutschland, sondern in großen Teilen der westlichen Welt bei vielen eine tiefe Verunsicherung bewirkt. So beschränkte sich denn auch die Zunahme von Gewalttaten nicht auf Deutschland allein, sondern war leider auch bei unseren Nachbarn und in vielen anderen Ländern zu beobachten. Vor dem Hintergrund der Geschichte dieses Jahrhunderts, vor allem der nationalsozialistischen Gewaltherrschaft, waren wir Deutschen allerdings in ganz besonderer Weise gefordert, jedweder Gewalt Einhalt zu gebieten und den Schutz der Menschenwürde und der Menschenrechte mit allen rechtsstaatlichen Mitteln zu gewährleisten.

Unsere besondere Solidarität galt allen Bürgerinnen und Bürgern jüdischen Glaubens. Das schulden wir der Erinnerung an die Opfer des Nationalsozialismus ebenso wie den jetzigen und künftigen Generationen in Deutschland. In diesem Zusammenhang will ich zitieren, was ich am 21. April 1985 in einer Ansprache zum 40. Jahrestag der Befreiung der Gefangenen aus dem Konzentrationslager Bergen-Belsen gesagt habe: »Es bleibt ein historisches Verdienst, dass sich auch nach 1945 jüdische Mitbürger wieder bereitfanden, tatkräftig und mit ihrem moralischen Wort und Gewicht uns beim Aufbau der Bundesrepublik Deutschland zu helfen. Auch diese wollen wir bewahren, um den Willen zur Gemeinschaft in einer besseren Zukunft zu stärken. Dafür ist es wichtig, der heranwachsenden Generation vor Augen zu führen, dass Toleranz, dass Aufgeschlossenheit für den Nächsten unersetzliche Tugenden sind, ohne die kein Staatswesen, auch nicht das unsere, gedeihen kann. Uns in diesem Wettstreit der Menschlichkeit zu üben ist die eindeutigste Antwort auf das Versagen in einer Epoche, die von Machtmissbrauch und Intoleranz bestimmt war.«

Wir wissen, dass die Radikalisierung junger Menschen vielfache Ursachen hat. Zu diesen Ursachen gehörte ein verbreiteter Verlust an festen Wertmaßstäben, an geistiger Orientierung, an Toleranz, Hilfsbereitschaft und Rücksichtnahme. Die Folge davon war ein Abbau von Hemmschwellen und eine zunehmende Aggressivität. Wie weit es damit schon gekommen war, das zeigten die Berichte aus dem Alltag vieler Schulen – bestürzende Berichte über die Anwendung von Gewalt. Wir alle – Politiker, Eltern, Lehrer, Schulbehörden – mussten uns fragen, ob wir wirklich alles taten, um dieser Entwicklung Einhalt zu gebieten. Wir mussten kritisch die Frage stellen, ob nicht viele Reformversuche im Bildungswesen anstelle des erhofften Ziels vielfach das Gegenteil erreicht hatten, wenn wir statt des »herrschaftsfreien Diskurses« immer mehr gewalttätige Auseinandersetzungen erlebten.

Uns allen musste klar sein, was auf dem Spiel stand. Jeder einzelne muss sich immer wieder bewusst machen, dass die Menschenwürde unser höchstes Gut ist und nicht angetastet werden darf. Wer dagegen verstieß, rührte an die Grundlagen unseres freiheitlichen und demokratischen Staates. Auch deshalb darf Ausländerfeindlichkeit, in welcher Form auch immer, keinen von uns gleichgültig lassen. Bis auf wenige Ausnahmen lebten wir 1992 friedlich und nachbarschaftlich mit rund sechs Millionen Ausländern zusammen, und wir wussten, was wir ihnen verdankten. Wir vergaßen nicht, dass wir selbst diese Menschen ins Land geholt hatten. Von den fast zwei Millionen ausländischen Arbeitnehmern in den alten Bundesländern arbeiteten rund eine Million in der Industrie, etwa eine halbe Million am Bau und im Handel. Die bei uns lebenden und arbeitenden Ausländer leisteten damit einen unentbehrlichen Beitrag zu unser aller Wohlstand. Das wussten wir Deutschen. Auch deswegen war es zutiefst ungerecht, den Bürgern unseres Landes – egal ob im Osten oder im Westen – pauschal Fremdenfeindlichkeit zu unterstellen.

»Die Würde des Menschen ist unantastbar. Sie zu achten und zu schützen ist Verpflichtung aller staatlichen Gewalt« – so lautet Artikel 1 unseres Grundgesetzes. Gemeinsam müssen wir alles tun, diese Verpflichtung uneingeschränkt und gewissenhaft zu erfüllen.

28.
Zustimmung

Die Einigung Europas war für mich keine fixe Idee, wie manche meinten. Für mich entschied diese Einigung für die Zukunft der Deutschen und unseres Kontinents über die Frage von Krieg und Frieden – nicht morgen, nicht übermorgen, aber in einem Teil des neuen Jahrhunderts. Der Frieden in Europa war nicht sicher, wenn wir nicht die notwendigen Voraussetzungen dafür schufen. Als jemand, der bei Kriegsende fünfzehn Jahre alt war, der die Fliegerangriffe noch erlebt hatte, dessen Bruder gefallen und dessen Vater als Soldat eingezogen worden war, verstand ich meine Rolle auch als eine Art Brücke zu der Generation, die das alles nicht mehr aus eigener Erfahrung weiß. Es trieb mich schon immer um, dass ein Krieg nie wieder vorkommen dürfe.

Das andere, was mich nicht rasten ließ, war die deutsche Einheit. Ich fühlte mich hier ganz besonders von unseren Landsleuten ins Wort genommen. Die Anfeindungen störten mich überhaupt nicht. Ich wusste, dass ich recht behalten würde, und war überzeugt, dass es richtig war, das zu jenem Zeitpunkt so zu machen – trotz aller Fehler, die wir in den untergeordneten Fragen gemacht haben, auch ich persönlich. Aber es lohnte sich, sich für die Landsleute einzusetzen, um dieses »Deutschland einig Vaterland« Wirklichkeit werden zu lassen.

Europa also. Wenn Handeln gefordert war, nützten auch die schönsten Absichtserklärungen nichts. Vor dieser Situation stand ich wieder einmal im September 1992, als der Franc ins Wanken geriet und ich mich für eine Stützung der französischen Währung entschied. Gegen die Meinung der Fachwelt, gegen die Währungsautoritäten in unserm Land, gegen die Meinung der Wirtschaftswissenschaftler. Es brachte mir in der Bundesrepublik hämische Kommentare ein, die mich völlig kaltließen. Entscheidend in dieser für Paris so schmerzlichen Lage war die Hilfe und Unterstützung eines Nachbarlandes und eines Freundes.

In seinen Memoiren erinnert Jacques Delors an diese heute nahezu vergessene Episode auf dem Weg zur europäischen Wirtschafts- und Währungsunion und meinte, an diesem Tag hätte ich mir einmal mehr den Titel eines großen Europäers verdient. An diese schmeichelhafte Feststellung erinnere ich mich gerne, wenn ich an so manche Schwierigkeiten in der Zeit nach Maastricht denke. Beispielsweise an den Sondergipfel des Europäischen Rats in Birmingham Mitte Oktober 1992. Über die EG wurde höchst kontrovers diskutiert, und wir mussten diese Debatten ernst nehmen. Alle Mitgliedsstaaten wollten, dass der europäische Zug auf der Grundlage des Maastrichter Vertrags weiterfuhr. Niemand wollte etwa ein »Klein-Europa« oder ein Europa der zwei oder drei Geschwindigkeiten. Aber Fehlentwicklungen, die wir letztlich alle gefördert hatten, mussten korrigiert werden. Im Kern ging es um Bürgernähe. Es war verfehlt, die Verantwortung für die »Regelungswut« einfach der EG-Kommission zuzuweisen. Wir mussten uns alle vorhalten lassen, dass wir allzu leicht Probleme nach Brüssel geschoben hatten – aus nationalen politischen Interessen, aber auch aus handfesten wirtschaftlichen Überlegungen.

Was wir jetzt brauchten, war eine Art Generalüberholung. Es galt nicht allein, Fehlentwicklungen nur zu erkennen, sondern sie abzustellen. Wir mussten die bisherigen Regelungen gründlich durchforsten und durften uns nicht scheuen, Unsinniges zu annullieren. Wir mussten bereit sein, zuzugeben, dass wir Fehler gemacht hatten, und den Mut aufbringen, sie zu korrigieren. Es gab viele Beispiele für fragwürdige Regelungen: ob es nun um die Qualität der Seebäder, um die richtige Bezeichnung für Aprikosenmarmelade, um die Mindestgröße von Äpfeln oder die Einsetzung eines Sicherheitsbeauftragten bei Bauvorhaben in einer Größenordnung von bis zu drei Millionen D-Mark ging. Insgesamt mussten wir dazu kommen, für die Zukunft einen Mechanismus zu entwickeln, der die Regelungswut stoppte. Wir brauchten eindeutige Regeln und Richtlinien. Erst wenn wir klare Konsequenzen zogen, konnten wir den Verdruss, der sich angestaut hatte, abbauen, konnten wir die Bürger wieder für Europa gewinnen.

Wenn wir dies in den Griff bekamen, würde es uns auch leichter fallen, die in manchen nationalen Debatten deutlich gewordene Angst vor dem Verlust der nationalen Identität abzubauen. Die Antwort des Vertrags von Maastricht war insoweit klar: Wir blieben fest in unserer Heimatregion verwurzelt. Doch dies dem Bürger begreiflich zu machen hatten wir bisher nicht geschafft.

Am Ende des eintägigen Sondergipfels in der mittelenglischen Stadt Birmingham waren wir zwar in all diesen Fragen ein gutes Stück weitergekommen, doch es blieb noch viel zu tun.

*

In großer Geschlossenheit ratifizierte der Bundestag Anfang Dezember 1992 den Europa-Vertrag von Maastricht und billigte ein umfassendes Paket an Verfassungsänderungen und begleitenden Gesetzen. Mit Vehemenz begegneten Redner aller Parteien der Skepsis, die dem Vertragswerk entgegengebracht wurde, und lobten es als die einzig sinnvolle Alternative zu nationaler Engstirnigkeit und Kleinstaaterei. In meiner Regierungserklärung machte ich noch einmal deutlich, dass Nachverhandlungen oder Zugeständnisse an Dänemark oder Großbritannien nicht zugelassen werden konnten. London stand noch vor der Abstimmung, und Dänemark hatte den Vertrag in einem ersten Referendum abgelehnt.

Für mich war die Zustimmung des Bundestags eine geschichtliche Stunde. Die Zustimmungsquote von 97 Prozent war ein phänomenales Ergebnis.

*

In diesen Tagen erreichten uns schockierende Nachrichten über die Lage der Menschenrechte in Bosnien-Herzegowina. In zahllosen Gefangenenlagern wurden Menschen misshandelt und ermordet.

Das Töten und Morden, die ethnischen Verfolgungen, die Massenvergewaltigungen von moslemischen Frauen und andere schreckliche Menschenrechtsverletzungen mussten ein Ende haben.

Im September 1992 hatte es erste Hinweise auf die Existenz von speziellen für Frauen und Mädchen eingerichteten Konzentrationslagern gegeben, in denen diese systematisch vergewaltigt wurden. Das Verbindungsbüro der Deutschen Humanitären Hilfe in Zagreb stand unter anderem mit einer dortigen Frauengruppe in Verbindung, die bisher sechzehn solcher »Vergewaltigungslager« festgestellt hatte. Es handelte sich hierbei meist um ehemalige Restaurants, Hotels, Schulen und stillgelegte Fabrikgelände, in denen Frauen unter schlimmsten Bedingungen zusammengepfercht und ohne ausreichende Lebensmittelversorgung und jegliche hygienische Voraussetzungen festgehalten wurden. Diejenigen, die es überhaupt schafften, die Lager lebend zu verlassen, waren zu einer hohen Zahl schwanger und körperlich wie seelisch schwer gezeichnet. Im Bundeskabinett berichtete Außenminister Kinkel, man müsse von bis zu 50 000 misshandelten Frauen ausgehen. Bei den Nachprüfungen zeichne sich ab, dass Massenvergewaltigungen in allen serbisch besetzten Teilen von Bosnien-Herzegowina verübt worden waren.

Auf der Kabinettssitzung am 2. Dezember 1992 beschlossen wir Hilfsmaßnahmen. Die Bundesrepublik war außerdem bereit, solche bedrängten Frauen in unserem Land aufzunehmen. Für mich war das eine Selbstverständlichkeit, die die Zustimmung des gesamten Bundeskabinetts fand. Ich äußerte den dringenden Wunsch, dass bei dem anstehenden EG-Gipfel der Staats- und Regierungschefs Mitte Dezember in Edinburgh mit äußerster Entschiedenheit und Härte zu diesen unglaublichen Vorgängen Stellung bezogen werden müsse.

Auch die 60. deutsch-französischen Konsultationen am 4. Dezember 1992 in Bonn waren von den Nachrichten vom Balkan überschattet. François Mitterrand und ich betrachteten die Lage im ehemaligen Jugoslawien, vor allem in Bosnien-Herzegowina, mit größter Sorge. Wir sahen es als vorrangige Aufgabe der Völkergemeinschaft und vor allem Europas an, dem Morden ein Ende zu bereiten, eine Ausweitung des Konflikts zu verhindern und eine politische Lösung zu erreichen.

Angesichts einer drohenden Katastrophe für die von Krieg, Vertreibung und den Härten des Winters bedrohten Menschen beschlossen wir, unsere Bemühungen um Hilfe für die Bevölkerung zu verstärken. Zu diesem Zweck entschieden wir uns, gemeinsam und mit der Unterstützung der Europäischen Gemeinschaft ein umfangreiches Hilfsprogramm für die derzeit im Kessel von Bihać lebenden Menschen zu organisieren.

*

Es gab Anzeichen von Europa-Pessimismus, aber der EG-Gipfel in Edinburgh durfte sich nicht zum Opfer solcher Stimmungen machen. Dieser Gipfel sollte die EG-Haushaltsplanung für die nächsten sieben Jahre verabschieden. Gedacht war an eine schrittweise Erhöhung des EG-Budgets, wonach die Mitgliedsländer über 1,3 Prozent ihres Bruttosozialprodukts abzugeben hätten gegenüber bisher 1,2 Prozent. Stur blieben vor allem die »armen vier«: Portugal, Griechenland, Irland und insbesondere Spanien. Am Ende stand mit 1,27 Prozent ein Kompromiss, der ein Scheitern des Gipfels so gerade noch verhindern konnte.

Neben vielen Erklärungen ragten jene über die Subsidiarität, das heißt Bürgernähe, heraus, wie ich sie seit Wochen angemahnt hatte. Auch der EG-Vorschriftensumpf wurde in einem ersten Schritt trockengelegt. Zu Jugoslawien gab es eine klare Position, die der deutsch-französischen Erklärung von Anfang des Monats in nichts nachstand.

Aus dem regnerisch-trüben Edinburgh zurück in Bonn, erreichte mich am 14. Dezember 1992 ein Schreiben des Bundesministers für Post und Telekommunikation, mit dem Christian Schwarz-Schilling nach zehnjähriger Amtszeit seinen Rücktritt erklärte. Ich bedauerte diesen Schritt, denn Schwarz-Schilling war ein gebildeter Weggefährte, auf den auch in schwierigen Zeiten Verlass war. Zudem war er ein engagierter Kämpfer für die soziale Marktwirtschaft, der maßgeblich dafür gesorgt hatte, dass die Post in den neuen Bundesländern in kürzester Zeit modernisiert und reibungslos in die Strukturen des vereinigten Deutschlands integriert wurde.

Christian Schwarz-Schilling begründete seine Entscheidung mit der Bonner »Handlungsunfähigkeit« angesichts des Krieges in Bosnien-Herzegowina. Maßgeblich für seinen Rücktritt sei, dass er »als Kabinettsmitglied in den großen politischen Fragen, welche uns und das Volk bewegen, nichts voranbringen konnte«.

Ich war einigermaßen überrascht, hatten wir doch im Kabinett einstimmig weitere Hilfen für die bedrohten Menschen auf dem Balkan beschlossen. Außerdem hatte ich maßgeblich für ein deutsch-französisches Hilfsprogramm gesorgt und beim EG-Gipfel zumindest alles in meiner Möglichkeit Stehende unternommen, um auch auf EG-Ebene das Bewusstsein für die Probleme im ehemaligen Jugoslawien zu schärfen. Ich war in dieser Frage engagiert wie kaum ein anderer. Der Vorwurf des Nichtstuns traf die internationale Staatengemeinschaft. Es war doch nicht die Ohnmacht des Kabinetts, es war die Ohnmacht des Westens, Europas, die sich hier gezeigt hatte.

Wichtig war für mich die baldige Klarstellung, dass Deutschland bereits auf Grund des Artikels 24 des Grundgesetzes handeln und die Bundeswehr zu internationalen Einsätzen entsenden konnte. Wenn die Sozialdemokraten sich hier einer klärenden Verfassungsauslegung verweigerten, musste die Bundesregierung auf Grund der geltenden Verfassung handlungsfähig sein. Auch mit Blick auf die FDP galt es, deutlich zu machen, dass Deutschland sich wie andere souveräne Staaten an friedenstiftenden Maßnahmen der UNO voll beteiligen müsse. Ich konnte nur an FDP und SPD appellieren, ihre Ablehnung gegen den Einsatz deutscher Soldaten im früheren Jugoslawien aufzugeben. Wir mussten uns unter dem Dach von UNO und EG beteiligen, um den Schlächtern in Bosnien die Waffen aus der Hand zu schlagen.

Es blieb mir nichts anderes übrig, als die Entscheidung von Christian Schwarz-Schilling hinzunehmen. So stand mir schon wieder eine Regierungsumbildung ins Haus, die ich für Januar 1993 plante.

29.
Abkommen

Mein Besuch in Russland am 15. und 16. Dezember sollte der krönende Abschluss des Jahres 1992 in außenpolitischer Hinsicht werden. Wochenlang hatten die Unterhändler auf beiden Seiten mit Milliardenbeträgen jongliert und über die zinslose Stundung russischer Schulden verhandelt. Als ich dann im verschneiten und entlegenen Landsitz Sawidowo ankam, bedurfte es noch ausführlicher Gespräche zwischen Jelzin und mir, um Kompromisse zu erreichen, die für beide Seiten akzeptabel waren. In dieser Regierungsdatscha, an der Wolga gelegen und rund hundert Kilometer von Moskau entfernt, hatte schon Leonid Breschnew deutsche Staatsgäste empfangen. Bei Spaziergängen durch verschneite Wälder entspannten wir uns zwischendurch immer mal wieder vom Verhandlungsmarathon.

Gleich in der ersten Gesprächsrunde im Beisein der jeweiligen Außen- und Finanzminister ging es um den Abzug der sowjetischen Truppen aus der früheren DDR. Nachdem man sich auf den 31. August 1994 als neues Datum geeinigt hatte, stand die russische Forderung von 850 Millionen D-Mark im Raum, die Boris Jelzin für die erhöhten Transport- und Baukosten sowie auch wegen der Teuerungsrate verlangte. Wir gaben zu bedenken, dass auch eventuelle Entschädigungsansprüche von Privatpersonen, die Liegenschaften verpachtet oder vermietet hätten, von unserer Seite übernommen werden müssten. Allein diese Kosten wurden vom damaligen Staatssekretär Horst Köhler mit mehreren hundert Millionen DM angegeben.

Es ging hin und her. Auch unser Verweis, dass wir zu einem Entgegenkommen in der Schuldenfrage bereit seien, wurde aufmerksam registriert. Natürlich zählte auch mein Versprechen, eine Initiative gegenüber den G-7-Ländern zu ergreifen, dass der sogenannte Standby-Kredit des IWF von Russland auch zur Schuldenbedienung verwendet werden könne. Schließlich erinnerte ich noch einmal daran, dass Deutschland bei der vorgeschlagenen Umschuldung im Pariser Club rund 8 Milliarden DM zahlen müsse. Dies sei eine Summe, die sich unmittelbar im Haushalt niederschlage. Nach längerer Diskussion erzielten wir einen weiteren Kompromiss und einigten uns auf den Betrag von 550 Millionen DM.

Dann sprach Boris Jelzin die Frage der Kompensation für NS-Opfer an. Darüber hatte ich bereits mit Michail Gorbatschow im Kaukasus 1990 ausführlich gesprochen. Jelzin meinte nun, er frage sich, ob es nicht aus psychologischen Gründen möglich sei, zumindest die Absicht zu formulieren, dass man über diese Fragen acht Jahre später wieder sprechen wolle, obschon jeder wisse, dass die Nutznießer nach acht Jahren tot seien. Ich erklärte, das nicht mitmachen zu können, denn es handle sich nicht nur um ein Problem gegenüber Russland. Hier sei beim besten Willen nichts zu machen, weil sonst noch zehn weitere Länder mit ähnlichen Forderung kämen. Schließlich erklärte Boris Jelzin, dass man jetzt einen Schlussstrich ziehen werde. Es wurde Einvernehmen hergestellt über einen Betrag in Höhe von 1 Milliarde DM, und Boris Jelzin erwartete ein Schreiben meinerseits, in dem ich den Vorschlag machen würde, dass man in ein paar Jahren etwas Ähnliches machen könne wie seinerzeit in Luxemburg, wo wir ein Sanatorium unterstützt hatten. Über einen solchen Vorschlag könne man in zwei bis drei Jahren reden.

Am Ende der mehrstündigen Verhandlungen verwies ich auf ein Kulturabkommen, das zur Unterzeichnung fertiggestellt war. Es wäre eine gute Geste, so meine Bitte, wenn man sich auf den Austausch der Gutenberg-Bibel und der vier Gemälde aus der früheren sowjetischen Botschaft in Berlin einigen könne. Präsident Jelzin wies darauf hin, dass es eine gemeinsame Kommission über die Rückführung von Kulturgütern gebe. Er schlug vor, dass die Kommission einen entsprechenden Auftrag erhalte, wobei beide Seiten davon ausgingen, dass die Kommission dies positiv entscheiden werde.

Anschließend sprach ich noch die Frage der Russland-Deutschen an. Präsident Jelzin erklärte, im Haushalt der Regierung seien 10 Milliarden Rubel für deutsche Einrichtungen an der Wolga vorgesehen. Dieser Betrag werde 1993/94 weiter erhöht. Man bilde zunächst deutsche Rayons, und im nächsten Schritt sei eine deutsche Autonomie vorgesehen.

Bei unserem Vieraugengespräch, zu dem nur die Dolmetscher zugelassen waren, ging es dann um die innenpolitische Lage und um den Reformkurs des Präsidenten, der ihm immer größere Probleme bereitete. Russland sei an einer Wegscheide angelangt, sagte Jelzin. Es sei immer noch möglich, dass konservative Kräfte eine Wende um 180 Grad herbeiführten. Die Konservativen wollten Revanche nehmen.

Ich erkundigte mich nach der Rolle der Streitkräfte. Boris Jelzin erwiderte, dies seien jetzt seine Streitkräfte. Er habe überdies eine Reihe sozialer Maßnahmen eingeleitet. Jelzin sprach dann ein anderes Problem an: In Russland gebe es neunzehn Republiken, und im Augenblick sei es so, dass es in diesen Republiken teilweise nationalistische Umtriebe gebe. Sein Ziel sei es, die Föderation zusammenzuhalten, damit es nicht zum Konflikt komme. Ausführlich diskutierten wir über den Zustand der GUS. Schließlich ging es um die Schwarzmeerflotte. Boris Jelzin erklärte, man habe erst einmal ein Moratorium für drei Jahre vereinbart, um die Marine ruhig zu halten. Es sei gelungen, auch andere Krisenpunkte wie beispielsweise Moldawien, Georgien und Südossetien ruhigzustellen. Schwierig sei die Lage in Tadschikistan, wo man es mit Stammesfehden zu tun habe. Dort sei eine russische Division stationiert, um die Grenzen zu sichern.

Jelzin nannte auch die Problemgebiete auf dem Territorium der Russischen Föderation.

Dies seien eindeutig Tatarstan und der nördliche Kaukasus. Ökonomisch sei die Lage in Sibirien am schwierigsten, vor allem wegen der großen Entfernungen. Dort gebe es allerdings riesige Kupfervorkommen. Wenn man diese mit Hilfe der deutschen Wirtschaft erschließe, könne man 30 Prozent des Welthandels damit abdecken.

Anschließend erläuterte ich dem russischen Präsidenten auch unsere Probleme. Vor allem ging es um die neuen Bundesländer. Die dortigen Betriebe seien völlig auf die frühere Sowjetunion orientiert gewesen. Nun sei die Stimmung abwartend, weil es Zweifel gebe, was aus Russland werde. Ich selbst hätte diese Zweifel nicht und würde deswegen angegriffen. Meine These sei: Deutschland und Russland seien Nachbarn. Sie stünden geographisch und kulturell einander nah. Ich wollte daher die deutsche Wirtschaft motivieren, sich stärker zu engagieren. Das setze allerdings voraus, dass sich die Überzeugung verbreitete, dass die Reformen in Russland gelängen. Daher sei es psychologisch wichtig, dass der Präsident dies gegenüber den mitreisenden Unternehmern deutlich zum Ausdruck bringe. Die gemeinsame Botschaft müsse lauten: Deutschland und Russland sind Nachbarn; sie sollten Freunde sein und sich bei der Überwindung der Schwierigkeiten gegenseitig helfen.

Jelzin erklärte sich damit völlig einverstanden. Deutschland und Russland seien große Mächte in Europa. Russland wolle auch die Wirtschaftsbeziehungen zur alten DDR erhalten. Ich erkundigte mich abschließend noch nach der Lage in der Landwirtschaft und nach Fortschritten bei der Privatisierung. Am Ende unseres sehr offenen Meinungsaustauschs verwies Boris Jelzin auf die Beseitigung der nuklearen und chemischen Waffen und bedankte sich ausdrücklich für die Hilfe der Bundesrepublik Deutschland.

Die Unterschriftenzeremonie im Georgssaal des Kreml dauerte fast eine halbe Stunde. Russland und Deutschland hatten nahezu alle aus dem Zusammenbruch der Sowjetunion entstandenen Militär- und Finanzprobleme ausgeräumt. Boris Jelzin und ich unterzeichneten eine entsprechende Grundsatzerklärung. Für uns beide war das zweitägige Arbeitstreffen, das am Abend mit einem Staatsbankett beendet wurde, ein großer Erfolg.

Vereinbarungsgemäß wurde Russland eine Stundung deutscher Forderungen in Höhe von 17,6 Milliarden DM bis zum Jahr 2000 gewährt. In dieser Zeit musste Moskau keine Zinsen und Tilgungen zahlen. Die russischen Truppen sollten schon bis zum 31. August 1994 – vier Monate früher als geplant – vollständig aus Ostdeutschland abgezogen sein. Im Gegenzug zahlte die Bundesregierung zu den schon bereitgestellten 7,8 Milliarden DM zusätzlich 550 Millionen DM zum Wohnungsbau der russischen Soldaten in deren Heimat. Geklärt wurde mit dem Abkommen auch die bisher umstrittene Behandlung der Liegenschaften der ehemaligen Sowjetarmee in den neuen Bundesländern, die der Bundesrepublik kostenlos übergeben wurden.

Angesichts der massiven innenpolitischen Schwierigkeiten Jelzins hatten zuvor viele davon abgeraten, nach Moskau zu fahren, darunter auch Kollegen auf dem jüngsten EG-Gipfel. Doch ich hatte diese Reise bewusst auch als Demonstration angetreten, um Boris Jelzin zu stützen. Jetzt erwies sich mein Moskau-Aufenthalt als richtig und notwendig. Mein erster Besuch nach dem gescheiterten Putsch 1991 war besonders freundschaftlich ausgefallen, und die russisch-deutschen Beziehungen wurden auf eine neue Ebene gehoben.

Zum Abschluss überreichte mir Boris Jelzin aus Archivbeständen Aktenstücke des Zentrumspolitikers und Reichskanzlers Joseph Wirth, der 1922 für Deutschland den Rapallovertrag unterzeichnet hatte. Darin verzichteten beide Staaten auf die Erstattung der militärischen und zivilen Kriegsschäden, Deutschland darüber hinaus auch auf das von sowjetischer Verstaatlichung betroffene deutsche Eigentum.

30.
Ansporn

Nicht nur auf außenpolitischem Gebiet, auch auf den Feldern der Innen- und Sozialpolitik konnte sich unsere Bilanz sehen lassen. Die große Rentenreform, die im Einvernehmen der großen Parteien und der Sozialpartner am Tag des Mauerfalls verabschiedet worden und zum 1. Januar 1992 in Kraft getreten war, sah vor, dass sich die Entwicklung der Renten künftig an den Netto- statt an den Bruttolöhnen und -gehältern orientierte. Zusammen mit der restriktiven Anerkennung von beitragsfreien Versicherungsjahren wurde die Rentenversicherung dadurch auf eine neue Grundlage gestellt. Gleichzeitig wurden die Leistungen für Familien erhöht, unter anderem durch Anerkennung von Kindererziehungszeiten in der Rentenversicherung. Daneben erreichten wir eine gewisse Flexibilisierung des Kündigungsschutzes. So schien es möglich, das »Modell Deutschland«, also die sozialverträgliche Gestaltung des Strukturwandels von der Industriegesellschaft zur modernen Informations- und Dienstleistungsgesellschaft, durch eine enge Zusammenarbeit von Staat und Sozialpartnern zur Absicherung gegen die sozialen Folgekosten des Vereinigungsprozesses zu erhalten, wie der Historiker Gerhard A. Ritter in seiner jüngsten Veröffentlichung analysierte.

Das neue Rentenrecht führte zu erheblichen Verbesserungen für Versicherte und Rentner in Ostdeutschland. Rund 900 000 Witwen, die bisher nur eine gekürzte Witwen- oder Versichertenrente als zweite Leistung bezogen, erhielten nun eine volle Rente. An etwa 150 000 erwerbsfähige Witwen wurde erstmals eine Witwenrente gezahlt. Durch die Übertragung der Altersgrenze erhielten 1992 bis zu 200 000 Versicherte vorzeitig Altersruhegeld, und durch Übertragung der Vorschriften über die Renten wegen Berufs- und Erwerbsunfähigkeit erhielten bis zu 150 000 Versicherte erstmals eine Rente wegen Minderung der Erwerbsfähigkeit. Diese Leistungsverbesserungen führten zu Mehrausgaben von 8,3 Milliarden DM und trugen maßgeblich dazu bei, dass ab 1992 in der gesamten Rentenversicherung der Arbeiter und Angestellten damit zu rechnen war, dass die Ausgaben die Einnahmen übertrafen. Um dies auszugleichen und den Belastungsanstieg der Beitragszahler in Grenzen zu halten, wurde das vorhandene Finanzpolster im Rahmen des ab 1992 geltenden Finanzverbunds eingesetzt. Das war alles in allem ein Reformpaket, das sich am Ende dieses Jahres als überaus erfolgreich erwies.

*

Am 1. Januar 1993 wurde der europäische Binnenmarkt Wirklichkeit. Damit hatten wir das mit den Römischen Verträgen von 1957 gesetzte Ziel erreicht, den Gemeinsamen Markt ohne Grenzen für Menschen, Waren, Dienstleistungen und Kapital zu schaffen. Aber es gab noch andere wichtige Ereignisse in den ersten Tagen des neuen Jahres 1993, die neue Perspektiven eröffneten und Anlass zu Zuversicht gaben: Mit der Unterzeichnung der weitreichenden START-II-Abrüstungsvereinbarung hatten die USA und Russland einen wichtigen Fortschritt auf dem Weg zu mehr Sicherheit in der Welt gemacht. Hinzu kam die Konvention zum Chemiewaffenverbot, die wenige Tage zuvor in Paris unterzeichnet worden war. Damit wurde eine ganze Kategorie besonders grausamer Massenvernichtungsmittel verboten.

Zugleich jedoch bedrückten uns weiterhin Bürgerkrieg und grausame Verbrechen im ehemaligen Jugoslawien und in Somalia. Wir spürten einmal mehr, dass die Weltgemeinschaft Verantwortung für Frieden auf der ganzen Welt übernehmen musste. Die völlig veränderte weltpolitische Lage erforderte auch von uns Deutschen einen Schritt zur Übernahme von mehr Verantwortung in der Völkergemeinschaft. Der Generalsekretär der Vereinten Nationen, Boutros Boutros-Ghali, sagte mir bei seinem Besuch in

Bonn Anfang Januar ohne Umschweife: »Die Welt erwartet, dass Deutschland allen Rechten und Pflichten eines Mitglieds der Vereinten Nationen nachkommt. Die Vereinten Nationen brauchen das Engagement Deutschlands, um ihre neue Rolle ausfüllen zu können.«

Für mich stand es außer Frage, dass Deutschland sich an Maßnahmen zur Sicherung und Wiederherstellung des Weltfriedens entsprechend der Charta der Vereinten Nationen beteiligen musste.

Im früheren Jugoslawien waren wir Zeugen unvorstellbarer Grausamkeiten, von Mord, Folter und Vertreibung. Kinder wurden bestialisch umgebracht, Frauen brutal vergewaltigt. Der Aggressionskrieg der bosnischen Serben, für den die politische Führung in Belgrad erhebliche Mitverantwortung trug, war eine ernsthafte Bedrohung für den Frieden und die Stabilität in der Region. Die Völkergemeinschaft musste unbedingt ihre Anstrengungen verstärken, damit dieses Blutvergießen so schnell wie möglich beendet wurde. Wir Deutschen taten unser möglichstes, um dieses Bemühen zu unterstützen. Die von den Vereinten Nationen verhängten Sanktionen mussten lückenlos durchgesetzt werden.

*

Wirtschaftlich stand Deutschland 1993 vor einem schwierigen Jahr. Nach zehn Jahren ungebrochenen Wachstums, kräftig gestiegener Beschäftigung und beträchtlicher Realeinkommensgewinne hatte sich die wirtschaftliche Entwicklung im letzten Monat deutlich abgekühlt. Es war unübersehbar, dass Nachfrage und Produktion seit einiger Zeit spürbar zurückgingen. Die Beschäftigung stieg nicht mehr, die Arbeitslosigkeit nahm zu. Für 1993 mussten wir deshalb in den alten Bundesländern mit realen Wachstumsverlusten rechnen. Es war nicht anzunehmen, dass der konjunkturelle Abschwung in eine wirkliche Wachstumsschwäche überging. Allerdings mussten wir uns bewusst sein, dass wir uns dank der deutschen Einheit zwei Jahre lang von der weltwirtschaftlichen Rezession weitgehend hatten abkoppeln können.

Wir durften unsere Augen nicht davor verschließen, welche Auswirkungen die demographische Entwicklung in Deutschland langfristig auf unsere sozialen Sicherungssysteme haben würde. Daher brauchten wir die Pflegeversicherung. Die Unternehmen durfte sie allerdings nicht zusätzlich belasten. Wir hatten deshalb fest vereinbart, dass es eine Kompensation für den Arbeitgeberanteil zur Pflegeversicherung geben musste. Die demographische Entwicklung zwang uns im übrigen auch, über eine Verlängerung der Lebensarbeitszeit – zumindest auf freiwilliger Basis – nachzudenken.

Ein Kernpunkt für die Zukunftsfähigkeit des Standortes Deutschland lag in der Gestaltung unseres Bildungs- und Ausbildungssystems. Hier gab es Licht und Schatten. Zu den Stärken gehörte gewiss unser weltweit anerkanntes duales System der Berufsausbildung, das immer mehr Nachahmung im Ausland fand. Kritisch betrachtete ich hingegen die Entwicklung an unseren Universitäten. Die Ausbildungszeiten waren viel zu lang. Dabei führte die Dauer der Universitätsausbildung nicht zu einer Qualität der Abschlüsse, die international Aufsehen erregt hätte. Im zusammenwachsenden Europa jedoch mussten die jungen Deutschen im Wettbewerb mit ihren Altersgenossen aus anderen Ländern konkurrenzfähig sein.

*

Die größten Feinde unseres hart erarbeiteten Wohlstandes waren Besitzstandsdenken und mangelnde Bereitschaft, sich auf neue Bedingungen einzustellen. Nicht Anspruchsdenken, sondern mehr Leistungsbereitschaft und der Mut, Prioritäten neu zu setzen, waren erforderlich, um die großen Herausforderungen unserer Zeit zu bestehen. Die gesamtwirtschaftliche Entwicklung machte ein gemeinsames Handeln zwingend notwendig. Das war das Ziel des von mir angestrebten Solidarpakts. Die entsprechenden Gespräche mit den beteiligten Partnern mussten bald zum Abschluss kommen. Im Rahmen des Solidarpakts würde es keinerlei Verwischung bestehender Verantwortung geben. Die Bundesregierung mischte sich nicht in die Tarifautonomie ein. Ebensowenig konnten die Tarifparteien allerdings erwarten, dass überfällige Kurskorrekturen in der Lohn- und Arbeitszeitpolitik durch Beschäftigungsgarantien oder Erhaltungssubventionen weiter hinausgeschoben würden. »Solidarpakt« konnte nur heißen, dass jeder in eigener Verantwortung seinen Beitrag leistete.

Das Ziel des Solidarpakts war auch nicht, finanzielle Lasten umzuverteilen oder gar die Konjunktur mit Abgabeerhöhungen zusätzlich zu gefährden. Im Vordergrund standen die notwendigen Maßnahmen zugunsten der wirtschaftlichen Entwicklung in den neuen und alten Bundesländern. Dazu gehörten auch Entscheidungen, die niemanden finanziell belasteten. Ich dachte dabei insbesondere an die drastische Vereinfachung von Planungs- und Genehmigungsverfahren.

Mittlerweile hatte sich die Einsicht durchgesetzt, dass mit dem in vierzig Jahren gewachsenen westdeutschen Regulierungsdikkicht der Aufschwung Ost kaum zu schaffen war. Deshalb hatten wir Rechts- und Verwaltungsvereinfachungen auf den Weg gebracht.

Der Solidarpakt sollte auch Klarheit für die mittelfristige Finanzplanung von Bund und Ländern schaffen, insbesondere hinsichtlich der Eckwerte zur Finanzierung der DDR-Erblasten und der Einbeziehung der neuen Bundesländer in den Länderfinanzausgleich ab 1995. Insgesamt war dabei ein Finanzvolumen von rund 100 Milliarden DM jährlich zu bewältigen.

*

Unsere derzeit wichtigste Herausforderung war der zügige Aufbau in den neuen Bundesländern. Wir waren hier trotz aller Schwierigkeiten auf dem richtigen Weg. Positive Veränderungen und Zeichen des Aufbruchs waren unübersehbar.

Bemerkenswert waren die Umfrageergebnisse eines Leipziger Forschungsinstituts: 85 Prozent der Haushalte gaben an, dass ihre wirtschaftliche Lage 1992 gleich geblieben oder besser geworden sei. Offensichtlich waren die persönlichen Erfahrungen vielfach besser als das von den Medien gezeichnete Bild der allgemeinen Entwicklung.

*

Auf der Grundlage des Maastrichter Vertrags sollten – so war es auf dem Gipfel von Edinburgh beschlossen worden – Anfang 1993 die Beitrittsverhandlungen mit Österreich, Schweden und Finnland aufgenommen werden, mit Norwegen ab März 1993. Unser Ziel war es, diese Verhandlungen möglichst zügig durchzuführen, damit der Beitritt dieser Länder bald wirksam werden konnte. Aber auch Polen und Ungarn, Tschechen und Slowaken und viele andere Menschen und Völker in Mittel-, Ost- und Südosteuropa setzten ihre Hoffnung auf die Gemeinschaft. Diese Hoffnung durften wir so wenig enttäuschen wie die auf die Entwicklung eines engen und vertrauensvollen Verhältnisses zwischen der Europäischen Gemeinschaft und den Staaten der ehemaligen Sowjetunion.

In einem gemeinsamen Europa musste niemand Angst vor dem Verlust von Eigenständigkeit und Landesgepflogenheiten haben. Wir schufen ein Europa der Bürger. Die Lehren aus der Vergangenheit Europas zeigten: Wir brauchten ein gemeinsames Europa, in dem gewaltsame Konflikte wie im ehemaligen Jugoslawien nicht mehr möglich waren. Der Weg zur Europäischen Union war eingeschlagen, die Aufnahme neuer Mitglieder in Vorbereitung. Die ehemals als Visionäre belächelten Vordenker eines einigen Europas wie Robert Schuman und Konrad Adenauer hatten sich als die wahren Realisten erwiesen.

31.
Wechsel und Kontinuität

Mit der Amtseinführung Bill Clintons als 42. Präsident der USA begann eine neue Ära: Zum ersten Mal seit zwölf Jahren stellte die Demokratische Partei den Präsidenten. Eine neue Administration zog ins Weiße Haus ein, und für uns galt es, auf jeder nur denkbaren Ebene die traditionell guten Beziehungen zwischen der Bundesrepublik und Amerika fortzusetzen.

Zur Amtseinführung am 20. Januar 1993 schrieb ich Bill Clinton einen Brief, in dem ich sowohl meinen Wunsch nach einem baldigen persönlichen Treffen zum Ausdruck brachte als auch die Bedeutung umriss, die die deutsch-amerikanische Partnerschaft auszeichnete:

»Ich wünsche Ihnen eine erfolgreiche Regierungszeit zum Wohle Ihres Landes und der Völkergemeinschaft insgesamt und freue mich auf eine vertrauensvolle Zusammenarbeit mit Ihnen. Unsere beiden Länder sind durch gemeinsame Werte, eine festgefügte Freundschaft und eine enge, in Jahrzehnten bewährte Zusammenarbeit verbunden. Ein entscheidendes Bindeglied unserer Partnerschaft bleibt das Nordatlantische Bündnis, das nicht nur Sicherheit und Stabilität für die eigenen Mitglieder gewährleistet, sondern auch zum Anker der Hoffnung für unsere neuen Partner im Osten geworden ist. Mit Ihnen und unseren Verbündeten wollen wir uns den neuen Herausforderungen in einer veränderten Welt stellen. Gleichzeitig wird es weiterhin ein vorrangiges Ziel meiner Politik sein, die ausgezeichneten Beziehungen zwischen unseren beiden Ländern über den Atlantik hinweg auszubauen und insbesondere die junge Generation verstärkt einzubeziehen.«

Die deutsch-amerikanischen Beziehungen waren für unser Land von existentieller Bedeutung. Ich hoffte auf eine Vertiefung, insbesondere in den Bereichen Kultur und Wissenschaft. In der Kabinettssitzung vom gleichen Tag plädierte ich für einen Ausbau der Auslandsaufenthalte von Schülern, Studenten und Lehrlingen. Nach meinen Informationen war die Zahl amerikanischer Studenten in Deutschland drastisch zurückgegangen. Diese Entwicklung musste wieder umgekehrt werden. Es ging insgesamt um eine Festigung der deutsch-amerikanischen Beziehungen. Aktuell beschäftigten uns ein anzustrebender positiver Abschluss der GATT-Verhandlungen sowie die Präsenz amerikanischer Soldaten in der Bundesrepublik und Europa.

Dem scheidenden Präsidenten George Bush hatte ich in einem Brief »im Namen des deutschen Volkes wie auch persönlich meinen tiefempfundenen Dank für Ihre Leistungen für Frieden und Freiheit in der Welt, für Ihre unschätzbare Unterstützung auf dem Weg zur deutschen Einheit und für die Festigung der deutsch-amerikanischen Freundschaft und Partnerschaft« ausgesprochen:

»Sie haben Ihr Amt in einer Zeit des welthistorischen Umbruchs mit großer Umsicht ausgeübt, wobei Sie auf Ihren reichen außenpolitischen Erfahrungen aufbauen konnten. Sie haben Ihr Land und die freie Welt insgesamt mit sicherer Hand und zielbewusst durch alle Fährnisse geführt. Unter Ihrer Leitung wurde am Golf der Aggressor in die Schranken gewiesen und dem Völkerrecht Achtung verschafft. Im Nahen Osten wurde dank Ihrer Initiative das Tor zum Frieden aufgestoßen. Sie sind mit großem Erfolg für die Stärkung unseres gemeinsamen Bündnisses eingetreten und haben in maßgeblicher Weise – ich erinnere nur an die Nato-Gipfel in London und Rom – daran mitgewirkt, dessen Ziele und Strategie neu zu bestimmen. Mit dem Zusammenbruch des Kommunismus und dem Ende der Sowjetunion wurden aus Gegnern von einst Partner. Auf dem Weg zu einer Welt mit weniger Waffen wurden dank Ihres großen persönlichen Einsatzes gewaltige Fortschritte erzielt, insbesondere auch durch die START-Vereinbarungen. Nicht zuletzt aber ist Ihnen das deutsche Volk zu bleibendem Dank verpflichtet, weil Sie die Vereinigung Deutschlands im Geiste der unsere Länder verbindenden Freundschaft von Anfang an energisch unterstützt und entscheidend zu ihrer Verwirklichung beigetragen haben. Hierfür ist Ihnen ein Ehrenplatz im Buch der deutschen Geschichte sicher.

Ich danke Ihnen nicht zuletzt für viele Jahre enger und vertrauensvoller Zusammenarbeit und für die persönliche Wertschätzung und Freundschaft, die Sie mir stets entgegengebracht haben.«

In einem Telefonat am 18. Januar sprach ich George Bush noch einmal meinen Dank aus für alles, was er für uns Deutsche getan hatte. Es war mir wichtig, ihm dies persönlich zu sagen, und ich bat den Präsidenten, auch Außenminister Jim Baker und seiner Frau meinen Dank auszurichten.

Der scheidende Präsident zeigte sich sehr gerührt, dass ich nochmals angerufen hatte. Er habe sehr gern mit mir zusammengearbeitet, sagte er. Auf meine Einladung, dass ich es begrüßen würde, wenn er in absehbarer Zeit nach Deutschland käme, erwiderte Bush, er werde gerne kommen, wenn sich die Gelegenheit ergebe.

*

Anlässlich des 30. Jahrestags der Unterzeichnung des deutsch-französischen Vertrags kam der französische Staatspräsident François Mitterrand am 21. Januar zu einem eintägigen Besuch nach Bonn. In einer Feierstunde in der Bundeskunsthalle betonten wir beide die Bedeutung des 1963 von General de Gaulle und Bundeskanzler Adenauer unterzeichneten »Élysée-Vertrags«, die besonders angesichts der Umwälzungen und Gewalttaten auf dem Balkan deutlich wurde.

Für mich war das Vertragswerk Ausdruck des Wunsches unserer beiden Völker, endgültig und unwiderruflich ein neues Kapitel in ihren Beziehungen aufzuschlagen. Es war, ist und bleibt das Manifest unserer Freundschaft. Diese Freundschaft ist im Lauf der Jahre zu einer Schicksalsgemeinschaft unserer beiden Völker geworden. Es ist wahr, es hat im Lauf dieser dreißig Jahre auch Augenblicke der Ernüchterung und manchmal auch der Skepsis gegeben. Nicht immer hat der Vertrag halten können, was man sich von ihm versprochen hatte, und doch trug er entscheidend dazu bei, dass unsere Beziehungen eine beispiellose Dichte und Vertiefung erfuhren. Die Verpflichtung zur regelmäßigen Konsultation nahmen alle Regierungen Frankreichs und Deutschlands ernst, gleich welcher parteipolitischen Ausrichtung, und übten sich in einem ständigen Dialog, der sich gerade auch in schwierigen Zeiten bewährte. Zugleich wurde der Vertrag stetig weiterentwickelt, sei es in Form der verstärkten Zusammenarbeit in Wirtschaft und Finanzen, im Bereich der Umwelt oder auf dem Gebiet von Sicherheit und Verteidigung, wo wir einen entscheidenden Schritt nach vorn getan hatten. Erstmals in der Geschichte unserer beiden Länder gab es nun eine gemeinsame Brigade und künftig ein gemeinsames Korps mit europäischer Ausrichtung.

Eines der wichtigsten und tragfähigsten Elemente des Vertrags war aus meiner Sicht die kulturelle Zusammenarbeit. Sie erhielt nicht zuletzt durch die Gründung des Hochschulkollegs 1987 neue Impulse. Im wesentlichen ging es dabei um gemeinsame Studienprogramme und qualifizierte deutsche und französische Hochschulabschlüsse, die in beiden Ländern gleichermaßen anerkannt wurden.

Neben dem engen Geflecht der politischen Beziehungen ist es das menschliche Miteinander, das nach wie vor die Grundlage unserer Freundschaft bildet: Über 1600 Partnerschaften zwischen deutschen und französischen Städten und Gemeinden bestanden 1993. Hinzu kamen die Partnerschaften und die Zusammenarbeit zwischen deutschen Bundesländern und französischen Regionen, insbesondere im grenznahen Raum. Es gab 3000 Partnerschaften zwischen deutschen und französischen Schulen; über fünf Millionen Jugendliche wurden seit 1963 vom Deutsch-Französischen Jugendwerk betreut; über eine Million Schüler lernte die Sprache des jeweils anderen Landes; mehr als 10 000 Jugendliche nahmen im Rahmen ihrer beruflichen Aus- und Fortbildung an Austauschprogrammen teil.

Diese Beispiele zeigen eindrucksvoll, wie stark die deutsch-französischen Beziehungen in allen Schichten unserer beiden Völker verwurzelt sind. Die Tatsache, dass die deutsch-französische Freundschaft nicht einfach von oben verordnet, sondern in den Herzen der Menschen verankert ist, ist das größte und beste Vertrauenskapital, das wir in all diesen Jahren aufgebaut haben.

Immer wieder haben deutsch-französische Initiativen das europäische Einigungswerk in entscheidenden Momenten nach vorne gebracht. Zuletzt hatten François Mitterrand und ich die Vertiefung der Europäischen Gemeinschaft hin zur Politischen Union vorgeschlagen – unsere Botschaft vom 16. April 1990 war die eigentliche Geburtsstunde der Verhandlungen, die zum Vertrag von Maastricht führten. Ohne dieses entschiedene gemeinsame Engagement wäre der Vertrag kaum zustande gekommen. Auch während der Verhandlungen stimmten wir unsere Interessen und Standpunkte laufend ab.

Europa braucht Frankreich und Deutschland als Kern und Motor für die Verwirklichung der Europäischen Union und eines vereinten Europas. Gemeinsam wollten wir die Vision eines geeinten Europas vollenden – entsprechend dem Vermächtnis jener großartigen Männer und Frauen, die uns nach dem letzten Krieg zu Versöhnung und Freundschaft aufriefen, die den Weg für das bereiteten, was wir inzwischen erreicht hatten: Louise Weiss, Robert Schuman, Jean Monnet, Joseph Rovan und Carlo Schmid stehen stellvertretend für viele weitere. Ich könnte, müsste noch viele andere nennen.

Die konsequente Fortsetzung der Politik der europäischen Einigung ist zugleich eine zukunftsweisende Antwort auf den in manchen Teilen Europas wiedererwachenden Nationalismus. Es ist nicht so, dass das Gespenst des Nationalismus nur noch auf dem Balkan zu Hause ist. Auch das westliche Europa ist nicht ein für alle Mal gefeit vor nationalistischem Denken, vor einem Rückfall in Intoleranz und Chauvinismus.

Für das Verhältnis unserer beiden Länder und Völker galt auch am 30. Jahrestag des Élysée-Vertrags unverändert, was Konrad Adenauer bereits früh zu Recht erkannte: »Das Schicksal Deutschlands wird das Schicksal Frankreichs sein, und das Schicksal Frankreichs wird das Schicksal Deutschlands sein.«

*

Schon vor dem Jahreswechsel hatte ich ein Revirement des Kabinetts angekündigt. Nachdem Jürgen Möllemann am 3. Januar 1993 wegen der sogenannten Briefbogenaffäre von seinen Ämtern zurückgetreten war, nutzte ich am 21. Januar die Gelegenheit zu einer Kabinettsumbildung, bei der vier Ressorts neu besetzt wurden.

Die FDP nominierte Günter Rexrodt als Nachfolger Möllemanns im Amt des Bundeswirtschaftsministers. Noch bevor er am Kabinettstisch saß, legte ich mich mit dem Vorstandsmitglied der Berliner Treuhandanstalt bereits öffentlich an, weil der Berliner auf einer Pressekonferenz gemeint hatte, er sei von seiner Partei, der FDP, nominiert und ich hätte die Ernennung nur noch zur Kenntnis zu nehmen und zu bestätigen. Das war ziemlich unverfroren und ging an der Verfassungswirklichkeit vorbei. Ich fand Rexrodts Äußerungen denn auch inakzeptabel und verwies den designierten Bundesminister in einem Schreiben auf die Regelung in Artikel 64 des Grundgesetzes, wonach der Bundespräsident die Bundesminister auf Vorschlag des Bundeskanzlers ernennt.

Gleichzeitig war klar, dass das Amt des Bundeswirtschaftsministers und die Position des Vizekanzlers mit Liberalen zu besetzen waren. Ich hatte nicht die Absicht, Forderungen aus den Reihen der CSU nachzukommen und den Parteienproporz innerhalb der Regierungskoalition neu zu gewichten. Die Bitte der FDP, Klaus Kinkel zum neuen Vizekanzler zu ernennen, freute mich sehr, stellte sich doch schon bald eine ausgezeichnete und konstruktive Zusammenarbeit mit dem Bundesaußenminister ein. Zwar hätte ich meinem getreuen Finanzminister Theo Waigel dieses Amt gewünscht, doch auch jetzt galt es wieder, die Regierungskoalition möglichst wenig mit Personalquerelen zu belasten.

Neu zu besetzen war außerdem das seit Dezember 1992 vakante Ressort Post und Telekommunikation, und seit längerer Zeit stand für mich fest, dass ich die Minister für Landwirtschaft sowie für Forschung und Technologie auswechseln würde. So berief ich neben Günter Rexrodt den bisherigen Chef der CSU-Landesgruppe im Deutschen Bundestag, den vierundfünfzigjährigen Verwaltungsjuristen Wolfgang Bötsch, als Nachfolger von Christian Schwarz-Schilling zum neuen Bundesminister für Post und Telekommunikation, den dreiundfünfzigjährigen CDU-Bundestagsabgeordneten, Landwirt und Diplomökonomen Jochen Borchert zum Bundesminister für Ernährung, Landwirtschaft und Forsten, der an die Stelle von Ignatz Kiechle trat, und den Juristen, CDU-Bundestagsabgeordneten und früheren Bundesvorsitzenden der Jungen Union, den dreiundvierzigjährigen Matthias Wissmann, zum Bundesminister für Forschung und Technologie, der das Amt von Heinz Riesenhuber übernahm.

Zur selben Zeit schieden sieben Parlamentarische Staatssekretäre aus ihren Ämtern. Mit diesem Stellenabbau reagierte ich auf die Kritik, die seit einiger Zeit an der hohen Zahl von bislang dreiunddreißig Parlamentarischen Staatssekretären und Staatsministern geübt wurde.

Die sozialdemokratische Opposition versuchte diese Regierungsumbildung als »Ansammlung des letzten Aufgebots« lächerlich zu machen, doch dass von personeller Auszehrung keine Rede sein konnte, erwies sich ja gerade darin, wie problemlos dieses Personalrevirement vollzogen werden konnte.

Auf der Kabinettssitzung am 20. Januar verabschiedete ich die Bundesminister Ignatz Kiechle, Heinz Riesenhuber und Jürgen Möllemann. Vor allem Kiechle und Riesenhuber dankte ich für langjährige Mitarbeit und würdigte ausführlich die Leistungen jedes einzelnen. Bereits eine Woche später konnte ich die neuen Bundesminister zu ihrer ersten Kabinettssitzung begrüßen.

32.
Gedenken und Erinnerung

In dieser Kabinettssitzung am 27. Januar 1993 berieten wir unter anderem erstmals über eine Kabinettsvorlage zur Umgestaltung der Neuen Wache in Berlin zur Zentralen Gedenkstätte der Bundesrepublik Deutschland. Seit Jahren wurde schon über die Errichtung einer Zentralen Gedenkstätte diskutiert, anfangs noch auf den Standort Bonn bezogen. Dass es ein besonderes politisch-moralisches Erfordernis war, die Erinnerung und das Gedenken an die Opfer von Krieg und Gewaltherrschaft auf gesamtstaatlicher Ebene wachzuhalten und zu diesem Zweck eine Zentrale Gedenkstätte einzurichten, darüber herrschte weithin Einigkeit. Nach der Wiedervereinigung Deutschlands konzentrierte sich die Diskussion nunmehr auf einen Standort in der Hauptstadt Berlin, wo sich die nach Entwürfen von Karl Friedrich Schinkel erbaute Neue Wache sowohl von ihrer historischen Tradition als auch von ihrer Lage her als Zentrale Gedenkstätte anbot. Nun listete die entsprechende Kabinettsvorlage Einzelheiten zu der beabsichtigten Gestaltung der Gedenkstätte auf, wozu insbesondere eine Skulptur von Käthe Kollwitz zählte, die in der Neuen Wache aufgestellt werden sollte. Die erarbeitete Konzeption sollte bis zum Herbst umgesetzt werden, die Einweihung sollte am Volkstrauertag 1993 erfolgen.

Es bedurfte keiner großen Phantasie, zu erkennen, dass ich der »Vater« dieser Kabinettsvorlage war. Es handelte sich um ein altes Anliegen von mir, das ich seit meinem Amtsantritt als Bundeskanzler verfolgte, weil ich es als beschämend empfand, dass es bei Staatsbesuchen nur den Bonner Nordfriedhof als Ort der Kranzniederlegung gab. Nachdem der erste Versuch zur Errichtung einer Zentralen Gedenkstätte in Bonn gescheitert war, hatte ich mich nach der deutschen Einheit frühzeitig um die Neue Wache gekümmert.

Bei der von Käthe Kollwitz geschaffenen Skulptur handelte es sich um eine wunderbare Pietà. Käthe Kollwitz war als Künstlerin über jeden Zweifel erhaben und in Ost und West gleichermaßen hoch anerkannt. Ihre Pietà, die im Gedenken an ihren im Ersten Weltkrieg gefallenen Sohn und an ihre im Zweiten Weltkrieg gefallenen Enkel entstanden war, verdeutlichte meiner Ansicht nach, dass gerade die Mütter unter den Folgen von Krieg und Gewaltherrschaft besonders zu leiden hatten. Beabsichtigt war nun, die Pietà auf einen größeren Maßstab zu übertragen, und wir hatten auch bereits einen Künstler gefunden, der in der Lage war, dieses Vorhaben umzusetzen. Die Erbengemeinschaft von Käthe Kollwitz hatte dem Projekt ebenfalls zugestimmt.

Eigentlich musste auch die vorgesehene Inschrift »Den Opfern von Krieg und Gewaltherrschaft« über jeden Zweifel erhaben sein, denn immerhin handelte es sich dabei um eine Formulierung, die alle Bundespräsidenten bei den Veranstaltungen zum Volkstrauertag verwendet hatten.

Die DDR hatte die Neue Wache nach der Zerstörung im Zweiten Weltkrieg als Mahnmal für die »Opfer des Faschismus und Militarismus« neu gestaltet. Es stand außer Frage, dass die Urnen, die zu DDR-Zeiten in Erde von Schlachtfeldern und Konzentrationslagern eingebettet worden waren und hier ihre letzte Ruhestätte gefunden hatten, an ihrem Platz verbleiben würden.

Im Mai beschäftigte sich dann der Bundestag in einer Aussprache mit der Zentralen Gedenkstätte, und auch der Haushalts- und der Innenausschuss befassten sich mit dem Thema. Ich war dankbar, dass die Mittel für die Umgestaltung freigegeben wurden und dass von allen Seiten der Wille zum Konsens deutlich wurde.

Es war ein verregneter Volkstrauertag, als die Spitze des Staates am 14. November 1993 in einer würdigen Zeremonie Schinkels Neue Wache schließlich als Zentrale Gedenkstätte der Bundesrepublik Deutschland einweihte.

Für diese Entscheidung der Bundesregierung habe ich viel Zu-

Die Pietà von Käthe Kollwitz in der Zentralen Gedenkstätte der Bundesrepublik Deutschland

stimmung erfahren. Besonders berührten mich zwei Briefe vom Frühjahr 1993; einen davon schickte mir der Bund der Kriegsblinden Deutschlands e.V. (BKD):

»Sehr geehrter Herr Bundeskanzler, am 14. September 1988 fand auf Einladung des Bundestagspräsidenten Dr. Philipp Jenninger eine Besprechung statt, zu der die Vorsitzenden der deutschen Kriegsopfer-Verbände sowie Vertreter des Volksbundes Deutscher Kriegsgräberfürsorge eingeladen worden waren. Dieses Treffen bekam seine besondere Bedeutung dadurch, dass Sie, sehr geehrter Herr Bundeskanzler, den Vertretern der vorgenannten Verbände Ihren Vorschlag zur Errichtung einer Mahn- und Gedenkstätte für die Opfer der Kriege und der Gewaltherrschaft unterbreiteten. Auf Grund Ihrer damaligen Ausführungen beschloss der BDK bei seinem 14. Bundesdelegiertentag vom 25. bis 27. September 1989 in Dortmund, die 3000 Kriegsblinden und 220 Witwen von Kriegsblinden zu Spenden für den genannten Zweck aufzurufen. Das hierdurch erzielte Spendenaufkommen betrug 123 000 DM.

Der Bundesvorstand hielt – nachdem nun feststeht, dass die Neue Wache in Berlin zur Mahn- und Gedenkstätte ausgestaltet werden soll – den Zeitpunkt für gekommen, den vorgenannten Spendenbetrag dem gedachten Zweck zuzuführen. Im Auftrag des Bundesvorstands darf ich Ihnen, sehr geehrter Herr Bundeskanzler, einen Verrechnungsscheck über den Betrag von 123 000 DM beifügen, über den ab 1. Juni 1993 verfügt werden kann.
Bemerken darf ich noch, dass es für die deutschen Kriegsblinden eine Genugtuung und Freude wäre, wenn nicht irgendein abstraktes Symbol gewählt würde, um Leid, Schmerz und Opfer der Kriegsgeneration darzustellen, sondern eine Plastik für die Ausgestaltung der Mahn- und Gedenkstätte Verwendung fände. Hierfür halten wir die vorgesehene Plastik von Käthe Kollwitz für besonders geeignet.
Abschließend darf ich Ihnen, sehr geehrter Herr Bundeskanzler, noch einmal danken für Ihr Engagement, das Sie seit mehreren Jahren für die Errichtung der Mahn- und Gedenkstätte gezeigt haben.
Mit freundlichen Grüßen

Franz Sonntag,
Bundesvorsitzender«

Der zweite bemerkenswerte Brief kam vom Verband der Kriegsversehrten und Hinterbliebenen (VdK):

»Sehr geehrter Herr Bundeskanzler, mit Interesse und großer Freude habe ich davon Kenntnis genommen, dass die Bundesregierung die Umgestaltung der Neuen Wache in Berlin zur Zentralen Gedenkstätte der Bundesrepublik Deutschland beabsichtigt und davon ausgeht, dass dies noch im Laufe dieses Jahres zur Tat werden kann.
Ich kann Sie und die Bundesregierung dazu nur beglückwünschen. Durch eine solche Art von Zentraler Gedenkstätte würde endlich den Wünschen der Betroffenen Genüge getan. Sie wissen, wie sehr der Streit in der Vergangenheit die Ge-

müter bewegt hat, insbesondere die Kriegswitwen zutiefst beleidigt waren ob der Art der Auseinandersetzung. Deshalb halte ich es für bedeutungsvoll, wenn die Bundesregierung es für ein politisch-moralisches Erfordernis hält, die Erinnerung und das Gedenken an die Opfer von Krieg und Gewaltherrschaft auf gesamtstaatlicher Ebene durch die Errichtung einer Zentralen Gedenkstätte wachzuhalten.
Der VdK Deutschland steht voll hinter einem solchen Vorhaben. Ich begrüße auch ausdrücklich die Art der Gestaltung, nämlich einen Ort des stillen Innehaltens zu erleben. Dabei erinnere ich mich an meinen Besuch bei Ihnen, bei dem Sie mir den Entwurf der Skulptur von Käthe Kollwitz gezeigt haben, der jetzt in leicht übergroße Gestalt gebracht werden soll. Es ist meinerseits nur zu unterstreichen, dass Opfer von Krieg und Gewalt in besonderem Maße auch Frauen sind, was leider in den Auseinandersetzungen im ehemaligen Jugoslawien wieder deutlich wird.
Ich hoffe sehr, dass die Vorstellungen der Bundesregierung umgesetzt werden, und darf nochmals versichern, dass der VdK Deutschland voll hinter einer solchen Konzeption steht und sie begrüßt.
Mit freundlichen Grüßen

Ihr
Walter Hirrlinger«

Am Eingang zur Neuen Wache wurden zwei Tafeln angebracht. Die linke Tafel erläutert die wechselvolle Geschichte des Gebäudes; die rechte Tafel nennt die Opfer von Krieg und Gewaltherrschaft – eine Formulierung, die Anlass zu mancherlei Debatte und sogar Streit gewesen war:

»Die Neue Wache ist der Ort der Erinnerung
und des Gedenkens an die Opfer
von Krieg und Gewaltherrschaft.
Wir gedenken
der Völker, die durch Krieg gelitten haben.

Wir gedenken ihrer Bürger, die verfolgt wurden
und ihr Leben verloren.
Wir gedenken der Gefallenen der Weltkriege.
Wir gedenken der Unschuldigen,
die durch Krieg und Folgen des Krieges
in der Heimat, die in Gefangenschaft und
bei der Vertreibung ums Leben gekommen sind.
Wir gedenken der Millionen ermordeten Juden.
Wir gedenken der ermordeten Sinti und Roma.
Wir gedenken aller, die umgebracht wurden
wegen ihrer Abstammung, ihrer Homosexualität
oder wegen Krankheit und Schwäche.
Wir gedenken aller Ermordeten, deren Recht auf
Leben geleugnet wurde.
Wir gedenken der Menschen,
die sterben mussten um ihrer religiösen oder
politischen Überzeugung willen.
Wir gedenken aller,
die Opfer der Gewaltherrschaft wurden
und unschuldig den Tod fanden.
Wir gedenken der Frauen und Männer,
die im Widerstand gegen die Gewaltherrschaft
ihr Leben opferten.
Wir ehren alle, die eher den Tod hinnahmen,
als ihr Gewissen zu beugen.
Wir gedenken der Frauen und Männer,
die verfolgt und ermordet wurden,
weil sie sich totalitärer Diktatur nach 1945
widersetzt haben.«

*

Aus Anlass des 50. Jahrestags der Beendigung der Schlacht von Stalingrad schrieb ich am 2. Februar einen Brief an Russlands Präsidenten Boris Jelzin:

»Wir gedenken heute des Endes der Schlacht von Stalingrad und der Hunderttausenden von Menschen, die dabei ihr Leben verloren. Der 2. Februar 1943 ist mahnende Erinnerung nicht nur an Schrecken, Leid, Vernichtung und Opfer dieser mörderischen Schlacht, sondern des Weltkriegs insgesamt, der den Tiefpunkt in den jahrhundertealten Beziehungen zwischen unseren Völkern darstellt. Wir können das Geschehene nicht rückgängig machen, wollen und dürfen es aber nicht vergessen. Nur aus der Erinnerung kann Versöhnung erwachsen und die Grundlage für eine Politik der Freundschaft, Nachbarschaft und umfassenden Zusammenarbeit entstehen [...]
Die Überlebenden von Stalingrad sind die überzeugendsten Anwälte für den Frieden zwischen unseren Ländern und Völkern geworden. Unsere Völker wissen auch um die guten Seiten der deutsch-russischen Geschichte, um die gegenseitige kulturelle Bereicherung und das freundschaftliche Miteinander, an die wir anknüpfen wollen. Wir wollen heute als Partner gemeinsam mit den anderen Europäern den Frieden und die Zukunft des Kontinents in Freiheit gestalten. Angesichts der Opfer des Krieges ist es unsere historische Pflicht, einem neuen Europa mit ganzer Kraft zu dienen. Wir schulden dies den Toten von Stalingrad wie auch unseren Völkern und unseren Nachbarn, damit das Ende dieses Jahrhunderts ein Europa sieht, das den Zwist und die Konflikte der Vergangenheit hinter sich gelassen und zum Frieden gefunden hat.«

Und Boris Jelzin schrieb mir:

»Vor einem halben Jahrhundert ging die Schlacht von Stalingrad, die grausamste und blutigste Schlacht des Zweiten Weltkriegs, zu Ende, die in vielerlei Hinsicht vorentscheidend für den Ausgang des Krieges war. Die Geschichte kennt kein derart langes und erbittertes Gegeneinander von vielen hunderttausend Soldaten auf einem Schlachtfeld. Die Schlacht führte zu einem gerechten Sieg derer, die die Unabhängigkeit ihrer Heimat verteidigten, und zu einer schweren Niederlage für die, die sie angegriffen hatten. Doch im Grunde war Stalingrad eine Tragödie für beide Seiten, denn in ihrem Feuer kamen Tausende von Russen, Deutschen und Angehörigen anderer Völker ums Leben. Zahlreiche Menschen wurden zu Krüppeln. Solches darf sich niemals wiederholen. Krieg ist ein großes Unheil für alle. In dieser Erkenntnis haben Russland und Deutschland jetzt entschlossen den Weg zur endgültigen und vollständigen Aussöhnung, Partnerschaft und Zusammenarbeit betreten. Als überaus bedeutende europäische Mächte sind sie in der Lage, entscheidend dazu beizutragen, dass die Schrecken des Krieges für immer der Vergangenheit angehören. Erweisen wir uns dieser großen Aufgabe würdig!«

*

Einen Monat später, am 3. März, traf ich mit Präsident Jelzin in Moskau zusammen. Er erläuterte mir den Stand der russischen Reformpolitik und informierte mich über den wachsenden Widerstand des Volksdeputiertenkongresses gegen seine Politik.

Zu Beginn unseres einstündigen Gesprächs meinte Jelzin, mein politischer Spürsinn habe mich im rechten Moment nach Moskau geführt, denn es gehe jetzt darum, die Stellung des Präsidenten zu unterstützen. Es sehe nämlich nicht besonders gut aus. Die Lage in Russland sei schlimmer als im Dezember 1992, da zur Wirtschaftskrise jetzt eine Verfassungskrise hinzugekommen sei. Die Volksdeputierten und der Oberste Sowjet seien sehr reaktionär und wollten Jelzins Reformen abwürgen; der Volkskongress scheue sich nicht, das Rad der Geschichte zurückzudrehen. Im Grunde genommen habe man es mit Neofaschisten zu tun. Auf meine Frage nach der Stärke seiner Gegner meinte der Präsident, vor allem handle es sich um die ehemalige KPdSU, die wieder dabei sei, sich zu organisieren – eine Gefahr, die man nicht unterschätzen dürfe.

Leider habe er trotz der Versprechen der Vergangenheit weder von den USA noch von Großbritannien, Frankreich oder Japan Unterstützung erhalten. Auch die deutsche Hilfe sei in letzter Zeit zurückgegangen. Die Lage sei auch von daher durchaus ernst.

Bis auf Boris Jelzin selber gebe es keine demokratische Führungsfigur in Russland, sondern nur Akteure, die eindeutig gegen die Demokratie, gegen die Reformen und gegen die Marktwirtschaft seien. Er selber führe laufend Konsultationen mit Parteien, gesellschaftlichen Bewegungen und Vereinigungen und spreche mit allen Kräften rechts und links der Mitte, nur nicht mit den Rechts- und Linksextremisten. Als Folge könne eine Lage entstehen, in der er als Präsident gezwungen sei, extreme Maßnahmen zu ergreifen.

Was das heiße, fragte ich ihn, und Jelzin erklärte, er habe die Machtstrukturen hinter sich. Natürlich müsse er vor allem versuchen, auf verfassungsmäßige Art und Weise konstruktive Maßnahmen vorzuschlagen. Wenn ihm aber ständig ein »Nein, nein, nein« entgegengehalten werde, müsse er extreme Maßnahmen ergreifen, um Demokratie und Marktwirtschaft zu retten und zu verhindern, dass Russland zerfalle. Das sei ein schwerwiegender Schritt und deshalb genüge es nicht, dass er Gewissheit habe, sich auf die Machtstrukturen stützen zu können. Er müsse sich auch auf die Unterstützung seines Volkes verlassen können und sicher sein, dass die internationale Weltgemeinschaft ihn verstehen werde.

Boris Jelzin verwies auf seine Gegner, die darauf spekulierten, dass die G 7 zwar allerlei Versprechungen gäben, aber nichts tun würden – bis auf die Deutschen, deren Hilfe in letzter Zeit jedoch drastisch zurückgegangen sei. Es werde viele Milliarden kosten, wenn sich die westlichen Länder gegen ein reaktionäres Russland verteidigen müssten. Allein für dieses Jahr sei es bei den Hilfszusagen um 24 Milliarden Dollar gegangen. Jelzin bezog sich damit auf das IWF-Programm und ergänzte, die Frage der Umschuldung sei weder im »Pariser Club«, einem internationalen Gremium, in dem sich die Geberländer mit Fragen der Umschuldung und des Schuldenerlasses beschäftigen, noch im »Londoner Club« entschieden, einem Zusammenschluss privater Banken, der meist zur selben Zeit wie der Pariser Club tagt und sich ebenfalls mit der Schuldensituation verschiedener Länder beschäftigt. Wörtlich sagte er: »Helmut, du musst mir verzeihen, aber bei mir kommt der Eindruck auf, dass jemand ein Interesse daran hat, dass Russland auseinanderfällt.«

Ich schlug vor, er möge mir ein Papier über den Stand des IWF-Programms übermitteln, um mich gegebenenfalls für dessen Erfüllung einsetzen zu können.

Auf meine Frage nach der wirtschaftlichen Entwicklung Russlands erklärte der Präsident, es gebe keine positiven Veränderungen, auch wenn sich der Rückgang der Produktion verlangsame und es in einigen Bereichen sogar Zuwächse gebe. Die Menschen seien ruhiger geworden. Es gebe so gut wie keine Streiks, und die Läden seien voller Waren.

Ich berichtete Jelzin daraufhin von meinen Gesprächen mit dem japanischen Ministerpräsidenten Kiichi Miyazawa und dass ich den Eindruck hätte, dass der Regierungschef sich in seiner Haltung Russland gegenüber etwas bewegt habe. Ich hätte der japanischen Seite geraten, die Gesamtbeziehungen zu entwickeln – insbesondere im Bereich Wirtschaft und Investitionen –, und in dieses Gesamtpaket könne man auch die Kurilenfrage einbringen.

Jelzin wollte dann wissen, wie es mit der Einladung zum G-7-Treffen in Tokio im Juli stehe, und ich erklärte, den Japanern sei klar, dass dies von den anderen G-7-Mitgliedern gewünscht werde. Ich versprach, darüber auch mit Major, Clinton und Mitterrand zu sprechen. Jelzin sagte, wenn Japan die Teilnahme Russlands mit der Kurilenfrage verknüpfe, werde er einfach nicht kommen. Das sei nicht das Problem, erwiderte ich, zumal das eine Entscheidung sei, die alle Mitglieder der G 7 gemeinsam zu treffen hätten. Nach meinem Eindruck wollten die Japaner nicht mit dem Kopf durch die Wand, zumal sie sich isoliert fühlten. Die Japaner – und alle anderen – wüssten, dass mit uns nichts gegen Jelzin laufe.

*

Mit gemischten Gefühlen verließ ich Moskau. Die Entwicklung in Russland war in ein dramatisches Stadium getreten. Niemand konnte sagen, was die nächsten Tage und Wochen bringen würden. Die große Machtprobe zwischen Boris Jelzin und dem Obersten Sowjet und den Volksdeputierten stand unmittelbar bevor. Es ging dabei um den Versuch, die gegenwärtige Präsidialdemokratie in eine Parlamentsdemokratie umzuwandeln, und das wurde von Jelzin nicht akzeptiert. Er suchte den Kampf, den er im weitesten Sinn für sich als existentiell ansah.

Mir war völlig klar: Wenn die Reformen in Russland scheiterten und ein »altes« Regime zurückkehren würde, hätte dies auch für Deutschland fatale Folgen. Von einem solchen Regimewechsel wären vor allem unsere Nachbarländer im Osten und hier wieder insbesondere Polen betroffen. Die Gefahren, die von einer Destabilisierung Russlands ausgingen, konnten nicht ernst genug genommen werden.

Diese Einschätzung versuchte ich nach meiner Rückkehr auch in der Kabinettssitzung vom 4. März zu vermitteln. Allerdings konnte ich mich des Eindrucks nicht erwehren, dass mit Ausnahme des Bundesaußenministers die meisten Ressortchefs die Lage in Russland ziemlich gleichgültig ließ. Darin zeigte sich ein generelles Dilemma: Außenpolitische Entwicklungen schienen während meiner gesamten Kanzlerschaft als zweitrangig angesehen zu werden, wie wir immer wieder bei Wahlkämpfen und bei den Wahlresultaten spürten. Das ist im übrigen bis heute so geblieben: Mit außenpolitischen Erfolgen werden keine Wahlen gewonnen.

Trotzdem ließ ich mich nicht davon abbringen, den Reformprozess in Russland zu unterstützen. Die Verankerung von Demokratie, Rechtsstaatlichkeit und Marktwirtschaft in Russland und den anderen Reformstaaten war eine einzigartige Chance, die das volle Engagement des gesamten Westens verlangte. Es ging um eine Investition in eine friedliche Zukunft. Ein Rückfall in die Konfrontation würde uns allen Lasten auferlegen, die weit höher wären als die jetzt notwendigen Hilfen, und so trat ich dafür ein, dass der Westen rasch und konzentriert ein wirksames Programm bilateraler und multilateraler Unterstützung verwirklichte. Deutschland hatte in den vergangenen Jahren wie kein anderes Land den Reformprozess unterstützt und mehr als die Hälfte der westlichen Leistungen erbracht. Auch in dieser kritischen Phase wollten wir uns im Rahmen unserer Möglichkeiten engagieren.

Über 80 Milliarden DM hatten wir im Zeitraum von 1989 bis 1993 für den Reformprozess in Russland und den anderen Staaten der früheren Sowjetunion aufgebracht. Hinzu kamen unsere Leistungen als größter Gläubiger Russlands durch die im Pariser Club vereinbarten Schuldenerleichterungen. Darüber hinaus trugen wir durch unsere Beiträge im Rahmen des Internationalen Währungsfonds, der Weltbank und der Europäischen Bank für Wiederaufbau und Entwicklung maßgeblich zu weiteren multilateralen Hilfen bei. Von den umfangreichen Leistungen der EG, auch im humanitären Bereich und bei der technischen Hilfe, trug Deutschland 28 Prozent. Allein für technische Hilfe hatte die Gemeinschaft für 1993 gut 1 Milliarde D-Mark vorgesehen.

Die Öffnung unserer Märkte war eine Voraussetzung für die Integration Russlands in die Weltwirtschaft. Auf deutsche Initiative hatte die EG Russland durch Gewährung des Allgemeinen Präferenzsystems (APS) den Marktzugang erleichtert. Das APS gewährt eine weitgehende Zollbefreiung, die jedoch an die Einhaltung bestimmter Umwelt- und Menschenrechtsstandards geknüpft ist. Die Bundesregierung trat für den baldigen Abschluss eines Partnerschafts- und Kooperationsabkommens zwischen der EG und Russland ein.

33.
Eine folgenreiche Reise

Indien, Singapur, Indonesien, Japan und Südkorea waren Ziele meiner Asienreise vom 18. Februar bis 3. März 1993. Es war die bisher längste Auslandsreise eines Bundeskanzlers. Zwar waren die Besuchsländer für die wirtschaftliche Entwicklung Deutschlands in den kommenden Jahrzehnten von größter Bedeutung und ich unternahm die Reise in Begleitung einer hochkarätigen Wirtschaftsdelegation, aber ich wollte diese zwölf Tage auch nutzen, um deutlich zu machen, welche bedeutende Rolle Asien über die rein wirtschaftlichen Aspekte hinaus in der deutschen Außenpolitik spielte. Unter anderem ging es mir darum, dem falschen Eindruck entgegenzuwirken, wonach Deutschland sich vermeintlich nur noch für den Einigungsprozess und Osteuropa interessierte. Neben Wirtschafts- und Sicherheitsfragen war mir die kulturelle und wissenschaftliche Zusammenarbeit besonders wichtig, und ich wollte den Versuch unternehmen, ob nicht auch auf kulturellem Gebiet neue Kontakte mobilisiert werden konnten.

Indien befand sich in einer schweren innenpolitischen Krise. Es gab eine latente Spannung zum Nachbarstaat Pakistan. Die Positionen in der sogenannten Kaschmir-Frage hatten sich verhärtet, beide Seiten, Indien wie Pakistan, beanspruchten den ehemaligen Fürstenstaat im Himalaya und schreckten auch vor einem kriegerischen Konflikt nicht zurück. Angesichts der Tatsache, dass in Indien die These vertreten wurde, dass Pakistan die Atombombe besitze, während man für das eigene Land erklärte, man sei zwar nicht im Besitz der Bombe, aber in der Lage, sie sich in kurzer Zeit zu verschaffen, sprach ich mit den Regierungsvertretern lange über die Einhaltung des Nichtverbreitungsvertrags von Atomwaffen.

Außenpolitisch wollten die Inder ihre Beziehungen zu den USA nach dem Amtsantritt der demokratischen Administration verbessern. Eine entscheidende Veränderung war dadurch eingetreten, dass die Sowjetunion als langjähriger Partner Indiens weggefallen war und mit Russland keine vergleichbaren Beziehungen bestanden. Indien strebte eine Assoziierung mit der EG an. Die Bereitschaft zur industriellen Kooperation mit Deutschland war erheblich, die Chancen für deutsche Unternehmen waren enorm gestiegen.

Schon 1990 hatte Indien mir für meine Rolle bei der Vereinigung Deutschlands und bei der Schaffung eines neuen Europas seine höchste internationale Auszeichnung zuerkannt, den Jawaharlal-Nehru-Preis für Internationale Verständigung. Nun, anlässlich meines dritten Besuchs innerhalb von neun Jahren, fand die feierliche Verleihung dieses Preises statt, mit dem vor mir unter anderem Mutter Teresa, der amerikanische Bürgerrechtler Martin Luther King und der französische Politiker und Autor André Malraux ausgezeichnet worden waren. In meiner Dankesrede erinnerte ich an den ersten indischen Ministerpräsidenten Nehru, dessen Vermächtnis sich zu einem Teil auch mit dem Fall der Berliner Mauer und der Überwindung des Ost-West-Konflikts erfüllt hatte: Nehrus Vision von der »Einen Welt« war ein Stück Wirklichkeit geworden. Doch sie blieb auch weiterhin Orientierungspunkt jeder Politik. So erklärte ich unter anderem, in Deutschland werde der Fortschritt Indiens als bevölkerungsreichster Demokratie der Welt zu wenig gewürdigt. Ich hob die Bedeutung der Menschenrechte hervor und forderte zu Abrüstungsanstrengungen auf. Wir wünschten uns, dass Indien gemeinsam mit seinen Nachbarn auf diesem Weg weiter voranschreiten werde.

Das Preisgeld von 75 000 DM stiftete ich dem deutschen Komitee »Ärzte für die Dritte Welt«.

*

In Singapur, der zweiten Station meiner Asienreise, waren bereits ähnliche Probleme wie in der Bundesrepublik festzustellen: Im

Vergleich zu den Nachbarländern wurden hier sehr hohe Löhne gezahlt. Das Durchschnittseinkommen betrug 26 000 Dollar. Es waren nicht genügend Arbeitskräfte vorhanden, so dass ausländische Arbeiter ins Land geholt werden mussten. Insgesamt war ein schnelles Anwachsen des Lebensstandards zu beobachten.

In Singapur, wo ein demokratisch-autoritäres Regime herrschte, war man vor allem an einer breiten Kooperation mit unserer mittelständischen Wirtschaft interessiert. Wegen seines eigenen großen Engagements in China strebte Singapur außerdem Kooperationsprojekte mit deutschen Firmen bei Investitionen in China an.

*

Auch in Indonesien, das ich zum dritten Mal während meiner Amtszeit als Bundeskanzler und zum ersten Mal nach der Wiedervereinigung Deutschlands besuchte, war zu spüren, was für eine gewaltige Entwicklung in diesem Land stattgefunden hatte. Dass die Beziehungen zwischen Deutschland und Indonesien bemerkenswert freundschaftlich waren, dazu hatten ganz wesentlich indonesische Persönlichkeiten beigetragen, die bei uns in Deutschland ihre Ausbildung erfahren hatten.

Es bot sich eine ganze Reihe von interessanten Möglichkeiten für die deutsche Industrie an, beispielsweise für die ostdeutschen Werften. Auch in Djakarta wiederholte ich meine Botschaft, dass wir unsere Zusammenarbeit mit dieser Region vertiefen wollten. Ich versprach, weiterhin Entwicklungshilfe zu leisten und alles zu tun, um eine abgeschottete »Festung Europa« zu verhindern. Mit Präsident Hadji Mohamed Suharto, der sein 190-Millionen-Volk seit mehr als einer Generation mit diktatorischen Vollmachten regierte, sprach ich auch über Menschenrechte. Dieses Thema anzusprechen war eine Selbstverständlichkeit. Dazu bedurfte es keiner besonderen Ermahnungen aus der Heimat.

*

Japan, das nächste Land auf meiner Asienreise, befand sich in einer strukturellen Krise, die vor allem das Bankensystem, aber auch viele andere Bereiche betraf und zu einer verhaltenen Stimmung führte. Dem für September geplanten Besuch des Kaisers in Deutschland wurde in Tokio große Bedeutung beigemessen. Nach japanischen Vorstellungen sollten die Beziehungen zu Deutschland, das als Tor zur EG betrachtet wurde, einen Qualitätssprung machen.

Anerkennung fand in Japan – wie auch in den anderen Ländern – unsere Außenpolitik, insbesondere, dass Deutschland nach Erlangen der deutschen Einheit nicht darin nachließ, die europäische Einheit voranzutreiben, und dass die Bundesrepublik sich auch um Osteuropa kümmerte. Unsere Probleme beim wirtschaftlichen Aufbau in den neuen Bundesländern interessierten allerdings niemanden. Man setzte darauf, dass es Deutschland mit seiner Wirtschaftskraft schon schaffen werde.

Meiner Ansicht nach musste man im Vorfeld der nächsten G-7-Gespräche die derzeitige japanische Politik unterstützen. Das war auch hinsichtlich einer notwendigen Annäherung Japans und Russlands wichtig.

Die Verleihung der Ehrendoktorwürde der Sophia-Universität in Tokio war für mich eine große Ehre. Seit ihrer Gründung 1913 leistet die Sophia-Universität einen bedeutenden Beitrag als Mittler zwischen der europäischen und der japanischen Kultur – ein Austausch, der uns alle, Deutsche und Japaner, sehr bereichert hat.

*

Zuletzt führte mich meine Reise nach Südkorea, einem Land, mit dem uns das gleiche Nachkriegsschicksal verband: die Teilung von Volk und Vaterland. Aber unsere Länder und Völker verbindet nicht nur das Schicksal der Teilung, sondern auch, und das ist wichtiger, eine weit über hundertjährige Geschichte und traditionell herzliche zwischenmenschliche Beziehungen. Schon im siebzehnten Jahrhundert gab es erste Kontakte zwischen Deutschland

*In Panmunjom
im geteilten Korea
(März 1993)*

und Korea, geknüpft von Wissenschaftlern, Angehörigen der Religionsgemeinschaften, Beratern und Kaufleuten. Uns Deutschen öffneten sie den Blick für die viertausendjährige Geschichte Koreas und machten uns mit den kulturellen Leistungen dieses Landes bekannt, und in Korea begründeten sie das große Interesse an der deutschen Kultur und Sprache.

Korea ist einer unserer bedeutendsten Wirtschaftspartner in der ost- und südostasiatischen Region. Unter den europäischen Staaten nimmt Deutschland als Investor die erste Stelle ein.

Ich besuchte die innerkoreanische Grenze bei Panmunjom und sah mit eigenen Augen dieses letzte Stück des Eisernen Vorhangs. Das erinnerte mich schmerzlich daran, wie viele ausländische Besucher ich vor dem November 1989 zur Berliner Mauer begleitet hatte. Ich bin mir sicher: Der Tag wird kommen, an dem Freunde aus dem Ausland nicht mehr in Panmunjom umkehren müssen. Eines Tages werden die gegen ihren Willen getrennten Familien, Freunde und Landsleute endlich wieder zusammenfinden.

*

Die kulturelle Dimension in den Beziehungen Deutschlands zu diesen fünf asiatischen Staaten kann nicht hoch genug eingeschätzt werden. Die geschichtlich gewachsene lange kulturelle Zusammenarbeit ist das größte Kapital in den gegenseitigen Beziehungen. Dafür steht die große Zahl hinduistischer Lehrstühle an deutschen Universitäten ebenso wie das hohe Ansehen, das die deutsche Rechtsphilosophie in Japan genießt.

Zurück in Bonn, plädierte ich nachdrücklich für eine weitere Verstärkung des kulturellen Austauschs, womit ich explizit nicht nur den Ingenieur- und High-Tech-Bereich, sondern auch die Geisteswissenschaften meinte. Am Beispiel ehemaliger Gaststudenten in der Bundesrepublik Deutschland, die in ihren asiatischen Heimatländern jetzt hohe Verantwortung tragen, zeigt sich, wie wertvoll solch eine langfristige Investition ist. Das gilt nach meiner Ansicht gerade auch im Hinblick auf Korea, das im Fall seiner Wiedervereinigung ein Land von 70 Millionen Einwohnern sein wird.

*

In Ludwigshafen traf ich auf eine völlig veränderte Hannelore. Was sie mir bei unseren regelmäßigen Telefonaten weitestgehend verschwiegen hatte, sollte sich nun als dramatische Wende im Leben meiner Frau erweisen: Zwei Tage vor meiner Abreise hatte sie beim Kofferpacken erste Anzeichen einer beginnenden Erkältung verspürt, dann bekam sie hohes Fieber. Da sie tags darauf trotzdem mit mir nach Fernost reisen wollte, ließ sie sich ein Medikament verschreiben, und obwohl bei ihren Ärzten bekannt war, dass sie kein Penicillin verträgt, wurde ihr versehentlich gegen die bakterielle Infektion, die mit der Erkältung einherging, ein Antibiotikum verordnet, das zu einer Penicillingruppe gehört. Nichtsahnend schluckte Hannelore drei Tabletten.

Am Tag der geplanten Abreise ging es ihr noch schlechter, und sie beschloss, zu Hause zu bleiben. Mir blieb nichts anderes übrig, als zu akzeptieren, was nicht zu ändern war, und ohne sie aufzubrechen. Ich war noch nicht in Indien gelandet, als es bei Hannelore ganz schlimm wurde. Das Fieber stieg, die Schmerzen nahmen zu, und infolge einer heftigen allergischen Reaktion verfärbte sich ihre Haut am ganzen Körper dunkelblau. Als ihr Zustand lebensbedrohlich wurde, ließ sie sich ins Sankt-Marien-Krankenhaus in Ludwigshafen einliefern. Hannelore konnte kaum noch laufen, und es schmerzte fürchterlich, wenn jemand sie stützen wollte, jede kleinste Berührung verursachte ihr unsägliche Schmerzen. Vier Tage lang lag Hannelore auf Leben und Tod, und Schwestern und Ärzte glaubten nicht, dass sie das überleben würde. Nach etwa einer Woche ging es ihr Gott sei Dank wieder etwas besser.

Als ich sie am 3. März wiedersah, musste ich mich sehr zusammennehmen, um mein Entsetzen zu verbergen. Neben ihren starken Schmerzen hatte Hannelore nicht nur extreme Hautprobleme; sie verlor durch die Krankheit auch alle Nägel und ihr schönes blondes Haar. Glücklicherweise sollte alles wieder nachwachsen.

Nach dem Krankenhausaufenthalt ging Hannelore in Kur, um wieder zu Kräften zu kommen. Als sie zurückkehrte, war ihr bereits klar, dass sie die Sonne nicht mehr so gut vertrug; das war der Beginn ihrer Überempfindlichkeit gegen Licht. In den folgenden Jahren reagierte sie auf Sonnenlicht mit Rötung der Haut, leichter Quaddelbildung und Juckreiz, was zu erheblichen Beeinträchtigungen führte. Jahre später zeigte sich diese Lichtempfindlichkeit auch in bezug auf Halogenstrahler. Das bedeutete, dass sie an vielen meiner In- und Auslandsreisen nicht mehr teilnehmen konnte, wenn im Vorfeld die Lichtsituation nicht exakt geklärt werden konnte.

Aber Hannelore litt nicht nur unter der Empfindlichkeit gegen Licht, gelegentlich kam auch eine plötzlich auftretende Atemnot, ein sogenannter Bronchospasmus, hinzu. Zu allem Überfluss war sie immer wieder einem erheblichen äußerlichen Druck ausgesetzt, der auch als »großer Stress« bekannt ist. Dieser Stress, der sich natürlich auf die Psyche eines Menschen auswirken kann, beeinflusste bei ihr die Empfindlichkeit von Haut und Atemwegen.

Hannelore war sich über diese Zusammenhänge vollkommen im klaren. Trotzdem hat sie niemals geklagt. Sie hat immer nur angedeutet, dass sich niemand vorstellen kann, unter welchem enormen Druck sie zeitweise stand und welcher Disziplin sie sich deswegen unterwerfen musste.

Dass sie auf grelles Licht allergisch reagierte und Atemprobleme hatte, wusste außer ihrer Familie und den Ärzten kaum jemand. Selbst mit ihren engsten Mitarbeitern und ihren Freundinnen sprach sie nur andeutungsweise darüber. Wenn ihre Freundinnen sich wunderten, dass sie am liebsten nur noch im Dämmerlicht mit ihnen spazierenging und bei Sonnenschein Schattenwege wählte oder einen Schirm benutzte, meinte sie nur, dass sie die Sonne eben nicht mehr so gut vertrage.

*

Den Stress, dem Hannelore ausgesetzt war, konnte häufig weder sie selbst noch ihre Familie steuern oder auch nur beeinflussen. Er wurde durch äußere Ereignisse an uns herangetragen, und als Gattin des Bundeskanzlers war Hannelore diesem externen unkontrollierbaren Stress in ganz besonderer Weise ausgesetzt. Wie das konkret geschah, mag das folgende Ereignis illustrieren, das vielleicht banaler Gedankenlosigkeit entsprang, aber fatale Folgen für unsere ganze Familie hatte.

Am 12. März 1993 erfuhr ich über die Deutsche Presseagentur, dass die Staatsanwaltschaft München die Ermittlungen gegen Programmverantwortliche des damaligen Baden-Badener Südwestfunks (SWF) eingestellt habe. Strafanzeige hatte die Münchner Deutschland-Stiftung gestellt.

Dabei ging es um den am 23. November 1992 im Dritten TV-Programm des SWF ausgestrahlten Fernsehfilm *Die Terroristen*, in dem ein Attentatsversuch auf ein nicht genanntes, aber als Kanzler der Bundesrepublik zu identifizierendes Opfer beschrieben wird. In diese fiktive Geschichte waren Originalaufnahmen von mir montiert. Für mich und meine Familie war die Ausstrahlung des Films ein unerträglicher Vorgang. Trotzdem stellte ich selbst keine Strafanzeige. Dass dieses scheußliche Machwerk aber ausgerechnet von meinem Freund und dem Paten unseres jüngsten Sohnes Peter, dem SWF-Intendanten Willibald Hilf, verantwortet wurde, verschlug mir fast die Sprache.

Während die einen in dem Streifen eine eindeutige Werbung für Hass und Mord sahen, sah der Intendant in dem Film weder eine Aufforderung noch eine Anleitung zu einem Attentat. Der experimentelle Charakter der Fernsehreihe bringe auch »Grenzfälle« mit sich, meinte Hilf, der kurz vor dem Ende seiner Intendantenzeit stand. Auch der Fernsehausschuss des SWF-Rundfunkrats sah mehrheitlich keinen Grund für ein Misstrauensvotum gegen die Leitung des Senders. In einem offenen Brief wandte ich mich an den Vorsitzenden des Rundfunkrats Rolf Weiler:

»Der Südwestfunk hat im Rahmen des Gemeinschaftsprogramms mit dem Süddeutschen Rundfunk im Dritten Programm vergangenen Montag den Film *Die Terroristen* von Philip Gröning gesendet. Im Mittelpunkt dieses Films steht ein Attentat, welches junge Menschen vorbereiten und – wenn auch erfolglos – durchführen. Beim Zuschauer wird der Eindruck hervorgerufen, dass ich persönlich das Opfer des Attentats werden sollte. Der Film zeigt auch technische Einzelheiten und gibt Hinweise auf die Art und Weise, in der ein solches Attentat von Nachahmern in Wirklichkeit geplant und durchgeführt werden könnte.

Für mich und meine Familie ist die Sendung dieses Films bei allem gebotenen Respekt gegenüber der Freiheit der Medien, der Kunst und der Kultur ein unerträglicher Vorgang, der uns auch menschlich stark belastet. In der gestrigen Sitzung des Deutschen Bundestages haben die Parteien die gemeinsame Überzeugung zum Ausdruck gebracht, dass gewaltbereite

Kriminalität viel zu lange bagatellisiert worden ist. Wir alle wissen, dass gerade auf dem Hintergrund der Ereignisse der vergangenen Wochen alles getan werden muss, damit keine weitere Bereitschaft zu politisch motivierter Gewalt geweckt oder gefördert wird. Vor diesem Hintergrund halte ich die Entscheidung, diesen Film zu senden, für politisch instinktlos und unverantwortlich.
ARD und ZDF haben in einer Stellungnahme aus dem Jahr 1990 klargestellt, dass Gewalt nicht als Mittel bei Konfliktlösungen propagiert werden darf. Diesem elementaren Anspruch ist der SWF nicht gerecht geworden. Der Film *Die Terroristen* erweckt durchaus den Eindruck, dass aus der Sicht einzelner Personen ein Attentat auf mich in bestimmten Situationen als ein möglicher Ausweg aus einem Gefühl der Hilflosigkeit erscheinen könnte.«

Hannelore war ebenso entsetzt wie ich über dieses Machwerk, das angeblich eine Parabel über den Sieg des Geldes über die Politik sein sollte. Was immer auch hinter den Absichten des Autors und der Leitung des SWF stand – mit der unverantwortlichen Ausstrahlung dieses »künstlerischen Werkes« zerbrach die langjährige enge Freundschaft zwischen Willibald Hilf und mir, zwischen Hannelore, den Kindern und Peters Patenonkel. Alle Versuche Dritter, uns zu versöhnen, scheiterten letztlich an Hannelores und meiner tiefen Verletzung durch einen Mann, der viele Jahre ein Freund der Familie und ein politischer Mitstreiter gewesen war. Willibald Hilf besaß leider nicht den Mut und die Kraft, uns qua Intendantenamt und -macht vor diesen Qualen zu bewahren.

34.
Solidarpakt

Im Verlauf einer Klausurtagung, zu der ich die Partei- und Fraktionsvorsitzenden und die Ministerpräsidenten der Bundesländer vom 11. bis 13. März ins Kanzleramt eingeladen hatte, wurde eine grundsätzliche Einigung über den Umfang und die Details des Solidarpakts als Maßnahmenprogramm zur Finanzierung der Folgen der deutschen Einheit erreicht. Bund, Länder und die SPD-Opposition verständigten sich darauf, ab dem 1. Januar 1995 einen Solidaritätszuschlag in Höhe von 7,5 Prozent auf die Lohn- und Einkommensteuer zu erheben – was dem Bund Mehreinnahmen in Höhe von 28 Milliarden DM bringen sollte –, die private Vermögensteuer bei gleichzeitiger Anhebung der Freibeträge zu erhöhen sowie auf ursprünglich vorgesehene Kürzungen von sozialen Regelleistungen und auf eine Reduzierung der Mittel für Arbeitsbeschaffungsmaßnahmen in Ostdeutschland zu verzichten. Damit hatten die demokratischen Parteien, Bund und Bundesländer bewiesen, dass sie auch in schwierigen Zeiten zu vernünftigen Kompromissen und solidarischem Handeln fähig waren. Es war ein gemeinsamer Erfolg, ein Erfolg für unsere freiheitliche Demokratie.

Mit dem Solidarpakt hatten wir die Finanzgrundlagen für die vor uns liegenden Jahre bis 1995 und darüber hinaus gesichert. Wirtschaftliche und finanzielle Maßnahmen allein konnten die Zukunft des Standorts Deutschland jedoch nicht sichern. Bewegung in den Kassen reichte nicht aus, Bewegung in den Köpfen musste hinzukommen. Wir mussten umdenken!

Die gegenwärtige Rezession hinterließ ihre Spuren. Manches ging langsamer als in Zeiten der Hochkonjunktur. Aber es bestand kein Zweifel, dass wir den Um- und Aufbau der Wirtschaft in den neuen Bundesländern bewältigen würden, wenn wir mutig und entschlossen die notwendigen Veränderungen durchsetzten. Mit Jammern lässt sich Zukunft nicht gestalten. Wir brauchten eine neue Aufbruchstimmung in unserem Land.

Die Wahrheit war: Viele Probleme der jetzigen Bundesrepublik waren Probleme der alten Bundesrepublik. Wir hätten sie auch ohne die deutsche Einheit lösen müssen. Jetzt standen wir vor einer Situation, in der wir längst überfällige Korrekturen in vielen Bereichen von Wirtschaft und Gesellschaft vornehmen mussten. Nur wenn wir im eigenen Land die Hausaufgaben machten, konnten wir Vorteile aus den Veränderungen in Europa und in der Welt ziehen. Innerhalb und außerhalb der EG entstanden überall attraktive Standorte, die miteinander in Wettbewerb um Investitionen und Arbeitsplätze traten. Wir mussten uns auf diese Veränderung einrichten und dabei auch einiges nachholen, was in vielen Jahren versäumt worden war.

Wir waren beispielsweise ein Land mit immer jüngeren Rentnern und immer älteren Studenten, ein Land mit immer kürzerer Lebensarbeitszeit, immer kürzerer Wochenarbeitszeit und mit immer mehr Urlaub. So geriet unsere Wettbewerbsfähigkeit in Gefahr. Eine erfolgreiche Industrienation, das heißt eine Nation mit Zukunft, lässt sich nicht als »kollektiver Freizeitpark« organisieren. Die Mehrheit der Menschen in unserem Lande war sich dessen nach meiner Überzeugung auch voll bewusst. Sie hatte die notwendigen Änderungen schon längst akzeptiert, während in Politik und Verbänden noch die alten Schlachten um Besitzstände und Ansprüche ausgetragen wurden. Aber auch die Interessengruppen in unserem Land kamen nicht um die Einsicht herum: Wir mussten Prioritäten neu bestimmen, Gewohnheiten ändern, und manche Ansprüche zurückstecken. Das bedeutete nicht, dass wir an Lebensqualität verloren. Schließlich hing unsere Lebensqualität nicht davon ab, ob fünfunddreißig, sechsunddreißig oder vierzig Stunden pro Woche gearbeitet wurde.

Zu den zentralen Zukunftsfragen gehörte auch, dass wir aus der demographischen Entwicklung in unserem Land Konsequenzen zogen. Schon jetzt, 1993, waren mehr als 20 Prozent der Gesamtbevölkerung über sechzig Jahre alt. Die Zahl der über Fünfundachtzigjährigen würde bis zum Jahr 2000 auf 1,5 Millionen Bürger steigen. In der Alterssicherung hatten wir mit dem Rentenreformgesetz 1992 auf diese Entwicklung reagiert.

Eine weitere Folge der demographischen Entwicklung war die wachsende Zahl von Pflegebedürftigen. Deshalb war es unumgänglich, noch in dieser Legislaturperiode eine soziale Pflegeversicherung zu schaffen. Sie durfte allerdings keine Mehrbelastung für die Wirtschaft bringen.

Ein weiterer wichtiger Punkt betraf die Lage unseres Bildungswesens. Bildung und Ausbildung entscheiden wesentlich mit über die Zukunft eines Landes. Allerdings dürfen Bildung und Bildungspolitik nicht allein auf wirtschaftlichen Nutzen reduziert werden. Bildung hat zunächst die Aufgabe, die Persönlichkeit zu formen und den geistigen Horizont zu erweitern. Darüber hinaus ist es natürlich ihre Aufgabe, beruflich zu qualifizieren. Bei einer nüchternen Bestandsaufnahme mussten wir Fehlentwicklungen im Bildungswesen eingestehen. Dazu gehörten vor allem: Ungleichgewichte zwischen den Bildungsbereichen, die Verlängerung der Erstausbildungszeiten, Mängel in der Ausbildungseffizienz.

Wir leben in einer Zeit, in der einmal erworbene Qualifikationen immer schneller veralten. Deshalb mussten wir zu einer intelligenteren Verteilung der Bildungszeiten und Bildungsinhalte im Rahmen lebenslangen Lernens kommen. Es konnte auch nicht hingenommen werden, dass die Hochschulen auf Grund steigender Überlastung ihre Aufgaben in Lehre und Forschung nicht mehr erfüllen konnten, während das duale Ausbildungssystem immer mehr an Bedeutung verlor und in den alten Bundesländern Jahr für Jahr weit über hunderttausend Lehrstellen unbesetzt blieben. Es konnte doch nicht richtig sein, wenn die Zahl der Studenten die der Lehrlinge immer deutlicher überstieg. Natürlich dauert ein Studium länger als eine Lehre. Dennoch musste es zu denken geben, wenn inzwischen 1,8 Millionen Studenten nur 1,6 Millionen Lehrlinge gegenüberstanden.

Wir haben in Deutschland extrem lange Ausbildungszeiten für

Akademiker. 1993 verließen im Durchschnitt 27 Prozent der Studenten die Hochschulen ohne Abschluss, in manchen Fachbereichen sogar bis zu 50 Prozent. In einem zusammenwachsenden Europa mussten die jungen Deutschen jedoch im Wettbewerb mit ihren Altersgenossen aus anderen Ländern konkurrenzfähig sein. Hier stand nicht zuletzt der Föderalismus auf dem Prüfstand. Im Bereich der Hochschulen ging es um mehr Leistungsfähigkeit und Effizienz. Deshalb musste das gemeinsame Ziel von Ländern und Bund eine durchgreifende Reform – das heißt vor allem Straffung – der Studiengänge sein. Einbezogen werden mussten in die Reform auch Möglichkeiten von Leistungskontrollen gegenüber den Lehrenden. Auch wenn man das amerikanische System, bei dem in die Beurteilung von Hochschullehrern auch das Votum der Studenten miteinbezogen wird, nicht einfach auf deutsche Verhältnisse übertragen kann, bin ich überzeugt, dass Leistungsvergleiche zwischen Hochschullehrern und Universitäten bei uns ebenfalls notwendig und möglich sind.

Auch die Verkürzung der Schulzeit an Gymnasien von neun auf acht Jahre durfte kein Tabu sein. Sie war schon seit Jahren in der Diskussion und längst überfällig. Das Beispiel unserer europäischen Nachbarn und die Erfahrungen in den neuen Bundesländern bestärkten mich in der Überzeugung, dass die Gymnasialzeit verkürzt werden konnte, ohne die Qualität des Abiturs zu beeinträchtigen.

Unsere Spitzenposition im internationalen Wettbewerb konnten wir nur halten, wenn hochqualifizierte Arbeitnehmer an den modernsten Maschinen arbeiteten. Moderne, hochwertige Maschinen sind teuer und müssen daher auch optimal genutzt werden. Wenn diese Erkenntnis richtig ist – und sie ist richtig –, dann war es nicht länger tragbar, dass die Maschinenlaufzeiten in deutschen Unternehmen kürzer waren als anderswo in der EG. Hinzu kommt, dass eine Abkehr von den allzu starren Arbeitszeitregelungen sich nicht nur wirtschaftlich rechnen, sondern nach meiner Überzeugung auch zusätzliche Entfaltungsmöglichkeiten und Freiräume für die Menschen schaffen würde.

Für die Lebensarbeitszeit galt das nicht minder. Hier neue Wege zu beschreiten, dazu zwang uns zwar die demographische Entwicklung, doch für viele ältere Arbeitnehmer und Arbeitnehmerinnen war damit auch eine große Chance verbunden, denn es wäre ja ein Gewinn an Lebensqualität, wenn statt des abrupten Ausscheidens aus dem Erwerbsleben ein allmählicher Übergang in den Ruhestand eine selbstverständliche Alternative würde. Wer will, sollte länger arbeiten können, und es sollte sich für ihn auch lohnen. Möglichkeiten und Anreize zur freiwilligen Verlängerung der Lebensarbeitszeit wurden mit der Rentenreform 1992 geschaffen.

In puncto Forschung und Entwicklung hatte die Exportnation Deutschland in einigen wichtigen Bereichen eine Spitzenstellung, aber es war alarmierend, wenn immer mehr Forschungskapazitäten für Zukunftstechnologien wie zum Beispiel die Gentechnik ins Ausland verlagert wurden, weil insbesondere unsere Regelungsdichte und Bürokratie den technologischen Fortschritt bremsten. Zwar darf nicht alles, was technisch machbar ist, auch verwirklicht werden, aber es konnte auch nicht angehen, dass immer mehr Produkte und Herstellungsverfahren ein schier undurchdringliches Dickicht von Zulassungsverfahren und Verträglichkeitsprüfungen passieren mussten.

Hier hatten wir in vielen Jahren viel Ballast angesammelt, der uns den Weg in die Zukunft erschwerte. Die deutsche Einheit öffnete uns eine einmalige Chance, Bürokratie abzubauen, Verfahren zu vereinfachen und Genehmigungen zu beschleunigen. Wir durften diese Gelegenheit nicht verpassen. Die Bundesregierung hatte dazu beispielsweise das Investitionserleichterungs- und Wohnbaulandgesetz vorgelegt.

Um dem wachsenden Verkehrsaufkommen in Deutschland als dem wichtigsten Transitland in Europa gerecht zu werden und dem an vielen Stellen drohenden Verkehrsinfarkt zu begegnen, hatten wir die Bahnreform beschlossen, die aus ökologischen und ökonomischen Gründen unverzichtbar war. Darüber hinaus verkürzten wir die Planungszeiten bei Verkehrswegen in ganz Deutschland deutlich und brachten entsprechende Gesetze auf den Weg. Weiter brauchten wir im Verkehrsbereich eine Neuordnung in Richtung Privatisierung. Alle Verkehrsteilnehmer, auch der Transitverkehr, mussten sich an den von ihnen verursachten Wegekosten der Autobahn beteiligen. In diesen Zusammenhang gehörte, dass die Wettbewerbsbedingungen für den Straßengüterverkehr in Europa in Ordnung gebracht und Wettbewerbsverzerrungen beseitigt wurden. Ich hielt es für nicht hinnehmbar, dass beispielsweise für einen 40-Tonnen-Lkw in den Niederlanden nur 3337 DM Kfz-Steuern gezahlt werden mussten, während bei uns 10 500 DM anfielen.

Unabhängig von der Vielzahl an Einzelmaßnahmen aber war für die Sicherung des Standorts Deutschland eines entscheidend: dass wir uns auf unsere Stärken besannen. Mit Tugenden wie Mut und Verlässlichkeit, Fleiß und Eigenverantwortung, Mitmenschlichkeit und Hilfsbereitschaft würden wir die Zukunft gewinnen.

*

Am 27. Mai 1993 stimmte der Bundestag dem im März zwischen CDU, CSU, SPD und FDP ausgehandelten Solidarpakt zu. In der begleitenden Debatte wurden noch einmal die unterschiedlichen Auffassungen zwischen Regierung und Opposition über Staatsverschuldung und Maßnahmen zur Konsolidierung der öffentlichen Haushalte deutlich. Einen Tag später, am 28. Mai, erhielt der Solidarpakt auch die Zustimmung des Bundesrats, in dem die SPD-geführten Länder über die Mehrheit verfügten.

35.
Bill Clinton

Am 25. und 26. März 1993 reiste ich zu meinem Antrittsbesuch beim neuen amerikanischen Präsidenten Bill Clinton. Bei dieser ersten Begegnung mit dem mir bis dahin völlig unbekannten und dazu noch fast siebzehn Jahre jüngeren Clinton wurde in mehrstündigen Gesprächen die Grundlage zu einer ausgezeichneten persönlichen Beziehung gelegt. Dabei galt unser Treffen im Vorfeld keineswegs als einfach, und vor allem die Journalisten waren ganz erpicht darauf, herauszufinden, wie belastend es sich wohl auf unser erstes Treffen auswirken würde, dass ich mich im amerikanischen Präsidentschaftswahlkampf öffentlich für die Wiederwahl George Bushs starkgemacht hatte.

Ich erinnere mich noch gut, wie beklommen wir beide waren. Als die Fernsehleute im Oval Office des Weißen Hauses ihre Aufnahmen gemacht und die Fotografen hinreichend Fotos geschossen hatten, setzte sich Bill Clinton neben mich an den Tisch. Er hatte ein ganzes Paket mit für die erste Gesprächsrunde vorbereiteten Papieren dabei, doch bevor es inhaltlich zur Sache ging, sagte ich, dass ich gut verstehen könnte, wenn meine aktive Parteinahme für George Bush ihn nicht nur nicht erfreut, sondern womöglich sogar in irgendeiner Form beleidigt habe. Das täte mir zwar leid, aber in dem Fall könne er das nur akzeptieren, denn ich sei der Meinung, dass Freundschaft etwas zu tun habe mit Dankbarkeit, und deshalb würde ich in einer vergleichbaren Situation genau so wieder handeln. Wenn ich mit jemandem befreundet sei, dann sei ich mit ihm nun einmal in guten und in schlechten Zeiten befreundet und würde in jeder Situation zu ihm stehen.

Mit größter Aufmerksamkeit hatte Bill Clinton meine Ausführungen verfolgt. Im ersten Moment war er natürlich verblüfft über diese Gesprächseröffnung. Dann stand er auf, gab mir die Hand und sagte, er bedanke sich sehr für diese Erklärung und wolle mir nur sagen, dass er mich voll und ganz verstehe, diese Haltung entspreche auch seiner Lebensauffassung.

Nun hätten wir eigentlich gemeinsam zur Delegation gehen sollen, doch ich bat Clinton, noch einmal Platz zu nehmen, da ich gerne noch ein Zweites mit ihm besprechen würde. Ich wisse nicht, ob er wisse, wer ich sei, sagte ich. Er habe zwar dort die schlauen Papiere seiner Leute, und ähnliche Papiere über ihn seien mir auch mitgegeben worden. Aber meine Erfahrung sei, dass man mit diesen Papieren in Wahrheit nicht viel anfangen könne. Wenn der Präsident einverstanden sei, wolle ich ihm einmal selbst erzählen, wer ich sei und wie ich mich sähe, und ich würde ihn bitten, das gleiche für mich zu tun.

Okay, sagte Bill Clinton nach einem kurzen Moment des Stutzens. Daraufhin erzählte ich ihm in aller Kürze die wichtigsten Stationen meines Lebenswegs von Ludwigshafen aus. Ich sprach über die Erlebnisse im Krieg, über den tragischen Tod meines Bruders, der im Krieg gefallen war, und erzählte von meiner Schüler- und Studentenzeit und von den Jahren beim Chemieverband und in der Landespolitik. Dazu gehörte natürlich auch mein Engagement für die CDU. Ich berichtete ihm auch über Macht- und Wahlkämpfe, über meine Freunde und meine politischen Gegner.

Bill Clinton hörte sich das alles mit größter Aufmerksamkeit an. Anschließend sprach er von sich und erzählte mir von seiner Kindheit und Jugend, von seinem Vater, den er praktisch gar nicht erlebt hatte. Der neue amerikanische Präsident erläuterte mir, unter welch schwierigen Verhältnissen er bei seiner Mutter aufgewachsen war, die unendlich viel für ihn geleistet habe.

Wir sprachen lange miteinander und hatten das Protokoll bereits ziemlich in Verlegenheit gebracht. Die Stimmung zwischen uns hatte sich völlig entspannt. Als wir schließlich zu den Delegationen herüberkamen, hatte sich dort große Unruhe breitgemacht. Wegen der Überlänge unserer Begegnung glaubten einige Diplomaten, vor allem auf deutscher Seite, es müsse zu einem riesigen

Krach zwischen uns gekommen sein. Um so erstaunter war man, als wir so entspannt zur Delegation stießen.

*

Bei dem anschließenden zweistündigen vertraulichen Gespräch besprachen wir unter vier Augen die wichtigsten Weltprobleme, vor allem die schwelende Krise in Russland und die schwierige Situation im ehemaligen Jugoslawien.

Zunächst bedankte ich mich für die Einladung und erklärte, ich sei stets ein Vorkämpfer der deutsch-amerikanischen Beziehungen gewesen. Heute sei ein gutes deutsch-amerikanisches Verhältnis im Grunde genommen wichtiger als vor vierzig Jahren, als die Umstände in gewisser Weise psychologisch einfacher gewesen seien. Damals hätten die Menschen in Deutschland zwar unter der Teilung gelitten und Angst vor einem Krieg gehabt, aber auf Grund der dramatischen Veränderungen der letzten Jahre hätte sich bei den Menschen eine neue Angst eingestellt und sie fragten sich, ob »die da oben« die Lage noch in der Hand hätten. Auch vor diesem Hintergrund sei ich dafür, den deutsch-amerikanischen Beziehungen eine neue Dimension zu geben, und zwar zunächst im sicherheitspolitischen Bereich. Es sei klar, dass die USA ihre Truppen in Europa reduzieren würden, doch es komme darauf an, dass die Zahl der verbleibenden Truppen glaubwürdig sei. Gleichzeitig müssten wir unsererseits die Struktur der Bundeswehr reformieren und unserer Verantwortung in den Vereinten Nationen gerecht werden; deshalb wollten wir das Grundgesetz entsprechend ändern.

Ich schlug dann vor, zunächst über Russland zu sprechen. Im Rahmen der Delegationsgespräche könne man dann vor allem Wirtschaftsthemen, aber auch die Entwicklung in Deutschland und der EG erörtern. Damit erklärte sich Clinton einverstanden.

Mein Eindruck sei, dass Jelzin die Partie gewinnen werde, erklärte ich daraufhin. Ich sei froh darüber, dass Präsident Clinton erklärt habe, Russland unterstützen zu wollen. Nur wenn der Westen Jelzin helfe, habe er eine Chance, wenn auch keine hundertprozentige. Wenn Jelzin stürze, würden die Dinge viel schwieriger und in der Folge teurer, zumal es dann zu einem Rückfall in alte Strukturen käme. Man dürfe nicht vergessen, dass Russland nach wie vor militärisch stark sei und über ungeheure Mengen an konventionellen wie an ABC-Waffen verfüge. Erst vor wenigen Tagen sei ich mit dem tschechischen Ministerpräsidenten Václav Klaus und der polnischen Ministerpräsidentin Hanna Suchocka zusammengetroffen, und beide schauten mit großer Sorge auf Russland.

Ich unterstrich, dass ich auf Jelzin setzte, auch wenn darin ein Risiko liege. Zwar habe Henry Kissinger noch vor wenigen Tagen vor einer solchen Politik gewarnt; aber Kissinger lasse sich dabei offenbar von den Vorstellungen eines Metternich leiten, über den er als Historiker gearbeitet habe. Natürlich wisse man nicht, ob Jelzin mit seiner Politik Erfolg habe. Sollte es schiefgehen, könnten wir aber immerhin sagen, dass wir es zumindest versucht hätten.

Dabei müsse nicht alles, was man für Russland tun könne, unbedingt viel Geld kosten. Beispielsweise würde ich mich fragen, ob nicht dreißig Universitäten in den USA, in Großbritannien, Frankreich und Deutschland eine Patenschaft für entsprechend viele Universitäten in Russland übernehmen könnten. Das würde in dreißig Städten in Russland eine wichtige Botschaft zu verbreiten helfen.

Die Russen seien ein stolzes Volk, fuhr ich fort, und auch die nichtkommunistischen Kräfte hätten sich als Mitglieder einer Weltmacht gefühlt. Man dürfe den Russen daher nicht das Gefühl geben, als ob man auf sie keine Rücksicht mehr zu nehmen brauche. Was die Ausarbeitung eines Hilfsprogramms angehe, so sollten sich die zuständigen Mitarbeiter zusammensetzen, auch wenn das keine einfache Arbeit sei. So sei die deutsche Seite mit ihren Leistungen an der Obergrenze des Möglichen angelangt; bekanntlich hätten wir 53 Prozent der Gesamthilfe an die GUS geleistet. Trotzdem müsse man etwas tun. Der demokratische Senator Sam Nunn, der Clintons Politik gegenüber eine kritische Haltung einnahm, habe in einem Gespräch mit mir vorgeschlagen, dass man den Nato-Strukturfonds möglicherweise dazu nutzen könnte, um Wohnungen für russische Offiziere zu bauen. Über diesen Vorschlag solle man nachdenken, meinte ich.

Nachdrücklich trat ich hinsichtlich der Unterstützung Russlands für eine multilaterale Kooperation ein. Allerdings hätte eine Reihe von Ländern bislang nicht viel getan. So hätte ich beispielsweise dem japanischen Ministerpräsidenten Miyazawa erst kürzlich in Tokio deutlich gesagt, dass man mit der Formel »Geld gegen Inseln« nicht weiterkomme.

Dies sei absolut richtig, warf Präsident Clinton ein, und ich fuhr fort zu erläutern, dass wir bei der Herstellung der deutschen Einheit eine andere Strategie verfolgt hätten: Gorbatschow sei 1988 wirtschaftlich am Ende gewesen. Ich hätte dann – gegen alle Einsprüche zu Hause – Gorbatschow unterstützt. Das habe sich ausgezahlt – beispielsweise, als Gorbatschow während der Öffnung der Mauer dem Drängen von Stasi und KGB widerstand, die Panzer rollen zu lassen.

Präsident Clinton erklärte, der russische Außenminister Andrej Kosyrew sei letzte Woche in Washington gewesen und habe vorgetragen, was Russland alles vom Westen haben wolle. Vor allem gehe es um Berater, von denen er allerdings erwarte, dass sie ständig vor Ort seien. Auch lege die russische Seite Wert darauf, dass diese Beratertätigkeit auf technische Fragen beschränkt bleibe und nicht zu einer Einmischung in die Politik führe. Clinton sagte, er werde mit Jelzin bald in Vancouver zusammentreffen und beabsichtige, nach dem Treffen bekanntzugeben, was die USA bilateral zu Jelzins Unterstützung tun würden. Er frage sich, ob nicht auch andere G-7-Partner zu gleicher Zeit entsprechende bilaterale Schritte ankündigen könnten. Hierüber habe er bereits mit Mitterrand, Mulroney und Major gesprochen. Unabhängig davon könnten auch die Außen- und Finanzminister etwas machen, aber aus seiner Sicht wäre die Wirkung größer, wenn die G-7-Chefs schon vorher etwas ankündigen könnten. Natürlich gebe es schwierige Probleme, wie etwa die Schuldenfrage und das Programm des IWF. Aus seiner Sicht sei es jedoch vor allem wichtig, etwas zu tun, das unmittelbar der Bevölkerung zugute komme.

Ich erwiderte, ich sei überzeugt, dass man etwas hinkriegen könne, und ich schlug dem Präsidenten vor, in dieser Frage engen Kontakt zu halten. Für mich sei sehr wichtig, dass der Präsident bei der Hilfe für Russland die Führung habe, denn das werde nicht nur in Russland Eindruck machen, sondern auch in Mitteleuropa, etwa in Polen und der Tschechischen Republik, und es sei wichtig, dass dort der Eindruck herrsche, die Amerikaner kümmerten sich um Europa.

Präsident Clinton erklärte, er treffe sich am Abend mit einigen Senatoren zu einem Essen. Auch den Senatoren sei bewusst, dass es hinsichtlich der Unterstützung Jelzins Risiken gebe, sie wüssten aber zugleich, dass es keine Alternative dazu gebe. Es sei daher wichtig, den Versuch zu wagen, auch wenn er scheitere. Selbst wenn Jelzin politisch nicht überlebe, werde man die Chance haben, die Tür offenzuhalten.

Ich pflichtete ihm bei und ergänzte, selbst wenn es schiefgehe, werde derjenige, der nach Jelzin komme, sich überlegen müssen, wie man mit den USA, Deutschland und anderen westlichen Staaten zusammenarbeiten könne. Dasselbe hätte ich auch Präsident Mitterrand gesagt, der noch skeptisch sei. Dass die USA und Deutschland in dieser Grundsatzfrage übereinstimmten, freute mich sehr, und ich schlug vor, dies auch vor der Presse klarzumachen.

Zum Abschluss sagte Clinton, es sei zudem wichtig, deutlich zu machen, dass man Jelzin nicht als Person unterstütze, sondern als Vertreter der demokratischen Kräfte.

*

Nach dem gemeinsamen Abendessen fragte Clinton plötzlich, ob ich noch etwas vorhätte. Als ich die Frage verneinte, lud er mich zu einem weiteren persönlichen Gespräch ein. Wir verabschiedeten uns von unseren Delegationen und zogen uns in die privaten Räumlichkeiten des Weißen Hauses zurück. Bill Clinton verließ für kurze Zeit den Raum und kam dann mit einer älteren Dame wieder herein. Er sagte: »Das ist meine Mutter, die heute zum ersten Mal im Weißen Haus ist. Ich habe ihr von Ihnen erzählt, und sie wollte Sie kennenlernen.«

Ich war überrascht und freute mich sehr über die Herzlichkeit dieser angenehmen Dame. Im Lauf unserer Begegnung lernte ich diese äußerst kluge Frau näher kennen und spürte, wie sehr sie auch die negativen Seiten des Lebens als alleinerziehende Mutter hatte erfahren müssen. Es war ein unglaublich offenes Gespräch, bei dem sie vieles von mir wissen wollte. Sie hatte in Amerika beispielsweise nur wenig vom Zweiten Weltkrieg erfahren und nie etwas von den Bombenangriffen auf Deutschland gehört, über die ich dann berichtete.

So fand unser Gespräch in einer sehr herzlichen Atmosphäre statt, und mit der Stunde des Abschieds begann eine Freundschaft zwischen Bill Clinton und mir, die bis zum heutigen Tag hält.

Am Ende meines Besuchs in Washington hatte ich das Gefühl, als wären wir schon jahrelang miteinander bekannt, und ich konstatierte vor der internationalen Presse, dass die Chemie zwischen uns beiden stimme. Ich vermeinte auch einen gewissen Respekt des sechsundvierzigjährigen Clinton vor mir und meiner damaligen politischen Lebensleistung zu spüren. Zwar hatte ich es nach Reagan und Bush erstmals mit einem amerikanischen Präsidenten zu tun, der den Zweiten Weltkrieg nur aus den Geschichtsbüchern kannte, aber der Generationsunterschied machte mir keinerlei Probleme. Im Gegenteil, ich war überrascht, wie gut der Präsident informiert war, wie gut er die Details kannte und auf den Punkt brachte, gleichgültig, ob es nun um das schwierige Thema GATT, die Beziehungen zwischen Amerika und Europa oder um die Nato ging.

36.
Auslandseinsatz

Seit Monaten diskutierten wir über die größere außenpolitische Verantwortung der Bundesrepublik. Schon während des Golfkriegs konnte ich unseren Verbündeten nur mit Mühe und Not klarmachen, dass kein einziger Bundeswehrsoldat in den Krieg ziehen würde. So gesehen, trifft es schon zu, dass wir uns mit einer horrenden Summe an Geld und Kriegsgerät »freikauften«. Lange war eine solche Strategie allerdings nicht mehr durchzuhalten; zur Änderung des Grundgesetzes gab es keine Alternative. Doch um die dafür nötige Zweidrittelmehrheit zu erreichen, bedurfte es der Zustimmung der Sozialdemokraten, und die waren noch lange nicht bereit, meinem Kurs zu folgen und eine Verfassungsänderung herbeizuführen.

Als der Krieg in Jugoslawien ausbrach, standen wir erneut vor dem alten Dilemma: Humanitäre Hilfe war geboten und Zurückhaltung, wenn es um militärische Einsätze ging. Dabei waren die Nachrichten und Fernsehbilder vom Bürgerkrieg in Jugoslawien kaum auszuhalten.

Unter den Bonner Parteien führte die Frage einer Beteiligung deutscher Soldaten an einem Kampfeinsatz im jugoslawischen Bürgerkrieg zu einer heftigen Kontroverse: Mussten Bundeswehrangehörige, die in einem Verband von AWACS-Aufklärungsflugzeugen der Nato als technisches Personal eingesetzt waren, die Flugzeuge verlassen, wenn das Bündnis dazu überging, das Flugverbot über Bosnien-Herzegowina zu überwachen, und hierbei gegebenenfalls auch friedenschaffende Militäraktionen durchführte? Während meine Partei einen solchen Einsatz als vom Grundgesetz gedeckt betrachtete, hatten FDP und SPD verfassungsrechtliche Bedenken.

Ich warb in den Spitzengremien meiner Partei für einen derartigen Bundeswehreinsatz, in der Bundestagsfraktion plädierte ich für eine Unterstützung der Nato, und schließlich setzte ich für die Kabinettssitzung vom 2. April 1993 das Thema »Durchsetzung des Flugverbots über Bosnien-Herzegowina« als ersten Punkt auf die Tagesordnung und führte damit einen Kabinettsbeschluss herbei, der am Ende zu einer spürbaren Belastung des Koalitionsklimas werden sollte.

Am 31. März hatte der Sicherheitsrat der Vereinten Nationen die Resolution 816 zur Durchsetzung des Flugverbots über Bosnien-Herzegowina verabschiedet, die die UN-Schutztruppen (UNPROFOR) aufforderte, die dafür notwendigen Maßnahmen zu ergreifen, und UN-Mitglieder ermächtigte, national oder im Rahmen regionaler Organisationen alle notwendigen Maßnahmen zu treffen, um das Flugverbot durchzusetzen – in enger Abstimmung mit dem UN-Generalsekretär. Die Implementierung dieser Maßnahme sollte frühestens nach Ablauf von sieben Tagen nach Verabschiedung der Resolution beginnen und das Flugverbot spätestens nach weiteren sieben Tagen durchgesetzt werden. Sollten die bosnischen Serben dem Friedensplan vorher zugestimmt haben, würden die Maßnahmen zur Durchsetzung des Flugverbots Teil des Friedensplans werden.

Über die andauernde Überwachung des Flugverbots hinaus hatte das Nordatlantische Bündnis die notwendigen Vorarbeiten geleistet, um ein Flugverbot auch durchsetzen zu können – dies geschah mit deutscher Beteiligung und Zustimmung. Daraufhin war den Vereinten Nationen angezeigt worden, dass die Nato bereit und in der Lage war zu handeln, sobald eine entsprechende Resolution vorläge. Diese Situation war jetzt eingetreten.

Die Bundesregierung ließ sich nun von sechs Überlegungen leiten:

- *Erstens:* Für die Durchsetzung des Flugverbots lag ein Mandat der Vereinten Nationen vor. Damit bestand eine klare völkerrechtliche Grundlage.
- *Zweitens:* Die Durchsetzung des Flugverbots diente dem

Schutz der Bevölkerung und dem Schutz der eingesetzten Blauhelmsoldaten unserer Natopartner.
- *Drittens:* Ein solcher Schutz konnte nicht verwehrt werden. Es ging darum, das Töten aus der Luft zu unterbinden. Es wäre weder der deutschen Bevölkerung noch unseren Bündnispartnern zu vermitteln, wenn Deutschland die Überwachung und Durchsetzung des Flugverbots behindern würde.
- *Viertens:* Der politische Wille unserer Bündnispartner, diese Aufgabe zu übernehmen, war eindeutig. Eine abweichende Haltung würde Deutschland isolieren.
- *Fünftens:* Die Durchsetzung des Flugverbots förderte außerdem die Aussicht auf die Annahme des Vance-Owen-Plans, auch durch die bosnischen Serben.
- *Sechstens:* Die Nato-AWACS-Flotte war ein Bündnisinstrument mit besonderer Integrationsqualität, auf das sich die Allianz schon in Friedenszeiten in bewusster gegenseitiger Abhängigkeit stützte.

Nach der Entscheidung des Nato-Rats erhielt der Oberbefehlshaber Europa den Auftrag zur Durchsetzung des Flugverbots. Die deutschen Soldaten waren voll in den AWACS-Verband integriert, der als »Nato Command Force« schon in Friedenszeiten der Nato unterstellt war, und der multinationale Charakter dieses Verbandes erforderte keine weiteren nationalen Entscheidungen für den Einsatz. Ich empfahl daher, folgenden Beschluss zu fassen:

1. Die Bundesregierung bekräftigt ihre Entschlossenheit, an den Bemühungen der Völkergemeinschaft, den Frieden im früheren Jugoslawien wiederherzustellen und den bedrängten Menschen in der Region wirksam zu helfen, nach besten Kräften mitzuwirken.
2. Insbesondere würdigt und unterstützt sie nachhaltig die Anstrengungen der Vermittler der Vereinten Nationen, Cyrus Vance, und der Europäischen Gemeinschaft, Lord Owen, die Annahme des von ihnen konzipierten Friedensplans für Bos-

nien-Herzegowina durch alle Konfliktparteien sicherzustellen und diesen Plan so zügig wie möglich umzusetzen.
3. Sie bekräftigt ihre Haltung, dass die Einhaltung des durch UN-Sicherheitsresolutionen 781 und 786 vom 9. Oktober beziehungsweise 10. November 1992 verhängten Flugverbots über Bosnien-Herzegowina durch den Nato-AWACS-Verband unter deutscher Beteiligung überwacht wird.
4. Sie ist einverstanden, dass der Nato-AWACS-Verband nunmehr in Übereinstimmung mit Sicherheitsresolution 816 vom 31. März 1993 auch unter deutscher Beteiligung daran mitwirkt, dieses Flugverbot durchzusetzen.

In der Kabinettssitzung vom 2. April gab dann Justizministerin Leutheusser-Schnarrenberger im Namen der FDP-Minister folgende Erklärung ab:

»Die FDP-Minister teilen die Zielsetzung und den Inhalt der Punkte 1 bis 3 des Beschlussvorschlags. Sie können aus den bekannten verfassungsrechtlichen Gründen die rechtliche Beurteilung zu Ziff. 4 des Beschlussvorschlags nicht mittragen und werden deshalb mit Nein stimmen.«

Dies war so mit dem Koalitionspartner verabredet, wirkte nach außen aber wie eine kleine Sensation. Unmittelbar nach dieser Abstimmung reichte die FDP-Bundestagsfraktion eine Eilklage beim Bundesverfassungsgericht ein. Auch die SPD wollte eine Einstweilige Anordnung in Karlsruhe erwirken und den Einsatz von Bundeswehrsoldaten in AWACS-Aufklärungsflugzeugen verbieten lassen.

In der Kabinettssitzung ging ich auf die Bedeutung einer verfassungsgerichtlichen Klärung ein. Von einer »Flucht« nach Karlsruhe konnte keine Rede sein, allerdings bedauerte ich, dass es nicht – wie noch Anfang der fünfziger Jahre – die Möglichkeit gab, eine gutachterliche Stellungnahme des Bundesverfassungsgerichts einzuholen. Angesichts des jetzigen Vorgangs hielt ich es aber für angezeigt, im Rahmen der laufenden Arbeiten zu einer

Verfassungsreform zu prüfen, ob diese Möglichkeit nicht wieder eingeführt werden sollte, wenn auch in stark eingeschränktem und Missbrauch vorbeugendem Umfang. Manches wäre in den letzten Jahren besser gelaufen, wenn eine solche Stellungnahme hätte eingeholt werden können.

Ich ging davon aus, dass es in Karlsruhe binnen weniger Tage zu einer Entscheidung kommen würde, und erklärte, dass bis dahin keine deutschen Soldaten bei Maßnahmen nach Punkt vier des Beschlussvorschlags mitfliegen sollten. Darüber gab es eine klare Absprache zwischen den Koalitionsparteien.

Es gab aber auch Drohungen, wonach die Liberalen eine Aufkündigung der Koalitionsvereinbarungen mit der Union in Erwägung ziehen könnten, falls das höchste deutsche Gericht die Klage abweisen sollte. Für mich war das alles lediglich ein Sturm im Wasserglas, weder eine Koalitionskrise noch eine Staatskrise, sondern nur ein Affentheater.

Nach mehrtägigen Beratungen und einer mündlichen Anhörung urteilte der Zweite Senat des Bundesverfassungsgerichts unter Vorsitz von Ernst Gottfried Mahrenholz am Abend des 8. April 1993 in einer vorläufigen Entscheidung, dass die Teilnahme von Bundeswehrangehörigen an dem AWACS-Einsatz zulässig ist. Damit wurden die Anträge der Bundestagsfraktionen von SPD und FDP auf Erlass einer Einstweiligen Verfügung zurückgewiesen. Als Folge dieser Entscheidung nahmen hundertzweiundsechzig Bundeswehrangehörige ab dem 12. April 1993 im Rahmen des ersten Kampfeinsatzes deutscher Soldaten nach dem Ende des Zweiten Weltkriegs an dem AWACS-Einsatz der Nato teil, bei dem achtzehn Maschinen zur Durchsetzung des Flugverbots über Bosnien eingesetzt wurden.

Zur Begründung seiner Eilentscheidung nannte das Gericht die Gefahr eines schweren Vertrauensverlusts, den die Bundesrepublik bei ihren Bündnispartnern erleiden würde, falls die Teilnahme untersagt werden sollte, sowie eine mögliche Störung des von der Völkergemeinschaft autorisierten Flugverbots über dem Bürgerkriegsgebiet. Bei einem Abzug des deutschen Militärkontingents würde die Einsatzfähigkeit des Verbandes nachhaltig beeinträchtigt und die von den Vereinten Nationen beabsichtigte »politische Signalwirkung« verfehlt.

Man wird leicht verstehen, dass mich die Entscheidung des Bundesverfassungsgerichts überglücklich machte, dass ich sogar Genugtuung empfand über die politische und juristische Niederlage unseres Koalitionspartners FDP und der SPD-Opposition. Fraktionschef Wolfgang Schäuble hatte ganz recht, als er die Kabinettsentscheidung in einem Brief an die CDU/CSU-Bundestagsabgeordneten mit dem Nachrüstungsbeschluss der Nato verglich, der vor zehn Jahren gefallen war. Deutschland durfte auch jetzt keinen Sonderweg gehen.

*

Zwischen Regierungskoalition und Opposition nicht minder heftig umstritten war die Aufforderung der Vereinten Nationen, durch den Einsatz von Bundeswehrsoldaten humanitäre Hilfe für Somalia zu leisten. Bisher war es im Rahmen des ersten Teils der Sicherheitsoperation »Restore hope« der UN in Somalia darum gegangen, Frieden zu schaffen, eine Aufgabe, die vorrangig von den Amerikanern wahrgenommen wurde. Nunmehr ging es in einem zweiten Schritt darum, mit UNOSOM, der bisher größten Operation der UN, den humanitären Wiederaufbau des Landes zu unterstützen, und auf schriftliche Bitten des UNO-Generalsekretärs Boutros Boutros-Ghali sollte auch die Bundesrepublik Deutschland daran teilnehmen. Dabei handelte es sich um eine rein humanitäre Aktion in befriedeten Gebieten ohne Teilnahme an Kampfhandlungen, allerdings mit dem Recht zur Selbstverteidigung. Die Kontrolle der Operation lag bei den UN, die Befehls- und Kommandogewalt blieb beim Bundesminister der Verteidigung.

Gespräche mit dem SPD-Bundesvorsitzenden Björn Engholm und dem SPD-Fraktionsvorsitzenden Hans-Ulrich Klose brachten keine Klärung über die Haltung der Sozialdemokraten.

Am 21. April 1993 beschloss das Bundeskabinett ohne Gegenstimmen, 1640 Angehörige der Bundeswehr in den Nordosten der ostafrikanischen Republik zu entsenden. Bei der am gleichen Tag stattfindenden Bundestagsdebatte unterstrichen Vertreter der SPD, dass der Militäreinsatz aus sozialdemokratischer Sicht gegen die Bestimmungen des Grundgesetzes verstoße und damit verfassungswidrig sei; zugleich betonten sie aber, dass ihre Partei die Beteiligung der Bundeswehr an humanitären Aktionen der UNO im Grundsatz unterstütze.

In der Debatte fielen auch Behauptungen, wonach die Bundesregierung mit der Forderung nach uneingeschränkter Übernahme aller Pflichten der UN-Charta eine Militarisierung der deutschen Außenpolitik betreibe. Das war schlichtweg absurd. Waren denn beispielsweise die Finnen, Kanadier und Iren, die seit Jahren an allen Brennpunkten der Welt für die UNO ihren oft lebensgefährlichen Dienst taten, deshalb Militaristen? Immerhin sollten sich die Sozialdemokraten doch noch als lernfähig erweisen – allerdings erst Jahre später, als sich die rot-grüne Bundesregierung für echte Militäreinsätze engagierte.

Am Ende einer hitzigen Debatte stimmte der Deutsche Bundestag dem Somalia-Einsatz zu. Am 14. Mai trafen die ersten Angehörigen der deutschen Streitkräfte in dem ostafrikanischen Staat ein. Dem Vorauskommando folgten Ende Juli / Anfang August alle Bundeswehrangehörigen, die für den Somalia-Einsatz bestimmt waren.

37.
Demoskopie

Im April 1993 erschien mit dem *Allensbacher Jahrbuch der Demoskopie 1984–1992* ein aufschlussreiches Werk, das ich mit großem Interesse studierte und das meine Wertschätzung für Professor Elisabeth Noelle-Neumann erneut bestätigte. Dass ich ihr schon seit vielen Jahren besonders verbunden bin, ist ja kein Geheimnis. Nicht selten wurde mit mancherlei Häme bedacht, dass ich die Untersuchungsergebnisse des Allensbacher Instituts für Demoskopie mit großer Aufmerksamkeit las.

Elisabeth Noelle-Neumann war eine ebenso strenge wie gütige Lehrmeisterin. Das musste auch so sein, denn die Abnehmer demoskopischer Daten, ob in Politik oder Wirtschaft, sind eine launische Klientel: Sind die Daten gut, dann ist es das eigene Verdienst; sind die Daten schlecht, dann ist das Institut schuld. Demoskopie ist wie ein Seismograph, der sowohl einzelne Erdbeben als auch langfristige tektonische Verschiebungen zu registrieren und vorherzusagen vermag. Allensbach hat oft genug die Erfahrung machen müssen, dass so mancher Zeitgenosse eher bereit ist, auf den Seismographen einzuschlagen, als in sich zu gehen und seine Position selbstkritisch zu überprüfen.

Eigentlich hatte dieses 9. *Allensbacher Jahrbuch* schon 1990 veröffentlicht werden sollen, doch es war eine kluge Entscheidung, den Publikationstermin hinauszuschieben. So hatten wir 1993 ein Werk vor uns, das über die öffentliche Meinung in West- *und* Ostdeutschland umfassend Auskunft gab. Und der Zeitraum, auf den sich das Jahrbuch bezieht, die Jahre 1984 bis 1992, macht dieses Werk zu einer Fundgrube von besonderem Wert für Zeithistoriker, aber auch für künftige Generationen von Geschichtswissenschaftlern.

Demoskopie vermittelt ja nicht nur Momentaufnahmen; sie vermag auch ein Bild von langfristigen Trends zu zeichnen. Gerade das Institut für Demoskopie hat sich um Methodik und Entwicklung der Zeitreihenforschung große Verdienste erworben und die Ergebnisse der Meinungsforschung damit nicht zuletzt auch für Historiker aufschlussreich und wertvoll gemacht. Ich halte das für einen besonders wichtigen Gesichtspunkt. Denn gut zweieinhalb Jahre nach der staatlichen Wiedervereinigung Deutschlands mussten wir erleben, wie bereits Fälscher am Werk waren: Von interessierter Seite wurde versucht, die Geschichte des zurückliegenden Jahrzehnts, insbesondere der Jahre 1989 und 1990, umzuschreiben. Man wollte vergessen machen, wie sehr sich so mancher in bezug auf die deutsche Einheit geirrt hatte. Das war zwar menschlich verständlich, intellektuell jedoch unredlich.

Die demoskopischen Daten aus den Jahren 1989 bis 1991 können und werden dazu beitragen, Legendenbildung zu verhindern, denn sie spiegeln in unverfälschter Weise aktuelle Stimmungen wider, die sich auch in der Rückschau nicht weginterpretieren lassen. Geradezu lehrbuchhaft verdeutlicht die Vorgeschichte der deutschen Einheit, wie weit die von manchen Medien erzeugte Scheinwirklichkeit und die tatsächlichen Stimmungen in der Öffentlichkeit auseinanderklaffen können. Während in den Medien die Befürworter der Zweistaatlichkeit bis Ende 1989 / Anfang 1990 jahrelang die öffentliche Debatte über die Einheit der Nation dominierten, bot sich dem unvoreingenommenen Blick der Demoskopen ein völlig anderes Bild: Bei der großen Mehrheit der Bevölkerung der alten Bundesrepublik wie der früheren DDR gab es eine – zumindest latente – Unterstützung für das Ziel der deutschen Einheit.

An diesem Beispiel wird auch deutlich, welch enorme Bedeutung der Demoskopie in unserer Demokratie zukommt. Sie kann die politisch Verantwortlichen gelegentlich von dem Druck entlasten, dem sie durch die veröffentlichte Meinung immer wieder ausgesetzt sind. Die Medien werden oft als »Vierte Gewalt« bezeichnet. Wenn dies so ist, dann ist die Demoskopie ein wichtiges

Instrument zur Kontrolle dieser Machtinstanz, ein Instrument zur Herstellung demokratischer Pluralität.

Natürlich sind auch Demoskopen nicht gegen die Versuchung gefeit, sich für politische Interessen missbrauchen zu lassen. Es lässt sich wohl kaum verhindern, dass die Demoskopie vielfach auch als Instrument in der politischen Auseinandersetzung eingesetzt wird. Das kann sowohl das Verschweigen unliebsamer Daten betreffen wie auch den Zeitpunkt bestimmter Veröffentlichungen – vor einem wichtigen Parteitag etwa oder vor einer wichtigen Entscheidung in den Bundestagsfraktionen.

So wenig gegen die Publikation von Daten auf Grund gewissenhaft formulierter Fragen einzuwenden ist, so sehr muss die Demoskopie doch aufpassen, dass sie sich von ihren Auftraggebern nicht vereinnahmen lässt. In diesen Zusammenhang gehört selbstverständlich auch ein selbstkritisches Wort an die Adresse der Politik, in der es eine fatale Neigung zu dem Irrtum gibt, politische Entscheidungen durch Demoskopie ersetzen zu können.

In einer Demokratie ist es Aufgabe der politisch Verantwortlichen – ganz besonders der politischen Parteien –, an der politischen Willensbildung des Volkes mitzuwirken. Die Demoskopie kann hierbei als »Frühwarnsystem« hilfreich sein, indem sie Informationsdefizite aufdeckt und Hinweise gibt, wo Überzeugungsarbeit verstärkt werden muss. Gerade in Existenzfragen einer Nation jedoch erweist sich politische Führungskraft vor allem darin, den Stimmungen des Augenblicks nicht nachzugeben. Die Geschichte der Bundesrepublik Deutschland bietet hierfür eine Reihe bedeutsamer Beispiele:

- Wäre Konrad Adenauer den demoskopischen Daten gefolgt, so wäre unser Land niemals Mitglied des Nordatlantischen Bündnisses geworden. Es gab in den fünfziger Jahren eine verbreitete »Ohne-mich-Stimmung«, und die Frage der Nato-Mitgliedschaft wurde in der öffentlichen Diskussion auf das abschreckende Schlagwort »Wiederbewaffnung« verengt.
- Wäre ich 1982/83 den demoskopischen Daten gefolgt, dann wäre der Nato-Doppelbeschluss nicht vollzogen worden.

Wie ich von Michail Gorbatschow selber weiß, hat jedoch gerade die Geschlossenheit und Standfestigkeit des Bündnisses entscheidend zum »Neuen Denken« in der sowjetischen Führung und damit letztlich auch zur Wiedervereinigung Deutschlands beigetragen.

Es gäbe noch viele weitere Beispiele. Allein im Zeitraum 1991 bis 1992 hat es wahrlich genug davon gegeben – ich erinnere nur an die hysterisch anmutende Diskussion über die Volkszählung, an den Kampf um die Veränderung des sogenannten Streikparagraphen (Paragraph 116 Arbeitsförderungsgesetz/AFG), an die Debatten um Gesundheitskostenreform, Steuerreform oder Postreform.

Mein Fazit aus all diesen Erfahrungen lässt sich auf eine einfache Formel bringen: Die politisch Verantwortlichen müssen begreifen, wie sehr die Politik von der Demoskopie und ihren Untersuchungsergebnissen lernen kann. Sie müssen sich aber davor hüten, solche Daten als Gebrauchsanweisung für politisches Handeln zu nehmen.

Ich betone das nicht zuletzt auch deshalb, weil die Anfälligkeit nicht nur in Deutschland, sondern in praktisch allen Ländern der westlichen Welt gegenüber populistischen Strömungen in letzter Zeit zugenommen hat. Dieser Trend hat gewiss viele Ursachen. Eine davon ist die abnehmende Bereitschaft, sich dauerhaft in einem institutionellen Rahmen zu binden und zu engagieren – wozu beispielsweise auch gehört, auf andere, auf deren Interessen und Meinungen Rücksicht zu nehmen. Darunter leiden nicht nur die Parteien, sondern auch Kirchen und Gewerkschaften.

Das Institut für Demoskopie Allensbach ist älter als die Bundesrepublik Deutschland. Seit seiner Gründung 1947 und unter dem Eindruck der Katastrophe, zu der das Scheitern der ersten deutschen Demokratie schließlich führte, hat Elisabeth Noelle-Neumann ein Ethos der Demoskopie entwickelt, das vorbildlich ist und bleibt. Es gehört zu den vornehmsten Aufgaben der Meinungsforschung, rechtzeitig auf Entwicklungen hinzuweisen, die an die Grundlagen unserer freiheitlichen Demokratie rühren könnten.

Die Prognosen aus Allensbach für die Zukunft der zweiten deutschen Demokratie waren optimistisch. Damit stellte sich das Institut einmal mehr gegen den Zeitgeist – vor allem gegen den Kulturpessimismus der veröffentlichten Meinung –, der uns etwas anderes einreden wollte. Schon seit längerem beobachtet Allensbach einen großen Trend, der dem Prozess der Fragmentierung und der Bindungslosigkeit in modernen Gesellschaften zuwiderläuft und zu dem nicht zuletzt die steigende Bedeutung der Familie gehört. Ich halte dies für einen besonders ermutigenden Befund, denn die Familie ist der erste und wichtigste Ort individueller Geborgenheit und Sinnvermittlung. Partnerschaft zwischen Mann und Frau, Liebe zu Kindern, Solidarität zwischen den Generationen – das alles kann unsere Gesellschaft nur prägen, wenn es sich in der Familie bewährt.

Ein zweiter aufschlussreicher Befund aus Allensbach besagt, dass West- und Ostdeutsche sich zwar noch in ihrer Denkungsart, nicht jedoch in ihrer Wesensart voneinander unterscheiden. Auch das ist eine ermutigende Botschaft. Denn die innere Einheit unseres Vaterlandes ist ja nicht nur eine ökonomisch-soziale Herausforderung, sondern – vielleicht sogar in erster Linie – eine geistig-kulturelle Aufgabe, bei der es um unsere Fähigkeit zu Solidarität und menschlichem Miteinander im vereinten Vaterland geht. Die Botschaft vom tiefverwurzelten Zusammengehörigkeitsbewusstsein aller Deutschen sollte uns für die künftige Arbeit motivieren.

38.
Gewalt und Freiheit

Mitte Mai reiste ich zu einem offiziellen Staatsbesuch in die Türkei. Das deutsch-türkische Verhältnis gründet auf der tiefen Freundschaft unserer Völker, die traditionell auf verschiedenen Gebieten besteht, in der Politik, im Militärwesen, in der Wissenschaft, in der Kunst. Es war immer ein Prozess des Gebens und Nehmens, und ich hatte nicht vergessen, dass unsere türkischen Freunde in schwieriger Zeit stets zu uns gehalten und uns auf dem Weg, der 1990 zur deutschen Einheit führte, vorbehaltlos unterstützt hatten.

Und noch etwas ist sehr wichtig und prägend für die Beziehung zwischen unseren beiden Ländern: Über 2 Millionen türkische Bürger leben in Deutschland. In meiner eigenen Heimatstadt, die 150 000 Einwohner hat, waren es 1993 rund 7000. Es sind Männer und Frauen, die zum Teil seit Jahrzehnten bei uns leben, die unseren Wohlstand miterarbeitet haben. Ohne sie wäre das Bruttosozialprodukt unseres Landes in seiner heutigen Höhe nicht möglich. Manche der in Deutschland lebenden Türken wollen in Deutschland bleiben, andere gehen in ihre Heimat zurück und bringen dorthin das mit, was sie an Erfahrungen gewonnen haben.

Für uns, auch für mich persönlich, war es deswegen besonders schlimm, dass es gewalttätige Ausschreitungen gegen Ausländer in Deutschland gab, die sich auch gegen türkische Mitbürger richteten. Diese Gewalttaten waren eine Schande für unser Land, und wir waren tief erschüttert, dass dabei sogar Menschen ums Leben kamen.

Wenige Tage nach dem Ende meines Türkei-Aufenthalts kam es durch den Bombenanschlag von Solingen, der den Tod von fünf in

Deutschland lebenden Türken verursachte, erneut zu einer Belastung im Verhältnis zwischen Deutschland und der Türkei. In diesem Verbrechen, aber auch in den Brandanschlägen auf Wohnungen und Geschäftslokale türkischer Mitbürger, kam ein unfassbares Maß an sittlicher Verrohung zum Vorschein.

Niemand von uns konnte mit Sicherheit sagen, was in den Köpfen der zumeist jugendlichen Täter vorging. Es war jedoch unsere Pflicht, den Ursachen solcher Gewalt mit großer Ehrlichkeit nachzugehen. Zugleich mussten wir uns mit dem Gedanken vertraut machen, dass keine noch so gründliche soziologische oder psychologische Analyse die Realität des Bösen voll erfassen kann. Unserer aufgeklärten – oder sich für aufgeklärt haltenden – Zeit mochte diese Feststellung ein Ärgernis sein. Gutes Zureden, Sozialarbeit und Gesprächstherapie sind notwendig, aber nicht alles. Es gibt Situationen, in denen an unnachsichtiger Bestrafung und entschlossener Abschreckung kein Weg vorbeiführt.

Die grausame Mordtat von Solingen durfte nicht dazu führen, dass die deutsch-türkischen Beziehungen nachhaltig Schaden erlitten. In diesem Sinne hatte sich auch Staatspräsident Süleyman Demirel geäußert, für dessen besonnene Worte wir ihm zu Dank verpflichtet waren.

Die Freundschaft zwischen unseren beiden Völkern ist ein kostbares Gut, hatte ich bei meinem Türkei-Besuch gesagt. Leider tun sich manche Deutsche mit Freundlichkeit, die aus dem Herzen kommt, immer schwerer. Anstand und Würde sind Begriffe, die für manche zu Fremdwörtern geworden sind. Möglicherweise sind diese Tugenden einer bestimmten Form von Selbstverwirklichung zum Opfer gefallen, die in Wahrheit nichts anderes ist als kalter Egoistenkult.

Die Ehrlichkeit gebietet festzustellen, dass viele derjenigen, die am lautesten vor Schaden für die deutsch-türkischen Beziehungen warnten, sich noch bis vor kurzem gar nicht genug daran tun konnten, die Türkei und ihre Regierung herabzusetzen. Ohne Kenntnis der Geschichte dieses Landes und des langen Weges, den es bei der Festigung seiner Demokratie zurückgelegt hat, wurde die Türkei von bestimmter politischer Seite und auch von bestimmten Medien in Deutschland über Jahre hinweg systematisch verunglimpft. Hier war viel Heuchelei und Selbstgerechtigkeit am Werk, zumal gerade wir Deutschen vor dem Hintergrund der Geschichte des zwanzigsten Jahrhunderts uns nicht eben dazu berufen fühlen sollten, mit erhobenem Zeigefinger die Welt zu belehren. Niemandem – am wenigsten den Opfern von Menschenrechtsverletzungen – ist damit geholfen, wenn das vereinte Deutschland in gleichsam wilhelminischer Manier als eine Art moralische Großmacht auftrumpft. Wir brauchen Freunde mehr als andere, und wir erweisen den Interessen unseres Landes einen schlechten Dienst, wenn wir ausgerechnet einen unserer zuverlässigsten Partner missachten.

Das heißt nicht, dass wir einer konsequenten Achtung der Menschen- und Minderheitenrechte in der Türkei nicht größte Bedeutung beigemessen hätten, und ich hatte mich in meinen Gesprächen mit Staatspräsident Demirel und der türkischen Regierung nicht gescheut, das entsprechend zum Ausdruck zu bringen. In Ankara erklärte ich aber auch mit aller Deutlichkeit, dass die Bundesregierung das legitime Recht der Türkei anerkennt, sich mit rechtsstaatlichen Mitteln gegen terroristische Aktivitäten zu verteidigen. In diesem Zusammenhang begrüßte ich es, dass die türkische Regierung in den letzten Jahren eine Reihe von wichtigen Initiativen ergriffen hatte, die auf eine Verbesserung der Menschenrechtslage und des Schutzes der Minderheiten abzielten, und hoffte, dass bald weitere Fortschritte folgen würden.

*

Wer sich nur ein wenig Sinn für die Geschichte bewahrt hat, weiß, dass sich am Umgang mit Minderheiten, seien sie ethnischer, religiöser oder kultureller Natur, oft genug das eigene Schicksal entscheidet. Wie oft fand sich, wer sich heute mächtig glaubte, schon morgen in einer Position der Schwäche, in der Position einer Minderheit wieder. Auch deshalb tun wir gut daran, uns nicht an Minderheiten zu vergehen.

Auch an die Wiedereinweihung des Berliner Doms am 6. Juni

1993 knüpften sich solche Gedanken. Mit dem Dom gewann Berlin ein wichtiges Bauwerk zurück, aber nicht nur die Berliner, alle Deutschen erhielten damit auch ein Stück Geschichte wieder.

Am 24. Mai 1944 war der Dom bei einem Luftangriff schwer getroffen worden. Dreißig Jahre lang stand er als rußgeschwärzte Ruine im Herzen der Stadt. Die Ost-Berliner Sozialisten unternahmen keinerlei Anstrengung, an diesem Zustand etwas zu ändern. Im Gegenteil: Das benachbarte Stadtschloss wurde in einem Akt beispielloser kultureller Verwüstung von ihnen gesprengt, und die Machthaber verschonten auch Kirchen nicht. Sie sprengten die völlig unversehrte Leipziger Universitätskirche, ein Juwel der Spätgotik.

Es ist der Evangelischen Kirche Deutschlands zu danken, dass sie schon in den siebziger Jahren gemeinsam mit der Bundesregierung erhebliche materielle Mittel für den Wiederaufbau des Doms bereitstellte.

Der Berliner Dom symbolisiert den Zusammenhalt der Christen in Ost und West, der zur Zeit der staatlichen Teilung ein wichtiges einigendes Band war. Aber wir können uns nicht die uns genehmen Epochen der Geschichte aussuchen und die anderen verdrängen. Weder beginnt die Geschichte im Jahr 1945 noch darf sie auf die zwölf unseligen Jahre zwischen 1933 und 1945 verkürzt werden.

Der Dom, dessen Geschichte bis ins fünfzehnte Jahrhundert zurückreicht, lädt zu einer Rückschau ein. Der 1894 begonnene Bau Julius Carl Raschdorffs war der dritte Bau an diesem Ort. Vorhergehende Bauten von Johann Boumann d. Ä. und Karl Friedrich Schinkel waren im neunzehnten Jahrhundert als unzureichend empfunden worden, denn Preußen und das häufig als »verspätete Nation« bezeichnete Deutsche Reich wollten in ihrer Metropole mit Paris, London, Wien und St. Petersburg Schritt halten. Die Bauaufträge im neunzehnten Jahrhundert forderten dazu auf, einen Dom als Denkmal für die Befreiungskriege zu errichten, später ein Königsdenkmal, ein Denkmal für Vereinigung und Reichsgründung, ein Kaiserdenkmal, ein patriotisches Bauwerk. In der Planungsgeschichte des Doms spiegelt sich so unsere deutsche Geschichte wider in ihren Höhen und Tiefen, in Anspruch und Wirklichkeit, in Kontinuitäten und Brüchen. Sie zeigt auch, wie monarchische und bürgerliche Auffassungen von Staat und Nation verschiedenartige Dombauwerke anstrebten.

Der Dom ist ein Monument des Historismus, der als Stilepoche in Ost und West unseres Landes lange Zeit nahezu verfemt war, obwohl in anderen europäischen Ländern um die Jahrhundertwende doch ähnlich gebaut wurde. Wie andere Bauwerke von damals muss er aus seiner Zeit heraus verstanden werden. Ebenso müssen die Beweggründe zur Aufnahme historischer Stile begriffen werden – und das sich wandelnde Verständnis von ihnen. Dazu gehört der Rückgriff des Historismus auf Elemente der italienischen Hochrenaissance, die als Epoche höchster Kultur und Wissenschaft auch ein selbstbewusstes Städtebürgertum aufstreben ließ.

Am 27. Februar 1905 wurde der Dom eingeweiht. Das Kaiserreich stand im Zenit. Die Bauten jener Zeit sind Sinnbild von Zuversicht und oft naivem Fortschrittsglauben. Doch nur neun Jahre später begann der Erste Weltkrieg, die Lichter in Europa gingen aus, die Throne in Deutschland stürzten. In der Weimarer Republik blühte Berlin als kulturelle Metropole Europas in neuem Glanz, bis die Lichter von neuem erloschen. Die nationalsozialistische Diktatur und der Zweite Weltkrieg ließen Deutschland in Schutt und Asche versinken. Unser Volk und unser Land wurden geteilt.

So ließ die Wiedereinweihung des Berliner Doms uns bewusst werden, welch große Chance, welches Geschenk uns die Geschichte noch einmal gegeben hat. Die Einheit unseres Vaterlands und dieser Stadt Berlin sind ein Geschenk, für das wir Gott dankbar sind, ein Geschenk, das wir nie wieder mit Vermessenheit verspielen dürfen.

*

Es wurde zwar oft behauptet, aber die Gedenkreden zur Erinnerung an den Volksaufstand in der DDR vom 17. Juni 1953 waren alles andere als Sonntagsreden. Es gab herausragende Ansprachen wie die des früheren Bundesministers für wirtschaftliche Zusammenarbeit Erhard Eppler, der in seiner Rede zum 17. Juni 1989 besonders den politischen Standort der beiden deutschen Staaten hervorhob und den baldigen Fall des Eisernen Vorhangs vorhersagte. Aber auch der 40. Jahrestag des Juni-Aufstands, zu dem wir 1993 in der Hauptstadt des vereinten und freien Deutschlands zusammenkamen, ist mir in lebhafter Erinnerung.

Die Geschichte hat jenen recht gegeben, die 1953 für Freiheit und Einheit demonstrierten. Sie hat bewiesen, dass menschenverachtende Ideologien, dass selbst Panzergewalt den Willen zur Freiheit auch in Jahrzehnten nicht brechen können. Der Fall der Berliner Mauer am 9. November 1989, die Bilder vom Brandenburger Tor in jener Nacht sind und bleiben weltweit Symbol für das Ende von Unfreiheit, Unrecht und Unterdrückung. Mit ihrer friedlichen Revolution 1989 haben die Menschen in den neuen Bundesländern die kommunistische Diktatur überwunden und eines der besten Kapitel unserer Geschichte geschrieben – ein Kapitel, auf das alle Deutschen stolz sein können.

Bis 1989 wurde der 17. Juni als Tag der Deutschen Einheit begangen – als Datum, das uns verpflichtete, die Spaltung unseres Vaterlandes zu überwinden. Im wiedervereinigten Deutschland ist Tag der Deutschen Einheit nunmehr der 3. Oktober, jenes Datum, an dem sich die Hoffnungen und Sehnsüchte der Deutschen in Ost und West erfüllten und an dem wir die staatliche Einheit Deutschlands vollenden konnten. Bei aller Freude über die Wiedervereinigung unseres Vaterlandes darf jedoch die Erinnerung an den 17. Juni 1953 nicht verblassen. Wir schulden sie den mutigen Menschen, die schwere Opfer auf sich genommen haben, wir schulden dies den Toten, den Erschossenen und Hingerichteten. Ihr Vermächtnis erfüllte sich in der friedlichen Revolution, mit der das SED-Regime überwunden wurde.

An diesem Tag gedenken wir all jener, die sich dem totalitären SED-Regime offen widersetzten. Sie mussten Leid und Verfolgung erdulden. Sie wurden mit Verhaftung und Zuchthaus bedroht, mit Deportation, ja mit dem Tod. Auch nach 1945 wurden Menschen umgebracht – kalt von der Staatssicherheit gemordet, in Schauprozessen verurteilt und hingerichtet, in die Zwangsarbeit verschleppt, wo viele elend zugrunde gingen.

Der 17. Juni 1953 führt uns vor Augen, dass Freiheit und Einheit nicht selbstverständlich sind. Er mahnt uns, nicht nachzulassen in unserem Einsatz für die innere Einheit unseres Vaterlandes und für die Achtung der Menschenrechte überall in der Welt.

Die Vollendung der inneren Einheit unseres Vaterlandes war und ist eine Aufgabe, die ohne die ehrliche Auseinandersetzung mit der Vergangenheit unter dem SED-Regime nicht gelingen kann. Damals wie heute trete ich für die Integration all jener ein, die sich zwar in den Jahrzehnten der kommunistischen Diktatur angepasst haben, sich jetzt jedoch aufrichtig und vorbehaltlos zu unserem freiheitlichen und demokratischen Rechtsstaat bekennen. Allerdings darf die innere Aussöhnung nicht auf Kosten derer gehen, die sich gegen das SED-Regime stellten, Opfer seiner Spitzel und Häscher wurden, ausgebürgert oder zur Ausreise getrieben wurden.

In der Geschichte eines Volkes sind vierzig, fünfzig oder sechzig Jahre eine kurze Zeit. Für Millionen von Menschen bedeutet diese Zeitspanne jedoch einen wesentlichen Teil – oft die besten Jahre – des eigenen Lebens. Viele Wunden vernarben nur langsam, und deshalb sind Behutsamkeit und Geduld im Umgang miteinander Tugenden, die wir mehr denn je brauchen.

Demokratie ist nichts für Laue und Bequeme, sondern eine Lebensform, die von jedem einzelnen ein hohes Maß an Mut und Eigenverantwortung verlangt. Auch dies gehört zum Vermächtnis der Männer und Frauen des 17. Juni 1953.

39.
Veränderungen

Die Lage im ehemaligen Jugoslawien und der Bürgerkrieg in Bosnien beschäftigten mich während des ersten Halbjahrs 1993 intensiv. In einem ausführlichen Telefonat mit dem ungarischen Ministerpräsidenten József Antall ging es um die Entwicklung in Russland sowie um die Auseinandersetzungen zwischen Serben und Kroaten. Ich spürte die Angst des ungarischen Regierungschefs vor den riesigen Problemen in diesem Krisengebiet. Hinzu kamen Probleme mit Rumänien, weil die Regierung in Bukarest in die alte Richtung marschierte und politische Kräfte aus kommunistischer Zeit wieder Oberwasser zu bekommen schienen.

Vor allem aber mit François Mitterrand tauschte ich telefonisch die Informationen aus, die uns in die Lage versetzten, den Überblick über die dramatische Entwicklung auf dem Balkan zu behalten. Außerdem bemühten wir beide uns, die Lage in Russland und den übrigen GUS-Staaten im Blick zu behalten. Mein Bemühen, weltweit Unterstützung für die Reformpolitik von Boris Jelzin zu finden, kostete nach wie vor viel Kraft und Zeit.

Nach der zweiten Runde der Parlamentswahlen in Frankreich am 28. März 1993 mussten die Sozialisten eine herbe Niederlage einstecken. Die bürgerlichen Parteien (UDF und RPR) gewannen die Wahl und lösten die sozialistische Regierung ab. Für Präsident Mitterrand entstand eine neue Lage, zumal damit zu rechnen war, dass eine konservative Regierung in Paris ein »Europe à l'Anglaise« anstrebte, also keine echte Gemeinschaft wollte, wie Mitterrand weitsichtig voraussagte.

Doch schon bei den 61. deutsch-französischen Konsultationen

im burgundischen Beaune zeigte sich eindeutig, wer in der französischen Europapolitik das Sagen hatte. Der neue, neogaullistische Premierminister Edouard Balladur nahm an dem Treffen teil, doch legten Mitterrand und ich Wert darauf, einen Teil der Konsultationen im vertraulichen Gespräch zu verbringen. Neben der Vorbereitung des EG-Gipfels von Kopenhagen und den mit einer Erweiterung der Gemeinschaft um weitere Mitglieder verbundenen Fragen ging es in Beaune vorrangig um die Entwicklung im ehemaligen Jugoslawien und um den Bürgerkrieg in Bosnien. Wir bekräftigten unsere Unterstützung des Vance-Owen-Plans für eine Friedenslösung, durch die die territoriale Integrität und Souveränität von Bosnien-Herzegowina gewährleistet werden sollte, und riefen dringend dazu auf, den Waffenstillstand einzuhalten. Wir verurteilten die Bombardierung der moslemischen Bevölkerung sowie die Gewaltanwendung und die Einschüchterungspraktiken, zu denen es in mehreren Städten gekommen war, unabhängig davon, welche Seite dafür verantwortlich war. Frankreich und Deutschland bekräftigten ihre Weigerung, durch Gewalt herbeigeführte Tatsachen zu akzeptieren, und unterstrichen erneut die Notwendigkeit, dass die internationale Gemeinschaft ihre Anstrengungen verstärkte, um jede Ausweitung des Konflikts auf weitere gefährdete Zonen zu verhindern.

*

Eines gab es, das mich in diesen Tagen besonders erfreute: der für Boris Jelzin so wichtige positive Ausgang des russischen Referendums. Die Wähler hatten meinem Freund, den ich so nachhaltig in seinem Reformkurs unterstützte, mehrheitlich das Vertrauen ausgedrückt. Damit wurde auch meine Arbeit etwas leichter; denn an der demokratischen Legitimation des russischen Präsidenten bestand nun erst recht kein Zweifel mehr. Das Ergebnis dieses Referendums musste bei den vielen Bedenkenträgern in Europa und der übrigen Welt zu einem Umdenken führen. 58 Prozent der Wähler hatten dem Präsidenten persönlich ihr Vertrauen ausgesprochen, und 53 Prozent vertrauten der regierungsamtlichen

Wirtschafts- und Sozialpolitik. Und das trotz aller Belastungen in den vergangenen schwierigen Monaten.

Als ich Boris Jelzin am 29. April anrief, um ihm zu diesem Erfolg zu gratulieren, gab er mir klar zu verstehen, dass er eine härtere Gangart einschlagen werde. Er habe eine neue Verfassung vorgestellt, die keinen Kongress der Volksdeputierten vorsehe. Außerdem sollte der Präsident das Recht bekommen, das Parlament aufzulösen. Jelzin unterstrich, dass es keine andere Möglichkeit gebe, als bald eine verfassungsgebende Versammlung einzuberufen. Der konservativ gesinnte Kongress der Volksdeputierten werde einer neuen Verfassung nicht zustimmen. Nur er, der Präsident, sei in seiner Machtausübung demokratisch legitimiert. Lediglich 20 Prozent der Wahlberechtigten in Russland hätten dem Kongress anlässlich des Referendums ihr Vertrauen ausgesprochen. Gegenüber dem Parlament werde er entschieden und mutig vorgehen, jedoch im Rahmen der Rechtsordnung bleiben. Boris Jelzin verwies darauf, das Volk habe ihm das Recht zur Ausübung der Macht bestätigt. Kein anderes Staatsorgan verfüge über diese Legitimation und er schließe nicht aus, dass der Kongress der Volksdeputierten in seiner Mehrheit es jetzt als hoffnungslos ansehen werde, gegen den Präsidenten zu kämpfen.

*

Mitte Juli 1993 reiste ich zu offiziellen Besuchen in die Ukraine und nach Bulgarien. In Kiew konferierte ich mit Präsident Leonid Krawtschuk über den Stand des bilateralen Verhältnisses sowie den Fortgang der Reformbemühungen in der früheren Sowjetrepublik. Mit Nachdruck plädierte ich für einen zügigen Abschluss des START-I-Abrüstungsvertrags durch das Parlament in Kiew, von dem das Inkrafttreten des START-II-Abkommens abhängig war. In einer siebzehn Punkte umfassenden gemeinsamen Erklärung definierten beide Staaten die Grundlagen der künftigen Beziehungen.

Mein Aufenthalt in Kiew legte beredtes Zeugnis davon ab, wie unsinnig jene Einschätzungen waren, wonach sich Deutschland und der Bundeskanzler angeblich nur für Moskau interessierten. Ich sprach mich ganz offiziell für gleichberechtigte Beziehungen der Bundesrepublik sowohl zu Russland als auch zur Ukraine aus.

Als ich außerhalb des Protokolls Gelegenheit zu einem einstündigen Stadtbummel hatte, ging ich in eine Markthalle und flanierte über eine sehr breite Straße, die ich schon drei Jahre zuvor gemeinsam mit Michail Gorbatschow entlanggegangen war. Hunderte begleiteten mich bei diesem Spaziergang. Die Menschen waren von einer unglaublichen Herzlichkeit und hatten keine Scheu, mich anzusprechen. Ich spürte wieder einmal, dass es sich lohnte, unters Volk zu gehen und die Botschaften der Menschen zu erfahren und sich anzuhören. Viele Frauen waren unter denen, die den Kontakt zu mir suchten. Eine von ihnen, die über achtzig Jahre alt gewesen sein dürfte und als Kiewerin ganz sicher mit den Kriegsereignissen von 1941 bis 1944 vertraut war, sagte ganz einfach: »Danke, dass Sie da sind. Ihr Deutschen dürft uns nicht vergessen. Wir wollen mit euch gemeinsam Frieden haben.«

Bei meinem anschließenden Aufenthalt in Bulgarien sicherte ich die Fortsetzung der deutschen Hilfe für die Reformpolitik und Handelserleichterungen zu. In dieser schwierigen Zeit der Veränderungen und des politischen Übergangs war das Angebot, mit Rat und Tat zur Seite zu stehen, besonders willkommen. Ich versprach, mich für eine spätere Anbindung Bulgariens an die EG einzusetzen. Die Verleihung der Ehrendoktorwürde durch die St.-Kliment-Ohridski-Universität in Sofia war ein würdiger Abschluss dieses Staatsbesuchs, der mir wieder einmal vor Augen führte, welch schlimme Narben die Jahre der kommunistischen Diktatur hinterlassen hatten.

*

Gravierende Veränderungen gab es auch in der Bundesrepublik. Am 3. Mai 1993 trat der schleswig-holsteinische Ministerpräsident Björn Engholm von seinem Amt zurück. Gleichzeitig legte er auch den Bundesvorsitz der SPD nieder und verzichtete auf die Kanzlerkandidatur für die 1994 stattfindenden Bundestagswahlen. Auslöser dafür waren die Ereignisse im Zusammenhang mit der sogenannten Barschel-Affäre: In dem parlamentarischen Untersuchungsausschuss, der die Hintergründe der Affäre aufklären sollte, hatte Engholm sich zu einer Falschaussage bekannt. Auf einem SPD-Sonderparteitag in Essen wählten die Delegierten am 25. Juni 1993 den rheinland-pfälzischen Ministerpräsidenten Rudolf Scharping zum neuen Bundesvorsitzenden der SPD. Mit seinen fünfundvierzig Jahren war er der jüngste Vorsitzende in der Geschichte der deutschen Sozialdemokratie.

Drei Tage nach Engholms Rücktritt gab es eine weitere Demission: Bundesverkehrsminister Günther Krause legte sein Amt nieder. Nach mehreren Affären und monatelanger Kritik daran, dass er rechtswidrig eine staatliche Umzugsbeihilfe in Anspruch genommen hatte, trat er zurück.

Ich schlug dem Bundespräsidenten Matthias Wissmann, den bisherigen Bundesforschungsminister, als Krauses Nachfolger vor. Paul Krüger wiederum übernahm auf meinen Vorschlag hin das Bundesministerium für Forschung und Technologie. So unkompliziert und problemlos dieses neuerliche Kabinettsrevirement nach außen auch scheinen mochte, tat ich mich doch sehr schwer, das Entlassungsgesuch von Günther Krause anzunehmen. Am Ende blieb mir aber keine andere Wahl.

Eine Woche zuvor hatte ich noch ein langes und intensives Gespräch mit Günther Krause gehabt. Dabei bedauerte er persönlich sehr, Fehler gemacht zu haben, und wir kamen überein, dass diese Fehler nicht nur für ihn, sondern auch für unsere Partei und für unser Land von großem Nachteil waren. Trotzdem bat ich ihn, auch in Zukunft das Bundesverkehrsministerium zu führen, weil ich der festen Überzeugung war, dass er dieses Amt seit 1991 erfolgreich und mit großer Leidenschaft wahrgenommen und bei der Bewältigung der großen Verkehrsprobleme, vor denen wir in Deutschland und Europa standen, hervorragende und zukunftsorientierte Arbeit geleistet hatte.

Auch im Fall Krause galt, was ich oft gesagt und getan habe:

Meine ganz persönlichen Erfahrungen mit Männern oder Frauen in der Politik, mit ihren Leistungen für unser Land und für unsere Partei zählten für mich bei der Beurteilung eines Sachverhalts stets mehr als Rücktrittsforderungen, die von der Opposition und den Medien vorgebracht wurden. Ich war nicht gleich bereit, wenn zur allgemeinen Hatz geblasen wurde, mich jeweils demjenigen zu unterwerfen, der da zur Hatz blies.

Es gab wenige, die in dem schwierigen Jahr 1990 einen solchen persönlichen Beitrag zur deutschen Einheit geleistet haben wie Günther Krause. Meinem Amtseid gemäß wollte ich versuchen, Gerechtigkeit zu üben – auch wenn ich nicht wusste, ob mir das immer gelingen würde. Wir mussten schon aufpassen, dass uns nicht vom politischen Gegner die erfolgreichen Leute abgeschossen wurden, wenn sie einmal einen Fehler gemacht hatten. Ich hatte in den vergangenen vierzig Jahren auch eine Menge Fehler gemacht, und ich konnte unter anderem auch deswegen im Amt bleiben, weil mich unsere Gemeinschaft ertragen und getragen hat.

Um Schaden von der Bundesregierung und der Christlich-Demokratischen Union abzuwenden, bat Krause mich schließlich am 6. Mai um seine Entlassung. Ich respektierte seine Entscheidung und seine Begründung für diesen Schritt. Damals war ich mir sicher, dass unser Land und die CDU Deutschlands – auch im Interesse der Menschen in den neuen Ländern – weiter auf die politische Mitwirkung und das Engagement von Günther Krause zählen konnten.

*

Veränderungen gab es auch bei unserem Regierungspartner FDP. Auf dem Parteitag der Liberalen im westfälischen Münster vom 11. bis 13. Juni 1993 wurde Bundesaußenminister Klaus Kinkel mit großer Mehrheit zum Vorsitzenden der FDP und somit zum Nachfolger von Otto Graf Lambsdorff gewählt. Diesen Personalwechsel fand ich außerordentlich glücklich für die FDP. Aber auch für mich ganz persönlich, für unsere Zusammenarbeit in der deutschen Außenpolitik, im Bundeskabinett und bei den Koalitionsverhandlungen war die Entscheidung für Klaus Kinkel eine Erleichterung. Sie sollte sich bis zum Ende meiner Kanzlerschaft in vielfältiger Weise bewähren.

40.
Bad Kleinen

Am Abend des 27. Juni 1993 erhielt ich einen Anruf von Eduard Ackermann, der mich benachrichtigte, dass es in Bad Kleinen bei Schwerin zu einer Schießerei zwischen Terroristen und einer Einsatzgruppe der GSG 9 des Bundesgrenzschutzes auf dem dortigen Bahnhof gekommen war. Ein Terrorist und ein Beamter der GSG 9 wurden dabei getötet. Hintergrund der Nachricht waren Informationen, die das Lagezentrum des Bundesinnenministeriums, bei dem unter anderem die Meldungen des Bundeskriminalamts einlaufen, dem Lagezentrum im Kanzleramt übermittelt hatte. Ich bat Eduard Ackermann, die genauen Abläufe in Erfahrung zu bringen und soweit wie möglich einen ersten Lagebericht zu erstellen. Das geschah im Lauf des späten Abends. Die Informationen waren allerdings noch recht spärlich und widersprüchlich. Das irritierte mich einigermaßen, weil ich gleich an eine mögliche Behördenschlamperei denken musste. Wie viele Stunden würden Experten benötigen, um zu klären, unter welchen Umständen zwei Menschen zu Tode gekommen waren?

Ich brauchte Informationen aus erster Hand und rief anderntags als erstes Bundesinnenminister Rudolf Seiters an, den ich dringend um rasche Aufklärung bat. Doch in den nächsten Tagen bestimmten gezielte Falschinformationen und undurchsichtige Gerüchte die Nachrichtenlage. Die Medien kündigten in Vorausmeldungen an, Zeugen präsentieren zu können, die gesehen haben wollten, dass der Terrorist Wolfgang Grams aus nächster Nähe oder gar mit aufgesetzter Waffe erschossen worden sei, obwohl er schon kampflos am Boden gelegen habe. Andere Zeugen behaupteten das Gegenteil. Alle an der Aktion beteiligten GSG-9-Beamten erklärten bei ihrer Vernehmung, sie hätten keinen Schuss aus nächster Nähe oder gar einen aufgesetzten Schuss abgegeben. Fest stand nur, dass der GSG-9-Beamte Michael Newrzella vom Terroristen Grams erschossen worden war.

Es dauerte und dauerte – Klarheit ließ auf sich warten. Tagelang gab es keine neuen Erkenntnisse über den Tod des Terroristen, die Sicherheitsbehörden schoben die Verantwortung hin und her. Immerhin erbrachte die Polizeiaktion von Bad Kleinen die Festnahme der mutmaßlichen RAF-Terroristin Birgit Hogefeld. Somit war es seit langer Zeit zum ersten Mal wieder gelungen, Personen zu stellen, die der Kommandoebene der Roten Armee Fraktion (RAF) zugerechnet wurden.

In der Kabinettssitzung vom 30. Juni führte Innenminister Seiters aus, unter dem Gesichtspunkt, keine dritten Personen zu gefährden, sei der Bahnhof in Bad Kleinen die einzig sinnvolle Zugriffsmöglichkeit gewesen. Mich bewegte nach wie vor die Frage, was gegen den öffentlichen Vorwurf unternommen wurde, dass in Bad Kleinen polizeiliche Fehler gemacht wurden. Dass die Beantwortung dieser Frage allein dem Generalbundesanwalt zu überlassen sei und Einzelheiten dazu lediglich im Bundestagsinnenausschuss dargestellt würden, hielt ich für völlig unbefriedigend. Seiters erklärte zwar, Äußerungen der beteiligten Sicherheitsorgane zufolge könnten diese überzeugend darlegen, dass richtig gehandelt worden sei. Für mich blieben jedoch Zweifel, weil ich mich fragte, warum man nicht offensiv an die Öffentlichkeit ging, wenn es so einfach war, den vielen Unterstellungen, Lügen, Legendenbildungen und Verschwörungstheorien kraftvoll entgegenzutreten.

Was mich an der ganzen Sache zudem maßlos störte, war die verhängte Nachrichtensperre, die ich für völlig falsch hielt, weil sie den ganzen Fall von Bad Kleinen in ein völlig unmögliches Licht brachte und Spekulationen Tür und Tor öffnete, die in der Schlussfolgerung gipfelten, die Polizei habe versagt. Dabei hatten wir gerade auch vor dem Hintergrund des Todes eines GSG-9-Beamten allen Grund, uns vor die Polizei zu stellen.

Aus diesen Gründen forderte ich in der Kabinettssitzung mit

großem Nachdruck, die Öffentlichkeit umfassend und offensiv zu informieren. Offenbar stand dem vor allem Generalbundesanwalt Alexander von Stahl entgegen, der – aus welchen Gründen auch immer – verhindern wollte, an die Öffentlichkeit zu gehen. Noch während der Kabinettssitzung bat ich darum einen Staatssekretär, mit dem Generalbundesanwalt zu telefonieren, um umgehend zu erfahren, wie weiter verfahren werde und wann die Öffentlichkeit endlich aufgeklärt werde. Dieses Telefonat ergab, dass Bundesjustizministerin Leutheusser-Schnarrenberger erklärte, es solle noch keine Erklärung des Generalbundesanwalts abgegeben werden, weil der Sachverhalt in einzelnen Bereichen auf Grund wechselnder Angaben der Ermittlungsbehörden noch recht unklar sei. Dieses Vorgehen sei mit dem Bundeskriminalamt abgesprochen.

Mir blieb nichts anderes übrig, als meine dringende Bitte zu wiederholen, alles zu unternehmen, um möglichst schnell eine Erklärung gegenüber der Öffentlichkeit abzugeben, und ich forderte den anwesenden Minister und den Staatssekretär auf, dafür Sorge zu tragen. Ich konnte es einfach nicht fassen, was hier vor sich ging. Drei Tage nach Bad Kleinen nahm der Informationswirrwarr kein Ende. Die Karlsruher Informationspolitik war ein Skandal.

Bundesinnenminister Seiters teilte abschließend mit, dass die GSG-9-Beamten in Bad Kleinen keine schusssicheren Westen getragen hätten, weil sie sonst sofort erkannt worden wären. Auch das stimmte mich außerordentlich nachdenklich.

*

Der Jurist und Publizist Butz Peters hat in seinem 2006 erschienenen herausragenden Buch *Der letzte Mythos der RAF* minutiös nachgewiesen, wie es zu diesem Durcheinander kam, wie sehr die Sicherheitsdienste versagten und wie es vor allem zur größten Desinformationskampagne deutscher Massenmedien in der Geschichte der Bundesrepublik kam.

Es waren ARD/WDR und *Spiegel*, die mit Falschmeldungen die Republik in Atem hielten, die beinahe eine Staatskrise auslösten.

Butz Peters zitiert aus der ARD-Sendung *Monitor,* vier Tage nach den tödlichen Schüssen von Bad Kleinen: »Nach *Monitor*-Recherchen, die durch einen ersten Obduktionsbericht bestätigt werden, gibt es einen neuen fürchterlichen Verdacht: dass Wolfgang Grams nämlich am Tatort regelrecht hingerichtet wurde.« »Kronzeugin« des Magazin für diesen »fürchterlichen Verdacht« ist eine Frau, deren Name in der Sendung nicht genannt wird – eine Kioskverkäuferin: »Dann aber gaben Polizeibeamte nach der Aussage einer Augenzeugin auf den regungslosen Körper von Wolfgang Grams noch mehrere Schüsse ab«, erklärte ein Sprecher. *Monitor* liege die »eidesstattliche Erklärung« dieser Augenzeugin vor. Fazit des *Monitor*-Moderators: »Alles deutet auf Exekution. Ein ungeheuerlicher Vorgang, der in der Geschichte der Bundesrepublik – zumindest soweit bekannt – nicht seinesgleichen hat.«

Am anderen Tag – fünf Tage nach Bad Kleinen – berichteten alle deutschen Zeitungen über die *Monitor*-Darstellung.

Am darauffolgenden Sonntag, dem 4. Juli, berichtete der *Spiegel* aus der Feder von Hans Leyendecker über einen weiteren schlimmen Verdacht. Zitiert wird ein »Antiterror-Spezialist«, der gegenüber dem Nachrichtenmagazin ausgepackt habe. Sein Fazit: »Die Tötung des Herrn Grams gleicht einer Exekution.« Nach dessen Bericht sei »Grams von einem GSG-9-Beamten, noch nicht einmal im Affekt, regelrecht hingerichtet worden«.

Von Stund an – so beschreibt es Butz Peters in seinem Buch – seien die Angaben des »Antiterror-Spezialisten« das Thema Nummer eins in den Nachrichtensendungen von Radio und Fernsehen gewesen. Noch am selben Tag, dem 4. Juli, trat Bundesinnenminister Rudolf Seiters von seinem Amt zurück. Vergeblich hatte ich mich bemüht, ihn am Rücktritt zu hindern, doch er wollte die politische Verantwortung für die Unzulänglichkeiten bei der Aufklärung der Vorgänge von Bad Kleinen übernehmen und sagte, dass er es sich und seiner Familie nicht zumuten könne, in einen Streit voller Schuldzuweisungen hineingezogen zu werden. Persönlich habe er sich allerdings nichts vorzuwerfen, er habe keine falschen Entscheidungen getroffen oder der Öffentlichkeit oder dem Bundestag Informationen vorenthalten. So blieb mir nur noch, die Tätigkeit des Innenministers zu würdigen, dessen Schritt ich letztlich mit großem Bedauern angenommen hatte.

Bereits am nächsten Morgen konnte die Nachfolge geregelt werden. Nach zahlreichen Telefonaten in der Nacht, besonders mit Kanzleramtschef Friedrich Bohl, entschied ich mich für den Vorsitzenden der hessischen CDU, Manfred Kanther, als Nachfolger von Rudolf Seiters. Vorher hatte ich meinen Vorschlag mit Theo Waigel und Klaus Kinkel als den Vorsitzenden von CSU und FDP sowie mit den Vorsitzenden der Fraktionen von CDU und FDP beziehungsweise der CSU-Landesgruppe besprochen. Am 7. Juli 1993 wurde der neue Bundesinnenminister im Bundestag vereidigt.

Die Öffentlichkeit blieb weiterhin kritisch, weil mittlerweile auch mehrere Wochen nach den Vorgängen in Bad Kleinen keine Klarheit darüber gewonnen werden konnte, wie der Terrorist tatsächlich gestorben war. Dabei trat das Schicksal des ermordeten GSG-9-Beamten Michael Newrzella bedauerlicherweise immer stärker in den Hintergrund, obwohl er in Erfüllung seiner Pflicht sein Leben verloren hatte.

Am 11. Juli 1993 demonstrierten in Wiesbaden 2000 Sympathisanten aus der linken Szene für den toten Terroristen. Erst einige Tage später wurde am gleichen Ort mit einer Demonstration des toten Grenzschutzbeamten gedacht. Es sollte noch mehrere Monate dauern, bis sich herausstellte, dass der Terrorist sich selbst getötet hatte.

*

Einen Tag vor Beginn meines Sommerurlaubs in St. Gilgen besuchte ich die Spezialeinheit des Bundesgrenzschutzes GSG 9 in Hangelar bei Bonn, um den Beamten zu danken, die sich in vielen Einsätzen große Verdienste um die Sicherheit der Bundesrepublik erworben hatten. Ich wollte Flagge zeigen für die Sicherheitsorgane unseres Staates und war gekommen, um den Beamten der GSG 9 persönlich zu sagen, dass ich – gemeinsam mit der großen Mehrheit unserer Bevölkerung – großes Vertrauen in ihre Einsatzbereitschaft, in ihre Leistungsfähigkeit und vor allem in ihr hohes Verantwortungsbewusstsein hatte. Nicht nur in Bad Kleinen, sondern überhaupt in den vergangenen Jahren hatten sie stets unter Einsatz ihres Lebens die Aufgabe erfüllt, unser freiheitliches Gemeinwesen zu schützen. Ich dankte jedem einzelnen für seinen mutigen Beitrag zu unser aller Sicherheit und Freiheit. Und ich trauerte mit ihnen und der Familie des Ermordeten um ihren Kameraden. Es war unerträglich und ein Skandal, mit welcher Gleichgültigkeit man in den vergangenen Wochen über den gewaltsamen Tod von Michael Newrzella hinweggegangen war. Statt dessen wurde versucht, aus seinem Mörder eine Art Märtyrer zu machen.

Angesichts der massiven Bedrohung durch Terroristen und international organisiertes Verbrechertum brauchten wir eine Einsatzgruppe wie die GSG 9 dringender denn je. In den bisher zwanzig Jahren ihres Bestehens hatte die GSG 9 in einer Vielzahl von Einsätzen ihren Auftrag stets hervorragend erfüllt, präzise, effizient und erfolgreich. Unvergessen war die Befreiung der Geiseln aus der Lufthansa-Maschine »Landshut« in Mogadischu im Oktober 1977. Weniger präsent war die erfolgreiche Aktion gegen das Cali-Drogenkartell. Acht dieser Drogenhändler waren zu hohen Freiheitsstrafen von bis zu vierzehn Jahren verurteilt worden. Die meisten Einsätze der GSG 9 jedoch liefen unbemerkt von der Öffentlichkeit ab.

Mut und Besonnenheit waren kennzeichnend für die GSG 9. Wer etwas anderes behauptete, sagte die Unwahrheit. Von jedem einzelnen dieser Beamten werden Einstellungen und Tugenden wie Pflichtbewusstsein, Dienstgesinnung und Loyalität gefordert, die in Teilen unserer Gesellschaft nicht mehr selbstverständlich sind. Von ihnen wird ein im wahrsten Sinn des Wortes existentielles Engagement verlangt, denn sie müssen sich immer wieder großen Gefahren für ihr eigenes Leben aussetzen.

So hatten die Vorgänge in Bad Kleinen eines vor allem deutlich gezeigt: Wir brauchten eine Einsatzgruppe wie die GSG 9. Diese Festnahmeaktion galt Terroristen, die vor keiner Gewalt zurückschreckten und rücksichts- und bedenkenlos von der Schusswaffe

Gebrauch machten, wie nicht zuletzt die Ermordung von Alfred Herrhausen und Detlev Rohwedder zeigte. Hier gab es nichts zu verharmlosen. Wir hatten es mit Verbrechern zu tun, die dingfest gemacht werden mussten. Diese Aufgabe war unter anderem den Männern der GSG 9 anvertraut, und ich wusste, dass sie bei ihnen in guten Händen war.

Ausgerechnet jene, die über den Tod des Beamten Michael Newrzella schweigend hinweggegangen waren, hatten Vorwürfe gegen die GSG 9 erhoben. Sie taten dies, obwohl die Abläufe des Einsatzes in Bad Kleinen noch nicht restlos aufgeklärt waren. Ich war mir bewusst, welchen Belastungen die GSG-9-Beamten durch solche Anwürfe ausgesetzt waren. Erschwerend kam hinzu, dass sie nicht die Möglichkeit hatten, sich dagegen zur Wehr zu setzen. Die Staatsräson – der Schutz von Menschenleben – verlangte von ihnen Schweigen auch gegenüber verleumderischen Angriffen auf sie, selbst gegenüber Freunden und Familienangehörigen. Vor diesem Hintergrund hatten die GSG-9-Beamten einen besonderen Anspruch auf die Fürsorge und Solidarität ihres Dienstherrn. Ich sah deshalb meine Aufgabe auch darin, mit den Beamten Gespräche zu führen, die sie mit anderen derzeit nicht führen konnten.

*

Es dauerte weitere Wochen und Monate, bis der amtliche Bericht der Öffentlichkeit vorgestellt wurde. Unterdessen hatte die Justizministerin Generalbundesanwalt Stahl gegen seinen ausdrücklichen Willen abberufen; doch Klarheit über den Tod des Terroristen Grams gab es immer noch nicht. Auch der neue Innenminister Manfred Kanther konnte in der Kabinettssitzung vom 11. August nichts Neues bieten. Allerdings stellte er einen Zwischenbericht zu den Vorgängen in Bad Kleinen für den Innen- und Rechtsausschuss in Aussicht. Der Bericht werde von großer Offenheit und rückhaltloser Aufklärung geprägt sein, wobei das Zusammenwirken der Behörden untereinander unberücksichtigt bleibe. Nach Kanthers Darstellung sollte dieser Bericht eine beträchtliche Zahl von Fehlern ausweisen. Die Umstände, die zum Tod von Grams geführt hätten, seien jedoch nicht Bestandteil des Berichts, weil die technischen Daten noch nicht vorlägen.

Ich war fassungslos. Während die Behörden auf der Stelle zu treten schienen, kursierten weiterhin die wildesten Spekulationen um den Tod des Terroristen. Die Berichte von WDR und *Spiegel* gaben zu heftigsten Diskussionen Anlass, und solange keine anderen Beweise zutage gefördert wurden, hielt man daran fest, dass Grams von GSG-9-Beamten »regelrecht hingerichtet wurde«.

Heute wissen wir, dass diese Behauptungen von *Monitor* und *Spiegel* frei erfunden wurden. Nichts daran hat gestimmt. Der »schlimme Verdacht« entpuppte sich als böswillige Unterstellung.

Das Ergebnis der Ermittlungen, wonach Wolfgang Grams sich selbst erschossen hatte, belegte die journalistische Fehlleistung der *Monitor*-Macher und *Spiegel*-Manipulateure – eine Fehlleistung, die bis heute ohne Konsequenz geblieben ist. Rudolf Seiters hätte nicht zurücktreten müssen. Das war keine Staatskrise, es handelte sich schlicht um eine mediale Schmutz- und Desinformationskampagne, wie es sie noch nicht gegeben hatte. Dass die verantwortlichen Redakteure und Reporter von WDR und *Spiegel* nie zur Rechenschaft gezogen wurden, empfinde ich als Skandal. Der Manipulateur des *Spiegel* setzt seit Jahren seine Kampagnen in der *Süddeutschen Zeitung* fort, und der *Monitor*-Moderator, der 1993 von einem »ungeheuerlichen Vorgang« sprach, hat die Altersgrenze erreicht. Wäre es mit rechten Dingen zugegangen, hätten die beiden angeblich investigativen Starjournalisten eine fristlose Entlassung mit rechtlichen Konsequenzen verdient gehabt.

*

Fast drei Jahrzehnte lang hat uns die RAF in Atem gehalten. Sie hinterließ eine fürchterliche Blutspur. Vierunddreißig Menschen ermordete diese kriminelle Vereinigung, zweihundertdreißig wurden bei ihren Anschlägen verletzt. Gesetze wurden verschärft, Ministerien und andere Behörden zu Festungen ausgebaut, auch einige Wirtschaftsunternehmen. Hohe Beträge wurden für den Personenschutz aufgewendet. Aus Angst vor Anschlägen mussten Spitzenpolitiker sich gefallen lassen, auf Schritt und Tritt von Leibwächtern begleitet zu werden. Kaum ein anderes Thema hat unser Land so lange beschäftigt. Mit den Schüssen von Bad Kleinen endete das brutale Morden der RAF.

41.
Diplomatie

In der vorletzten Juniwoche hatte die dänische EG-Ratspräsidentschaft nach Kopenhagen eingeladen. Ich reiste mit der festen Absicht in die dänische Hauptstadt, die Debatte über die Lage auf dem Balkan nicht wieder mit hehren Absichtserklärungen enden zu lassen. Nach zwei Jahren ohnmächtiger Diplomatie und internen Streitereien stand die EG vor dem Scherbenhaufen ihrer Jugoslawien-Politik. Neben der menschlichen Tragödie im ehemaligen Jugoslawien fürchtete ich vor allem wegen der nachhaltigen Verbitterung der islamischen Welt schwerwiegende Folgen. Entscheidend waren für mich die bitteren Vorwürfe des inzwischen abgelösten bosnischen Präsidenten Alija Izetbegović, die Europäische Gemeinschaft treibe die Moslems durch ihr Festhalten am Waffenembargo praktisch in die Kapitulation und verlängere den Völkermord. So sorgte ich für eine gewisse Aufregung bei dem Gipfeltreffen, weil ich es in der Jugoslawien-Frage nicht länger hinnehmen mochte, dass man sich hinter diplomatischen Scheinplänen und Floskeln versteckte, sondern die unangenehme Wahrheit aussprach: Ich sah weit und breit niemanden, der bereit war, Soldaten zu schicken, um das Morden zu beenden. Mit Unterstützung des amerikanischen Präsidenten forderte ich deshalb in einer wenig diplomatischen Debatte, die Moslems mit Waffen zu ihrer Verteidigung zu versorgen. Das ließ auch die anderen EG-Chefs nicht unbeeindruckt, so dass sich die EG schließlich doch noch bereit erklärte, weitere Soldaten zu entsenden.

Meine Bilanz zum Abschluss des Kopenhagener Gipfels lautete: Es war unsere moralische Pflicht, den durch Serben und Kroaten bedrohten Moslems in Bosnien zu helfen. Von dieser Grundhaltung ging ich bei allem Verständnis für die Bedenken meiner elf Kollegen nicht ab, sondern unterstrich vielmehr erneut die deutsche Haltung, dass nach einer gewaltsamen Lösung des Bosnien-Konflikts keinerlei Aufbauhilfe für das zerstörte Land geleistet werden dürfe. Serben und Kroaten durften den Moslems keine Bedingungen diktieren, weil sonst die größte Gefahr bestünde, dass auch an anderen Punkten in Europa versucht werde, Grenzen mit kriegerischen Mitteln zu verändern.

Auch nach diesem EG-Gipfel blieb für mich die bittere Erkenntnis, dass wir der größten Herausforderung nach dem Zusammenbruch der Sowjetunion, nämlich lokale Kriege in Europa einzudämmen oder abzuschrecken, anscheinend nicht gerecht werden konnten. Die EG wollte ihre Schlappe durch die engere wirtschaftliche und politische Zusammenarbeit mit den Staaten Mittel- und Osteuropas wiedergutmachen.

*

Vom 7. bis 9. Juli 1993 kamen die Staats- und Regierungschefs der sieben wichtigsten demokratischen Industriestaaten in Tokio zu ihrem 19. jährlichen Gipfeltreffen zusammen. Der G-7-Gipfel stand ganz im Zeichen der tiefgreifenden Veränderungen in der Welt und der damit einhergehenden ökonomischen und politischen Herausforderungen. Ermutigend waren aus meiner Sicht die Fortschritte, die mit Blick auf den Abschluss der GATT-Runde festgestellt werden konnten. Auch gelang es, einen Konsens über die wesentlichen Elemente einer Verhandlungsplattform für einen umfassenden Abbau von Zöllen herzustellen. Ich legte Wert auf die Feststellung, dass dieser Erfolg nicht nur den Industrieländern half, sondern dass gerade auch die Entwicklungsländer von dieser Entscheidung profitierten, denn sie brauchten genau wie wir offene Märkte und bessere Absatzchancen. Das alles war letztlich wichtiger als finanzielle Zuwendungen.

Angesichts der schwierigen internationalen Wirtschaftslage standen im übrigen erwartungsgemäß die Fragen von Wachstum, Beschäftigung und Arbeitslosigkeit im Vordergrund. Es herrschte

Übereinstimmung, dass die derzeitigen Probleme in diesen Bereichen nicht allein konjunkturelle Ursachen hatten, sondern wesentlich auch durch strukturelle Fehlentwicklungen hervorgerufen wurden, und so waren wir uns darin einig, dass zunächst jeder bei sich zu Hause das wirtschaftspolitisch Richtige und Notwendige tun musste. In Deutschland hatten wir mit dem Solidarpakt und den zusätzlichen Sparbeschlüssen für den Bundeshaushalt 1994 in Höhe von über 20 Milliarden DM in diesem Sinne klare Vorgaben gemacht. Diese Beschlüsse verbesserten auch die Voraussetzung dafür, dass die Zinsen bei uns weiter zurückgehen konnten. Die jüngste Leitzinssenkung durch die Deutsche Bundesbank wurde in Tokio als ein gutes und wichtiges Signal verstanden und ausdrücklich anerkannt.

Ein weiterer Schwerpunkt unserer Beratungen waren die Reformen in den Staaten Mittel-, Ost- und Südosteuropas, wobei Russland einen ganz besonderen Stellenwert einnahm. Wir erkannten an, dass Präsident Jelzin und seine Regierung beachtliche Reformfortschritte erzielt hatten, machten aber in unserer Diskussion zugleich auch deutlich, dass noch sehr viel zu tun blieb. Im Vordergrund musste nach unserer Meinung die Reduzierung der Inflation und der hohen Haushaltsdefizite stehen. In München vor einem Jahr hatten wir Jelzin zugesagt, seinen Reformkurs auf der Grundlage von Partnerschaft und der Hilfe zur Selbsthilfe zu unterstützen. Im April 1993 hatten wir dann ein umfassendes Hilfspaket zusammengestellt. Beachtliches wurde umgesetzt, etwa die großzügige Umschuldung im Pariser Club oder auch die wichtige Auszahlung der ersten Rate des neugeschaffenen IWF-Kredits.

Ich freute mich sehr, dass wir in Tokio über weitere Elemente Einvernehmen erzielen konnten, beispielsweise über das Programm zur Privatisierung und Umstrukturierung großer Unternehmen, das einen Umfang von rund 3 Milliarden Dollar hatte, sowie über einen Fonds in Höhe von 300 Millionen Dollar für kleine und mittlere Unternehmen bei der Europäischen Bank für Wiederaufbau und Entwicklung. Insgesamt hatten wir damit eine gute Grundlage für das Treffen mit Präsident Jelzin geschaffen, das am Ende des Tokioter Gipfels stattfinden sollte.

Großes Interesse richtete sich selbstverständlich auf die jüngste Entwicklung der Lage im ehemaligen Jugoslawien. Wie kaum anderswo in der Welt standen dort die Glaubwürdigkeit der internationalen Gemeinschaft und ihre moralischen Wertvorstellungen auf dem Spiel, wie sie in der Charta der Vereinten Nationen oder auch in der KSZE-Schlussakte festgelegt sind, insbesondere der Schutz der Menschenrechte, der Schutz von Minderheiten, die Ächtung des Gebrauchs von Gewalt zur Durchsetzung politischer Ziele. Es erfüllte mich mit Befriedigung, dass der Gipfel eine Erklärung verabschiedete, die noch wesentlich stärker als die Erklärung beim Europäischen Rat in Kopenhagen diesen Prinzipien und vor allem auch unseren Wünschen und unserem Drängen Rechnung trug.

Unsere Solidarität galt den Schwächsten, das hieß der leidgeprüften Bevölkerung. Und wir verstärkten die humanitären Hilfsmaßnahmen. Daher verpflichteten sich die Teilnehmer der G 7 auch, den Generalsekretär der Vereinten Nationen entsprechend ihren Möglichkeiten durch die Bereitstellung von Truppen, durch den Schutz der UN-Truppen aus der Luft, durch finanzielle oder logistische Beiträge sowie durch diplomatische Mittel zu unterstützen.

Zum ersten Mal wurde ganz klar und unmissverständlich unterstrichen: Serben und Kroaten durften nicht erwarten, dass wir, die G 7, das Ergebnis gewaltsamer Grenzveränderungen und ethnischer Säuberungen auch noch durch nationale oder internationale Hilfe honorieren würden.

Darüber hinaus hielten wir so lange an Sanktionen gegenüber dem serbischen Aggressor fest, bis die in den einschlägigen Entschließungen des UN-Sicherheitsrats niedergelegten Bedingungen erfüllt waren. Angesichts der dramatischen Zuspitzung auf dem Kriegsschauplatz Bosnien-Herzegowina war für mich das entscheidende Ergebnis bei diesen Beratungen, dass wir der moslemischen Bevölkerung wirksam helfen konnten und wollten und Serben wie Kroaten die Konsequenzen eines verantwortungslosen oder gar menschenverachtenden Vorgehens deutlich vor Augen führten.

Auch über Form und Ablauf zukünftiger Gipfeltreffen sprachen wir in Tokio – ein altes Thema, das uns bis heute bewegt. Damals bestand Einvernehmen, künftig vor allem mehr Zeit für den persönlichen Gedankenaustausch der Teilnehmer vorzusehen und wesentlich weniger äußeren Aufwand zu treiben, dafür aber einen informelleren Rahmen zu schaffen, so dass eine gemeinsame intensivere Gesprächsbasis entstehen konnte. Das war die Zielsetzung für das nächste Treffen, das 1994 in Neapel stattfinden sollte. Zu diesem Treffen war schon jetzt der russische Präsident eingeladen, der nach langem Drängen meinerseits nun endgültig im Kreis der Sieben akzeptiert war.

*

Es war Boris Jelzins Idee, meinen Luftwaffen-Airbus beim Rückflug vom Weltwirtschaftsgipfel in Tokio nicht in Moskau, sondern in Irkutsk auftanken zu lassen. Diesen Zwischenstop könnten wir mit einem vierundzwanzigstündigen Treffen am Baikalsee verbinden. Nach den Strapazen des Japan-Gipfels empfand ich diese Einladung geradezu als genial und nahm sie gerne an.

Bei diesem privaten Treffen, das praktisch unter Ausschluss der Presse in Listwjanka direkt am Baikalsee, etwa sechzig Kilometer von Irkutsk entfernt, stattfand, zogen wir zunächst eine Bilanz des Wirtschaftsgipfels. Jelzins Hauptanliegen war es, deutsche Unterstützung für den weiteren Abbau von Restriktionen im Handel Russlands mit den Ländern der Europäischen Gemeinschaft zu gewinnen und die Integration der russischen Volkswirtschaft in die Weltwirtschaft voranzutreiben. Ich sicherte dem Präsidenten zu, den russischen Wunsch nach einer vertraglichen Basis für die Handelsbeziehungen mit der EG und die Einbeziehung Russlands in den Welthandel zu unterstützen. Moskau wollte so bald wie möglich einen Kooperationsvertrag mit der EG unterzeichnen.

Bei 30 Grad Wärme und herrlichem Sonnenschein unternahmen wir mit dem Tragflächenboot »Wostok« eine Fahrt auf dem Baikalsee, der doppelt so groß ist wie Schleswig-Holstein und zu den größten Süßwasserreservoirs der Erde zählt. Die freundschaft-

*Eine Bootsfahrt mit Boris Jelzin
auf dem Baikalsee (Juli 1993)*

liche Atmosphäre, die schließlich dazu führte, dass wir uns duzten, hätte nicht besser sein können. Jelzins Frau Naina besichtigte mit der deutschen Delegation ein Freilichtmuseum mit sibirischen Holzhäusern.

Jelzins Dankbarkeit mir gegenüber, der ich neben Präsident Clinton zu seinen wichtigsten Förderern im Westen zählte und der die anderen europäischen Staaten zur Unterstützung Russlands aufgerufen hatte, war deutlich zu spüren. Es war unsere dritte Begegnung binnen sieben Monaten, und ich setzte damit die Reihe von Gipfelgesprächen in der russischen Provinz fort, die 1990 mit den Verhandlungen im Kaukasus über die deutsche Einheit begonnen hatten.

In der Taiga gab es kein Protokoll. Wir suchten eine romantische Fischerhütte am Wasser auf, nahmen in einer Banja ein Dampfbad, angelten und schwammen im kalten Wasser des Baikalsees. Der See war bitterkalt; wenn ich mich recht erinnere, wurden gerade mal 8 Grad gemessen. Unvergessen sind die Bilder von einer wunderschönen Natur, einem einmaligen See und traumhaftem Wetter.

Wir haben uns also erholt und gearbeitet. Für den Abzug der noch rund 150 000 in Ostdeutschland stationierten russischen Soldaten verlangte Boris Jelzin eine Aufstockung der deutschen Finanzzusagen, die sich seit einer Erhöhung um 550 Millionen DM im Dezember 1992 auf insgesamt 8,35 Milliarden DM beliefen. Boris Jelzin meinte, nicht Russland, sondern Deutschland trage die Schuld an der Stationierung der Truppen. Doch vor allem angesichts des in Tokio bewilligten Hilfspakets blieb mir keine andere Wahl, als Jelzins Ansinnen abzulehnen. Immerhin war die Bundesrepublik an den Zusagen der G-7-Nationen über 3 Milliarden Dollar für Russlands privatwirtschaftliche Umstrukturierung als größtes westliches Geberland beteiligt.

Der Abzug der Truppen zum 31. August 1994 wurde von Jelzin erneut bestätigt. Wir betrachteten dieses Thema jedoch nicht als Konfliktstoff.

42.
Standort Deutschland

Auf dem 4. Bundesparteitag der gesamtdeutschen CDU, der Mitte September in Berlin stattfand, beschäftigten wir uns mit Leitanträgen zur Bildungspolitik und zur inneren Sicherheit. Damit setzten wir unsere Programmarbeit fort, die 1994 mit einem neuen Grundsatzprogramm abgeschlossen werden sollte. Unter dem Motto »Wir sichern Deutschlands Zukunft« ging es auch um wirtschaftspolitische Fragen, einen der Schwerpunkte des zweitägigen Bundesparteitags. Im Mittelpunkt stand dabei die Sicherung des Wirtschaftsstandorts Deutschland – ein Thema, das mich schon lange beschäftigte und mich bis zum Ende meiner Kanzlerschaft nicht mehr losließ.

In Deutschland, in Europa und in der Welt hatte es in den letzten Jahren große Veränderungen gegeben, die uns allen zugute kommen konnten, wenn wir sie nur tatkräftig nutzten. Der Vertrag von Maastricht war jetzt in allen EG-Mitgliedsländern ratifiziert worden, und wir wollten uns mit aller Kraft dafür einsetzen, gemeinsam mit unseren Partnern die in Maastricht vereinbarten Ziele in die Tat umzusetzen. Das waren politische Herausforderungen von historischer Tragweite, die auch bei uns Konsequenzen in Wirtschaft und Gesellschaft erforderten.

In der internationalen Arbeitsteilung vollzogen sich tiefgreifende Veränderungen. Wir mussten uns daran gewöhnen, dass sich nicht nur in Fernost starke Konkurrenten entwickelten – neben Japan waren inzwischen auch Länder wie Korea und Taiwan sowie die Volksrepublik China auf den Plan getreten. Zudem wollten wir den Erfolg des Umgestaltungsprozesses in den Demokratien Mittel-, Ost- und Südosteuropas und in den Nachfolgestaaten der ehemaligen Sowjetunion. In diesen Ländern lebten rund 380 Millionen Menschen, die genauso intelligent und fleißig waren wie die Menschen hierzulande. Es wurden dort große Anstrengungen unternommen, Gesellschaft, Staat und Wirtschaft zu reformieren. Wenn dies gelang und das Vertrauen der Menschen in die Rechtsordnung und in die Stabilität des Geldes wuchs, würden diese Länder leistungsfähige Konkurrenten, aber auch wichtige Handelspartner für uns werden.

Wir brauchten nur unsere eigenen guten Erfahrungen mit der EG heranzuziehen, um zu erkennen, welche enormen Chancen in einer vertieften wirtschaftlichen Zusammenarbeit mit unseren östlichen Nachbarn lagen: Bei Abschluss der Römischen Verträge im Jahr 1957 gingen deutsche Exporte im Wert von 14 Milliarden DM in die zwölf Länder, die inzwischen der EG angehörten. 1992 exportierten wir Waren im Wert von 365 Milliarden DM in diese Länder. Unsere Ausfuhren in EG-Länder waren damit etwa doppelt so stark gestiegen wie unsere Exporte in die übrige Welt. Viele Millionen Arbeitsplätze verdanken wir dieser engen wirtschaftlichen Verflechtung mit leistungsfähigen Partnern in der EG. Es lag in unserem Interesse, bald ebenso leistungsfähige Partner in Mittel-, Ost- und Südosteuropa zu haben.

Der seit Anfang 1993 geltende Binnenmarkt in Europa würde für jedes Mitgliedsland weitere Wettbewerbsvorteile und neue Arbeitsplätze bringen. Für deutsche Unternehmen bedeutete dies neue Investitions- und Absatzchancen, aber auch die Notwendigkeit verstärkter Modernisierung im Blick auf den größeren Wettbewerb. Freizügigkeit und freier Handel waren keine Einbahnstraßen.

Vor diesem Hintergrund mussten wir uns ernsthaft fragen, ob unsere gesellschaftlichen und wirtschaftlichen Strukturen weiterhin geeignet waren, der Vielzahl neuer Herausforderungen erfolgreich zu begegnen. Unsere Politik der sozialen Marktwirtschaft und eine entschlossene Haushaltskonsolidierung hatten in den achtziger Jahren ein kräftiges und langanhaltendes wirtschaftliches Wachstum ermöglicht und uns wertvolle Handlungsspielräume eröffnet. In den alten Bundesländern waren in dieser Zeit mehr als drei Millionen neue Arbeitsplätze geschaffen worden – und dennoch fehlten 1993 in ganz Deutschland rund fünf Millionen Arbeitsplätze.

Bis zu Beginn der neunziger Jahre hatte der Zugriff des Staates auf die gesamtwirtschaftliche Leistung deutlich zurückgeführt und die Steuerbelastung gesenkt werden können. Jetzt musste es uns darum gehen, neue Handlungsspielräume für die Zukunft zu gewinnen. Die Kernfrage für die kommende Zeit war: Wie schaffen wir neue, wettbewerbsfähige Arbeitsplätze? Um diese Frage beantworten zu können, brauchten wir eine Generalinventur der deutschen Gesellschaft, denn nur, wenn wir wussten, wo wir standen, konnten wir auch den richtigen Weg in die Zukunft bestimmen.

So wie wir nach der Gründung der Bundesrepublik in den fünfziger Jahren den Aufstieg geschafft hatten, so mussten wir jetzt im wiedervereinten Deutschland in eine zweite Aufbruchphase eintreten. Wir standen vor drei Herausforderungen gleichzeitig:

- der Vollendung der inneren Einheit unseres Vaterlands,
- dem Zusammenwachsen Europas
- und der Sicherung des Standorts Deutschland angesichts der wachsenden internationalen Konkurrenz.

Immer mehr Menschen in Deutschland begriffen, dass wir jetzt einen Wandel in Gesellschaft und Wirtschaft brauchten – auch weil die Sorge wuchs, dass wir unter dem Druck der internationalen Konkurrenz unseren gewohnten Lebensstandard sonst nicht länger halten könnten. Das förderte die Einsicht in notwendige Veränderungen. Es ging nicht darum, uns gegenseitig Versäumnisse vorzuwerfen oder uns in Schuldzuweisungen zu ergehen, sondern den Erwartungen derer gerecht zu werden, die eine Antwort auf die Frage erwarteten, wie es weitergehen wird – und nach einer solchen Antwort verlangten nicht zuletzt die Menschen ohne Arbeit.

Bei dieser Diskussion konnte und durfte es auch nicht darum gehen, den Standort Deutschland miesezumachen oder kaputtzureden. Zum einen würden wir uns damit nur selbst schaden, und zum anderen hatten wir gar keinen Anlass zu weinerlicher Verzagtheit. Insgesamt gesehen waren wir nicht schlechter geworden. Richtig war aber, dass andere uns gegenüber viel Boden im Konkurrenzkampf gutgemacht hatten. Unsere Konkurrenten unternahmen verstärkte Anstrengungen, um die eigene Leistungskraft und Wettbewerbsfähigkeit zu steigern. So hatte zum Beispiel der amerikanische Präsident eine umfassende Exportoffensive angekündigt. Auch wir mussten uns mehr anstrengen, um auf den rasch wachsenden Zukunftsmärkten eine starke Position zu erringen. Deshalb entwickelten wir zum Beispiel eine Asienkonzeption, um die deutsche Präsenz in dieser Zukunftsregion zu verstärken.

Unstrittig war, dass der Standort Deutschland trotz mancher Schwächen und Probleme nach wie vor viele Stärken hatte. Wir waren eine der führenden Exportnationen der Welt und verfügten über eine international leistungsfähige Infrastruktur. Zu unseren Stärken gehörte vor allem auch die stabile D-Mark, die nicht von ungefähr zu einer der wichtigsten Reservewährungen der Welt und zur Ankerwährung in Europa aufgestiegen war.

Die im internationalen Vergleich geringe Zahl der Streiktage zeigte, dass bei uns ein gutes soziales Klima herrschte. Ungeachtet aller Konflikte bekannten sich Gewerkschaften und Arbeitgeber zu ihrer gemeinsamen Verantwortung für das Wohl des Ganzen – einer Verantwortung, der sie sich auch stellen mussten, wenn es darum ging, den Standort Deutschland einer ehrlichen Bestandsaufnahme zu unterziehen. Das schloss den Mut und die Entschlossenheit mit ein, ohne Rücksicht auf eigene Besitzstände den notwendigen Veränderungen den Weg zu bahnen.

Angesichts dessen, dass wir vor einer völlig neuen Situation standen, konnten uns Erfahrungen aus der Vergangenheit nur teilweise eine Antwort auf die Zukunft geben. Es ging um weit mehr als um die Überwindung der Rezession. Dabei hatten wir es 1993 nicht nur mit einer normalen Rezession zu tun, sondern auch mit lange aufgestauten Strukturproblemen, die es – unabhängig von den konjunkturellen Auf- und Abwärtsbewegungen – notwendig machten, dass wir uns vorrangig auf struktureller Ebene der Probleme unseres Landes annahmen. Wir brauchten eine Wiederbelebung der Konjunktur, aber wir mussten zugleich unsere Strukturschwächen konsequent bekämpfen.

In Deutschland durften nicht länger nur Ideen geboren und Basiserfindungen gemacht werden, deren Umsetzung anderen überlassen wurde. Künftig mussten neue Produkte auch wieder hierzulande hergestellt werden. Nur so konnten wir moderne, zukunftssichere Arbeitsplätze in Deutschland schaffen. Bürokratie, komplizierte Verwaltungsverfahren und überlange Genehmigungsfristen verzögerten nicht nur den Ausbau einer modernen Infrastruktur, sondern erschwerten auch häufig die Ansiedlung moderner Industrien. Beispielsweise war es ein schwerwiegender Standortnachteil, wenn für die Genehmigung einer Anlage zur gentechnischen Herstellung von Humaninsulin mehr als sechs Jahre vergingen. Dadurch wurden potentielle Investoren abgeschreckt, und die Arbeitsplätze entstanden in Ländern, die ihre Investoren besser behandelten. Aber wenn Politik, Verwaltung und Wirtschaft geschlossen an einem Strang zogen, ließ sich auch unter den aktuellen Bedingungen schon viel erreichen.

Die Wettbewerbsfähigkeit der deutschen Wirtschaft und das Investitionsklima in unserem Land standen auch in einem engen Zusammenhang mit einer kostengünstigen Energieversorgung. Wir wollten eine umweltverträgliche und sichere Energieversorgung, denn die Bewahrung der Schöpfung war unser oberstes Ziel. Deshalb wollten wir einen breiten Konsens über einen vernünftigen zukunftsfähigen Energiemix erreichen. Trotz aller Unterschiedlichkeit der Positionen zwischen Regierung und Opposition konnte doch kein Zweifel bestehen, dass das Industrieland Deutschland sowohl Kohle als auch Öl, Gas und Kernenergie brauchte.

Viele gewohnte Verfahrens- und Verhaltensweisen, Normen und Einstellungen waren nicht mehr ausreichend, um unsere gemeinsame Zukunft in Freiheit, Wohlstand und sozialer Sicherheit zu meistern. Wem nichts anderes einfiel, als alte Besitzstände um jeden Preis zu verteidigen, der konnte die Zukunft nicht gewinnen. Jeder musste wissen, dass die Prioritäten neu bestimmt, Gewohnheiten geändert und Ansprüche zurückgestellt werden mussten. Wir durften diese Herausforderungen nicht als Bedrohung empfinden, sondern als Chancen für uns alle, und diese Chancen durften wir jetzt nicht versäumen. Ich erinnerte gerne an die Worte von Jacques Delors, dem Präsidenten der EG-Kommission, der in seiner Ansprache am Tag der deutschen Einheit 1993 an uns Deutsche die Worte richtete: »Ist die Aufgabe, die Einheit im Herzen der Menschen in Deutschland zu verankern, zu groß? Fehlt es an der Bereitschaft, diese neue Welt zu akzeptieren? Ihre Nachbarn in Europa können sich über soviel Kleinmut nur wundern.«

Die Konkurrenzfähigkeit des Standorts Deutschland war nicht nur eine Frage der Kosten. Gefordert waren ebenso Tugenden wie Leistungswille, Fleiß, Zuverlässigkeit und Mitmenschlichkeit, aber auch Mut zur Zukunft und zu Visionen. Das waren die Eigenschaften, mit denen die Generation der heutigen Rentner unser Land nach den Zerstörungen des Zweiten Weltkrieges unter schwierigen Bedingungen wieder auf die Beine gebracht hatte. Nun mussten wir das gleiche in einem anderen Umfeld und unter anderen Bedingungen wieder schaffen.

Ich versuchte, alle gesellschaftlichen Gruppen zu einem eigenen Standortbericht anzuregen und dazu, die neuen Herausforderungen anzunehmen und eigene Beiträge zur Verbesserung der Standortbedingungen zu leisten. Wir hatten nur wenig Zeit. Es ging um die Sicherung der Zukunft in unserem Land. Es ging um ein wirtschaftlich starkes und wettbewerbsfähiges Land. Es ging um den sozialen Frieden. Deshalb mussten wir 1993 in einem Gemeinschaftswerk einen zweiten Aufbruch in unserem Land ermöglichen. Daran mitzuwirken waren alle und jeder einzelne in Deutschland aufgerufen.

*

In diesem Zusammenhang gab es eine rege Kontroverse über eine Äußerung von mir zum Freizeitverhalten der Deutschen. Ich hatte einen Satz formuliert, der viele in Erregung brachte: »Obwohl die Arbeitszeit in Deutschland kürzer ist als bei allen Konkurrenten, scheint es nichts Wichtigeres zu geben, als über einen Ausbau der Freizeit nachzudenken. Die Zukunft Deutschlands kann nicht gesichert werden, wenn wir unser Land als kollektiven Freizeitpark organisieren.«

Friedhelm Hengsbach, Jesuitenpater und Professor für Wirtschaft und Sozialethik an der Philosophisch-Theologischen Hochschule Sankt Georgen in Frankfurt, fand meine Bemerkung »unverschämt«, und ein »Freizeitforscher« meinte, ich würde von Fehlannahmen ausgehen. Nicht die Deutschen arbeiteten am kürzesten, sondern die Dänen. Wie schön! Aber brachte uns das weiter? Ich blieb bei meiner Überzeugung, dass wir viel zuviel über die Verlängerung unserer Freizeit nachdachten. Ernsthaft konnte dem niemand widersprechen.

43.
Verfassungskonform

Der 12. Oktober 1993 war ein großer Tag für Deutschland und Europa, denn die gegen den Maastricht-Vertrag eingelegte Verfassungsbeschwerde wurde vom Zweiten Senat des Bundesverfassungsgerichts als unzulässig beurteilt und damit zurückgewiesen. Die Kläger, darunter vier Europaabgeordnete der Grünen, hatten vor allem das »Demokratiedefizit« in den Institutionen der EU kritisiert. Noch am selben Tag unterzeichnete der Bundespräsident die Ratifizierungsurkunde, die bei der italienischen Regierung – als Treuhänderin der Römischen Verträge von 1957 – hinterlegt wurde. Nachdem das Bundesverfassungsgericht mit seinem fünfundachtzig Seiten starken Urteil die Verfassungsbeschwerde der vier Grünen-Europaabgeordneten abgelehnt hatte, war Deutschland nun der letzte EG-Staat, der den Maastrichter Vertrag ratifizierte.

Ich war sehr erleichtert und begrüßte die Entscheidung von Karlsruhe. Damit war der Weg frei, den Maastrichter Vertrag am 1. November 1993 in Kraft zu setzen. Vordringlich ging es jetzt darum, den Vertrag in die Tat umzusetzen, dessen wesentliche Elemente eine gemeinsame Außen- und Sicherheitspolitik, die Zusammenarbeit in der Innen- und Rechtspolitik sowie bei der Bekämpfung des organisierten Verbrechens und der Drogenkartelle waren. Auf dem Weg zur Wirtschafts- und Währungsunion konnte vom kommenden Jahr an, wie geplant, die Geldpolitik der EG-Mitglieder stärker koordiniert werden. Allerdings mussten demokratische und föderative Elemente in der Gemeinschaft noch stärker verankert werden. Wichtig war für mich auch, beim nächsten EG-Gipfel ein Arbeitsprogramm zur Umsetzung des Vertrags vorzulegen. Belgien, das die EG-Ratspräsidentschaft innehatte, lud die Staats- und Regierungschefs zu einem Sondergipfel am 29. Oktober nach Brüssel ein.

*

Zuvor hatte ich als erster ausländischer Staatsmann seit dem amerikanischen Präsidenten Thomas Woodrow Wilson (1856–1924), der 1919 hier sprach, die Ehre, eine Rede im französischen Senat zu halten. Einen Tag nach dem Spruch des Bundesverfassungsgerichts zum Maastrichter Vertrag blickte ich zufrieden auf unser gemeinsames Werk zurück:

> »Deutsche und Franzosen müssen gemeinsam den Kern der Europäischen Union bilden. Wir laden unsere europäischen Partner herzlich ein, an diesem Werk mitzuarbeiten; aber wir werden uns nicht davon abbringen lassen, diese Union fortzuentwickeln und sie gemeinsam mit jenen zu vollenden, die daran mitwirken wollen.«

Als verhängnisvollen Irrtum bezeichnete ich die Ansicht, die deutsch-französische Partnerschaft und die europäische Einigung hätten nach dem Ende des Ost-West-Konflikts ihre Bedeutung verloren. Vielmehr bedeute das gemeinsame Eintreten für die europäische Einigung eine notwendige Schlussfolgerung aus den Vorgängen dieses Jahrhunderts. Dabei verschwieg ich nicht, dass unser Werk noch verbesserungsfähig war:

> »Mir ist bewusst, dass der Vertrag auch auf Kritik gestoßen ist, in Deutschland wie in Frankreich und anderen Ländern; er erfüllt auch aus meiner Sicht nicht alle Wünsche, aber er stellt einen notwendigen und tragfähigen Kompromiss dar, auf dem wir für die kommenden Jahre aufbauen können [...]. Die europäische Gemeinschaft mit ihren 340 Millionen Bürgern kann jetzt ein neues Kapitel aufschlagen.«

Als Gastredner vor dem französischen Senat (Oktober 1993)

Dass mich Senatspräsident René Monory als den »wohl überzeugendsten und wichtigsten Europäer« in der Gemeinschaft würdigte, mochten meine politischen Gegner in Deutschland für übertrieben halten. Mir tat es gut, mein jahrelanges Engagement für die europäische Einheit auf solche Art und Weise bewertet zu wissen.

*

Die Sondertagung des Europäischen Rats am 29. Oktober in Brüssel, die auf deutsch-französische Initiative hin anberaumt worden war, diente dem Ziel, den Maastricht-Vertrag mit Leben zu erfüllen. Für mich war das Ergebnis dieses Treffens außerordentlich ermutigend. Die Botschaft der Staats- und Regierungschefs lautete: Wir müssen alles tun, damit Europa vorankommt.

Insbesondere für uns Deutsche hatte die Sondertagung ein hervorragendes Ergebnis gebracht, denn die Entscheidung für Frankfurt am Main als Sitz des Europäischen Währungsinstituts und der künftigen Europäischen Zentralbank war nicht selbstverständlich. Ich war für diese Entscheidung dankbar, die ein überzeugendes Zeichen des Vertrauens in uns Deutsche und in unsere am Ziel der Geldwertstabilität ausgerichtete Währungspolitik war. Die Bundesbank und mit ihr Frankfurt am Main waren in den vergangenen Jahrzehnten in Europa, ja weltweit zum Symbol für diese Stabilitätspolitik geworden.

Bei dieser Entscheidung war mir aber auch wichtig, dass meine Kollegen im Rat begriffen und zur Kenntnis nahmen, dass wir im Blick auf die Frage der Währung in Deutschland in einer ganz besonders schwierigen psychologischen Lage lebten. Viele von uns hatten noch durch die Eltern von den schlimmen Erfahrungen während der großen Inflation nach dem Ersten Weltkrieg gehört. So war die Deutsche Mark mit dem Tag der Währungsreform 1948 und mit der Gründung der Bundesrepublik schon sehr früh für viele in Deutschland und in der Welt zu einem wichtigen Symbol der Erfolgsgeschichte der Bundesrepublik geworden. Die stabile Deutsche Mark stand für viele in der Welt in Verbindung zu dem stabilen neuen demokratischen Deutschland. Es war kein Zufall, dass unsere Landsleute in den neuen Ländern 1990 immer wieder gefordert hatten: Auch wir wollen die D-Mark haben.

Unsere Partner und Freunde in der Europäischen Gemeinschaft teilten mit uns die Überzeugung, dass eine künftige europäische Währung genauso stabil sein musste wie die D-Mark. Insofern war die Entscheidung, die Europäische Zentralbank nach Frankfurt zu holen, auch das Zeichen dafür, dass eine neue europäische Währung eine stabile Währung sein musste. Das war die Bedingung für uns alle.

Das Bundesverfassungsgericht hatte in seiner Entscheidung vom 12. Oktober die Europapolitik der Bundesregierung in allen wesentlichen Punkten bestätigt. Wir hatten damit den notwendigen politischen und rechtlichen Spielraum für eine konsequente

Fortsetzung der deutschen Europapolitik in Richtung auf eine politische Union erhalten, die auf dem Maastricht-Vertrag und dem neuen Artikel 23 des Grundgesetzes aufbaut.

In vollem Einklang mit der Politik der Bundesregierung hob das Urteil hervor, dass mit dem weiteren Ausbau der EG auch die demokratische Kontrolle der Politik der Gemeinschaft durch die Parlamente, den Bundestag und das Europäische Parlament zu stärken ist.

Die besondere Hervorhebung der Stabilitätskriterien entsprach ohne Einschränkung unserer Politik, wonach die Wirtschafts- und Währungsunion als Stabilitätsgemeinschaft angelegt ist. Zur Verwirklichung der europäischen Wirtschafts- und Währungsunion gehörte aber auch, dass wir alle unsere Anstrengungen fortsetzten und durch eine konsequente Politik der Stabilität, auch durch notwendige Strukturveränderungen, eine möglichst große Annäherung der nationalen Volkswirtschaften erreichten. Erst wenn wir diese zwingenden Voraussetzungen des Maastricht-Vertrages erfüllten, würden wir eine gemeinsame europäische Währung einführen können. Das waren schwierige Herausforderungen für uns alle, auch und gerade für uns Deutsche.

Vielleicht gerade angesichts dieser Fortschritte machte das Wort von der Euroskepsis die Runde. Anfang der achtziger Jahre war noch von der »Eurosklerose« die Rede gewesen. Insofern hatte sich bei den Pessimisten etwas verbessert: Von einer schweren Krankheit waren wir zu einer Befindlichkeitsstörung, wie man neumodisch sagt, übergegangen. Aber ungeachtet unserer Entschiedenheit auf dem Weg nach Europa mussten wir die Fragen und Sorgen unserer Bürger verstehen. Wir mussten sie ernst nehmen, weil sie Realität waren; auch jene Befürchtungen, die unbegründet waren. Das erforderte von uns allen, die wir uns der Idee des geeinten Europas verschrieben hatten, das Notwendige zu tun, um die Köpfe und die Herzen unserer Bürger für die europäische Einigung zu gewinnen.

Einundzwanzig Jahre nach dem Ende des Ersten Weltkriegs begann 1939 der Zweite Weltkrieg; dreiundvierzig Jahre nach der Gründung des Deutschen Reichs 1871 war der Erste Weltkrieg ausgebrochen. In Deutschland lebten wir seit 1945 nun bereits achtundvierzig Jahre in Frieden und seit 1990 gemeinsam in Freiheit. Dass dies auch weiterhin so bleibt, dessen konnten wir uns nur sicher sein, wenn wir in unseren Anstrengungen für die Einigung Europas nicht nachließen.

44.
Chinabesuch

Am 15. November, einen Tag nach Einweihung der Neuen Wache in Berlin als künftige Zentrale Gedenkstätte der Bundesrepublik Deutschland, reiste ich in die Volksrepublik China. Es war die zweite Asienreise in diesem Jahr und, nach 1984 und 1987, mein dritter offizieller Besuch als Kanzler in China.

Mitte September hatte das Bundeskabinett auf meine Initiative hin die Asienkonzeption der Bundesregierung erörtert und gebilligt, mit der der zunehmenden Bedeutung der Staaten Asiens und des asiatisch-pazifischen Raums im Rahmen der außenpolitischen und außenwirtschaftlichen Prioritäten meiner Regierung Rechnung getragen wurde. Asiens wirtschaftliche, demographische und geostrategische Daten ließen längst seine herausragende Bedeutung erkennen: Es beheimatete 59 Prozent der Weltbevölkerung, hatte einen Anteil am Welthandel von 25 Prozent und erwirtschaftete 27 Prozent des weltweiten Bruttosozialprodukts. Auf den globalen Finanzmärkten spielte Asien eine führende Rolle; über ein Drittel der Devisenreserven der Welt lagen bei den Zentralbanken der asiatischen Staaten. Vieles deutete darauf hin, dass diese Region in Zukunft ein überdurchschnittliches Wachstum verzeichnen würde – Asien könnte der wichtigste Kontinent des einundzwanzigsten Jahrhunderts werden.

Eine aktive deutsche Asienpolitik, die auf den Ausbau der Beziehungen mit dieser Region abzielte, diente deshalb unseren elementaren politischen und wirtschaftlichen Interessen. Als exportabhängige Nation mussten wir durch Handel und Investitionen auf diesen dynamischen Märkten vertreten sein. Der wirtschaftliche Wettbewerb mit Asien, die Auseinandersetzung mit seinem

Erfolgsrezept und seiner Wirtschaftskraft stellten unsere Unternehmer und unsere Wirtschaftspolitik in puncto Innovationsfähigkeit vor eine gewaltige Herausforderung.

Im politischen Bereich war unsere Zusammenarbeit mit Asien schon lange unerlässlicher Bestandteil unserer globalen Politik der Friedenssicherung. Wegen ihres Gewichts in der Weltpolitik gewannen die Staaten Asiens zunehmend an Bedeutung für die Lösung globaler Probleme. Dies galt für internationale Finanz- und Wirtschaftsorganisationen wie den Internationalen Währungsfonds, die Weltbank und das GATT ebenso wie für den Ausbau und die Reform der Vereinten Nationen. Es galt genauso für Fragen der Sicherheit, Abrüstung und Nichtverbreitung von Massenvernichtungsmitteln, für die Bewahrung unserer natürlichen Ressourcen und eine weltweite Umweltpolitik. Auf allen diesen Gebieten brauchten wir die zunehmende Kooperation gerade mit den asiatischen Staaten.

Mit China, Japan und Indien stellte Asien drei Staaten mit globaler Bedeutung. Frühere Schwellenländer waren längst zu vollwertigen Industrieländern geworden. Für immer mehr Staaten in der asiatisch-pazifischen Region wurde die Zuordnung zu der sogenannten Dritten Welt fragwürdig.

Im weltgeschichtlichen Maßstab hatte sich die Industrialisierung der vier »kleinen Tiger« (Taiwan, Republik Korea, Singapur und Hongkong) in Rekordzeit vollzogen. Thailand, Indonesien und Malaysia waren bereits Schwellenländer, die längst die »Dritte Welt« hinter sich gelassen hatten. Chinas zweistellige Wachstumsraten und seine marktwirtschaftlichen Reformen sprachen für sich. Durch die Verflechtung der chinesischen Sonderwirtschaftszonen mit Hongkong und Taiwan war ein Wirtschaftsraum mit dynamischer Schubwirkung entstanden. Indien hatte seine frühere Selbstfesselung durch Sozialismus und Bürokratie aufgegeben und öffnete sich durch die Liberalisierung seiner Wirtschaft dem Weltmarkt. Und Japans Bedeutung als zweitgrößter Industriestaat der Welt, wichtigste Exportnation und bedeutender internationaler Kapitalexporteur war evident.

Im Außenhandel war Asien für uns Absatzmarkt für 10 Prozent

unseres Exports und Herkunftsland von 15 Prozent unserer Importe. In der sogenannten Dritten Welt war Asien vor Lateinamerika der wichtigste Anlageort für unsere Auslandsinvestitionen. Aber es stimmte nachdenklich, dass sich bisher nur knapp 5 Prozent aller unserer Auslandsinvestitionen in Asien befanden.

Die Intensivierung der wirtschaftlichen Beziehungen mit der größten Wachstumsregion der Welt war deshalb ein zentrales Anliegen unserer Asienpolitik. Gemessen an ihrem Potential und an ihrer Präsenz in anderen Teilen der Welt war die deutsche Wirtschaft in der Region Asien/Pazifik im Vergleich zu Japan und den USA unterrepräsentiert. Sie musste daher, unterstützt von der Außenwirtschaftspolitik, auch in dieser Region ihre Stärken einbringen: die breite Produktpalette, die Kompetenz zu umfassenden Problemlösungen, die technisch führende Position in wichtigen Produktbereichen, die Bereitschaft zu Technologietransfer und Ausbildung und unsere Zuverlässigkeit. Dazu waren vor allem auch höhere Direktinvestitionen nötig, um regionale Marktchancen und Standortvorteile voll nutzen zu können.

Wichtig war, dass die Investitionen nicht nur in eine Richtung gingen. Für uns kam es gegenüber Asien auch darauf an, Deutschland und insbesondere die neuen Bundesländer als Zukunftsstandort für Investitionen zu präsentieren. Es galt, die Zusammenarbeit mit Asien weiter auszubauen und auf allen Feldern zu vertiefen. Das war der Hauptgrund für meine Entscheidung gewesen, im Frühjahr 1993 erneut eine größere Reise nach Asien zu unternehmen. Durch den Besuch in Indien, Singapur, Indonesien, Japan und der Republik Korea wollte ich die Bedeutung der bereits bestehenden engen Beziehungen zu diesen Staaten herausstreichen und mich über die wirtschaftlichen und politischen Entwicklungstendenzen in der Asien-Pazifik-Region informieren. Die Ergebnisse dieser Reise bewogen mich, die Erstellung einer Asienkonzeption der Bundesregierung in Auftrag zu geben. Diese Konzeption, die in Abstimmung mit den Verbänden der Wirtschaft erarbeitet wurde, begründete die Bedeutung unserer Asienpolitik, unternahm eine Bestandsaufnahme unseres außenpolitischen und außenwirtschaftlichen Instrumentariums und machte schließlich in wichtigen Bereichen spezifische Vorschläge zum Ausbau der Beziehungen mit den Staaten der Region. Die Asienkonzeption sollte zu einem verstärkten Engagement nicht nur der Wirtschaft, sondern auch der Bundesländer und gesellschaftlicher Gruppen ermutigen.

In der entwicklungspolitischen Zusammenarbeit war das übergreifende Ziel die Verbesserung der wirtschaftlichen und sozialen Lage der Menschen in der Region und die Entfaltung ihrer schöpferischen Fähigkeiten. Dazu gehörten eine marktfreundliche und soziale Wirtschaftsordnung in ökologischer Verantwortung, Entwicklungsorientierung staatlichen Handelns, Achtung der Menschenrechte, Beteiligung der Bevölkerung am politischen Entscheidungsprozess und Rechtssicherheit. Die Bekämpfung von Armut durch Förderung der produktiven Beschäftigung und eine Bevölkerungspolitik mit integrierter Bildungs- und Gesundheitsförderung standen im Zentrum unserer Entwicklungspolitik in bezug auf die armen und bevölkerungsreichen Staaten der Region.

Schwellenländer in Asien sollten durch Technologietransfer und die Vermittlung qualifizierter technischer Fertigkeiten wettbewerbs- und leistungsfähiger werden. In Ländern, die sich auf dem Weg von einer Zentralverwaltungswirtschaft zu einer Marktwirtschaft befanden, war die Unterstützung der Wirtschaftsreformen einschließlich der Rechtsberatung von besonderer Bedeutung.

Auch im Hinblick auf Kultur, Bildung und Wissenschaft mussten wir die bestehenden Verbindungen mit Asien verstärken. Unsere Kulturpolitik war ein integraler Bestandteil unserer Außenpolitik; gegenüber Asien hatte sie eine besonders lange Tradition, denn deutsche Asienpolitik nahm im neunzehnten Jahrhundert ihren Anfang in den kulturell-geistigen Beziehungen. Nicht die Kaufleute und schon gar nicht die koloniale Eroberung waren für uns im Verhältnis zu Asien bestimmend, sondern die Tätigkeit deutscher Gelehrter, die asiatische Kulturen erforschten und uns zugänglich machten. Trotz enger traditioneller Beziehungen zu den Vertretern der geistigen Führungsschicht in Asien und einer beachtlichen Kulturarbeit, die wir in den vergangenen Jahren in der Region geleistet hatten, mussten wir uns dringend um eine noch größere Vertrautheit mit den intellektuellen, emotionalen und kulturellen Strömungen in den asiatischen Ländern bemühen. Ähnliches galt auch umgekehrt. Bestehende kulturelle Verbindungen zu den asiatischen Ländern hatten sich leider eher abgeschwächt. Diesem Trend galt es entgegenzuwirken.

Wir führten den kulturellen und gesellschaftspolitischen Dialog in Asien mit Partnern, die stärker als anderswo in eigenständigen Wertetraditionen standen und die, bestärkt durch die erfolgreiche Entwicklung ihrer Länder, diese Eigenständigkeit auch selbstsicher vertraten. Der »Wertedialog« mit Asien war schwieriger und sensibler geworden, aber wir mussten ihn führen. Dabei galt es, sich bewusst zu machen, dass es ein »asiatisches Modell« der Steuerung von Wirtschaft und Gesellschaft gibt, in dem mit neokonfuzianischen Werten mehr Betonung auf den wirtschaftlichen Wohlstand der Nationen als auf die politischen Freiheitsrechte des einzelnen gelegt wird.

Ein zentraler Bereich dieses Dialogs war die Menschenrechtsdiskussion. Nach manchen Irritationen der letzten Jahre bestanden jetzt Chancen, hier zu mehr Gemeinsamkeit zu finden. In diese Diskussion mussten wir auch die gesellschaftlichen Kräfte einbeziehen.

Im Dialog mit Asien hatten wir eine gute Ausgangsposition. Auch wenn wir uns in der Region aus verständlichen Gründen nicht mit dem wirtschaftlichen und politischen Einfluss Japans und der USA messen konnten – die dort zudem eine bedeutende sicherheitspolitische Funktion ausüben –, waren wir unter den europäischen Ländern für viele Staaten in Asien mehr denn je zu einem wichtigen Partner des politischen Dialogs und zu einem bedeutenden Handels- und Investitionspartner geworden. Wir genossen in Asien politisches Vertrauen, auf das wir aufbauen konnten. Die deutsche Wiedervereinigung hatte uns zusätzliche Sympathie und ein gesteigertes Interesse gesichert, sie hatte aber auch die Erwartungen an uns erhöht.

Nach wie vor genossen unsere Wirtschaft und unsere Technik einen guten Ruf. Unsere Berufsausbildung und das Modell unserer freien, sozialpartnerschaftlich organisierten Wirtschaft wurden geprüft. Wir hatten in vielen asiatischen Ländern Ansprechpartner in Wirtschaft und Verwaltung, die in Deutschland studiert oder sich längere Zeit beruflich bei uns aufgehalten hatten. Unsere Erfahrung mit regionalen Zusammenschlüssen und Strukturen politischer und sicherheitspolitischer Kooperation sowie vertrauensbildenden Maßnahmen und der Abrüstung in Europa war gefragt. Unsere Investitionen waren ausdrücklich gewünscht. Insofern stieß eine aktive deutsche Asienpolitik auf die Bereitschaft und das Wohlwollen unserer Partner in Asien. Sie konnte somit auch zu einem Stück Zukunftssicherung für Deutschland werden.

Mein Besuch vom 15. bis 20. November in China, bei dem ich von einer hundertachtzigköpfigen Delegation begleitet wurde, die aus weiteren Mitgliedern der Bundesregierung sowie führenden Vertretern deutscher Industrieunternehmen bestand, diente vorrangig dem Ausbau der bilateralen ökonomischen Beziehungen und der Intensivierung des Handels.

Nach der offiziellen Begrüßung durch Ministerpräsident Li Peng kam es zu mehreren Gesprächen zwischen uns, in deren Verlauf ich der Führung in Peking für ihre Unterstützung im Prozess der deutschen Vereinigung dankte. Während meines Besuchs wurden deutsch-chinesische Wirtschaftsverträge in einem Gesamtumfang von rund 3 Milliarden DM unterzeichnet. Zusammen mit Vorverträgen wurden Abkommen geschlossen, die ein Gesamtvolumen von zusätzlich 7 Milliarden DM hatten. Die wichtigsten Projekte waren der Kauf von sechs Flugzeugen vom Typ Airbus A-340 durch China sowie die deutsche Mitwirkung beim Bau einer Untergrundbahn in Kanton.

Die Dankesrede anlässlich der Verleihung einer Ehrenprofessur durch die Tongji-Universität in Shanghai nahm ich zum Anlass, die Pekinger Führung an die Rechtsstaatlichkeit zu erinnern und die Achtung der Menschenrechte einzufordern. Wenn es um Menschenrechte ging, benötigte ich keinerlei Belehrungen von »Gutmenschen« aus dem linken Parteienspektrum, die mit den Kommunisten östlicher Prägung an so vielen Kamingesprächen über Gemeinsamkeiten von Sozialdemokratie und DDR-Sozialismus

Abschreiten der Ehrenformation bei der Ankunft in Peking (November 1993)

teilgenommen und doch über Verletzungen der Menschenrechte geschwiegen hatten.

Ich setzte bei den Menschenrechten generell auf stille Diplomatie, weil ich den betroffenen Menschen helfen wollte. Es war nicht gut, eine öffentliche Diskussion in Peking zu entfachen. Statt dessen übergab ich Li Peng zwei Listen mit zwanzig Namen von politischen Gefangenen. Diese Namenslisten wurden sogar mit mir besprochen, so dass ich vorsichtig auch von ersten positiven Ergebnissen sprechen konnte. Natürlich wusste ich, dass rund 3500 Menschen wegen »konterrevolutionärer Aktivitäten« in chinesischen Gefängnissen saßen, die zum Teil wegen ihrer Teilnahme an der Demokratiebewegung 1989 verhaftet worden waren und langjährige Haftstrafen absitzen mussten. Keiner der zwanzig politischen Gefangenen auf meiner Liste war zu weniger als zehn Jahren verurteilt worden. Darunter befanden sich Studenten, Professoren, ein Biologe, Lehrer, Arbeiter, ein Redakteur, ein Ingenieur und zwei bekannte Sozialwissenschaftler. Mir blieb nur die Hoffnung, dass diese Fälle noch einmal überprüft, die Haftstrafen unter Umständen verkürzt oder die Haftbedingungen verbessert würden.

Im Anschluss an meine offizielle Visite in der Volksrepublik China besuchte ich am 20. und 21. November Hongkong. Mit einem klimatisierten Salonwagen der »VEB Waggonbau Bautzen« fuhr ich von Kanton zu der britischen Kronkolonie. Während der dreistündigen Fahrt in dem Sonderwagen aus der Produktion des einstigen deutschen Arbeiter- und Bauernstaats konnte ich eine positive Bilanz meiner Chinareise ziehen. Mit Milliardenaufträgen kehrte ich zusammen mit der hochrangigsten deutschen Wirtschaftsdelegation, die mich je auf einer Auslandsreise begleitet hatte, nach Bonn zurück. Was die wirtschaftliche Zusammenarbeit zwischen China und Deutschland anging, hegte ich große Hoffnungen, während meine Erwartungen bei Menschenrechtsfragen eher gedämpft waren. Doch ohne allgemeine Freiheit konnte auch wirtschaftliche Freiheit auf Dauer nicht existieren.

*

Auf der Rückreise legte ich am 22. November einen Zwischenaufenthalt in Moskau ein und konferierte drei Stunden lang mit Präsident Jelzin über die innenpolitische Entwicklung Russlands nach dem Umsturzversuch der Nationalkommunisten Anfang Oktober sowie über die Parlamentswahlen am 12. Dezember 1993. In einer Vorstadtresidenz der russischen Regierung nahe dem Flughafen Wnukowo trafen wir auf meinen Wunsch hin zusammen. Erneut sicherte ich meinem Freund die Unterstützung Deutschlands für die wirtschaftlichen und politischen Reformen in Russland zu.

Mit diesem Besuch demonstrierte ich auch für die Reformpolitik von Boris Jelzin. Mit Blick auf die bevorstehende Parlamentswahl forderte ich die Bürgerinnen und Bürger Russlands auf, den Weg zur Demokratie und Marktwirtschaft in ihrem Land zu unterstützen. Überzeugt davon, dass Jelzin und seine Mannschaft eine lebensfähige und kräftige Demokratie aufbauen wollten, vermied ich es, Kritik an der vorgesehenen russischen Verfassung zu üben, die eine starke Präsidentenmacht vorsah. Ich konnte jeden im Westen auch nur davor warnen, seine Maßstäbe auf Moskau zu übertragen. Nach siebzig Jahren Diktatur befand sich Russland in einer besonders schwierigen Lage.

Zum dritten Mal in diesem Jahr war ich nun schon mit Boris Jelzin in Russland zusammengetroffen. Zum Abschluss dieses Besuchs konnte ich der Presse mitteilen, dass der russische Präsident im Mai 1994 zu einen Staatsbesuch nach Bonn kommen würde.

45.
Kandidatenkür

Lange vor Ende der Amtszeit von Bundespräsident Richard von Weizsäcker setzten die Spekulationen um seine Nachfolge ein. Von FDP-Seite wurden gezielt Überlegungen in der Bonner Öffentlichkeit gestreut, Hans-Dietrich Genscher habe Ambitionen, sich am 23. Mai 1994 der Bundesversammlung zur Wahl zu stellen. In einem Telefonat erklärte er mir jedoch, er habe keinerlei Interesse an diesem Amt.

Die Mehrheitsverhältnisse in der Bundesversammlung stellten sich im Sommer 1993 so dar: 663 Stimmen waren notwendig, um im ersten oder zweiten Wahlgang einen Kandidaten durchzubringen. Das war die absolute Mehrheit. SPD, Grüne, Bündnis 90, die PDS und die FDP kamen zusammen auf 653 Stimmen, blieben also 10 Stimmen unterhalb der absoluten Mehrheit. Die Unionsparteien verfügten über 621 Stimmen (im Vergleich zur SPD mit 500), die FDP kam auf 114. Wir waren mit Abstand die stärkste politische Kraft auch in der Bundesversammlung. Gemeinsam mit der FDP konnten wir den neuen Bundespräsidenten bestimmen.

Die Weizsäcker-Nachfolge sollte mit einem angesehenen, hochgebildeten und völlig unumstrittenen Mann besetzt werden. Meine erste Idee dafür war der amtierende Präsident des Bundesverfassungsgerichts Roman Herzog. Ihn kannte ich gut, von ihm wusste ich, dass er politisch wie intellektuell Richard von Weizsäcker in nichts nachstand. Herzog müsste auch für die Liberalen wählbar sein, verfügten sie doch in ihren eigenen Reihen nicht annähernd über eine so starke Persönlichkeit.

Je häufiger ich aber darüber nachdachte, wie sehr das Selbstwertgefühl der Menschen in den neuen Bundesländern stabilisiert würde, wenn ein Bürger aus der ehemaligen DDR das höchste Staatsamt bekleidete, um so mehr trat in meinen Überlegungen der Name Roman Herzog in den Hintergrund. Mich ließ der Gedanke nicht los, mit allen Parteien – zumindest jedoch mit SPD und FDP – einen gemeinsamen Kandidaten zu finden, der dem Anforderungsprofil eines Bundespräsidenten im vereinten Deutschland genügen würde. Parteipolitische Überlegungen spielten dabei für mich eine zweitrangige Rolle. Da die Unionsparteien bereits den Bundeskanzler stellten, hätte ich keine Einwände gehabt, einen ostdeutschen Sozialdemokraten zu unterstützen.

Zusammen mit Wolfgang Schäuble kamen wir auf den angesehenen Theologen und ehemaligen Fraktionsvorsitzenden der SPD in der ersten frei gewählten Volkskammer, Richard Schröder. Er teilte seinen Lebensweg im zweiten deutschen Staat mit Millionen anderer DDR-Bürger, galt als uneitel und genoss bei vielen Menschen hohes Ansehen. Seine wichtige Rolle im Vereinigungsprozess nach 1989, sein kluges Abwägen und Entscheiden, sein Talent, die richtigen Worte zur rechten Zeit zu finden, und seinen besonnenen Rat werde ich niemals vergessen.

Wir streckten unsere Fühler aus, sondierten vorsichtig – und spürten ein völliges Desinteresse bei den Sozialdemokraten. Sehr früh mussten wir zur Kenntnis nehmen, dass die SPD sich längst auf NRW-Ministerpräsident Johannes Rau als Präsidentschaftskandidaten verständigt hatte, ohne dass dies der breiten Öffentlichkeit bewusst gewesen wäre.

Dieser Kandidat war in meinen Augen für uns nicht akzeptabel. Seine Rolle in der Deutschlandpolitik in Zeiten der deutschen Teilung, seine Hetze gegen den Nato-Doppelbeschluss und seine Doppelzüngigkeit im Verhältnis zu Amerika schienen mir nicht die geeignete Basis zu sein, um seine Wahl zu unterstützen. Ehrlicherweise muss ich zugeben, dass sich die Sympathie für Richard Schröder innerhalb der CDU/CSU in Grenzen hielt. Wenn es je zu einer Abstimmung gekommen wäre, hätten die Wahlmänner aus unseren Reihen wohl eher für den populären Johannes Rau votiert als für den scharfen politischen Analytiker aus Ost-Berlin.

Aber so leicht gab ich die Idee nicht auf, einen Repräsentanten aus den neuen Bundesländern zu finden.

Unterdessen legten sich die Sozialdemokraten bereits im Juni 1993 auf Johannes Rau als Kandidaten fest. Kein Geringerer als Helmut Schmidt schlug im Auftrag der SPD-Führung den nordrhein-westfälischen Ministerpräsidenten für die Weizsäcker-Nachfolge vor, und der SPD-Bundesvorstand schloss sich dem Vorschlag am 13. September einstimmig an. Damit präsentierte die Bonner Opposition keinen Zählkandidaten, sondern erhob den Anspruch, ihren Kandidaten durchzubringen – vielleicht auch mit Hilfe der FDP.

So gerieten wir unter Zeitdruck und mussten unsererseits eine Entscheidung fällen. In einem sehr intensiven Meinungsaustausch mit dem damaligen sächsischen Ministerpräsidenten Kurt Biedenkopf brachte dieser den Namen seines Justizministers Steffen Heitmann in die Diskussion. Da ich diesen CDU-Politiker, der 1944 in Dresden geboren worden war und als Theologe und Kirchenjurist dem SED-Regime klar ablehnend gegenübergestanden hatte, nicht persönlich kannte, lud ich Steffen Heitmann nach Ludwigshafen ein, und wir führten einen ganzen Sonntag lang ausgiebige Gespräche, an denen auch Hannelore teilnahm. Heitmann hatte mit der fünfköpfigen Familie die Bombardierung Dresdens im Februar 1945 überlebt und war in bescheidenen Verhältnissen aufgewachsen. Sein Weg zwischen Anpassung und Abgrenzung war wie für Millionen anderer DDR-Bürger schwierig. 1989 war für Steffen Heitmann ein entscheidendes Jahr, in dem sich sein Einstieg in die direkte Politik vollzog.

Als Jurist und Berater der »Gruppe der 20« in Dresden, die dort die Oppositionsgeschäfte führte, spielte er eine wichtige Rolle. Heitmann arbeitete an der sächsischen Verfassung mit und kandidierte für den ersten sächsischen Landtag. Als Justizminister widmete er sich ganz besonders dem Aufbau der Justiz in Sachsen. Für den sächsischen Ministerpräsidenten war er eine wichtige Säule im Dresdner Kabinett. Bei unserem Gespräch in Ludwigshafen wurde auch deutlich, dass Heitmann zu gesellschaftspolitischen Themen sehr dezidierte konservative Einstellungen hatte, die im breiten politischen Spektrum der Union aber durchaus möglich schienen.

In den Spitzengremien der Partei erläuterte ich mehrfach meine Vorstellung, einen ostdeutschen Politiker zu nominieren, und bereits im August brachte ich Steffen Heitmann ins Gespräch.

Seine Vorstellung in der CDU/CSU-Bundestagsfraktion, auf dem Berliner Parteitag und bei der CSU verlief ohne Schwierigkeiten. Innerhalb der Unionsparteien schien er breite Unterstützung zu finden. Für meine Partei war völlig unstrittig, dass wir der Bundesversammlung am 23. Mai 1994 einen eigenen Kandidaten vorschlagen würden. Angesichts der Mehrheitsverhältnisse in der Bundesversammlung stand außer Frage, dass wir zu einem solchen eigenen Vorschlag eine klare Legitimation durch die Wähler erhalten hatten.

Ende August 1993 präsentierte ich Steffen Heitmann als unseren Kandidaten der Öffentlichkeit, und am 3. Oktober wurde er durch den CDU-Bundesvorstand offiziell nominiert.

Nun ging eine Medienhatz unglaublichen Ausmaßes los. Zwar hatte Heitmann zum Teil missverständliche öffentliche Äußerungen über die Rolle der Familie, über Recht und Ordnung oder über die deutsche Nation gemacht, aber die Kampagnen gegen den Unionskandidaten waren beispiellos. An ihn wurden politische Maßstäbe angelegt wie an keinen Präsidentschaftskandidaten zuvor. Hinzu kamen unqualifizierte Bemerkungen von Politikern aus den eigenen Reihen, die Steffen Heitmann ganz besonders verletzten. Sie trafen aber auch mich. Man wollte in der Bundesrepublik keinen wertkonservativen Bundespräsidenten, denn das entsprach nun einmal nicht dem Zeitgeist. Im Grunde wollten viele in unserer Parteienlandschaft und in der Gesellschaft auch keinen Bundespräsidenten aus der früheren DDR. Das ging unter anderem eindeutig aus Briefen hervor, die mich in dieser Zeit erreichten.

Besonders schäbig fand ich aber, dass die »Erfinder« und Befürworter einer Heitmann-Kandidatur in Deckung gingen. Auch Kurt Biedenkopf, der uns diesen ostdeutschen Politiker in den höchsten Tönen empfohlen hatte, tauchte ab und ward nicht mehr gesehen, wenn es um eine Verteidigung unseres gemeinsamen Kandidaten ging.

Am 25. November gab Steffen Heitmann völlig entnervt auf, verzichtete auf die Kandidatur und machte den Weg frei für eine andere personelle Lösung. Vergebens hatte ich ihn in langen nächtlichen Telefonaten davon zu überzeugen versucht, an der Kandidatur festzuhalten.

Am Tag von Heitmanns Verzicht erreichte mich ein Schreiben des damaligen SPD-Bundesvorsitzenden Rudolf Scharping, in dem er ein Gespräch über »die dadurch aufgeworfenen Fragen« anregte. Die Parteien müssten sich der besonderen Verantwortung bewusst sein, gerade gegenüber dem Amt des Bundespräsidenten und gerade in dieser Zeit, in der es noch mehr auf Versöhnung und Orientierung, Zusammenhalt und Zusammenwachsen in Deutschland ankomme als zu vielen anderen Zeiten. Die SPD habe dafür mit Ministerpräsident Johannes Rau einen Vorschlag gemacht, »der immer in diesem Sinne verstanden und begründet wurde«. Es wäre ein gutes Zeichen – so Rudolf Scharping –, wenn jetzt alle sich auf einen Mann verständigen könnten, der hohes Ansehen genieße und auch breite Zustimmung in der Bevölkerung finde. »Die Zustimmung zur Kandidatur von Johannes Rau wäre nicht nur ein Akt der Souveränität, sondern ein ganz wichtiges Signal für Konsens, fernab von notwendigen sachlichen Auseinandersetzungen.«

Umgehend reagierte ich auf Scharpings durchsichtiges Manöver und schrieb ihm unter anderem zurück: »Ihren Worten entnehme ich, dass die SPD an einer Kandidatur von Ministerpräsident Johannes Rau für das Amt des Bundespräsidenten festhält. Offensichtlich erwarten Sie eine Zustimmung der CDU zu diesem Vorschlag. Vermutlich wissen Sie, dass eine solche Zustimmung nicht zu erwarten ist. Aus diesem Grunde halte ich ein Gespräch unter den von Ihnen genannten Voraussetzungen nicht für sinnvoll.«

Bereits am 15. Oktober, lange vor Heitmanns Absage am 25. November und bevor ich überhaupt die Chance hatte, mit dem Koalitionspartner FDP die Weizsäcker-Nachfolge zu sondieren, hatten die Liberalen Hildegard Hamm-Brücher nominiert, von der sie annehmen konnten, dass diese Dame für meine Partei völlig inakzeptabel war. Sie hatte 1982 zu den schärfsten Gegnern eines Koalitionswechsels gehört und war schon deshalb für uns nicht wählbar. Warum die FDP diese Provokation inszenierte, ist mir bis heute schleierhaft.

Schließlich lief alles auf Roman Herzog zu, den die CSU nach dem Heitmann-Rücktritt ins Gespräch brachte. Dabei hatte ich bereits am Tag vor Bekanntwerden der Heitmann-Entscheidung, über die ich vorab informiert war, mit dem Präsidenten des Bundesverfassungsgerichts ein vertrauliches Gespräch geführt und mit ihm eine Kandidatur für das höchste Staatsamt erörtert. Als wir uns verabschiedeten, wusste ich, dass er – vorbehaltlich aller Gremien- und Wahlmännerentscheidungen – der nächste Bundespräsident sein würde.

46.
Gegenwind

Außenpolitisch war 1993 mit Reisen in die Niederlande, nach Schweden, in die Schweiz, nach Spanien und Italien sowie einer Reihe von hohen Staatsgästen in Bonn, darunter der südafrikanische Staatspräsident und Präsident des ANC Nelson Mandela, die türkische Ministerpräsidentin Tansu Ciller und PLO-Präsident Jassir Arafat, ein bewegtes Jahr. In der Innenpolitik gab es vor allem für meine Partei erhebliche Rückschläge. Regierungskrisen in den von der CDU geführten Landesregierungen in Mecklenburg-Vorpommern und Sachsen-Anhalt hielten die CDU-Spitzengremien und natürlich auch mich in Atem. Hinzu kam der Rücktritt des bayerischen Ministerpräsidenten Max Streibl, dessen Nachfolge – nach internem Machtkampf mit Theo Waigel – Edmund Stoiber antrat.

Die Wahlen zur Hamburger Bürgerschaft brachten der CDU erhebliche Verluste von 10 Prozent ein. Dass die SPD gleichzeitig ihre absolute Mehrheit verlor, war kein Trost. Enttäuschend auch der Ausgang der ersten Kommunalwahl in einem neuen Bundesland: In Brandenburg büßte meine Partei gegenüber dem Ergebnis von 1990 mehr als 11 Prozent ein. Die Aussichten für das Superwahljahr 1994, in dem die nächste Bundestagswahl anstand, schienen alles andere als rosig zu sein. Legte man die Wahl- und Umfrageergebnisse zu Grunde, stand die CDU schlechter da als je zuvor in den letzten zwanzig Jahren. Wir hatten heftigen Gegenwind.

Wer aufmerksam ins Land blickte, erkannte unschwer, dass es eigentlich gar nicht anders zu erwarten war. Die Rezession war keine normale Rezession, vielmehr zeigten sich hier die in Jahrzehnten gewachsenen strukturellen Verwerfungen der Bundesrepublik. Gleichzeitig hatte die dramatische Veränderung in der Welt uns neue Konkurrenten geschaffen, vor allem mit unseren unmittelbaren Nachbarn im Osten. Die deutsche Industrie war nicht schlechter geworden, aber die anderen waren besser geworden. Gemessen an der internationalen Konkurrenz waren wir zu teuer, unsere Löhne und Lohnnebenkosten waren sehr hoch. Allerdings hatte auch das Management in unserer Wirtschaft in dem einen oder anderen Fall der letzten Jahre durchaus keine Bravourleistungen gezeigt.

Das alles formte sich zu einem Bild des Missvergnügens, das von denen, die die Koalition verdrängen wollten, natürlich genutzt und gefördert wurde. Zwar gab es bei der Vermittlung unserer Politik Schwierigkeiten, aber es wäre noch viel schwieriger gewesen, wenn wir gegenüber dem Wähler eine schlechte Politik zu vertreten gehabt hätten. Doch unser politischer Kurs war absolut richtig. Man musste die negative Stimmung kämpferisch angehen, und genau das wollte ich auch tun.

Das Wort »Untergangsstimmung« machte Schlagzeilen, und die Rede von der »Kanzlerdämmerung« kam auf. Das waren nichts weiter als Parolen, wie sie so oder ähnlich immer wieder Karriere machten. Ich hatte das Auf und Ab schon oft erlebt: Am einen Tag war ich der Größte, am anderen wurde ich wieder zerzaust. Damit musste ich leben wie mit dem Wetter. Wenn ich mich immer diesen Untergangsstimmungen gefügt hätte, hätte es die deutsche Einheit nicht gegeben.

Ich wurde jetzt dafür kritisiert, was wir bei der deutschen Einheit alles falsch gemacht hätten. Ja, wir hatten Fehler gemacht, ich auch. Aber in der Grundfrage hatte ich keinen Fehler gemacht. Ich brauchte keine Ratschläge von Leuten aus der SPD, die die deutsche Einheit längst verraten und sich mit Honecker gemein gemacht hatten und jetzt über die PDS orakelten, weil sie mit deren geistigen Vorläufern in dem SED/SPD-Papier von 1987 schon einmal eine Verbrüderungsaktion gestartet hatten.

Die CDU, so schien es, hatte in den Augen vieler Bürger ihre wirtschaftliche Kompetenz verloren. Dieser Befund machte mir große Sorgen. Wir hatten in der alten Bundesrepublik eine Rosskur durchmachen müssen, um die Fehler meiner Vorgänger seit 1969 zu korrigieren – und das mit beachtlichem Erfolg: Wir hatten den Staatshaushalt saniert, die Staatsquote zurückgeführt und drei Millionen neue Arbeitsplätze geschaffen. Natürlich hätten wir die jetzige tiefe Rezession ohne die Belastung durch die deutsche Einheit besser meistern können. Trotzdem war ich froh, dass die Einheit gekommen war und alle Deutschen in Frieden und Freiheit leben konnten. Jetzt mussten wir unter erschwerten Bedingungen die wirtschaftlich-soziale Einheit schaffen. Die Inflationsrate ging zurück, zum Ausgang des Jahres stand eine Drei vor dem Komma. Und es gab deutliche Hinweise darauf, dass wir aus dem Konjunkturtal herauskommen würden. Die Bundesbank und nahezu alle internationalen Wirtschaftsgutachten bescheinigten uns das.

Allerdings mussten wir auch 1994 mit einer hohen Arbeitslosenzahl rechnen. Diese Arbeitslosigkeit war dadurch mitbedingt, dass der konjunkturelle Rückgang in anderen Ländern unsere Exportmöglichkeiten beschränkt hatte. Und in den neuen Bundesländern war der industrielle Bereich in Schwierigkeiten geraten, weil die Aufträge aus dem ehemaligen Ostblock weggebrochen waren.

Wir mussten eisern sparen und überprüfen, was absoluten Vorrang haben sollte. Es ging nicht um den Abbau des Sozialstaats, es ging um seinen Umbau. Es ging darum, Fehlentwicklungen zu beenden wie jene, dass beispielsweise die Bauindustrie Arbeitskräfte aus dem Ausland brauchte, während es gleichzeitig so viele Arbeitslose in Deutschland gab. Mit ein Grund dafür war, dass die Einkommensunterschiede zwischen denen, die arbeiteten, und denen, die nicht arbeiteten, nicht immer einen Anreiz boten, ein Arbeitsverhältnis anzustreben.

Die Koalitionsparteien hatten sich schon im Mai 1993 auf eine Pflegeversicherung geeinigt, die längst hätte kommen müssen. Wir konnten doch nicht ein Problem vertagen, nur weil wir in einer schwierigen Wirtschaftslage waren. Ein Großteil der Schwierigkeiten Deutschlands bestand genau darin, dass überfällige Reformen zu lange aufgeschoben wurden, so zum Beispiel bei der Privatisierung von Post und Bahn, die für unsere wirtschaftliche Zukunft von entscheidender Bedeutung war.

Wir hatten eine der niedrigsten Geburtenraten der Welt. Zugleich, und das war ja sehr erfreulich, hatten wir eine beachtlich steigende Lebenserwartung. Um 1900 lag die Lebenserwartung in Deutschland bei 45 Jahren. Im Jahr 2000 – so die Wissenschaftler – würde sie für Männer durchschnittlich bei 75 Jahren und für Frauen bei 81 Jahren liegen. Und die Tendenz zeigte weiter nach oben.

Dass wir angesichts dieser über kurz oder lang auf dem Kopf stehenden Alterspyramide eine Pflegeversicherung brauchten, war so sicher wie das Amen in der Kirche. Doch was taten wir? Wir stritten uns darüber, ob wir bereit waren, zwei Feiertage dafür zu opfern, um die Wirtschaft nicht zusätzlich zu belasten. Die meisten Deutschen hatten sechs Wochen Urlaub im Jahr und dazu zwischen zehn und vierzehn Feiertage, das heißt, sie hatten acht Wochen frei. Das ist der längste Jahresurlaub weltweit. Und da stritten wir um den Verzicht auf ein oder zwei freie Tage …

Aus meiner Sicht war es falsch, nur einen Feiertag zu streichen. Wir mussten sichergehen, dass ein voller und dauerhafter Ausgleich auch für die Zukunft gewährleistet blieb, deshalb war ich für die Streichung von zwei Feiertagen. Jetzt lag es an den Sozialdemokraten, ob es eine Chance in einem Vermittlungsverfahren gab.

Die Renten waren vor den neuen Sparplänen sicher. Sie waren das Ergebnis der Lebensleistung eines Menschen. In den neuen Ländern erhielten die Rentner vom 1. Januar 1993 an 75 Prozent der Westrenten. Wenn ich auf etwas besonders stolz bin, dann darauf, dass ich gegen anderslautende Ratschläge durchgesetzt hatte, die Rentnergeneration in den neuen Ländern unabhängig von wirtschaftlichen Erwägungen besser zu behandeln.

Ich traf im Sommer 1993 in den Ferien in Österreich ein älteres Ehepaar aus den neuen Bundesländern, das mir sagte, sie machten ihre Hochzeitsreise. Da war ich natürlich der Meinung, sie hätten gerade geheiratet, aber die beiden lachten und sagten: »Wir sind schon Oma und Opa. Wir wollten schon immer einmal nach Salzburg, und jetzt sind wir alt und können es endlich tun.« An diese Generation musste ich oft denken.

*

Zum Ausklang des Jahres 1993 gab es gute Nachrichten aus Russland. Bei den Wahlen am 12. Dezember 1993 wurde die neue Verfassung mit großer Mehrheit angenommen. Sie war das geeignete Instrument, um die russische Demokratie aus ihrer labilen Übergangsphase heraus weiterzuentwickeln. Zwar bereiteten die Erfolge der Kommunisten und vor allem der Rechtsextremen Sorge, doch gab es keinen Grund zur Dramatisierung. Die Erfolge der Extremisten beruhten nicht auf verbreiteten Überzeugungen der Wähler, sondern waren Ausdruck von Protest gegen soziale Härten, Kriminalität und Uneinigkeit unter den Reformern. Präsident Jelzin hatte nach der neuen Verfassung mehr Möglichkeiten, seinen Reformkurs fortzusetzen. Er musste jedoch vorsichtig taktieren und sowohl personelle wie sachliche Kompromisse ins Auge fassen.

Der Westen musste allerdings davon ausgehen, dass Rückschläge bei den politischen und wirtschaftlichen Reformen in Russland unvermeidlich waren. Um so weniger durften wir unsere Unterstützung für die Reformer in Russland aufgeben, wenn wir nicht Reformfeinden und Extremisten in die Hände spielen wollten. Es gab für Russland wie für uns keine Alternative zur Fortführung der Reformen.

Nachdem das amtliche Ergebnis der Wahlen bekanntgegeben worden war, telefonierte ich mit Boris Jelzin und gratulierte ihm herzlich auch zu seinem persönlichen großen Erfolg. Kein Präsident vor ihm war derart demokratisch legitimiert, und seine starke Stellung nach der neuen Verfassung würde ihm über manche Schwierigkeiten hinweghelfen.

*

Große Sorgen bereitete mir nach wie vor die Entwicklung im ehemaligen Jugoslawien. Den Menschen in Bosnien-Herzegowina drohte in diesem Winter eine Katastrophe. Die Europäische Union hatte deshalb einen Aktionsplan vorgelegt, der den ungehinderten Zugang der Hilfsgüter sowie die Wiederaufnahme der Verhandlungen sicherstellen sollte. Dieser Plan ging auf eine deutsch-französische Initiative zurück und war von allen Parteien als Verhandlungsgrundlage akzeptiert worden.

In politischer Hinsicht waren weiterhin enorme Hindernisse zu überwinden, denn die serbische Seite hatte noch immer nicht die notwendigen Gebietskorrekturen zugestanden. Die humanitären Hilfskonvois wurden zwar nicht mehr so stark behindert, doch waren die Parteien weit davon entfernt, ihren am 29. November in Genf eingegangenen Verpflichtungen nachzukommen, die im Rahmen der unterbrochenen Bosnien-Verhandlungen vereinbart worden waren.

Dass die bosnisch-muslimische Seite ein Drittel des Gebiets von Bosnien-Herzegowina beanspruchte, war legitim und musste erfüllt werden. Die Bosnier hatten ein Recht auf ein lebensfähiges Territorium, das auch Zugang zum Meer hatte.

Auch bei den 62. deutsch-französischen Konsultationen mit Präsident François Mitterrand und Premierminister Edouard Balladur Anfang Dezember in Bonn stand die Lage im ehemaligen Jugoslawien im Mittelpunkt. Während sich bei diesem Thema breite Übereinstimmung zeigte, gelang es bei den weiteren Gesprächen nicht, die zwischen Europa und den Vereinigten Staaten bestehenden Unterschiede in den Auffassungen hinsichtlich der zu Ende gehenden Uruguay-Runde des GATT von europäischer Seite her einer Lösung näher zu bringen.

*

Am 12. Dezember 1993 erreichte mich die traurige Nachricht vom Tod des ungarischen Ministerpräsidenten József Antall. Der Historiker war im Alter von nur einundsechzig Jahren einem Krebsleiden erlegen. Zu ihm hatte ich während seiner dreijährigen schwierigen Amtszeit ein besonders gutes und enges politisches wie freundschaftliches Verhältnis. Antall gehörte zu dem Netzwerk von hochrangigen Politikern, mit denen ich in ständigem – auch telefonischem – Kontakt stand. Am Vorabend seiner Beisetzung flog ich zu einem Kondolenzbesuch nach Budapest. Im Kuppelsaal des Parlaments verneigte ich mich vor dem Sarg meines toten Freundes.

*

Wir hatten 1993 mit unserer Politik gute Grundlagen für unsere Arbeit im kommenden Jahr sowie zur Wahrung und Verbesserung der Zukunftschancen Deutschlands gelegt. Das von uns durchgesetzte Standortsicherungsgesetz senkte die Steuern auf Gewerbeerträge und ermutigte so zu arbeitsplatzschaffenden Investitionen. Diese Steuern waren jetzt auf dem niedrigsten Stand seit Bestehen der Bundesrepublik. Das neue Arbeitszeitrechtsgesetz ermöglichte Tarifparteien und Betriebspartnern neue, flexible Arbeitszeiten sowie längere Maschinenlaufzeiten zu vereinbaren. Das Investitionserleichterungs- und Wohnungsbaulandgesetz verkürzte die Planungs- und Genehmigungsverfahren. Das Gentechnikgesetz eröffnete Zukunftschancen in einer Schlüsseltechnologie, ohne Abstriche beim Umweltschutz und bei der Sicherheit zu machen. Die Bahnreform machte die Schiene wettbewerbsfähig und schuf so eine wesentliche Voraussetzung für ein zukunftsträchtiges, leistungsfähiges und umweltfreundliches Gesamtverkehrssystem in Deutschland. Und die Neuregelung des Asylrechts zum 1. Juli schließlich war eine wichtige Voraussetzung dafür, dass Deutschland an einer gemeinsamen europäischen Asyl- und Einwanderungspolitik teilnehmen konnte. Der Erfolg war unverkennbar: Die Zahl der Asylbewerber war im Vergleich zum Vorjahr um 60 Prozent zurückgegangen.

Im Rahmen unserer aktiven Arbeitsmarktpolitik hatten wir in diesem Jahr rund 45 Milliarden DM aufgewendet. Mit diesem massiven Mitteleinsatz konnten im Durchschnitt des Jahres 1993 rund 1,7 Millionen Menschen vor Arbeitslosigkeit bewahrt werden.

Im Wahljahr 1994 würden die Bürgerinnen und Bürger bei ihrer Entscheidung sehr genau zu unterscheiden wissen, wer lediglich auf die Rezepte der Vergangenheit und damit auf altes Denken setzte – und wer Antworten für die Zukunft unseres Landes bereithielt.

47.
Unteilbare Sicherheit

Auch 1994 bestimmte die Außenpolitik meinen Terminkalender. Vier Tage nachdem die Sternsinger das Bundeskanzleramt besucht hatten – das war guter Brauch im Kanzleramt, seit ich diese Tradition wieder eingeführt hatte –, flog ich nach Brüssel, wo sich die Staats- und Regierungschefs der sechzehn Nato-Staaten zu einem zweitägigen Gipfeltreffen versammelten. Am Ende des Treffens stand ein Meilenstein auf dem Weg zu einer neuen Sicherheitsordnung für Europa nach dem Ende des Ost-West-Konflikts:

- Die Zusammenarbeit zwischen Atlantischer Allianz und Europäischer Union wurde wesentlich ausgebaut.
- Die Nato bot den Staaten Mittel-, Ost- und Südosteuropas sowie den Nachfolgestaaten der Sowjetunion eine »Partnerschaft für den Frieden« an und
- gab ein klares Signal, dass die Allianz für neue Mitglieder offen ist.

Präsident Clinton bekräftigte in seiner Rede im Rathaus von Brüssel am 9. Januar 1994, dass dieses partnerschaftliche Sicherheitsbündnis mit Europa »für die USA vorrangig bleibt«. Zugleich sagte er zu, dass etwa hunderttausend amerikanische Soldaten in Europa stationiert blieben.

Die Nato unterstützte unmissverständlich den Vertrag von Maastricht und damit die weitere politische Einigung Europas. Das schloss auch die Bemühungen mit ein, mit Hilfe der Westeuropäischen Union (WEU) als sicherheitspolitischem Arm der Poli-

*Im vertrauten Gespräch mit Präsident Clinton
am Rande des Nato-Gipfels in Brüssel (Januar 1994)*

tischen Union eine eigenständige europäische Sicherheitspolitik und Verteidigung aufzubauen. Hatten früher manche amerikanische Regierungsvertreter noch Vorbehalte dagegen geäußert, so waren diese inzwischen hinfällig geworden. Für eigene Einsätze konnte die Westeuropäische Union einstweilen auf Streitkräfte der Nato zurückgreifen.

Das zweite wesentliche Ergebnis unserer Beratungen in Brüssel war das klare Signal, dass wir die ehemals kommunistischen Staaten Mittel- und Osteuropas schrittweise an die Nato heranführen wollten – bis hin zur Mitgliedschaft. Dazu gehörte auch das historisch beispiellose Angebot, das Militärbündnis einer umfassenden Zusammenarbeit und Partnerschaft mit den früheren Gegnern zu öffnen. Alle Staaten, die diese Partnerschaft annehmen wollten, konnten sich an gemeinsamen militärischen Planungen und Übungen beteiligen, bis hin zu gemeinsamen Ausbildungsmaßnahmen und der Teilnahme an internationalen Friedensmissionen. Damit wollte die Nato auch zum Aufbau von Streitkräften beitragen, die auf die Demokratie verpflichtet und deren innere Strukturen mit den unseren vergleichbar waren.

Ein entscheidendes Element des Programms einer »Partnerschaft für den Frieden« war das Angebot, mit Partnern in Konsultationen einzutreten, wenn sie eine direkte Bedrohung ihrer territorialen Integrität, politischen Unabhängigkeit oder Sicherheit befürchteten. Das Programm war so angelegt, dass wir diesen Annäherungsprozess flexibel, individuell und in Abhängigkeit von der Entwicklung in Europa gestalten konnten. Jedes Land war eingeladen, seinen eigenen Beitrag in diese Partnerschaft einzubringen. Auf diese Weise hatten unsere künftigen Partner die Möglichkeit, Tempo und Ausmaß der Annäherung an die Nato ihrem eigenen Interesse entsprechend mitzugestalten.

Während der Zeit des Kalten Krieges hatten sich die Menschen in Mittel- und Osteuropa nach Freiheit und Demokratie gesehnt. Nach dem Wegfall des Eisernen Vorhangs hatten wir diese Länder ermutigt, Demokratie, Rechtsstaatlichkeit und Marktwirtschaft nach westlichem Vorbild einzuführen. Wenn jetzt einige unserer östlichen Nachbarn wie zum Beispiel Polen den Wunsch hatten, sich der Nato anzuschließen, so war das vor dem Hintergrund der Sicherheitsbedürfnisse und Ängste der Menschen in diesen Ländern nur zu verständlich. Zugleich jedoch gab es in Russland historisch begründete Befürchtungen vor Isolierung oder Einkreisung, die wir nicht minder ernst nehmen mussten. Deshalb strebte die Nato mit Russland und auch der Ukraine eine umfassende und vertiefte Zusammenarbeit auf sicherheitspolitischem und militärischem Gebiet an. Wenn wir eine tragfähige europäische Sicherheitsordnung schaffen wollten, dann mussten wir auf all diese psychologischen Gegebenheiten und Sicherheitsinteressen Rücksicht nehmen. Es durfte nicht zu neuen Gräben und damit zu neuen Spannungen in Europa kommen, denn Sicherheit und Stabilität in Europa waren unteilbar.

Deutschland hatte gute und freundschaftliche Beziehungen zu allen Ländern Mittel- und Osteuropas, auch zu Russland. Das gab uns besondere Möglichkeiten, in bilateralen Gesprächen konstruktiv auf die Annäherungsprozesse einzuwirken. Unsere Nachbarschaft und auch unsere besondere historische Verantwortung verpflichteten uns nachgerade dazu.

Dass Atlantische Allianz und Europäische Union auf das gleiche Ziel hinarbeiteten – die Einbeziehung der jungen Demokratien in Mittel- und Osteuropa in bestehende westliche Gemeinschaften –, war für mich ein wesentliches Ergebnis der Beratungen in Brüssel. Im Juni 1993, beim Treffen des Europäischen Rats in Kopenhagen, hatte die Europäische Union unseren Nachbarn im Osten eine konkrete Beitrittsperspektive eröffnet. Der Beitritt dieser Länder lag in unserem ureigensten Interesse. Allerdings mussten sie selbst die politischen und wirtschaftlichen Voraussetzungen dafür schaffen.

Auch diese Beitrittsperspektive hatte unmittelbar sicherheitspolitische Bedeutung, denn schließlich war es ein Kernziel der Europäischen Union, eine gemeinsame Sicherheits- und Außenpolitik zu entwickeln, und diese Länder sollten bereits vor ihrem Beitritt zunehmend daran Anteil haben. Es war für mich unvorstellbar, dass die deutsch-polnische Grenze auf Dauer die Ostgrenze der Europäischen Union blieb.

Mit den anderen Reformstaaten Osteuropas entwickelte die Europäische Union auf der Grundlage entsprechender Verträge partnerschaftliche Beziehungen. Die Bundesregierung drängte darauf, dass insbesondere das Abkommen mit Russland möglichst bald abgeschlossen wurde.

Für viele Menschen in den Reformstaaten, vor allem in Russland, war die Lage von ungeheuren sozialen Problemen, von wirtschaftlicher Not und Unsicherheiten gekennzeichnet. Wachsende Kriminalität und noch unzureichende rechtsstaatliche Strukturen belasteten die Menschen und erschwerten wirtschaftliche Reformen. Innenpolitische Spannungen und große Instabilität waren die Folge. Das starke Abschneiden extremer Kräfte bei den Wahlen in Russland war nicht nur für die russische Führung, sondern auch für uns ein ernsthaftes Warnsignal. Der Westen musste noch stärker als bisher auf die Auswirkungen der Wirtschaftsreformen auf die russische Bevölkerung achten.

Der Nato-Gipfel war sich einig, die Politik der Reformen in Russland, für die Präsident Jelzin stand, weiter zu unterstützen. Vordringlich war, dass es für die Menschen, deren Lebensstandard in letzter Zeit drastisch gesunken war, spürbare Fortschritte gab. Zwar durften wir die schrillen, extremistischen Töne, die gelegentlich aus Moskau zu vernehmen waren, nicht überhören, aber wir sollten die Lage auch nicht dramatisieren. Das Ausmaß der gesellschaftlichen und wirtschaftlichen Umgestaltungen in Russland war in der Geschichte ohne Beispiel. Seit 1917 herrschte eine totalitäre kommunistische Diktatur in Russland, die ein menschenfeindliches und unfähiges System hervorgebracht hatte. Die Hypotheken eines solchen Regimes zu tilgen kostete Zeit und ungeheure Energie, und angesichts der Größe dieser Aufgabe konnte der Prozess nur langsam voranschreiten, zumal das Bewusstsein der Menschen Zeit brauchte, um mit den Änderungen Schritt zu halten. Rückschläge waren unausweichlich.

Allerdings hatte der Reformprozess schon beachtliche Fortschritte gebracht: Erstmals hatte eine Mehrheit der Wähler Russland eine demokratische Verfassung gegeben. Demokratische Parteien begannen sich herauszubilden. In einzelnen Bereichen, zum Beispiel bei der Privatisierung, zeigten sich erste Erfolge der wirtschaftlichen Reformen. In unseren Anstrengungen zur Unterstützung der Reformprozesse durften wir nicht nachlassen. Wirtschaftshilfe, Beratung und Kredite allein konnten nicht den gewünschten Erfolg haben, wenn die Länder nicht in die Lage versetzt wurden, ihre Devisen durch Exporte selbst zu verdienen. Darum kam es so entscheidend auf die Öffnung unserer Märkte für Waren aus den Reformländern an.

Eingehend beschäftigte sich der Nato-Gipfel mit der Lage im ehemaligen Jugoslawien. Unser vorrangiges Ziel war die humanitäre Versorgung der Bevölkerung. Die Allianz bekräftigte ihre Bereitschaft, »unter der Autorität des UN-Sicherheitsrates und in Übereinstimmung mit den Entscheidungen der Allianz vom 2. und 9. August 1993 Einsätze aus der Luft durchzuführen, um die Einschnürung von Sarajevo, der Schutzzonen und anderer bedrohter Gebiete in Bosnien-Herzegowina zu verhindern«.

Leider hatten die Verhandlungen zwischen Kroatien und Bosnien noch nicht zu einem Durchbruch geführt. In vielen Ländern – auch in Deutschland – wurden die Bemühungen zur Beendigung des Konflikts als nicht ausreichend empfunden. Angesichts der Schreckensbilder aus dem Kriegsgebiet fragten sich viele, warum der Westen und insbesondere die Nato nicht mehr zur Beendigung des Konflikts taten. Soviel Verständnis ich auch für diese Fragen hatte, es wurde dabei vergessen, wie sehr dieser Krieg von in Jahrhunderten gewachsenen Hassgefühlen und Irrationalität geprägt wurde. Alle militärischen Experten waren übereinstimmend der Ansicht, dass eine umfassende, den Krieg beendende Intervention mit Bodentruppen mehrere hunderttausend Soldaten erfordern würde und mit großen Opfern auch unter der Zivilbevölkerung verbunden wäre. Obendrein war es höchst fraglich, ob dem Frieden auf diese Weise überhaupt näher zu kommen wäre. Es gab kein Patentrezept zur Lösung dieses Konflikts, und gerade wir Deutschen sollten mit Ratschlägen besonders zurückhaltend sein, denn mit welchem Recht hätten wir von den Verantwortlichen anderer Länder mehr verlangen können, als wir selbst taten? Wir sollten vielmehr jenen jungen Soldaten und ihren Angehörigen Respekt bekunden, die unter Einsatz ihres Lebens für die Vereinten Nationen im ehemaligen Jugoslawien im Einsatz waren.

Wir hatten in letzter Zeit erlebt, wie alte Spannungsherde in Europa und an seiner Peripherie wieder aufflammten und sich in blutigen Konflikten entluden. Das ehemalige Jugoslawien war nur ein Beispiel – wenn auch das erschreckendste – dafür, dass der Krieg nicht aus Europa verbannt war. Deshalb waren die Entwicklung einer europäischen Sicherheitsordnung und vor allem die politische Einigung Europas wichtiger denn je.

Die Europäische Union war eben mehr als nur eine Wirtschaftsgemeinschaft, die lediglich dem Ausgleich der wirtschaftlichen und finanziellen Interessen ihrer Mitglieder diente. Vertiefung und gleichzeitiger Ausbau der Europäischen Union waren entscheidend für die Sicherung von Frieden und Freiheit. In diesem Sinne entschied die Frage der europäischen Einigung letztlich über Krieg und Frieden im einundzwanzigsten Jahrhundert. Es gab daher keine Alternative zur entschlossenen Fortführung der politischen Einigung Europas.

Europa befand sich in einer Übergangsphase, die mit großen Herausforderungen und Unsicherheiten einherging. Wir hatten den Kompass, um zusammen mit unseren Freunden und Partnern den richtigen Kurs in dieser schwierigen Zeit zu halten und um die großen Chancen zu nutzen, die sich nach dem Ende des Ost-West-Konflikts für Europa eröffnet hatten. So sicherten wir Frieden und Freiheit für unser Land und seine Menschen auch in Zukunft.

*

Die nüchterne Bestandsaufnahme der Lage in Europa zeigte deutlich, dass wir auch künftig eine Bundeswehr brauchten, die gut ausgebildet, modern ausgerüstet und hoch motiviert war und deren Bündnis- und Einsatzfähigkeit gewährleistet sein mussten. Frieden und Freiheit waren nicht zum Nulltarif zu haben. Zwar konnte auch die Bundeswehr nicht von Sparmaßnahmen ausgenommen werden, doch die Funktionsfähigkeit unserer Streitkräfte durfte dadurch nicht in Frage gestellt werden.

Nicht zuletzt, um die Bedeutung der Bundeswehr zu unterstreichen, empfing ich am 19. April 1994 im Palais Schaumburg Soldaten, die an humanitären Einsätzen und Friedensmissionen teilgenommen hatten. Ich hatte die Soldaten eingeladen, um ihnen die Anerkennung der Bundesregierung und meinen ganz persönlichen Dank auszusprechen für das, was sie in den letzten Jahren an Einsätzen im Auftrag der Vereinten Nationen geleistet hatten:

– als Soldaten der Marine beim Minenräumen in der Golfregion, bei der Überwachung des Embargos gegenüber Rest-Jugoslawien in der Adria und beim sicheren Transport des Unterstützungsverbandes Somalia von Mogadischu nach Mombasa,
– als Soldaten der Luftwaffe bei den humanitären Hilfsflügen nach Sarajevo, Ostbosnien und Somalia sowie bei der Durchsetzung des Flugverbots über Bosnien-Herzegowina im Rahmen der Nato-AWACS-Flotte,
– als Soldaten des Heeres bei der humanitären Hilfe für die

Menschen im Kurdengebiet, im Feldhospital in Phnom Penh, in Somalia sowie bei der Unterstützung der UN-Verifikation im Irak.

Sie alle hatten sich in schwierigen, gefahrvollen Missionen durch ihre vorbildliche Haltung, ihren hohen persönlichen Einsatz und ihr Können bewährt und damit unserem Land einen wichtigen Dienst erwiesen. Die Gefahren des soldatischen Dienstes wurden uns allen dabei deutlich vor Augen geführt: Über dem ehemaligen Jugoslawien wurden unsere Lufttransportflugzeuge beschossen, und der Feldwebel Alexander Arndt fand in Phnom Penh den Tod.

Die eingeladenen Soldaten standen für alle Offiziere, Unteroffiziere, Mannschaften, Wehrpflichtige, Reservisten und zivilen Mitarbeiter der Bundeswehr, die an diesen humanitären Einsätzen und Friedensmissionen teilgenommen hatten. Mein besonderer Dank galt auch den Angehörigen, die stellvertretend für alle Familien unserer Soldaten nach Bonn gekommen waren.

Es wurde viel zu wenig darüber gesprochen, welche Belastungen die Soldatenfamilien über die Jahre mittrugen, angefangen bei den zahlreichen Versetzungen, der schwierigen Wohnungssuche oder den häufigen Schulwechseln der Kinder. Darüber hinaus mussten die Familien viele Wochen und Monate lang damit zurechtkommen, dass ihre Angehörigen fern der Heimat einen gefahrvollen Dienst erfüllten. Bei alledem waren die Familien der wichtigste Rückhalt unserer Soldaten.

Deutschland durfte nicht beiseite stehen, wenn es um Frieden und Freiheit in der Welt ging. Wir wollten und mussten an der Seite unserer Freunde und Partner Verantwortung übernehmen. Unsere Sicherheit und unsere außenpolitische Handlungsfähigkeit beruhten darauf, dass wir verlässliche Partner waren, dass unsere Verbündeten uns vertrauten. Die Beteiligung der Bundeswehr an Maßnahmen zur Sicherung des Weltfriedens im Rahmen der Staatengemeinschaft war eine zentrale Frage deutscher Außen- und Sicherheitspolitik, denn auch unsere Verbündeten hatten uns in der Vergangenheit beigestanden, und sie taten dies weiterhin.

Zum Aufgabenspektrum der Bundeswehr gehörten künftig

über die Landes- und Bündnisverteidigung hinaus Krisen- und Konfliktbewältigung, Friedensmissionen und humanitäre Einsätze. Wie nur wenige andere Berufe verlangte der Soldatenberuf ein im wahrsten Sinn existentielles Engagement, nämlich notfalls sein Leben einzusetzen. Dies konnte auch mitten im Frieden geschehen, wenn in einem Krisengebiet jenseits unserer Grenzen der Ernstfall zur Realität würde.

Das stellte die Politik vor eine große Verantwortung. Ich war mir als Bundeskanzler dieser Verantwortung bei jeder Entscheidung über einen Einsatz unserer Soldaten sehr bewusst.

Der Träger des Friedenspreises des Deutschen Buchhandels, der Israeli Amos Oz, hatte 1992 in der Frankfurter Paulskirche gesagt: »Zweimal in meinem Leben habe ich die grässliche Fratze des Krieges gesehen. Und doch bleibe ich bei meiner Überzeugung, dass man Aggression niemals aus der Welt schafft, indem man ihr nachgibt.« Wir brauchten daher den Dienst in unserer Bundeswehr, um heutigen und künftigen Generationen ein Leben in Frieden, Freiheit und Wohlstand zu ermöglichen. Die Soldaten der Bundeswehr stehen mit ihrem Dienst für die Allgemeinheit mitten in unserer Gesellschaft. Sie verdienen unsere Anerkennung und haben allen Grund zu Selbstbewusstsein und Stolz auf ihre Leistung.

*

Im Anschluss an den Brüsseler Nato-Gipfel trat Bill Clinton eine Europareise an, die mit einem Besuch in Moskau endete. Am 18. Januar rief ich ihn an, um vor allem etwas über seine Gespräche in der russischen Hauptstadt zu erfahren.

Clinton berichtete ausgiebig über Jelzins Wirtschaftspolitik und seine außenpolitischen Aktivitäten, bei denen der Abzug russischer Truppen aus den baltischen Staaten eine besondere Rolle spielte. Vor allem die Letten drängten Moskau zu einem rascheren Abzug, zu dem sich Boris Jelzin jedoch außerstande sah.

Physisch und psychisch sei der russische Präsident in guter Form gewesen und gut gerüstet für die kommenden Herausforderungen, meinte Bill Clinton.

Er äußerte aber auch Besorgnisse. Sein Eindruck sei, dass das einfache Volk, aber auch besser ausgebildete Russen keine Beziehung zu Jelzin und seiner Regierung hätten. Die Leute seien zwar überzeugt, dass Jelzin richtig handle, verstünden aber nicht, wie sich ihre Lage dadurch verbessern sollte. Beunruhigend sei auch, dass die russische Führung zwar eine allgemeine Vorstellung davon habe, was zu tun sei, aber über keine konkrete Strategie verfüge. Das sei mit ein Grund dafür, weshalb in Russland solche Ressentiments gegenüber dem Westen herrschten: Der Westen, hieß es, zwinge Russland eine Politik auf, die nicht gut funktioniere.

Der amerikanische Präsident äußerte die Hoffnung, dass die Hilfe für Russland beschleunigt werden könne, und gab einen Hinweis auf den G-7-Gipfel im Juli 1994: Vor und auf dem Gipfel müsse besprochen werden, was an Hilfe im letzten Jahr erfolgt sei und was man tun könne, um die Märkte zu öffnen, den Handel zu fördern und die Bedingungen für Investitionsvorhaben zu verbessern.

Ich unterstrich, dass Jelzin Clinton und mir vertraue und in uns beiden seine größten Fürsprecher sehe. Wir müssten Jelzin so weit es gehe unterstützen. Es gebe viele Leute, die klug redeten, aber nichts täten. Dem stimmte Clinton zu. Wegen seines Einsatzes für Jelzin werde er in Amerika sehr kritisiert, aber um eigene Ideen seien die Kritiker verlegen. Ich bestärkte Clinton darin, sich nicht beirren zu lassen.

Am Schluss unseres Telefonats kam Clinton auf das trilaterale Nuklearwaffenabkommen mit der Ukraine zu sprechen und bat um deutsche Hilfe. Die Ukraine brauche Zeit, um den Nutzen dieses Abkommens zu erkennen, und wir müssten noch Überzeugungshilfe leisten. Allerdings sei der ukrainische Präsident Leonid Krawtschuk sehr energisch und selbstsicher gewesen und habe sich überzeugt gezeigt, dass er sich mit dem Abkommen im Parlament werde durchsetzen konnen.

Ich beglückwünschte meinen Freund zu seiner erfolgreichen Reise, und wir verabschiedeten uns mit sehr persönlichen Worten.

*

Bei meinem offiziellen Besuch in den Vereinigten Staaten am 30. und 31. Januar 1994 setzten wir bei unseren vertraulichen Unterredungen das Gespräch über Russland und die Ukraine beinahe nahtlos fort. Ich berichtete Bill Clinton von meinen Telefonaten mit Boris Jelzin, der seinen Besuch in Moskau wirklich positiv eingeschätzt habe und für die Zukunft stark auf Amerika und Deutschland setze. Wir hätten jetzt gemeinsam eine Chance, während der nächsten zwei Jahre die Reformen in Russland nach vorne zu bringen.

In unserem Gespräch entwickelte der amerikanische Präsident eine Strategie für Russland, bei der drei Themen im Vordergrund standen. Erstens die Geld- und Fiskalpolitik: Auch in Zukunft würden die Russen nicht umhin kommen, Firmen zu subventionieren. Auch sei offen, ob sie die Inflation wirklich in unserem Sinne unter Kontrolle bekommen würden. Zweites Thema sei die Privatisierung, bei der man berücksichtigen müsse, dass die Russen in Wahrheit bereits mehr getan hätten als die meisten Länder in Mittel- und Osteuropa. Drittens – und das war für Bill Clinton wohl am wichtigsten – sei die Herstellung eines klaren rechtlichen Rahmens erforderlich, auf dem ein marktwirtschaftliches System aufbauen könne, von dem auch der normale Bürger profitiere. Er halte es für richtig, den Vertretern einer gemäßigten Reform nahezubringen, dass sie mit dem letzten Aspekt beginnen und diesen schnell vorantreiben sollten. Dann werde es wahrscheinlich leichter, auch bei den erstgenannten Themen wirkliche Fortschritte zu erzielen.

Ich stimmte nachdrücklich zu. Nach meiner Überzeugung gehe man in bezug auf Russland im Westen allzusehr nach rein westlichen Modellen und Etiketten vor. Die Entsendung von Theoretikern bringe uns aber nicht weiter. Es müsse jetzt darum gehen, eine Politik der tausend Schritte in Gang zu setzen, von der die einfachen Leute profitierten. Sie müssten die Vorteile der Reformen spüren.

In diesem Zusammenhang erinnerte ich an Ludwig Erhard, der im Jahr 1950 auch unorthodoxe Mittel wie zum Beispiel Bekleidungssubventionen nicht gescheut hatte, um den Menschen zu helfen. Auch ihm sei damals klar gewesen, dass die reine Lehre allein mitunter nicht weiterführe.

Bill Clinton erkundigte sich dann nach meiner Einschätzung der Lage in der Ukraine. Man müsse alles tun, um der Ukraine zu helfen, auch wenn es um die Wirtschaftsreformen nicht gut bestellt sei, sagte ich, denn die Lage sei prekär. Es gebe sogar Tendenzen, die die Souveränität der Ukraine in Frage stellten. Im Grunde gelte für die Ukraine das gleiche wie für Russland: Es sei wichtig, die Souveränität des Landes zu erhalten und die Ukraine zu unterstützen. Man dürfe den Blick nicht nur auf Moskau konzentrieren, auch die Ukraine habe eine Würde, eine Ehre, die man respektieren müsse. Clinton stimmte mir zu. Wenn es in der von mir angedeuteten Tendenz einen Rückschlag gebe und die Ukraine womöglich nach Russland zurückkehre, würde die gesamte Theorie, auf der die Annahmen des Nato-Gipfels beruhten, zusammenbrechen. Die Ukraine sei ein Schlüssel für die Entwicklung in Mittel- und Osteuropa. Bei seinem Treffen mit den mitteleuropäischen Ländern in Prag habe er dieses Thema offen angesprochen und er hoffe, dass man dort die Schlüsselstellung Russlands und der Ukraine und die Lage insgesamt verstanden habe. Wenn in der Ukraine etwas passiere, würde der Druck im Hinblick auf eine Aufnahme der mitteleuropäischen Länder in die Nato steigen. Das konnte ich nur unterstreichen. Nach meiner Überzeugung, sagte ich, würde das die Lage sehr komplizieren und alles viel schwieriger machen als bisher.

Hinsichtlich der Hilfe für Russland und die Ukraine registrierte ich erneut einen klaren Schulterschluss zwischen Clinton und mir. Heute mag das weitgehend vergessen sein, doch damals zählte die deutsch-amerikanische Übereinstimmung sehr und half beiden Ländern bei der Bewältigung weltpolitischer Krisen.

Auch der Krieg auf dem Balkan stand ganz oben auf der Liste der Themen unserer Gespräche. Nach meiner Auffassung musste alles getan werden, um die Muslime nicht ins Abseits zu manövrieren. Es gab in der Welt 800 Millionen Moslems. Wenn man in Bosnien-Herzegowina Fehler mache, müssten viele dies später bitter bezahlen. Bezüglich des Vorgehens im ehemaligen Jugoslawien gab es erhebliche Meinungsunterschiede zwischen Deutschland und Großbritannien und auch zwischen Deutschland und Frankreich, obwohl Paris diese Problematik wegen der Erfahrung mit Algerien weitaus besser verstand. Man konnte in diesem Krieg niemanden heiligsprechen. Am Anfang stand die serbische Aggression, aber auch die Kroaten verfolgten Tendenzen, die man nicht akzeptieren konnte. Und nun traf das auch auf die Moslems zu. Ich hielt es für notwendig, einen neuen Versuch zu einer Friedenslösung zu wagen, zumal in den vergangenen Monaten in den Verhandlungen zwischen Kroaten und Moslems erhebliche Fortschritte erreicht worden waren.

Genau wie der Präsident lehnte ich es ab, einseitig Druck auf die Moslems auszuüben. Ich erinnerte an den Sommer letzten Jahres, als ich in Abstimmung mit Bill Clinton die Frage nach der Aufhebung des Waffenembargos zugunsten der Moslems aufgebracht hatte. Ich hatte in dieser Angelegenheit unverändert ein schlechtes Gewissen. Der Westen verteidigte die Moslems nicht und gab ihnen auch keine Waffen. Nun hatten sie sich die Waffen auf andere Weise besorgt und ihre Lage erheblich verbessert. Ich fragte Clinton, ob man nicht versuchen sollte, in diskreter Weise zusammen mit den Amerikanern, den Franzosen und den Briten die Moslems zu unterstützen, wobei eventuell auch die Spanier, die Niederländer sowie die Kanadier einzubeziehen wären, die Soldaten in Jugoslawien hatten. Optimal wäre, wenn die Russen mit dabei wären, allerdings hatte ich Zweifel, ob dies gelingen könne.

Bill Clinton dachte in die gleiche Richtung wie ich. Wenn man nichts tue, riskierten die USA wie auch Europa, in eine schlimme Lage zu geraten. Obwohl die Moslems sich die notwendigen Waffen trotz des Embargos besorgt hatten und auf Grund ihrer Erfolge in gewisser Weise auch eine Kriegsoption weiterverfolgten, dürfe man auf die Moslems keinen Druck ausüben und ihnen eine Lösung aufzwingen. Mir ging es um diskretes Vorgehen, ohne öffentliche Diskussion, und Clinton sagte seine Unterstützung zu.

Trotz der kurzen Zeit unserer Bekanntschaft war eine erstaunlich enge Beziehung zwischen Bill Clinton und mir entstanden. In den bisher zwölf Jahren meiner Kanzlerschaft hatte ich mit keinem amerikanischen Präsidenten ein so vertrautes Verhältnis gepflegt, selbst nicht mit George Bush. Vor allem schätzte ich bei Clinton, wie unverkrampft und vorurteilsfrei er Deutschland sah. Er war der erste US-Präsident, dessen Deutschlandbild nicht durch die Erfahrungen im Zweiten Weltkrieg geprägt war. Ich schätzte Clintons Pragmatismus und seine positive Grundeinstellung.

*

Es war mir eine große Freude, dem ehemaligen amerikanischen Präsidenten George Bush und dem früheren Außenminister James Baker im Namen des Bundespräsidenten eine hohe Auszeichnung zu überreichen: das Großkreuz des Verdienstordens der Bundesrepublik Deutschland, Sonderklasse. Ich tat dies als Bundeskanzler, aber ich tat es noch lieber als Helmut Kohl. Ich wollte guten Freunden Dank sagen.

Romano Guardini, einer der großen Philosophen und Theologen des zwanzigsten Jahrhunderts, hat einmal gesagt, Erinnerung sei die Dankbarkeit des Herzens. Das war meine Überschrift für die Ordensverleihung, und ich nahm die Gelegenheit wahr, neben den Geehrten auch dem amerikanischen Volk zu danken. Die Amerikaner hatten uns Deutschen mehr geholfen als andere. Alle Welt erwartet, dass die Amerikaner helfen, aber die meisten vergessen, Dank zu sagen.

Wir verdankten den Bürgerinnen und Bürgern der Vereinigten Staaten in den fast fünfzig Jahren seit Kriegsende viel. Aus Kriegsgegnern waren Partner und dann Freunde geworden. Ich war bei Kriegsende fünfzehn Jahre alt. Als wir 1946/47 halb verhungert waren, kamen die Quäker- und die Hoover-Speisung. Dann kam der Marshall-Plan, die Luftbrücke nach Berlin und vieles danach in den Jahren des Kalten Krieges, in den Jahren der Stationierungsdebatte, in den Jahren der Abrüstungsgespräche, in den Jahren der Debatte über die deutsche Einheit. Schließlich kam die Vollendung der deutschen Einheit.

Ich erinnerte an die vielen amerikanischen Soldaten und an ihre

Familien, die in diesen Jahrzehnten bei uns waren und auch unsere Freiheit verteidigt hatten. Rund 15 Millionen waren es in all diesen Jahrzehnten, eine unvorstellbar große Zahl von Menschen, die einen Teil ihres Lebens bei uns, in einem fernen Land, verbracht hatten. Ich sagte das in Washington voller Dankbarkeit.

In den entscheidenden Jahren, den achtziger Jahren, als sich die Welt dramatisch zu verändern begann, hatten wir besondere Hilfe und Unterstützung erfahren. Es war für uns ein Glücksfall, dass in diesen turbulenten Jahren George Bush Präsident der Vereinigten Staaten war – ein Mann, der die Welt kannte, Ost und West, Europa und nicht zuletzt auch Deutschland, und der uns vertraute. Dafür dankte ich ganz besonders, denn das war ja nicht selbstverständlich. George Bush gehörte zu der Generation von Amerikanern, die in den Krieg gezogen waren und ihn persönlich erlebt und erlitten hatten. Er gehörte zu jener Generation, die miterlebt hatte, was in deutschem Namen Schreckliches geschehen war. Obwohl es deshalb eben nicht selbstverständlich war, auf die Deutschen zuzugehen, hat es sich gefügt, dass der Präsident der Vereinigten Staaten in einer wichtigen historischen Situation mit Michail Gorbatschow und anderen uns geholfen hat. In den Büchern liest sich das alles so einfach, und hinterher wollen jetzt viele ganz genau wissen, wie man es besser hätte machen sollen. Aber wir hatten es eben nicht immer ganz genau gewusst. Und wenn ich heute manchmal die Jahre von 1989 und danach überblicke, kann ich nur mit einem alten deutschen Spruch sagen: Mit Gottes Hilfe sind wir am anderen Ufer angelangt.

Deswegen hat George Bush einen Platz im Buch der Geschichte und nicht zuletzt im Buch der Geschichte der Deutschen – einen ehrenvollen Platz. So dankte ich dem Staatsmann, dem Freund, dem Präsidenten der Vereinigten Staaten ganz herzlich – für alle Deutschen. Ich dankte sehr persönlich dem guten Freund, dem Mann mit feinem Humor, der in schwierigen Situationen Hilfe geschenkt hatte und immer verlässlich war.

Und ich sagte ein herzliches Wort an Barbara Bush, auch im Namen von Hannelore, die leider nicht in Washington sein konnte. Wir hatten von Barbara Bush viel freundschaftliche Unterstützung erfahren und schätzten die Begegnungen mit einer großartigen Frau. Ihr Auftreten war Gott sei Dank überhaupt nicht protokollarisch, sie war sehr menschlich, sehr sympathisch.

Auch an meinen Freund Jim Baker richtete ich ein Wort sehr persönlichen Dankes. In elf Jahren war er mir in den verschiedensten Ämtern immer wieder begegnet, im Weißen Haus, wo er als Dirigent im Hintergrund wirkte. Wir begegneten einem hartgesottenen Finanzminister. Und dann natürlich dem Außenminister, unermüdlich und mit viel Geschick unterwegs für die Idee der Freiheit, für den Frieden, mit großen Erfahrungen, einem Meister im taktischen Spiel. Wer die Tage, Nächte und Wochen bei »Zwei-plus-Vier« rekapitulierte, würde mir das bestätigen. Baker wirkte dort mit Hans-Dietrich Genscher, mit Eduard Schewardnadse und mit vielen anderen, und er hatte einen großen Anteil am Erfolg. Deswegen dankte ich auch ihm sehr, sehr herzlich und schloss in diesen Dank gerne auch Mrs. Baker ein.

48.
Grundsatzprogramm

Parteiprogramme entstehen in der Regel in bitteren Zeiten der Opposition. So auch in unserem Fall. Meine Vorgänger im Amt des Parteivorsitzenden hatten wenig Interesse an Programmarbeit gezeigt. Ich selbst war vor der Übernahme des höchsten Parteiamts lange Jahre mit der Programmarbeit der CDU beschäftigt gewesen, die aber in weiten Teilen der Partei als Nebensache galt. Solange die Union in der Regierungsverantwortung stand, spielte ein Parteiprogramm keine große Rolle. Erst als Oppositionspartei besann sich die CDU auf Programmarbeit, formulierte Papiere, die politische Orientierung geben sollten. Herausragendes Beispiel war das Ludwigshafener Grundsatzprogramm von 1978, das weit über die neunziger Jahre hinaus Geltung hatte.

Der seinerzeitigen Grundsatzkommission, die der damalige stellvertretende Fraktionsvorsitzende Richard von Weizsäcker zusammen mit Heiner Geißler geleitet hatte, war es nach harter Arbeit gelungen, einen tragfähigen Kompromiss zustande zu bringen. Kein Parteiflügel hatte sein Gesicht verloren, niemand musste sich überfordert fühlen. Die Vorlage fand breite Unterstützung. Hier zeigte sich wieder einmal, dass Politik zu mindestens 80 Prozent darin besteht, Brücken zu bauen, Kompromisse zu schließen. Das heißt keineswegs, dass man sich auf den kleinsten gemeinsamen Nenner verständigt. Das Ludwigshafener Grundsatzprogramm war der beste Beweis dafür, dass es möglich war, mit Sachverstand, intellektueller Kraft und aufrichtigem Ringen einen politischen Orientierungsrahmen für die Partei abzustecken.

Am Vorabend der Wiedervereinigung, am 2. Oktober 1990, hatten wir auf dem Hamburger Parteitag beschlossen, unser

Grundsatzprogramm von 1978 fortzuschreiben. Die großen geistigen und politischen Umbrüche in Deutschland, Europa und der Welt erforderten eine solche Fortschreibung. Mit dem Ende des Ost-West-Konflikts, der Wiedervereinigung unseres Vaterlands, der fortschreitenden Integration Europas und der Überwindung der Spaltung in Ost und West waren wir in eine neue Epoche der Geschichte eingetreten. Aber nicht nur diese äußeren Umbrüche forderten von uns neue Antworten. Auch der innere Wandel in Deutschland war tiefgreifend, und wir brauchten mehr als tagespolitische Antworten. Aus dieser zweiten Chance der Geschichte mussten wir Deutschen mehr machen als bisher. Wir brauchten dazu eine neue Wertedebatte: für die geistige und gesellschaftliche innere Einheit unseres Landes, gegen die Zunahme von Gewalt und Radikalismus in der Gesellschaft und gegen den kurzatmigen Pragmatismus der schlagzeilenorientierten politischen Unkultur dieser Zeit.

Den Auftrag des Parteitags vom 2. Oktober 1990 nahm ich sehr ernst und bemühte mich rasch um eine Kommission, die das Ludwigshafener Programm fortschreiben sollte. Bewusst schlug ich den Parteigremien meinen Stellvertreter im Parteivorsitz Lothar de Maizière als Vorsitzenden der Grundsatzkommission vor, um ihn von Anfang an mit einer der wichtigsten parteiinternen Aufgaben zu betrauen. Leider erwies er sich in dieser Position als glatter Reinfall. Das lag wohl weniger an meiner angeblich dominanten Rolle als vielmehr an dem Unvermögen, Teamarbeit und Sacharbeit zu koordinieren, inhaltliche Anstöße zu geben und Gremienarbeit erfolgreich zu organisieren. Es war de Maizières ureigener Entschluss, im Herbst 1991 von allen seinen Ämtern zurückzutreten und damit auch den Vorsitz der CDU-Grundsatzkommission niederzulegen. Bis zu diesem Zeitpunkt hatte sich wenig getan im Hinblick auf neue programmatische Vorschläge. Als ich den Bundestagsabgeordneten und Parlamentarischen Staatssekretär beim Bundesminister der Justiz, Reinhard Göhner, zu de Maizières Nachfolger vorschlug, musste die Kommission praktisch von vorne beginnen.

Reinhard Göhner, 1953 in der westfälischen Tabakstadt Bünde

als Bauernsohn geboren, hatte sich als ehemaliger Landesvorsitzender der Jungen Union Westfalen-Lippe, als Kommunalpolitiker und als Parlamentarier in Führungspositionen bestens bewährt. Ende September 1991 wurde der promovierte Jurist von den Parteigremien für die schwierige Aufgabe des Vorsitzenden der Grundsatzkommission nominiert und auf dem Dresdner CDU-Parteitag im Dezember 1991 in diese Position berufen. Reinhard Göhner war maßgeblich mitverantwortlich bei der Erstellung des ersten gesamtdeutschen CDU-Grundsatzprogramms.

In die Arbeit der Kommission mischte ich mich natürlich ein. Als Vorsitzender der Programmkommission zum Berliner Programm der CDU 1968 und als Vorsitzender der CDU seit 1973 hatte ich bei der Diskussion zum Ludwigshafener Programm von 1978 kräftig mitgewirkt. Insofern hatte ich die Programmarbeit der CDU über viele Jahre wesentlich mitgetragen. Als Parteivorsitzender und Bundeskanzler spielte ich nun auch im Arbeitsprozess des Grundsatzprogramms von 1994 eine dominante Rolle. Ich gebe gerne zu, dass ich nach dem innerparteilichen Widerstand und dem missglückten Sturzversuch auf dem Bremer Parteitag vom September 1989 nichts dem Zufall überlassen wollte; ein Rest von Misstrauen gegen die CDU-Parteizentrale war mir geblieben. Über ein engmaschiges Netz von Vertrauten hielt ich in jeder Phase der Diskussion aus dem Kanzleramt heraus die Fäden in der Hand. Dabei griff ich nie aktiv in die Programmdebatte ein, sondern verhielt mich lediglich als Moderator. Mir kam es darauf an, alle Flügel der Partei einzubinden und auch die innerparteilichen Konkurrenten und Kritiker mit in die Verantwortung einzubeziehen.

Im Wahljahr 1994 ging es mir natürlich auch um ein profiliertes Programm, mit dem Wahlen zu gewinnen waren. Was nutzten uns die schönsten, intelligentesten und fortschrittlichsten Programmgrundsätze, wenn sie weitab von jeder politischen Wirklichkeit blieben und die Bürger, die uns wählen sollten, nicht erreichten. Selbstverständlich definierte ich Politik auch als Kampf um die Macht, die es zu gewinnen galt und die notwendig war, um zu gestalten und politische Entscheidungen nach unseren Überzeugungen durchzusetzen. Die Bundestagswahl 1994 zu gewinnen war unsere wichtigste Aufgabe. Deshalb erwartete ich auch vom neuen Grundsatzprogramm, dass es über die Tagespolitik hinaus die Richtlinien einer Politik für die Zukunft deutlich machte. Es kam darauf an, unsere Visionen für die nächsten Jahrzehnte aufzuzeigen: die Vision einer freien und verantwortlichen Gesellschaft, jener Bürgergesellschaft, die wir anstelle einer individualistisch-privatistischen Rückzugsgesellschaft verwirklichen wollten und mit der wir die innere und geistige Einheit Deutschlands gestalten konnten; die Vision einer gesamteuropäischen Friedensordnung ausgangs eines Jahrhunderts, in dem Deutschland und Europa zweimal im Krieg lagen und in dem wir jetzt die Chance einer wirklich gesamteuropäischen Friedensordnung hatten; schließlich die Vision zur Bewahrung der Schöpfung als globale Aufgabe der Menschheit, zu der wir mit unserem Weg der ökologischen und sozialen Marktwirtschaft, mit unserem neuen Verständnis von Wachstum und Wohlstand einen entscheidenden Beitrag leisten konnten.

Mit dem neuen Parteiprogramm, das wir auf unserem 5. Parteitag in Hamburg vom 21. bis 23. Februar 1994 verabschiedeten, wollten wir die Folgen der Umbrüche, den tiefgreifenden inneren und äußeren Wandel gestalten. Während diejenigen, die einst Reformen auf ihre Fahnen geschrieben hatten, jetzt in Besitzstandswahrung, Status quo und altem Denken verharrten und jede Veränderung blockierten, gestalteten wir den Wandel – und das auf der Basis bewährter Grundsätze und fester Grundwerte, auf dem Fundament unseres christlichen Verständnisses vom Menschen. Das war eine große strategische Chance für uns. Die Menschen spürten, dass wir in einer Zeit lebten, in der sich bereits vieles verändert hatte. Wer demgegenüber jeden Besitzstand für unantastbar erklärte, jede Veränderung im Inneren als unsozial diffamierte, wer Deutschlands Rolle in der Welt aus dem alten Denken des Jahres 1989 und der geteilten Welt bestimmen wollte, der verpasste diese Zeit.

Wir hatten die Chance, unsere Visionen zu verwirklichen. So wie wir die visionären Grundentscheidungen der zweiten Hälfte des zwanzigsten Jahrhunderts in Deutschland geprägt hatten, hatten wir nun Gelegenheit, unsere Vision von der Bewahrung der Schöpfung und von einer freien und verantwortlichen Gesellschaft in einer auf Frieden und Freiheit verpflichteten gesamteuropäischen Union zu verwirklichen. Mit dem neuen Grundsatzprogramm konnten wir glaubwürdig zeigen, dass wir es für Deutschland packen würden.

Ich möchte nur einige wichtige Parteitagsentscheidungen von Hamburg nennen, die mir besonders am Herzen lagen: Stärkung der persönlichen Initiative und Leistungsbereitschaft; schonendere Nutzung der natürlichen Ressourcen durch den Einsatz modernster Produktionstechniken und dadurch die Gestaltung ökologisch ehrlicher Preise; Abbau von Subventionen und Bürokratie; Beteiligung breiter Bevölkerungsschichten am Produktivkapital; Forderung nach flexibleren Arbeitszeiten und längeren Maschinenlaufzeiten; Senkung von Steuern und Abgaben; Verbesserung von Aus- und Weiterbildung, Wissenschaft und Forschung sowie die Förderung zukunftsorientierter Technologien; Anrechnung der Kindererziehungszeiten im Rentenrecht in stärkerem Umfang als bisher; Umbau der Sozialsysteme.

In unserem Sofortprogramm für Wachstum und Beschäftigung sprachen wir uns für entsprechende Schritte aus, um den industriellen Standort Deutschland zu sichern, seine Attraktivität zu steigern und Investitionen zu fördern. In der Europapolitik verlangte der Parteitag, die Europäische Union nach bundesstaatlichen Kriterien zu gliedern und die EU freiheitlich, demokratisch, föderal und subsidiär zu gestalten.

In meiner Parteitagsrede zog ich eine positive Bilanz der zwölfjährigen Arbeit der christlich-liberalen Koalition und betonte, dass ich deren Fortsetzung anstrebte – nicht aus Liebe zum Koalitionspartner, sondern aus Gründen der Vernunft. Energisch verlangte ich Maßnahmen zum Abbau der Erwerbslosigkeit. Zwar war es uns gelungen, zwischen 1983 und 1990 drei Millionen neue Arbeitsplätze zu schaffen, aber vier Millionen Arbeitslose konnten und durften wir nicht hinnehmen. Das war die große innenpolitische Herausforderung für unser Land. Ohne Leistung

*Auf dem Hamburger CDU-Parteitag
(Februar 1994)*

waren Wachstum, Arbeitsplatzgarantien und soziale Sicherheit nicht möglich. Daher war ein Umdenken unumgänglich. Deutschland hatte als Industrienation nach den dramatischen Veränderungen der Welt so viele neue Konkurrenten erhalten, dass es notwendig war, auch Besitzstände in Frage zu stellen. Ein konjunktureller Aufschwung reichte zur Verbesserung der Wirtschaftslage nicht aus. Wir brauchten mehr Flexibilität. Wir brauchten mehr Innovation. Wir brauchten Stabilität; das hatte mit Haushalt und Währung zu tun.

*

Ich verließ Hamburg mit dem Gefühl, dass wir einen großen programmatischen Schritt nach vorne getan hatten. Wir hatten in der Hansestadt lange und ausdauernd diskutiert und auch gestritten. Am Ende nahmen die Delegierten einmütig das neue Grundsatzprogramm an. Es war das erste gesamtdeutsche Grundsatzprogramm einer Partei nach der Wiedervereinigung.

Ein gutes Gefühl hatte ich auch, weil die Partei im Superwahljahr 1994 nahezu geschlossen hinter mir stand. Es war mir gelungen, den Parteitag aufzurütteln. Wir waren dennoch kein Kanzlerwahlverein, sondern eine lebendige diskussionsfreudige Partei mit all ihren Flügeln und Gegensätzen, die zur fruchtbaren innerparteilichen Auseinandersetzung fähig war. Am Ende des Parteitags stand ein Programm, das die Delegierten mit in ihre Kreis- und Ortsverbände nehmen konnten und das ihnen wirklich hilfreich war in der politischen Auseinandersetzung mit unseren Gegnern.

49.
Letzte Hürden

Gesetzesinitiativen, denen der Bundesrat zustimmen musste, konnten wir zur damaligen Zeit nur mit Hilfe der SPD-Opposition durchsetzen. Der Einführung der Pflegeversicherung ging ein jahrelanger Kampf voraus. Zunächst musste Norbert Blüms Idee von der »sozialen Absicherung des Risikos der Pflegebedürftigkeit« – wie es im Bürokratendeutsch hieß – in den Parteigremien entworfen und angenommen werden. Zunächst führten die Entwürfe aus dem Sozialministerium in CDU-Präsidium und -Vorstand und dann auch in der CDU/CSU-Bundestagsfraktion, die schließlich ihr alles entscheidendes Votum im Bundestag abzugeben hatte, zu anhaltenden kontroversen Diskussionen. Kompromisse zu schließen galt es dann mit dem Koalitionspartner FDP, der in Fragen der Sozialpolitik ein schwieriger und zuweilen störrischer Verhandlungspartner war. Das Haus Blüm mit seinen Experten war den Freidemokraten immer suspekt. Vor allem Otto Graf Lambsdorff fand in Norbert Blüm über Jahre einen Gegner, der nur dank meiner Rückendeckung nicht ausgespielt werden konnte.

Nachdem sich die Koalition in einem kaum noch erträglichen Verhandlungsmarathon auf einen gangbaren Kompromiss geeinigt hatte, musste mit der SPD gesprochen werden. Auch diese Gespräche im Vermittlungsausschuss des Bundestages zogen sich in die Länge. Schließlich gelang es den Verhandlungspartnern, am 11. März 1994 eine Einigung zu erzielen. Am nächsten Tag stimmte das Parlament mit großer Mehrheit dem von den Fraktionen der CDU/CSU, FDP und SPD eingebrachten Entschließungsantrag mit dem Kompromisstext zu. Man konnte das erzielte Ergebnis getrost als historisch bedeutsame und überfällige Ergänzung des Sozialversicherungssystems bewerten. Doch Gewerkschaften und Arbeitgeberverbände liefen dagegen Sturm. Die IG Metall sprach gar von einem »Rückfall hinter Bismarck«.

Schließlich wurden auch im Vermittlungsausschuss von Bundesrat und Bundestag, der den im März gefassten Beschluss im Grundsatz billigte, die Weichen für die Einführung der Pflegeversicherung gestellt. Die neue Versicherung sollte am 1. Januar 1995 zunächst mit dem Einzug des Beitrags von 1 Prozent des Bruttomonatseinkommens – je zur Hälfte zahlbar von Arbeitnehmern und Arbeitgebern – beginnen. Zum Ausgleich der Arbeitgeberkosten mussten die Länder einen Feiertag streichen, der immer auf einen Werktag fällt. Wo dies nicht geschah, wurde den Arbeitnehmern zunächst der gesamte Beitrag abverlangt.

In einem zweiten Schritt sollte es ab 1. April 1995 das nach Schweregrad der Pflegebedürftigkeit gestaffelte Pflegegeld und Sachleistungen für zu Hause gepflegte Personen geben. Leistungen für Heimpflege waren ab 1. Juli 1996 geplant. Dazu wurde der Beitragssatz auf 1,7 Prozent erhöht.

Im Vermittlungsausschuss wurden auch mehrere Punkte geklärt, die in den letzten Wochen noch zu Kontroversen geführt hatten. So war der Rechtsanspruch auf Rehabilitationsleistungen vor Pflege ausdrücklich festgehalten. Beamte, Richter und Hochschullehrer wurden verpflichtet, sich bei einer privaten Versicherung gegen das Risiko der Pflegebedürftigkeit abzusichern. Das Bundesinnenministerium musste das Beihilferecht so gestalten, dass sich für diesen Personenkreis eine vergleichbare Belastung wie bei den übrigen Arbeitnehmern ergab.

Die von mehreren Ländern vorgeschlagene Streichung des Feiertags zur Deutschen Einheit am 3. Oktober spielte glücklicherweise schließlich keine Rolle mehr. Dieser absurde Vorstoß, der ein Wiederaufschnüren des gesamten Kompromisses bedeutet hätte, hatte weder bei der Regierungskoalition noch bei der SPD-Opposition eine Mehrheit.

Schließlich nahm das Pflegegesetz die vorletzte Hürde im Gesetzgebungsverfahren: Der Bundestag stimmte mit breiter Mehrheit für den Kompromissentwurf. Die Fraktionen von CDU/CSU, FDP und SPD unterstützten den vereinbarten Gesetzestext, dem nun noch der Bundesrat zustimmen musste. Am 29. April 1994 nahm das Gesetz zur Pflegeversicherung die letzte Hürde, als der Bundesrat einstimmig den Kompromissvorschlag des Vermittlungsausschusses akzeptierte.

Damit war die fünfte Säule der Sozialversicherung endgültig angenommen. Trotz aller Unkenrufe sollte sie sich im Lauf der Jahre bewähren. Über eine Million Menschen kamen in den Genuss dieser sozialpolitischen Reform, die vor allem jenen zugute kam, die in unserer Gesellschaft mit am schlechtesten gestellt waren. Dass das gelang, ist besonders Norbert Blüm zu danken, der an der Entstehung und der politischen Durchsetzung der Pflegeversicherung maßgeblich beteiligt war. In allen entscheidenden Phasen hatte ich ihn tatkräftig unterstützt – mitunter bis zur Gefahr eines Auseinanderbrechens der Regierungskoalition.

Der Historiker Gerhard A. Ritter schreibt:

»Die Einführung der Pflegeversicherung war das wichtigste sozialpolitische Ergebnis der großen Koalition in Sachfragen 1991–1994 und die bedeutendste Reform und institutionelle Neuentwicklung des deutschen Sozialstaates in der Ära Kohl. […] Bei der Durchsetzung der Sozialversicherung hat Blüm, der in letzter Instanz die Unterstützung von Bundeskanzler Kohl fand, seine Machtstellungen auf das äußerste ausgereizt und sich die seitdem bestehende scharfe Gegnerschaft der Arbeitgeberverbände und erheblicher Teile der FDP zugezogen. […] Letztlich gelang die Durchsetzung der Pflegeversicherung nur, weil die FDP nicht den Zerfall der Koalition riskieren wollte und weil die Koalition nicht riskieren konnte, ohne den Abschluss dieser Reform in den Bundestagswahlkampf 1994 zu treten.«

*

1994 war fast durchgängig von Wahlkampfatmosphäre bestimmt. So fand beispielsweise am 13. März 1994, einen Tag nach Annahme der Entschließung zum Pflegeversicherungskompromiss durch den Bundestag, die Landtagswahl in Niedersachsen statt. Der Pflegekompromiss hatte zumindest der CDU in Niedersachsen nicht spürbar genutzt; die Wahl gewannen die Sozialdemokraten mit dem amtierenden Ministerpräsidenten Gerhard Schröder. Für die SPD votierten 44,3 Prozent, für die CDU mit ihrem Spitzenkandidaten Christian Wulff 36,4 Prozent der Wahlberechtigten. Die Grünen kamen auf 7,4 Prozent und zogen als dritte Kraft in den Landtag von Hannover, während die FDP mit 4,4 Prozent wie alle übrigen Parteien auch an der Fünfprozenthürde scheiterte.

Mit 5,6 Prozentpunkten musste die CDU einen schmerzlichen Stimmenverlust hinnehmen. Angesichts dessen waren die Gewinne für die SPD mit gerade mal 2 Prozentpunkten keineswegs überragend. Kummer bereitete mir das Abschneiden der FDP, die in den Kommunen und den Bundesländern kaum noch über eine messbare Parteibasis verfügte.

Mit 73,8 Prozent Wahlbeteiligung wurden wieder einmal all jene Lügen gestraft, die von einer steigenden Partei- und Politikverdrossenheit redeten. Verglichen mit früheren Wahlen und im Vergleich zu dem Wahlverhalten in anderen Demokratien der westlichen Welt konnten wir in Niedersachen einen absoluten Spitzenwert verbuchen. Auch jene, die das Ende der Volksparteien eingeläutet sahen, wurden damit eines Besseren belehrt.

Wieder einmal hatte sich bei dieser Wahl gezeigt, wie sehr Wahlen personenbezogen entschieden werden. Gerhard Schröder, der amtierende Ministerpräsident, hatte seine neue Rolle geschickt wahrgenommen. Von dem alten linken Schröder war wenig geblieben. Schröder war beinahe als Konservativer aufgetreten, mit allen Attributen, die dazugehörten. Er hatte die nötigen Umarmungen bei den Wählern vorgenommen und auch Vertreter der deutschen Industrie für sich gewonnen. Besonders bei den Themen Arbeitsmarkt und Arbeitslosigkeit versuchte er sich zu profilieren.

50.
Offizieller Besuch

Begleitet von seiner Frau Naina Jossifowna stattete Boris Jelzin der Bundesrepublik vom 11. bis 13. Mai 1994 einen offiziellen Besuch ab. Der Präsident der Russischen Föderation repräsentierte ein großes Land, das seinen eigenständigen historischen Platz in der Staatengemeinschaft wiedererlangt hatte. Seine Unabhängigkeit und Souveränität verdankte das neue und demokratische Russland nicht zuletzt dem Mut und der Entschlossenheit seines Präsidenten. Uns allen standen noch die Bilder aus Moskau von den Putschversuchen im August 1991 und im Oktober 1993 vor Augen, die uns tief bewegt haben. Das Ringen Russlands um Demokratie, Recht und Freiheit ging uns alle in Europa an.

Die Beziehungen zwischen Deutschland und Russland waren von zentraler Bedeutung für ganz Europa. Wenn das Verhältnis zwischen Deutschland und Russland gut war, dann war dies gut für Europa. Wenn es hingegen Probleme gab, dann zogen auch für ganz Europa Wolken auf.

Deutsche und Russen hatten schneller als andere die Chancen ergriffen, die das Ende des Ost-West-Gegensatzes uns allen bot. Wir hatten ein neues Kapitel des Friedens und der Freundschaft zwischen unseren Völkern aufgeschlagen, wir hatten in kurzer Zeit ein tragfähiges Netzwerk von Verträgen und Abkommen geschaffen und einen lebendigen, intensiven Austausch zwischen unseren Wirtschaften und Kulturen aufgenommen.

Das vereinte Deutschland war 1994 der wichtigste Außenhandelspartner Russlands. Die Zahlen für 1993 zeigten, dass eine Stabilisierung im deutsch-russischen Handel eingetreten war. Das Entwicklungspotential unseres Wirtschaftsaustauschs war jedoch bei weitem noch nicht ausgeschöpft, schließlich hatten unsere Unternehmen, gerade die aus den neuen Bundesländern, große Erfahrungen auf dem russischen Markt. Voraussetzung für einen Ausbau unserer Wirtschaftsbeziehungen war allerdings der weitere Umbau der russischen Wirtschaftsordnung in Richtung Marktwirtschaft.

Der neue Geist der deutsch-russischen Beziehungen kam auch in zwei Absprachen zum Ausdruck, die wir beim Besuch des russischen Präsidenten trafen:

– Die Rückführung von Kulturgütern, die während des Krieges auf beiden Seiten verschleppt worden waren, wollten wir mit Nachdruck voranbringen. Kunstschätze und Kulturgüter sind wesentlicher Teil der kulturellen Identität jedes Volkes. Die Rückführung solcher Güter sollte auch Ausdruck unserer neuen Partnerschaft sein.
– Eine gemeinsame Kommission sollte die jüngere Geschichte der deutsch-russischen Beziehungen erforschen. Wenn wir uns in aller Aufrichtigkeit den historischen Tatsachen stellten, würden wir auch besser die Wunden heilen können, die wir uns gegenseitig geschlagen hatten.

Deutsche und Russen hatten bei der Beendigung des Ost-West-Konfliktes eine wichtige Rolle gespielt. Beim Aufbau einer neuen, umfassenden Sicherheitsordnung für Europa trugen unsere beiden Länder besondere Verantwortung. Die Sicherheit in Europa war nicht ohne, sondern nur im engen Zusammenwirken mit Russland zu gewährleisten.

Wir waren uns einig, dass alles unternommen werden musste, um die Kriegsparteien im ehemaligen Jugoslawien im Interesse der geschundenen und leidenden Menschen an den Verhandlungstisch zu bringen. Nur wo die Würde jedes einzelnen und seine unveräußerlichen Grundwerte geachtet wurden, nur wo das Recht von Minderheiten auf Wahrung ihrer kulturellen Identität respektiert wurde, da war auch ein zivilisiertes Miteinander möglich. Grundlage der Demokratie ist die Überzeugung von der Würde des Menschen und seiner Verantwortung für die Schöpfung. Diese Werte haben ihre Wurzeln nicht zuletzt in der christlichen Tradition, die Russland seit über tausend Jahren mit den anderen europäischen Völkern verbindet.

Russland war und bleibt eine der großen Mächte dieser Welt. Auch deshalb hatten wir und unsere westlichen Partner größtes Interesse am Erfolg der politischen und wirtschaftlichen Reformen in Russland. Wir wollten ein demokratisches, politisch stabiles und wirtschaftlich gesundes Russland, das seine verantwortliche Rolle innerhalb einer gesamteuropäischen Staatenordnung spielen konnte. Deshalb setzten wir uns auch für die Integration des neuen, demokratischen Russlands in den Kreis der großen demokratischen Industriestaaten ein, insbesondere für die weitgehende Einbeziehung Russlands in den politischen Teil der G-7-Treffen. Auf der anderen Seite erwarteten wir und unsere westlichen Partner von Russland konstruktive Mitwirkung bei der Beilegung europäischer und internationaler Krisen.

Wie schon bei unseren früheren Treffen waren auch die Gespräche in Bonn sehr freundschaftlich und offen. Ich war der festen Überzeugung, dass unsere guten persönlichen Kontakte auch Ausdruck des neuen deutsch-russischen Verhältnisses waren. Seit meinem Besuch in Moskau im Dezember 1992 waren wir fünfmal zusammengetroffen. Darüber hinaus telefonierten wir regelmäßig alle vierzehn Tage über eine direkte Telefonverbindung zwischen dem Kanzleramt und dem Kreml. Hinzu kamen viele Kontakte der zuständigen Minister auf beiden Seiten. All das zeugte von den guten und engen Beziehungen und einer echten Partnerschaft zwischen unseren Ländern.

Bei dem ausführlichen Vieraugengespräch mit Jelzin ging es um bilaterale und internationale Themen. Ausführlich sprachen wir über die Verabschiedung der russischen Truppen aus Deutschland, die am 31. August 1994 erfolgen sollte. Es war mir ein besonderes Anliegen, dass die russischen Soldaten würdig und respektvoll verabschiedet würden und dass dies in freundschaftlichem Geist geschah. Wir vereinbarten, dass die Gesamtveranstaltung in Berlin stattfinden sollte, und verständigten uns auch darauf, dass wir uns selbst um die Details kümmern würden, um dem soeben beschriebenen Anspruch gerecht zu werden.

*

Anlässlich des Empfangs der russischen Gäste war Hannelore zum ersten Mal seit Ausbruch ihrer schweren Krankheit wieder bei einem Staatsempfang in Bonn dabei. Nach dem offiziellen Teil ging es ihr sehr schlecht. Sie litt unter Atemnot, konnte kaum sprechen und war so geschwächt, dass sie das Johanniter-Krankenhaus aufsuchen musste.

Am nächsten Tag hatte sie sich soweit erholt, dass sie an dem restlichen Besuchsprogramm in der Pfalz teilnehmen konnte. Mit dem Bus holten wir die Jelzins auf einem Flugplatz in der Nähe von Bad Dürkheim ab und fuhren mit ihnen entlang der Weinstraße nach Deidesheim, wo wir im Deidesheimer Hof zum Mittagessen einkehrten. Anschließend fuhren wir weiter nach Speyer. Im Dom wurde zu Ehren der Jelzins ein kurzes Orgelkonzert gegeben, das die prominenten Gäste aus Moskau sichtlich genossen. Für den Nachmittag hatten wir das Ehepaar zum Kaffee und zu weiteren Gesprächen in unser Haus in Oggersheim eingeladen.

Naina Jelzin, eine promovierte Mathematikerin, mochte Hannelore sehr. Umgekehrt war es genauso. Ihren Mann Boris hingegen fand Hannelore, auch wenn er ihr grundsätzlich sympathisch war, etwas zu herb. Dass wir gerne gemeinsam in die Sauna gingen, vermerkte sie eher kopfschüttelnd.

51.
Wahlen

Die Diskussion um die Nachfolge Richard von Weizsäckers im Amt des Bundespräsidenten war ein Stück aus dem Tollhaus. Wir hatten uns darüber verständigt, Anfang 1994 in den Spitzengremien der Partei über die Kandidatur von Roman Herzog zu beraten. Das Ergebnis dieser Überlegungen sollte in eine Nominierungsempfehlung münden und den CDU- und CSU-Delegierten der Bundesversammlung noch im März 1994 mitgeteilt werden. Das setzte voraus, dass die Vertreter für die Bundesversammlung frühzeitig gewählt wurden. Eigentlich sollte bei der Klausurtagung des CDU-Bundesvorstandes am 14. und 15. Januar 1994 ein Votum für die CDU-Delegierten der Bundesversammlung abgegeben werden, dem sich die CSU dann auf ihrer Vorstandssitzung zwei Tage später anschließen würde. Doch die Bayern preschten vor.

Die CSU-Landesgruppe hatte in der ersten Januarwoche nach Wildbad-Kreuth eingeladen und zehn Monate zuvor, als Roman Herzog noch gar nicht als Weizsäcker-Nachfolger im Gespräch war, den Präsidenten des Bundesverfassungsgerichts zu einem Meinungsaustausch gebeten. Noch am Morgen der CSU-Tagung hatte ich mit dem CSU-Vorsitzenden Theo Waigel telefoniert und ihn darauf hingewiesen, dass die CSU-Landesgruppe jetzt keine Entscheidung in der Kandidatenfrage treffen möge, die als Präjudizierung verstanden werden könnte. Aber vergebens. Am Ende der Kreuther Tagung verkündete Michael Glos, Vorsitzender der CSU-Landesgruppe im Bundestag, dass die CDU aufgefordert werde, sich für Roman Herzog als Weizsäcker-Nachfolger zu entscheiden. Ich bedauerte sehr, dass sich die CSU nicht an unsere Absprache gehalten hatte.

Uns allen war klar, dass die Unionsparteien ihren Kandidaten zumindest in den ersten beiden Wahlgängen nicht allein durchsetzen konnten. Natürlich hatte ich mit Vertretern der FDP Gespräche geführt. Ergebnis war, dass sie die Benennung eines Unionskandidaten respektieren würden, gleichzeitig aber an ihrer Kandidatin Hildegard Hamm-Brücher festhalten wollten. Nach dem ersten Wahlgang werde das Abstimmungsverhalten für weitere Wahlgänge offengelassen. Ich setzte also darauf, dass die FDP-Mitglieder in der Bundesversammlung im dritten Wahlgang unseren Kandidaten unterstützen würden.

*

Am ersten Klausurtag der CDU-Spitzengremien am 14. Januar in Windhagen hatten wir eingehend über die Frage der Präsidentschaftskandidatur gesprochen. Für den zweiten Tag hatte ich Roman Herzog eingeladen, um möglichst vielen Vorstandsmitgliedern, die ihn nicht näher kannten, Gelegenheit zu bieten, ihn kennenzulernen. Herzog stellte sich mit einer glänzenden Rede über seinen persönlichen und beruflichen Werdegang vor. Am Ende der Tagung sprach sich der Bundesvorstand in geheimer Abstimmung dafür aus, Roman Herzog den Mitgliedern der CDU/CSU-Fraktion der Bundesversammlung als Präsidentschaftskandidaten der Union vorzuschlagen. Bei 36 stimmberechtigten Vorstandsmitgliedern gab es 34 Jastimmen, eine Neinstimme und eine Enthaltung. Nach all den vorangegangenen Querelen fand ich das Ergebnis ermutigend.

Wehren musste ich mich noch gegen Steffen Heitmanns Vorschlag, man sollte, wenn schon kein Bewerber aus den neuen Bundesländern zum Bundespräsidenten gewählt werden könne, zumindest das zweithöchste Amt, das die Bundesrepublik zu vergeben hatte, nämlich das des Bundestagspräsidenten, mit einem Kandidaten aus den neuen Bundesländern besetzen. Diese Idee fiel vor allem bei den ostdeutschen Mitgliedern des CDU-Präsidiums und -Vorstands auf fruchtbaren Boden, aber ich spürte trotzdem deutliche Unterstützung für meine Absicht, dieses wichtige Amt in den Händen von Rita Süssmuth zu belassen, die ich ungeachtet aller innerparteilichen Kritik dafür besonders geeignet fand.

*

Am 23. Mai 1994 stand im Berliner Reichstagsgebäude die Wahl des siebten Bundespräsidenten der Bundesrepublik an. Neben Roman Herzog, damals Präsident des Bundesverfassungsgerichts in Karlsruhe, stellten sich vier Mitbewerber der Wahl: Johannes Rau, Ministerpräsident von Nordrhein-Westfalen, für die SPD, die Bundestagsabgeordnete und frühere Staatsministerin Hildegard Hamm-Brücher als Kandidatin der Freien Demokraten, der ostdeutsche Bürgerrechtler Jens Reich für die Partei Bündnis 90/Die Grünen und schließlich Hans Hirzel, den die »Republikaner« kurzfristig aufgestellt hatten.

Die Bundesversammlung setzte sich aus 1324 Delegierten zusammen, wobei zu den 662 Abgeordneten des Bundestags noch einmal dieselbe Zahl von Delegierten kam, die von den Landtagen entsandt wurden. Diese zweite Gruppe repräsentierte damit die politische Kräfteverteilung in den Landesparlamenten. Im ersten und im zweiten Wahlgang war die absolute Mehrheit der Stimmen für einen Wahlsieg notwendig, während im dritten Durchgang der Bewerber siegreich war, der die relative Mehrheit erhielt.

In den beiden ersten Wahlgängen erzielte Roman Herzog zwar die einfache, nicht jedoch die erforderliche absolute Stimmenmehrheit. Gegen Herzog votierten nur wenige Delegierte aus den Reihen der CDU/CSU, weniger, als ich nach dem Hin und Her für möglich gehalten hatte. Johannes Rau konnte die Stimmen aus dem sozialdemokratischen Lager und im zweiten Wahlgang offenbar auch Stimmen von Bündnis 90/Die Grünen auf sich vereinigen. Die anderen Kandidaten folgten deutlich abgeschlagen auf den Plätzen.

*Mit Roman Herzog bei der Wahl des Bundespräsidenten
(23. Mai 1994)*

Nach dem zweiten Wahlgang beriet die FDP-Fraktion über ihre Haltung und entschied in einer internen Abstimmung mit 69 gegen 40 Stimmen, die Kandidatur von Hildegard Hamm-Brücher – gegen deren Wunsch – zurückzuziehen und im dritten Wahlgang den Unionskandidaten zu unterstützen. Das war die logische Konsequenz der nach der letzten Bundestagswahl getroffenen Koalitionsaussage zugunsten von CDU und CSU. Natürlich hätten die Freien Demokraten auch für den SPD-Kandidaten stimmen können. Doch dann wäre die Bonner Regierungskoalition kaum zu halten gewesen.

So erhielt Roman Herzog im dritten Wahlgang die erforderliche relative Mehrheit der Stimmen. Ich gratulierte dem neuen Bundespräsidenten aus vollem Herzen und wünschte ihm viel Erfolg. Am

1. Juli trat der erste gesamtdeutsch gewählte Bundespräsident sein Amt an und erreichte schon bald die Popularität seines Vorgängers. Roman Herzog, der einen Vergleich mit seinen Vorgängern und Nachfolgern nicht zu scheuen braucht, wird sicher als ein exzellenter oberster Repräsentant in die Geschichte der Bundesrepublik eingehen.

*

Natürlich wollten François Mitterrand und ich beim 63. deutsch-französischen Gipfel, der an den beiden letzten Maitagen im elsässischen Mülhausen stattfand, Werbung für Europa machen. In zwei Wochen standen die Europawahlen an, und da war die Gelegenheit günstig, auf die Errungenschaften der gemeinsamen Europapolitik zu verweisen.

Wer hätte 1982, in jenem Jahr, in dem ich im Oktober das Amt des Bundeskanzlers übernahm und in dem im Dezember der Gipfel von Kopenhagen scheiterte und das Schlagwort »Eurosklerose« in aller Munde war, vorausgesehen, dass Europa nur elf Jahre später mit dem Inkrafttreten des Vertrages von Maastricht einen gewaltigen Schritt nach vorne tun würde? Von der Stuttgarter Feierlichen Deklaration über die Europäische Union im Juni 1983, dem Beitritt Spaniens und Portugals am 1. Januar 1986, der Einheitlichen Europäischen Akte und dem zukunftsweisenden Binnenmarktprogramm bis hin zum Vertrag von Maastricht war die Europäische Gemeinschaft seitdem einen beispiellosen Weg des Erfolgs gegangen. Gemeinsam mit Frankreich hatte Deutschland entscheidend zu dieser Erfolgsgeschichte beigetragen. Präsident Mitterrand und ich hatten mit zahlreichen gemeinsamen Initiativen Europa immer wieder vorangebracht. Europa war auch lebensnotwendig für die deutsche Wirtschaft. Es trug entscheidend zu Beschäftigung, Wachstum, Wohlstand und innerer Stabilität in Deutschland bei.

Ziel der deutschen Europapolitik war es, auch 1994 zu einem Erfolgsjahr für die europäische Einigung zu machen und damit an die vergangenen Jahre und vor allem an 1993 anzuknüpfen – ein

Jahr, das uns auf dem Weg zu einer wirklichen Europäischen Union entscheidend vorangebracht hatte. Wir wollten alle Chancen zu einer weiteren Vertiefung der Europäischen Union konsequent nutzen und alles daransetzen, den Bürgern die Vorteile des vereinigten Europas stärker als bisher verständlich zu machen. Denn die Absicherung und Fortführung des europäischen Einigungswerkes ist nicht irgendeine Frage, es ist die Schicksalsfrage unseres Kontinents und unseres Landes.

Mit der Bekanntgabe einer gemeinsamen Initiative gegen Rassismus und Fremdenfeindlichkeit in der Europäischen Union (EU) ging das Mai-Treffen im Elsass zu Ende. Nach den ausländerfeindlichen Ausschreitungen bestand nicht zuletzt auf unserer Seite Handlungsbedarf. Paris kam uns darin entgegen.

Ich nutzte den Gipfel zur Rückgabe von achtundzwanzig wertvollen Bildern und Zeichnungen, die im Zweiten Weltkrieg in deutsche Hand und schließlich in ein Museum der DDR geraten waren. Das wichtigste Bild, eine Winterlandschaft von Monet, hatte ich, gleichsam als Gastgeschenk, mitgebracht.

Als großartige Geste würdigte ich die Einladung des französischen Staatspräsidenten an das Eurokorps, in diesem Jahr an der Militärparade zum französischen Nationalfeiertag am 14. Juli teilzunehmen. Das deutsche Wachbataillon war schon 1988, zum 25. Jahrestag des Élysée-Vertrags, im Hof des Invalidendoms als Ehrenformation angetreten. Aber marschierende deutsche Soldaten auf den Champs-Élysées hatte es seit Kriegsende nicht gegeben. Die deutsch-französische Zusammenarbeit auch auf militärischem Gebiet und die gemeinsame Außen- und Sicherheitspolitik der Europäischen Union schufen dazu die Voraussetzungen.

Ebenfalls auf diesem Treffen abgeschlossen wurde das Regierungsabkommen über die gegenseitige Anerkennung von Baccalauréat und Abitur; außerdem bekräftigten wir die Absicht beider Länder, mit der Zusammenarbeit beim Bau des zukünftigen militärischen Transportflugzeugs zu beginnen.

*

Seit Ende März beschäftigte die deutsch-französische Öffentlichkeit die Frage meiner Teilnahme oder Nichtteilnahme an den Feierlichkeiten zum 50. Jahrestag der Landung der Alliierten in der Normandie. Weder hatte ich mich zu irgendeinem Zeitpunkt um eine Einladung bemüht noch eine solche erhalten. Alle anderslautenden Meldungen waren frei erfunden. Ich war und bin der Auffassung, dass eine deutsche Teilnahme nicht angebracht war. Darüber gab es keine Differenzen mit Frankreich, und Präsident Mitterrand hatte dies auch wiederholt deutlich gemacht.

In der Zwischenzeit hatten François Mitterrand und ich im Rahmen unserer regelmäßigen Telefongespräche einen gemeinsamen Vorschlag besprochen, wie wir im engen zeitlichen Zusammenhang zu dem 50. Jahrestag der Landung der Alliierten und auf angemessene Weise an die Geschichte der beispiellosen Zusammenarbeit zwischen Frankreich und Deutschland nach dem Zweiten Weltkrieg erinnern könnten. Schließlich vereinbarten wir, uns am 8. Juni in Heidelberg zu treffen. Dort wollten wir gemeinsam mit Jugendlichen aus Deutschland und Frankreich und auch aus anderen Ländern die Freundschaft, die sich seit Kriegsende zwischen unseren Völkern entwickelt hatte, und unser gemeinsames Engagement für Europa feiern.

Es hatte die Kraft von mehr als einer Generation gebraucht, um diesen langen Weg zurückzulegen. Jetzt öffnete sich der jungen Generation in Deutschland und Frankreich die Chance, ein ganzes Leben in Frieden und Freiheit zu leben. Aber niemand sollte sich täuschen: Die bösen Geister der Vergangenheit sind in Europa nicht auf alle Zeit gebannt. Jeder Generation stellt sich die Aufgabe neu, deren Wiederkehr zu verhindern, Nationalismus zu bekämpfen und gute Nachbarschaft zu leben.

Ich rief den jungen Menschen in Heidelberg zu:

»Treten Sie mit aller Kraft für die Vision des vereinten Europa ein. Es geht darum, den Frieden und die Freiheit in Europa auf Dauer zu sichern. Es geht um Ihre Zukunft, es geht um die Zukunft der kommenden Generationen. Lassen Sie uns diese Zukunft als Deutsche und Franzosen gemeinsam gestalten – im Bewusstsein der geschichtlichen Erfahrungen und der Verantwortung, die daraus erwächst. Es lebe die deutsch-französische Freundschaft! Es lebe Europa!«

*

Am 9. und 12. Juni 1994 fanden die vierten Wahlen zum Europäischen Parlament statt. 269 Millionen Bürger in den zwölf Mitgliedsstaaten der EU waren aufgerufen, sich daran zu beteiligen. Mehr als 10 000 Bewerber kandidierten für die 567 Sitze im Parlament von Straßburg.

Insgesamt wurde eine durchschnittliche Wahlbeteiligung von 57 Prozent ermittelt; fünf Jahre zuvor, bei den letzten Europawahlen 1989, lag die Wahlbeteiligung bei 58,5 Prozent.

In der Bundesrepublik, wo gleichzeitig mit den Europawahlen in sieben Bundesländern Kommunalwahlen stattfanden (Baden-Württemberg, Mecklenburg-Vorpommern, Rheinland-Pfalz, Saarland, Sachsen, Sachsen-Anhalt und Thüringen), machten 60,1 Prozent der Wahlberechtigten von ihrem Stimmrecht Gebrauch. CDU und CSU zusammen erhielten 38,8 Prozent der Stimmen (1989: 37,7), die SPD 32,2 Prozent (1989: 37,3), Bündnis 90/Die Grünen 10,1 Prozent (8,4), die FDP 4,1, die PDS 4,7 und die »Republikaner« 3,9 Prozent. Von den 99 Sitzen im Europäischen Parlament, die von deutschen Abgeordneten eingenommen wurden, gingen 47 an CDU/CSU, 40 an die SPD und 12 Sitze an Bündnis 90/Die Grünen.

Für das internationale Ansehen der Bundesrepublik war die gute Wahlbeteiligung besonders wichtig, gerade auch im Verhältnis zu Belgien, wo Wahlpflicht herrscht. Im Unterschied zu den anderen europäischen Regierungsparteien hatten CDU und CSU ihren Stimmenanteil verbessern können. International war auch bedeutsam, dass die »Republikaner« aus dem Europaparlament ausschieden. Das war im Hinblick auf die Bundestagswahl 1994 ein schwerer Schlag für die rechtsradikale Partei. In anderen Ländern, wie etwa Frankreich oder Italien, hatten die radikalen Parteien viel besser abgeschnitten.

Für mich war das Ergebnis der Unionsparteien rundum erfreulich, auch wenn diese Wahlen nicht als Testfall für die Bundestagswahl gewertet werden durften, da schon die unterschiedlich hohe Wahlbeteiligung keinen Vergleich von Bundestags- und Europawahl zuließ. Gleichwohl war unser Ergebnis bei der Europawahl als gute Ausgangslage für die Bundestagswahl zu werten, zumal die CSU entgegen allen Erwartungen so klar gewonnen hatte. Zu dem guten Ergebnis hatten auch die geschlossene Haltung der Union bei der Bundespräsidentenwahl und der dadurch erzielte Erfolg beigetragen.

Auffallend war der Zusammenhang zwischen den Verlusten der Sozialdemokraten und den Zugewinnen der Grünen. Damit gewann die Koalitionsfrage im Bundestagswahlkampf an Bedeutung. Für mich war klar, dass unter den Wählern der Grünen auch Wertkonservative zu finden waren, die durchaus für die CDU ansprechbar sein könnten und für die das Thema Umwelt von besonderer Bedeutung war.

Zum schlechten Abschneiden der FDP hatte sicherlich ihre mangelnde Geschlossenheit beigetragen. Gleichwohl musste die Union deutlich machen, dass sie weiterhin die Koalition mit der FDP wollte.

Ein Teil des Erfolgs der PDS in den neuen Bundesländern führte ich auf die Miesmacherei durch die SPD zurück. Auf die weitere Entwicklung der PDS musste in Zukunft verstärkt geachtet werden. Die »Republikaner« und andere rechte Gruppierungen sah ich in einem Zersetzungsprozess. Das schlechte Abschneiden dieser Parteien war eine günstige Voraussetzung für den Bundestagswahlkampf.

Trotz des Erfolgs durften wir in unseren Wahlkampfanstrengungen nicht nachlassen und mussten uns vor allem in den nächsten zwei Wochen mit aller Kraft im Landtagswahlkampf in Sachsen-Anhalt engagieren.

*

Leider brachte der Wahlausgang in diesem Bundesland am 26. Juni 1994 nicht den gewünschten Erfolg. Die CDU verlor fast 5 Prozentpunkte, während SPD und PDS erhebliche Zuwächse registrierten. Vieles war hausgemacht, vor allem der Wechsel im Ministerpräsidentenamt im Lauf der Legislaturperiode hatte uns gewaltig geschadet. Dass wir uns in diesem Bundesland schon so bald wieder von der Macht verabschieden mussten, war eine bittere Niederlage wenige Monate vor der alles entscheidenden Bundestagswahl. Zu gerne hätten es unsere politischen Gegner gesehen, wenn wir resignierend in den Bundestagswahlkampf eingestiegen wären. Aber genau das Gegenteil war der Fall. Der Dämpfer von Sachsen-Anhalt kam für die CDU genau zur rechten Zeit, gab es doch nicht wenige in der Union, die nach dem erfolgreichen Europawahltag am 12. Juni geglaubt hatten, der Sieg wäre schon so gut wie sicher. So aber gab es einen neuen Motivationsschub, der mich zuversichtlich stimmte.

52.
Spatenstich

Unter den vielen europäischen Unternehmen, die sich für den wirtschaftlichen Aufbau in den neuen Bundesländern engagierten, gehörten die französischen zu den aktivsten ausländischen Investoren. So konnte ich am 25. Mai 1994 in feierlichem Rahmen den ersten Spatenstich für den Neubau der Raffinerie Leuna vornehmen. Der Bau dieser Raffinerie war – darüber war ich mir mit François Mitterrand immer einig – ein Markstein deutsch-französischer Kooperation. Dieses Vorhaben war das bedeutendste deutsch-französische Investitionsprojekt nach 1945. Der Bau der Raffinerie mit dem neuen russischen Partner, der Firma Rozneft, symbolisierte aber auch den tiefgreifenden Wandel in unseren Beziehungen zu Russland. Wer hätte noch vor wenigen Jahren gedacht, dass sich russische Unternehmen an marktwirtschaftlichen Projekten in der Bundesrepublik Deutschland beteiligen könnten?

Bei meinen letzten beiden Besuchen in dieser Region und bei vielen anderen Gelegenheiten hatte ich den Menschen versprochen: Ich werde alles tun, damit das Chemiedreieck erhalten bleibt und eine Zukunft hat. Diese Region mit ihrer wechselvollen, durch Kriege und deutsche Teilung mitgeprägten Geschichte konnte auf eine stolze industrielle Tradition zurückblicken. Hervorragende Forscher hatten hier bahnbrechende Entdeckungen gemacht. Der junge Walther Rathenau hatte sich seine ersten unternehmerischen Sporen bei den Elektrochemischen Werken in Bitterfeld verdient.

Gut drei Jahre nach der Vereinigung unseres Vaterlandes hatten wir entscheidende Voraussetzungen geschaffen, um an diese Tradition anzuknüpfen. Der Bau der Raffinerie Leuna war ein

Grundpfeiler dieser neuen Zukunft. Frankreich und seine deutschen und russischen Partner investierten in einer Region, die sich noch im Umbruch und gleichzeitig in vollem Aufbruch befand. Die riesigen Probleme, die das SED-Regime hinterlassen hatte, waren noch keineswegs bewältigt. Aber durch Milliardeninvestitionen in moderne Produktionsanlagen, in die Infrastruktur und zur Verbesserung der Umwelt waren die Grundlagen für die wirtschaftliche und ökologische Erneuerung des Chemiedreiecks gelegt. Ich freute mich besonders, dass sich in Leuna neben wichtigen Großunternehmen bereits eine Vielzahl mittelständischer Firmen niedergelassen hatte, und bat die Investoren deshalb, bei der Vergabe der Aufträge für den Bau der Raffinerie besonders auch Unternehmen aus den neuen Bundesländern zu berücksichtigen.

Mit dem Bau der Raffinerie durfte gerade der Standort Leuna, wo rund 8 Milliarden DM investiert und auf längere Sicht weit über 10 000 Arbeitsplätze gesichert beziehungsweise neu geschaffen werden sollten, zu einem weiteren gelungenen Beispiel der Erneuerung eines industriellen Kerns werden.

Ich war mir nur zu bewusst, wie viele persönliche Opfer der unvermeidliche und schmerzliche Abbau von Arbeitsplätzen gefordert hatte und weiter fordern würde, selbst wenn dieser Prozess weitgehend sozialverträglich gestaltet werden konnte und viele Menschen inzwischen eine neue Beschäftigung gefunden hatten. Auch vor Rückschlägen wie der vorläufig gescheiterten Privatisierung der Filmfabrik Wolfen waren wir nicht gefeit. Aber auch wenn noch viele Probleme vor uns lagen, war die Bilanz bereits beeindruckend positiv. Dass der Chemiestandort neue Bundesländer nicht mehr Absicht, sondern bereits Realität war, war das Ergebnis einer gemeinschaftlichen Leistung von Unternehmen, Arbeitnehmern sowie Bundes- und Landesregierung. Hierfür dankte ich ihnen allen, auch der Treuhand und dem Vorsitzenden der IG Chemie Hermann Rappe.

Den Menschen im Chemiedreieck versicherte ich erneut, mich weiterhin mit allen Kräften dafür einzusetzen, dass diese Region ihren angemessenen Platz in Deutschland und Europa einnehmen konnte. Und in nicht allzu ferner Zukunft würden vielleicht wieder – wie einst – Experten aus aller Welt nach Leuna, Schkopau und Bitterfeld kommen, um die hochmodernen Anlagen und Produktionsverfahren zu besichtigen, die wir 1994 errichteten.

*

Seit 1990 war ich mit großer Entschiedenheit für die Rettung des Chemiedreiecks in Halle, Leuna und Merseburg eingetreten. Entsprechend machte ich meinen ganzen Einfluss geltend, damit nicht alle Arbeitsplätze des früheren DDR-Chemiekombinats mit mehr als 27 000 Mitarbeitern »plattgemacht« wurden. Ein Besuch in dieser Region zeigt jedermann, dass diese Politik zur Erhaltung von Arbeitsplätzen trotz aller Schwierigkeiten erfolgreich war: Über 9000 Stellen wurden auf diese Weise gesichert.

Mehr als fünf Jahre nach dem ersten Spatenstich für den Neubau der Raffinerie Leuna, am 13. Dezember 1999, berichtete die Presse über eine Erklärung der Bonner Staatsanwaltschaft, gegen mich käme ein Anfangsverdacht wegen Betrugs und Geldwäsche in Betracht. Zehn Anzeigen sollten bereits gegen mich vorliegen. Der öffentliche Druck nahm zu, zumal neue Verdächtigungen in die Welt gesetzt wurden, wonach die Elf-Aquitaine-Gruppe beim Kauf der Leuna-Raffinerie Schmiergelder in Höhe von 85 Millionen DM gezahlt haben sollte. Über die Liechtensteiner Firma des französischen Geschäftsmanns André Guelfi sei das Geld an deutsche Parteien geflossen, um den Kauf von Leuna zu befördern. Guelfi wurde mit den Worten zitiert, der französische Präsident François Mitterrand und ich hätten davon gewusst.

Ich ließ diese ungeheuren Unterstellungen dementieren. Das Ganze war eine einzige Lüge, und ich war mir sicher, dass es sich – wie es bekanntlich später auch geschah – als eine gezielte Kampagne herausstellen würde. Oft hatte ich mit François Mitterrand über die Privatisierung, über den Neuaufbau in Leuna gesprochen, und wir waren uns beide einig, dass dieses für die Region lebenswichtige Projekt von französischer Seite entscheidend gefördert werden sollte. François Mitterrand wollte, dass der größte nichtdeutsche Investor, der sich in der früheren DDR engagierte, aus der französischen Republik kam. Nie ging es bei diesen Gesprächen um Bestechung oder Schmiergelder. Ohne dass es einen einzigen Beleg dafür gegeben hätte, wurden Behauptungen in die Welt gesetzt, die mich und die CDU immer stärker ins Zwielicht bringen sollten. Auch ein Dementi schafft letztendlich nicht alles aus der Welt. Das Ziel war klar, es sollte etwas an mir hängen bleiben, und wäre es auch die absurdeste Unterstellung. Tag für Tag belagerten Aufnahmeteams von Rundfunk und Fernsehen unsere Wohnung in Berlin und unser Haus in Ludwigshafen. Der Druck auch aus der eigenen Partei nahm zu, mit jedem Tag wurden die Forderungen nach Konsequenzen lauter.

Doch noch einmal möchte ich daran erinnern, dass die Leuna-Werke nach dem Zusammenbruch der DDR vor dem Aus standen. Mein Ziel war es, diesen Chemiestandort mit seinen Arbeitsplätzen unter allen Umständen zu erhalten. Es war äußerst schwierig, inner- und außerhalb Deutschlands einen Kaufinteressenten für die Privatisierung zu finden. Alle westdeutschen Chemiekonzerne winkten ab. Der einzige ernsthafte Interessent, der sich schließlich fand, war Elf-Aquitaine. Und nur mit Hilfe des französischen Präsidenten gelang dieses Vorhaben. Behauptungen, wir seien in diesem Zusammenhang über angebliche Schmiergeldzahlungen informiert gewesen, sind unwahr. Im übrigen lag die Zuständigkeit für die Privatisierung von Leuna auf deutscher Seite ausschließlich bei der Treuhand. Hinter der Hartnäckigkeit, mit der falsche Anschuldigungen und Unterstellungen gegen mich vorgetragen wurden, verbarg sich der Versuch, das Bild von Helmut Kohl nachhaltig zu zerstören.

53.
Eröffnung

Es war für mich eine ganz besondere Freude, am 15. Juni 1994 das Haus der Geschichte in Bonn der Öffentlichkeit zu übergeben. Zwölf Jahre hatte es von der Idee, die ich erstmals am 13. Oktober 1982 im Bundestag vorgetragen hatte, bis zur Eröffnung gedauert. In dieser Zeit hatten sich Deutschland und die Welt dramatisch verändert.

Es war ein guter Zeitpunkt und der richtige Ort, um innezuhalten und zurückzublicken. Die Geschichte der Bundesrepublik Deutschland ist für die meisten Menschen im Westen identisch mit der selbst erlebten Vergangenheit: Jahrzehnte Frieden und Freiheit, Sicherheit und Stabilität, wirtschaftlicher Wohlstand und soziale Gerechtigkeit.

Das Haus der Geschichte präsentiert aber keine Nabelschau Westdeutschlands, sondern es zeigt gleichzeitig die Geschichte der geteilten Nation in den Jahren der Spaltung. Es zeigt das Geschenk der deutschen Einheit, in der sich die Präambel unseres Grundgesetzes von 1949 erfüllte, »in freier Selbstbestimmung die Einheit und Freiheit Deutschlands zu vollenden«. Den Neubeginn haben die Älteren miterlebt. Die junge Generation kennt die Anfänge unserer Demokratie nicht mehr aus eigener Anschauung. Deswegen sind wir dafür verantwortlich, unsere Kinder und Enkel mit den Wurzeln und mit der Entwicklung der Bundesrepublik vertraut zu machen.

Wenige Schritte vom Haus der Geschichte entfernt, in der Pädagogischen Akademie, die später als Kerngebäude des Bundeshauses fungierte, hatten die Mütter und Väter der Bundesrepublik das Grundgesetz ausgearbeitet und die Fundamente für den freiheitlichsten Staat gelegt, den es jemals auf deutschem Boden gab. Die Ideen der Männer und Frauen des Parlamentarischen Rates prägen die Entwicklung bis heute.

Die Gründergeneration der Bundesrepublik konnte uns den Wert und die Würde verantworteter Freiheit ja vor allem auch deshalb zurückbringen, weil sie bereit war, die Last der Geschichte anzunehmen. In diesem Geist hatte es Konrad Adenauer 1951 als »vornehmste Pflicht des deutschen Volkes« bezeichnet, im Verhältnis zum Staat Israel und zu den Juden »den Geist wahrer Menschlichkeit wieder lebendig und fruchtbar werden« zu lassen. Wir wissen heute so gut wie damals: Leiden und Sterben, Schmerz und Tränen kann man nicht wiedergutmachen. Dafür gibt es nur die gemeinsame Erinnerung, die gemeinsame Trauer und den gemeinsamen Willen zum Miteinander in einer friedlichen Welt. Ohne das Wissen um die totalitäre Versuchung, ohne die Erinnerung an Schuld und moralisches Versagen sowie an die beispiellosen Schrecken, die daraus erwuchsen, lässt sich die Geschichte der Bundesrepublik Deutschland nicht verstehen.

Alle demokratischen Parteien verband jahrelang bis heute der antitotalitäre Grundkonsens. Dazu gehört das feierliche Bekenntnis: »Nie wieder Krieg, nie wieder Diktatur.« Wir haben Sorge dafür zu tragen, dass diese Verpflichtung auch in Zukunft immer wieder erneuert und verstanden wird.

Das Haus der Geschichte in Bonn präsentiert die Zeitgeschichte in anschaulicher und nachvollziehbarer Weise. Es ist nämlich ein Missverständnis, dass sich ein Staat nur kühl und abstrakt darstellen dürfe – ein fatales Missverständnis, das übrigens auch mit zum Scheitern der Weimarer Republik beigetragen hat. In diesem Haus gibt es nun sozusagen »Geschichte zum Anfassen«. Das Werden unseres Staates wird hier unpathetisch und dennoch eindrucksvoll gezeigt. Der Vielfalt historischer Betrachtungsweisen wird das Museum gerecht, indem Strittiges entsprechend dargestellt wird.

Die Geschichte unseres Landes zeigt aber auch, dass die Bundesrepublik als westlicher Teilstaat keineswegs eine »Insel der Seligen« war, sondern Krisen und Gefahren durchzustehen hatte. Der Kalte Krieg, der mitunter als Phase der Überschaubarkeit und

Stabilität verklärt wird, war in Wirklichkeit eine Zeit höchster Gefährdungen. Ich erinnere an die Berlin-Krisen der fünfziger und sechziger Jahre. Die nach dem Untergang der DDR aufgefundenen detaillierten Einmarsch- und Besetzungspläne der Nationalen Volksarmee für westdeutsche Städte sprechen für sich selbst.

Im Bundestag wurde leidenschaftlich um die großen Fragen der Nation gerungen – von der Einführung der sozialen Marktwirtschaft, der Westbindung und der Aufstellung der Bundeswehr über die Ostverträge bis hin zum Nato-Doppelbeschluss und zur Ausgestaltung der deutschen Einheit. Nein: Diese Republik war auch bis 1990 kein »Puppenheim«, wie es ein Kritiker einmal behauptet hat. In demokratischem Streit und mit gegenseitigem Respekt haben wir unsere Auseinandersetzungen geführt. Nun werden die großen Gestalten deutscher Zeitgeschichte im Haus der Geschichte lebendig: Konrad Adenauer, Kurt Schumacher, Theodor Heuss, Ludwig Erhard, Willy Brandt – um nur einige zu nennen.

Zu den Wesensmerkmalen unseres Landes gehört der Föderalismus. Die Länder waren zuerst da, sie haben die Bundesrepublik geschaffen. Große Politiker spielten in den Ländern wie auch im Bund eine wichtige Rolle: Wilhelm Kaisen, Ernst Reuter, Hinrich Wilhelm Kopf, Karl Arnold, Hans Ehard, Georg August Zinn, Reinhold Maier, Franz Meyers, Franz Josef Strauß – um wiederum nur einige zu nennen.

In der ehemaligen DDR waren die Länder schon früh beseitigt worden. Ihre Wiedererrichtung im Juli 1990 war für das Ende der zentralistischen DDR wie für die Einheit unseres Landes einer der wichtigsten politischen und staatsrechtlichen Schritte.

Von Anfang an hatte das Bonner Haus der Geschichte einen gesamtdeutschen Auftrag. Die Wiederherstellung der deutschen Einheit hatte an der Klarheit und an der Bedeutung dieses Auftrags nichts geändert, im Gegenteil, eine solche Einrichtung macht die Fundamente deutlich, auf denen das vereinte Deutschland trotz der epochalen Veränderungen weiterhin steht.

Der Rückblick zeigt, worauf sich der Erfolg unserer Demokratie gründet: auf die feste Integration in den Westen, in den Kreis

Das Haus der Geschichte in Bonn

der Demokratien Westeuropas und Nordamerikas, auf die Berechenbarkeit unserer Politik und auf Bündnistreue. Anders als vor dem Zweiten Weltkrieg setzten wir uns nach 1949 nicht zwischen alle Stühle, betrieben wir keine Schaukelpolitik, schlugen keinen Sonderweg ein. Die Geschichte bestätigte glänzend die Richtigkeit der Politik Adenauers: Wir hatten die deutsche Einheit im Einvernehmen mit unseren Partnern und Nachbarn erreicht, wir blieben Mitglied der Atlantischen Allianz, die russischen Truppen verließen unser Land, wir haben gleichzeitig Freundschaft mit Washington, Paris, London und Moskau. Wie Konrad Adenauer 1950 treffend feststellte, würde ein vereintes Deutschland ohne Einbettung in ein vereintes Europa kein dauerhaftes Glück finden. Deutsche Einheit und europäische Einigung sind zwei Seiten derselben Medaille.

Die zweite – auf ihre Weise nicht minder revolutionäre – Weichenstellung für unser Land gelang mit der Einführung der sozialen Marktwirtschaft. Sie fügte bewährte und neuartige Merkmale wirtschaftlicher Ordnung zu etwas qualitativ Neuem zusammen. Sie regt den einzelnen zur Leistung an, setzt Kreativität und Energien frei und vermag es, Effizienz und Verantwortung, ökonomischen Erfolg und soziale Sicherheit, Gewinn und Teilhabe ausgleichend miteinander zu verbinden. Sie brachte wirtschaftlichen Wohlstand und sozialen Halt für breite Schichten der deutschen Bevölkerung. Beim Wirtschaftswunder war kein »Wunder« im Spiel, sondern harte Arbeit, die gemeinsamen Anstrengungen aller Bürger. Zur Leistung bereit und für die Technik aufgeschlossen, gingen sie unternehmerische Wagnisse ein. Sie verstanden sich als Sozialpartner und dienten als Arbeitgeber und Gewerkschaften einer gemeinsamen Sache. Ohne diese Bereitschaft zur Gemeinsamkeit, ohne die großen Unternehmerpersönlichkeiten, ohne verantwortungsbewusste, immer auch am Gemeinwohl orientierte Gewerkschaften ist die Erfolgsgeschichte der Bundesrepublik nicht vorstellbar. Bis heute profitieren wir von dieser Pionierleistung der Gründergeneration. Ihre Haltung nimmt uns in die Pflicht, das Geschaffene zu erhalten und weiter zu entwickeln, und sie dient uns gleichzeitig als Vorbild für die Zukunft.

Darüber hinaus zeigt sich immer wieder, dass gerade unsere freie und sozial verpflichtete Wirtschaftsordnung in der Lage sein muss, neue Herausforderungen schöpferisch anzunehmen. Wir standen 1994 an einem solchen Punkt. Vieles in unserem Land hatte sich bewährt, war gut gelungen. Aber vieles bei uns war verkrustet und überreguliert. Deswegen mussten wir umdenken, wenn wir beispielsweise zukunftsweisende Antworten zur Bekämpfung der Arbeitslosigkeit und zur Verbesserung unserer Wettbewerbsfähigkeit finden wollten.

Im vereinten Deutschland galten die gleichen Werte und Prinzipien, die den bisherigen Weg der Bundesrepublik geprägt hatten. Das entsprach auch dem Willen der überwältigenden Mehrheit der Menschen in den neuen Bundesländern.

Das Haus der Geschichte der Bundesrepublik erinnert an eine Vergangenheit, die in unsere Zukunft eingehen muss. Dieses Haus ist ein Geschenk auch und vor allem an die junge Generation, die

Verantwortung in Staat und Gesellschaft übernehmen wird. Der Lebensmut der Gründergeneration, der in diesem Haus so eindrucksvoll sichtbar wird, ist ein Ansporn, den richtigen Weg im vereinten Deutschland fortzusetzen.

*

Eine ganz andere Art von »Eröffnung« erlebte ich bei einem vierundzwanzigstündigen Aufenthalt in Chicago. Hier fand am 17. Juni 1994 das Eröffnungsspiel der 15. Fußballweltmeisterschaft zwischen dem amtierenden Weltmeister Deutschland und Bolivien statt, das der deutschen Nationalmannschaft einen 1:0-Auftaktsieg bescherte.

In meiner Begleitung waren Abgeordnete aus allen Fraktionen. Als Ehrengäste hatte ich sechzig Sportler eingeladen sowie Bürgerinnen und Bürger, die sich ehrenamtlich für den Fußballsport engagierten, darunter waren Schiedsrichter, Kassenwarte, Jugendobleute und Vereinsvorsitzende. Außerdem begleiteten mich ehemalige Spieler der Nationalmannschaft wie Horst Eckel, Bernd Hölzenbein, Wolfgang Overath und Helmut Rahn – alle waren sie zu ihrer Zeit Weltmeister geworden –, amtierende und ehemalige Spielerinnen der Damen-Nationalmannschaft, U-16-Nationalspieler aus den neuen Bundesländern sowie Behindertensportler. Mit dieser Einladung wollte ich insbesondere meinen Dank an die ehrenamtlichen Mitarbeiter der Fußballverbände und Vereine ausdrücken, deren Engagement für den Breitensport beispielhaft ist. Der Fernsehsender Sat.1 hatte sich bereit erklärt, als Sponsor die Reisekosten der Ehrengäste zu übernehmen.

Im Stadion saß ich zusammen mit Bill Clinton auf der Ehrentribüne, wo wir uns am Rand der Begegnung zu einem Gespräch trafen. Als ehemaliger Abwehrspieler erläuterte ich Clinton die wichtigsten Fußballregeln wie Abseits, Eckball und Freistoß.

Obwohl der Besuch in Chicago mit einer Menge Strapazen verbunden war – knapp achtzehn Stunden im Flugzeug, etwa vier Stunden An- und Abfahrt im Autobus, sechs Stunden im Quartier der deutschen Mannschaft, zwei Stunden Fachsimpeln mit DFB-

Funktionären und Bundesligatrainern und noch vier Stunden im Stadion –, machte mir die Reise ein Riesenvergnügen. Wo immer ich vor dem und im Stadion erkannt wurde, jubelten die deutschen Fußballfreunde mir zu und schwenkten begeistert ihre Fahnen. Bei der Verabschiedung in der deutschen Kabine kündigte ich an, bei einer Finalteilnahme am 17. Juli noch einmal in die USA zu kommen, um die DFB-Auswahl im Rose Bowl von Los Angeles bei der Titelverteidigung zu unterstützen. Diesmal allerdings wurden wir leider nicht Weltmeister.

54.

Gipfeltreffen

Im Rahmen seiner Europareise besuchte Li Peng, der Ministerpräsident der Volksrepublik China, vom 3. bis 8. Juli die Bundesrepublik. Damit traf ich zum ersten Mal nach neun Jahren wieder mit einem chinesischen Premier in Bonn zusammen. Nach dem üblichen Empfang mit militärischen Ehren zogen wir uns zu einem ausführlichen Meinungsaustausch ins Kanzleramt zurück.

Als erstes kam ich auf die Menschenrechtsproblematik zu sprechen und hob dabei hervor, dass sich die Qualität der Gespräche mit dem Ministerpräsidenten, den ich von meinen Asienreisen her gut kannte, insbesondere auch in der Behandlung von Themen zeigte, bei denen unterschiedliche Auffassungen bestehen, die aber gerade bei uns in Deutschland große Bedeutung hätten. Ich begrüßte in diesem Zusammenhang ganz besonders die Äußerung des Ministerpräsidenten in Wien, dass er und die Regierung der Volksrepublik China grundsätzlich zu einem Dialog über die Menschenrechte auf gleichberechtigter Grundlage bereit seien. Li Peng bestätigte, dass man diesem Thema nicht ausweichen wolle. Er habe in Wien keinen Zweifel daran gelassen, dass China in dieser Frage zum Teil unterschiedliche Auffassungen habe, aber er sei bereit, darüber zu diskutieren. Was China allerdings nach wie vor ablehne, sei eine Einmischung des Auslands in innere Angelegenheiten der Volksrepublik.

Ich erläuterte meinem Gast, dass ich die Tischrede am Abend auf dem Petersberg gerne dazu benutzen wolle, um die Wiener Äußerungen des Ministerpräsidenten konstruktiv aufzugreifen, und bedauerte, dass die Kritik an der Menschenrechtslage in China am Ministerpräsidenten persönlich festgemacht werde. Li Peng unterbrach mich und sagte, die Entscheidung von 1989 zur Räumung des Tien An Men (Platz des Himmlischen Friedens) sei nicht von ihm allein getroffen worden. Die chinesische Regierung habe damals nach der Zuspitzung der Verhältnisse auf dem Platz des Himmlischen Friedens einige Tage gewartet, bevor sie zur Räumung des Platzes geschritten sei. Eine Räumung in der dann folgenden Art und Weise habe man ursprünglich nicht beabsichtigt. Er wolle jedoch klarstellen, dass damals keine Wahl mehr bestanden hätte und dass man dazu gezwungen worden sei. Er bat mich, mir die Folgen vorzustellen, wenn die damaligen Maßnahmen nicht ergriffen worden wären. In einem solchen Falle sähe es heute in China schlimmer aus als in Russland.

Ich erwiderte darauf, dass die Regierung in Peking einen historischen Prozess eröffnet habe. Dieser Prozess brauche Zeit und Geduld. China habe eine große Geschichte und eine lange Tradition. Für unser Verhältnis zur VR China gelte ein wichtiges Motto, das ich auch für mein privates Leben gelten lasse: »Man solle miteinander reden, aber nicht übereinander reden.« China international in ein Ghetto zu verweisen mache keinen Sinn. Die Bevölkerung Chinas betrage nun einmal 1,2 Milliarden Menschen, und man müsse von dieser Realität ausgehen.

Der chinesische Ministerpräsident warf ein, die Bevölkerung Chinas wachse jedes Jahr um 15 Millionen Menschen. Dafür müsse sehr viel Geld investiert werden. Er wolle dieses Problem mit der Frage der deutschen Einheit vergleichen, weil er wisse, dass die Bundesregierung in den letzten vier Jahren erhebliche Leistungen erbracht habe. Die chinesische Regierung lasse sich von dem Grundsatz leiten, dass man in der innenpolitischen Entwicklung Chinas kein Chaos zulassen könne, denn Chaos bedeute wirtschaftliche Armut der Menschen. Nur politische Stabilität könne den Wohlstand sichern. Er sei dankbar für meine Äußerung, dass man mehr miteinander als übereinander reden müsse. Li Peng unterstrich, er wolle für ein offenes deutsch-chinesisches Verhältnis eintreten. Wenn er nur ja zu allem sage, was von der deutschen Seite komme, sei dies keine wirklich offene Freundschaft. Man müsse sich um eine gemeinsame Sicht bemühen und

Meinungsdifferenzen hintanstellen. Wenn man nicht gleicher Meinung sei, müsse man sich zumindest um eine gemeinsame Position bemühen. Wenn es Differenzen gebe, sei es vielleicht weise, die zunächst beiseite zu lassen.

Ich sprach dann ein anderes Thema an und sagte, meine folgenden Äußerungen würden nicht mit meinem Amt zusammenhängen, sondern eher mein Interesse als Privatperson widerspiegeln. Es sei mir um den gegenwärtigen Stand der diplomatischen Beziehungen zwischen dem Vatikan und der Volksrepublik China zu tun.

Der Ministerpräsident erklärte daraufhin, zwar gebe es hinsichtlich der Eröffnung von diplomatischen Beziehungen Chancen, aber nach wie vor bestünden auch Differenzen. In China gebe es drei bis vier Millionen Katholiken. Aktuell gehe es gerade um die Neueinsetzung von Bischöfen durch den Vatikan. Nach Auffassung der Regierung sollten die katholischen Gemeinden in China aus ihren Reihen einen Kandidaten wählen, der dann vom Vatikan bestätigt werden müsse. Li Peng erläuterte, die Nominierung erfolge durch die Organisation der chinesischen Katholiken, die Regierung sei damit nicht befasst. Allerdings gelte, dass die Volksrepublik China in dieser Frage äußerst empfindlich sei, denn China sei für lange Jahre seiner Geschichte das Opfer ausländischer Aggression gewesen. Hier gehe es deutlich um die Frage der Souveränität.

Ich wollte in dieser Angelegenheit keinen Rat geben, sondern gab zu bedenken, das Verfahren doch so zu gestalten, dass auch die Wünsche des Vatikans berücksichtigt würden. Li Peng zeigte sich sehr interessiert an meinen Bemerkungen, auch wenn er meinte, dies sei eine Sache, über die die Regierung in Peking nicht entscheiden könne. Er wolle sich jedoch überlegen, ob er einen derartigen Vorschlag an die Vereinigung der chinesischen Katholiken weitergeben werde.

Weitere Themen waren die deutsche Taiwan-Politik, China und das GATT, China und die USA, die Lage in Nordkorea und der Nuklearkonflikt sowie die innenpolitische und wirtschaftliche Lage in der Volksrepublik.

Dann wechselte der chinesische Ministerpräsident noch einmal das Thema: Bei meinem letzten Besuch in der Volksrepublik China hätte ich doch darum gebeten, ob der Berliner Zoo einen Pandabären als Leihgabe bekommen könne. Er habe dieser Bitte zugestimmt. Da es aber internationale Resolutionen gebe, die verbieten, dass vom Aussterben bedrohte Arten die Landesgrenze überschritten, schlage er vor, dass die Volksrepublik China dem Zoo ein Pandaweibchen für »wissenschaftliche Zwecke und Forschungszwecke« zur Verfügung stellt. Unter anderem aus diesem Grund habe er auch Berlin in sein Besuchsprogramm aufgenommen, aber man könne die Entscheidung schon heute verkünden. Ich bedankte mich für die Zusage und bat den chinesischen Botschafter Mei Zhaorong, sich der Angelegenheit anzunehmen.

Am Ende des Treffens unterzeichneten Ministerpräsident Li Peng und ich eine gemeinsame Erklärung über die Zusammenarbeit bei der Infrastruktur-Modernisierung der Volksrepublik China. Insgesamt wurden etwa vierzig Abkommen zwischen beiden Ländern unterzeichnet, darunter ein Vertrag mit der Firma Siemens über ein Kohlekraftwerkprojekt mit einem Volumen von 1,6 Milliarden DM. 192 Millionen DM wurden von Deutschland über die Entwicklungshilfe gewährt, davon 24 Millionen als Zuschuss für Aufforstungsmaßnahmen. Der Rest wurde als Darlehen mit einer Laufzeit von vierzig Jahren und einem Zinssatz von 0,75 Prozent ausgezahlt. Wir waren rundum zufrieden mit den Abschlüssen.

In Berlin und Weimar kam es dann zu Demonstrationen gegen chinesische Menschenrechtsverletzungen, die schließlich zur vorzeitigen Abreise des Ministerpräsidenten führten, was ich bedauerte. Li Pengs Reaktion zeugte nicht gerade von Selbstbewusstsein. Den durchaus berechtigten Demonstrationen hätte der chinesische Regierungschef souveräner begegnen müssen, nachdem er immerhin einen Dialog zum Thema Menschenrechte in Aussicht gestellt hatte.

*

Der 20. Weltwirtschaftsgipfel der Staats- und Regierungschefs der sieben wichtigsten Industrienationen fand am 8. und 9. Juli 1994 in Neapel statt. Seit 1991 hatten sich die Russen offiziell erst nach Abschluss des G-7-Gipfels zu Gesprächen mit den Vertretern von Italien, Großbritannien, Frankreich, Deutschland, Japan, Kanada und den Vereinigten Staaten getroffen. In Neapel wurden sie zum ersten Mal voll in den politischen Teil des Gipfels einbezogen, der für den letzten Tag geplant war. Für all das hatte ich mich seit Jahren in besonderer Weise eingesetzt. Nun wurde aus dem G-7-Treffen faktisch ein G-8-Treffen.

Wie schon bei den Wirtschaftsgipfeln in München und in Tokio hatten wir auch in Neapel als vorrangige Aufgabe für die Wirtschaftspolitik herausgestellt, dass die Bedingungen für Wachstum, für Investitionen vor allem zur Schaffung von Arbeitsplätzen weiter verbessert werden müssten. Wir durften mit gutem Recht sagen, dass die Anstrengungen, die jeder von uns in seinem Land bisher unternommen hatte, beachtliche Fortschritte brachten. Die Inflationsraten waren so niedrig wie lange nicht. Die Zinsen waren trotz des Anstiegs seit Jahresbeginn im längerfristigen Vergleich weiterhin auf einem eher niedrigen Niveau. Das war eine wichtige Voraussetzung für Investitionen. Gleichzeitig wurden wirksame Konsolidierungsmaßnahmen eingeleitet und die Haushaltsdefizite deutlich reduziert. In diesem Zusammenhang hatten wir auch intensiv über Fragen des Umweltschutzes gesprochen. Wir waren uns einig, dass die Umweltpolitik dazu beitragen kann, ja beitragen muss, Wachstum und Beschäftigung und damit den Lebensstandard zu verbessern, zum Beispiel durch Investitionen, geeignete Technologien, durch effizientere Nutzung von Energie, durch Säuberung verschmutzter Gebiete.

Ein weiteres wichtiges Element für den wirtschaftlichen Aufschwung war nach Meinung der G-7-Teilnehmer der erfolgreiche Abschluss der Uruguay-Runde des GATT. Für dieses so lange angestrebte Ziel hatten wir im vergangenen Jahr, wie sich jetzt deutlich zeigte, in Tokio entscheidende Weichenstellungen vornehmen können. Alle Teilnehmer der Konferenz bekräftigten, dass sie die nationalen Ratifizierungsverfahren bis zum Jahresende abschließen wollten. Die Bundesrepublik war das einzige Land der G 7 in der Europäischen Union, das das Ratifizierungsverfahren bereits beendet hatte.

Beachtung fand in unseren Gesprächen auch, dass unser gesamtstaatliches Defizit deutlich unter dem G-7-Durchschnitt lag. Das war vor allem deshalb bemerkenswert, weil wir ja in einer historischen Ausnahmesituation mit beispiellosen finanziellen Kraftanstrengungen den Aufbau in den neuen Bundesländern voranbringen mussten und gleichzeitig den mit Abstand größten Anteil bei der Unterstützung des Reformprozesses in Mittel-, Ost- und Südosteuropa erbrachten. Mit viel Sympathie wurde auch vermerkt, dass der wirtschaftliche Aufschwung in den neuen Ländern erheblich an Dynamik gewonnen hatte.

Allerdings blieb überall das Problem der hohen Arbeitslosigkeit. Klar war, dass die konjunkturelle Erholung allein die Beschäftigungsprobleme nicht lösen würde, sondern dass es dabei auch um die Lösung schwieriger struktureller Probleme ging.

Den zweiten Schwerpunkt unserer Gespräche bildete die Lage in Russland. Die im vergangenen Jahr in Tokio vereinbarte finanzielle Unterstützung war inzwischen zu einem beachtlichen Teil umgesetzt worden, insbesondere durch die Gewährung der IWF-Kredite in Höhe von 3 Milliarden US-Dollar und die Umschuldung zugunsten Russlands im Rahmen des Pariser Clubs. Wir waren uns einig, dass unsere Hilfe fortgesetzt werden musste – eng verknüpft mit der Fortführung der Reformen in Russland.

Ein anderes wichtiges Ergebnis dieses Treffens war der Beschluss, der Ukraine ein Aktionsprogramm für das Kernkraftwerk in Tschernobyl anzubieten. Das war eine Initiative, die die Bundesregierung, vor allem auch ich selbst, seit Jahren voranzutreiben versuchte und die jetzt in einem gemeinsamen Brief und Vorstoß von Präsident Mitterrand und mir noch einmal eine besondere Dynamik entwickeln sollte.

*

Dass der Präsident der Russischen Föderation Boris Jelzin zum ersten Mal gewissermaßen als ordentliches Mitglied voll an den politischen Beratungen teilnahm, war ein überzeugender Beweis für die grundlegend veränderte Weltlage. Russland war ein gleichberechtigter Teilnehmer an den Diskussionen über die internationale Lage und wirkte so auch konstruktiv bei der Suche nach Lösungen für internationale Krisen mit.

Wir hatten eine sehr eingehende Diskussion über die Entwicklung Russlands wie auch über die anderen Länder Mittel-, Ost- und Südosteuropas. Präsident Jelzin bekräftigte uns gegenüber nochmals, dass er an dem Reformkurs festhalten wolle. Seiner Ansicht nach hatte sich eine Stabilisierung der Lage eingestellt.

Ein ganz wesentliches Thema war die Entwicklung im ehemaligen Jugoslawien, insbesondere in Bosnien. Die Acht unterstützten mit Nachdruck den Friedensplan, den die Außenminister in der sogenannten Kontaktgruppe am 6. Juli den Konfliktparteien übermittelt hatten. Nun erwartete die internationale Gemeinschaft dringend die Annahme dieser Vorschläge, um den seit über zwei Jahren währenden Streit endlich zu beenden. Ich appellierte auch von unserer Seite eindringlich an die Konfliktparteien, dem Friedensplan zuzustimmen, der angesichts der äußerst schwierigen Ausgangslage einen tragfähigen Kompromiss darstellte.

Ein weiteres wichtiges Gespräch betraf Nordkoreas Nuklearpolitik. Die Acht waren sich darin einig, dass Nordkorea bedingungslos seine Pflicht zur Nichtverbreitung einhalten und jeden Zweifel an der Ausrichtung seines Nuklearprogramms ausräumen musste.

Neben anderen Konfliktherden hatten wir uns auch mit der Lage im Nahen Osten beschäftigt. Alle Gesprächsteilnehmer begrüßten die Fortschritte im israelisch-palästinensischen Verhältnis.

Am Ende der zweitägigen Konferenz stimmten wir darin überein, dass es notwendig sei, auf humanitäre Notlagen rascher und entschlossener zu reagieren und die vorbeugende Diplomatie zur Vermeidung von Konflikten zu verbessern.

*

Neapel im Juli 1994: Zum ersten Mal nimmt Russland als gleichberechtigter Partner an einem G-7-Gipfel teil

Seine dritte Europareise hatte den amerikanischen Präsidenten Clinton Anfang Juli zunächst nach Lettland und Polen geführt, ehe er auf dem Weltwirtschaftsgipfel in Neapel eintraf. Im Anschluss daran kam er vom 10. bis 12. Juli zu einem offiziellen Staatsbesuch in die Bundesrepublik.

Wir hatten vieles gemeinsam auf den Weg gebracht, so zum Beispiel den Ausbau der Beziehungen bei der jungen Generation oder den Beitrag für die Stiftung Deutsch-Amerikanisches Akademisches Konzil, die neben den militärischen, sicherheitspolitischen und wirtschaftlichen Beziehungen vor allem auch die kulturellen Beziehungen zwischen unseren Ländern festigte. Wir sprachen oft darüber, wie viele Amerikaner ihren deutschen Ursprung noch kennen und wiedererkennen, und waren uns einig, dass das, was hier in Jahrzehnten, ja Jahrhunderten gebaut wurde, fortgesetzt werden sollte.

*

Nach dem offiziellen Bonner Begrüßungszeremoniell, dem Empfang durch den neuen Bundespräsidenten Herzog und den festlichen Veranstaltungen auf dem Petersberg bei Bonn begleitete ich das Präsidentenpaar zusammen mit Hannelore nach Berlin. Gemeinsam schritten wir durch das Brandenburger Tor. Erstmals betrat das amerikanische Staatsoberhaupt das Territorium der ehemaligen DDR – ein erhebendes Gefühl.

Für mich war es eine große Freude, Bill Clinton und seine Gattin Hillary in der deutschen Hauptstadt direkt am Brandenburger Tor begrüßen zu können. Mehr als vierzig Jahre lang waren amerikanische Soldaten in Berlin stationiert. Sie hatten den Menschen im freien Teil der Stadt Schutz und Hilfe gewährt – oft auch unter Einsatz ihres Lebens. So wie Bill Clinton waren seine Vorgänger immer wieder in diese Stadt gekommen. Sie kamen auch in schweren Zeiten, um den Berlinern und allen Deutschen und der ganzen Welt zu zeigen: Die Vereinigten Staaten von Amerika waren und sind bereit, Frieden und Freiheit zu verteidigen. In diesen Jahrzehnten hatten wir in Berlin gemeinsam – Deutsche, Amerikaner, Franzosen und Briten – viele Bewährungsproben bestanden: die Berliner Luftbrücke, die Berlin-Krisen von 1948/49, von 1958 bis 1961, und nicht zuletzt unsere gemeinsame konsequente Haltung bei der Durchführung des Nato-Doppelbeschlusses von 1983. Ohne den unermüdlichen und auch sehr persönlichen Einsatz der Vereinigten Staaten und ihrer Präsidenten hätte Deutschland seine Einheit in Frieden und Freiheit nicht wiedererlangt.

In seiner Ansprache am Brandenburger Tor formulierte Bill Clinton auch einige Sätze in deutscher Sprache. Unter anderem sagte er:

»Wir stehen gemeinsam dort, wo das Herz Europas gespalten wurde – und wir feiern die Einheit. Wir stehen dort, wo rohe Betonmauern Mutter und Kind trennten – und wir kommen als eine Familie zusammen. Wir stehen dort, wo diejenigen, die ein neues Leben anstrebten, den Tod fanden – und wir sind von tiefer Freude über die Erneuerung erfüllt. Bürger Berlins! Sie haben Ihren langen Kampf gewonnen. Sie haben bewiesen, dass keine Mauer auf ewig die gewaltige Kraft der Freiheit einsperren kann!«

Seine mit großer Begeisterung aufgenommene Rede schloss Bill Clinton wiederum in deutscher Sprache: »Amerika steht an Ihrer Seite, jetzt und für immer.«

*

Ich lud die Clintons nach Ludwigshafen-Oggersheim ein. Hillary Clinton ist zwölf Jahre jünger als Hannelore. Seit ihrem Studium in der Politik stark engagiert, stellte sie einen neuen Typ von First Lady dar, der manchen Zeitgenossen etwas unheimlich war, weil sie ins politische Tagesgeschäft eingriff, ohne selbst ein Mandat zu haben. Ihr Mann hatte sie sogar beauftragt, das Projekt zur Reform des US-Gesundheitswesens zu leiten.

Hannelore respektierte Hillary Clinton wegen ihrer beruflichen Leistungen. Nach ihrer Erfahrung ist die Ehefrau eines Regierungschefs oder Präsidenten auf Dauer jedoch besser beraten, sich politisch möglichst wenig zu exponieren, zumal wenn man selbst über kein politisches Mandat verfügt. Persönlich kam sie mit Hillary Clinton allerdings sehr gut aus, die beiden Frauen mochten sich. Nur Hillarys Ehrgeiz verstand meine Frau nicht immer ganz. Mit Bill Clinton kam Hannelore ebenfalls hervorragend zurecht. Besonders schätzte sie, dass er ein treuer Freund war – und das ist er mir bis heute geblieben.

55.
Fünfzigster Jahrestag

Bei der zentralen Gedenkfeier zum 50. Jahrestag des 20. Juli 1944 im Ehrenhof der Gedenkstätte Deutscher Widerstand in der Stauffenbergstraße, Berlin, ehrten wir jene tapferen Männer und Frauen, die vor fünfzig Jahren den Versuch unternommen hatten, in unserem geschändeten Vaterland die Herrschaft des Verbrechens zu beseitigen. Sie waren bereit, für Menschenwürde und Freiheit, Gerechtigkeit und Wahrheit ihr Leben zu opfern. Sie wollten die »Majestät des Rechtes« wiederherstellen.

Sie waren es, die den Umsturzversuch des 20. Juli vorbereitet, geplant und gewagt hatten: Oberst Claus Schenk Graf von Stauffenberg, General Friedrich Olbricht, Generaloberst Ludwig Beck, Helmuth James Graf von Moltke, Fritz-Dietlof Graf von der Schulenburg, Adam von Trott zu Solz, Dietrich Bonhoeffer, Pater Alfred Delp, Carl Friedrich Goerdeler, Julius Leber, Wilhelm Leuschner, Josef Wirmer – das sind nur einige Namen, die stellvertretend für viele stehen.

Wir wissen heute von mehr als fünftausend Verhaftungen und über zweihundert Hinrichtungen im Zusammenhang mit dem 20. Juli 1944. Mit der sogenannten Sippenhaft wurden Ehefrauen eingesperrt, Mütter von ihren Kindern getrennt, Familien brutal auseinandergerissen – unermeßliches Leid, das nur mit großer innerer Kraft getragen werden konnte.

Zum 50. Jahrestag ehrten wir die Opfer der »Weißen Rose« um die Geschwister Scholl, wir gedachten der Tat eines einzelnen wie des Tischlergesellen Johann Georg Elser. Wir erinnerten uns an das Martyrium des Dompropstes Bernhard Lichtenberg. Wir durften das Leiden und Sterben eines Rudolf Breitscheid nicht vergessen. Schon bald nach dem gescheiterten Attentat wurde der 20. Juli zum Inbegriff für den deutschen Widerstand gegen die nationalsozialistische Barbarei. Am deutlichsten erkannte der Diktator selbst diese Bedeutung des Umsturzversuches. Er setzte alles daran, die Tat Stauffenbergs und seiner Mitverschwörer als »Komplott einer ganz kleinen Clique ehrgeiziger und gewissenloser Offiziere« zu diffamieren. Noch lange wirkte das Gift dieser Propagandalüge nach. Ganz im Sinne ihres Urhebers wurde sie dazu benutzt, dem militärischen Widerstand die Redlichkeit seiner Motive und Absichten abzusprechen. Die Wahrheit ist jedoch, dass der 20. Juli 1944 Höhepunkt und Endpunkt einer Entwicklung war, die seit Hitlers Machtergreifung Anfang 1933 Männer und Frauen aus unterschiedlichsten politischen Richtungen im Kampf gegen die Herrschaft des Verbrechens zusammengeführt hatte. Beteiligt waren Menschen aus allen Schichten, aus der Mitte des Volkes: Bürgerliche und Adlige; Gewerkschafter und Offiziere; Arbeiter und Diplomaten; Gelehrte und Geistliche.

Menschliche Größe und unvergleichliche Würde gewinnt Widerstand vor allem dort, wo er als freie Entscheidung ein Aufstand des Gewissens ist. Dies gilt ganz gewiss für die Männer und Frauen des 20. Juli. Sie handelten nicht auf Weisung. Es gab keine Massenbewegung, von der sie sich hätten mitreißen lassen können. Niemand nahm ihnen den Entschluss zum existentiellen Wagnis ab. Sie berieten sich mit den Freunden und Gefährten, aber die letzte Entscheidung musste jeder von ihnen für sich selbst treffen. Im Tiefsten ging es ihnen um einen Akt sittlicher Selbstbehauptung. Gerade dadurch konnte der Umsturzversuch eine so eminent politische Bedeutung gewinnen.

Dieses Datum wird für immer daran erinnern, dass die Würde jedes einzelnen Menschen aller staatlichen Gewalt vorausgeht und ihr übergeordnet ist. Sie ist ein absoluter Wert, der keiner Begründung bedarf. Die Politik kann über diesen Wert nicht verfügen, sondern hat ihn bedingungslos zu achten. Nur unter der Herrschaft des Rechts ist die Würde des Menschen wirksam geschützt. Diese Überzeugung ist das wichtigste Vermächtnis des 20. Juli 1944. Was die Männer und Frauen des deutschen Widerstandes miteinander verband, war die gemeinsame Gegnerschaft zum nationalsozialistischen Regime. Widerstand bestimmt sich zunächst durch den Gegner. Dafür verdient er unser aller Achtung. Vorbildcharakter erhält er aber erst durch die politisch-moralische Zielsetzung.

Um die bleibende Bedeutung des deutschen Widerstands für Gegenwart und Zukunft ganz begreifen zu können, dürfen wir uns daher nicht auf die Frage beschränken, *wogegen* er sich gerichtet hat. Wir müssen uns fragen, *wofür* die an ihm Beteiligten eingetreten sind. In dem *Wofür* liegt das Vermächtnis, auf das wir uns im vereinten Deutschland gemeinsam beziehen. Die Wiederherstellung von Recht und Gerechtigkeit und damit die Rückkehr zu ethischen Werten und Maßstäben – dies war das oberste Ziel der allermeisten, die sich gegen das nationalsozialistische Regime erhoben. Die Beseitigung von Unrecht und Willkürherrschaft war der notwendige Schritt auf dem Weg dorthin.

Von Stauffenberg ist der Satz überliefert: »Wir wollen eine neue Ordnung, die alle Deutschen zu Trägern des Staates macht und ihnen Recht und Gerechtigkeit verbürgt ...« So wie er dachten in diesem entscheidenden Punkt all jene Regimegegner, deren Andenken wir ehren.

Eine Reihe der übrigen innen- und außenpolitischen Vorstellungen in den verschiedenen Widerstandskreisen waren zeitbedingt. Es ist wohlfeil, aus der Sicht von heute zu bemängeln, dass nicht allen Repräsentanten des 20. Juli eine Staats- und Gesellschaftsordnung vorschwebte, wie sie später in der Bundesrepublik Deutschland verwirklicht wurde. So mancher von ihnen, auch das ist wahr, hatte sich anfangs durch das Scheitern der Republik und durch vordergründige Erfolge der Diktatur blenden lassen. Es mindert aber keineswegs den Rang dieser Beteiligten, dass sie später ihre Irrtümer einsahen, ja Verstrickung in Unrecht und Schuld eingestanden.

In Deutschland besteht ein breiter Konsens darüber, dass Rechtsstaat und Demokratie untrennbar zusammengehören. Besonders eindrucksvoll hat dies 1946 Gustav Radbruch, Reichsjustizminister in der Weimarer Republik, zum Ausdruck gebracht: »Demokratie ist gewiss ein preiswertes Gut, Rechtsstaat aber ist wie das tägliche Brot, wie Wasser zum Trinken und Luft zum Atmen, und das Beste an der Demokratie ist gerade dieses, dass nur sie geeignet ist, den Rechtsstaat zu sichern.«

Wir können uns aus der zeitlichen Distanz kaum mehr vorstellen, welche inneren Kämpfe vor allem die am 20. Juli beteiligten Offiziere auszutragen hatten. Sie standen in der militärischen Tradition strenger Gehorsamsbindungen und mussten sich erst zu der Erkenntnis durchringen, dass der soldatische Eid dort eine Grenze hat, wo Wissen, Gewissen und Verantwortung die Ausführung eines Befehls verbieten. Mit zunehmender Deutlichkeit sahen sie, dass ihr Patriotismus ihnen geradezu gebot, Deutschland von der Gewaltherrschaft zu befreien. In der Tat: Wie kann jemand sein Vaterland lieben und gleichzeitig mit ansehen, wie es von Verbrechern zugrunde gerichtet wird? Vielleicht war es diese Frage, die Generaloberst Ludwig Beck bewegte, als er einmal tief erschrocken über Hitler notierte: »Dieser Mensch hat ja gar kein Vaterland!«

Die gleiche Gesinnung spricht aus den Worten, mit denen Generalmajor Henning von Tresckow einen Tag nach dem Attentat von einem Freund Abschied nahm: »Wenn einst Gott Abraham verheißen hat, er werde Sodom nicht verderben, wenn auch nur zehn Gerechte darin seien, so hoffe ich, dass Gott Deutschland um unsertwillen nicht vernichten wird.« Im Diktator sah Tresckow nicht nur den »Erzfeind Deutschlands«, sondern auch den »Erzfeind der Welt«. Ebenso wie für seine Freunde und Gefährten bildeten für ihn patriotische Gesinnung und die Treue zu universellen ethischen Werten eine untrennbare Einheit. Die Gegnerschaft des deutschen Widerstands bezog sich deshalb nicht nur auf die Diktatur im Inneren. Auch seine außenpolitischen Überlegungen waren getragen von dem Grundgedanken einer friedlichen und gerechten Ordnung unter den Völkern. In diesem Geiste forderte Graf Moltke im Blick auf eine europäische Nachkriegsordnung das »Ende der Machtpolitik, das Ende des Nationalismus, das Ende der Gewalt des Staates über den einzelnen«.

Auch solche Gedanken waren, wie Theodor Heuss bereits 1954 sagte, »ein Geschenk an die deutsche Zukunft«. Rudolf Pechel, der das Konzentrationslager überlebt hatte, bezeichnete 1951 in Den Haag den deutschen Widerstand als »Teil des Kampfes gegen den Totalitarismus«. Die Widerstandsbewegungen in den verschiedenen Ländern könnten und sollten für die Grundlagen »des kommenden Europas [...] als ein einigendes Element wirken«. Bei allen Unterschieden von Land zu Land teilten die Widerstandsbewegungen die Hoffnung, dass die leidvolle Geschichte von Krieg und Unterdrückung in Europa ein Ende haben müsse. So haben die Männer und Frauen des 20. Juli uns Deutschen auch geholfen, bald nach dem Krieg in die Gemeinschaft der freien Völker zurückzufinden.

Zum Erbe des Widerstands gehört in Deutschland die Gemeinsamkeit der Demokraten als wichtigster Ausdruck unserer Überzeugung vom Vorrang der Menschenwürde, des Rechts und der Gerechtigkeit. Unser Staat, die Bundesrepublik Deutschland, gründet sich auf diesen antitotalitären Konsens, auf die Absage an *jede* Form von Diktatur, Willkür und Unrecht. Diese Gemeinsamkeit ist das Herzstück unserer Staatsräson.

Führende Politiker der Nachkriegszeit wie der SPD-Vorsitzende Kurt Schumacher und Andreas Hermes, der erste CDU-Vorsitzende in Berlin, hatten die Gefängnisse und Konzentrationslager, die Todeszellen der nationalsozialistischen Diktatur durchlitten. Doch die Hoffnung auf einen übergreifenden Konsens aller Regimegegner beim Aufbau eines neuen Deutschlands erfüllte sich nur zum Teil. Der 8. Mai 1945 war ein Tag der Befreiung, aber Freiheit brachte er nicht allen Deutschen. Wir kennen die Namen von vielen, die den Kerkern der Nationalsozialisten entronnen waren und schon wenig später in der sowjetisch besetzten Zone Deutschlands aus politischen Gründen drangsaliert, unter massiven Druck gesetzt, zu Haft, jahrzehntelanger Zwangsarbeit oder gar zum Tode verurteilt wurden. Ehemalige Nazigegner kamen im Zuchthaus Bautzen oder im ehemaligen Konzentrationslager Sachsenhausen ums Leben.

Von diesem Leid – und auch vom Leiden und Sterben in einem von Mauer und Stacheldraht umgebenen Staat – dürfen wir nicht schweigen. Auch dies gehört zur Geschichte unseres Volkes im

*20. Juli 1994: Rede zum 50. Jahrestag
des Attentats auf Hitler*

zwanzigsten Jahrhundert. Wir tun gut daran, uns am 20. Juli die Lehren dieser Geschichte in Erinnerung zu rufen. Wer heute konsequent unsere freiheitliche Demokratie verteidigt, wird morgen nicht in die Lage kommen, Widerstand leisten zu müssen. Wo die Bürger teilnahmslos abseits stehen und sich nicht mehr für die demokratische Ordnung einsetzen, besteht die Gefahr, dass die Feinde der Freiheit, dass Rechts- und Linksextremisten diese Ordnung unterwandern und dann zerstören. Das Verhängnis ist kaum noch aufzuhalten, wenn dann auch noch gesellschaftliche und politische Eliten den Extremisten die Hand reichen – womöglich in der Illusion, sie würden mit ihnen schon fertig werden.

In Wahrheit gibt es keinen Kompromiss zwischen Freiheit und Unfreiheit. Jeder von uns bleibt aufgefordert, ideologisch begründeten Wahrheits- und Machtansprüchen zu widerstehen und jeglicher Form von Fanatismus entgegenzutreten. Intoleranz und Missachtung des anderen dürfen in Deutschland nie wieder eine Chance haben.

Die entscheidende moralische Trennlinie – das hat uns die Geschichte dieses Jahrhunderts im Übermaß gezeigt – verläuft nicht zwischen links und rechts, sondern zwischen Anstand und Ruchlosigkeit. Wer politischen Extremismus als etwas Normales verharmlost und dessen Intoleranz aus falschverstandener Großmut toleriert, der versündigt sich – gewollt oder ungewollt – an unserer Demokratie. Wenn wir jedoch allen Anfängen gemeinsam wehren, haben politische Extremisten nie wieder eine Chance, unser Vaterland ins Unglück zu stürzen.

Das Vermächtnis des 20. Juli 1944, so sagte es Theodor Heuss 1954, »ist noch in Wirksamkeit, die Verpflichtungen noch nicht eingelöst«.

Auch im wiedervereinigten Deutschland behält dieser Satz seine Gültigkeit. Die Verpflichtung, von der unser erster Bundespräsident sprach, wird nie erlöschen. Wir dürfen nicht nachlassen in unserer Wachsamkeit gegenüber den Feinden der Freiheit. Das ist der größte und vornehmste Ausdruck des Dankes, den unser Volk den Männern und Frauen des deutschen Widerstands für immer schulden wird.

56.
Trauer

Schon lange wusste ich um die todbringende Krankheit, unter der mein ehemaliger Kabinettskollege, der amtierende Nato-Generalsekretär Manfred Wörner, litt. Wenige Wochen vor seinem Tod hatten wir im Kanzleramt eine letzte Begegnung, bei der mir nichts anderes übrigblieb, als dem vom Tod bereits gezeichneten Freund Mut und Kraft zuzusprechen. Am 23. August 1994 nahmen wir mit einem Staatsakt im Deutschen Bundestag Abschied von dem Mann, mit dem unser Land eine herausragende Persönlichkeit verlor. Sein Tod war ein großer Verlust für Deutschland wie für die Atlantische Allianz.

Manfred Wörner hatte seine Leidenschaft für die Politik schon früh entdeckt. Als Dreißigjähriger gewann er im September 1965 sein erstes Bundestagsmandat. Im Inneren wie in der Außenpolitik waren dies Jahre des Übergangs. Insbesondere der Beginn der Entspannung zwischen Washington und Moskau kündigte weltpolitische Veränderungen an, von denen gerade das geteilte Deutschland direkt berührt wurde.

Mit Manfred Wörner kam eine neue Generation junger Politiker nach Bonn – eine Generation, die ungeduldig war, oft unkonventionell, auch ehrgeizig, aber vor allem voll neuer Ideen und voller Gestaltungswillen. Unter ihnen ragte Manfred Wörner schnell heraus. Er wollte etwas bewegen und brachte dies selbstbewusst und mit der ihm eigenen Dynamik zum Ausdruck. Er war ein hervorragender Redner und überzeugte durch Sachverstand und Fleiß. Schon nach vier Jahren wählte ihn die CDU/CSU-Bundestagsfraktion 1969 zu einem ihrer stellvertretenden Vorsitzenden.

Sein erstes parlamentarisches Betätigungsfeld war die Entwicklungspolitik. Aus der Beschäftigung mit der Dritten Welt gewann er schnell auch den Zugang zur Außen-, Sicherheits- und Verteidigungspolitik. Diese frühen politischen Erfahrungen bewirkten, dass Manfred Wörner später nie ausschließlich auf das Ost-West-Verhältnis fixiert war.

Seine besondere Neigung galt der Bundeswehr. Einem »weißen Jahrgang« angehörend, hatte er sich als junger Abgeordneter freiwillig zur Luftwaffe gemeldet, um sich zum Jetpiloten und Reserveoffizier ausbilden zu lassen. Bald war er einer der maßgeblichen verteidigungspolitischen Sprecher der Unionsparteien. 1976 wurde er Vorsitzender des Verteidigungsausschusses des Deutschen Bundestags. Auch international erwarb sich Manfred Wörner den Ruf eines herausragenden Experten auf diesem Gebiet. Er zählte zu den Deutschen, die in den Fachkreisen der Nato und insbesondere der USA Gehör fanden. Wo immer es seit den frühen siebziger Jahren um Außen-, Sicherheits- und Verteidigungspolitik ging – sein Wort hatte im In- und Ausland großes Gewicht. Es war aber nicht allein der strategische Denker Manfred Wörner, den insbesondere die Partner im Westen schätzten. Seine Offenheit und intellektuelle Verbundenheit ließen ihn vor allem in den Vereinigten Staaten viele Freunde gewinnen.

Ebenso wichtig waren für ihn die prägenden Erfahrungen seiner Generation. Aus Anlass der Verleihung des Eric-M.-Warburg-Preises 1994, mit dem ihn die Atlantik-Brücke als eine Persönlichkeit ehrte, die dazu beitrug, »Deutschlands Platz in der Atlantischen Allianz zu sichern und zu festigen«, schrieb er, wie sehr ihn die Menschlichkeit, Hilfsbereitschaft und Großzügigkeit der Amerikaner gegenüber dem besiegten Deutschland berührt hatten. Eindringlich konnte er schildern, wie tief ihn schon seit seinen Reisen in den fünfziger Jahren die Kraft Amerikas, sein Führungswille, sein Pioniergeist und seine Vitalität beeindruckt hatten. Er war – und das blieb wesentlicher Teil seines politischen Credos – davon überzeugt, dass der Verbindung dieser jungen Nation mit einem erneuerten, wiederaufgebauten Europa die Zukunft gehöre.

Manfred Wörner hat sich immer und ganz bewusst auch als Soldat und Offizier verstanden. Unablässig bemühte er sich darum, die Wirklichkeit unserer Streitkräfte kennenzulernen. Er wusste besser als andere, dass eine Armee in erster Linie aus Menschen, vor allem aus jungen Menschen, besteht. In seinem Verhältnis zu den Soldaten kam selbstverständlich zum Ausdruck, dass für ihn der Mensch im Mittelpunkt steht.

Im Amt des Verteidigungsministers seit 1982 blieb Manfred Wörner ein Verfechter der Standhaftigkeit des Westens in der Zeit des Kalten Krieges. In seine Amtszeit fielen die harten Auseinandersetzungen um die Durchsetzung des Nato-Doppelbeschlusses.

Ob es um die Stationierung und Modernisierung von Nuklearwaffen ging, um Rüstungskontrolle und Abrüstung, um das Personalstärkegesetz, die Bundeswehrplanung und die notwendige Länge des Wehrdienstes – immer engagierte er sich mit Leidenschaft. Kämpferisch trat er für das von ihm als richtig Erkannte ein. Manfred Wörner war zutiefst davon überzeugt, dass zu seinem Amt die Bereitschaft gehöre, notfalls auch unbequeme und unpopuläre Entscheidungen durchzusetzen.

Wer in einem wichtigen Amt Verantwortung trägt, begeht Fehler. Auch Manfred Wörner musste diese Erfahrung machen und erlebte schwierige Stunden. Es zeichnete ihn aus, dass er daraus zu lernen bereit war und sich mit um so größerer Hingabe und Disziplin seinen politischen Aufgaben stellte.

Im Juli 1988 wurde Manfred Wörner als erster Deutscher Generalsekretär der Nato. Mit dreiundfünfzig Jahren war er zugleich der bis dahin jüngste Inhaber dieses Amtes. Seine Ernennung noch in der Zeit des Ost-West-Konflikts erwies sich als Glücksfall für das Bündnis. In den sechs Jahren seines Wirkens als Generalsekretär war er eine kraftvolle Führungspersönlichkeit. Er verstand es, Menschen zusammenzubringen und einen Ausgleich zwischen unterschiedlichen Auffassungen herbeizuführen. In einer für das Bündnis schwierigen Übergangsphase konnte er richtungsweisende Entscheidungen vorbereiten, die seine Handschrift trugen. Der Respekt und die Sympathie, die er genoss, trugen maßgeblich dazu bei, dass er sehr schnell großen persönlichen Einfluss im Bündnis gewann. Seine Wirkung beruhte darauf, dass es ihm immer um die gemeinsame Sache ging. Nach innen wie nach außen stand Manfred Wörner überzeugend dafür, dass dieses auch für uns Deutsche so existentiell wichtige Bündnis erhalten bleiben sollte. Er war überzeugt davon, dass die Nato nicht nur militärisch, sondern vor allem auch politisch für den Erhalt der transatlantischen Bindung wesentlich ist. Europa braucht ein starkes Amerika, Europa braucht ein starkes Europa – dies war die Leitlinie seines Handelns.

Manfred Wörner war ein Patriot. Die Wiedervereinigung unseres Vaterlands in Frieden und Freiheit war für ihn die Erfüllung eines Traumes. In seiner Funktion als Generalsekretär der Nato hatte er selbst wichtigen Anteil daran, dass in dieser entscheidenden Phase kein Zweifel an der Bündnistreue der Bundesrepublik aufkam. Das Kapital an Vertrauen und Freundschaft, das er sich in langen Jahren erworben hatte, konnte er so zum Nutzen Deutschlands einbringen. Mit Energie und Weitsicht setzte er sich dafür ein, das Bündnis für neue Partner aus dem ehemaligen Warschauer Pakt zu öffnen. Gerade weil er in der Vergangenheit so kompromisslos für ein starkes, verteidigungsfähiges Bündnis eingetreten war, konnte er glaubwürdig und erfolgreich in West und Ost für die Öffnung der Nato eintreten. Mit gleicher strategischer Weitsicht trug er dazu bei, dass die Nato jetzt eine gestaltende Rolle beim Aufbau einer neuen europäischen Sicherheitsordnung übernahm.

Manfred Wörner wusste lange und früh um seine unheilbare Krankheit. Er rang mit ihr so, wie es seine Art war – mit Energie, mit Disziplin, mit bewundernswerter Tapferkeit. Mehrfach verließ er bis in die letzten Monate hinein sein Krankenbett, um bei wichtigen Sitzungen des Nato-Rats den Vorsitz zu führen. Er, der es genoss, mitzureisen und Eindruck zu hinterlassen, war im Grunde seines Wesens ein nachdenklicher Mann. Immer wieder las er in den Essays von Michel de Montaigne, jenes Skeptikers, der so genau um die Fragwürdigkeit der menschlichen Existenz wusste. Einer dieser Essays ist mit dem Satz überschrieben: »Philosophieren heißt sterben lernen.«

Auf die Frage eines guten Freundes kurz vor seinem Tod, ob man noch etwas für ihn tun könne, antwortete Manfred Wörner schlicht: »Ja, beten.«

Die Christlich-Demokratische Union Deutschlands dankte Manfred Wörner für seinen unverwechselbaren Beitrag für unsere Partei. Ich selbst verlor einen politischen Weggenossen und einen guten Freund.

*

Am 1. September 1994 rief Bill Clinton an, um noch einmal seine Bewunderung für den verstorbenen Generalsekretär Wörner auszudrücken. Der Präsident würdigte Manfred Wörner als einen der besten Freunde, den die USA gehabt hätten, und unterstrich den Verlust, den sein Tod für die Nato bedeutete. Es werde schwierig sein, einen Nachfolger für ihn zu finden. Clinton erklärte, in dieser Frage eng und gut mit mir zusammenarbeiten zu wollen. Die USA hätten noch keinen Wunschkandidaten. Bevor man mit einem Vorschlag an die Öffentlichkeit gehe, wolle er dies zunächst mit mir absprechen. Ich stimmte zu, diese Frage gemeinsam sehr diskret zu behandeln.

In diesem Telefonat kam Bill Clinton auf einen Brief zu sprechen, den ich ihm vor Tagen zugesandt hatte und in dem es um russischen Plutoniumschmuggel ging. Der amerikanische Präsident begrüßte, dass sich Deutschland besonders darum bemühte, denn es handle sich um ein großes Problem.

Ich erklärte dem Präsidenten, dass ich Weisung gegeben hatte, Washington über jeden unserer Schritte in dieser Angelegenheit zu unterrichten. Bei der Abschiedsveranstaltung für die russischen Truppen in Berlin hatte ich Präsident Jelzin noch einmal gesagt, dass der Plutoniumschmuggel nicht eine Frage unter »ferner liefen« sei, sondern dass es sich hier um ein lebensgefährliches Problem handle, bei dem die Reputation und das Ansehen Russlands wie des Präsidenten auf dem Spiel stünden. Boris Jelzin sah das auch so.

Am Ende unseres Telefonats drückte Bill Clinton sein großes

Bedauern darüber aus, dass Vizepräsident Gore wegen einer Verletzung nicht an der Abschiedsfeierlichkeit in Berlin teilnehmen könne. Er habe statt dessen Außenminister Warren Christopher gebeten, die amerikanische Delegation bei den Feierlichkeiten zu leiten. Ich zeigte Verständnis dafür und bat, dem Vizepräsidenten meine Genesungswünsche zu übermitteln.

57.
Verabschiedung

Am 31. August 1994 war es endlich soweit: An diesem Tag fanden die offiziellen Feierlichkeiten zur Verabschiedung der Westgruppe der russischen Streitkräfte in Berlin statt. Aus diesem Anlass stattete der Präsident der Russischen Föderation der Bundesrepublik einen Besuch ab.

Wenn ich daran denke, wieviel Geduld, Mühe und Beharrungsvermögen diesem Tag vorausgegangen waren und was meinen Mitarbeitern und mir abverlangt worden war, bin ich überglücklich über das Ergebnis. Bei den harten Verhandlungen mit Michail Gorbatschow im Kaukasus 1990 und den nachfolgenden Treffen hatte die russische Seite ganz andere Vorstellungen über die Fristen bis zum Abzug ihrer Truppen. Dass es uns gelang, den Zeitraum für die Präsenz der Truppen auf das Jahr 1994 zu reduzieren, grenzt beinahe an ein Wunder.

Allerdings waren wir auch zu erheblichen Vorleistungen bereit: Wir brachten Milliardensummen auf, um Wohnunterkünfte für die heimkehrenden Soldaten zu bauen. Alles war gut geplant und gründlich in die Wege geleitet, und doch sorgte die Unzuverlässigkeit der türkischen Subunternehmer, die die neuen Wohnungen erstellen sollten, für unerwartete Probleme. Nichts lief nach Plan, und neue russische Geldforderungen machten die Runde. In einem Vieraugengespräch mit Boris Jelzin – die Russische Föderation hatte bei unseren Verträgen alle Rechte und Pflichten aus unseren Vereinbarungen mit der Sowjetunion übernommen – konnte ich meinem Gegenüber nur bedauernd mitteilen, dass ich keinen Pfennig mehr an Nachforderungen leisten könne. Wir waren eindeutig vertragsbrüchig geworden, weil sich die deutschen Generalunter-

Verabschiedung der letzten in Deutschland stationierten russischen Soldaten in Berlin (31. August 1994)

nehmer für den Wohnungsbau in Russland nicht auf ein Versagen der Subunternehmer berufen konnten. Mit leeren Händen und im klaren Bewusstsein unseres Versagens konnte ich meinen Freund Boris nur um Nachsicht bitten. Und was machte dieser russische Machtmensch nach erregter Diskussion unter den Sachverständigen auf beiden Seiten? Zur allgemeinen Verwunderung vor allem seiner eigenen Leute sagte Jelzin: »Russland wird keine Forderungen an die Bundesrepublik stellen. Ich werde dem Bundeskanzler keine Schwierigkeiten machen.« Damit war das Problem für die deutsche Seite vom Tisch.

Dabei hätte Russland allen Grund gehabt, den Abzug der Streitkräfte bis auf Jahre zu verzögern. Ich werde es Boris Jelzin nie vergessen, dass er nicht seinen Beratern folgte, sondern bei den Absprachen blieb, die wir beide zuletzt bis ins Detail getroffen hatten.

Wie man trotz der fehlenden Wohnungen zu Rande kam, vermag ich mir nicht auszumalen. Leidtragende waren eindeutig die Soldaten, die gerne noch in der früheren DDR geblieben wären, denn erst nach der deutschen Wiedervereinigung sahen sie, wel-

Ende dieses Jahrhunderts, das so viel Leid, Tod und Tränen sah, die Hand zur Freundschaft reichen konnten – in dem festen Willen, gemeinsam für Frieden und Freiheit zu arbeiten. Wir wünschten unseren russischen Freunden auf ihrem gewiss nicht einfachen Weg in die Zukunft Glück, Erfolg und Gottes Segen.

*

Auch Hannelore und Naina Jelzin waren bei dem Festakt an diesem symbolträchtigen Tag dabei. Dass die Rote Armee, die im »Großen Vaterländischen Krieg« so viele Millionen Menschenleben für den Sieg über Deutschland geopfert hatte, das Land nach so vielen Jahren einfach wieder verließ, war für Hannelore unfassbar.

1991 hatte sie einmal einen Standort der Roten Armee im brandenburgischen Perleberg besucht. Sie war sehr herzlich und freundlich empfangen worden und genoss die russische Gastfreundschaft. Obwohl aus Anlass ihres Besuches alles besonders herausgeputzt war, konnte sie sich doch einen ungefähren Eindruck von den Lebensbedingungen der Soldaten und ihrer Familien machen. Aus eigener Erfahrung wusste sie ja, wie es bei der Bundeswehr und an den amerikanischen, französischen oder britischen Standorten zuging. Verglichen damit herrschte bei der Roten Armee alles andere als Luxus. Doch die meisten Rotarmisten verglichen ihre Situation in der DDR und später in den neuen Bundesländern mit der Versorgungslage in ihrer Heimat und empfanden sich als privilegiert.

Jetzt, beim Abzug der letzten Truppen, sah Hannelore vor allem die materiellen und menschlichen Probleme, vor denen die Soldaten nach ihrer Heimkehr in Russland stehen würden. Da empfand sie es als beruhigend, dass wir von deutscher Seite den heimkehrenden Soldaten und ihren Familien mit erheblichem finanziellem Aufwand zu helfen versuchten.

*

Am sowjetischen Ehrenmal in Berlin-Treptow gedachten wir anschließend der im Zweiten Weltkrieg gefallenen Soldaten der Roten Armee. Boris Jelzin erinnerte an die großen Opfer der Sowjetarmee, ohne deren Heldentaten es weder das heutige Europa noch ein prosperierendes Deutschland gäbe, und erklärte, der 31. August 1994 sei der Tag der endgültigen Versöhnung.

Danach marschierten Einheiten der russischen 6. Motorisierten Gardeschützenbrigade und das Wachbataillon der Bundeswehr an uns vorbei. 1200 russische Soldaten sangen »Lebe wohl, Deutschland«, ein eigens für dieses Zeremoniell geschriebenes Abschiedslied. Hans-Joachim Jung, ein Oberstleutnant der Bundeswehr, hat eine deutsche Nachdichtung aus dem Russischen verfasst:

»Wir verlassen nun für immer deutsche Erde,
denn der Kriegsherd, der ist schon lange aus.
In der Hoffnung, dass nun ewig Friede wäre,
rollen Panzer und Geschütze jetzt nach Haus.
Wir ziehen ab, doch unsre Lieder werden bleiben,
uns erinnern noch an manche gute Tat.
›Mutter Heimats‹ Freude ist kaum zu beschreiben,
dass nun heimkehrt ihr russischer Soldat.

Refrain:
Deutschland, wir reichen dir die Hand
und kehr'n zurück ins Vaterland.
Die Heimat ist anfangsbereit.
Wir bleiben Freunde alle Zeit.
Auf Frieden, Freundschaft und Vertrauen
sollen wir unsre Zukunft bauen.
Die Pflicht erfüllt! Leb wohl, Berlin!
Unsere Herzen heimwärts ziehn.«

*

Gut eine Woche später, am 8. September, wurden die Truppen der drei Schutzmächte in Anwesenheit von Präsident Mitterrand, Premierminister Major und US-Außenminister Christopher mit militärischen Ehren feierlich aus Berlin verabschiedet. Das war eine bewegende Stunde – für die Berlinerinnen und Berliner, für alle Deutschen und auch für die vielen, die, wie ich, diese Jahre nicht als Bürger Berlins erlebt hatten.

Als ich 1947 zum ersten Mal Berlin besuchte, war ich siebzehn Jahre alt. Die Stadt lag in Trümmern, die Zukunft im Ungewissen. Die wenigsten konnten hoffen, dass wir zum Ende dieses Jahrhunderts das Geschenk der Freiheit und der Einheit für ganz Deutschland erhalten würden. Fast ein halbes Jahrhundert lang hatten die drei westlichen Alliierten, die Vereinigten Staaten von Amerika, das Vereinigte Königreich und Frankreich, die Freiheit in Berlin und damit mitten in Deutschland und in Europa geschützt und verteidigt. Wir dankten unseren alliierten Freunden von Herzen für diese Freundschaft, für diese Partnerschaft in schwierigen Zeiten.

Die jahrzehntelange Präsenz der drei Mächte in Berlin dokumentierte vor aller Welt, dass wir uns mit der Teilung Deutschlands und Europas niemals abgefunden hätten. Niemand wird vergessen, weshalb die Alliierten nach Deutschland und nach Berlin gekommen waren. Sie kamen am Ende eines Krieges, der von einer verbrecherischen deutschen Diktatur entfesselt worden war, sie kamen als Sieger über Gewalt und Unrecht. Was wäre aus Deutschland und Europa geworden, hätten sie dem Tyrannen nicht militärische Gewalt entgegengesetzt?

Amerikaner, Briten und Franzosen reichten schon bald nach 1945 den Besiegten die Hand, sie brachten Freiheit und Demokratie. Bei der Luftbrücke wurden aus Siegern Schutzmächte und Partner, aus Gegnern wurden Verbündete und Freunde. Der Westteil der Stadt blieb jahrzehntelang in höchst prekärer und gefährdeter Lage. Es gab manche, die Berlin politisch, wirtschaftlich und militärisch für unhaltbar hielten. Bei den Berlin-Krisen Ende der fünfziger und zu Beginn der sechziger Jahre gab es auch einige, die verzagten und nachgeben wollten. Doch gestützt auf die Entschlossenheit der Berliner, wirkten alle Bundesregierungen seit 1949 mit den Amerikanern, den Briten und den Franzosen zusammen, um die Freiheit und Lebensfähigkeit dieser Stadt zu sichern. Beharrlichkeit und Prinzipienfestigkeit hatten sich letzten Endes ausgezahlt.

Wir arbeiteten in diesen Jahren Schritt für Schritt immer enger zusammen – in Berlin, in Bonn, in Washington, London und Paris. Dies war eine Erfolgsgeschichte auch der Politik und der Diplomatie. Das unbeirrte Festhalten am Viermächtestatus von Berlin trug wesentlich dazu bei, dass die deutsche Frage offenblieb und die Teilung unseres Vaterlandes schließlich überwunden werden konnte.

Mit der Verabschiedung der letzten alliierten Truppen aus Berlin ging eine Periode der Nachkriegszeit zu Ende. Im Westen Deutschlands blieben amerikanische, britische und französische Soldaten als Verbündete stationiert. Partnerschaft und Integration im Rahmen der Bündnisse Nato und WEU waren für unsere Streitkräfte die Perspektive der Zukunft. Die Atlantische Allianz blieb Eckpfeiler der Sicherheit in Europa. Wir wollten den großen Erfolg, den die alliierte Präsenz in Berlin in der Außen- und Sicherheitspolitik darstellte und der wesentlich auf Geschlossenheit und gemeinsamem Handeln beruhte, für die Zukunft nutzen, um gemeinsam mit unseren Partnern und Freunden unserer Verantwortung für den Frieden in der Welt gerecht zu werden.

Der mittlerweile Geschichte gewordene Deutschlandvertrag zwischen der Bundesrepublik Deutschland und den Drei Mächten hatte schon 1954 die friedliche Verwirklichung eines wiedervereinigten, in die Europäische Gemeinschaft integrierten Deutschlands mit freiheitlich-demokratischer Verfassung zum gemeinsamen Ziel erklärt. Dieser Auftrag war nun erfüllt.

Zum Abschluss meiner Rede im Berliner Schauspielhaus, mit der ich am 8. September unseren amerikanischen, britischen und französischen Freunden dankte, sagte ich:

»Wir werden uns immer daran erinnern, dass die Anwesenheit Ihrer Soldaten es überhaupt erst ermöglicht hat, in Berlin frei zu atmen. Wir werden auch nie vergessen, dass diese jungen Menschen ganz persönliche Opfer brachten, da sie

Bei der Feier zur Verabschiedung der Alliierten aus Berlin (v. l. n. r.): die Außenminister Klaus Kinkel und Warren Christopher, Staatspräsident François Mitterrand, Premierminister John Major und Bürgermeister Eberhard Diepgen (September 1994)

fern ihrer Heimat, oft fern ihrer Familien hier in Berlin ihren Dienst taten. Sie haben diesen Dienst für die Freiheit Berlins und damit für die Freiheit ganz Deutschlands geleistet. Dafür verdienen sie unseren bleibenden Dank. Heute, bei Ihrem Abschied aus Berlin, können wir endgültig der ganzen Welt, den Menschen überall zurufen: Die Freiheit hat gewonnen.«

Am Ende des Festakts sang ein Kinderchor deutsche, französische, britische und amerikanische Volkslieder. Zum Schluss klatschte das Publikum zum Takt der »Berliner Luft«. Mitterrand, Major und Christopher trugen sich unter dem Beifall der Gäste ins Goldene Buch der Stadt ein.

Nachmittags fand eine Gedenkfeier mit Kranzniederlegung am Luftbrückendenkmal in Berlin-Tempelhof statt, mit der jener achtundsiebzig Soldaten und Zivilisten gedacht wurde, die bei der

Luftbrücke ihr Leben lassen mussten. Premierminister Major erinnerte daran, dass die Berliner Luftbrücke in den Jahren 1948 und 1949 mit insgesamt 277 246 Hilfsgütern nicht nur ein einmaliger Triumph der Logistik gewesen sei; »sie war ein Symbol unseres Engagements für die Freiheit Berlins, und sie stellte einen Wendepunkt in der Geschichte dar«. Die Luftbrücke sei der Anfang einer neuen Beziehung zwischen den Berlinern und den Alliierten gewesen.

Der amerikanische Außenminister Christopher erinnerte daran, dass General Lucius D. Clay dem Regierenden Bürgermeister Ernst Reuter eine Luftbrücke zur Versorgung des blockierten Berlins vorgeschlagen und sie in Washington gegen manche Bedenken durchgesetzt hatte. Und der französische Verteidigungsminister François Léotard sagte, Frankreich und die Franzosen hätten die Blockade und die Mauer wie eigene Wunden erlebt.

Nach einem Abendessen im Schloss Bellevue stand für den späten Abend als Höhepunkt des Tages ein Großer Zapfenstreich am Brandenburger Tor auf dem Programm. Zum ersten Mal in ihrer Geschichte zog die Bundeswehr vor 20 000 geladenen Gästen zu diesem militärischen Schauspiel in Berlin auf. Trotz des schlechten Wetters – der Regen wollte einfach nicht nachlassen – war die Stimmung ausgezeichnet.

Für mich waren das wunderbare Augenblicke, Momente des Überglücklichseins. Auch die durch ihre Krankheit geschwächte Hannelore fühlte sich sichtlich wohl. Sie hatte den ganzen Tag tapfer überstanden und sich nichts anmerken lassen. Jetzt genoss sie den Erfolg deutscher und internationaler Politik, an dessen Gelingen ihr Mann hatte kräftig mitwirken können. Hannelore trumpfte niemals auf. Sie blieb gelassen auch in dieser Situation. Gleichwohl spürte ich, wie stolz sie auch auf meine ganz persönliche Leistung war.

58.
Endspurt

Seit einundzwanzig Jahren führte ich die CDU, die 1994 über 671 490 Mitglieder zählte (CSU 176 250). Auf dem Düsseldorfer Parteitag Ende Oktober 1992 war ich mit 91,5 Prozent der Delegiertenstimmen in meinem Amt als Bundesvorsitzender bestätigt worden, ein Ergebnis, mit dem ich mehr als zufrieden sein konnte. Auf dem Hamburger CDU-Parteitag Ende Februar 1994 hatten wir ein neues Grundsatzprogramm verabschiedet, das unter dem Motto »Freiheit in Verantwortung« als eine gelungene politische Orientierung für unsere Partei der Mitte galt. Vor allem war es nach monatelangen Diskussionen gelungen, die verschiedenen politischen Flügel – von den Sozialausschüssen über die Frauen- und Senioren-Union bis zum Wirtschaftsflügel – zusammenzuführen. Dies war eine große Leistung, an der viele beteiligt waren und bei der ich als Bundesvorsitzender meine ganze Integrationskraft investiert hatte.

Im zwölften Jahr meiner Kanzlerschaft entschied ich mich, noch einmal um das Votum der Wähler zu kämpfen. Lange vor dem Hamburger Parteitag hatte ich mich für eine erneute Spitzenkandidatur bei den Wahlen im Oktober ausgesprochen. Ich wollte es noch einmal wissen, wollte die Partei wie 1983, 1987 und 1990 noch einmal zum Sieg führen, wollte die Koalition mit der FDP fortsetzen, die innere Einheit Deutschlands vorantreiben und in der Europapolitik zusammen mit François Mitterrand weiterhin die Vorreiterrolle spielen.

Ende August 1994 stellten wir das gemeinsame Wahlprogramm von CDU und CSU vor, eine intelligente Mischung aus Machbarem und politischen Visionen. Dieses Programm hatte es in sich:

realistisch, pragmatisch – ohne irgendwelche Heilsversprechungen. Solidität und Stabilität der Politik standen im Vordergrund, es gab keine unfinanzierbaren Ankündigungen. Das war auch eine Folge dessen, dass der Bundesfinanzminister an der Erstellung des Programms wesentlich beteiligt war. Das gesamte Programm stand deshalb auch unter einem Finanzierungsvorbehalt. Nach zwölf Jahren Regierung war notwendigerweise die Kontinuität im Programm sichtbar. Manche Kapitel enthielten eine Mischung aus dem, was bisher geleistet worden war, und dem, was sich an konkreter Arbeit im Hinblick auf die folgende Legislaturperiode daraus ergab. In diesem Sinne bot das Programm sehr klare Aussagen für die Zukunft.

In der Präambel wurden als wichtigste Aufgaben der kommenden Jahre die Vollendung der inneren Einheit Deutschlands, die Stärkung des Wachstums und Vollbeschäftigung genannt. Außerdem stand die Bewahrung der natürlichen Lebensgrundlagen, die Förderung einer Gesellschaft des Gemeinsinns, in der die Familie gestärkt werden und das Netz der sozialen Sicherheit leistungsfähig bleiben sollte, die Gewährleistung der inneren Sicherheit sowie die Sicherung von Frieden und Freiheit nach außen im Vordergrund. Als Erfolg der vergangenen Regierungsjahre wurden die Überwindung der Rezession, die Sicherung der D-Mark, eine moderne Umweltpolitik, die Sicherung des Zukunftsstandorts Deutschland, der Aufbau Ost, die Konsolidierung der Staatsfinanzen, Bahn-, Post-, Renten- und Gesundheitsreform, die Pflegeversicherung, der Bau von fast zwei Millionen Wohnungen, die Reform des Asylrechts und nicht zuletzt Frieden, Freundschaft und Partnerschaft mit den Nachbarn hervorgehoben.

Nach dem sozialdemokratischen Herausforderer Hans-Jochen Vogel (1983), dem ich immer meinen besonderen Respekt bekundete, kam Johannes Rau (1987), der sich als besonders bibelfest erwies. Dann kam Oskar Lafontaine (1990), und nach ihm war Björn Engholm an der Reihe, von dem die Sozialdemokraten schon gar nicht mehr sprachen. Dabei hatte er doch als »Enkel« gegolten, der alles konnte. Nun trat der rheinland-pfälzische Ministerpräsident Rudolf Scharping gegen mich an, assistiert von den beiden Ministerpräsidenten Oskar Lafontaine und Gerhard Schröder. Diese Troika, die mit großen Worten und vielen Versprechungen auftrat, wollte mich besiegen, aus dem Kanzleramt jagen. Doch am Ende gelang es auch dieser sozialdemokratischen Enkelgeneration nicht, der SPD zur Mehrheit zu verhelfen.

Die Koalition von CDU, CSU und FDP konnte mit gutem Recht auf ein gewaltiges Pensum an erfolgreicher Arbeit verweisen. Wir baten die Wählerinnen und Wähler um Vertrauen in eine Politik der Mitte, die sich in den vergangenen vier Jahren bewährt hatte. Manches hatten wir nicht optimal leisten können, aber wahr war auch, dass die Bundesregierung weltweit Vertrauen genoss. Es gab kaum einen Sozialdemokraten in wesentlicher Funktion im europäischen Ausland, der einen Sieg der SPD in Deutschland wollte.

Wenn ich im Wahlkampf so durch das Land kam, registrierte ich immer wieder, dass es auch in Deutschland eine Menge Leute gab, die sagten: »Es ist ganz gut, dass es die Union gibt.« Die Deutschen wollten keine Extreme, weder von links noch von rechts. Sie wollten keinen Schlingerkurs, sie wollten keine Unberechenbarkeit. Sie wollten, bei all unseren Schwächen, einen Kurs der Mitte, und dafür stand die christlich-liberale Koalition, dafür baten wir bei den Wahlen – auch bei den Landtagswahlen in Sachsen und Brandenburg – um Zustimmung. Wir brauchten jede Stimme, aber wir hatten gute Chancen.

*

Die Landtagswahlen in Sachsen und in Brandenburg bestätigten die alten Mehrheiten. Die CDU mit ihrem Spitzenkandidaten Kurt Biedenkopf, dem sächsischen Ministerpräsidenten, hatte mit 58,1 Prozent der Stimmen ein großartiges Ergebnis erzielt. Für die Zukunft würde dieses Resultat die Position der CDU in Sachsen erheblich festigen. Dagegen kam die Niederlage der CDU in Brandenburg nicht überraschend. Die Partei hatte vorbildlich gekämpft; doch die innerparteilichen Querelen und die viel zu große Missstimmung brachten ein entsprechend schlechtes Ergebnis ein.

Amtsinhaber Manfred Stolpe verhalf der SPD mit 54,1 Prozent zur absoluten Mehrheit.

Mit Blick auf die Bundestagswahl im Oktober war leicht festzustellen, dass in beiden Ländern eine Persönlichkeitswahl stattgefunden hatte. Das entsprach nicht nur der Mentalität in den neuen Bundesländern, sondern kam auch dem Zeitgeist entgegen. Man konnte leicht daraus ableiten, dass Persönlichkeiten aus den Parteien künftig auf allen politischen Ebenen eine größere Rolle spielen würden. Als hätte es noch eines Beweises bedurft, zeugte auch der Kommunalwahlkampf um die Posten der Bürgermeister und Landräte in Rheinland-Pfalz davon, wo das neu eingeführte Direktwahlrecht die Persönlichkeitswahl begünstigte. Dasselbe galt für Baden-Württemberg, wo das Wahlsystems schon immer so beschaffen war.

Aber es gab noch weitere Parallelen bei den Wahlen in Brandenburg und in Sachsen: Die zweitstärkste Partei, in Sachsen die SPD und in Brandenburg die CDU, lag jeweils nur knapp vor der drittstärksten Partei, in beiden Ländern die PDS. In beiden Ländern war auch die Wahlbeteiligung gleichermaßen niedrig gewesen. Die Faustregel, wonach eine hohe Wahlbeteiligung der CDU nütze und schlecht für die SPD sei, stimmte nicht mehr.

Das Ergebnis der FDP, die es nicht mehr in die Parlamente schaffte, war in beiden Ländern hilfreich für das Abschneiden der FDP bei der Bundestagswahl. Daraus ergab sich eine Zweitstimmenkampagne, die für die Union nicht günstig war. Längst hatte sich die FDP zu einer Bundestagspartei entwickelt, die kaum noch über eine Verankerung ihrer politischen Arbeit in den Kommunen und Ländern verfügte. Der Unterbau war praktisch vollkommen verschwunden. Damit spiegelte sich in dieser Partei auch nicht die Realität vor Ort wider. Die Delegierten auf den Bundesparteitagen gewannen eine völlig überzogene Bedeutung, gerade wenn man an die nur 6000 Mitglieder der FDP-Jugendorganisation dachte, die auf FDP-Parteitagen erheblichen Einfluss hatte. Auf Dauer jedoch war auch im Bund eine Politik ohne Bürgermeister, Landräte und Mandatsträger vor Ort nicht machbar.

*

Bei den Landtagswahlen in Bayern am 25. September 1994 verteidigte die CSU trotz Stimmenverlusten von rund 2 Prozentpunkten ihre absolute Mehrheit mit 52,8 Prozent. Während die SPD Gewinne von 4 Prozentpunkten verbuchen konnte (30,0 Prozent), fiel der Stimmenanteil der FDP wie in Sachsen und Brandenburg unter die Fünfprozentmarke (2,85 Prozent). Das war ein höchst erfreuliches Ergebnis für die Schwesterpartei.

Bei der Analyse des Wahlergebnisses zeigte sich deutlich, dass es der CSU ungeachtet innerparteilicher Auseinandersetzungen gelungen war, ihre Rolle als »bayerische Staatspartei« unter Beweis zu stellen und ihre traditionellen Parteibindungen im ländlichen Raum zu festigen. Entscheidend für den Erfolg der Christsozialen war mit Sicherheit auch die günstige Wirtschaftslage in Bayern. Erstaunlich war, dass die CSU auch in der Arbeiterschaft fast 50 Prozent der Stimmen erhielt, wohingegen die Sozialdemokraten in dieser Wählerschicht nur rund 35 Prozent der Stimmen auf sich vereinigen konnten. Selbst bei den Achtzehn- bis Vierundzwanzigjährigen erzielte die CSU mit einem Stimmenanteil von 48 Prozent fast die absolute Mehrheit. Das freute mich ganz besonders.

*

Nur noch zwanzig Tage trennten uns von der Bundestagswahl. Die Menschen setzten zwar auf Sicherheit, Stabilität und klare Orientierung und wollten, dass es weiter aufwärts ging, aber wenn sich viele unserer Wähler zu sicher fühlten und nicht zur Wahl gingen, konnte es am 16. Oktober ein böses Erwachen geben: Mit einer parlamentarischen Mehrheit von SPD, Grünen und PDS würde sich unser Land in eine andere Republik verwandeln. Deshalb riefen wir alle Anhänger der Unionsparteien dazu auf, in jedem Fall zur Wahl zu gehen und zu einer hohen Wahlbeteiligung beizutragen. CDU und CSU brauchten jede Stimme. Wir wollten die bewährte und erfolgreiche Koalition der Mitte mit der FDP fortsetzen. Aber wir hatten keine Stimme zu verleihen oder zu verschenken. Wie früher schon, so lehnte ich es auch jetzt wieder ab, zugunsten der Liberalen eine Zweitstimmenkampagne zu starten. Die FDP musste und würde ihre eigene Chance nutzen.

Am 16. Oktober ging es um eine Richtungsentscheidung von historischer Tragweite:

- Es ging darum, ob unser Land weiter zuverlässig aus der politischen Mitte regiert würde – oder ob es unter dem Einfluss von SPD, Grünen und PDS weit nach links abdriftete.
- Es ging darum, ob wir den wirtschaftlichen Aufschwung sicherten und fortsetzten, die D-Mark stabil hielten und neue Arbeitsplätze schufen – oder ob ein Bündnis aus SPD, Grünen und PDS alles in Frage stellte, was wir gemeinsam erarbeitet hatten. Massive Steuererhöhungen, staatliche Bevormundung der Wirtschaft, Fortschritts- und Technikfeindlichkeit waren eine akute Gefahr für unsere wirtschaftliche und soziale Zukunft, vor allem für Hunderttausende von Arbeitsplätzen.
- Es ging darum, ob unser Sozialstaat leistungsfähig blieb, ob denen, die in Not waren, geholfen wurde und die Rente sicher war – oder ob Inflation die Arbeitnehmer um die Früchte ihrer Arbeit brachte und unser Sozialsystem in Gefahr geriet.
- Es ging darum, ob unsere Familien weiter gestärkt, die Gleichberechtigung von Frauen und Männern weiter gefördert und Alleinerziehende wirksam entlastet wurden – oder ob Ehe und Familie geschwächt und in Frage gestellt wurden.
- Es ging darum, ob wir den Schutz unserer Umwelt weiter voranbrächten und Weltmarktführer in der Umwelttechnologie blieben – oder ob eine dirigistische Politik Ökologie und Ökonomie in einen zerstörerischen Gegensatz brachte.
- Es ging darum, ob Deutschland weiterhin ein verlässlicher und geachteter Partner bei der Einigung Europas und beim Schutz von Frieden und Freiheit blieb – oder ob SPD, Grüne und PDS das weltweite Ansehen unseres Landes verspielten. Wer wie Grüne und PDS, die in Aussicht genommenen Part-

ner der SPD, Bundeswehr und Nato in Frage stellte, isolierte Deutschland in der Staatengemeinschaft.
- Es ging darum, ob Kriminalität auch in Zukunft mit ganzer Entschlossenheit bekämpft wurde – oder ob SPD, Grüne und PDS Kriminalität verharmlosten, Drogen freigaben und die Polizei verunsicherten.
- Es ging darum, ob wir Gewalttätern und den Radikalen von rechts und links eine klare Absage erteilten – oder ob Kommunisten als Mehrheitsbeschaffer der SPD hoffähig gemacht wurden und Einfluss auf die deutsche Politik gewannen.
- Es ging darum, wer als Bundeskanzler unser Land in die Zukunft führen würde. Ich stand für Erfahrung, Sicherheit und Verlässlichkeit. Ich genoss das Vertrauen unserer ausländischen Partner und Freunde. Ich stand für eine erfolgreiche Politik im wiedervereinigten Deutschland.

Eine gute Woche vor der Wahl war meine Stimme durch die vielen Kundgebungen im Freien dermaßen gereizt, dass ich schon befürchtete, sie könnte bei den elf noch geplanten Wahlkampfeinsätzen versagen. Doch letztlich kam es bei der anstehenden Bundestagswahl nicht auf meine Stimme an, sondern auf die Stimmen der Wählerinnen und Wähler. Anfang des Jahres hatte ich angekündigt, auf allen Straßen und Plätzen, auf denen ich 1990 zu den Wählerinnen und Wählern gesprochen hatte – zunächst in der damaligen DDR und dann in den neuen Ländern –, auch jetzt wieder zu sprechen. Im Europawahlkampf, in den Landtagswahlkämpfen und im Bundestagswahlkampf hatte ich in den letzten Tagen und Wochen vor Hunderttausenden von Menschen gesprochen.

Die Erfahrungen der letzten Wahlkampfwochen widerlegten die von sogenannten Fachleuten in der Politikwissenschaft und anderswo aufgestellte Behauptung, dass die Bürgerinnen und Bürger kein Interesse mehr an Wahlversammlungen hätten. Die Begegnung mit dem Wähler sei altmodisch geworden, urteilten sie. Aus meiner Erfahrung von rund fünfundsiebzig Veranstaltungen konnte ich das nicht bestätigen. Wenn fast eine halbe Million Zuhörer zum Teil unter widrigsten Wetterbedingungen, und zwar in der alten Bundesrepublik wie in den neuen Ländern, bei meinen Wahlkampfkundgebungen waren, dann zeigte dies, dass auch weiterhin ein großes Interesse an der direkten Begegnung bestand. Ich erwähne das auch deswegen, weil in allen Parteien, auch der meinigen, gelegentlich die Meinung vertreten wurde, man brauche keine Versammlungen abzuhalten. Aber diejenigen, die das verbreiteten, waren meist solche, die dieser Arbeit gern aus dem Weg gingen. Deswegen wollte ich durch meinen Einsatz im Wahlkampf auch ein Beispiel setzen für andere in der eigenen Partei.

Bei meinen Veranstaltungen fiel mir allerdings auch die hohe Zahl meist jugendlicher Störer und Gewalttäter von links- wie rechtsradikaler Seite auf. Nach meinen Beobachtungen waren die Linksradikalen besonders aggressiv. Das zeigte sich auch in Bremen bei den Feiern zum Tag der deutschen Einheit am 3. Oktober 1994. Es handelte sich zum Teil um Schlägertrupps, die durch die ganze Republik zogen und Andersdenkende systematisch zu terrorisieren versuchten. Die PDS gehörte zu den Mitunterzeichnern des Aufrufs zur Bremer Demonstration gegen den Nationalfeiertag. Ich fand das auf Grund meiner Erfahrungen in den neuen Ländern nicht weiter überraschend.

Mir war wichtig, dass ich bei den Wahlveranstaltungen mit der These, dass die blühenden Landschaften im Entstehen waren und dass der Aufholprozess entscheidend vorangekommen war, jetzt überall auf Zustimmung traf. Die neuen Bundesländer waren die wachstumsstärkste Region in Europa geworden mit einem realen Wachstum von plus 9 Prozent im ersten Halbjahr 1994. Die Zahl der Arbeitsplätze nahm dort erstmals wieder leicht zu. Im zweiten Vierteljahr 1994 waren in den neuen Ländern 21 000 Menschen mehr beschäftigt als ein Jahr zuvor. Die Arbeitslosigkeit sank. Von August auf September schrumpfte die Zahl der Arbeitslosen um 64 000.

Übertragen auf die alten Bundesländer mit ihrer viermal so großen Bevölkerung würde dies einem Rückgang der Arbeitslosigkeit im Westen um mehr als 250 000 entsprechen. Das unterstrich die Dynamik, die wir beim Aufbau Ost inzwischen erreicht hatten. Was mir besonders viel Freude machte und wofür ich mich ganz persönlich eingesetzt hatte, war die Tatsache, dass wir auch in diesem Jahr ein ausreichendes Lehrstellenangebot in den neuen Ländern erreicht hatten. Ich hatte immer die These vertreten: Wer ein Ausbildungsverhältnis eingehen will und kann, dem soll man diese Möglichkeit unter allen Umständen verschaffen. Es ging natürlich nicht immer um Traumberufe. Aber wichtig war, dass jeder, der es wollte, eine Ausbildungschance erhielt. Viele hatten diesen Erfolg möglich gemacht, und durch die Bereitstellung von 15 000 außerbetrieblichen Ausbildungsplätzen hatte auch die Bundesregierung gemeinsam mit den neuen Bundesländern dazu beigetragen.

Ein anderes wichtiges Thema, bei dem ich sehr viel Zustimmung fand, war die Entwicklung der Rente in den neuen Ländern. Wir hatten die Renten in den neuen Ländern bereits auf 77 Prozent des Niveaus der alten Bundesländer gebracht. Ich sah darin einen großen Erfolg auch der sozialen Solidarität, denn es war ja ganz erhebliches Geld von West nach Ost transferiert worden – übrigens auch größere Investitionssummen in anderen Bereichen. Die Rente eines Beschäftigten, der fünfundvierzig Jahre gearbeitet hatte, belief sich im Sommer 1990 – also vor der Wirtschafts- und Währungsunion – auf rund 500 DDR-Mark. Der gleiche Rentner, die gleiche Rentnerin bekam ab Januar 1995 rund 1500 D-Mark. Da es auf Grund der gesellschaftlichen Verhältnisse in der früheren DDR eine hohe Zahl von Rentnerehepaaren mit solchen Rentenansprüchen gab, war es gar nicht so selten, dass jeder der beiden Ehepartner diese Summe erhielt.

Wenn ich auf die letzten vier Jahre zurückblicke – es waren keine einfachen Jahre, zumal wir auch die Rezession zu überwinden hatten –, dann war bemerkenswert, dass die finanzielle Unterstützung aus öffentlichen Kassen in Höhe von netto rund 500 Milliarden DM jetzt ihre Wirkung tat. Vor allem aber auch der Fleiß, die Einsatzbereitschaft und der Mut der Ostdeutschen hatten dafür gesorgt, dass der tiefgreifende Strukturwandel, der mit großen Härten und Schwierigkeiten verbunden war, bewältigt und der Aufbau in den neuen Bundesländern vorangebracht werden konnte.

Wir hatten 1994 die schwerste Rezession der Nachkriegszeit überwunden. Es war unübersehbar, dass der Aufschwung an Breite und Kraft gewonnen hatte. Nach den jüngsten Prognosen der meisten Experten hatten wir gute Chancen, 1994 ein reales gesamtdeutsches Wachstum von 2,5 Prozent und im Jahr 1995 sogar von 3 Prozent zu erreichen. Zu Jahresbeginn waren wir noch auf große Skepsis gestoßen, als wir im Jahreswirtschaftsbericht ein Wachstum von 1 bis 1,5 Prozent für 1994 angenommen hatten. OECD und Internationaler Währungsfonds gaben der wirtschaftlichen Entwicklung in Deutschland beste Noten.

Die neuen Arbeitsmarktdaten belegten die positive Wende am Arbeitsmarkt. Dies war ein Anfang, das Ziel war noch keineswegs erreicht. Die Bekämpfung der Arbeitslosigkeit würde trotz dieser erfreulichen Tendenz Hauptthema der Politik in den nächsten Jahren bleiben.

Angesichts der deutschen Erfahrungen mit zwei Inflationen in diesem Jahrhundert war und blieb auch die Stabilität unserer Währung ein zentrales Ziel unserer Politik. Im September 1994 hatten wir bei der Inflationsrate wieder die Zwei vor dem Komma erreicht. Für die kommenden Monate erwartete die Bundesbank einen weiteren Rückgang des Preisanstiegs. Bei alledem hatten viele mitgeholfen, insbesondere die verantwortungsbewussten Tarifpartner.

Die Erfahrungen der letzten Jahre zeigten, dass die weitere Verbesserung des Standorts Deutschland eine herausragende Aufgabe der nächsten Jahre blieb. Wir mussten unsere Republik für die Zukunft »fit machen«, wir mussten umdenken, Verkrustungen aufbrechen. Von unserem Standortprogramm und einem 30-Punkte-Aktionsprogramm vom Januar 1994 hatten wir inzwischen vieles verwirklicht. Diese Arbeit wollten wir fortsetzen.

Auch in der nächsten Legislaturperiode blieb der Aufbau Ost ganz oben auf der politischen Tagesordnung. Die Vollendung der inneren Einheit Deutschlands behielt Priorität. Ebenso wichtig war, dass wir die politische Einigung Europas weiter vertieften und unumkehrbar machten.

*

Zum dritten Mal in Folge war Hannelore an meiner Seite mit in den Bundestagswahlkampf gezogen. Seit der Wiedervereinigung hatten sich die Entfernungen, die dabei zurückzulegen waren, und die Zahl der Orte, an denen Veranstaltungen stattfanden, um einiges erhöht. Das war eine psychische Tortur und für Hannelore wegen ihrer Krankheit besonders belastend. Trotzdem unterstützte sie mich, wo sie konnte. Sie begleitete mich zu den Wahlkampfveranstaltungen, hielt eigene Veranstaltungen ab, vor allem aber war sie eine moralische und seelische Stütze für mich.

*

Am 16. Oktober waren rund 60 Millionen Bundesbürger zur Neuwahl des Bundestages aufgerufen. Die zweite gesamtdeutsche Bundestagswahl nach der Vereinigung der beiden deutschen Staaten endete bei einer Wahlbeteiligung von 79 Prozent mit der Bestätigung der von mir geführten christlich-liberalen Koalition. Bei dieser Wahl zum 13. Deutschen Bundestag erzielten CDU/CSU 41,5 Prozent (1990: 43,8 Prozent), die SPD 36,4 Prozent (33,5), die FDP 6,9 Prozent (11,6), Bündnis 90/Die Grünen 7,3 Prozent (5,0) und die PDS 4,4 Prozent (2,4).

In Mecklenburg-Vorpommern, Saarland und Thüringen fanden parallel zur Bundestagswahl Landtagswahlen statt. Im Saarland gewannen die regierenden Sozialdemokraten, eindeutiger Wahlsieger in Mecklenburg-Vorpommern war die PDS. Eine vergleichbare Tendenz zeigte sich im Freistaat Thüringen. Auch hier schaffte die FDP nicht den Einzug ins Parlament, so dass die CDU, die ebenfalls Einbußen hinnehmen musste, ihren Bündnispartner verlor.

In Nordrhein-Westfalen fanden parallel zur Bundestagswahl Kommunalwahlen statt. Die SPD erreichte im Landesdurchschnitt rund 42 Prozent und blieb damit im bevölkerungsreichsten Bundesland stärkste kommunale Kraft. Die CDU gewann leicht hinzu und kam auf 40,3 gegenüber 37,5 Prozent. Großer Verlierer war wieder die FDP, die im landesweiten Durchschnitt nur noch 3,8 Prozent erhielt. In vielen Städten und Gemeinden von NRW kam es zu einer rot-grünen Koalition.

Damit war der Wahlmarathon 1994 beendet. Im wesentlichen hatten die Wählerinnen und Wähler die alten Machtverhältnisse im Bund und in den Bundesländern bestätigt.

Wir hatten das entscheidende Ziel erreicht, die Koalition von CDU, CSU und FDP fortzusetzen, die immerhin über zehn Mandate mehr als alle anderen Parteien im Bundestag verfügte. In der Geschichte der Wahlen in Deutschland nach 1945 war es überhaupt nur zweimal einer Partei gelungen, über 40 Prozent der Stimmen zu erreichen. Vermutlich hätten wir das Ergebnis von 1990 erreichen können, wenn wir nicht 2 bis 3 Prozent Leihstimmen an die FDP abgegeben hätten. Ein besseres Ergebnis hätte uns letztendlich aber nichts genutzt, weil die FDP ohne Leihstimmen unter die Fünfprozenthürde gefallen wäre.

Somit war die Koalition der Mitte vom Wähler eindrucksvoll bestätigt worden. Mit 48,4 Prozent verfügte sie über eine deutliche Mehrheit gegenüber den anderen demokratischen Parteien SPD und Bündnis 90/Die Grünen, die gemeinsam nur 43,7 Prozent der Wählerstimmen auf sich vereinigen konnten. Hinzu kamen die Mandate der PDS. Die Opposition bestand jetzt aus drei Parteien.

Eine Alternative zur Koalition der Mitte gab es nicht. Auch eine Ampelkoalition hätte nur über 348 Mandate verfügt. Wenn man die PDS nicht mit in diese Rechnung einbezog, gab es eine klare Mehrheit für unsere Koalition. Das war letztendlich entscheidend. Der Regierungsbildung für die neue Legislaturperiode stand nichts mehr im Wege. Dabei stand außer Zweifel, dass die Regierungsarbeit schwieriger als bisher werden würde. Mit der angeschlagenen FDP galt es jetzt besonders einfühlsam umzugehen. Mehr denn je war meine Rolle als Moderator im Bonner Regierungsbündnis gefragt. Die knappe Mehrheit von zehn Mandaten konnte sich aber auch sehr positiv auswirken, die Verständigung fördern und die Kompromissbereitschaft erhöhen. So oder so standen uns vier spannende Regierungsjahre bevor, die unsere ganze Kraft und politische Phantasie erforderten.

Am 15. November 1994 wurde ich mit 338 Jastimmen – eine mehr als notwendig – im ersten Wahlgang mit absoluter Mehrheit zum Kanzler gewählt. Rein rechnerisch hatten somit mindestens drei Abgeordnete aus dem Koalitionslager, das insgesamt 341 Abgeordnete zählte, nicht für mich gestimmt. Nach der Ernennung durch Bundespräsident Roman Herzog leistete ich im Bundestag den Amtseid.

Für mich persönlich wie für meine Familie und Freunde war das ein bewegender, unvergesslicher Tag. Der Last und der Pflicht, die ich mit dieser fünften Wahl zum Kanzler übernahm, war ich mir sehr bewusst. Längst hatte ich für mich beschlossen, in der Mitte der Legislaturperiode einen Stabwechsel im Bundeskanzleramt vorzunehmen. Nur ein einziger Kandidat stand für mich zur Diskussion: Wolfgang Schäuble. Ihm traute ich am ehesten zu, für unser Land, für unsere Partei ein erfolgreicher Nachfolger zu sein.

Sieger der Bundestagswahl:
Wahlparty im Konrad-Adenauer-Haus am 16. Oktober 1994

Anhang

Zeittafel

1930
3. April: geboren in Ludwigshafen am Rhein

1936 bis 1940
Besuch der Volksschule in Ludwigshafen-Friesenheim

1940 bis 1944
Besuch der Oberrealschule in Ludwigshafen
Dezember 1944: Kinderlandverschickung, zunächst nach Erbach im Odenwald, dann nach Berchtesgaden (bis Mai 1945)

1945
August bis November: Landwirtschaftslehre in Düllstadt
Dezember: Rückkehr an die Oberrealschule in Ludwigshafen

1947
Eintritt in die CDU (Mitgliedsnummer 00246); Mitbegründer der Jungen Union Rheinland-Pfalz

1948
Tanztee im Gasthof »Zum Weinberg« in Friesenheim; erste Begegnung mit Hannelore Renner (15)

1950
8. Juni: Abitur in Ludwigshafen
Herbst: Aufnahme des Studiums an der Universität Frankfurt/Main mit dem Schwerpunkt Rechtswissenschaft und Geschichte

1951
Fortsetzung des Studiums an der Universität Heidelberg; Hauptfächer Geschichte und Staatswissenschaften

1953
Mitglied des geschäftsführenden Vorstands der CDU Pfalz

1954 bis 1961
Stellvertretender Landesvorsitzender der Jungen Union Rheinland-Pfalz

1955 bis 1966
Mitglied des Landesvorstands der CDU Rheinland-Pfalz

1956 bis 1958
Wissenschaftlicher Mitarbeiter am Alfred-Weber-Institut der Universität Heidelberg

1958
28. Juli: Promotion zum Dr. phil. an der Universität Heidelberg; Thema der Dissertation: »Die politische Entwicklung in der Pfalz und das Wiedererstehen der Parteien nach 1945«

1958 bis 1959
Direktionsassistenz bei der Ludwigshafener Eisengießerei Willi Mock

1959
Vorsitzender des CDU-Kreisverbands Ludwigshafen

1959 bis 1969
Referent beim Verband der Chemischen Industrie mit Sitz in Ludwigshafen

1959 bis 1976
Mitglied der CDU-Landtagsfraktion von Rheinland-Pfalz

1960
27. *Juni:* Heirat mit Hannelore Renner

1960 bis 1969
Vorsitzender der CDU-Stadtratsfraktion in Ludwigshafen

1961
25. *Oktober:* Wahl zum stellvertretenden Vorsitzenden der CDU-Landtagsfraktion (mit 25 von 47 Stimmen, bei 19 Gegenstimmen und 3 Enthaltungen)

1963
9. *Mai:* Wahl zum CDU-Fraktionsvorsitzenden (mit 38 von 41 Stimmen bei 3 Enthaltungen)
16. *Juli:* Sohn Walter wird geboren

1964
12. *Oktober:* Wahl zum Vorsitzenden des CDU-Bezirksverbands Pfalz (mit 236 von 250 abgegebenen Stimmen)

1965
7. *November:* Wiederwahl zum Bezirksvorsitzenden (mit 263 von 274 gültigen Stimmen)
28. *August:* Sohn Peter wird geboren

1966
6. *März:* Wahl zum Landesvorsitzenden der CDU Rheinland-Pfalz (mit 415 von 477 gültigen Stimmen), designierter Nachfolger von Ministerpräsident Peter Altmeier
21. *bis* 23. *März:* auf dem 14. CDU-Bundesparteitag in Bonn scheitert die Kandidatur fürs CDU-Präsidium; als CDU-Landesvorsitzender kraft Amtes Mitglied des Bundesvorstands

1967
23. *April:* bei der Landtagswahl in Rheinland-Pfalz gewinnt die CDU 46,7 Prozent der Stimmen (SPD 36,8, FDP 8,3 Prozent)

23. Mai: auf dem 15. CDU-Bundesparteitag in Braunschweig in den CDU-Bundesvorstand gewählt (mit 398 von 566 Stimmen)

1968
27. April: Wiederwahl zum Landesvorsitzenden der CDU Rheinland-Pfalz (mit 347 von 428 gültigen Stimmen)

1969
19. Mai: Wahl zum Ministerpräsidenten von Rheinland-Pfalz (mit 57 von 96 gültigen Stimmen); im Amt bis 1976
1. Juni: Ende der Tätigkeit beim Verband der Chemischen Industrie
17. November: auf dem 17. CDU-Bundesparteitag in Mainz Wahl zum stellvertretenden Bundesvorsitzenden der CDU (mit 392 von 476 gültigen Stimmen)

1970
25. Mai: Wiederwahl als Landesvorsitzender der CDU Rheinland-Pfalz

1971
25. bis 27. Januar: auf dem 18. CDU-Bundesparteitag in Düsseldorf wird die zweite Fassung des »Berliner Programms« verabschiedet
21. März: bei der Landtagswahl in Rheinland-Pfalz gewinnt die CDU mit 50 Prozent die absolute Mehrheit der Stimmen (53 von 100 Mandaten)
4. bis 5. Oktober: auf dem 19. CDU-Bundesparteitag in Saarbrücken bei der Wahl zum CDU-Bundesvorsitzenden unterlegen (520 Delegierte stimmen für Rainer Barzel, für den Mainzer Ministerpräsidenten 174)

1972
27. April: Konstruktives Misstrauensvotum der CDU/CSU-Opposition gegen Bundeskanzler Willy Brandt; Rainer Barzel schei-

tert knapp: Es fehlen ihm zwei Stimmen zur erforderlichen absoluten Mehrheit der Abgeordnetenstimmen
9. bis 11. Oktober: auf dem 20. CDU-Bundesparteitag in Wiesbaden wird das »Wiesbadener Arbeitsprogramm« verabschiedet
19. November: bei der Bundestagswahl wird die sozialliberale Regierungskoalition bestätigt; die SPD (45,8 Prozent der Stimmen) wird erstmals stärkste politische Kraft vor der CDU/CSU mit 44,9 Prozent; FDP 8,4 Prozent

1973
12. Juni: Wahl zum CDU-Bundesvorsitzenden auf dem 21. CDU-Bundesparteitag in Bonn (mit 520 von 600 gültigen Stimmen), nachdem Rainer Barzel zurückgetreten ist
18. bis 20. November: der 22. Bundesparteitag in Hamburg fasst Beschlüsse zum sozialen Baubodenrecht, verabschiedet vermögenspolitische Leitsätze und Grundsatzthesen zur beruflichen Bildung

1975
9. März: bei der Landtagswahl in Rheinland-Pfalz erzielt die CDU mit 53,9 Prozent der Stimmen wieder die absolute Mehrheit und ihr bisher bestes Ergebnis
20. Mai: Bestätigung im Amt des Ministerpräsidenten (mit 55 von 105 gültigen Stimmen)
19. Juni: die Präsidien von CDU und CSU bestimmen in gemeinsamer Sitzung den CDU-Bundesvorsitzenden zum Kanzlerkandidaten der Unionsparteien für die Bundestagswahl 1976
23. bis 25. Juni: Wiederwahl zum Parteivorsitzenden auf dem 23. CDU-Bundesparteitag in Mannheim (mit 696 von 707 Stimmen); Verabschiedung der »Mannheimer Erklärung«, die die außen-, innen- und gesellschaftspolitische Position der CDU beschreibt (»Alternative '76«)

1976
29. April: Gründung der Europäischen Volkspartei (EVP)
24. bis 26. Mai: der 24. Bundesparteitag in Hannover steht unter

dem Motto »Aus Liebe zu Deutschland – Freiheit statt Sozialismus«

3. Oktober: bei der Bundestagswahl verfehlt die Union mit 48,6 Prozent der Stimmen nur knapp die absolute Mehrheit

19. November: die CSU kündigt die Fraktionsgemeinschaft mit der CDU im Deutschen Bundestag auf (Kreuther Beschluss)

1. Dezember: Wahl zum Nachfolger von Karl Carstens im Amt des Fraktionsvorsitzenden der CDU im Bundestag (mit 184 von 189 Stimmen)

2. Dezember: Rücktritt vom Amt des Mainzer Ministerpräsidenten

12. Dezember: Einigung von CDU und CSU auf die Wiederaufnahme der Fraktionsgemeinschaft

13. Dezember: Wahl zum Vorsitzenden der CDU/CSU-Bundestagsfraktion (mit 230 von 241 gültigen Stimmen)

1977

7. bis 9. März: auf dem 25. CDU-Bundesparteitag in Düsseldorf als Parteivorsitzender im Amt bestätigt (mit 767 von 810 gültigen Stimmen)

1978

23. bis 25. Oktober: Verabschiedung des ersten Grundsatzprogramms der CDU auf dem 26. CDU-Bundesparteitag in Ludwigshafen

1979

25. bis 27. März: auf dem 27. CDU-Bundesparteitag in Kiel erneut als Bundesvorsitzender bestätigt (mit 617 von 740 Stimmen)

28. Mai: der CDU-Bundesvorstand nominiert Ernst Albrecht zum Kanzlerkandidaten für die Bundestagswahl 1980

10. Juni: bei der ersten Direktwahl zum Europäischen Parlament erzielen CDU/CSU 49,2 Prozent der Stimmen (SPD 40,8 Prozent, FDP 6,0 Prozent, die Grünen 3,2 Prozent)

2. Juli: die CDU/CSU-Bundestagsfraktion nominiert den bayerischen Ministerpräsidenten Franz Josef Strauß zum gemeinsamen Kanzlerkandidaten der Unionsparteien

1980

19. bis 20. Mai: Verabschiedung des Wahlprogramms der CDU/CSU auf dem 28. Bundesparteitag in Berlin

5. Oktober: bei der Bundestagswahl verlieren die Unionsparteien über 4 Prozentpunkte im Vergleich zur Wahl 1976 und erzielen 44,5 Prozent der Stimmen; die SPD/FDP-Koalition kann ihre Regierungsarbeit fortsetzen

7. Oktober: Bestätigung als Vorsitzender der CDU/CSU-Bundestagsfraktion (mit 210 von 214 gültigen Stimmen)

1981

20. Januar: Vereidigung von Ronald Reagan als 40. Präsident der Vereinigten Staaten

9. bis 10. März: der 29. Bundesparteitag in Mannheim verabschiedet das Arbeitsprogramm »Aufgaben der achtziger Jahre«; Bestätigung als Parteivorsitzender (mit 689 von 715 Stimmen)

2. bis 5. November: der 30. Bundesparteitag in Hamburg verabschiedet die Grundsätze »Mit der Jugend. Unser Land braucht einen neuen Anfang«

1982

1. Oktober: Konstruktives Misstrauensvotum gegen Bundeskanzler Helmut Schmidt; Wahl zum Bundeskanzler der Bundesrepublik Deutschland mit den Stimmen von 256 der 495 Abgeordneten

4. Oktober: erste Auslandsreise als Kanzler; Treffen mit dem französischen Staatspräsidenten François Mitterrand in Paris

13. Oktober: erste Regierungserklärung; darin Bekenntnis zum Nato-Nachrüstungsbeschluss und zur Fortsetzung guter Beziehungen zur DDR bei entsprechenden Gegenleistungen

15. bis 18. November: erste offizielle Reise als Kanzler in die USA; Treffen mit dem amerikanischen Präsidenten Ronald Reagan

17. Dezember: das erfolgreiche Misstrauensvotum zur Auflösung des Deutschen Bundestags macht den Weg zur Neuwahl am 6. März 1983 frei

1983

20. bis 21. Januar: 20. Jahrestag des deutsch-französischen Freundschaftsvertrags; Ansprache des französischen Staatspräsidenten Mitterrand vor dem Deutschen Bundestag; Feierstunde im Pariser Élysée-Palast

6. März: bei den vorgezogenen Wahlen zum 10. Deutschen Bundestag erhalten CDU und CSU 48,8 Prozent der Stimmen; erneute Regierungsbildung aus Unionsparteien und FDP

29. März: Bestätigung im Amt des Bundeskanzlers mit 271 von 486 gültigen Stimmen der Bundestagsabgeordneten

4. Mai: Regierungserklärung – Abbau der Arbeitslosigkeit, die Wiedergewinnung wirtschaftlichen Wachstums und die Sanierung der Bundesfinanzen sind Schwerpunkte der Regierungstätigkeit

26. Mai: Wiederwahl zum Parteivorsitzenden der CDU auf dem 31. Bundesparteitag in Köln mit 631 von 651 gültigen Stimmen

17. bis 19. Juni: als Vorsitzender des Europäischen Rats auf dem Stuttgarter EG-Gipfel Weichenstellung zur Erweiterung der Europäischen Gemeinschaft (Spanien und Portugal)

29. Juni: Kabinettsbeschluss über die Bürgschaft für einen Bankkredit über eine Milliarde DM an die DDR

4. bis 7. Juli: erste Reise als Kanzler in die Sowjetunion; Treffen mit Generalsekretär Andropow

28. September: Beginn des Abbaus von Selbstschussanlagen an der innerdeutschen Grenze (beendet am 30. November 1984)

21. bis 23. November: Regierungserklärung zum Nato-Doppelbeschluss und Beschluss des Deutschen Bundestags zur Stationierung neuer US-Mittelstreckenraketen

1984

17. bis 19. Januar: Stockholmer Konferenz über vertrauens- und sicherheitsbildende Maßnahmen und Abrüstung in Europa (KVAE)

24. bis 29. Januar: erste Reise als Kanzler nach Israel

13. Februar: erstes Treffen mit SED-Generalsekretär Erich Honecker am Rande der Moskauer Trauerfeierlichkeiten für Andropow

14. Februar: das Europäische Parlament billigt den Vertrag zur Gründung der Europäischen Union

9. bis 11. Mai: 32. CDU-Bundesparteitag in Stuttgart; Verabschiedung der Stuttgarter Leitsätze »Deutschlands Zukunft als moderne und humane Industrienation«

23. Mai: Richard von Weizsäcker wird zum Bundespräsidenten gewählt

17. Juni: zweite Direktwahl zum Europäischen Parlament; Unionsparteien erzielen 46 Prozent der Stimmen (SPD 37,4)

22. September: Treffen mit dem französischen Präsidenten François Mitterrand auf einem Soldatenfriedhof bei Verdun

1985

20. Januar: Ronald Reagan beginnt seine zweite Amtszeit als Präsident der USA

10. März: Tod des sowjetischen Staats- und Parteichefs Tschernenko; neuer Generalsekretär der KPdSU wird Michail Gorbatschow; bei den Moskauer Begräbnisfeierlichkeiten am 12. März Treffen mit Erich Honecker und Michail Gorbatschow

23. März: Wiederwahl zum Parteivorsitzenden der CDU auf dem 33. Bundesparteitag in Essen mit 667 von 727 gültigen Stimmen

21. April: Rede anlässlich des 40. Jahrestags der Befreiung des Konzentrationslagers in Bergen-Belsen

2. bis 4. Mai: 11. Weltwirtschaftsgipfel in Bonn; Gastgeber von Vertretern der sieben führenden Industrienationen

5. Mai: Treffen mit Präsident Reagan in Bergen-Belsen und Bitburg

1986

19. März: Einigung über eine Beteiligung der Bundesrepublik an der Strategischen Verteidigungsinitiative (SDI) der USA

26. April: die Reaktorkatastrophe von Tschernobyl bewirkt eine grundlegende Neubestimmung der Energie- und Umweltpolitik

6. Juni: Walter Wallmann wird erster Umweltminister der Bundesrepublik

14. Juni: Schengener Abkommen

24. bis 26. September: internationale Konferenz über Reaktorsicherheit in Wien auf Bonner Initiative

7. bis 8. Oktober: 34. Bundesparteitag in Mainz; Verabschiedung des »Zukunftsmanifests« der CDU

26. Oktober: Träger der erstmals verliehenen Robert-Schuman-Medaille für hervorragende Verdienste um die europäische Einigung

1987

25. Januar: Wahlen zum 11. Deutschen Bundestag: 44,3 Prozent für die Unionsparteien

11. März: mit 253 von 484 gültigen Stimmen der Bundestagsabgeordneten erneut als Bundeskanzler bestätigt

12. Juni: Präsident Reagan besucht West-Berlin und fordert Gorbatschow auf, die Mauer niederzureißen

1. Juli: Inkrafttreten der Einheitlichen Europäischen Akte (EEA), auf die sich der Europäische Rat am 2./3. Dezember 1985 in Luxemburg geeinigt hatte

26. August: mit dem Verzicht auf die Modernisierung der Pershing Ia erleichtert die Bundesregierung die amerikanisch-sowjetischen Abrüstungsverhandlungen

7. bis 11. September: Besuch von SED-Generalsekretär Erich Honecker in Bonn

9. November: Wiederwahl zum Parteivorsitzenden der CDU auf dem 35. Bundesparteitag in Bonn (581 von 662 gültigen Stimmen); Gründung der Senioren-Union innerhalb der CDU

12. bis 13. November: 50. deutsch-französischer Gipfel in Karlsruhe; Bildung einer gemeinsamen Brigade

6. Dezember: bei der EG-Konferenz in Kopenhagen übernimmt die Bundesrepublik den Vorsitz des Europäischen Rats

8. Dezember: erstes Abrüstungsabkommen zwischen den USA und der UdSSR zum vollständigen Abbau und zur Vernichtung der Mittelstreckenwaffen (INF-Vertrag)

1988

22. Januar: Feiern in Bonn und Paris zum 25. Jahrestag des deutsch-französischen Vertrags

13. bis 15. Juni: 36. CDU-Bundesparteitag in Wiesbaden; Beschlüsse »Unsere Verantwortung in der Welt«, »Politik auf der Grundlage des christlichen Menschenbildes« und »Die CDU als moderne Volkspartei«

27. bis 28. Juni: nach einer erfolgreichen deutschen EG-Präsidentschaft werden in Hannover die Weichen für den Europäischen Binnenmarkt 1992 gestellt

3. Oktober: Tod des CSU-Vorsitzenden und bayerischen Ministerpräsidenten Franz Josef Strauß

24. bis 27. Oktober: Besuch in Moskau; entscheidender Durchbruch bei den Gesprächen mit Generalsekretär Michail Gorbatschow zur Intensivierung der bilateralen Beziehungen

1. November: zusammen mit François Mitterrand Träger des Internationalen Karlspreises der Stadt Aachen

8. November: Wahl von George Bush zum 41. Präsidenten der USA; Amtsantritt am 20. Januar 1989

1989

2. Mai: Ungarn beginnt mit dem Abbau der Grenzsperren zu Österreich

23. Mai: Bundespräsident Richard von Weizsäcker wird in Bonn für seine zweite Amtszeit wiedergewählt

30. bis 31. Mai: Besuch von George Bush in der Bundesrepublik; in Mainz spricht er sich für eine gemeinsame Führungsrolle der USA und der Bundesrepublik Deutschland innerhalb der Nato aus

14. bis 16. Juni: Besuch Michail Gorbatschows in Bonn; gemeinsame Bekräftigung der Grundsätze der Menschenwürde, des Völkerrechts und des Selbstbestimmungsrechts der Völker

18. Juni: bei den dritten Direktwahlen zum Europäischen Parlament erhalten die Unionsparteien mit 37,7 Prozent die meisten Stimmen

25. August: Geheimtreffen mit dem ungarischen Ministerpräsidenten Németh und Außenminister Horn auf Schloss Gymnich

10. bis 11. September: Ungarn genehmigt die Ausreise aller DDR-Flüchtlinge in den Westen

11. September: Wiederwahl zum Parteivorsitzenden der CDU auf dem 37. Bundesparteitag in Bremen (571 von 718 gültigen Stimmen); Nachfolger von Heiner Geißler als CDU-Generalsekretär wird Volker Rühe

1. Oktober: erste Ausreisewelle aller DDR-Flüchtlinge aus Prag und Warschau

7. Oktober: 40. Jahrestag der DDR-Gründung; Gorbatschow fordert Reformen: »Wer zu spät kommt, den bestraft das Leben«

16. Oktober: bisher größte Demonstration in der DDR seit dem Aufstand vom 17. Juni 1953 in Leipzig

18. Oktober: Egon Krenz löst den gestürzten Staats- und Parteichef Erich Honecker ab

9. November: Öffnung der Mauer; Unterbrechung des Staatsbesuchs in Polen; Rede vor über 100 000 Menschen vor der Kaiser-Wilhelm-Gedächtniskirche in Berlin

13. November: Hans Modrow wird neuer DDR-Ministerpräsident

15. November: Warschauer Vereinbarungen über eine engere bilaterale Zusammenarbeit

28. November: Vorlage des »Zehn-Punkte-Programms zur schrittweisen Überwindung der Teilung Deutschlands und Europas« im Deutschen Bundestag

30. November: Ermordung des Vorstandssprechers der Deutschen Bank Alfred Herrhausen durch die RAF

19. Dezember: begeisterter Empfang in Dresden; Verabredung mit Ministerpräsident Modrow über eine Vertragsgemeinschaft beider deutscher Staaten für das Frühjahr 1990

22. Dezember: das Brandenburger Tor wird für Fußgänger geöffnet

24. Dezember: erstmals können Bürger aus der Bundesrepublik und West-Berliner ohne Visum und Zwangsumtausch in die DDR reisen

31. Dezember: Hunderttausende von Deutschen aus beiden Teilen des Landes feiern Silvester am Brandenburger Tor

1990

15. Januar: Sturm auf die Stasi-Zentrale in Ost-Berlin

5. Februar: Gründung der »Allianz für Deutschland« als Wahlbündnis von CDU, Deutscher Sozialer Union (DSU) und Demokratischem Aufbruch (DA) für die Volkskammerwahlen

6. Februar: Angebot an die DDR-Führung zu Verhandlungen über eine »Währungsunion mit Wirtschaftsreform«

7. Februar: Kabinettsausschuss »Deutsche Einheit« in Bonn gebildet

10. bis 11. Februar: Treffen mit Gorbatschow in Moskau; Einverständnis zur Schaffung der Einheit Deutschlands

20. Februar: die DDR-Volkskammer verabschiedet ein Gesetz über freie, allgemeine, gleiche und direkte Wahlen

24. bis 25. Februar: Treffen mit Präsident Bush in Camp David; das vereinigte Deutschland soll Mitglied der Nato bleiben

8. März: der Deutsche Bundestag gibt eine Garantieerklärung für die polnische Westgrenze ab

15. März: Wahlveranstaltung der »Allianz für Deutschland« in Leipzig mit über 300 000 Menschen

18. März: erste freie Volkskammerwahl in der DDR: Die »Allianz für Deutschland« erhält mit 48,1 Prozent die meisten Stimmen (CDU 40,9 %, DSU 6,3 %, DA 0,9 %), die SPD 21,8 %, PDS 16,3 %, Liberale 5,3 %, Bündnis 90 2,9 % und die Grünen 2,0 %

12. April: die Volkskammer wählt Lothar de Maizière (CDU) zum Ministerpräsidenten; Bildung einer Großen Koalition

24. April: Angebot an die neue DDR-Regierung zur Schaffung einer Wirtschafts-, Währungs- und Sozialunion

28. April: auf der Sondersitzung des Europäischen Rats in Dublin sprechen sich die Staats- und Regierungschefs vorbehaltlos für die deutsche Einheit aus

5. Mai: erste Zwei-plus-Vier-Konferenz in Bonn über die Vereinigung beider deutscher Staaten

6. Mai: erste freie Kommunalwahlen in der DDR

15. Mai: mit der Einrichtung des Fonds »Deutsche Einheit« werden bis 1994 insgesamt 115 Milliarden DM für Ostdeutschland aufgebracht

17. Mai: Reise nach Washington; Treffen mit dem amerikanischen Präsidenten George Bush

18. Mai: die Finanzminister der DDR und der Bundesrepublik unterzeichnen den ersten deutsch-deutschen Staatsvertrag

8. Juni: Reise nach Washington; Gespräche mit dem amerikanischen Präsidenten George Bush

21. Juni: Regierungserklärung zum Vertrag vom 18. Mai 1990 über die Schaffung einer Währungs-, Wirtschafts- und Sozialunion zwischen der Bundesrepublik Deutschland und der Deutschen Demokratischen Republik, zu den äußeren Aspekten der deutschen Einheit und zu den deutsch-polnischen Beziehungen; der Bundestag stimmt sowohl dem Staatsvertrag als auch der Entschließung über den endgültigen Verlauf der deutsch-polnischen Grenze zu

22. Juni: zweite Zwei-plus-Vier-Verhandlungsrunde in Ost-Berlin

1. Juli: die Währungs-, Wirtschafts- und Sozialunion zwischen der Bundesrepublik und der DDR tritt in Kraft; erste Stufe der europäischen Wirtschafts- und Währungsunion

14. bis 16. Juli: Reise in die Sowjetunion; Treffen mit dem sowjetischen Präsidenten Michail Gorbatschow, der einem vereinten Deutschland die volle Souveränität und die freie Wahl der Bündniszugehörigkeit zubilligt; Abzug der sowjetischen Truppen aus Deutschland innerhalb von drei bis vier Jahren

17. Juli: dritte Runde der »Zwei-plus-Vier-Verhandlungen« in Paris

23. Juli: die Volkskammer beschließt mit 294 gegen 62 Stimmen bei 6 Enthaltungen den Beitritt der DDR zur Bundesrepublik nach Artikel 23 des Grundgesetzes zum 3. Oktober 1990

31. August: Vertrag über die Herstellung der Einheit Deutschlands in Ost-Berlin; mit dem Beitritt der DDR zum Geltungsbereich des Grundgesetzes gemäß Artikel 23 des Grundgesetzes am 3. Oktober 1990 werden die fünf Länder Brandenburg, Mecklenburg-Vorpommern, Sachsen, Sachsen-Anhalt und Thüringen Länder der Bundesrepublik Deutschland; Berlin bildet ein eigenes Land

12. September: in Moskau wird das »Zwei-plus-Vier-Abkommen« unterzeichnet; Deutschland erhält seine volle Souveränität

20. September: Bundestag und Volkskammer verabschieden den Einigungsvertrag; Grüne und PDS lehnen den Vertrag ab

1. bis 2. Oktober: 38. Bundesparteitag der CDU in Hamburg (1. Parteitag der CDU Deutschlands); Vereinigung der beiden christlich-demokratischen Parteien; mit 98,5% der Delegiertenstimmen im Amt des CDU-Bundesvorsitzenden bestätigt

3. Oktober: die DDR tritt der Bundesrepublik Deutschland bei; die Teilung der Stadt Berlin ist beendet; offizielle Feiern vor dem Berliner Reichstag; Tag der Deutschen Einheit

9. Oktober: Überleitungsvertrag zwischen der Bundesrepublik und der Sowjetunion regelt Aufenthalt und Abzug sowjetischer Truppen in Deutschland bis Ende 1994; Bonn finanziert zivilen Wohnungsbau in Russland, Transport und Umschulungen mit 12 Milliarden DM

9. November: Staatsbesuch Michail Gorbatschows in der Bundesrepublik; deutsch-sowjetischer Nachbarschaftsvertrag in Bonn unterzeichnet

14. November: deutsch-polnisches Abkommen bestätigt Oder-Neiße-Grenze

2. Dezember: Wahlen zum ersten gesamtdeutschen Bundestag: CDU und CSU 43,8%, SPD 33,5%, FDP 11%, Bündnis 90/Grüne und PDS erhalten nur wegen geänderter Fünfprozentsperrklausel im Wahlgebiet Ost Mandate; Regierungsbündnis aus CDU, CSU und FDP bestätigt

15. bis 16. Dezember: die 12 Staats- und Regierungschefs der EG beschließen in Rom die Weiterentwicklung der EG zu einer politischen Union (EU) mit einer gemeinsamen Sicherheits- und Außenpolitik

31. Dezember: in der Neujahrsansprache an die geeinte Nation erinnere ich an die historische Leistung der deutschen Wiedervereinigung: »Das Jahr 1990 wird uns als eines der glücklichsten in der deutschen Geschichte in Erinnerung bleiben.«

1991
6. *Januar:* erster Bundeswehreinsatz in einem kriegsbedrohten Krisengebiet; Landung von 16 Alpha-Jets auf einem türkischen Stützpunkt
17. *Januar:* mit 378 Ja-, 257 Neinstimmen und 9 Enthaltungen zum ersten Bundeskanzler des vereinten Deutschlands gewählt
17. *Januar:* Beginn des Golfkriegs
30. *Januar:* um die Finanzierung des deutschen Beitrags zum Golfkrieg sicherzustellen, werden Steuererhöhungen in Aussicht gestellt; für die Bundesrepublik belaufen sich diese Kosten auf rund 18 Milliarden DM
8. *März:* die Bundesregierung beschließt das »Gemeinschaftswerk Aufbau Ost«; um die Finanzierung abzusichern, werden Steuererhöhungen zum 1. Juli 1991 wirksam
1. *April:* der Präsident der Treuhand, Detlev Karsten Rohwedder, wird in Düsseldorf von einem RAF-Kommando ermordet; neue Vorsitzende der Treuhand wird Birgit Breuel
23. *April:* das Bundesverfassungsgericht in Karlsruhe beurteilt die sogenannte Bodenreform in der früheren SBZ als verfassungsgemäß; entschädigungslose Enteignungen (1945–1949) privaten Grundbesitzes müssen nicht rückgängig gemacht werden
14. *Mai:* der Bundestag beschließt die Einführung einer Solidaritätsabgabe von je 7,5 Prozent auf Lohn- und Einkommensteuer zur Finanzierung des Aufbaus in Ostdeutschland zum 1. Juli 1991
17. *Juni:* Unterzeichnung des deutsch-polnischen Vertrags über gute Nachbarschaft
20. *Juni:* mit 338 gegen 320 Stimmen entscheidet sich der Bundestag für Berlin als künftigen Sitz von Regierung und Bundestag
14. *bis 15. Oktober:* 58. deutsch-französische Konsultationen in Bonn; Beschluss über die Bildung eines gemeinsamen deutsch-französischen Korps

21. bis 23. November: Staatsbesuch des russischen Präsidenten Boris Jelzin in der Bundesrepublik

9. bis 11. November: die Staats- und Regierungschefs der Europäischen Gemeinschaft beschließen in Maastricht die Schaffung der Europäischen Union

15. bis 17. Dezember: 2. Parteitag der CDU Deutschlands in Dresden; beschlossen wird das Manifest »Die Zukunft gemeinsam gestalten. Die neuen Aufgaben der deutschen Politik«

31. Dezember: in der traditionellen Neujahrsansprache Aufruf an die Deutschen zur Vollendung der deutschen Einheit

1992

1. Januar: die Rentenreform tritt in Kraft, Umstellung vom Brutto- auf das Nettolohnprinzip; das vom Bundestag am 14. November 1991 beschlossene Stasi-Unterlagen-Gesetz tritt in Kraft

15. Januar: die Bundesrepublik nimmt zu den ehemaligen jugoslawischen Republiken Kroatien und Slowenien diplomatische Beziehungen auf

27. Februar: Unterzeichnung des deutsch-tschechoslowakischen Nachbarschaftsabkommens in Prag

31. März: Bundesverteidigungsminister Gerhard Stoltenberg tritt zurück; Nachfolger wird der bisherige CDU-Generalsekretär Volker Rühe

27. April: Peter Hintze wird neuer CDU-Generalsekretär

17. Mai: Hans-Dietrich Genscher tritt als Außenminister zurück; Nachfolger wird Klaus Kinkel

22. Mai: 59. deutsch-französische Konsultationen in La Rochelle; Aufstellung eines Europa-Korps

23. Mai: erstmals nehmen deutsche Soldaten an einer UNO-Mission teil – als Sanitäter in Kambodscha

30. Mai: der ehemalige Bundespräsident Karl Carstens stirbt im Alter von 77 Jahren

30. Juni: die Bundesregierung beschließt die Einführung einer Pflegeversicherung als fünfte Säule (neben Renten-, Kranken-, Arbeitslosen- und Unfallversicherung) der Sozialversicherung zum 1. Januar 1996

1. Juli: das neue Asylgesetz tritt in Kraft

6. bis 8. Juli: 18. Weltwirtschaftsgipfel in München

15. Juli: die Bundesregierung beschließt den Einsatz der Marine im Mittelmeer zur Überwachung des Embargos gegen Serbien und Montenegro

22. bis 23. August: ausländerfeindliche Ausschreitungen in Rostock

1. Oktober: zehnjähriges Jubiläum als Bundeskanzler

4. Oktober: Willy Brandt stirbt im Alter von 78 Jahren

26. bis 28. Oktober: 3. Parteitag der CDU Deutschlands in Düsseldorf

23. November: Brandanschlag von Rechtsextremisten in Mölln

2. Dezember: der Bundestag billigt den Maastricht-Vertrag

15. bis 16. Dezember: Besuch in Russland, Treffen mit Boris Jelzin

1993

1. Januar: der europäische Binnenmarkt tritt in Kraft, ein gemeinsamer Markt ohne Binnengrenzen mit rund 350 Millionen Verbrauchern; freier Verkehr von Personen, Waren, Dienstleistungen und Kapital

20. Januar: Bill Clinton wird 42. Präsident der USA

21. Januar: 30. Jahrestag der Unterzeichnung des Élysée-Vertrages; Bundeswirtschaftsminister Jürgen Möllemann tritt zurück; Nachfolger wird Günter Rexrodt

18. Februar: Beginn der längsten Auslandsreise nach Indien, Singapur, Indonesien, Japan und Südkorea; auf dem Rückflug Treffen mit Präsident Jelzin in Moskau

13. März: Einigung über Solidarpakt zur Finanzierung der deutschen Einheit

25. bis 26. März: Reise nach Washington und Treffen mit dem neugewählten Präsidenten Bill Clinton

2. April: die Bundesregierung beschließt die Teilnahme deutscher Soldaten an AWACS-Aufklärungsflügen zur Überwachung des UN-Flugverbots in Bosnien-Herzegowina

21. April: die Bundesregierung beschließt die Entsendung von

1640 Bundeswehrsoldaten in die von Bürgerkrieg und Hungersnot heimgesuchte Republik Somalia
1. Juni: 61. deutsch-französische Konsultationen in Beaume
4. Juli: nach Einsatz der Antiterrorgruppe GSG 9 in Bad Kleinen tritt Bundesinnenminister Rudolf Seiters zurück; Nachfolger wird Manfred Kanther
10. bis 11. Juli: Treffen mit Präsident Jelzin am Baikalsee
12. bis 14. Oktober: 4. Parteitag der CDU Deutschlands in Berlin; Beschlüsse zur inneren Sicherheit und zum demokratischen Bildungssystem
13. Oktober: Rede vor dem französischen Senat, der zweiten Kammer des französischen Parlaments
29. Oktober: die Staats- und Regierungschefs der Europäischen Gemeinschaft bestimmen auf dem EG-Sondergipfel in Brüssel Frankfurt/M. als Sitz für das Europäische Währungsinstitut, den Vorläufer der Europäischen Zentralbank (EZB)
1. November: der Maastricht-Vertrag tritt in Kraft
14. November: in Berlin wird die Neue Wache »als zentrale Gedenkstätte der Bundesrepublik Deutschland« feierlich eingeweiht
15. bis 20. November: zum dritten Mal während der Kanzlerschaft Besuch der Volksrepublik China
30. November bis 1. Dezember: 62. deutsch-französische Konsultationsrunde in Bonn

1994
1. Januar: mit dem Inkrafttreten der Bahnstrukturreformen sind die Voraussetzungen für die Privatisierung von Bundesbahn und Reichsbahn gegeben
10. bis 11. Januar: die Staats- und Regierungschefs der Nato beschließen in Brüssel die Gründung der Initiative »Partnerschaft für den Frieden«, womit die Nato vorsichtig nach Osten geöffnet wird
30. bis 31. Januar: Besuch der USA und Treffen mit Präsident Clinton
20. bis 23. Februar: 5. Parteitag der CDU Deutschlands in Ham-

burg; Verabschiedung des neuen Grundsatzprogramms unter dem Leitgedanken »Freiheit in Verantwortung«

11. März: der Bundestag stimmt mit großer Mehrheit dem Pflegeversicherungsgesetz zu

25. März: Brandanschlag auf die Synagoge in Lübeck

11. bis 13. Mai: Treffen mit dem russischen Präsidenten Boris Jelzin im Ural

23. Mai: In Berlin wählt die Bundesversammlung den Präsidenten des Bundesverfassungsgerichts, Roman Herzog, zum neuen Bundespräsidenten; es ist die erste gesamtdeutsche Bundespräsidentenwahl

30. bis 31. Mai: 63. deutsch-französische Konsultationen im elsässischen Mulhouse (Mülhausen)

12. Juni: 4. Direktwahlen zum Europäischen Parlament

16. Juni: das Haus der Geschichte der Bundesrepublik Deutschland wird in Bonn eröffnet

1. Juli: Turnusgemäß übernimmt die Bundesrepublik für sechs Monate den Vorsitz in der Europäischen Union

9. bis 10. Juli: 20. Weltwirtschaftsgipfel in Neapel

10. bis 12. Juli: Staatsbesuch des amerikanischen Präsidenten Bill Clinton in der Bundesrepublik

13. August: der Generalsekretär der Nato, Manfred Wörner, stirbt infolge eines Krebsleidens

31. August: in Berlin werden die letzten russischen Truppen verabschiedet

8. September: die Streitkräfte der drei Westalliierten werden in Berlin offiziell verabschiedet

16. Oktober: bei den Wahlen zum 13. Deutschen Bundestag sind rund 60 Millionen Bürger zur Stimmabgabe aufgerufen; die amtierende Regierungskoalition aus CDU, CSU und FDP kann sich knapp behaupten

15. November: mit 338 von 671 Stimmen der Abgeordneten des Deutschen Bundestags erneut zum Bundeskanzler der Bundesrepublik Deutschland gewählt

Literaturauswahl

Archiv der Gegenwart: *Deutschland 1949 bis 1999,* Bde. 9 und 10, Sankt Augustin 2000
Jacques Attali: *Verbatim I, II, III,* Paris 1995
Wolfgang Benz: *Deutschland seit 1945. Chronik und Bilder,* München 1999
Rafael Biermann: *Zwischen Kreml und Kanzleramt. Wie Moskau mit der deutschen Einheit rang,* Paderborn 1997
Elke Bruck: *François Mitterrands Deutschlandbild. Perzeption und Politik im Spannungsfeld deutschland-, europa- und sicherheitspolitischer Entscheidungen 1989–1992,* Frankfurt/Main 2003
Dokumente zur Deutschlandpolitik: Deutsche Einheit. Sonderedition aus den Akten des Bundeskanzleramtes 1989/90, bearb. von Hanns J. Küsters / Daniel Hofmann, München 1998
Dieter Grosser: *Das Wagnis der Währungs-, Wirtschafts- und Sozialunion. Politische Zwänge im Konflikt mit ökonomischen Regeln,* Stuttgart 1998
Hans-Hermann Hertle: *Chronik des Mauerfalls. Die dramatischen Ereignisse um den 9. November 1989,* Berlin 1996
»Im Politbüro des ZK der KPdSU ...« Aufzeichnungen (auf russisch) nach Anatoli Tschernjajew, Wadim Medwedew, Georgi Schachnasarow (1985–1991), Moskau 2006
Klaus-Rainer Jackisch: *Eisern gegen die Einheit. Margaret Thatcher und die deutsche Wiedervereinigung,* Frankfurt/Main 2004
Helmut Kohl: *Ich wollte Deutschlands Einheit,* Berlin 1996
Karl-Rudolf Korte: *Die Chance genutzt? Die Politik zur Einheit Deutschlands,* Frankfurt/Main 1994

Dona Kujacinski, Peter Kohl: *Hannelore Kohl – Ihr Leben*, München 2002

Lexikon der Christlichen Demokratie in Deutschland, hrsg. von Winfried Becker, Günter Buchstab, Anselm Doering-Manteuffel, Rudolf Morsey, Wiss. Koordination Hans-Otto Kleinmann, Paderborn 2002

Butz Peters: *Der letzte Mythos der RAF. Das Desaster von Bad Kleinen – Wer erschoss Wolfgang Grams?*, Berlin 2006

Gerhard A. Ritter: *Der Preis der deutschen Einheit. Die Wiedervereinigung und die Krise des Sozialstaats*, München 2006

Rolf Steininger: *Deutsche Geschichte seit 1945. Darstellung und Dokumente in vier Bänden*, Band 4, Frankfurt/Main 2002

Gerhard Stoltenberg: *Wendepunkte. Stationen deutscher Politik 1947–1990*, Berlin 1997

Daniel Friedrich Sturm: *Uneinig in die Einheit. Die Sozialdemokratie und die Vereinigung Deutschlands 1989/90*, Bonn 2006

Horst Teltschik: *329 Tage. Innenansichten der Einigung*, Berlin 1991

Klaus W. Tofahrn: *Chronologie der Neunziger Jahre Deutschlands. Daten, Dokumente, Kommentare*, Bde. 1 u. 2, Hamburg 2005–2006

Werner Weidenfeld / Karl-Rudolf Korte (Hrsg.): *Handbuch zur deutschen Einheit 1949 – 1989 – 1999*. Neuausgabe, Bonn 1999

Bildnachweis

S. 2:	SV-Bilderdienst / Lothar Kucharz
S. 35:	picture-alliance / dpa / Consolida
S. 43:	action press / Rainer Unkel
S. 50:	Frank Darchinger
S. 119:	picture-alliance / dpa / Roland Holschneider
S. 138:	picture-alliance / dpa / Tim Brakemeier
S. 145:	picture-alliance / dpa / Peter Kneffel
S. 155:	picture-alliance / dpa / Peter Kneffel
S. 173:	picture-alliance / dpa
S. 180:	picture-alliance / dpa / Hartmut Reeh
S. 207:	picture-alliance / dpa / Peter Kneffel
S. 225:	picture-alliance / dpa / Frank Mächler
S. 237:	picture-alliance / dpa / Kai-Uwe Wärner
S. 248:	picture-alliance / dpa / Holger Hollemann
S. 255:	picture-alliance / dpa / ZB
S. 261:	action press / Werner Schüring
S. 278:	picture-alliance / dpa
S. 285:	picture-alliance / dpa / ansa
S. 319:	picture-alliance / dpa / epa / AFP
S. 345:	picture-alliance / dpa / RIA Nowosti
S. 367:	picture-alliance / dpa / AFP
S. 379:	picture-alliance / dpa / Martin Gerten
S. 412:	action press / MTI Foto LTD.
S. 416:	picture-alliance / dpa / Georg Lepata
S. 430:	picture-alliance / dpa / epa / AFP
S. 439:	action press / Rainer Unkel
S. 454:	action press / PSI
S. 531:	picture-alliance / dpa / Andreas Altwein

S. 545:	picture-alliance / dpa / epa
S. 604:	picture-alliance / dpa / epa
S. 615:	picture-alliance / dpa / epa / AFP
S. 625:	picture-alliance / dpa / Martin Gerten
S. 643:	picture-alliance / dpa / epa
S. 663:	action press / +Foto
S. 676:	action press / Heinz Froese
S. 690:	picture-alliance / dpa / Bildagentur H
S. 701:	picture-alliance / dpa / epa / AFP
S. 709:	ullstein bild / Peters
S. 718:	picture-alliance / dpa / Wolfgang Kumm
S. 725:	action press / Boris Klinge
S. 739:	picture-alliance / dpa / Frank Kleefeldt

Farbbildteil:

S. I:	picture-alliance / dpa
S. II:	picture-alliance / dpa / Wolfgang Kumm
S. III oben:	picture-alliance / dpa / Martin Athenstädt
S. III unten:	picture-alliance / dpa / Heinz Wieseler
S. IV oben:	picture-alliance / dpa / Wolfgang Eilmes
S. IV unten:	picture-alliance / dpa / Martin Athenstädt
S. V:	SV-Bilderdienst / photothek. Net / Th. Imo
S. VI oben:	picture-alliance / dpa / DB Ernert
S. VI unten:	picture-alliance / dpa / Oliver Multhaup
S. VII:	picture-alliance / dpa / Bernd Weissbrod
S. VIII:	picture-alliance / dpa / Wolfgang Kumm

Register

Abbado, Claudio 488
ABC-Waffenverzicht 148, 163, 168, 179
Abtreibung 204, 485
Achromejew, Sergej F. 140
Ackermann, Eduard 40, 93, 165, 243, 246, 590
Adam-Schwaetzer, Irmgard 296, 417
Adenauer, Konrad 66, 78, 107, 110, 117, 122, 137 f., 183, 232 f., 235, 267, 280, 354, 393, 410, 436, 521, 524, 527, 573, 688 ff.
Agenda 21 448
Airbus 624
Albrecht, Ernst 108, 196
Allgemeines Präferenzsystem (APS) 540
Allianz für Deutschland 41 ff., 47 ff., 52, 69, 113
Alliierte Rechte 132, 145, 169, 239
– Truppen 56, 92, 679, 722–726
Amato, Giuliano 462
American Council on Germany 136
ANC 634
Andreotti, Giulio 60, 183, 285
Antall, József 583, 639 f.
Apel, Hans 274
Arafat, Jassir 634

Arbeitgeber 89, 609, 666 f., 691
Arbeitslosigkeit 21, 186, 636, 640, 662, 734, 736
ARD 326, 550, 592 f.
Argentinien 374
Armenien 380
Arndt, Alexander 649
Arnold, Karl 689
Ärzte für die Dritte Welt 542
Asien 541–546, 609, 619–624
Asylbewerber 108, 468 ff., 640
Attali, Jacques 433
Aufbau Ost 90, 119, 205, 211, 236, 269 ff., 318, 321 f., 357–361, 395, 428 f., 472–477, 520, 734 ff.
Augstein, Rudolf 183
Auschwitz 354
Ausländerfeindlichkeit 501, 504, 576 f., 678
Auswärtiges Amt 419 ff.
AWACS-Aufklärungsflugzeuge 564, 566 ff., 648
Aylwin, Patricio 457 f.

Bad Kleinen 590–598
Bahr, Egon 78, 227 f.
Baker, James A. (Jim) 35, 64, 98 ff., 115, 135, 140, 145, 215, 221 f., 343, 464 f., 524, 655, 657
Baker, Susan G. 657

Balladur, Edouard 584, 639
Baltikum 309, 313 f., 339, 369, 380, 427, 650
Barschel-Affäre 587
Barzel, Rainer 233
Becher, Johannes R. 193
Beck, Ludwig 704, 707
Beil, Gerhard 121
Belgien 680
Bergen-Belsen, KZ 503
Bergmann-Pohl, Sabine 68, 244
Bergsdorf, Wolfgang 243
Berlin 498 f.
- Dom 578 ff.
- Ehrenbürger 497
- Hauptstadt Deutschlands 197, 353 ff., 453
- Krisen 689, 702, 723
- Luftbrücke 655, 702, 723, 725 f.
- Maueröffnung 19, 23, 78, 436, 561, 720
- Neue Wache 452, 529–533
- Zentrale Gedenkstätte der Bundesrepublik Deutschland 452, 529–533
Bertelsmann-Stiftung 421
Biedenkopf, Kurt 630 f., 729
Bildungspolitik 519, 553 f.
Binnenmarkt, europäischer 231, 332, 362, 517, 607, 677
Bismarck, Otto von 166
Blücher, Gebhard Leberecht von 151
Blüm, Norbert 109, 125, 127, 295 f., 419, 496, 667
Bohl, Friedrich 456, 458, 594
Böhme, Ibrahim 43, 68
Bonhoeffer, Dietrich 704
Bonifatius, hl. 42

Bonn 353 ff., 451–456
Borchert, Jochen 528
Borchert, Wolfgang 238
Bosnien-Herzegowina 507 f., 510, 564–568, 583 f., 600, 602, 639, 646, 648, 653, 700
Bötsch, Wolfgang 203, 528
Boumann, Johann d. Ä. 579
Boutros-Ghali, Boutros 405, 517, 569
Brandt, Willy 28, 78, 111, 117, 137, 183, 197, 242, 247, 273 ff., 354, 483–489, 491, 689
Brasilien 374
Breitscheid, Rudolf 704
Breschnew, Leonid 116, 511
Breuel, Birgit 322
Brodski, Joseph 333
Büchler, Hans 456
Bulgarien 352, 585 f.
Bulmahn, Edelgard 77
Bund der Kriegsblinden Deutschlands e. V. (BKD) 531
Bund Freier Demokraten 107
Bundesarchiv 205
Bundesgrenzschutz 590
Bundeskanzleramt 419 f., 452, 590
–, Kunstausstellungen 334 f., 441 f.
Bundeskriminalamt 590
Bundespräsidentenwahl (1994) 628–633, 673–677
Bundesrat 77, 110, 126, 149, 248, 250, 323, 470, 556, 665 ff.
Bundessicherheitsrat 224
Bundestagswahlen
- 1983 272
- 1987 273

– 1990 110 f., 188 f., 195, 251, 273, 276–280
– 1994 731 ff., 737 ff.
Bundesverfassungsgericht 114, 194, 567 ff., 613 f., 616, 633, 673, 675
Bundesversammlung 628, 631, 673 ff.
Bundesversorgungsgesetz 127
Bundeswehr 133, 175, 178, 337, 414, 481, 488, 559, 712 f., 719, 721 f., 726, 733
– Auslandseinsatz 218, 220, 310 f., 510, 564–570, 648 ff.
– Reduzierung 92, 132, 140, 145, 148, 151, 156 f., 163, 165, 168, 170 f., 176, 178, 182
Bündnis 90 107, 149, 628
Bündnis 90/Die Grünen 277, 279, 675, 680 f., 731 ff., 737 f.
Burlakow, Matwej 719
Bush, Barbara 377, 656
Bush, George 34 f., 44, 52 ff., 59, 63 ff., 91, 98, 115 ff., 131 ff., 139 ff., 156, 159 f., 181, 183 f., 211, 218 f., 221, 224 ff., 239, 242, 247, 253, 298, 308, 336 f., 339 ff., 343, 346, 348, 351, 370, 377, 381, 408, 423–431, 433, 462 ff., 498 f., 523 f., 557, 563, 655 f.

Cali-Drogenkartell 595
Camdessus, Michel 462
Carstens, Karl 443 ff.
Carstens, Veronica 446
Castro, Fidel 159
Ceauşescu, Nicolae 23
Chagall, Marc 333 f., 442
Charta von Paris 365

Checkpoint Charlie 145
Chile 374, 456 ff.
China 543, 606, 619 ff., 624 ff., 694 ff.
– Katholiken 696
Chopin, Frédéric 333
Christlich-Demokratische Union (CDU) 37, 39, 42, 45, 51, 108 ff., 184, 189, 194, 201, 205, 220, 248 f., 252, 264 f., 267, 272, 276–281, 287, 293 f., 307, 322 ff., 391 ff., 395 f., 410, 414, 418, 440, 446, 470, 478, 484, 493 f., 528, 556, 568, 588, 594, 628 f., 631 f., 634 f., 665, 668, 673 ff., 680 ff., 686, 708, 715, 727, 729 ff., 737 f.
– Bundesparteitag 1990, Hamburg 110, 232–239, 658 f.
– Bundesparteitag 1991, Dresden 393–397, 660
– Bundesparteitag 1992, Düsseldorf 491, 496, 727
– Bundesparteitag 1993, Berlin 606
– Bundesparteitag 1994, Hamburg 661 ff., 727
– Grundsatzprogramm 326 ff., 494 f., 658–664, 727
– Jugendliche 327
– Ludwigshafener Programm (1978) 494 f., 658 ff.
– Ost 37–41, 47 ff., 68, 81, 107, 202, 205, 237, 391
– Parteireform 323–329
Christlich-Soziale Union (CSU) 39, 75, 189, 194, 203, 248, 265, 267, 276–281, 287, 293 f., 329, 353, 421, 470,

478, 527 f., 556, 594, 628 f.,
631, 633, 673 ff., 680 f., 727,
729, 731, 737 f.
Christopher, Warren 716, 723,
725 f.
Chruschtschow, Nikita 116
Churchill, Winston 189, 330,
362
Ciller, Tansu 634
Clay, Lucius D. 726
Clinton, Bill 430 f., 499, 522,
538, 557–563, 604, 642 f.,
650–655, 692, 701 ff., 715
Clinton, Hillary 702 f.
Coudenhove-Kalergi, Richard
Nikolaus Graf von 330

Dänemark 427, 461, 507, 612
Danzig, Lenin-Werft 29, 435 f.
Däubler-Gmelin, Herta 203
DDR 19–33, 331, 689
– Beitritt zur BRD 36, 42, 244
– D-Mark-Einführung 48, 70 f.,
77, 81–85, 118, 154 f.
– Enteignungen 114, 199,
203 ff., 319
– Integration in die EG 95
– Kommunalwahlen (1990)
106 ff.
– Nationaler Verteidigungsrat
456
– politische Häftlinge 20
– Runder Tisch 31, 88
– sowjetische Truppen 35, 92,
94, 116, 131, 133, 140 f.,
163 f., 168 f., 175 f., 178,
181 f., 209–213, 215 ff., 381,
467, 511, 515, 605, 671, 690,
715, 717–721
– Staatsrat 68

– Staatsvertrag mit der BRD
(1990) 76 f., 88 f., 91, 114–
119, 149, 154
– Todesschüsse an der Berliner
Mauer 318, 456
– Übersiedler 21 f., 32, 51, 54,
71 ff., 108, 110, 274
– Verhältnis zur EG 26, 28
– Vermögen 88 f.
– Verträge mit der UdSSR 55 f.,
92
– Vertragsgemeinschaft mit
BRD 22
– Volksaufstand (17. Juni 1953)
580 ff.
– Volkskammer 68, 77, 149,
151, 188, 199, 201, 205 f.,
216, 227, 244, 319
– Volkskammerwahlen (1990)
24, 29, 31, 37–43, 45–52, 108
– Wirtschaft 54, 87 ff., 109, 118,
120 ff., 167, 472
Delors, Jacques 26, 95 f., 162,
181, 198, 231, 283, 351, 389,
424, 462, 506, 611
Delp, Alfred 704
Demirel, Süleyman 577 f.
demographische Entwicklung
552 f., 555
Demokratische Partei (USA) 522
Demokratische Union
Deutschlands 39
Demokratischer Aufbruch (DA)
39 ff., 43, 48, 52
Demoskopie 571–575
Deutsche Bank 154
Deutsche Bundesbahn 637, 640
Deutsche Bundesbank 33, 70, 75,
83, 85 f., 154, 283, 357, 386,
601, 616, 636, 736

Deutsche Bundespost 32, 270, 317, 360, 509, 637
Deutsche Einheit 269, 408 f., 572, 689 f.
- nach Artikel 23 Grundgesetz 36, 42, 69 f., 95, 200, 244
- Bündniszugehörigkeit 30, 35, 52, 54 ff., 65, 69, 78, 91, 94, 97, 100, 102 ff., 106, 117, 129, 131–136, 139, 141, 144 ff., 151, 156, 160, 164, 168 f., 174, 177, 181 ff., 217, 259
- Einigungsvertrag 78, 186–208, 227, 319
- Finanzierung 111, 114, 205, 245, 429, 551

Deutsche Forumspartei 39 f.
Deutsche Humanitäre Hilfe 508
Deutsche Soziale Union (DSU) 39 ff., 52, 191
Deutsche Volksunion (DVU) 440
Deutscher Bundestag 77, 149, 160, 188, 201, 227, 244, 287, 415, 470 f., 489, 507, 530, 556, 570, 617, 666, 668, 675
- CDU/CSU-Bundestagsfraktion 44, 75, 184, 188, 203, 278 f., 421, 631, 665, 667, 711
- Koalitionsverhandlungen (1990) 293 ff.
- polnische Grenze 44, 151, 216
- Regierungserklärung (1991) 313–317
- Verlegung nach Berlin 353 ff.
Deutscher Fußball-Bund (DFB) 692 f.
Deutscher Gewerkschaftsbund (DGB) 109
Deutsches Historisches Institut Warschau 437

Deutsches Institut für Wirtschaftsforschung (DIW) 87 f.
deutsch-französische Gipfeltreffen
- 1990, München 224 ff.
- 1990, Paris 94
- 1991, Lille 341 f.
- 1992, Bonn 508
- 1992, La Rochelle 460
- 1993, Beaune 583 f.
- 1993, Bonn 639
- 1994, Mühlhausen 677 f.
Deutsch-Französisches Jugendwerk 332, 526
Deutschland-Stiftung 548
Deutschland-Vertrag 28
Deutsch-Polnisches Jugendwerk 436 f.
Diepgen, Eberhard 280, 497, 725
Diestel, Peter-Michael 40, 52
Dohnanyi, Klaus von 78
Donda, Arno 121
Dregger, Alfred 203
Dresden, Frauenkirche 67
Dresdner Manifest 394 f.
Dritte Welt 251, 289, 374 f., 390, 620 f.
Dumas, Roland 145, 149, 215
Duve, Freimut 455

Ebeling, Hans-Wilhelm 39 f., 51 f.
Eckel, Horst 692
EFTA 362
Eggert, Heinz 496
Ehard, Hans 689
Ehlers, Hermann 393
Ehmke, Horst 227
Einheitliche Europäische Akte 677
Einigungsvertrag 78, 186–208, 227, 319

771

Elektrochemische Werke Bitterfeld 683
Elf Aquitaine 685 f.
Elisabeth II., Königin 58
Elser, Johann Georg 704
Élysée-Vertrag (1963) 524, 527, 678
Engholm, Björn 394, 488, 569, 586 f., 728
Enteignungen 114, 199, 203 ff., 319
Entwicklungshilfe 160, 221 f., 283, 374, 419, 423 f., 448 ff., 543, 600, 622, 697
Eppelmann, Rainer 40, 51 f.
Eppler, Erhard 581
Erhard, Ludwig 117, 122, 137, 233, 652, 689
Estland 369, 380
Euro 389
Eurokorps 460 f., 463 ff., 678
Europäische Bank für Wiederaufbau und Entwicklung 160, 433, 540, 601
Europäische Einheit 20, 24, 236, 330 ff., 480 f., 505, 615, 618
Europäische Gemeinschaft (EG) 60, 96, 136, 150, 181, 219, 282, 310, 331 f., 347, 361, 365, 382, 385 ff., 389 f., 405 f., 408, 420, 424 f., 469, 540, 542, 603, 607, 677
– Agrarpolitik 423, 425
– Assoziierungsabkommen mit Polen 437
– Beitrittsverhandlungen 521
– Gipfel 1988, Rhodos 62
– Gipfel 1989, Straßburg 62, 97
– Gipfel 1990, Dublin 95 ff., 150, 152, 167
– Gipfel 1990, Rom 282–286
– Gipfel 1991, Luxemburg 336, 342
– Gipfel 1992, Birmingham 506 f.
– Gipfel 1992, Edinburgh 508 f., 521
– Gipfel 1992, Lissabon 461
– Gipfel 1993, Brüssel 614 ff.
– Gipfel 1993, Kopenhagen 599 f., 602
– Jugoslawien 462, 508 ff., 566, 599 f., 639
– Sicherheits-/Verteidigungspolitik 148 f., 342, 460 f., 463 ff.
Europäische Kommission 26, 95 f., 152, 160, 162, 181, 198, 231, 282 f., 351, 389, 424, 506, 611
Europäische Union (EU) 65, 153, 236, 282, 385, 387 f., 409, 420, 460, 463, 496, 521, 526, 614, 642, 647, 662, 678
Europäische Verteidigungsgemeinschaft 460
Europäische Wirtschafts- und Währungsunion (WWU) 95, 153, 231, 282 ff., 362, 385 f., 389, 506, 613, 617
Europäische Wirtschaftsgemeinschaft 331
Europäische Zentralbank (EZB) 283, 285, 387, 616
Europäischer Rat 95, 153, 167, 283, 331, 342, 385, 389, 437
Europäisches Parlament 255, 282 f., 388 f., 617
– Wahlen 1994 680 f.
Europäisches Währungsinstitut 616

Europapolitik 231, 285, 310, 315, 385, 419, 491, 616 f., 662, 677
Euroskepsis 617
Eurosklerose 23, 617, 677
Evangelische Kirche Deutschlands 326 f., 579

Filmfabrik Wolfen 684
Finck, Johannes 242
Finnland 427, 521
Fitzgerald, Ella 137
Fonds Deutsche Einheit 114, 205, 317, 429
Freie Demokratische Partei (FDP) 44, 51, 62, 69, 75, 165, 188, 193, 203 f., 248, 264, 272, 275–281, 293 f., 296, 307, 323, 328 f., 417 f., 420 f., 440, 478, 481, 510, 527, 556, 564, 567 ff., 588, 628 ff., 632 f., 665, 667 f., 674 ff., 680 f., 727, 729 ff., 737 f.
Fremdenfeindlichkeit 501, 504, 576 f., 678
Friedlaender, Johnny 441 f.
Fuchs-Spürpanzer 220, 222 ff., 304
Fußballweltmeisterschaft (1994) 692 f.

G 7 150, 159 f., 167, 462, 466, 512, 537 f., 544, 561, 600, 602, 605, 651, 671, 698 f., 701
G 8 698
Gaddum, Johann Wilhelm 154
Galvin, John R. 140
Gansel, Norbert 78
GATT siehe General Agreement on Tariffs and Trade
Gauck, Joachim 206

Gaulle, Charles de 524
Gedenkstätte Deutscher Widerstand 704
Geißler, Heiner 658
Gemeinschaft unabhängiger Staaten (GUS) 398, 401 f., 426 f., 432, 438 f., 513, 583
–, wirtschaftliche Hilfe für 462, 583
Gemeinschaftswerk Aufschwung Ost 317 f., 359
General Agreement on Tariffs and Trade (GATT) 374, 423 f., 448, 462, 465 f., 523, 563, 600, 620, 639, 698
Genscher, Hans-Dietrich 30, 36, 67, 103 f., 115, 144 f., 148 f., 152, 157, 164 f., 170, 173, 175 f., 180, 185, 203, 209 f., 215 f., 220, 242, 256, 265, 295, 303, 405, 407, 410, 416–421, 628, 657
Georgien 513
Gerassimow, Gennadi 57
Gewerkschaften 79 ff., 90, 113, 126, 294, 329, 357, 389, 431, 475, 477, 492, 574, 609, 666, 691, 705
Giscard d'Estaing, Valéry 467
Glasnost 119, 122
Globale Umweltfazilität (GEF) 449
Glos, Michael 673
Glotz, Peter 77
Goerdeler, Carl Friedrich 704
Göhner, Reinhard 393, 659 f.
Golfkrieg 298–314, 316 f., 323, 326, 336, 341, 343, 348, 564
Golfkrise 211, 218 ff., 224, 245, 253, 263, 265, 289, 331

773

González, Felipe 62, 96, 243, 487 f.
Gorbatschow, Michail 22 f., 25, 27–31, 34, 44, 53 ff., 59 f., 64, 69, 71, 92, 99 ff., 104, 115 f., 129–137, 140–147, 150 ff., 158 ff., 162–177, 179–183, 209–215, 227 ff., 239, 242, 253 f., 258, 260–264, 266, 286, 288, 301 ff., 308 ff., 314, 319 f., 336–340, 342–352, 377, 381 ff., 393, 426, 472, 497 f., 512, 561, 574, 586, 656, 717
–, Putsch gegen 351, 363–372, 379 f.
– Rücktritt 398–403
Gorbatschowa, Raissa 171, 173, 179, 264 f., 302, 372, 402
Gorbatschow-Stiftung 227
Gore, Al 466, 716
Grams, Wolfgang 590 f., 593, 596 f.
Grass, Günter 72
Gröning, Philip 549
Grundgesetz 204, 470, 504, 510, 687
– Artikel 23 36, 42, 69 f., 95, 200, 617
– Präambel 268, 390
Grüne (Partei) 49, 94, 149, 194, 220, 223, 227, 276, 280, 307, 613, 628, 668
Gruppe der 20 630
GSG 9 590–597
Guardini, Romano 655
Guelfi, André 685

Hamm-Brücher, Hildegard 418, 633, 674 ff.

Hartmann, Peter 320
Harvard-Universität 137 ff.
Hasselfeldt, Gerda 296, 421
Haughey, Charles 62, 96
Haus der Geschichte der Bundesrepublik Deutschland 451, 455, 687–692
Haussmann, Helmut 210, 213
Havel, Václav 23, 335, 362, 411, 413
Hawking, Stephen 137
Heitmann, Steffen 630 ff., 674
Hengsbach, Friedhelm 612
Heraklit 168
Hermes, Andreas 232, 393, 395, 708
Herrhausen, Alfred 595 f.
Herzog, Roman 628 f., 633, 673–677, 702, 739
Heseltine, Michael 61
Heuss, Theodor 689, 707, 710
Hildebrandt, Regine 125
Hilf, Willibald 549 f.
Hintze, Peter 496
Hirrlinger, Walter 533
Hirsch, Burkhard 418
Hirzel, Hans 675
Hitler, Adolf 200, 354, 411, 705, 707, 719
Hitler-Stalin-Pakt 369
Hoffmann von Fallersleben, August Heinrich 192
Höfner, Ernst 120 f.
Hogefeld, Birgit 591
Holger, James 458
Hölzenbein, Bernd 692
Honecker, Erich 45, 119 f., 228, 235, 268, 318 ff., 378, 381 f., 433 f., 456 ff., 635
Honecker, Margot 319 f., 459

Hongkong 620, 626
Hurd, Douglas 61, 145, 149, 214 f., 308
Hussein, Saddam 218 ff., 222, 252 f., 256, 263, 299 ff., 304 f., 311

IG Chemie 684
IG Metall 666
Indien 541 f., 620 f.
Indonesien 543, 620 f.
Institut der deutschen Wirtschaft (IW) 477
Institut für Demoskopie Allensbach 571 f., 574 f.
Internationaler Währungsfonds (IWF) 160, 343, 352, 432, 462, 512, 537 f., 540, 561, 601, 620, 699, 736
Irak 211, 218 ff., 252, 256, 263, 289, 299 ff., 303 ff., 308, 312, 314, 649
Iran 337
Israel 219 f., 222, 253, 300, 303 ff., 312, 314, 316, 415, 465, 688, 700
Izetbegovíc, Alija 599

Janajew, Gennadi Iwanowitsch 366
Japan 348, 544, 620 f.
Jaruzelski, Wojciech 44
Jelzin, Boris 260, 309, 345 ff., 367–371, 378–384, 400, 402 f., 426, 432 ff., 457, 462, 466 f., 511–515, 534–539, 559 ff., 583 ff., 601, 603 ff., 626 f., 638, 645, 650 ff., 669, 671 f., 700 f., 715, 717 ff., 722

Jelzin, Naina Jossifowna 604, 669, 672, 721
Jenninger, Philipp 531
Johannes XXIII., Papst 66
Judaica Prag 335, 442
Judentum 334 f., 442, 498, 503, 534, 688
Jugoslawien 342, 344, 346, 348, 382, 405 ff., 461 f., 507 ff., 517 f., 564–568, 583 f., 599 f., 602, 639, 646 ff., 653 f., 670, 700
Jung, Hans-Joachim 722

Kabinettsausschuss Deutsche Einheit 75, 187 f.
Kaisen, Wilhelm 689
Kaiser, Jakob 232, 393, 395
Kalter Krieg 64, 134, 655, 688
Kaminsky, Horst 85
Kanther, Manfred 594, 596
Kasachstan 381, 432
Kaukasus 172 ff., 479
–, nördlicher 513
Kennedy, John F. 139
KGB 561
Kiechle, Ignaz 296, 528
Kiesinger, Kurt Georg 117, 233, 483
King, Martin Luther 542
Kinkel, Klaus 296, 418, 421, 464, 508, 527, 588 f., 594, 725
Kirchner, Martin 40
Kissinger, Henry 560
Klaus, Václav 560
Klein, Hans 164
Klima-Rahmen-Konvention 425
Klose, Hans-Ulrich 569
Kohl, Hannelore 241 ff., 249, 264, 278, 302, 375, 377, 402,

775

546 ff., 550, 630, 656, 672, 702 f., 721, 726, 737
Kohl, Peter 375 ff., 549 f.
Kohl, Walter 138
Köhler, Horst 214, 467, 511
Kollwitz, Käthe 529–533
Kommunalwahlen
- Brandenburg (1993) 634
- DDR (1990) 106 ff.
- Nordrhein-Westfalen (1994) 737
Konferenz für Sicherheit und Zusammenarbeit in Europa (KSZE) 24, 26, 60, 102, 104, 117, 137, 144, 149, 151, 163, 168, 185, 191, 201, 264 ff., 463
- Schlussakte 135, 265, 365, 398, 602
Königswinter-Konferenz 58, 65
Konvention über biologische Vielfalt 425
Konvention zur Erhaltung der Wälder 425 f.
Kopf, Hinrich Wilhelm 689
Korea 544 ff., 606, 620 f., 700
Kosyrew, Andrej 561
KPdSU 158, 160, 172, 337, 536
Krause, Günther 86, 190 f., 193 ff., 201, 206 f., 244, 296, 587 f.
Krawtschuk, Leonid 432, 585, 651
Krenz, Egon 121
Kriminalität, organisierte 284, 471, 502
Kroatien 344, 405 ff., 602, 646, 654
Krüger, Paul 587
Kunst- und Ausstellungshalle der Bundesrepublik Deutschland 451–455
Kurden 649
Kurilenfrage 348, 538
Kurzstreckenwaffen, atomare 61 f., 132, 393
Kuwait 211, 218, 253, 299, 301, 304 ff., 309, 312
Kwizinskij, Julij 54 ff., 92, 100 f., 210, 214

Lafontaine, Oskar 72, 76 ff., 80, 83, 93 f., 149, 190, 196, 203, 227 f., 263, 273 ff., 277, 394, 486, 728 f.
Lambsdorff, Otto Graf 75, 203, 294, 417, 588, 665
Länderfinanzausgleich 205
Landsbergis, Vytautas 100
Landtags-/Senatswahlen
- Baden-Württemberg (1992) 440
- Bayern (1990) 248
- Bayern (1994) 731
- Berlin (1990) 279 f.
- Brandenburg (1994) 729 f.
- Bremen (1991) 324
- Hamburg (1991) 324
- Hamburg (1993) 634
- Hessen (1991) 220, 223, 307
- Mecklenburg-Vorpommern (1994) 737
- neue Bundesländer (1990) 247 f.
- Niedersachsen (1990) 108, 110 f.
- Niedersachsen (1994) 668
- Nordrhein-Westfalen (1990) 108 f., 111
- Rheinland-Pfalz (1991) 323

- Saarland (1990) 108
- Saarland (1994) 737
- Sachsen (1994) 729 f.
- Sachsen-Anhalt (1994) 681 f.
- Schleswig-Holstein (1992) 440
- Thüringen (1994) 737

Lebensarbeitszeit 554 f.
Leber, Julius 704
Lemmer, Ernst 395
Lenin, Wladimir I. 173
Leopard-II-Panzer 223
Léotard, François 726
Lettland 369, 380
Leuna-Raffinerie 683 ff.
Leuschner, Wilhelm 704
Leutheusser-Schnarrenberger, Sabine 418, 567, 592
Leyendecker, Hans 593
Li Peng 624 f., 694 ff.
Libanon 312
Lichtenberg, Bernhard 704
Linke Liste/PDS 194
Linksextremismus 502, 709 f., 734
Litauen 91 f., 98 ff., 115, 131, 141, 302, 380, 427
Lomonossow, Michail 333
Londoner Club 537
Londoner Schuldenabkommen (1953) 255
Lubbers, Ruud 60, 347, 351, 424
Ludewig, Johannes 86, 243
Luther, Martin 42

Maastricht, Vertrag von 153, 385–390, 406, 408, 440, 445, 454, 460 f., 467, 479, 496, 506 f., 521, 526, 606, 613 ff., 617, 677
Mahrenholz, Ernst Gottfried 568
Maier, Reinhold 689
Maizière, Ilse de 243
Maizière, Lothar de 38 ff., 51 f., 68 ff., 91, 100, 113, 119, 146 ff., 189, 191–196, 198 ff., 202, 205, 207, 215, 237 f., 240–244, 356, 391 f., 659
Major, John 61, 285, 308 f., 336 f., 342 f., 347, 351, 424, 462, 538, 561, 723, 725 f.
Malaysia 620
Malraux, André 542
Mandela, Nelson 634
Mandelstam, Ossip 333
Mann, Thomas 330
Marktkonformität 123
Marshall, George 138
Marx, Karl 171, 235
Matthäus-Maier, Ingrid 73, 89, 317
Mauroy, Pierre 487
Mazowiecki, Tadeusz 20, 36, 44, 53, 254 f.
Meckel, Markus 100, 145–149, 199
Medienpolitik 326
Mei Zhaorong 697
Menschenrechte 623 ff., 694, 697
Merkel, Angela 296, 393, 496
Metternich, Klemens von 560
Mexiko 374
Meyers, Franz 689
Mielke, Erich 68, 392
Mischnick, Wolfgang 203
Mitterrand, François 34, 44 f., 59, 65, 94 f., 100, 131, 150 f., 153, 156, 159 f., 183 f., 224, 242, 253, 285, 300, 308, 332, 336 f., 351, 354, 388 f., 406, 424, 460–465, 479, 487, 508,

524, 526, 538, 561 f., 583 f., 639, 677, 679, 683, 685, 699, 722, 725, 727
Miyazawa, Kiichi 462, 538, 561
Modrow, Hans 19, 22, 24 f., 31 f., 38, 67, 69, 73, 110
Mogadischu 595
Moldawien 380, 513
Möllemann, Jürgen 296, 421 f., 527 f.
Möller, Alex 484
Mölln, Brandanschläge 501
Moltke, Helmuth James Graf von 704, 707
Momper, Walter 78, 197, 280
Monet, Claude 678
Monnet, Jean 526
Monory, René 61
Montaigne, Michel de 714
Montanunion 331
Moskauer Vertrag (1970) 264
Mossad 415
Müller-Armack, Alfred 122
Mulroney, Brian 266, 348, 462, 561
Münchner Abkommen (1938) 411
Mutter Teresa 542

Napoleon 151
Nationale Volksarmee (NVA) 133, 140, 147 f., 304, 414 f., 689
Nationalfeiertag 200 f., 734
Nationalismus 24, 330, 513, 526 f., 679, 707
Nationalsozialismus 197, 334 f., 442, 488, 503, 580
- Widerstand 704–710
Nato 28, 60, 63 f., 97 ff., 132–137, 139 ff., 146 f., 151, 168, 176, 181, 215, 219, 342, 365, 388, 438, 461, 463 ff., 563–569, 711–715, 724, 733
- Command Force 566
- deutsche Zugehörigkeit 30, 35, 52, 54 ff., 65, 69, 78, 91, 94, 97, 100, 102 ff., 106, 117, 129, 131–136, 139, 141, 144 ff., 151, 156, 160, 164, 168 f., 174, 177, 181 ff., 217, 259, 690
- Doppelbeschluss 76, 273, 393, 573, 629, 713
- Gipfel 1990, London 152, 155 ff., 162 f., 167, 179, 523
- Gipfel 1991, Rom 523
- Gipfel 1994, Brüssel 642–647, 653
- Rat 566
- Strukturfonds 561
Nehru, Jawaharlal 542
Neuer, Walter 165
Neues Forum 39
Neusel, Hans 206
Neutralität Deutschlands 24, 55, 104
Newrzella, Michael 591, 594 ff.
Nichtangriffsvertrag Nato/ Warschauer Pakt 139 f., 142, 151, 167
Noelle-Neumann, Elisabeth 571, 574
Normandie, Landung der Alliierten 679
Norwegen 427, 521
Nunn, Sam 560

Oberster Sowjet 103, 229 f., 309, 364, 536, 539

Oder-Neiße-Grenze 34, 36, 44, 53, 62, 105, 231, 254, 256 f., 435
OECD 736
Olbricht, Friedrich 704
Ortleb, Rainer 244, 296
Österreich 521
Ostverträge 265
Overath, Wolfgang 692
Owen, Lord 566
Oz, Amos 650

Pädagogische Akademie Bonn 687
Pakistan 541
Palästinenser 300, 312, 700
Paneuropäisches Picknick 410
Paneuropa-Union 330 f.
Pankok, Otto 334, 442
Panzer-Affäre 415
Pariser Club 512, 537 f., 540, 601, 699
Parlamentarischer Rat 493, 688
Partei des Demokratischen Sozialismus (PDS) 48 f., 106 f., 113, 149, 194, 202, 276 f., 280, 628, 635, 680 ff., 730–734, 737 f.
Partnerschaft für den Frieden 642, 644
Patten, Chris 61
Pechel, Rudolf 707
Peichl, Gustav 452
Perestroika 101, 115, 119, 122, 136, 141, 143, 153, 167, 183, 302, 347 ff., 393, 403
Peters, Butz 592 f.
Pflegeversicherung 328, 519, 553, 636 f., 665 ff.
Phnom Penh 649
PLO 634

Pöhl, Karl Otto 75, 85 f., 283
Polen 20, 29, 106, 122, 144, 231, 331, 333, 352, 361, 435–439, 521
– deutsch-polnisches Nachbarschaftsabkommen 437
– Grenzfrage 34, 36, 43 ff., 53, 55, 62 f., 65, 105, 149, 151, 215 f., 435
– Grenzvertrag 256, 279, 436
– Nato 644
Politische Union, europäische 95, 153, 231, 282, 284, 331 f., 342, 362, 385, 387, 389, 526, 617, 642 f., 647
Pollack, Peter 198
Portugal 677
Prill, Norbert 243
Prunskiene, Kazimiera 115
Purrmann, Hans 442

Radbruch, Gustav 706
Rafsandjani, Ali Akbar Hashemi 337
Rahn, Helmut 692
Rapallovertrag 515
Rappe, Hermann 684
Raschdorff, Julius Carl 579
Rassismus 501, 678
Rat für gegenseitige Wirtschaftshilfe (RGW) 439
Rathenau, Walther 683
Rau, Johannes 93, 109, 203, 273, 353, 629 f., 632, 675, 728
Reagan, Ronald 497 f., 563
Rechtsextremismus 502, 709 f., 734
Regenwald, Vernichtung des 160 f., 374 f., 419, 495
Reich, Jens 675

Reichspogromnacht 200
Renten 113 f., 127, 271, 440, 637, 735
- Reform (1992) 516 f., 555
»Republikaner« 194, 248, 440, 675, 680 f.
Reuter, Ernst 197, 235, 689, 726
Rexrodt, Günter 527 f.
Rezession 518, 551, 609, 634, 636, 728, 735 f.
Riesenhuber, Heinz 296, 528
Rio de Janeiro, UN-Konferenz für Umwelt und Entwicklung 425, 447 ff., 457
Ritter, Gerhard A. 127, 516, 667
Rohwedder, Detlev Karsten 89, 321 f., 358, 473, 596
Rolland, Romain 330
Romberg, Walter 118 f., 198
Römische Verträge (1957) 26, 28, 386, 517, 607, 613
Rönsch, Hannelore 296
Rostock-Lichtenhagen, Brandanschläge 468, 471
Rote Armee 144, 719, 721 f.
Rote Armee Fraktion (RAF) 321, 486, 591 f., 597 f.
Roth, Wolfgang 78
Rovan, Joseph 526
Rozneft 683
RPR 583
Rühe, Volker 38, 40, 238, 392, 416, 496
Rumänien 352, 583
Russland 380 f., 398, 400 ff., 432, 513 f., 536–540, 586, 626 f., 644 ff., 653, 669 ff., 699 ff.
- Plutoniumschmuggel 715
- Verfassung 584 f., 638

- wirtschaftliche Hilfe für 426 f., 466 f., 537 ff., 559 ff., 601, 605, 638, 645 f., 651 f., 699
Russlanddeutsche 378, 433, 513
Ryschkow, Nikolai 129

Sacharow, Andrej 333
Sachverständigenrat zur Begutachtung der gesamtwirtschaftlichen Entwicklung 33, 79
Sat.1 692
Saudi-Arabien 218 f., 222 ff.
Schalck-Golodkowski, Alexander 121
Scharping, Rudolf 353, 587, 632, 728
Schäuble, Wolfgang 37, 51, 187, 190 ff., 195, 197 ff., 203, 206 f., 238, 245 ff., 249, 253, 276, 295, 354, 629, 739
Scheidemann, Philipp 200, 498
Schewardnadse, Eduard 30, 57, 99–104, 129, 144 f., 165, 175, 179, 181, 209 f., 212, 215, 657
Schily, Otto 50
Schinkel, Karl Friedrich 529 f., 579
Schmid, Carlo 526
Schmidt, Helmut 117, 137, 222 f., 232, 247, 273, 310, 467, 484, 497, 630
Schnur, Wolfgang 40, 43
Scholl, Geschwister 704
Schönbohm, Jörg 414
Schröder, Gerhard 76, 78, 80, 108, 149, 190, 274, 394, 668, 729
Schröder, Richard 68, 629
Schubert, Franz 488

Schulenburg, Fritz-Dietlof Graf von der 704
Schumacher, Kurt 197, 201, 235, 689, 708
Schuman, Robert 521, 526
Schürer, Gerhard 120 f.
Schwangerschaftsabbruch 204, 485
Schwarz-Schilling, Christian 296, 509 f., 528
Schweden 521
Scowcroft, Brent 63
Seebacher-Brandt, Brigitte 483, 486 f., 489
Seehofer, Horst 421
Seiters, Rudolf 40, 203, 295, 590–594, 597
Senat, französischer 614 f.
Serbien 406, 602, 654
Short Range Nuclear Forces (SNF) 61 f.
Siemens 697
Singapur 542 f., 620 f.
Skubiszewski, Krzysztof 256
Slowenien 344, 405 ff.
Solidaritätszuschlag 551
Solidarpakt 477, 496, 519 f., 551–556, 601
Solingen, Bombenanschlag 576 f.
Somalia 517, 569 f., 648
Sonntag, Franz 532
Sophia-Universität Tokio 544
Sopron 410
Sowjetunion 20, 28, 333, 343 f., 607
– Auflösung der 253 f., 302, 309, 338 f., 346, 363 f., 383 f., 398, 401, 438
– Wirtschaftshilfe für 132 f., 136, 141, 143 f., 150, 152 f., 157, 159 f., 163, 167, 211 ff., 262 f., 266, 286, 289, 303, 315, 348 f., 351 f., 371
– Wohnungsbau für heimkehrende Soldaten 141, 176, 210 ff., 216 f., 381, 515, 561, 717 f.
Sozialdemokratische Partei Deutschlands (SPD) 38 f., 43, 47 ff., 52, 68 f., 72 f., 76 ff., 83, 88 ff., 93 f., 106–111, 113, 118, 124, 126, 165, 193, 196 ff., 203 f., 220, 223, 227 f., 235, 247 f., 252, 263, 267 ff., 272–277, 279 f., 303, 307, 311, 316 f., 320 f., 323 f., 353, 394, 440 f., 455 f., 470, 481, 483–488, 510, 551, 556, 564, 567 ff., 587, 628 ff., 632, 634 f., 637, 665 ff., 675 f., 680 ff., 708, 728–733, 737 f.
Sozialdemokratische Partei in der DDR (SDP) 39, 78
soziale Marktwirtschaft 32 f., 118, 122 ff., 267, 276, 355 ff., 359
Sozialistische Einheitspartei Deutschlands (SED) 22, 38, 48, 71, 78, 106, 113 f., 120, 194, 197, 204, 206, 228 f., 233, 235, 237, 240, 276 f., 318, 321, 391, 395 f., 456, 472, 476, 497, 581 f., 684
Sozialistische Internationale 96, 487
Spanien 677
Späth, Lothar 307
SPD/SED-Grundsatzpapier (1987) 76, 268, 635
Spengler, Oswald 390
Spranger, Carl-Dieter 296, 303

St.-Kliment-Ohridski-Universität Sofia 586
Staatliches Jüdisches Museum Prag 334
Staatssicherheitsdienst (Stasi) 38 f., 43, 68, 229, 391, 561
– Umgang mit Unterlagen 205 f., 315
Stahl, Alexander von 592, 596
Stalin, Josef 24, 116, 173, 230
Stalingrad, Schlacht von 534 ff.
Standort Deutschland 606–612, 736
START-I-Abkommen 585
START-II-Abkommen 517, 524, 585
Stauffenberg, Claus Schenk Graf von 704 ff.
Stiftung Deutsch-Amerikanisches Akademisches Konzil 701
Stoiber, Edmund 634
Stolpe, Manfred 52, 730
Stoltenberg, Gerhard 115, 296, 414 ff., 441
Strauß, Franz Josef 223, 689
Streibl, Max 634
Sturm, Daniel Friedrich 77
Stuttgarter Feierliche Deklaration über die Europäische Union (1983) 677
Subsidiaritätsprinzip 123
Suchocka, Hanna 560
Sudetendeutsche 411 f.
Südossetien 513
Südwestfunk (SWF) 548 ff.
Suharto, Hadji Mohamed 543
Süssmuth, Rita 287, 675

Tadschikistan 513
Tag der Deutschen Einheit 581

Taiwan 606, 620
Talleyrand, Charles-Maurice de 363
Tatarstan 513
Teltschik, Horst 129 f., 152, 164 ff., 210, 214, 243, 260, 320, 420 f., 436
Terechow, Wladislaw 143, 229, 301, 320, 366 ff.
Terrorismus 590–598
Teufel, Erwin 308, 496
Thailand 620
Thatcher, Margaret 44, 58–65, 153, 183, 276, 285 f., 310
Theresienstadt, KZ 334
Thierse, Wolfgang 199
Tien An Men (Platz des Himmlischen Friedens) 695
Tietmeyer, Hans 86, 117
Tomášek, František 412 f.
Tongji-Universität Shanghai 624
Töpfer, Klaus 238, 296, 450
Tresckow, Henning von 707
Treuhandanstalt 88 f., 317, 321 f., 357 ff., 429, 473 ff., 486, 527, 684, 686
Trott zu Solz, Adam von 704
Truman, Harry S. 340, 408, 430
Tschaikowski, Peter 333
Tschechoslowakei (ČSFR) 29, 106, 331, 333, 352, 361 f., 411 ff., 521
– deutsch-tschechoslowakisches Nachbarschaftsabkommen 411
Tschernajew, Anatoli 166, 260
Tschernobyl 699
Türkei 314, 415, 576 ff.

UDF 583
Ukraine 344, 380 f., 384, 398,

400 f., 426 f., 432, 585 f., 644, 651, 653, 699
Ukrainische Kommunistische Partei 344
Umweltschutz 160 f., 270, 447 ff., 698
UNCED siehe Vereinte Nationen
Ungarn 20, 29, 106, 122, 331, 333, 352, 361, 521
- deutsch-ungarischer Freundschaftsvertrag 410 f.
- Öffnung des Eisernen Vorhangs 20, 235, 411
UNO siehe Vereinte Nationen
UNOSOM 569
Uruguay-Runde 423 f., 639, 698
US-Kongress 99, 115, 141, 348, 427
US-Senat 99, 115, 343, 346
US-Truppen in Europa 464 f., 523, 559, 642

Vance, Cyrus 566
Vance-Owen-Plan 566, 584
Vatikan 696
VEB Waggonbau Bautzen 626
Verband der Kriegsversehrten und Hinterbliebenen (VdK) 532 f.
Verdun 479
Vereinte Nationen (UNO) 219, 304 f., 310, 314 f., 382, 405 f., 423, 510, 517 f., 559, 569 f., 620
- Charta 398, 518, 570, 602
- Konferenz für Umwelt und Entwicklung (UNCED) 425 f., 447
- Schutztruppen (UN-PROFOR) 565 f., 647

- Sicherheitsrat 308, 405, 565, 646
Verheugen, Günter 77
Vertrag über gute Nachbarschaft, Partnerschaft und Zusammenarbeit (mit UdSSR) 259, 261
Vlk, Miroslav 412
Vogel, Bernhard 238
Vogel, Hans-Jochen 43, 49 f., 89, 203, 263 f., 272, 303, 316, 320, 394, 728
Voigt, Karsten 78
Volksbund Deutscher Kriegsgräberfürsorge 531

Waffenexporte 219 f., 222 ff., 304, 316, 415
Währung, gemeinsame europäische 285
Währungsunion, deutsche 32 f., 35, 48, 51, 65, 69 ff., 73 ff., 78–87, 89, 95, 115, 149, 154, 188, 274, 355 ff., 359, 361
- Umtauschkurs 70, 81–85, 127, 227 f., 357
Waigel, Theo 75, 118 f., 127, 155, 164, 203, 210, 213, 263, 296, 303, 306, 419, 421, 467, 528, 594, 634, 673
Walesa, Lech 435 f., 439
Wallmann, Walter 37, 307
Walters, Vernon A. 98, 100, 221
Walther, Hansjoachim 244
Warschauer Pakt 55, 69, 106, 131, 139 f., 142, 145, 147, 151, 156 ff., 714
Warschauer Vertrag (1970) 44, 133, 135
Weber, Juliane 40, 165, 243, 375, 487

Wehner, Herbert 484
Wehrmacht 144
Weiler, Rolf 549
Weiss, Louise 526
Weiße Rose 704
Weißrussland 380 f., 398, 400 f.
Weizsäcker, Richard von 36, 67, 137, 242, 257, 487 f., 492, 497, 628, 630, 632, 658, 673
Weltbank 160, 343, 352, 540, 620
Welthandel 423 f., 619
Weltwirtschaftsgipfel
- 1988, Toronto 374, 450
- 1990, Houston 152, 158 ff., 167, 374
- 1991, London 342 ff., 347–351
- 1992, München 426, 432, 462–467
- 1993, Tokio 538, 600 ff.
- 1994, Neapel 698 ff.
Westdeutscher Rundfunk (WDR) 109, 592, 597
Westeuropäische Union (WEU) 385, 388, 438, 460, 642 f., 724
Wieczorek-Zeul, Heidemarie 77 f.
Wilson, Thomas Woodrow 614
Wirmer, Josef 704
Wirth, Joseph 515

Wirtschafts-/Sozialunion, deutsche 32 f., 35, 48, 51, 69 ff., 73 ff., 81, 84, 87, 90, 115, 125 f., 149, 154, 274, 355 ff., 359, 361
Wischnewski, Hans-Jürgen 486
Wissmann, Matthias 528, 587
Wolgadeutsche 378, 433, 513
Wörner, Manfred 156, 162, 415, 711–715
Wulff, Christian 668
WWU siehe Europäische Wirtschafts- und Währungsunion

ZDF 326, 418, 550
Zehn-Punkte-Programm zur deutschen Einheit 20, 54, 62, 105, 110
zentrale Gedenkfeier zum 50. Jahrestag des 20. Juli 1944 704
Zinn, Georg August 689
Zwei-plus-Vier-Verhandlungen 36, 44 f., 53, 56, 92, 100, 102–106, 117, 130, 132, 145, 148 f., 156, 162 f., 168, 175 f., 181, 185, 191, 200 f., 212 f., 259, 657
- Vertrag 209 f., 214 f., 229, 309, 720